■2025年度高等学校受験用

芝浦工業大学柏高等学校

収録内容一覧

★この問題集は以下の収録内容となっています。また、編集の都合上、解説、解答用紙を省略させていただいている場合もございますのでご了承ください。

（○印は収録、一印は未収録）

入試問題と解説・解答の収録内容			解答用紙
2024年度	第1回	英語・数学・社会・理科・国語	○
	第2回	英語・数学・社会・理科・国語	○
2023年度	第1回	英語・数学・社会・理科・国語	○
	第2回	英語・数学・社会・理科・国語	○
2022年度	第1回	英語・数学・社会・理科・国語	○
	第2回	英語・数学・社会・理科・国語	○

★当問題集のバックナンバーは在庫がございません。あらかじめご了承ください。

●凡例●

【英語】

≪解答≫

〔　〕　①別解

②置き換え可能な語句（なお下線は置き換える箇所が2語以上の場合）

(例) I am〔I'm〕glad〔happy〕to～

(　)　省略可能な言葉

≪解説≫

1，2…　本文の段落（ただし本文が会話文の場合は話者の１つの発言）

〔　〕　置き換え可能な語句（なお〔　〕の前の下線は置き換える箇所が２語以上の場合）

(　)　①省略が可能な言葉

(例) 「(数が) いくつかの」

②単語・代名詞の意味

(例) 「彼 (＝警察官) が叫んだ」

③言い換え可能な言葉

(例) 「いやなにおいがするなべにはふたをするべきだ (＝くさいものにはふたをしろ)」

//　訳文と解説の区切り

cf.　比較・参照

≒　ほぼ同じ意味

【数学】

≪解答≫

〔　〕　別解

≪解説≫

(　)　補足的指示

(例) (右図１参照) など

〔　〕　①公式の文字部分

(例) 〔長方形の面積〕=〔縦〕×〔横〕

②面積・体積を表す場合

(例) 〔立方体ABCDEFGH〕

∴　ゆえに

≒　約、およそ

【社会】

≪解答≫

〔　〕　別解

(　)　省略可能な語

＿＿　使用を指示された語句

≪解説≫

〔　〕　別称・略称

(例) 政府開発援助〔ODA〕

(　)　①年号

(例) 壬申の乱が起きた (672年)。

②意味・補足的説明

(例) 資本収支 (海外への投資など)

【理科】

≪解答≫

〔　〕　別解

(　)　省略可能な語

＿＿　使用を指示された語句

≪解説≫

〔　〕　公式の文字部分

(　)　①単位

②補足的説明

③同義・言い換え可能な言葉

(例) カエルの子 (オタマジャクシ)

≒　約、およそ

【国語】

≪解答≫

〔　〕　別解

(　)　省略してもよい言葉

＿＿　使用を指示された語句

≪解説≫

〈　〉　課題文中の空所部分（現代語訳・通釈・書き下し文）

(　)　①引用文の指示語の内容

(例) 「それ (＝過去の経験) が ～」

②選択肢の正誤を示す場合

(例) (ア，ウ…×)

③現代語訳で主語などを補った部分

(例) (女は) 出てきた。

／　漢詩の書き下し文・現代語訳の改行部分

芝浦工業大学柏高等学校

所在地	〒277-0033 千葉県柏市増尾700
電　話	04-7174-3100
ホームページ	https://www.ka.shibaura-it.ac.jp/
交通案内	東武アーバンパークライン（野田線）柏駅よりスクールバス15分， 新柏駅よりスクールバス５分または徒歩25分

普通科
男女共学
くわしい情報は
ホームページへ

応募状況

年度	募集数	受験数	合格数	倍率
2024	GS GL ｝120名	1175名 998名	90名 288名	13.1倍 3.5倍
2023	GS GL ｝120名	1267名 1083名	92名 323名	13.8倍 3.4倍
2022	GS GL ｝120名	1234名 1024名	105名 376名	11.8倍 2.7倍

※GLの受験者数はGS不合格者数を含む。
※GS：グローバル・サイエンス，GL：ジェネラルラーニング

試験科目　（参考用：2024年度入試）

３教科（国語・数学・英語）・５教科（国語・数学・英語・理科・社会）の選択制
※全受験者に対しグローバル・サイエンスクラスの合否判定を実施。５教科受験の場合，グローバル・サイエンスクラスは５教科と３教科，ジェネラルラーニングクラスは３教科のみで合否判定。
※第一志望受験者は面接がある。
※英検２級以上の者には英語資格優遇制度がある。

教育の特色

１．グローバル教育
表現力を養う機会を多く設け，授業ではディベートやプレゼン活動も取り入れている。また，夏期短期留学なども行い，英語でのコミュニケーション力と広い視野で物事を考える力を養う。
２．サイエンス教育
実験・観察を中心とした教育活動を展開し，創造性豊かな科学技術者を育む。実験設備も充実。芝浦工業大学との連携プログラム，より発展的な課題研究に取り組む科学探究部なども設けている。
３．探究学習
テーマ研究やWebコンテストへの参加，ディベート授業などを通して，独創的な発想力，粘り強く取り組み困難を乗り越える力，熱意をもって積極的に発信する力を養っている。

クラス編成

＜グローバル・サイエンスクラス＞
東大をはじめとする最難関国公立大を目指す。研究発表や論文指導，外部講師による講演などの特設時間を設け，世界で活躍できる人材を育てる。１年次より中入生との混合クラスで，２年次からグローバル（文系）・サイエンス（理系）の２コースに分かれる。
＜ジェネラルラーニングクラス＞
国公立大，難関私立大を目指すクラス。１年次は，中入生とは別のクラスで学び，２年次で混合クラスとなり，ゆるやかに文系・理系に分かれる。３年次は志望校や分野別にコースを細分化し，習熟度別や少人数制授業も導入し実力を養成する。

主要大学合格実績　（2024年４月現在）

東京大４名，東京工業大２名，一橋大２名，北海道大２名，東北大２名，筑波大９名，お茶の水女子大２名，千葉大15名，横浜国立大４名，埼玉大２名，防衛医科大１名，東京都立大２名，芝浦工業大（推薦以外）43名，早稲田大37名，慶應義塾大７名，上智大11名，東京理科大71名，学習院大17名，明治大59名，青山学院大16名，立教大29名，中央大25名，法政大51名ほか

編集部注―本書の内容は2024年5月現在のものであり，変更されている場合があります。正確な情報は，学校のホームページ等で必ずご確認ください。

出題傾向と今後への対策　英語

出題内容

	2024		2023		2022	
	1回	2回	1回	2回	1回	2回
大問数	6	6	6	6	6	6
小問数	35	35	40	40	39	39
リスニング	○	○	○	○	○	○

◎読解問題が中心の問題構成で，設問は適語(句)選択・語句解釈・要旨把握が多く出題されている。

2024年度の出題状況

《第１回》
1～3 放送問題
4 長文読解総合―説明文
5 長文読解総合―説明文
6 長文読解総合―物語

《第２回》
1～3 放送問題
4 長文読解総合―説明文
5 長文読解総合―説明文
6 長文読解総合―物語

解答形式

《第１回》	記　述／マーク／併　用
《第２回》	記　述／マーク／併　用

出題傾向

長文読解問題が多いので，相応の速読力が求められる。設問は内容の理解度を問うものが中心で，文脈を正しく理解し解答を見つける必要がある。頻出問題は，要旨把握，適語選択，語句解釈である。いずれも基本的な問題が多く，日頃の学習成果が問われる。放送問題は３部構成で時間は15分。配点も全体の３割を占める。

今後への対策

重要なのは，教科書を十分に理解することである。教科書で取り上げられている単語・熟語・構文・文法などについて復習し，十分に身につけることである。そのうえで，長文読解問題集を１冊用意し，繰り返し何度も読んで，速読速解力を身につけよう。放送問題はラジオ講座などを活用して，英語に耳を慣らしておくとよい。

◆◆◆◆◆ 英語出題分野一覧表 ◆◆◆◆◆

分野	年度	2022 1回	2022 2回	2023 1回	2023 2回	2024 1回	2024 2回	2025予想※ 1回	2025予想※ 2回
音声	放送問題	★	★	★	★	★	★	◎	◎
音声	単語の発音・アクセント								
音声	文の区切り・強勢・抑揚								
語彙・文法	単語の意味・綴り・関連知識	●	●		●		●	△	◎
語彙・文法	適語(句)選択・補充								
語彙・文法	書き換え・同意文完成								
語彙・文法	語形変化	●						△	
語彙・文法	用法選択								
語彙・文法	正誤問題・誤文訂正								
語彙・文法	その他								
作文	整序結合	●	●	●	●			◎	◎
作文	日本語英訳　適語(句)・適文選択								
作文	日本語英訳　部分・完全記述								
作文	条件作文								
作文	テーマ作文								
会話文	適文選択								
会話文	適語(句)選択・補充								
会話文	その他								
長文読解	内容把握　主題・表題					●	●	△	△
長文読解	内容把握　内容真偽					●	●	◎	◎
長文読解	内容把握　内容一致・要約文完成					■	■	◎	◎
長文読解	内容把握　文脈・要旨把握	●	●	●	●	■	●	◎	◎
長文読解	内容把握　英問英答					●		△	
長文読解	適語(句)選択・補充	■	■	★	■			◎	◎
長文読解	適文選択・補充								
長文読解	文(章)整序								
長文読解	英文・語句解釈(指示語など)	■	■	■	■	●	●	◎	◎
長文読解	その他								

●印：１～５問出題，■印：６～10問出題，★印：11問以上出題。
※予想欄　◎印：出題されると思われるもの。　△印：出題されるかもしれないもの。

出題傾向と今後への対策 数学

出題内容

2024年度

《第１回》

1は小問集合で，４問。2は関数で，放物線と直線に関するもの。図形の知識も要する。3はデータの活用，確率が各２問。4は平面図形で，半円を利用した問題。5は空間図形で，正三角錐について問うもの。

《第２回》

出題構成は，第１回とほぼ同じ。4の平面図形は平行四辺形を利用した問題。特別な直角三角形の辺の比や相似な図形の性質の理解が問われる。5の空間図形は球を利用したもの。球の内部にできる四面体の体積や面積などが問われている。

2023年度

《第１回》

1は小問集合で，４問。2は関数で，放物線と直線に関するもの。3は小問集合で，データの活用，場合の数・確率から２問ずつ。4は平面図形で，円を利用した問題。5は空間図形で，正四角錐の中に球がある図を利用した問題。

《第２回》

出題構成は，第１回とほぼ同じ。3のデータの活用では，累積相対度数などの理解が問われている。4の平面図形は，１つの内角が60°の三角形について問うもの。5の空間図形は，底面がひし形の四角柱について問うもの。

作…作図問題　証…証明問題　グ…グラフ作成問題

解答形式

《第１回》　記　述／マーク／併　用

《第２回》　記　述／マーク／併　用

出題傾向

例年，1が小問集合で４問，2以降は各分野からの総合題でそれぞれ４問程度の構成となっている。関数，図形からの出題で半分以上を占めているので，この２つの分野が重視されている。極端に難度の高い問題は見当たらないが，それなりに手順を踏むものなどが含まれる。

今後への対策

まずは，教科書を使って，基礎を確実に身につけること。関数，図形が苦手な場合は，特に重点的に。基礎が身についたら，問題集などで徹底的に演習を重ねていこう。できるだけ多くの問題にあたり，いろいろな解法パターンを身につけることが大事である。できなかった問題には印をつけて，後から解き直すようにするとよい。

◆◆◆◆◆ 数学出題分野一覧表 ◆◆◆◆◆

分野	年度	2022 1回	2022 2回	2023 1回	2023 2回	2024 1回	2024 2回	2025予想※ 1回	2025予想※ 2回
数と式	計算，因数分解	●	●	●	●	●	●	◎	◎
	数の性質，数の表し方			●	●	●	●	◎	△
	文字式の利用，等式変形		●						△
	方程式の解法，解の利用	●	●	●	●	●	●	◎	◎
	方程式の応用								
関　数	比例・反比例，一次関数								
	関数$y=ax^2$とその他の関数	★	★	★	★	★	★	◎	◎
	関数の利用，図形の移動と関数								
図　形	（平面）計　量	★	★	★	★	★	★	◎	◎
	（平面）証明，作図								
	（平面）その他								
	（空間）計　量	★	★	★	★	★	★	◎	◎
	（空間）頂点・辺・面，展開図								
	（空間）その他								
データの活用	場合の数，確率	★	★	■	■	■	■	◎	◎
	データの分析・活用，標本調査	●		■	●	■	■	◎	◎
その他	不等式								
	特殊・新傾向問題など								
	融合問題								

●印：１問出題，■印：２問出題，★印：３問以上出題。
※予想欄　◎印：出題されると思われるもの。　△印：出題されるかもしれないもの。

出題傾向と今後への対策　社会

出題内容

2024年度

《第１回》

地理・日本地理は，県庁所在地，地形，産業等に関する問題。地形図の読み取り問題。
・世界地理は，地図や資料をもとに各国の気候や産業，特色に関する問題。

歴史・資料をもとに古代～近世の政治や文化等に関する問題。
・略年表をもとに近代～現代の政治や経済等に関する問題。

公民・選挙や内閣，裁判の仕組み，三権分立等の政治に関する問題。
・労働や金融，財政等に関する問題。
・日本国憲法や現代の問題等に関する問題。

《第２回》

地理・日本地理は，関東地方，産業，気候等に関する問題。地形図の読み取り問題。
・世界地理は，世界地図や資料をもとに各国の経済や政策，地形や産業等に関する問題。

歴史・資料をもとに古代～近世の外交や政治，文化等に関する問題。
・略年表をもとに近代～現代の政治や社会，経済に関する問題。

公民・国会や内閣，裁判の仕組み，地方自治，選挙制度等に関する問題。
・流通や為替，政府のあり方等に関する問題。
・日本国憲法や国際社会等に関する問題。

解答形式

《第１回》	記　述／マーク／併　用
《第２回》	記　述／マーク／併　用

出題傾向

大問数は７題で，地理，歴史が各２題，公民が３題で，小問数は約40問である。各分野ともにバランスよく出題されている。

分野別に見ると，地理は地図や表等を用いた問題，地形図の読み取り問題，歴史は年表や資料等を用いた問題，公民は人権と憲法・政治・経済等から出題されている。幅広く基礎的な知識が問われている。

今後への対策

教科書を中心に幅広い学習が必要である。基礎的な知識を確実に身につけたうえで，教科書の重要事項だけではなく，本文以外のコラムや図表等にも目を通して理解を深めておきたい。

グラフや資料の読み取りに慣れるために，資料を扱った問題集等を繰り返し解いていくのも有効である。

◆◆◆◆◆ 社会出題分野一覧表 ◆◆◆◆◆

分野＼年度		2022		2023		2024		2025予想※	
		1回	2回	1回	2回	1回	2回	1回	2回
地理的分野	地形図	●	●	●	●	●	●	◎	◎
	アジア	人				総	地 人	△	△
	アフリカ		産		総		総	◎	◎
	オセアニア		産	地		産		△	△
	ヨーロッパ・ロシア	地	地			産		△	△
	北アメリカ			地	産 総	産	産	◎	◎
	中・南アメリカ	総	地				総	△	△
	世界全般	地産 総	地産	地産 総	地産 総	地産	地	◎	◎
	九州・四国	地産				産		△	△
	中国・近畿				総	地	地	△	△
	中部・関東				産		地	◎	◎
	東北・北海道		産	総	総		産	◎	◎
	日本全般	地 人	地産	地産	地産	地産	産	◎	◎
歴史的分野	旧石器～平安	●	●	●	●	●	●	◎	◎
	鎌倉	●		●		●		◎	△
	室町～安土桃山	●	●	●	●	●	●	◎	◎
	江戸	●	●	●	●	●	●	◎	◎
	明治	●	●	●	●	●	●	◎	◎
	大正～第二次世界大戦終結	●	●	●	●	●	●	◎	◎
	第二次世界大戦後	●	●	●	●	●	●	◎	◎
公民的分野	生活と文化	●	●		●		●	◎	◎
	人権と憲法	●	●	●	●	●	●	◎	◎
	政治	●	●	●	●	●	●	◎	◎
	経済	●	●	●	●	●	●	◎	◎
	労働と福祉	●	●		●	●		△	△
	国際社会と環境問題		●	●	●	●	●	◎	◎
時事問題									

※予想欄　◎印：出題されると思われるもの。　△印：出題されるかもしれないもの。
地理的分野については，各地域ごとに出題内容を以下の記号で分類しました。
地…地形・気候・時差，　産…産業・貿易・交通，　人…人口・文化・歴史・環境，　総…総合

出題傾向と今後への対策　理科

出題内容

2024年度

《第１回》

[1]光合成と呼吸に関する問題。　[2]火山に関する問題。　[3]酸・アルカリとイオンに関する問題。[4]電流と磁界に関する問題。　[5]生殖に関する問題。　[6]気象に関する問題。　[7]化学変化に関する問題。　[8]仕事とエネルギーに関する問題。

《第２回》

[1]植物の体のつくりに関する問題。　[2]天体の動きに関する問題。　[3]気体の性質に関する問題。[4]光の性質に関する問題。　[5]動物の体のはたらきに関する問題。　[6]地層に関する問題。　[7]中和に関する問題。　[8]電流と回路に関する問題。

2023年度

《第１回》

[1]動物の分類に関する問題。　[2]空気中の水蒸気の変化に関する問題。　[3]溶解度に関する問題。[4]仕事に関する問題。　[5]遺伝の規則性に関する問題。　[6]地層に関する問題。　[7]ダニエル電池に関する問題。　[8]電流と発熱に関する問題。

《第２回》

[1]生殖に関する問題。　[2]地震に関する問題。[3]酸化と還元に関する問題。　[4]浮力に関する問題。　[5]消化と吸収に関する問題。　[6]天体の運動に関する問題。　[7]物質の性質に関する問題。[8]音の性質に関する問題。

作…作図・グラフ作成問題　記…文章記述問題

解答形式

《第１回》	記　述／**マーク**／併　用
《第２回》	記　述／**マーク**／併　用

出題傾向

第１回も第２回も，大問数は８題，総小問数は40問程度。物理・化学・生物・地学の各分野から偏ることなく出題されている。

問題は，教科書に載っている実験・観察や図・表を題材に，正確な知識や科学的な考え方などが問われているが，科学的な思考力を試すものも見られる。

今後への対策

教科書の重要用語や図・表，実験・観察の手順・結果・考察をまとめよう。その後，基礎的な問題集を解き，正確な知識が身についているかを確認。間違えた問題は，教科書やノートで見直しをすること。出題範囲が広いので，苦手分野をつくらないこと。

さらに，過去の入試問題を解いて，解答形式や時間配分などに慣れておこう。

◆◆◆◆◆　理科出題分野一覧表　◆◆◆◆◆

分野 ＼ 年度		2022		2023		2024		2025予想※	
		1回	2回	1回	2回	1回	2回	1回	2回
身近な物理現象	光　と　音		●		●		●	◎	◎
	力のはたらき(力のつり合い)							△	△
物質のすがた	気体の発生と性質						●	◎	◎
	物質の性質と状態変化				●			◎	◎
	水　溶　液	●		●				◎	◎
電流とその利用	電流と回路	●	●	●				◎	◎
	電流と磁界(電流の正体)	●				●		◎	△
化学変化と原子・分子	いろいろな化学変化(化学反応式)	●	●		●	●	●	◎	◎
	化学変化と物質の質量	●	●		●	●		◎	◎
運動とエネルギー	力の合成と分解(浮力・水圧)	●			●			◎	◎
	物体の運動							◎	◎
	仕事とエネルギー	●		●		●		◎	◎
化学変化とイオン	水溶液とイオン(電池)			●				◎	◎
	酸・アルカリとイオン		●			●	●	◎	◎
生物の世界	植物のなかま		●			●	●	◎	◎
	動物のなかま			●				◎	◎
大地の変化	火山・地震	●			●	●		◎	◎
	地層・大地の変動(自然の恵み)			●			●	◎	△
生物の体のつくりとはたらき	生物をつくる細胞							△	△
	植物の体のつくりとはたらき		●			●	●	◎	◎
	動物の体のつくりとはたらき	●			●		●	◎	◎
気象と天気の変化	気象観察・気圧と風(圧力)							△	△
	天気の変化・日本の気象		●	●		●		◎	◎
生命・自然界のつながり	生物の成長とふえ方				●	●		◎	◎
	遺伝の規則性と遺伝子(進化)		●	●				◎	◎
	生物どうしのつながり	●						△	△
地球と宇宙	天体の動き	●	●		●		●	◎	◎
	宇宙の中の地球							△	△
自然環境・科学技術と人間									
総　　合	実験の操作と実験器具の使い方	●	●	●	●	●	●	◎	◎

※予想欄　◎印：出題されると思われるもの。　△印：出題されるかもしれないもの。
分野のカッコ内は主な小項目

出題傾向と今後への対策　国語

出題内容

2024年度

《第１回》

論説文　小　説　古　文

課題文　一山口裕之
『「みんな違ってみんないい」のか？』
二あさのあつこ『敗者たちの季節』
三『宇治拾遺物語』

《第２回》

論説文　小　説　古　文

課題文　一鈴木宏昭
『私たちはどう学んでいるのか』
二黒川裕子『天を掃け』
三『平家物語』

2023年度

《第１回》

論説文　小　説　古　文

課題文　一土屋誠一「思考する自分に気づく」
二市川朔久子『紙コップのオリオン』
三紀貫之『土佐日記』

《第２回》

論説文　小　説　古　文

課題文　一原　研哉『白』
二湊かなえ『ブロードキャスト』
三本居宣長『紫文要領』

解答形式

《第１回》　記　述／マーク／併　用

《第２回》　記　述／マーク／併　用

出題傾向

課題文は，第１回・第２回ともに論説文と小説が出され，分量も内容も標準的なものが選ばれている。設問は，ほとんどが内容理解に関するもので，各読解問題に７問程度付されている。古文の設問も内容理解を中心に５問程度付されている。出題のねらいは，全体としては基礎的な読解力を見ることに主眼が置かれていると考えられる。

今後への対策

現代文については，課題文が論説文と小説なので，日頃の読書はそれらを中心にするとよい。問題集はあまり高度なものよりも，基礎学力を養成するためのものがよいだろう。古文についても現代文同様で，まずは大まかな全体の内容がつかめるようになることが大切である。なお，古典の知識については，確認をしておくこと。

国語出題分野一覧表

分野		年度	2022		2023		2024		2025予想※	
			1回	2回	1回	2回	1回	2回	1回	2回
現代文	論説文 説明文	主題・要旨	●	●	●	●	●	●	◎	◎
		文脈・接続語・指示語・段落関係	●	●	●	●	●	●	◎	◎
		文章内容	●	●	●	●	●	●	◎	◎
		表現					●		△	
	随筆 日記 手紙	主題・要旨								
		文脈・接続語・指示語・段落関係								
		文章内容								
		表現								
		心情								
	小説	主題・要旨								
		文脈・接続語・指示語・段落関係								
		文章内容	●	●	●	●	●	●	◎	◎
		表現	●	●	●	●	●	●	◎	◎
		心情	●	●	●	●	●	●	◎	◎
		状況・情景								
韻文	詩	内容理解								
		形式・技法								
	俳句 和歌 短歌	内容理解								
		技法								
古典	古文	古語・内容理解・現代語訳	●	●	●	●	●	●	◎	◎
		古典の知識・古典文法				●				△
	漢文	(漢詩を含む)								
国語の知識	漢字 語句	漢字	●	●	●	●	●	●	◎	◎
		語句・四字熟語								
		慣用句・ことわざ・故事成語								
		熟語の構成・漢字の知識								
	文法	品詞								
		ことばの単位・文の組み立て								
		敬語・表現技法								
	文学史									
作文・文章の構成・資料										
その他										

※予想欄　◎印：出題されると思われるもの。　△印：出題されるかもしれないもの。

2024年度　芝浦工業大学柏高等学校(第１回)

【英　語】（50分）〈満点：100点〉

（注意）　1．リスニングテストは試験開始５分後から行います。時間は約15分間です。
2．リスニングテスト開始までは，リスニングの問題を確認しても，他の問題を解答してもかまいません。
3．リスニングテスト終了後は，リスニングの問題を解き続けていても，すぐに他の問題を解答してもかまいません。　〈編集部注：放送文は未公表につき掲載してありません。〉

■放送問題の音声は，学校ホームページで聴くことができます。(https://www.ka.shibaura-it.ac.jp/)

1　(Listening Test)

Questions 1 ～ 5　For each question, choose the correct picture.

1　What is Ann going to do tonight ?

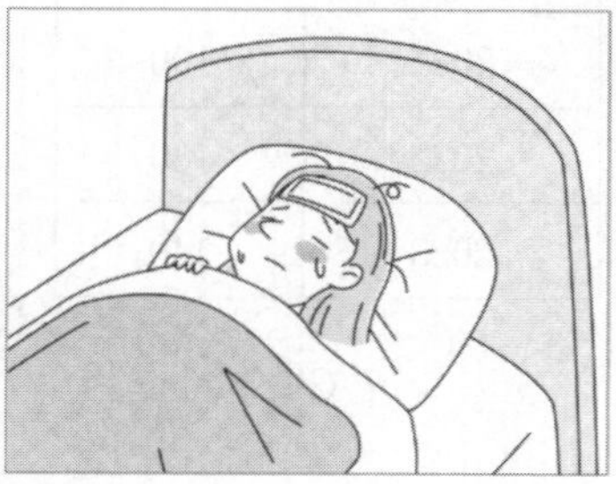

A

B

C

2　What time does the woman need to be at her company ?

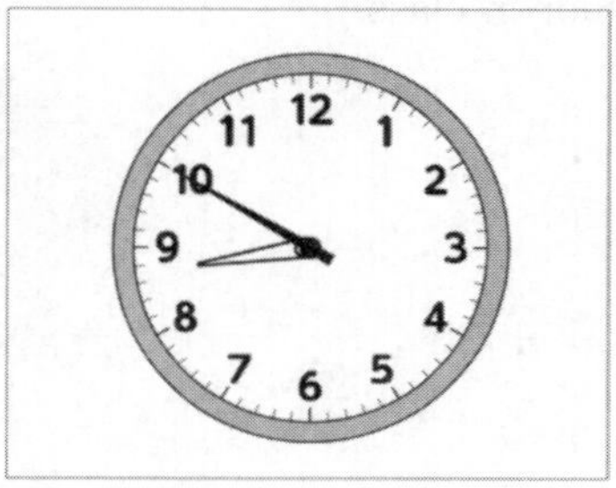

A

B

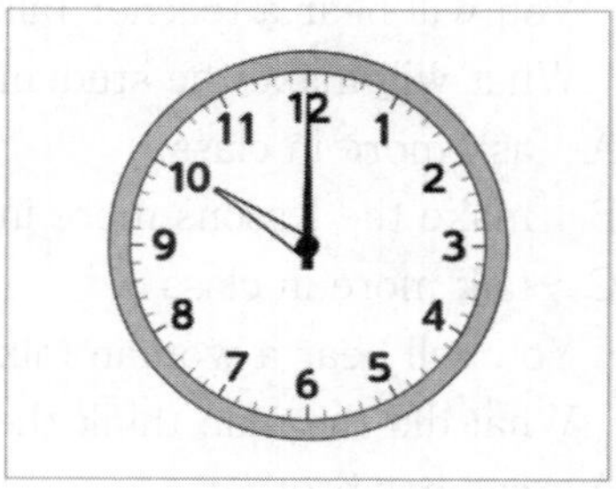

C

3　What does the boy want to do now ?

A

B

C

4　Where are the man and woman talking now ?

A

B

C

5　Which shows the correct change in numbers of birds in the park ?

Number of Birds	
2021	130
2022	100
2023	110

A

Number of Birds	
2021	100
2022	130
2023	120

B

Number of Birds	
2021	100
2022	130
2023	140

C

2　(Listening Test)

Questions 1 ～ 5　For each question, choose the correct answer.

1　You will hear a teacher talking to her students about their behavior in class.
What will make the students listen more in class ?

A　ask more in class
B　make the lessons more interesting
C　talk more in class

2　You will hear a woman talking to a man.
What did the man think the woman should do ?

A　call her brother
B　wait for a message
C　help other people

3　You will hear two friends talking about school.
Who was absent from Mr. Smith's class on Friday ?

A　Meg　　B　David　　C　both David and Meg

4　You will hear two friends talking about clubs.
What club did the boy decide to join this year ?

A　baseball club　　B　tennis club　　C　volunteer club

5　You will hear a girl, Beth, talking to a boy called Taku.
How will they probably go to school ?

A　by train　　B　by bus　　C　by taxi

3 (Listening Test)

Questions 1 ～ 5　For each question, choose the correct answer.

You will hear Mary talking to her friend, Taro, about using smartphones.

1　Mary asked all the students in her class

A　the number of smartphones they have.

B　many things.

C　one question.

2　Students in Taro's class checked their smartphones

A　less than twelve times a day.

B　more than ten times a day.

C　eleven times a day.

3　Taro thinks smartphones are

A　useful for students.　B　not necessary for him.

C　important for face-to-face communication.

4　According to Taro, one important part of communication is

A　using face masks.　B　showing your face.

C　talking on the smartphone.

5　Mary and Taro decided to talk about the problem about using smartphones with other students

A　today.　B　after school.　C　the next day.

4　次の英文を読んで，あとの(1)～(5)の問いに答えなさい。

What are Robotics Engineers ?

Who makes robots ?　Robotics engineers make them !　What kind of people become good robotics engineers ?

They need to be not only creative but also patient.　New problems come up all the time.　It takes a long time to build a good robot.

Robotics engineers make robots for all kinds of different jobs.　They make robots to do hard work. Strong robots can move heavy things easily.

Robotics engineers make robots to build things.　Some things have very small parts.　Robots can put the pieces together very carefully.　Robots make fewer mistakes than people.

Robotics engineers make robots to help people.　Some robots work in hospitals.　Doctors use them to help sick people.　These robots must be carefully made so that they will be clean and safe.

Robotics engineers make robots which play with people.　Today, robots can easily win at chess against people.　So robots play against each other to see which is the best in the world !

How to be a Robotics Engineer

What do robotics engineers study ?　Some students study robots in special programs.　They often join robotics summer camps.　At these camps, they learn about robots and practice making robots of their own.　Some students join contests for making robots.　They can win money for school in these contests.

In university they can study many things.　They can study computers, science, math and engineering. Any degree in one of these fields is useful for robotics engineers.

A four-year degree is enough to start work as a robotics engineer. But with more study, you can start with a better job. Some robotics engineers have masters degrees. Other robotics engineers have Ph.D.s.

The Job of Robotics Engineers

After university, a robotics engineer will usually begin as an assistant engineer in a company. An older, more experienced engineer will work with him or her.

Robotics engineers need to learn how to work on teams. The people on the team listen to each other.

On a big team, some people work on only one part of the robot. Other parts of the team work on different parts. In the end, all parts of the team put their ideas together to make one robot.

Some robotics engineers work in universities. These engineers teach students about robots. A few universities now have degree programs called robotics engineering. More and more universities will have these kinds of programs in the future.

Robotics engineers in universities do not just teach. They also study new ways to make better robots. These engineering teachers do experiments to learn more about robots.

Students often help with these experiments. This is a good way for students to learn about robots.

Robots at Work

Many robots work in companies, such as car companies. In fact, most robots today are found in the factories of car companies. The robots in factories look like machines. Most people never see or work with those robots.

But in other places, people may see robots every day. Those robots need to look nice. They need to look easy to use. Then people will like to have them around.

In the future, robots might look more like people. Then anyone will feel fine working with them.

Robots not only work. They also explore. Some robots explore dangerous places where people can't go. They explore in space or under the water. They help scientists learn about these places.

Looking to the Future

Robots are being used in more places every year. Stores, hotels, museums, and farms are using them. More and more robotics engineers are needed to make the kinds of robots these places want.

Does this job look interesting to you？ Maybe you can be a robotics engineer in the future！

【出典】 Kelly Daniels, *Robotics Engineers*, 2018

（注） degree （大学卒業）学位 Ph.D.s. 博士号

問 次の(1)〜(4)がそれぞれ本文の内容に合う英文になるように，（ ）に入る最も適当なものを，下のア〜エのうちから一つずつ選びなさい。

(1) Robotics engineers make robots (　　　　　)

ア to make light things heavy.

イ　to break some parts into small pieces.
ウ　to help patients in hospitals.
エ　to correct people's mistakes.

(2)　Some students who want to be robotics engineers (　　　　)
ア　practice building their own robots at the camp.
イ　join contests for making robots in order to get money.
ウ　should study as many subjects as they can.
エ　work for a company and receive training.

(3)　Robotics engineering teachers in university (　　　　)
ア　work to find better universities for students.
イ　make new robots to develop degree programs of robotics engineering.
ウ　work with companies to get money for research.
エ　do experiments and try to find new ways to improve robots.

(4)　Some robots (　　　　)
ア　look like people, so there is no difference.
イ　examine places people can't go to and they help scientists with their research.
ウ　work in universities and teach students how to make robots.
エ　are made by the best robotics engineers and work best.

(5)　本文の内容に一致するものを，次のア～カのうちから二つ選びなさい。
ア　Good robotics engineers should not give up even if they face new problems.
イ　It costs a lot of money to be a good robotics engineer because robots are expensive.
ウ　After university, robotics engineers will work for companies as professional engineers.
エ　Robotics engineers need to work together on teams to create one robot.
オ　Most robots that work in car factories are the same types of robots that work in hotels.
カ　People who are interested in robotics engineering can become professors.

5　次の英文を読んで，あとの(1)～(7)の問いに答えなさい。

Sharks are already in serious trouble worldwide, mainly because of overfishing. But a recent study shows ①<u>they're even worse off than we thought.</u> In research on 371 reefs in 58 nations, from the middle of the Pacific to the Bahamas, researchers found out that around 20 percent of sharks disappeared. In the worst case, almost no sharks were found in some reefs, such as in Colombia and Sri Lanka. The reefs there are closer to the places where people live.

②<u>The study</u> was published in the magazine, "Nature" in 2020. This study was also part of the Global FinPrint project. Enric Sala, a researcher at National Geographic, said it's the biggest study ever about sharks in reefs. Aaron MacNeil, who studied together with Sala, set out more than 15,000 cameras. He said the snapshots showed that species such as grey reef sharks and blacktip reef sharks were often missing from the reefs. They historically lived there. Sala says, "There were no sharks in a fifth of the reefs we studied. Even in some areas where reef sharks are still found, there are much fewer of them now. Because of this, ③<u>they no longer play the same ecological roles as hunters.</u>"

Nick Graham, a marine biologist at Lancaster University in the U.K., who did not take part in the research, says that although the study with cameras was done on a local scale, this study can be used globally.

One-third of the world's more than 500 shark species are in danger of extinction by overfishing for shark meat and fins. Graham agrees that sharks are easily overfished, so it is a rare case to meet sharks when people dive in many countries.

Sharks will not come back just by creating spaces for them. Working with fishers is also key, such as setting catch limits and reducing fishing tools that harm sharks. Graham says the study shows the importance of ④these approaches. He also says, "By more carefully controlling how sharks are fished and reducing the number of sharks killed accidentally, populations will have a better chance to recover."

⑤"Communication and understanding also have big roles to play," says Carlee Jackson, a shark researcher. "People in many countries often eat shark meat, but it's never okay to tell them that they're doing something 'wrong.' Instead, it is important that people around the world understand how important sharks are to the health of the oceans. Then, some people may stop fishing and start ⑥eco-tourism to save sharks and the reefs they call home," Jackson says.

"This is good for local people too because they can show sharks to diving tourists many times over. You can sell a dead shark only once if you want," Sala said.

【出典】 *National Geographic : Sharks — Rulers of the Deep —*

（注） reef(s) サンゴ礁　fin(s) ヒレ

(1) 本文中の下線部①の内容として最も適当なものを，次のア～エのうちから一つ選びなさい。

ア The reefs in some countries have been damaged because of human activities.

イ Around 20 percent of sharks were still found in the reefs in some countries.

ウ Almost no sharks could be seen in the reefs in some areas.

エ The population of sharks is reducing more than that of humans.

(2) 本文中の下線部②からわかったこととして最も適当なものを，次のア～エのうちから一つ選びなさい。

ア Sharks can be seen everywhere though the total number is smaller.

イ Sharks are disappearing from the reefs which they used to live in.

ウ The sizes of sharks are getting bigger and bigger.

エ Sharks are eaten more than before.

(3) 本文中の下線部③の理由として最も適当なものを，次のア～エのうちから一つ選びなさい。

ア Shark populations have decreased.

イ Sharks are the most common species in the ocean.

ウ The number of sharks is increasing.

エ Sharks are not endangered species.

(4) 本文中の下線部④の内容として適当でないものを，次のア～エのうちから一つ選びなさい。

ア Controlling how sharks are fished

イ Setting fishing limits

ウ Reducing fishing tools that harm sharks

エ Eating more shark meat

(5) 本文中の下線部⑤の発言の目的として最も適当なものを，次のア～エのうちから一つ選びなさい。

ア To tell people to try to eat shark meat

イ To make people understand the importance of sharks

ウ　To make people notice sharks as dangerous animals in the ocean

エ　To raise money to protect shark habitats

(6)　本文中の下線部⑥の具体例として最も適当なものを，次のア～エのうちから一つ選びなさい。

ア　To reduce the number of sharks

イ　To overfish sharks

ウ　To promote the culture of eating sharks

エ　To show sharks to diving tourists many times

(7)　本文のタイトルとして最も適当なものを，次のア～エのうちから一つ選びなさい。

ア　How Global Study Locally Succeeds

イ　Eco-tourism Kills Sharks ?

ウ　A World without Sharks ?

エ　The Joy of Diving with Sharks

6　次の英文を読んで，あとの(1)～(7)の問いに答えなさい。

I am an Ainu living at the mouth of the Ishikari River. One fall day, I went upstream to catch salmon for the long winter. However, somehow, I did not feel like fishing and went on farther upstream. The sun almost set, so I asked to stay in a big house. There lived a middle-aged married couple and their son. Their faces showed sadness though I didn't know why. They sometimes shed tears, and the son soon lay down on a young couple's bed. That night I felt like going along the river again for no reason and that kept me awake. As the sky became lighter, I started walking along the river.

Like someone was pulling me forward, I kept on running to a small house in the deep forest. The house was so quiet that I carefully walked toward it and looked inside. To my surprise, a beautiful woman was crying sadly with her child in her arms. I asked the woman, "Why are you living alone with your child in such a remote place ?"

She answered, "I am from the middle reach of the Ishikari River. The only son of a rich family asked me to marry him, and I did. We lived happily and were having a baby. My job was gathering firewood. One day my father-in-law told me to find another spot for collecting firewood. So, he took me to the forest while my husband was out. However, after I finished the job, he disappeared. I couldn't find him, or remember the way home. So, I had to give birth to my son here." Her eyes were full of tears. "Another fearful thing is that every night a bear comes to our house. I sit still holding my son tight in my arms. Then a dog always comes out from nowhere and chases the bear away. I feel like I am waiting for the moment of death. I always wear a small wooden dog my brother made. When I got married, he told me to wear this all the time for protection. It is gone while the dog is fighting with the bear outside and it comes back to me when the fighting is over. This protects us. I have waited day and night for someone to rescue us."

My heart was full of pity. I realized that she was from the family I had visited the day before. Then a terrible noise came close to the house, and a dog dashed out from nowhere and attacked the bear. The howling and barking continued for a while and became distant. Saying to the woman, "Stay here," I followed the bear's tracks with my bow and arrows. The bear was lying still under some fallen trees. I got closer, took an arrow and shot it to death. Then I found the wooden dog covered in blood nearby. I picked it up and returned it to the woman.

That night I had a dream. A young man appeared and said, "I am the Bear God. I've done something wrong. I fell in love with the woman the wooden dog protected. I could never forget her. I wanted her so badly that I used my power on her father-in-law and made him bring her here. So, he wasn't wrong at all. However, the spirit of the wooden dog kept me away from her. I am also sorry that she had to give birth alone." I woke to find that she and I had the same dream. We thanked the God of Dogs for saving her and her son. After breakfast, we left there and safely returned to their home. All the family cried with joy. They lived happily ever after.

【出典】 *The Romance of the Bear God*

問 次の(1)〜(3)がそれぞれ本文の内容に合う英文になるように，(　)に入る最も適当なものを，下のア〜エのうちから一つずつ選びなさい。

(1) The Ainu decided to ask to stay overnight because (　　　)

ア he couldn't catch any salmon.

イ it was too late to return home.

ウ he was tired and hungry.

エ he was worried about the family.

(2) The Ainu left the big house in the morning because (　　　)

ア he wanted to know why the family was sad.

イ he liked to run under the morning sun.

ウ he felt he should go without knowing why.

エ he kept on pulling someone forward.

(3) After the Ainu heard what was happening to the woman, (　　　)

ア he was moved by her courage to live by themselves.

イ he was angry at her father-in-law for what he did.

ウ he took the woman and her son to their home right away.

エ he guessed that she could be the wife of the young man he met the day before.

問 本文の内容に関する次の(4)〜(6)の質問に対する最も適当な答えを，下のア〜エのうちから一つずつ選びなさい。

(4) Which is NOT TRUE for the woman living in the deep forest ?

ア She was lost in the deep forest and wanted to go home.

イ She fell in love with the Bear God though she was married.

ウ She gave birth and raised her son all by herself.

エ She was sure that she was protected by the wooden dog.

(5) Which is NOT TRUE for the wooden dog ?

ア It was so strong that it finally killed the Bear God.

イ Its spirit kept the Bear God from getting closer to the woman.

ウ The beautiful woman was told by her brother to always wear it.

エ It fought against the Bear God to protect the woman and her son.

(6) What did the Bear God want to do with his power ?

ア to make the beautiful woman his

イ to find a beautiful woman

ウ to become an Ainu man

エ to hold a better spirit

(7) 次の六つの文を本文の流れに合う英文にするとき，A～Dを出来事が起こった順に並べ替えたものとして最も適当な組み合わせを，下のア～エのうちから一つ選びなさい。

第一文　An Ainu went fishing in the Ishikari River.

A　The bear was killed with an arrow.

B　The Bear God appeared in the Ainu's dream.

C　The Ainu found a woman and her son living in the forest.

D　The Ainu saw a dog and a bear fighting.

第六文　The woman and her son returned to their family.

ア　B→D→A→C　　イ　C→A→D→B

ウ　C→D→A→B　　エ　D→B→A→C

【数　学】（50分）〈満点：100点〉

（注意）　問題の文中の $\boxed{ア}$，$\boxed{イ}\boxed{ウ}$ などの $\boxed{}$ には，特に指示のない限り数値が入る。次の方法で解答用紙の指定欄に記入しなさい。

(1)　ア，イ，ウ，……の一つ一つは０から９までの数字が入る。

(2)　分数形で解答が求められているときは，約分された形で答える。

(3)　分数形で解答が求められているときに，得られた解答が整数であれば，分母は１として答える。

(4)　根号のついた値は，根号内を可能な限り小さな整数として表す。

1　次の問いに答えよ。

(1)　$\frac{16}{7}\times\left(\frac{\sqrt{7}}{2}-\frac{\sqrt{21}}{4}\right)^2=\boxed{ア}-\boxed{イ}\sqrt{\boxed{ウ}}$

(2)　x，y についての連立方程式 $\begin{cases} ax-(b-5)y=-5 \\ \frac{by}{2}-\frac{bx-ay}{3}=14 \end{cases}$ の解が $x=-2$，$y=3$ のとき，$a=\boxed{エ}$，$b=\boxed{オ}$

(3)　n を自然数とする。$\sqrt{\frac{200-n}{11}}$ が自然数となるとき，もっとも小さい n の値は $\boxed{カ}\boxed{キ}$

(4)　右の図の△ABC で，∠ABC＝60°，AB＝8cm である。
辺 AB の中点をMとし，辺 BC 上に BC⊥MH となる点Hをとる。
BH：HC＝1：2のとき，AC＝$\boxed{ク}\sqrt{\boxed{ケ}\boxed{コ}}$ cm

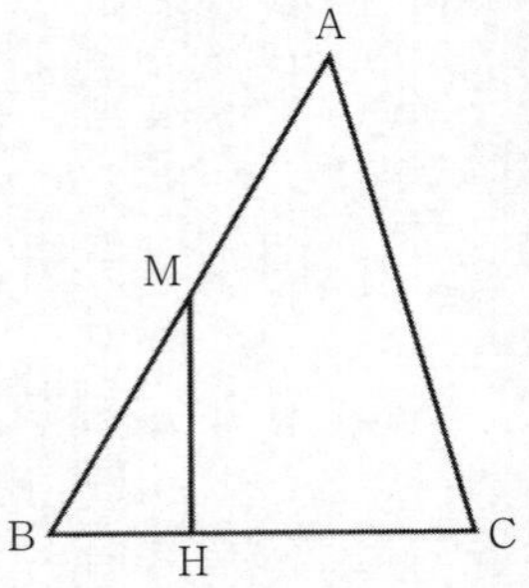

2　２点Ａ，Ｂは，放物線 $y=ax^2$ と直線 $y=-x+6$ の交点で，点Ａの x 座標は－6である。

点Ａを通り y 軸に平行な直線と x 軸との交点をＣ，線分 AO と線分 BC との交点をＤ，直線 $y=-x+6$ と x 軸との交点をＥとする。

線分 AD 上に点Ｆを，△AEF の面積が△ABD の面積と等しくなるようにとる。

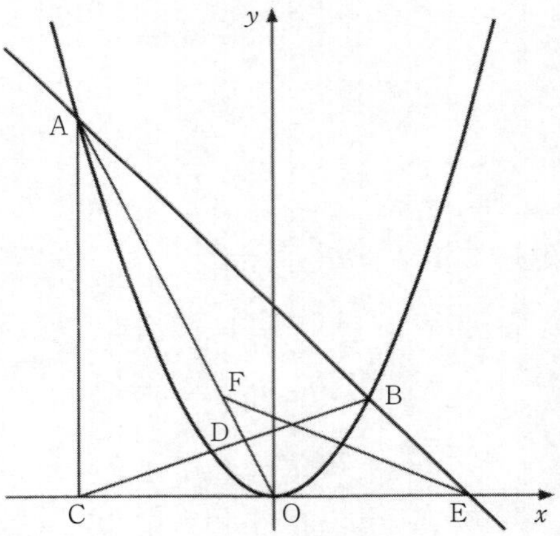

(1)　$a=\frac{\boxed{ア}}{\boxed{イ}}$

(2)　直線 BC の式は $y=\frac{\boxed{ウ}}{\boxed{エ}}x+\boxed{オ}$

(3)　△ABD の面積は△ACD の面積の $\frac{\boxed{カ}}{\boxed{キ}}$ 倍

(4)　線分 AO の長さは線分 AF の長さの $\frac{\boxed{ク}\boxed{ケ}}{\boxed{コ}}$ 倍

3 次の問いに答えよ。

(1) x 人の生徒を対象に，平日１日の学習時間について調査を行った。右の表は，この調査結果を階級の幅を40分としてまとめたときの，各階級の相対度数を示したものである。

学習時間が２時間以上であった生徒は26人であった。

① $x=$ [ア][イ]

② この調査結果の中央値を含む階級の階級値は [ウ][エ][オ] 分

階級(分) 以上　未満	相対度数
0～ 40	0.04
40～ 80	0.12
80～120	0.32
120～160	0.38
160～200	0.14
計	1.00

(2) 右の図のように，縦横６マスずつの表に１から36までの数字が１つずつ書かれている。１から６までの目が出るさいころを３回投げ，１回目に出た目の数を a，２回目に出た目の数を b，３回目に出た目の数を c とする。

表の上から a 段目の左から b 番目の数を x とし，$\frac{x}{c}$ の値について考える。

1	2	3	4	5	6
7	8	9	10	11	12
13	14	15	16	17	18
19	20	21	22	23	24
25	26	27	28	29	30
31	32	33	34	35	36

① c が４以上，$\frac{x}{c}$ の値が整数，の両方が成り立つ確率は $\frac{[カ][キ]}{[ク][ケ][コ]}$

② c が２以上，$\frac{x}{c}$ の値が素数，の両方が成り立つ確率は $\frac{[サ][シ]}{[ス][セ][ソ]}$

4 AB＝12cm を直径とする半円Oの $\overset{\frown}{AB}$ 上に $\overset{\frown}{AC}:\overset{\frown}{CD}:\overset{\frown}{DB}=1:3:2$ となる点C，Dがある。

線分 AD と線分 BC との交点をEとする。

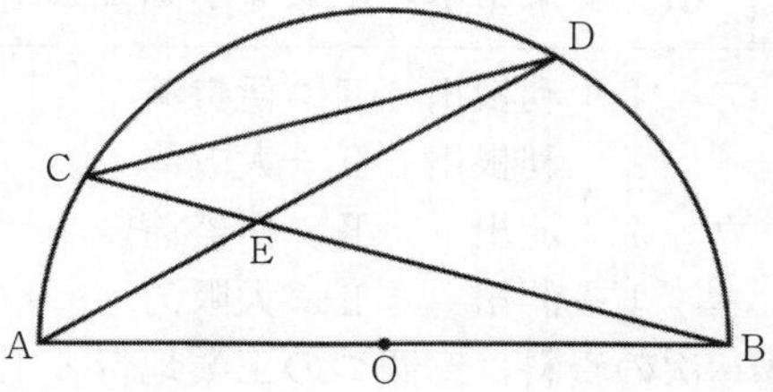

(1) ∠ABC＝[ア][イ]°

(2) CD＝[ウ]$\sqrt{[エ]}$ cm

(3) BE＝[オ]$\sqrt{[カ]}$ cm

(4) △CDE の面積は（[キ]$\sqrt{[ク]}$－[ケ]）cm^2

5 １辺の長さが６cm の正三角形 ABC を底面とし，OA＝OB＝OC＝5cm である正三角すい O-ABC がある。

頂点Bから辺 OA にひいた垂線と辺 OA との交点をDとする。

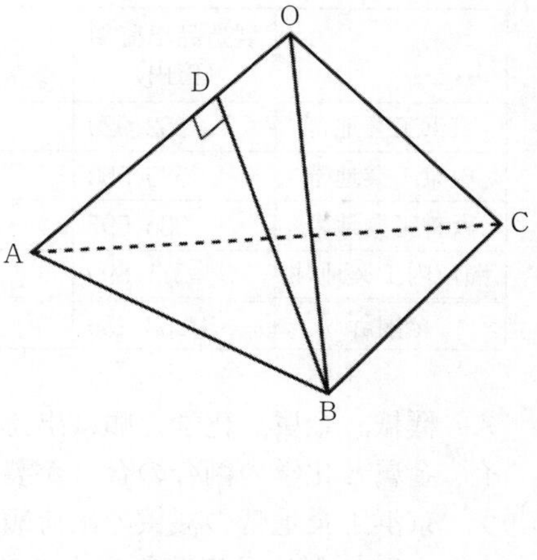

(1) △OAB の面積は [ア][イ] cm^2

(2) BD＝$\frac{[ウ][エ]}{[オ]}$ cm

(3) △BCD の面積は $\frac{[カ]\sqrt{[キ][ク]}}{[ケ]}$ cm^2

(4) 正三角すい O-ABC の体積は [コ]$\sqrt{[サ][シ]}$ cm^3

【社　会】（50分）〈満点：100点〉

1　右の図を見て，次の(1)～(5)の問いに答えなさい。

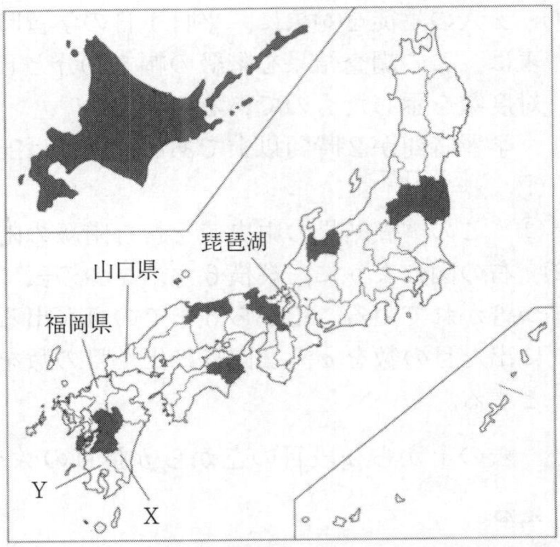

(1)　図中に■で示した七つの道府県についての説明として最も適当なものを，次のア～エのうちから一つ選びなさい。

ア　七つの道府県のうち，道府県名に「島」が使われている道府県は，全部で三つある。

イ　七つの道府県のうち，道府県名と道府県庁所在地名が異なる県は，全部で三つある。

ウ　日本の七つの地方区分のうち，七つの道府県がいずれも属していない地方が一つある。

エ　七つの道府県はいずれも，道府県内に新幹線の駅がある。

(2)　次の文章は，図中の琵琶湖について述べたものである。文章中の［Ⅰ］，［Ⅱ］にあてはまるものの組み合わせとして最も適当なものを，あとのア～エのうちから一つ選びなさい。

> 琵琶湖は日本で最大の面積を有する湖であり，琵琶湖が位置する滋賀県の面積全体の約６分の１を占めている。琵琶湖は［　Ⅰ　］を通じて［　Ⅱ　］に流れ込んでおり，周辺地域の生活・産業用水の重要な水源となっている。

ア　Ⅰ：利根川　Ⅱ：伊勢湾

イ　Ⅰ：利根川　Ⅱ：大阪湾

ウ　Ⅰ：淀川　Ⅱ：伊勢湾

エ　Ⅰ：淀川　Ⅱ：大阪湾

(3)　次の資料は，四つの工業地帯・工業地域及び全国の製造品出荷額と，そのうちの金属，機械，化学，食料品の出荷額割合を示したものである。資料から読み取れることとして最も適当なものを，あとのア～エのうちから一つ選びなさい。

資料　四つの工業地帯・工業地域と全国の製造品出荷額（2019年）

	製造品出荷額（億円）	金属（%）	機械（%）	化学（%）	食料品（%）
京浜工業地帯	252,929	9.4	47.0	18.7	11.6
中京工業地帯	589,550	9.5	68.6	6.6	4.7
阪神工業地帯	336,597	20.9	37.9	15.9	11.1
瀬戸内工業地域	311,899	18.1	35.1	22.3	7.8
全国計	3,253,459	13.5	45.3	13.3	12.2

（「日本国勢図会 2022/23」より作成）

ア　機械，金属，化学の順に出荷額が多い工業地帯・工業地域は一つある。

イ　金属と化学の割合の合計が製造品出荷額の３割をこえている工業地帯・工業地域は三つある。

ウ　京浜工業地帯の機械の出荷額は，阪神工業地帯の機械の出荷額より少ない。

エ　全国の製造品出荷額に占める，四つの工業地帯・工業地域の製造品出荷額の合計の割合は，50%を上回っている。

(4)　次の文は，図中のXとYの県について述べたものである。文中の［　］にあてはまる内容として最も適当なものを，あとのア～エのうちから一つ選びなさい。

> 図中のXの県の南部からYの県にかけての地域には，火山からの噴出物が積もったシラス（シラス台地）が広がっており，この土地は［　　　　　］の農業が行われている。

ア　水を通しにくいため，稲作中心
イ　水を通しにくいため，畜産や畑作中心
ウ　水を通しやすいため，稲作中心
エ　水を通しやすいため，畜産や畑作中心

(5)　次の地形図は，図中の山口県と福岡県を結ぶ橋の周囲の地域を示したものである。これを見て，あとの①，②の問いに答えなさい。

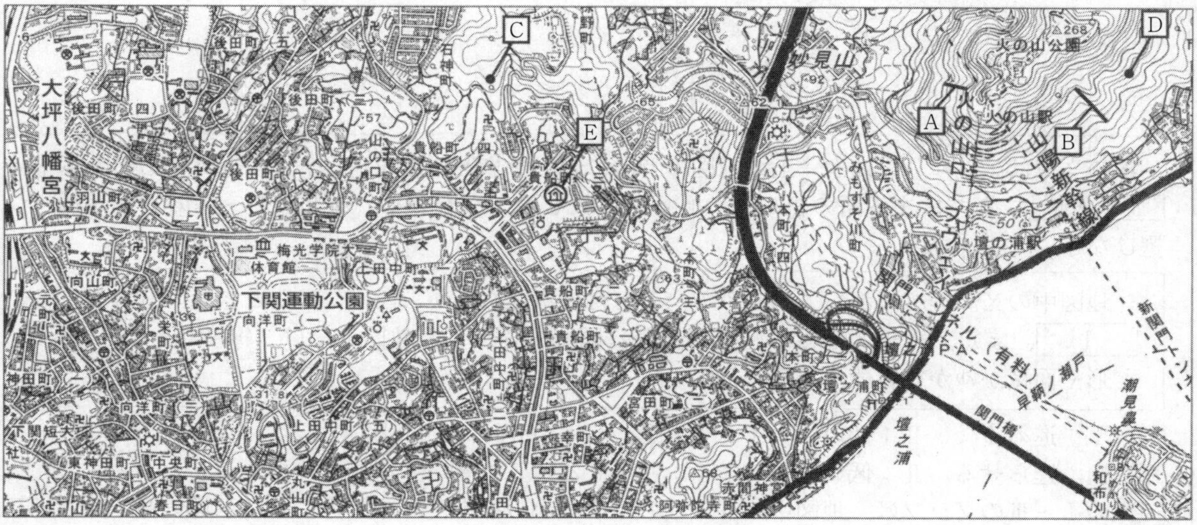

（国土地理院　平成30年発行1：25,000「下関」より作成）

①　実際の距離が2kmある経路は，この地形図上では何cmで表されるか。最も適当なものを，次のア～エのうちから一つ選びなさい。

ア　2.5cm　　イ　5cm
ウ　6.25cm　　エ　8cm

②　この地形図について述べた文として最も適当なものを，次のア～エのうちから一つ選びなさい。

ア　Aの斜面とBの斜面では，Aの斜面のほうが傾斜がゆるやかである。
イ　C地点の標高は，D地点の標高より高い。
ウ　「下関運動公園」から見て，「大坪八幡宮」はおおよそ北西の方角にある。
エ　Eで示した ⌂ の地図記号は，博物館（美術館）を示している。

2 　さゆりさんたちは，緯線と経線が直角に交わる図法で描かれた次の地図を使って，世界の国々の様子について学習した。これに関して，あとの(1)～(7)の問いに答えなさい。

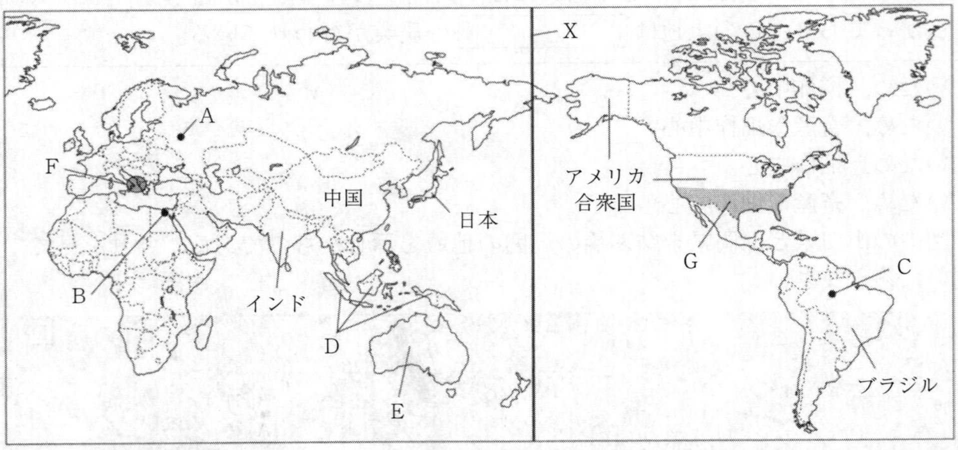

(1)　次の文章は，さゆりさんが，上の地図の特徴についてまとめたレポートの一部である。文章中の［Ⅰ］，［Ⅱ］にあてはまる語の組み合わせとして最も適当なものを，あとのア～エのうちから一つ選びなさい。

> 地図中のXの経線に沿って引かれている日付変更線を東から西にこえるときは，日付を１日［　Ⅰ　］。また，緯線と経線が直角に交わる図法で描かれた地図上では，緯度が［　Ⅱ　］ほど形や面積がゆがむ特徴がある。

ア　Ⅰ：進める　　Ⅱ：低い　　イ　Ⅰ：進める　　Ⅱ：高い
ウ　Ⅰ：遅らせる　Ⅱ：低い　　エ　Ⅰ：遅らせる　Ⅱ：高い

(2)　次のⅠ～Ⅲのグラフは，地図中のA～Cのいずれかの都市における月ごとの平均気温と降水量及び年平均気温と年降水量を示したものである。Ⅰ～Ⅲのグラフにあてはまる都市の組み合わせとして最も適当なものを，あとのア～カのうちから一つ選びなさい。

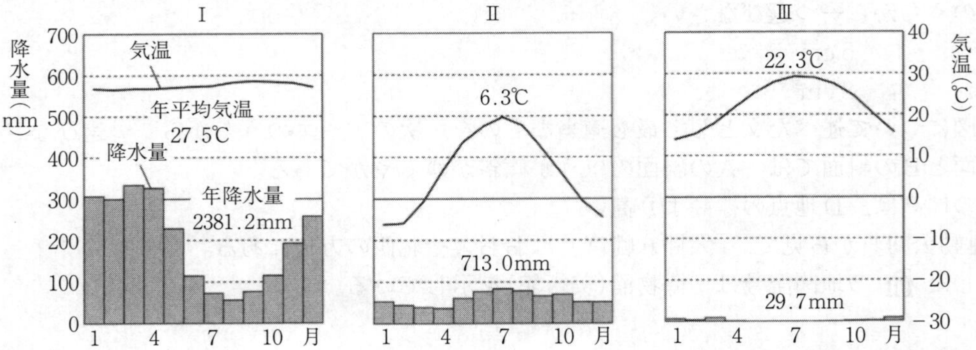

（「理科年表 2023」より作成）

ア　Ⅰ：A　Ⅱ：B　Ⅲ：C　　イ　Ⅰ：A　Ⅱ：C　Ⅲ：B
ウ　Ⅰ：B　Ⅱ：A　Ⅲ：C　　エ　Ⅰ：B　Ⅱ：C　Ⅲ：A
オ　Ⅰ：C　Ⅱ：A　Ⅲ：B　　カ　Ⅰ：C　Ⅱ：B　Ⅲ：A

(3)　次のⅠ，Ⅱの文は，地図中のDの国について述べたものである。Ⅰ，Ⅱの文の正誤の組み合わせとして最も適当なものを，あとのア～エのうちから一つ選びなさい。

Ⅰ　国土が北半球と南半球にまたがっており，国民の大多数は仏教を信仰している。

Ⅱ　アジアを細かく分けたとき東南アジアに属しており，ASEANの加盟国である。

ア　Ⅰ：正　Ⅱ：正　　イ　Ⅰ：正　Ⅱ：誤

ウ　Ⅰ：誤　Ⅱ：正　　エ　Ⅰ：誤　Ⅱ：誤

(4)　次の文章は，地図中のＥの国で産出量が多いある鉱産資源について述べたものである。この鉱産資源として最も適当なものを，あとのア～オのうちから一つ選びなさい。

この鉱産資源は，かつて日本では筑豊地域などをはじめ，多く国内で産出されていたが，1960年代のエネルギー革命を機に，国内の産出地の多くは閉鎖に追いこまれた。そのため，現在この鉱産資源の日本の自給率は低く，国内消費量のほとんどを海外からの輸入に依存している。

ア　石油　　イ　天然ガス　　ウ　ボーキサイト

エ　石炭　　オ　鉄鉱石

(5)　地図中のＦの地域でさかんに行われている農業について述べた文として最も適当なものを，次のア～エのうちから一つ選びなさい。

ア　乳牛を飼い，生乳やチーズを生産する。

イ　小麦の栽培と家畜の飼育を組み合わせる。

ウ　夏はオリーブなど，冬は小麦を栽培する。

エ　森林を焼いた灰を肥料に農作物をつくる。

(6)　地図中のＧの地域は，産業の中心がICT産業などの新しい産業に変化する中で，産業が発達した地域である。この地域の名称として最も適当なものを，次のア～エのうちから一つ選びなさい。

ア　サンベルト　　　イ　プレーリー

ウ　シリコンバレー　　エ　パンパ

(7)　次の資料は，さゆりさんが，地図中の中国，インド，アメリカ合衆国，ブラジル及び日本の農業などの統計についてまとめたものである。あとのⅠ～Ⅳの文のうち，資料から読み取れることについて正しく述べた文はいくつあるか。最も適当なものを，下のア～エのうちから一つ選びなさい。

資料　5か国の農業などの統計(2019年)

国名	農地面積(千ha)	農林水産業就業人口(千人)	穀物生産量(千ｔ)	穀物輸入量(千ｔ)
中国	527,714	194,382	612,913	19,570
インド	179,578	199,809	324,331	739
アメリカ合衆国	405,811	2,189	421,810	11,444
ブラジル	236,879	8,564	121,240	11,681
日本	4,397	2,279	11,832	25,029

(「世界国勢図会 2022/23」より作成)

Ⅰ　5か国中で農地面積が最も大きい国は，農林水産業就業人口と穀物生産量が最も多い。

Ⅱ　5か国中で農林水産業就業者1人あたりの農地面積が最も大きい国はアメリカ合衆国である。

Ⅲ　5か国中で農林水産業就業人口が1000万人未満の国は，いずれも穀物輸入量が1000万ｔ以上ある。

Ⅳ　5か国中で穀物輸入量が最も多い国は，1haあたりの穀物生産量が2ｔ以下である。

ア　一つ　　イ　二つ　　ウ　三つ　　エ　四つ

3　たつきさんたちが作成した次のパネルＡ～Ｄに関して，あとの(1)～(7)の問いに答えなさい。

Ａ：打製石器

相沢忠洋が群馬県岩宿で打製石器を発見したことをきっかけとして，1949年には日本に $_{a}$旧石器時代が存在していたことが判明した。

Ｂ：琵琶

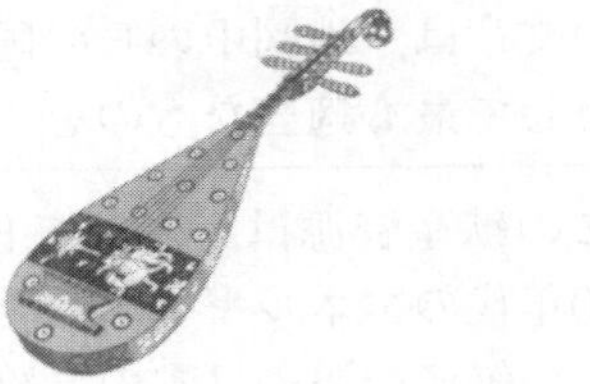

$_{b}$平安時代以降，琵琶を使って音楽を演奏する琵琶法師が現れ，$_{c}$中世には，『［　Ⅰ　］』などの軍記物の弾き語りが行われた。

Ｃ：太閤検地

［　Ⅱ　］は土地の石高を調べるため，太閤検地を行った。検地に伴い，$_{d}$律令制以来使われていた面積などが変更された。

Ｄ：新しい農具

［　Ⅲ　］ために使われる千歯こきは，$_{e}$江戸時代に発明された。新しい農具の発明などにより，江戸時代には農業生産力が向上した。

(1)　パネルＢ，Ｃの［Ⅰ］，［Ⅱ］にあてはまるものの組み合わせとして最も適当なものを，次のア～エのうちから一つ選びなさい。

ア　Ⅰ：源氏物語　Ⅱ：豊臣秀吉
イ　Ⅰ：源氏物語　Ⅱ：織田信長
ウ　Ⅰ：平家物語　Ⅱ：豊臣秀吉
エ　Ⅰ：平家物語　Ⅱ：織田信長

(2)　パネルＡの下線部ａの日本列島の様子について説明したものとして最も適当なものを，次のア～エのうちから一つ選びなさい。

ア　当時は気温が高く海水面が現在より高かったため，日本列島は大陸から切り離されていた。
イ　当時は気温が高く海水面が現在より低かったため，日本列島は大陸と地続きになっていた。
ウ　当時は気温が低く海水面が現在より高かったため，日本列島は大陸から切り離されていた。
エ　当時は気温が低く海水面が現在より低かったため，日本列島は大陸と地続きになっていた。

(3)　次のⅠ～Ⅳの文のうち，パネルＢの下線部ｂの時期に起こった世界のできごとについて正しく述べた文はいくつあるか。あとのア～エのうちから一つ選びなさい。

Ⅰ　カトリック教会が免罪符を販売したことに抗議して，ルターがドイツで宗教改革を始めた。
Ⅱ　ローマ教皇の呼びかけに応じて，聖地エルサレムの奪還をめざし十字軍が初めて派遣された。
Ⅲ　東西の交易路としてシルクロードが開かれ，馬や絹織物などがやり取りされるようになった。
Ⅳ　反乱などにより唐が衰退して滅亡し，やがて宋が中国を統一した。

ア　一つ　　イ　二つ　　ウ　三つ　　エ　四つ

(4)　次のⅠ～Ⅲの文は，パネルBの下線部cのころに起こったできごとについて述べたものである。Ⅰ～Ⅲの文を年代の古いものから順に並べたものを，あとのア～カのうちから一つ選びなさい。

Ⅰ　京都に六波羅探題を置き，朝廷を監視《かんし》した。

Ⅱ　北朝と南朝が，約60年間戦いを続けた。

Ⅲ　後白河上皇(法皇)の皇子が，平氏打倒の命令を出した。

ア　Ⅰ→Ⅱ→Ⅲ　　イ　Ⅰ→Ⅲ→Ⅱ　　ウ　Ⅱ→Ⅰ→Ⅲ

エ　Ⅱ→Ⅲ→Ⅰ　　オ　Ⅲ→Ⅰ→Ⅱ　　カ　Ⅲ→Ⅱ→Ⅰ

(5)　パネルCの下線部dに関連して，律令制の下で都から地方に派遣され，地方豪族の中から任命された役人を指揮して国内を治めた役職として最も適当なものを，次のア～エのうちから一つ選びなさい。

ア　大名　　イ　国司　　ウ　里長　　エ　守護

(6)　パネルDの［Ⅲ］にあてはまる内容として最も適当なものを，次のア～エのうちから一つ選びなさい。

ア　稲の穂からもみを取りはずす

イ　米ともみ殻《がら》などとを選別する

ウ　土地を深く耕す

エ　米などを粒の大きさにより選別する

(7)　パネルDの下線部eに関連して，次の資料1は，江戸時代に起こった百姓一揆の発生件数の推移を示したものである。資料2は，江戸時代に政治を行った主な人物についてまとめたものである。資料1，資料2から読み取れることとして最も適当なものを，あとのア～エのうちから一つ選びなさい。

資料1

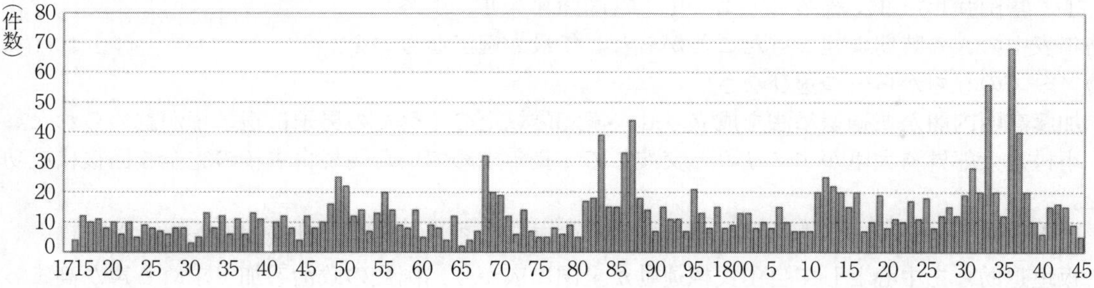

(青木虹二「百姓一揆の年次的研究」より作成)

資料2

人物	政治を行った期間	人物	政治を行った期間
徳川吉宗	1716～1745年	田沼意次	1772～1786年
松平定信	1787～1793年	水野忠邦	1841～1843年

ア　徳川吉宗が政治を行った期間のどの年も，百姓一揆の件数は10件未満である。

イ　田沼意次が政治を行った期間に天保のききんが起こり，百姓一揆が増加している。

ウ　資料1中で最も百姓一揆の件数が多かった年には，資料2中の4人とも政治を行っていない。

エ　水野忠邦が政治を行った期間，百姓一揆の件数は増加し続けている。

4　次の略年表は，ゆかりさんが，19世紀後半以降の日本の主なできごとを調べ，まとめたものである。これに関して，あとの(1)〜(6)の問いに答えなさい。

年代	主なできごと	
1868	明治政府が a 新しい政治の方針として五箇条の御誓文を発表する	
1889	ドイツ（プロイセン）の憲法を手本とした大日本帝国憲法が発布される	↑
1894	朝鮮をめぐって対立していた日本と中国が b 日清戦争を始める	A
1902	ロシアの南下政策をともに警戒していた日本とイギリスが同盟を結ぶ	↓
1914	日本がイギリスとの同盟を理由に連合国側で第一次世界大戦に参戦する	↑
		B
1919	日本が戦勝国の一員としてベルサイユ条約に調印する	↓
1941	日本が c 太平洋戦争を始める	
1945	日本がポツダム宣言を受諾して無条件降伏し，d 連合国軍による占領が始まる	

(1)　略年表中の下線部aに関連して，次の文章は，明治政府が進めた政策について述べたものである。文章中の［Ⅰ］，［Ⅱ］にあてはまる語の組み合わせとして最も適当なものを，あとのア〜エのうちから一つ選びなさい。

> 明治政府は欧米列強に対抗し，［　Ⅰ　］のスローガンの下，さまざまな近代化政策を進めた。資料1の官営模範工場では，［　Ⅱ　］の生産が行われるなど，殖産興業の政策がとられた。

資料1

（「国立国会図書館デジタルコレクション」より作成）

ア　Ⅰ：文明開化　Ⅱ：綿糸　　イ　Ⅰ：文明開化　Ⅱ：生糸
ウ　Ⅰ：富国強兵　Ⅱ：綿糸　　エ　Ⅰ：富国強兵　Ⅱ：生糸

(2)　略年表中のAの時期に起こったことがらとして最も適当なものを，次のア〜エのうちから一つ選びなさい。

ア　加藤高明内閣が普通選挙法を成立させ，満25歳以上のすべての男子に選挙権が認められた。
イ　小村寿太郎外務大臣がアメリカと交渉して，長年求めていた関税自主権の完全な回復に成功した。
ウ　田中正造の活動をきっかけに，足尾銅山の鉱毒による水質汚染が社会問題となった。
エ　板垣退助らを中心として自由民権運動が全国に広がり，国民の政治参加を求める声が高まった。

(3)　次のⅠ，Ⅱの文は，略年表中の下線部bについて述べたものである。Ⅰ，Ⅱの文の正誤の組み合わせとして最も適当なものを，あとのア〜エのうちから一つ選びなさい。

Ⅰ　日本は日清戦争で得た領土の一部を，ロシア，ドイツ，フランスの干渉により返還した。
Ⅱ　日清戦争は，朝鮮で起こった甲午農民戦争に対し，両国が朝鮮に出兵したことから始まった。

ア　Ⅰ：正　Ⅱ：正　　イ　Ⅰ：正　Ⅱ：誤
ウ　Ⅰ：誤　Ⅱ：正　　エ　Ⅰ：誤　Ⅱ：誤

(4)　次のⅠ〜Ⅳの文のうち，略年表中のBの時期における国内外の動きについて正しく述べた文はいくつあるか。あとのア〜エのうちから一つ選びなさい。

Ⅰ　日本は好景気となったが米の価格が高騰したため，米の安売りを求める運動が広がった。
Ⅱ　日本が賠償金を得られなかったことに反発した民衆が，日比谷焼き打ち事件を起こした。
Ⅲ　戦争の長期化や食料などの不足に反発した民衆が立ち上がり，ロシア革命を起こした。
Ⅳ　パリ講和会議の内容に反発し反日感情を高めた中国の民衆が，三・一独立運動を起こした。

ア　一つ　　イ　二つ　　ウ　三つ　　エ　四つ

(5)　略年表中の下線部ｃに関連して，次の文章は，ゆかりさんがまとめたレポートの一部である。文章中の下線部ア～エのうち，**誤っているもの**を一つ選びなさい。

> 　ニューヨークでの株価暴落を機に世界恐慌が広がると，アメリカはア計画経済を実施するなどの対策を実行した。日本では企業の倒産に農村部での大凶作が加わり，深刻な不況が広がった。こうした事態を打開するため軍部がイ満州事変を起こすと，日本は国際連盟を脱退して国際的な孤立を深めた。日中戦争が長期化する中，日本は資源を求めてウ東南アジア地域に進出したが，これに対し連合国は日本への石油・鉄の輸出を禁止するなどABCD包囲陣を敷いた。これを受けて，東条英機内閣はエアメリカ・イギリスとの開戦もやむなしとして，太平洋戦争を始めた。

(6)　略年表中の下線部ｄに関連して，右の資料２は，ゆかりさんが，第二次世界大戦後の日本の外交についてまとめたレポートの一部である。資料２中の［　　］にあてはまる内容として最も適当なものを，次のア～エのうちから一つ選びなさい。

資料２

日ソ共同宣言に調印する鳩山一郎首相とソ連のブルガーニン連邦大臣会議議長(1956年)

日本がソビエト連邦との間で日ソ共同宣言を結んで国交を回復すると，［　　］。

ア　日本の国際社会への復帰が実現するとともに，北方領土がすべて日本に返還されることが決まった

イ　アメリカは東側陣営に対抗するため日本を西側陣営の一員にしようと考え，日本との講和を急いだ

ウ　それまで日本の国連への加盟に拒否権を行使して反対してきたソ連が賛成に回ったため，日本の国連への加盟が実現した

エ　国際社会を二分していた冷戦が終わりをむかえることとなり，国際的な緊張が緩和されるとともに国際協調の動きが強まった

5　次の文章を読み，あとの(1)～(5)の問いに答えなさい。

日本の政治権力は立法権・行政権・司法権の三つに分けられている。

　ａ国会は国権の最高機関として，国民にとって重要なさまざまな問題を話し合い，法律を定める。国会が定めた法律や予算にもとづき政治を行うのがｂ内閣で，内閣は国会の信任のもとに成立し，国会に対し連帯して責任を負っている。ｃ政治が多様化し複雑化する中で，内閣に求められる役割は変化してきた。そして，法にもとづいて対立や争い，事件を裁き，解決に導くのはｄ裁判所である。

　現代社会では日々新しい技術が開発され，社会の仕組みが大きく変化している。私たちが望む要求が多岐にわたるようになればなるほど，私たちが暮らす地方公共団体の役割が大切になってくる。なぜなら，ｅ地方公共団体は私たちの要求を真っ先に届けやすい身近な政治の場だからである。地方自治とは，私たちにとって「民主主義の学校」である。

(1)　下線部ａに関連して，次のⅠ，Ⅱの文は，国会のはたらきについて述べたものである。Ⅰ，Ⅱの文の正誤の組み合わせとして最も適当なものを，あとのア～エのうちから一つ選びなさい。

Ⅰ　参議院議員は衆議院議員に比べて議員定数は少ないが任期は長く，解散がないため，解散によって任期途中で資格を失うことがない。

Ⅱ　予算案の審議で衆議院が予算案を議決したあと，参議院が衆議院と異なった議決をした場合，衆議院が出席議員の３分の２以上の多数で再可決した場合は予算が成立する。

ア　Ⅰ：正　Ⅱ：正　　イ　Ⅰ：正　Ⅱ：誤

ウ　Ⅰ：誤　Ⅱ：正　　エ　Ⅰ：誤　Ⅱ：誤

(2)　下線部ｂに関連して，右のⅠ～Ⅲの文は，衆議院が解散されてから新しい内閣総理大臣が指名されるまでの動きを順不同に並べたものである。Ⅰ～Ⅲの文を正しい順に並べたものを，次のア～カのうちから一つ選びなさい。

Ⅰ　総選挙が行われる。
Ⅱ　特別国会が召集される。
Ⅲ　内閣が総辞職する。

ア　Ⅰ→Ⅱ→Ⅲ　　イ　Ⅰ→Ⅲ→Ⅱ　　ウ　Ⅱ→Ⅰ→Ⅲ

エ　Ⅱ→Ⅲ→Ⅰ　　オ　Ⅲ→Ⅰ→Ⅱ　　カ　Ⅲ→Ⅱ→Ⅰ

(3)　下線部ｃに関連して，次のⅠ～Ⅳの文のうち，現代の政治に関連することがらについて正しく述べた文はいくつあるか。最も適当なものを，あとのア～エのうちから一つ選びなさい。

Ⅰ　日本の衆議院議員選挙は，一つの都道府県から１人が当選する小選挙区制と，全国を11のブロックに分けた比例代表制の並立制で行われている。

Ⅱ　アメリカの大統領と議会の議員はいずれも国民による直接選挙で選出され，現在の大統領は民主党のスナクである。

Ⅲ　日本では現在，インターネットを使った選挙活動や選挙運動が行われているが，国や地方の選挙におけるインターネット投票は実現していない。

Ⅳ　日本では，これまで連立内閣が組織されたことは一度もなく，現在の内閣総理大臣は自由民主党の岸田文雄である。

ア　一つ　　イ　二つ　　ウ　三つ　　エ　四つ

(4)　下線部ｄに関連して，右の資料１は，ある法廷の中の様子を模式的に表したものである。このような法廷で行われる裁判について述べた文として最も適当なものを，次のア～エのうちから一つ選びなさい。

資料１

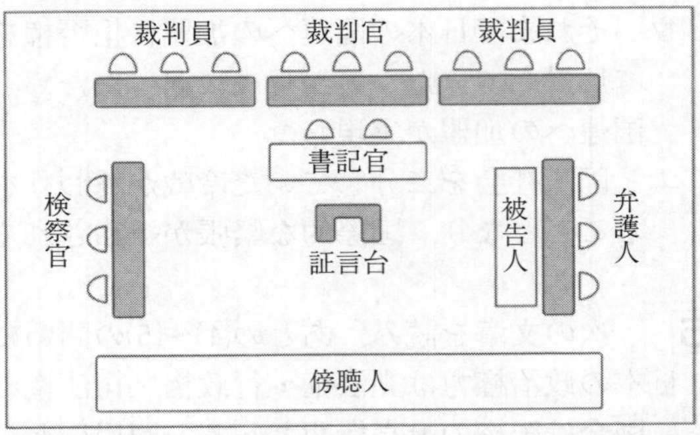

（注）　検察官席と弁護人席・被告人席は逆になる場合がある。

ア　この裁判は地方裁判所で行われる刑事裁判のうちの裁判員裁判であり，有罪か無罪か，また有罪の場合はどのような刑罰にするかは，裁判官と裁判員で話し合って決める。

イ　この裁判は地方裁判所で行われる刑事裁判のうちの裁判員裁判であり，有罪か無罪かは裁判員のみで決め，また有罪の場合はどのような刑罰にするかは，裁判官のみで決める。

ウ　この裁判は最高裁判所で行われる刑事裁判のうちの裁判員裁判であり，有罪か無罪か，また有罪の場合はどのような刑罰にするかは，裁判官と裁判員で話し合って決める。

エ　この裁判は最高裁判所で行われる刑事裁判のうちの裁判員裁判であり，有罪か無罪かは裁判員のみで決め，また有罪の場合はどのような刑罰にするかは，裁判官のみで決める。

(5)　下線部ｅに関連して，次のページの資料２は，2020年の福島県と東京都の歳入の内訳を示したものである。資料２中の Ⅰ ～ Ⅲ にあてはまるものの組み合わせとして最も適当なものを，あとのア～カのうちから一つ選びなさい。

資料２

	福島県(百万円)	東京都(百万円)
Ⅰ	355	1,221
Ⅱ	291	0
Ⅲ	284	5,293
その他	579	2,541
歳入総額	1,509	9,055

(総務省「令和２年度地方財政統計年報」より作成)

ア　Ⅰ：地方税　Ⅱ：地方交付税交付金　Ⅲ：国庫支出金
イ　Ⅰ：地方税　Ⅱ：国庫支出金　Ⅲ：地方交付税交付金
ウ　Ⅰ：地方交付税交付金　Ⅱ：地方税　Ⅲ：国庫支出金
エ　Ⅰ：地方交付税交付金　Ⅱ：国庫支出金　Ⅲ：地方税
オ　Ⅰ：国庫支出金　Ⅱ：地方税　Ⅲ：地方交付税交付金
カ　Ⅰ：国庫支出金　Ⅱ：地方交付税交付金　Ⅲ：地方税

6　次の文章を読み，あとの(1)～(5)の問いに答えなさい。

家計では，a働くことで所得を得て，消費活動を行い生活している。企業は，さまざまな手段を通じてb資金を集めて生産活動を行っており，企業が生産した商品は市場の原理でc価格が変動し，一定ではない。現在，私たちは商品を購入する際にd消費税を支払っている。税のあり方にはさまざまな議論がある。昨今は物価が上昇してe食料品が値上がりし，電気・ガス料金も上がったこともあり，政府は生活支援のための政策を実施してきた。

(1)　下線部ａに関連して，次のⅠ，Ⅱの文は，労働をめぐる動きについて述べたものである。Ⅰ，Ⅱの文の正誤の組み合わせとして最も適当なものを，あとのア～エのうちから一つ選びなさい。

Ⅰ　労働者が失業したとき給付金を受けられるのは，社会保障制度のうち公衆衛生である。
Ⅱ　非正規雇用(非正規労働者)は立場が不安定であるが，一般に正規雇用より賃金が高い。

ア　Ⅰ：正　Ⅱ：正　イ　Ⅰ：正　Ⅱ：誤　ウ　Ⅰ：誤　Ⅱ：正　エ　Ⅰ：誤　Ⅱ：誤

(2)　下線部ｂに関連して，次の文章は，金融の仕組みと分類について述べたものである。文章中の Ⅰ ， Ⅱ にあてはまる語の組み合わせとして最も適当なものを，あとのア～エのうちから一つ選びなさい。

個人や企業が資金の貸し借りを行うことを「金融」といい，大きく直接金融と間接金融に分けられる。このうち，個人や企業が銀行などから資金を借り入れるのは Ⅰ 金融であり，銀行は預金金利を貸し出し金利より Ⅱ 設定することにより，その差額を利益としている。

ア　Ⅰ：直接　Ⅱ：低く　イ　Ⅰ：直接　Ⅱ：高く
ウ　Ⅰ：間接　Ⅱ：低く　エ　Ⅰ：間接　Ⅱ：高く

グラフ

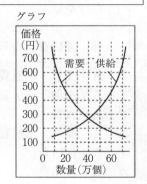

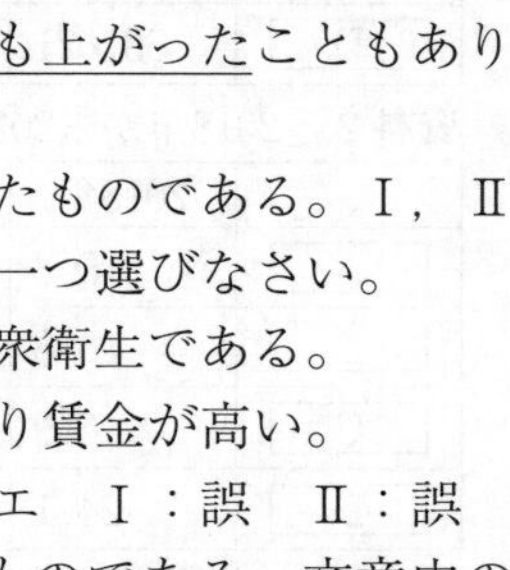

(3)　下線部ｃに関連して，右のグラフは，ある商品の需要量と供給量と価格の関係を示したものである。ある商品の価格が400円であるとき，その後どのように価格が変動すると考えられるか。最も適当なものを，次のア～エのうちから一つ選びなさい。

ア　需要量が供給量より多いので，このあと価格は上がる。
イ　需要量が供給量より多いので，このあと価格は下がる。
ウ　需要量が供給量より少ないので，このあと価格は上がる。

エ　需要量が供給量より少ないので，このあと価格は下がる。

(4)　下線部ｄに関連して，消費税について述べた文として最も適当なものを，次のア～エのうちから一つ選びなさい。

ア　納税者と負担(担税)者が異なり，所得が少ない人ほど所得に占める税の割合が高くなる。

イ　納税者と負担(担税)者が異なり，所得が多い人ほど所得に占める税の割合が高くなる。

ウ　納税者と負担(担税)者が同じで，所得が少ない人ほど所得に占める税の割合が高くなる。

エ　納税者と負担(担税)者が同じで，所得が多い人ほど所得に占める税の割合が高くなる。

(5)　下線部ｅに関連して，次の資料１，２は，社会科の授業でけいたさんたちが調べたもので，資料１は，2022年における二人以上の世帯(勤労者世帯)の年間収入階級別の［Ａ］～［Ｄ］の支出項目の支出額を示したものであり，ⅠからⅤにいくほど年間収入が多い。資料２は，2018年から2022年までの消費支出に占める［Ａ］～［Ｄ］の支出項目の割合の推移を示したものである。資料３は，資料１，２の各項目について述べたものである。資料１と資料２の［Ａ］～［Ｄ］にはそれぞれ共通した支出の項目があてはまる。［Ａ］～［Ｄ］にあてはまる項目の組み合わせとして最も適当なものを，あとのア～カのうちから一つ選びなさい。

資料１　年間収入階級別の支出額(2022年)

	Ⅰ	Ⅱ	Ⅲ	Ⅳ	Ⅴ
Ａ	22,859	17,820	16,706	21,963	21,225
Ｂ	34,373	40,414	46,507	58,101	74,046
Ｃ	22,071	23,216	24,544	25,248	27,028
Ｄ	63,621	71,101	78,343	87,315	102,130

資料２　2018年から2022年までの消費支出に占める割合の推移(％)

	2018年	2019年	2020年	2021年	2022年
Ａ	5.8	6.0	6.2	6.4	6.3
Ｂ	16.3	17.0	16.2	16.0	15.8
Ｃ	6.9	6.7	7.1	6.9	7.6
Ｄ	24.1	23.9	26.0	25.4	25.1

(資料１，２とも，総務省「家計調査(家計収支編)」より作成)

資料３

・「交通・通信費」の消費支出に占める割合は，いずれの年も20％をこえたことがなく，年間収入が増えるほど支出額も大きくなっている。

・「住居費」の消費支出に占める割合は，いずれの年も「光熱・水道費」を上回ったことがないが，年間収入階級では「住居費」の支出額が「光熱・水道費」を上回っている階級が一つだけある。

・2020年から2022年にかけて消費支出に占める割合が低下し続けているのは，「食費」と「交通・通信費」のみである。

ア　Ａ：光熱・水道費　Ｂ：交通・通信費　Ｃ：住居費　Ｄ：食費

イ　Ａ：交通・通信費　Ｂ：光熱・水道費　Ｃ：食費　Ｄ：住居費

ウ　Ａ：食費　Ｂ：交通・通信費　Ｃ：住居費　Ｄ：光熱・水道費

エ　Ａ：光熱・水道費　Ｂ：住居費　Ｃ：交通・通信費　Ｄ：食費

オ　Ａ：住居費　Ｂ：交通・通信費　Ｃ：光熱・水道費　Ｄ：食費

カ　Ａ：住居費　Ｂ：食費　Ｃ：光熱・水道費　Ｄ：交通・通信費

7　次の文章を読み，あとの(1)～(4)の問いに答えなさい。

戦後成立した a日本国憲法は，戦争への反省の上に立ち，平和で b民主的な仕組みをつくるための柱としてつくられた。そこでは，私たちが人間らしく生きるために必要な権利が c基本的人権として明記され，永久にして不可侵のものと高らかに宣言された。現在，私たちが生きる現代社会は大きく変化し，さまざまな d国境をこえた問題も起こっている。憲法でうたわれた精神をどう現実の世界で生かしていくのかが問われている。

(1)　下線部aに関連して，次の文章は，日本国憲法における天皇の地位について述べたものである。文章中の［Ⅰ］，［Ⅱ］にあてはまる語の組み合わせとして最も適当なものを，あとのア～エのうちから一つ選びなさい。

> 日本国憲法において，天皇は日本国及び日本国民統合の［　Ⅰ　］としての地位が明記されており，一切の政治的権限を持っていない。そして，［　Ⅱ　］の助言と承認の下で国事行為のみを行う。

ア　Ⅰ：代表　Ⅱ：国会　　イ　Ⅰ：代表　Ⅱ：内閣
ウ　Ⅰ：象徴　Ⅱ：国会　　エ　Ⅰ：象徴　Ⅱ：内閣

(2)　下線部bに関連して，あさひさんは，政治の仕組みについて調べる中で，次の文章を見つけた。文章中で述べている内容が実現した政治体制を表した図として最も適当なものを，あとのア～エのうちから一つ選びなさい。

> 国家は国民の自由や安全を守るための強大な権力を持っている一方で，誤って権力を用いると国民の生命や自由を奪いかねない。そこで，よりよい民主政治を実現するためには，私たちが生きていく上で大切にすべき原則を憲法として定め，それに政府を従わせる立憲主義という考え方が生まれた。

ア　　　イ　　　ウ　　　エ

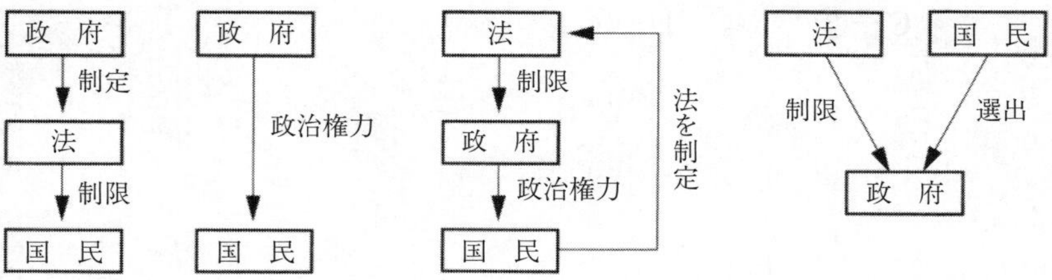

(3)　下線部cに関連して，次の表は，あさひさんが，基本的人権とその主な内容をまとめたものの一部である。Ⅰ～Ⅲのそれぞれの基本的人権について，その主な内容の正誤の組み合わせとして最も適当なものを，あとのア～カのうちから一つ選びなさい。

表

	基本的人権	主な内容
Ⅰ	自由権	・つきたい職業について，住みたい場所に住むことができる。 ・私たちはみな個人として尊重され，性別などで差別されない。
Ⅱ	社会権	・戦争に反対する集会やデモ行進に，友人と参加することができる。 ・健康で文化的な最低限度の生活を営むことができる。
Ⅲ	請求権	・裁判所で，法にもとづいた公正な裁判を受けることができる。 ・国会議員や地方議会議員，首長を選挙することができる。

ア　Ⅰ，Ⅱ，Ⅲともに正しい。　　　　　イ　Ⅰは正しいがⅡ，Ⅲは誤っている。
ウ　Ⅱは正しいが，Ⅰ，Ⅲは誤っている。　エ　Ⅲは正しいが，Ⅰ，Ⅱは誤っている。
オ　Ⅰ，Ⅱは正しいが，Ⅲは誤っている。　カ　Ⅰ，Ⅱ，Ⅲともに誤っている。

(4)　下線部ｄに関連して，次の資料１中のＡ～Ｄは，持続可能な社会をつくるために国際連合で示された，具体的な17の目標のうちの四つを示したものである。資料２中の①～④は，Ａ～Ｄのいずれかの目標を達成するためのことがらの例をあげたものである。Ａ～Ｄと①～④の組み合わせとして最も適当なものを，あとのア～エのうちから一つ選びなさい。

資料１

A

B

C

D

資料２

① マイバッグを使ったり，食べられるのに廃棄してしまう食品ロスを出さないようにしたりする。
② 障がいのある社員がさまざまな職種に就労できるような制度を導入する。
③ エアコンを適切な温度にしたり，外出するときに自動車を使わないで自転車を使ったりする。
④ 募金活動に参加したり，難民の子どもたちを支援する団体に対し，着なくなった服を寄付したりする。

ア　Ａ―①　　イ　Ｂ―②　　ウ　Ｃ―③　　エ　Ｄ―④

【理　科】（50分）〈満点：100点〉

1　Ｓさんは，植物のはたらきについて調べるため，次の実験１，２を行いました。これに関して，あとの(1)～(5)の問いに答えなさい。

実験１

①　ふ(白色の部分)入りの葉をもつアサガオを，光が当たらない暗室に１日置いておいた。

②　①のアサガオがもつふ入りの葉の一部を，図１のようにアルミニウムはくでおおい，光を十分に当てた。

③　②の葉を切り取り，アルミニウムはくをはずして，熱湯につけたあと，あたためたエタノールにひたした。

④　③の葉をエタノールから取り出して水洗いしたあと，ヨウ素液につけて，図１の葉のＡ～Ｄの部分の色の変化を調べた。表１は，その結果をまとめたものである。

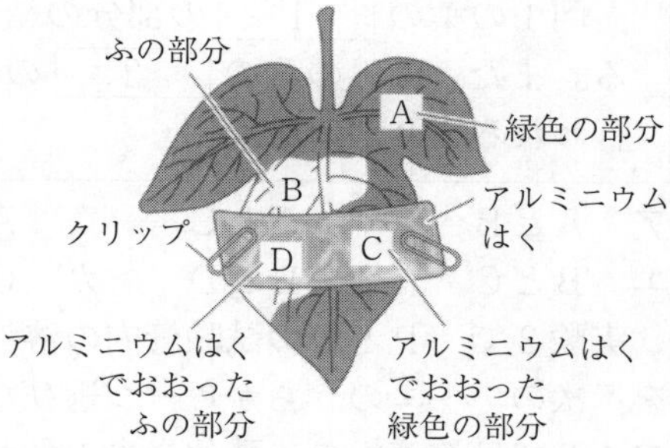

図１

表１

	A	B	C	D
色の変化	青紫色になった	変化なし	変化なし	変化なし

実験２

①　青色のBTB溶液に息を吹きこみ，緑色にしたものを用意した。

②　４本の試験管Ｐ～Ｓを①の緑色のBTB溶液で満たしたあと，図２のように，ＰとＱには同じ大きさのオオカナダモを入れ，ＲとＳには何も入れず，それぞれの試験管にゴム栓をした。

③　ＰとＲはそのまま，ＱとＳはアルミニウムはくでおおい，光を十分に当てたあと，試験管内の溶液の色の変化を調べた。表２は，その結果をまとめたものである。

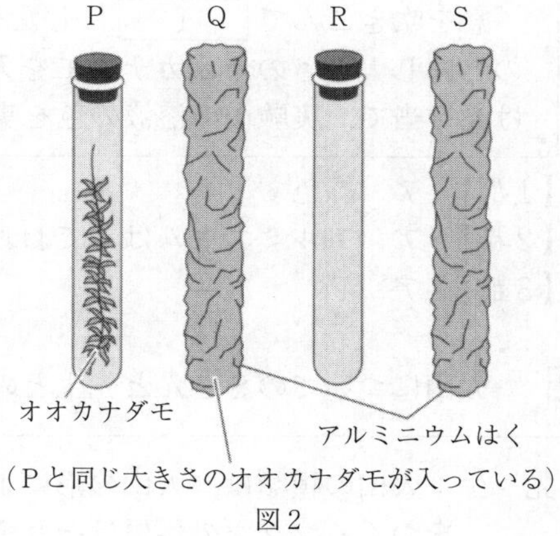

図２

表２

	P	Q	R	S
試験管内の溶液の色	青色	黄色	緑色	緑色

(1)　アサガオのように，網目状の葉脈をもつ植物の根のつくりと，同様の特徴をもつ植物の例の組み合わせとして最も適当なものを，次のア～エのうちから一つ選びなさい。

ア　根のつくり：主根と側根　例：ユリ　　イ　根のつくり：主根と側根　例：ツツジ

ウ　根のつくり：ひげ根　　　例：ユリ　　エ　根のつくり：ひげ根　　　例：ツツジ

(2)　実験１の①では，アサガオを暗室に１日置いておくことで，葉にあった養分が移動して葉からなくなりました。養分が茎の中を移動するときに通る管について述べた文として最も適当なものを，次のア～エのうちから一つ選びなさい。

ア　維管束のうち，茎の中心に近い側にある道管を通って移動していった。

イ　維管束のうち，茎の中心に近い側にある師管を通って移動していった。

ウ　維管束のうち，茎の表面に近い側にある道管を通って移動していった。

エ　維管束のうち，茎の表面に近い側にある師管を通って移動していった。

(3)　次の文章は，実験１からわかることについて述べたものです。[1]，[2] にあてはまるものを，あとのア～カのうちからそれぞれ一つずつ選びなさい。

> 　図１の葉の [1] の部分の結果を比べることで，光合成には光が必要であることがわかる。また，図１の葉の [2] の部分の結果を比べることで，光合成は葉緑体のある場所で行われることがわかる。

ア　ＡとＢ　　イ　ＡとＣ　　ウ　ＡとＤ
エ　ＢとＣ　　オ　ＢとＤ　　カ　ＣとＤ

(4)　実験２で，ＰとＱの試験管内の溶液の色が変化した理由について述べた文として最も適当なものを，次のア～エのうちから一つ選びなさい。

ア　Ｐでは溶液中の二酸化炭素の量が増加し，Ｑでは溶液中の二酸化炭素の量が減少したから。
イ　Ｐでは溶液中の二酸化炭素の量が増加し，Ｑでは溶液中の酸素の量が増加したから。
ウ　Ｐでは溶液中の二酸化炭素の量が減少し，Ｑでは溶液中の二酸化炭素の量が増加したから。
エ　Ｐでは溶液中の二酸化炭素の量が減少し，Ｑでは溶液中の酸素の量が増加したから。

(5)　次の文章は，光の強さと植物の光合成の関係を調べる実験について述べたものです。[1] にあてはまるものを１群のア，イのうちから，[2] にあてはまるものを２群のア，イのうちから，[3] にあてはまるものを３群のア，イのうちから，最も適当なものをそれぞれ一つずつ選びなさい。

> 　息を吹きこんで [1] にしたBTB溶液で試験管を満たし，その中に実験２で使用したものと同じ大きさのオオカナダモを入れる。この試験管を [2] ，実験２と同じ時間だけ光を当て，実験後の溶液の色を実験２の [3] と比較する。

【１群】　ア　緑色　　イ　黄色
【２群】　ア　アルミニウムはくでおおい　　イ　うすいガーゼでおおい
【３群】　ア　Ｐ　　イ　Ｒ

2　火山についてのＳさんと先生との会話文を読んで，あとの(1)～(5)の問いに答えなさい。

先　生：火山の種類は，火山の形によって図１のＡ～Ｃのように分けられます。a<u>これらの火山をつくるマグマの性質はそれぞれ異なっており，噴火のようすも異なっています。</u>

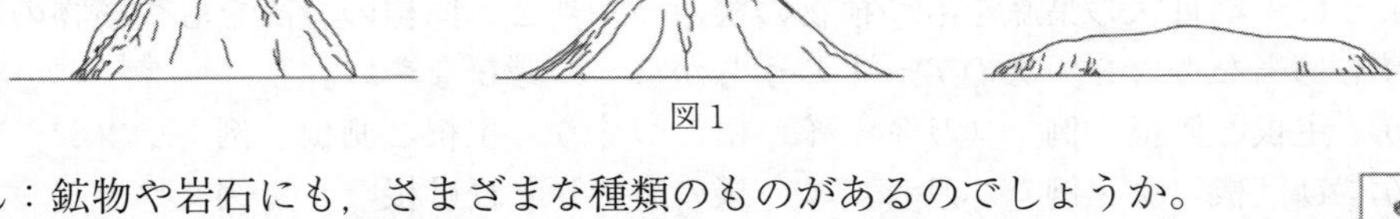

図１

Ｓさん：鉱物や岩石にも，さまざまな種類のものがあるのでしょうか。

先　生：はい。図２は，Ａ～Ｃの火山のいずれかから噴出した火山灰を示したもので，さまざまな鉱物が見られます。このような鉱物は，マグマが冷え固まってできる岩石の中にも見られます。実際に，ある火山から採集した２種類の岩石ＸとＹを，双眼実体顕微鏡を使って観察してみましょう。

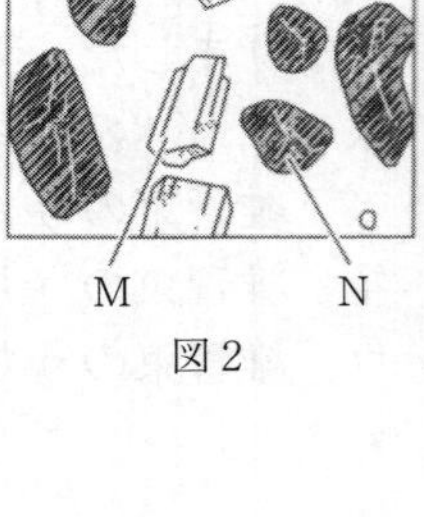

図２

Ｓさん：岩石ＸとＹを観察すると，次のページの図３のようなつくりが見ら

れました。岩石Xは，同じくらいの大きさの鉱物の結晶が組み合わさっており，岩石Yは，目に見えない粒が集まったPの部分に，比較的大きな鉱物の結晶であるQの部分が散らばっていました。

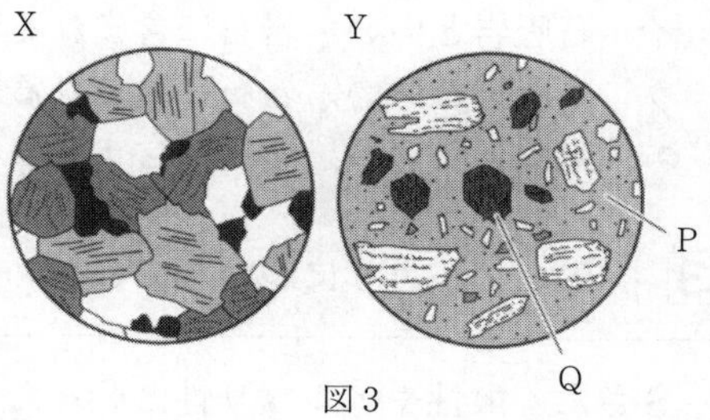

図3

先　生：図3のようなつくりの違いは，これらの岩石のでき方の違いによるものです。岩石Xはマグマが［ 1 ］冷え固まってできます。また，岩石Yの［ 2 ］といいます。他に，$_{b}$火山灰が押し固められてできる堆積岩もあります。

(1)　図4のような双眼実体顕微鏡を使って火山灰などを観察するときの操作を，左から順に並べたとき，［1］～［4］にあてはまる最も適当なものを，あとのア～エのうちからそれぞれ一つずつ選びなさい。

［ 1 ］→［ 2 ］→［ 3 ］→［ 4 ］

ア　右目で接眼レンズをのぞき，微動ねじでピントを合わせる。
イ　左目で接眼レンズをのぞき，視度調節リングでピントを合わせる。
ウ　鏡筒を支えながら粗動ねじをゆるめ，鏡筒を上下させてから粗動ねじをしめて固定する。
エ　鏡筒を調節して，接眼レンズを自分の目のはばに合わせる。

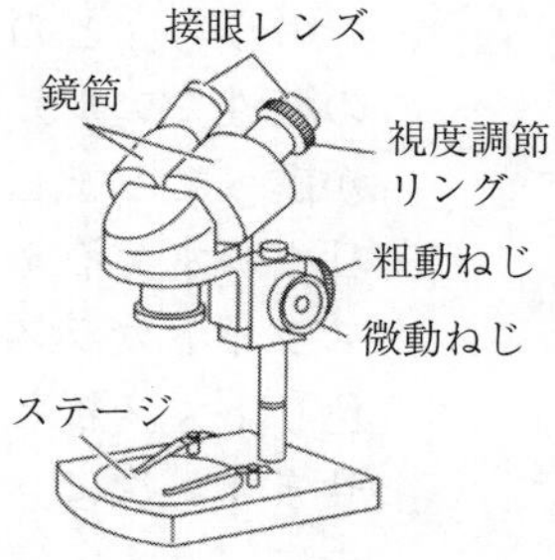

図4

(2)　下線部aで，図1の火山AとCを比較したときのマグマの性質や噴火のようすについて述べた文として最も適当なものを，次のア～エのうちから一つ選びなさい。
ア　AよりもCの方がマグマのねばりけが強く，噴火のようすは激しい。
イ　AよりもCの方がマグマのねばりけが強く，噴火のようすはおだやかである。
ウ　AよりもCの方がマグマのねばりけが弱く，噴火のようすは激しい。
エ　AよりもCの方がマグマのねばりけが弱く，噴火のようすはおだやかである。

(3)　次の文章は，図2の火山灰について述べたものです。［1］にあてはまることばを1群のア，イのうちから，［2］にあてはまることばを2群のア～ウのうちから，最も適当なものをそれぞれ一つずつ選びなさい。

> 図2のMは白色の鉱物で，柱状の形をしている［ 1 ］である。また，Nは黄緑色の鉱物で，やや丸みのある多面体の形をしている［ 2 ］である。

【1群】　ア　セキエイ　　　イ　チョウ石
【2群】　ア　クロウンモ　　イ　カンラン石　　ウ　カクセン石

(4)　会話文中の［1］にあてはまるものを1群のア，イのうちから，［2］にあてはまるものを2群のア，イのうちから，最も適当なものをそれぞれ一つずつ選びなさい。
【1群】　ア　地表付近で急速に冷え固まってでき，岩石Yはマグマが地下深くでゆっくりと
　　　　イ　地下深くでゆっくりと冷え固まってでき，岩石Yはマグマが地表付近で急速に
【2群】　ア　Pの部分を石基，Qの部分を斑晶
　　　　イ　Pの部分を斑晶，Qの部分を石基

(5)　下線部bで，火山灰が押し固められてできる堆積岩について述べた文として最も適当なものを，次のア～エのうちから一つ選びなさい。
ア　石灰岩といい，岩石に含まれる粒は丸みを帯びている。

イ　石灰岩といい，岩石に含まれる粒は角ばっている。
ウ　凝灰岩といい，岩石に含まれる粒は丸みを帯びている。
エ　凝灰岩といい，岩石に含まれる粒は角ばっている。

3　酸とアルカリについてのＳさんと先生との会話文を読んで，あとの(1)～(5)の問いに答えなさい。

Ｓさん：酸性やアルカリ性といった，水溶液の性質を決めているものは何なのでしょうか。
先　生：水溶液の性質には，その水溶液中に含まれるイオンが関わっています。
Ｓさん：イオンは，ａ電解質が水にとけて電離するとできるのですよね。
先　生：そうですね。電離して生じるイオンのうち，どのようなものが水溶液の酸性やアルカリ性を決めているのか調べてみましょう。まず，硝酸カリウム水溶液をろ紙にしみこませてスライドガラスにのせ，その上に赤色リトマス紙と青色リトマス紙をのせます。次に，スライドガラスの中央にｂうすい塩酸をしみこませた糸をのせ，両端をクリップＸとＹではさみ，図１のように電源装置につないで電圧を加えます。

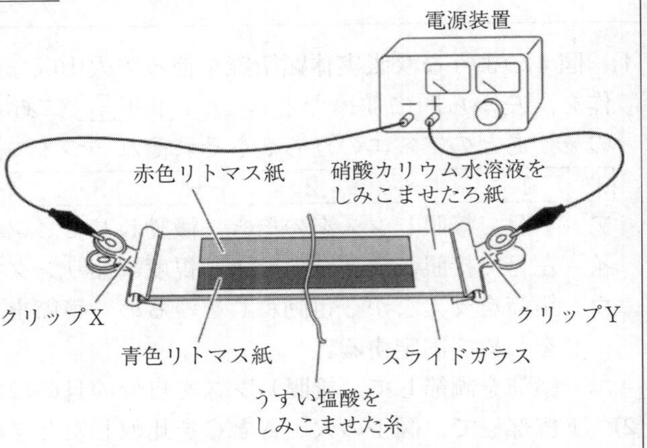

図１

Ｓさん：実験の結果，図２のＰ～ＳのうちのＲの部分だけ色が変わりました。これは，水溶液中のイオンが移動したことでこのように色が変わったということでしょうか。

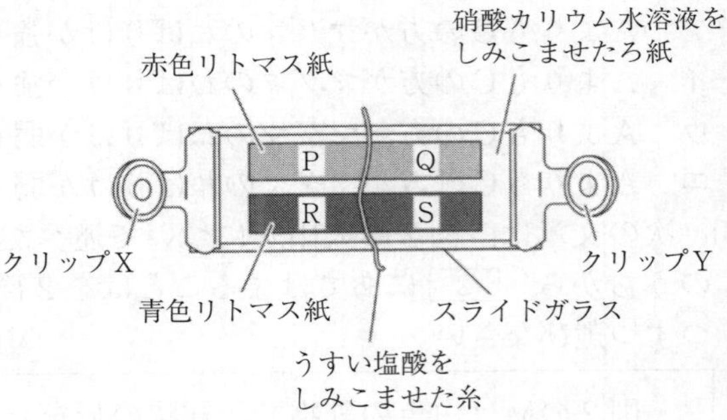

図２

先　生：そのとおりです。水溶液中のイオンは電気を帯びているため，電圧を加えると移動していきます。この結果から，どのようなことが考えられますか。
Ｓさん：クリップＸにつないでいた電極は［　1　］だったので，水溶液中の［　2　］によってリトマス紙の色が変わったと考えられます。
先　生：はい，そうです。理解できたようですね。
Ｓさん：実験ではうすい塩酸をしみこませた糸を使いましたが，ｃうすい水酸化ナトリウム水溶液をしみこませた糸を使って実験を行うと，結果は変わるのでしょうか。
先　生：よい疑問ですね。その場合についても，実際に実験を行って調べてみましょう。

(1)　下線部ａについて，次のＡ～Ｃの水溶液は，電解質の水溶液と非電解質の水溶液のどちらですか。最も適当なものを，あとのア～カのうちから一つ選びなさい。

Ａ　食塩水　　Ｂ　砂糖水　　Ｃ　エタノール水溶液

ア　Ａは電解質，ＢとＣは非電解質の水溶液である。
イ　Ｂは電解質，ＡとＣは非電解質の水溶液である。

ウ　Cは電解質，AとBは非電解質の水溶液である。
エ　AとBは電解質，Cは非電解質の水溶液である。
オ　AとCは電解質，Bは非電解質の水溶液である。
カ　BとCは電解質，Aは非電解質の水溶液である。

(2)　下線部aについて，塩化銅も電解質です。塩化銅が電離するようすを化学反応式で表すとどのようになりますか。最も適当なものを，次のア～エのうちから一つ選びなさい。

ア　$CuCl \rightarrow Cu^{+} + Cl^{-}$　　イ　$CuCl \rightarrow Cu^{2+} + Cl^{2-}$
ウ　$CuCl_2 \rightarrow Cu^{2+} + 2Cl^{-}$　　エ　$CuCl_2 \rightarrow Cu^{2+} + 2Cl^{2-}$

(3)　下線部bのうすい塩酸の質量パーセント濃度は2.5%でした。質量パーセント濃度が35%の塩酸に水を加えて質量パーセント濃度が2.5%のうすい塩酸を210gつくるとき，質量パーセント濃度が35%の塩酸は何g必要ですか。[あ]，[い]にあてはまる数字を一つずつ選びなさい。

[あ][い]g

(4)　会話文中の[1]にあてはまるものを1群のア，イのうちから，[2]にあてはまるものを2群のア～エのうちから，最も適当なものをそれぞれ一つずつ選びなさい。

【1群】　ア　＋極　　イ　－極
【2群】　ア　陽イオンである水素イオン
　　　　イ　陽イオンである塩化物イオン
　　　　ウ　陰イオンである水素イオン
　　　　エ　陰イオンである塩化物イオン

(5)　下線部cについて，このときの実験結果として最も適当なものを，次のア～オのうちから一つ選びなさい。

ア　図2のPの部分の色だけが変化する。
イ　図2のQの部分の色だけが変化する。
ウ　図2のRの部分の色だけが変化する。
エ　図2のSの部分の色だけが変化する。
オ　図2のP～Sのどの部分の色も変化しない。

4　Sさんは，電流と磁界の関係について調べるため，次の実験1，2を行いました。これに関して，あとの(1)～(5)の問いに答えなさい。ただし，地球の磁場の影響はなく，導線やコイルの抵抗は考えないものとします。

実験1
　透明なプラスチックの板と導線を使って，図1のような装置をつくり，導線に矢印の向きに電流を流した。このとき，点Xに方位磁針を置くと，方位磁針は西を指して静止した。この方位磁針を，点Yまで点線に沿って動かしていき，方位磁針の針が指す方位がどのように変化するかを調べた。

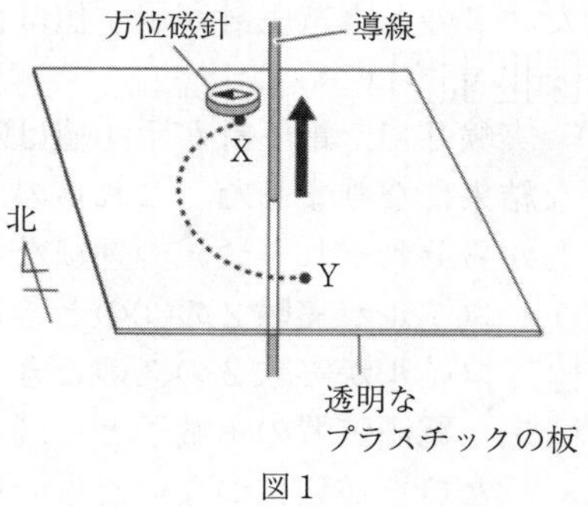

図1

実験2
①　抵抗の大きさが異なる3つの抵抗器P～Rを用意した。
②　コイル，U字形磁石，電源装置，電圧計，電流計，抵抗器Pを使って，図2のような装置をつくった。

③　電圧計が示す値が9.0Vになるように，電源装置で回路に電圧を加え，コイルの振れ方と，電流計が示す値を調べた。

④　図２の抵抗器Ｐを抵抗器Ｑにかえ，電圧計が示す値が9.0Vになるように，電源装置で回路に電圧を加え，コイルの振れ方と，電流計が示す値を調べた。

⑤　図２の抵抗器Ｐを抵抗器ＱとＲを並列につないだものにかえ，電圧計が示す値が3.0Vになるように，電源装置で回路に電圧を加え，コイルの振れ方と，電流計が示す値を調べた。

表は，実験２の結果をまとめたものである。

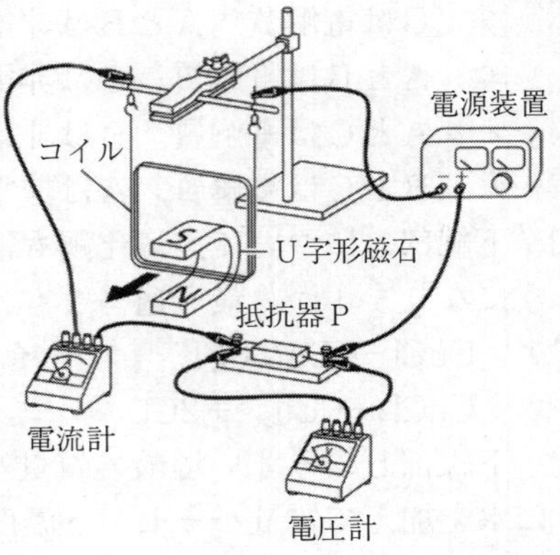

図２

表

	実験２の③	実験２の④	実験２の⑤
電圧計の示す値	9.0V	9.0V	3.0V
電流計の示す値	500mA	600mA	500mA
コイルの振れ方	図２の矢印の向きに振れた。	実験２の③のときと同じ向きに，大きく振れた。	実験２の③のときと同じ向きに，同じ振れはばで振れた。

(1)　次の文は，実験１について述べたものです。[1]にあてはまるものを１群のア，イのうちから，[2]にあてはまるものを２群のア〜ウのうちから，最も適当なものをそれぞれ一つずつ選びなさい。

> 方位磁針を点Ｘから点Ｙまで点線に沿って動かしていくと，方位磁針の針は，真上から見て[　1　]に回り，点Ｙに到達するまでに[　2　]する。

【１群】　ア　時計回り　　イ　反時計回り

【２群】　ア　$\frac{1}{2}$周　　イ　１周　　ウ　２周

(2)　実験２では，コイルに流れる電流が磁界から力を受けて，コイルが動きました。このように，磁界の中にある電流が力を受ける現象を利用したものの例として最も適当なものを，次のア〜エのうちから一つ選びなさい。

ア　手回し式発電機　　イ　スピーカー　　ウ　光ファイバー　　エ　IH調理器

(3)　実験２の③で，加える電圧を変えて実験を行ったところ，電流計の示す値が600mAになりました。このとき電圧計が示す値は何Vですか。[あ]〜[う]にあてはまる数字を一つずつ選びなさい。

[あ][い].[う]V

(4)　実験２で，電圧計が示す値は9.0Vのまま，いくつかの条件を変えたところ，次の[1]，[2]のような結果になりました。これらのような結果になる条件として最も適当なものを，あとのア〜エのうちからそれぞれ一つずつ選びなさい。

[1]　コイルが実験２の③のときと反対向きに，実験２の③のときより小さく動いた。

[2]　コイルが実験２の③のときと同じ向きに，実験２の③のときより大きく動いた。

ア　電源装置の＋端子と－端子につないだ導線をそれぞれ逆の端子につなぎかえ，抵抗器にはＰとＱを並列につないだものを使った。

イ　電源装置の＋端子と－端子につないだ導線をそれぞれ逆の端子につなぎかえ，抵抗器にはＰ

とQを直列につないだものを使った。

ウ　U字形磁石の上下を逆にしてN極とS極を入れかえ，電源装置の＋端子と－端子につないだ導線をそれぞれ逆の端子につなぎかえ，抵抗器にはPとQを並列につないだものを使った。

エ　U字形磁石の上下を逆にしてN極とS極を入れかえ，電源装置の＋端子と－端子につないだ導線をそれぞれ逆の端子につなぎかえ，抵抗器にはPとQを直列につないだものを使った。

(5)　抵抗器Rの抵抗の大きさは何Ωですか。[あ]～[う]にあてはまる数字を一つずつ選びなさい。

[あ][い].[う]Ω

5　生殖についてのSさんと先生との会話文を読んで，あとの(1)～(5)の問いに答えなさい。

先　生：植物も動物も，生殖には細胞分裂が関わっています。細胞と生殖について整理してみましょう。図1はある細胞を模式的に表したものですが，この細胞は植物の細胞と動物の細胞のどちらであるかわかりますか。

Sさん：a植物の細胞にだけ見られ，動物の細胞には見られないつくりがあるので，図1は植物の細胞です。

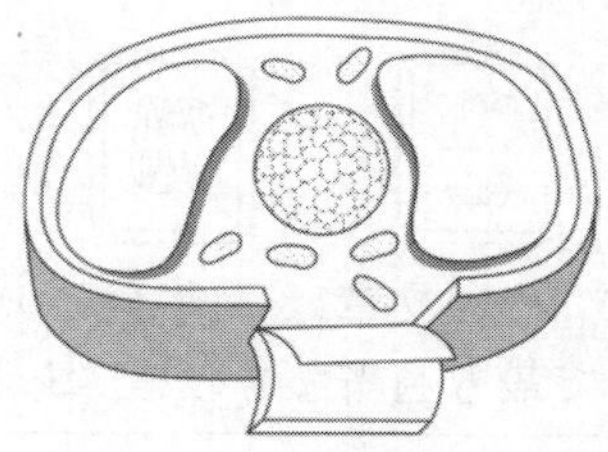

図1

先　生：そのとおりです。では，植物の細胞と動物の細胞に共通したつくりには何がありますか。

Sさん：核です。核の中には染色体があり，染色体には生物の形質を表すもととなる遺伝子が含まれています。無性生殖の場合も有性生殖の場合も，細胞分裂によってこの遺伝子を受けついだ新しい細胞がつくられますが，そのようすは無性生殖と有性生殖で異なります。

先　生：無性生殖の場合の細胞分裂はどのようなものですか。

Sさん：無性生殖では，体細胞分裂が行われます。b体細胞分裂は，植物の根が伸びるときなどのように，生物が成長するときにも行われています。

先　生：しっかり勉強できていますね。では，有性生殖について理解するための実験をしてみましょう。図2のように，スライドガラスに砂糖水をたらし，その上にホウセンカの花粉を落としたものをペトリ皿に入れ，乾燥しないように水を入れてふたをしておきます。このスライドガラスを一定時間ごとにペトリ皿からとり出し，顕微鏡で観察します。

Sさん：図3のように，花粉管が伸びているようすが観察できました。また，染色液で染色すると，花粉管の中に，図3のXのような小さな細胞があるのがわかりました。

先　生：このXが，有性生殖のための細胞分裂によってつくられる生殖細胞です。

Sさん：では，このXが別の生殖細胞と受精することで有性生殖が行われるのですね。

先　生：そうです。有性生殖では，このような生殖細胞のはたらきによって新しい個体がつくられます。

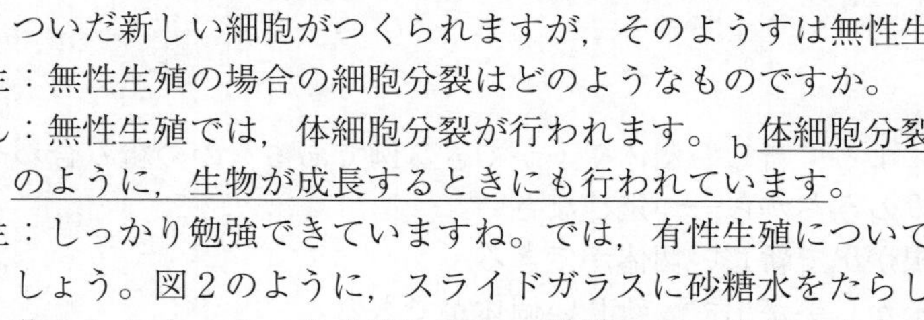

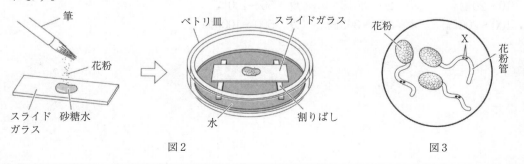

図2

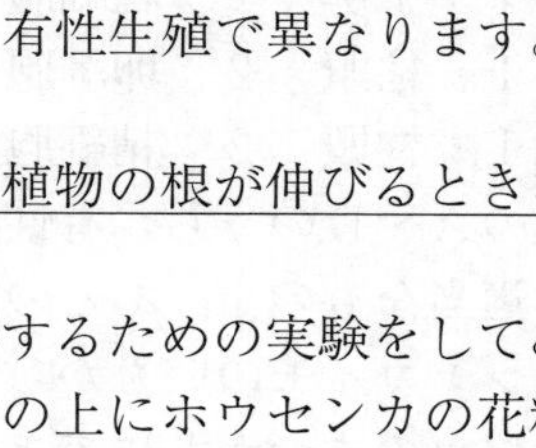

図3

(1)　下線部ａについて，植物細胞にだけ見られるつくりとして**誤っているもの**を，次のア～エのうちから一つ選びなさい。

ア　発達した液胞　　イ　細胞壁

ウ　細胞膜　　　　　エ　葉緑体

(2)　下線部ｂについて，図４は，体細胞分裂の過程にある細胞のようすを示したものです。図４の[1]～[4]にあてはまる最も適当なものを，次のア～エのうちからそれぞれ一つずつ選びなさい。

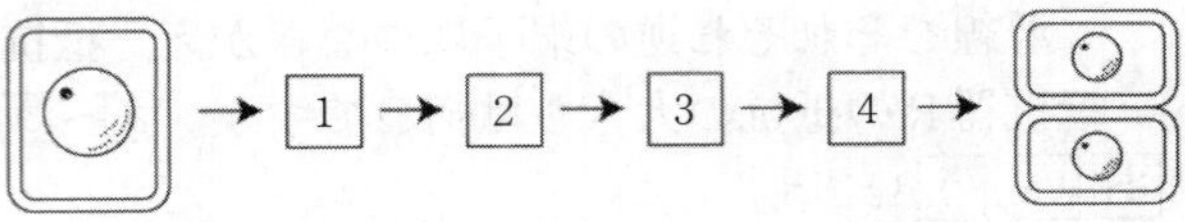

図４

ア　　　イ　　　ウ　　　エ

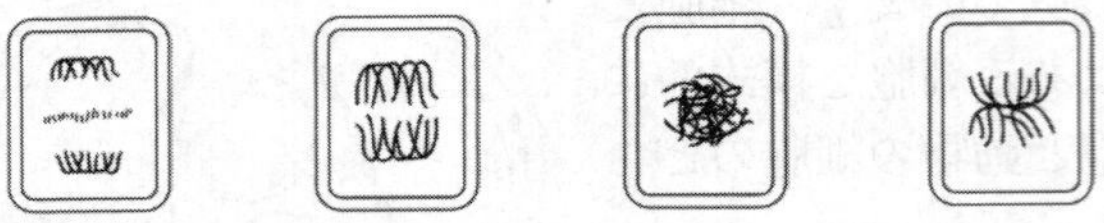

(3)　次の文章は，図３について述べたものです。[1]，[2]にあてはまることばの組み合わせとして最も適当なものを，あとのア～エのうちから一つ選びなさい。

> 花粉が[　1　]につくと，図３のように花粉から花粉管が伸びていく。図３のＸは，[　2　]とよばれる生殖細胞である。

ア　１：子房　２：卵細胞

イ　１：子房　２：精細胞

ウ　１：柱頭　２：卵細胞

エ　１：柱頭　２：精細胞

(4)　次のＡ～Ｄのうち，有性生殖によって新しい個体や子ができる例であるものの組み合わせとして最も適当なものを，あとのア～カのうちから一つ選びなさい。

Ａ　ジャガイモのいもから芽や根が出て新しい個体ができる。

Ｂ　マツのまつかさにできた種子から芽が出て，新しい個体ができる。

Ｃ　オランダイチゴの伸びた茎の先で葉や根が成長し，茎がちぎれて新しい個体ができる。

Ｄ　カエルが生んだたまごから，オタマジャクシがかえる。

ア　ＡとＢ　　イ　ＡとＣ　　ウ　ＡとＤ

エ　ＢとＣ　　オ　ＢとＤ　　カ　ＣとＤ

(5)　ある生物の生殖細胞の核が合体してできた受精卵が，1.5時間ごとに１回細胞分裂をくり返していくとすると，生殖細胞が合体してから12時間後の細胞の数はおよそ何個になりますか。最も適当なものを，次のア～カのうちから一つ選びなさい。

ア　10～20個　　　イ　20～30個　　　ウ　50～100個

エ　100～200個　　オ　200～300個　　カ　500～1000個

6 天気についてのＳさんと先生との会話文を読んで，あとの(1)〜(5)の問いに答えなさい。

Ｓさん：図は，ある年の４月11日午前９時の日本列島付近の天気図です。このあと，地点Ｐの気象は，表のように変化していきました。

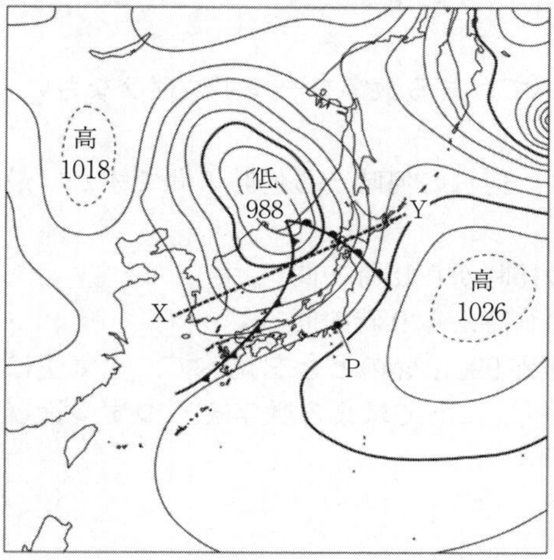

図

表

日	時	気温〔℃〕	風向	天気
11	9	13.4	南東	◎
	12	16.2	南	◎
	15	17.2	南南西	◎
	18	14.2	北北西	●
	21	14.5	北西	●
	24	13.2	西北西	◎
12	3	11.9	南南西	⦶
	6	10.7	南南東	⦶
	9	15.9	南東	⦶

先　生：地点Ｐの気象が表のように変化したのは，何に影響を受けたためであるか，わかりますか。

Ｓさん：図で，地点Ｐの北西には低気圧があります。日本付近では，偏西風によって低気圧は西から東へ移動していきます。地点Ｐの気象は，この低気圧の動きに影響を受けて変化したのだと思います。

先　生：そうですね。a低気圧付近では特徴的な大気の動きがあるので，この動きによっても気象が変化します。

Ｓさん：低気圧の中心から伸びている前線も，気象に影響したのでしょうか。

先　生：はい，そうです。b前線は寒気と暖気がぶつかり合う境目にできるので，その付近では雲ができやすく，前線が通過するときに気温が大きく変化したり，雨が降ったりします。

Ｓさん：気圧や前線について考えることは，気象について調べる上で重要なのですね。気圧の変化は見た目ではわからないので，日常生活ではなかなか意識しにくいです。

先　生：気圧の変化によって，身のまわりの物体に加わる力がどのくらい変わるか考えてみましょう。cここにある机の上面の面積は$0.3\mathrm{m}^2$です。気圧が高いときと低いときで，大気圧によってこの机の上面に加わる力の大きさはどのくらい変わるか，計算してみましょう。

(1)　下線部ａについて，日本付近に見られる低気圧付近の大気の動きを矢印で表すとどのようになりますか。最も適当なものを，次のア〜エのうちから一つ選びなさい。

ア

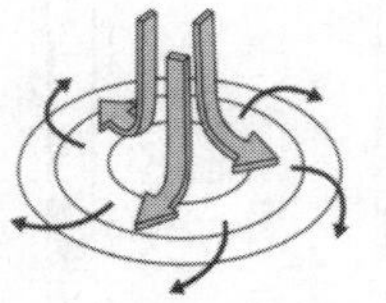

イ

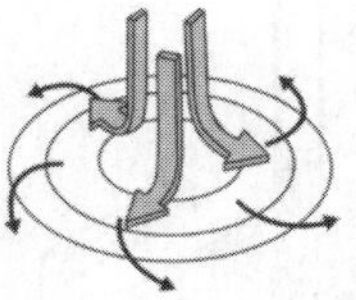

ウ

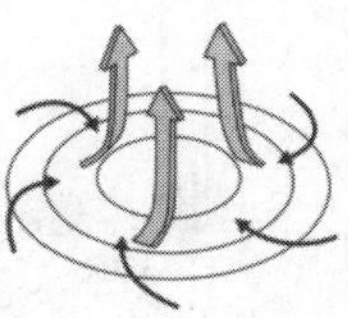

エ

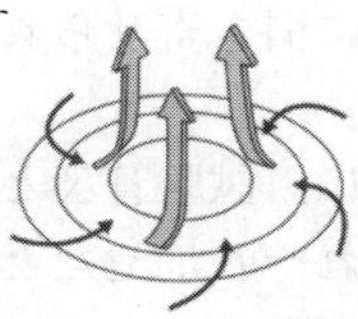

(2)　下線部ｂについて，図の２本の前線付近を，破線Ｘ—Ｙで切って南側から見たときの大気の動きや雲のようすとして最も適当なものを，次のア〜エのうちから一つ選びなさい。なお，矢印は暖気の動きを表しています。

ア

イ

ウ

エ

(3)　図の地点Pの大気圧は何hPaですか。[あ]～[え]にあてはまる数字を一つずつ選びなさい。
[あ][い][う][え]hPa

(4)　地点Pを寒冷前線が通過したと考えられる時刻は，何日の何時から何時の間ですか。最も適当なものを，次のア～エのうちから一つ選びなさい。

ア　11日の12時から15時の間　　　イ　11日の15時から18時の間
ウ　11日の24時から12日の３時の間　エ　12日の６時から９時の間

(5)　下線部ｃについて，気圧が1026hPaのときと気圧が990hPaのときを比べて，大気圧によって机の上面に加わる力の大きさの差は何Nですか。[あ]～[え]にあてはまる数字を一つずつ選びなさい。なお，１hPaは100Paです。
[あ][い][う][え]N

7　Sさんは，鉄と硫黄の反応について調べるため，次の実験を行いました。これに関して，あとの(1)～(5)の問いに答えなさい。

実験

①　鉄粉3.50ｇと硫黄の粉末2.00ｇを用意して，図１のように，乳鉢と乳棒を使って混合した。この混合物を試験管XとYに半分ずつ分けて入れた。

②　試験管Xの口に脱脂綿をゆるく詰め，ガスバーナーを使って図２のように混合物の上部を加熱した。このとき，混合物の上部が赤色になりはじめたらすぐに加熱をやめたが，その後も反応が続いて，混合物はすべて過不足なく反応した。

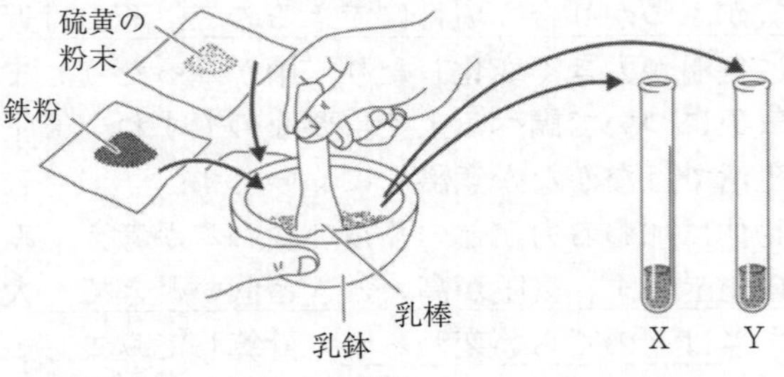

図１

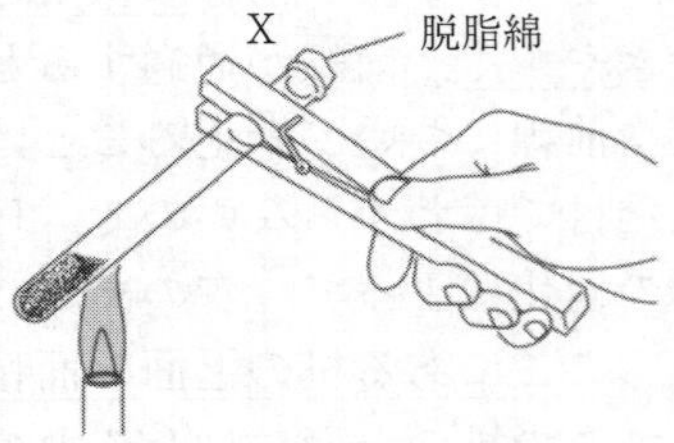

図２

③　②で反応が終わったあと，図３のように試験管XとYに磁石を近づけ，それぞれ磁石に引き寄せられるかどうかを調べた。

④　図４のように，試験管XとYにうすい塩酸をそれぞれ加えたところ，いずれも気体が発生した。

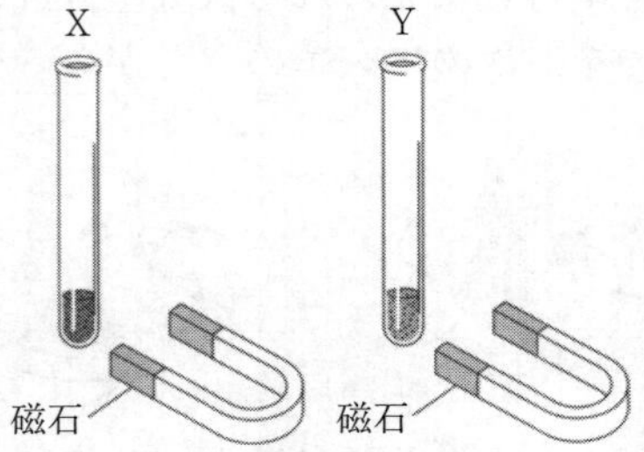

図３

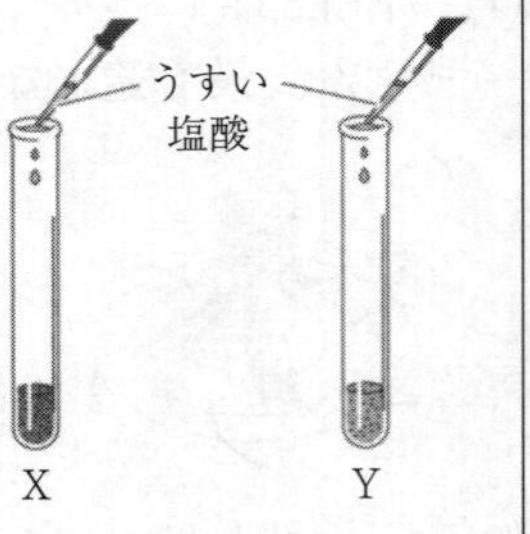

図４

⑤　鉄粉2.50ｇと硫黄の粉末1.20ｇを用意して，①，②と同様の実験を行い，反応後に試験管に残った物質の質量を調べた。

(1)　あとのア～エを，ガスバーナーに火をつける操作の順に並べるとどのようになりますか。[1]～[4]にあてはまる最も適当なものを，あとのア～エのうちからそれぞれ一つずつ選びなさい。

元栓を開ける。→[1]→[2]→[3]→[4]

ア　マッチに火をつけ，ガス調節ねじを開いて火をつける。

イ　コックを開ける。

ウ　ガス調節ねじを動かないようにおさえ，空気調節ねじを開いて炎の色を調節する。

エ　ガス調節ねじで炎の大きさを調節する。

(2)　次の文章は，実験の②の下線部について述べたものです。[1]，[2]にあてはまるものの組み合わせとして最も適当なものを，あとのア～エのうちから一つ選びなさい。

> 実験の②で，加熱をやめても反応が続いたのは，この実験で起こったのが，[1]反応だからである。[1]反応には，ほかに[2]ときの反応などがある。

ア　1：周囲から熱を奪う　2：酸化カルシウムに水を加えた

イ　1：周囲から熱を奪う　2：水酸化バリウムと塩化アンモニウムに水を加えた

ウ　1：周囲に熱を与える　2：酸化カルシウムに水を加えた

エ　1：周囲に熱を与える　2：水酸化バリウムと塩化アンモニウムに水を加えた

(3)　実験の②で起きた反応を化学反応式で表すとどのようになりますか。最も適当なものを，次のア～エのうちから一つ選びなさい。

ア　$Fe + S \rightarrow FeS$　　イ　$2Fe + S \rightarrow Fe_2S$

ウ　$Fe + 2S \rightarrow FeS_2$　　エ　$2Fe + S_2 \rightarrow 2FeS$

(4)　実験の③，④の結果について述べた文として最も適当なものを，次のア～エのうちから一つ選びなさい。

ア　実験の③ではＸが磁石に引き寄せられ，実験の④ではＸから発生した気体ににおいがあった。

イ　実験の③ではＸが磁石に引き寄せられ，実験の④ではＹから発生した気体ににおいがあった。

ウ　実験の③ではＹが磁石に引き寄せられ，実験の④ではＸから発生した気体ににおいがあった。

エ　実験の③ではＹが磁石に引き寄せられ，実験の④ではＹから発生した気体ににおいがあった。

(5)　次の文章は，実験の⑤の結果について述べたものです。[1]にあてはまるものを１群のア，イのうちから，[2]にあてはまるものを２群のア～カのうちから，最も適当なものをそれぞれ一つずつ選びなさい。

> 実験の⑤で，加熱後の試験管には，反応せずに残った[1]が含まれている。このとき，鉄と硫黄の反応によってできる物質の質量は[2]である。

【１群】　ア　鉄　　イ　硫黄

【２群】　ア　1.50ｇ　　イ　1.80ｇ　　ウ　2.20ｇ

　　　　　エ　2.90ｇ　　オ　3.30ｇ　　カ　3.50ｇ

8　Sさんは，仕事とエネルギーについて調べるため，次の実験1，2を行いました。これに関して，あとの(1)～(5)の問いに答えなさい。ただし，糸の伸び縮みや質量，空気抵抗や，カーテンレールと小球の間の摩擦は考えないものとします。

実験1

①　カーテンレールとスタンドを使って，図1のような装置をつくった。

②　カーテンレールの水平部分に木片を置き，カーテンレールの斜面上のある高さに質量80 gの小球Xを置いて，静かに手をはなしたところ，小球はカーテンレール上をなめらかに移動し，点Pで木片に衝突した。このとき，木片が移動した距離を調べた。

③　小球をはなす高さを変えながら，②と同様の実験をくり返した。

④　小球Xのかわりに，質量40 gの小球Yを用いて，②，③と同様の実験を行った。

表は，実験1の結果をまとめたものである。

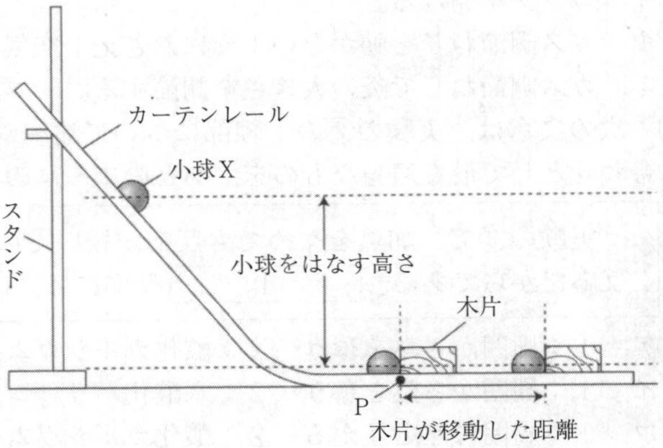

図1

表

小球をはなす高さ〔cm〕	3.0	6.0	9.0	12.0
小球Xによって木片が移動した距離〔cm〕	3.0	6.0	9.0	12.0
小球Yによって木片が移動した距離〔cm〕	1.5	3.0	4.5	6.0

実験2

①　図2のように，おもりを天井の点Oから糸でつるした。

②　おもりが最も低くなる点Cから，糸がたるまないようにして点Aまでおもりを持ち上げて静止させ，静かに手をはなすと，おもりは点B，C，Dを通過して点Eまで運動した。

③　図3のように，点OとCのちょうど中間の点Xにくぎを打ち，糸がたるまないようにして点Aまでおもりを持ち上げて静止させ，静かに手をはなして運動させた。

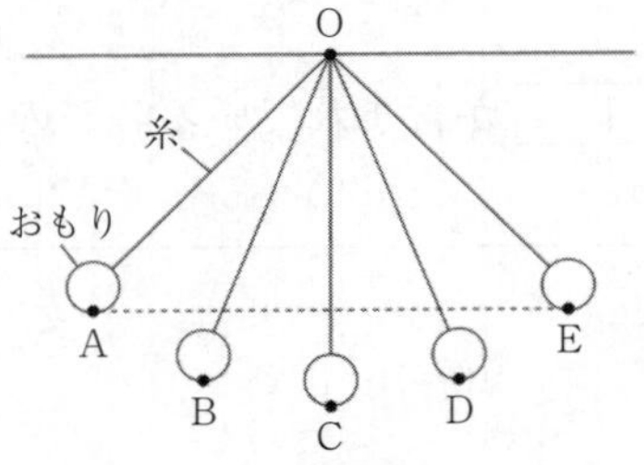

図2

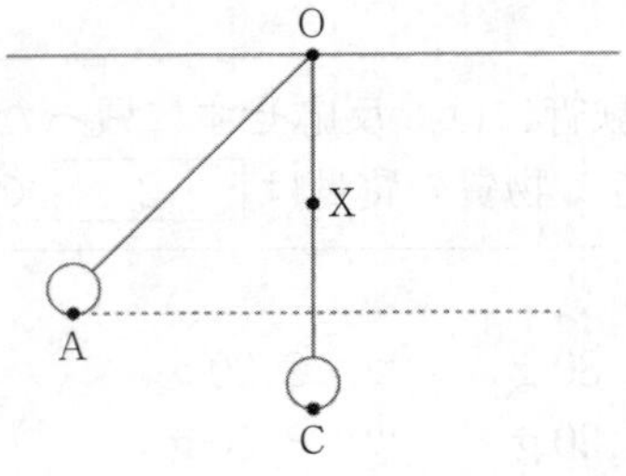

図3

(1)　図1で，小球が斜面上を運動しているとき，小球にはたらく力(分力を除く)を矢印で示すとどのようになりますか。最も適当なものを，次のア～エのうちから一つ選びなさい。

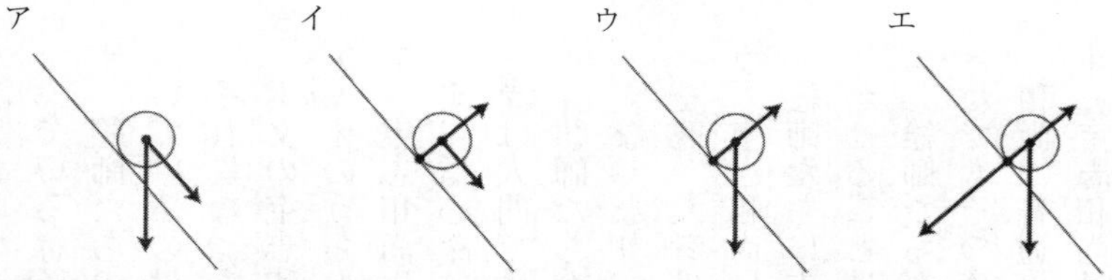

(2)　実験１で，小球Ｘ，Ｙを衝突させて木片を15.5cm動かすためには，小球をはなす高さをそれぞれ何cmにすればよいと考えられますか。[あ]～[か]にあてはまる数字を一つずつ選びなさい。

Ｘ：[あ][い].[う]cm

Ｙ：[え][お].[か]cm

(3)　実験２の②で，おもりが図２の点Ｅで静止した瞬間に糸を切った場合，おもりはどのような向きに運動しますか。最も適当なものを，図４のア～エのうちから一つ選びなさい。

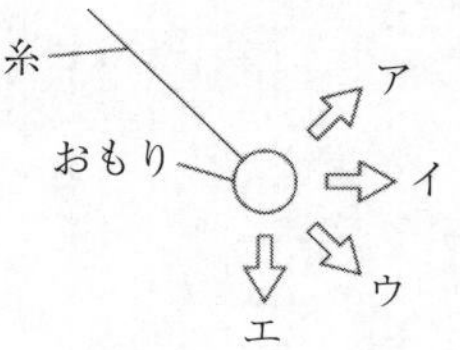

図４

(4)　図２で，点Ｃでおもりがもつ位置エネルギーを０としたとき，点Ａでおもりがもつ位置エネルギーは，点Ｂでおもりがもつ位置エネルギーの３倍でした。小球が点Ｂを通過するときにもつ運動エネルギーをb，点Ｃを通過するときにもつ運動エネルギーをcとしたとき，$b : c$を最も簡単な整数の比で表すとどのようになりますか。[あ]，[い]にあてはまる数字を一つずつ選びなさい。

$b : c =$ [あ]：[い]

(5)　次の文章は，実験２の③について述べたものです。[　1　]にあてはまるものを１群のア～ウのうちから，[　2　]にあてはまるものを２群のア～ウのうちから，最も適当なものをそれぞれ一つずつ選びなさい。

> 　実験２の③で，点Ａからおもりを運動させたとき，糸が点Ｘの位置に打ったくぎにかかったあと，おもりはある点Ｆまで上がった。この点Ｆの高さは，[　　1　　]。また，このとき，おもりが点Ｃから点Ｆまで移動するのにかかった時間は，実験２の②でおもりが点Ｃから点Ｅまで移動するのにかかった時間と比べて，[　2　]。

【１群】　ア　点Ａと同じだった　　　イ　点Ａより低かった　　　ウ　点Ａより高かった

【２群】　ア　同じだった　　　　　　イ　短かった　　　　　　　ウ　長かった

ることのできない宝志和尚がさまざまな仏者と顔を合わせて拝んでいる様子を描いていたから。

オ　絵師たちの持ってきた絵は、背景とともに宝志和尚の姿を描いているのは共通していたが、背景にある仏の姿は、三人それぞれ異なったものであったから。

(5)　本文の宝志和尚についての説明として最も適当なものを、次のア～オのうちから一つ選びなさい。

ア　宝志和尚は、絵師たちが訪問したときもしっかり法服に着替え、信心深い様子を見せたので、肖像画が世間に出回ると、和尚は人間ではなく神仏なのだと語られ始めた。

イ　絵師たちが訪れたとき、宝志和尚は何者かに襲われて姿が見えなくなり、御門の使いが探しても見つからず、世間では和尚を襲った者は普通の人間ではないといううわさが流れた。

ウ　宝志和尚は御門にも尊敬されるほど徳の高い人物であったが、絵師たちに本当の姿を見られたことを気に病み、御門に顔を合わせることはできないと、人前から姿を消した。

エ　絵師たちが肖像画を描いたあと、御門の使いが宝志和尚を訪ねてもその姿はなく、こういった出来事を受けて世間では宝志和尚は普通の人間ではなかったのだと語られ始めた。

オ　宝志和尚はすばらしく尊い人物であったが、自分の肖像画を描かれることは嫌がっていたため、絵師たちの前から姿を消して、その後も人前に現れることがなかった。

三　次の文章を読み、あとの(1)～(5)の問いに答えなさい。

昔、(注1)唐《もろこし》に(注2)宝志和尚《ほうしくわしやう》といふ聖《ひじり》あり。いみじく貴《たふと》くアおはしければ、(注3)御門《みかど》、「かの聖の姿を(注4)影《えい》に書きとらん」とて、絵師三人を遣《つか》はして、「もし、一人しては、書き違《たが》ゆる事もあり」とて、A三人して面々《めんめん》に写すべき由《よし》仰《おほ》せ含められて、イ遣はさせ給《たま》ふに、三人の絵師聖のもとへ参りて、かく(注5)宣旨《せんじ》をウ(注6)蒙《かうぶ》りてまうでたる由申しければ、「しばし」とエいひて、法服の装束《さうぞく》してオ出《い》であひ給へるを、三人の絵師、おのおの書くべき(注7)絹を広げて、三人並びて筆を下《くだ》さんとするに、聖、「しばらく。我《わ》がまことの影あり。それを見て書き写すべし」とありければ、絵師B左右《さう》なく書かずして、聖の御顔を見れば、大指の爪にて額の皮をさし切りて、皮を左右へ引き退《の》けてあるより、金色《こんじき》の(注8)菩薩《ぼさつ》の顔をカさし出でたり。一人の絵師は(注9)十一面観音と見る。一人の絵師は(注10)聖観音《しやうくわんおん》と拝《おが》み奉《たてまつ》りける。おのおの見るままに写し奉りて持ちて参りたりければ、C御門驚き給ひて、別の使《つかひ》を給ひて問はせ給ふに、かい消《け》つやうにして失《う》せ給ひぬ。それよりぞ「ただ人にてはおはせざりけり」と申し合へりける。

(『宇治拾遺物語』による)

(注1)　唐＝中国。
(注2)　宝志和尚＝中国の宋《そう》・梁《りょう》代の禅僧。
(注3)　御門＝梁の武帝。
(注4)　影＝肖像画。
(注5)　宣旨＝帝から下された命令。
(注6)　蒙りて＝お受けして。
(注7)　絹＝絵を描く布として絹を使った。
(注8)　菩薩＝仏教で、「仏」の次に高い地位にある仏者。
(注9)　十一面観音＝「観音」は、「菩薩」の一つ。十一の顔を持つ観音。
(注10)　聖観音＝「観音」の一つ。

(1)　文章中の二重傍線部ア～カのうちから、動作主が「宝志和尚」**ではないもの**を**二つ**選びなさい。

(2)　文章中のA三人して面々に写すべき由とあるが、絵師たちがこのように命じられたのはなぜか。最も適当なものを、次のア～オのうちから一つ選びなさい。
ア　宝志和尚の姿を一人で描くと負担が大きいために間違えやすくなるので、三人で分担しながら描いた方がよいから。
イ　宝志和尚に御門の言葉を正しく伝えるためには、絵師一人で行くより言葉を写した何人かで行く方が安心できるから。
ウ　宝志和尚の姿を描くのが一人だけだと手を抜いてしまう恐れがあるので、三人で描いて互いを監視した方がよいから。
エ　宝志和尚に対して間違いのない対応をして機嫌をとるには、一人だけで行くよりもなるべく多くで行った方がよいから。
オ　宝志和尚の姿を、一人ではなく三人それぞれが描けば、正しく描けているかどうかをあとから確かめやすくなるから。

(3)　文章中のB左右なくのここでの意味として最も適当なものを、次のア～オのうちから一つ選びなさい。
ア　すばらしく　　イ　すぐに　　ウ　はっきりと
エ　大げさに　　オ　つまらなく

(4)　文章中にC御門驚き給ひてとあるが、御門が驚いたのはなぜか。その理由の説明として最も適当なものを、次のア～オのうちから一つ選びなさい。
ア　三人の絵師が持ってきた絵は、どれも宝志和尚の姿ではなく、宝志和尚が額から皮を断ち切って仏者の姿に変化するという非現実的な様子を描いていたから。
イ　絵師の三人とも異なる絵を描いており、その絵が宝志和尚の姿だけではなく、和尚が自らの皮を切る様子や菩薩の姿など不思議なものが多かったから。
ウ　絵師たちが持ってきた絵を見ると、宝志和尚が人間の姿をしていないかのように描かれていて、絵師によって見えているものが異なるようであったから。
エ　絵師たちが持ってきた絵を見ると、三人とも、この世では見見せない佐倉の、部室での表情が歪んでいます。これを見た直登は、佐倉が控え選手として部にい続けてよいか考えているのだと思っています。

イ　部室を覗いた直登は、佐倉の暗い表情に注目しました。堅実にプレーをこなしているのにレギュラーから外れたことを、やむを得ないと無理に思い込もうとしているのではないかと直登は考えています。

ウ　いつもは剽軽で調子良く、何事にも深く拘らない佐倉が、部室で苦痛に耐えるかのような様子を見せています。野球部における自分のあり方を考えているのだろうと、このとき直登は推測しています。

エ　佐倉は部室の中で、光を浴びながら足元に視線を落としています。それを見て、野球部をやめたほうがいいのだろうかという自分への問いに答えを出せない状態だと、直登は捉えています。

オ　部室にいた佐倉の表情は、光に縁取られて暗く歪んでいたように見えました。レギュラーから外れなければならなかったことを、理解できるからこそ苦しんでいるのだろうと直登は感じています。

(6)　文章中の佐倉が野球部の中ではどのような存在であるかを説明したものとして最も適当なものを、次のア～オのうちから一つ選びなさい。

ア　日頃から冗談で笑わせてくれるが、控え選手でも甲子園に行くべきかどうかで苦悩するような、野球に対する真剣さを感じさせる存在。

イ　心配したり困ったりする様子がなく、自分の立場に対する拘りがないと公言し、気にかけて親切にする必要がないと思われている存在。

ウ　いつもふざけたような発言ばかりしているが、その人柄は誰からも一目置かれていて、周囲にいる人たちを晴れやかにしてくれる存在。

エ　怒ったり厳しく振るまったりすることがなく、自由で温和な性格で好かれるだけでなく、上級生として尊重され気づかわれている存在。

オ　誰かをねたんだり自分を卑下したりする様子がなく、気さくで調子が良いところもあるため、気兼ねなく付き合える親しみやすい存在。

(7)　この文章の表現についてクラスで話し合いをしている。本文の内容をふまえて最も適当な発言をしているものを、次のア～オのうちから一つ選びなさい。

ア　場面の中の風景について比喩を取り入れて、印象的に描いているところが特徴的です。これらの情景描写は、登場人物の心情が変化したことや物語が新たな展開を見せることを暗示しています。

イ　短文を重ねることや、倒置法を多用することによって登場人物の心情が軽やかに描かれています。このような詩的な表現により、人物の思いやその背景が深刻になりすぎずに伝わる効果が生まれます。

ウ　直登の心情を描写する部分と佐倉の視点から場面を描写する部分が入れ替わりながら話が進んでいきます。こうすることで、直登と佐倉の違いや互いに対する心情がわかりやすく伝わっています。

エ　直登の言動や心情の描写を中心にして、過去の回想も挿入しながら描かれている文章です。過去の回想では、起きた出来事や人物の心情を淡々と説明するように描くことで現実味を持たせています。

オ　直登の視点を通して、過去の出来事を差しはさみながら物語が展開していきます。登場人物の性格の直接的な説明や言動の丁寧な描写によって、心情や人物像が真に迫って伝わってきます。

ているということ。

ウ　佐倉はどんな状況だろうと他人に笑ってもらおうと冗談を言っているのではなく、周囲の人たちが深刻だったり真剣だったりするときには、迷惑がかからないように控えめな態度になっているということ。

エ　佐倉は、場の雰囲気に配慮しないで気ままに冗談を言っているのではなく、暗く張りつめた雰囲気のときに、周囲の人たちの気持ちがほぐれるように自分が中心になって明るく振るまっているということ。

オ　佐倉は、他人を笑わせることに一生懸命だが、何でもおもしろく扱うのではなく、周囲の人たちが腹を立てたり傷ついたりすることがないように考え、刺激的になりすぎない冗談を言っているということ。

(3)　文章中にC人は甲子園に物語を求めるとあるが、文章中から読み取れる「物語」とはどういうことか。その説明として最も適当なものを、次のア～オのうちから一つ選びなさい。

ア　甲子園の出場を手にしかけていた東祥学園が不祥事を起こして辞退せざるを得ず、甲子園で勝つどころか試合をすることすらかなわないこと。

イ　東祥学園の不祥事による辞退で、代わりに出場する海藤高校はさまざまなプレッシャーを感じるが、それよりも何倍も多い激励も受けること。

ウ　不祥事によって夢を絶たれた東祥学園の野球部員の思いを引き継いで、代わりに甲子園に出場した海藤高校が快進撃を見せて盛り上げること。

エ　出場することになったのはいいが、本来なら東祥学園が出場するはずだった大会なのだという思いを、海藤高校の野球部員は感じていること。

オ　自分たちの実力でつかみとった甲子園出場ではないという捉え方をされることに、海藤高校の野球部員はやり切れない思いを感じていること。

(4)　文章中にD心は重石をつけられたかのように、なかなか浮き上がってこないとあるが、このときの直登の心情の説明として最も適当なものを、次のア～オのうちから一つ選びなさい。

ア　世間が想像している感動的な物語と自分自身がこれまで抱いてきた目標や思いを比べると大きな隔たりがあり、世間の想像のほうが現実よりも価値があるように感じることで、意欲を失いつつある。

イ　自分の夢がかなう大切な出来事について、世間が勝手な想像で物語を作り上げてつまらないものにしてしまったので、目の前の現実や自分の夢も価値が失われたように思えて、悲しみを感じている。

ウ　自分が長年大切にしてきた夢のかなう特別な出来事が、世間の人々の満足する物語に仕立て上げられて、その雰囲気に飲み込まれてしまいかねない自分の気持ちに気づき、くじけそうになっている。

エ　自分たち野球部に対して、世間が思い描いている物語にうまく加わる自信がなく、これまで特別だと思って大切にしてきた目標や思いが、手の届かないものになりつつあるように感じ、苦しんでいる。

オ　世間の人々が自分たちの野球部に対して抱いている思いを認識していくなかで、その通りの存在であろうとしてしまいそうになる自分がいることを感じて情けなくなり、気分が晴れなくなっている。

(5)　文章中にE一人、俯いていた佐倉一歩を見てしまったのだとあるが、このとき直登が佐倉についてどう考えていたのかというテーマで、クラスで話し合いをしている。本文の内容をふまえて**適当でない発言をしているもの**を、次のア～オのうちから一つ選びなさい。

ア　守備要員及び控え選手としてベンチに座っても鬱屈した姿を

風と光がもつれるように部室に入り込んでいた。その光に縁取られながら、佐倉の表情は暗く翳っていた。耐え難《がた》い苦痛にそれでも耐えているかのように、歪《ゆが》んでいた。

その後どうしたのか、よく覚えていない。佐倉と言葉を交わしたのか、慌ててドアを閉めて退散したのか。

覚えていない。

光に縁取られた暗く歪んだ横顔だけを覚えている。

あのときもしかして……もしかしてだけど、佐倉は野球部をやめようかと悩んでいたのではないか。

三年生の引退を機に二年生を中心とした新チームが作られる。佐倉は新チームのレギュラーから外れた。守備は堅実にこなせるけれど、打率が一割台とあってはやむを得ない。誰より佐倉自身が理解しているだろう。

理解できることは、痛い。理解したうえで、自分の居場所を見据えなければならないことは、辛い。屈辱とか落胆ではなく、野球部という場所に自分の居場所があるのかと自問する、その疼《うず》きに佐倉は項垂《うなだ》れていたのではないか。

推察にすぎない。佐倉の胸の内は、本人以外誰にもわからない。ただ、佐倉は野球部をやめなかった。控え選手のまま、甲子園にやってきた。

佐倉一歩という選手の物語に誰も着目などしない。わかり易い感動も悲劇もないからだ。でもと、直登は考える。

でもいつか、佐倉がお笑い芸人として、「おれ、これでも元甲子園球児ですから。え？　ポジション？　まぁ、ベンチの右隅かな」なんてトークを繰り広げていたら、笑うより、その言葉の裏にある深い物語に、一人、頷《うなず》いてしまうだろう。

（あさのあつこ『敗者たちの季節』による）

（注1）　マウンド＝野球でピッチャーが投球を行う際に立つ、土を盛り上げた場所。

（注2）　バッテリー＝ピッチャーとそのピッチャーのボールを受けるキャッチャーを一組にした言葉。

(1)　文章中にAったく、一歩のやつチョーシ乗りなんだからよ　とあるが、このように言ったときの郷田の心情の説明として最も適当なものを、次のア～オのうちから一つ選びなさい。

ア　甲子園に出場が決まったことにより自分の将来の目標が定まったと思っている佐倉の考え方があまりにも安直で、いらだちを覚えている。

イ　甲子園にやってきたのに他の部員をまきこみながら冗談をくり返している佐倉の真剣さを感じられない態度が気に障《さわ》り、失望している。

ウ　甲子園出場に対する佐倉のふざけた発言に、強い不快感を示して直登になだめられれば、自身のいらだちも落ち着くだろうと思っている。

エ　甲子園出場を将来の名声や評判のために利用するという佐倉の発言が、たとえ冗談でも度を越したものだと思われ、不快に感じている。

オ　甲子園出場を将来は笑いの対象にするという佐倉の発言は部員や野球に対する敬意がないのはもちろん悪意も感じるため、憤《いきどお》っている。

(2)　文章中にB佐倉、けっこう周りに気を配ってんぞ　とあるが、ここで直登は佐倉についてどういうことを言おうとしているのか。その説明として最も適当なものを、次のア～オのうちから一つ選びなさい。

ア　佐倉は、他人を笑わせてはいるがその場を楽しんでいるわけではなく、緊張や落ち込みを感じることの多い野球部員たちのことを思いやり、気持ちが晴れるにはどうすればいいか苦悩しているということ。

イ　佐倉は、その場にいる人たちの様子を見て、自分の冗談や態度がどのように受け取られるかを充分配慮しており、問題が起きている状況では笑わせるだけではなく解決のために行動もしきだった。そういう負の空気を感じとると、佐倉はがぜん、張り切りだす。普段はやたら滑って苦笑するか、しらけるかだけのダジャレや冗談が妙に冴《さ》えて、ぴしりぴしりと決まってくるのだ。笑いのツボをこれでもかと刺激され、涙が出るほど笑わされてしまう。そして、ふと気がつくと、何が解決したわけでもないのに心持ちが晴れやかに、軽やかになっていたりする。

東祥学園の不祥事による辞退で、海藤高校の甲子園出場が決まった直後、一時の高揚感が去った後は、さまざまな方面から押し寄せてくるプレッシャーに耐えなければならない日々が続いた。「拾いものの甲子園出場か」と露骨な一言を口にする輩《やから》に、唇を噛《か》んだこともある。けれど、そんな底の浅い悪態よりも、こぶしを握ったこともある。けれど、そんな底の浅い悪態より、「東祥の分まで頑張れよ」「東祥のためにも、必ず一勝をあげてやれ」との激励の方が、何倍も重くのしかかって来た。

C人は甲子園に物語を求める。それを知った。

わかり易く感動的な、あるいは悲劇的な物語を求めて止《や》まない。部員の不祥事のために甲子園への道を閉ざされた東祥ナインの悲劇も、甲子園への切符とひきかえに微《かす》かな負い目を背負ってしまった海藤の選手たちも、甲子園の物語としては、これ以上ないほど相応《ふさわ》しいのかもしれない。

これで海藤が快進撃でもしてくれたら、申し分のない物語となる。単純な期待とは異質の、暗黙の気配を感じるたびに、直登は憂鬱になる。大好きで小さいころから続けてきた野球が、大なる目標であった甲子園が、実に矮小《わいしょう》な物語に取り囲まれていると知るたびに、その物語たちに搦《から》め捕られそうな自分を感じるたびに、気持ちが重く沈んでしまうのだ。

馬鹿野郎。おれがへこんでて、どうすんだよ。

自分を叱咤《しった》するのだが、D心は重石《おもし》をつけられたかのように、なかなか浮き上がってこない。

エースの自覚と沈む心の間で、直登は幾度も歯軋《はぎし》りを繰り返す。

そういうときに限って、佐倉は実に切れのいい冗談を連発して、笑わせてくれるのだ。人の心とは不思議なもので、本気で笑い、口を開け、空気をたっぷりと吸い込めば、その空気を浮力にして浮かび上がることができる。

まぁ、いいか。

なんて、呟《つぶや》ける。どんな物語に塗《まみ》れていても、甲子園が憧れの球場であることはかわらない。その球場のマウンドで投げられることもかわらない。だったら、いいじゃないか。

そんな気分になれるのだ。

佐倉はそれほど巧みに、豪快に、心底から笑わせてくれる。

こいつ、本当にお笑いの天才かも。

直登は密《ひそ》かに思っていた。

三年生で、守備要員及び控え選手として、常にベンチに座っている。二年生の石鞍《いしくら》や水渡《みと》がグラウンドに立つのを見ていなければならない。その鬱屈《うっくつ》を佐倉はちらりとも見せなかった。何の拘《こだわ》りも、翳《かげ》りも無いように振る舞う。同じようにレギュラー入りできなかったキャプテン尾上守伸《おがみもりのぶ》に対しては、チームの誰もがキャプテンとしての資質というかその人柄に一目置いているし、重んじてもいるのに、佐倉に関しては、けっこうぞんざいに接する。

「まぁ、一歩はああいうやつだから」

なんて一言で済ませてしまう。ああいうやつというのは、つまり、剽軽《ひょうきん》で調子良くて、いいかげんで、何事にも深く拘らない。そういうキャラだということだ。

けれど、直登は見てしまった。

部室の中、窓から差し込む光の中でE一人、俯《うつむ》いていた佐倉一歩を見てしまったのだ。

二年生の秋の初めだったと思う。日差しが日に日に澄んで、赤味を濃くする季節だった。どういう用事だったか忘れたけれど、練習が始まる前にふと覗《のぞ》いた部室で、佐倉は光を浴びながら視線を足元に落としていた。西向きに取り付けられた窓は大きく開け放され、うとする感情が進化した前例をふまえると、あらゆる動物に不正を感じる感性が芽生える可能性があると考えられる。

エ　群れで生き、仲間の個体識別ができる程度の知能がある動物は互恵的な行動を取ることが確認されていて、見返りが期待できるかどうかにかかわらず、相手に対して親切にしていることが明らかになった。

オ　互恵的な行動はすばらしい性質だと言えるが、それを持つことによって他の個体よりもたくさんの子どもを残せなくなるという可能性があるため、進化論に照らすと矛盾することになってしまう。

二　次の文章を読み、あとの(1)～(7)の問いに答えなさい。

直登《なおと》は海藤《かいどう》高校の野球部で投手として活躍し、甲子園球場で開催される夏の全国大会を目指していた。海藤高校野球部は地方大会の決勝戦で東祥《とうしょう》学園高校に敗れたが、東祥学園高校が不祥事で出場を辞退し、海藤高校が夏の甲子園に出場することになった。甲子園での海藤高校の一回戦の試合の直前、直登たちはダッグアウト（ベンチ）に向かってグラウンドを歩いている。

「暑いな」
頰を伝う汗を手の甲で拭う。
「これから、まだ暑くなるぞ」
佐倉《さくら》も額に浮かぶ汗を、タオルで拭き取っている。
「でも、まっ、かんかん照りよりマシかもな。こんだけ雲があれば、（注1）マウンドで干からびるってことには、なんねえよ。直登の干物なんて、絶対、食う気しねえからな」
佐倉の冗談に、直登はわざとらしく顔を顰《しか》めて見せた。
「つまんねえな。いまいち、笑えない」
「座布団《ざぶとん》一枚って、ダメ？」
「ダメダメ、あきまへん」
直登は胸の前で両手を×の形に重ねる。
「おーぅ、世の中、厳しいでーす」
へんな抑揚をつけて、佐倉が肩を竦《すく》め、首を振る。大仰で滑稽な仕草だった。本気なのか戯言《ざれごと》なのか、佐倉は「将来の目標は、売れっ子のお笑い芸人」と公言している。
「元甲子園球児の芸人とか、けっこう、うけそうじゃね。おれの将来、案外、イケてるかも」
甲子園出場が決まったとき、一番はしゃいでいたのが、この佐倉一《かず》歩《ほ》だった。
「Aったく、一歩のやつチョーシ乗りなんだからよ」
直登と（注2）バッテリーを組むキャッチャー郷《ごう》田《だ》恭司《きょうじ》が、舌打ちしていた。郷田は大らかで闊達《かったつ》な性質でありながら、妙に生真面目な一面も持ち合わせている。その生真面目な質《たち》が、甲子園出場を売り物にするという佐倉の一言に、引っ掛かったらしい。
「ふざけ過ぎだよな、あいつ」
「そうか？」
「そうだよ。おまえ、むかつかないのかよ」
意外だという口調だった。
「むかつくとこまで、いかないけど。おまえだって、言うほどむかついているわけじゃないだろうが」
「……まぁな」
「それにB佐倉、けっこう周りに気を配ってんぞ」
「……わかってるけど」
郷田は唇を突き出して、横を向いた。
佐倉一歩は、確かに調子乗りで軽率ではあったけれど、他人を笑わせるのが上手《うま》くて、郷田も直登も佐倉の一言や仕草に、噴き出したことが、腹を抱えて笑ったことが、何度もあるのだ。それはたいてい、直登たちが落ち込んだり、憂鬱《ゆううつ》な気分に陥ったりしていると述べている。

エ　段落7〜9では「互恵」の一般的な考え方と筆者の見解を実例を複数挙げて論じ、段落10では段落7〜9の説明で注意すべき点を示して、段落11では段落10をふまえて新しい話題へ転換している。

オ　段落7〜9では「互恵」の例をふまえながら「不正への怒り」の重要な点を主張し、段落10では段落9に関連する説明を加えて、段落11で段落7〜10の内容の疑問点を簡潔に指摘している。

(6)　文章中にD不正への怒りは、こうした助け合いの行動が維持されるために必要な感情です　とあるが、不正への怒りによって助け合いの行動が維持されるとは具体的にどういうことか。その説明として最も適当なものを、次のア〜オのうちから一つ選びなさい。

ア　群れから利益を得るばかりで返さないことを不正だと感じて怒り、そうした行動を取る個体に対し他の個体が関係を断つことで、自分の子どもが生き残ることができるように群れの秩序を守るということ。

イ　親切な行動をした個体に攻撃することを不正だと感じ、不正を働く個体に対し怒りを向けて攻撃し返すことで、危機的な状況で個体どうしが利益を分け合って生き残っていく関係性が保たれるということ。

ウ　恩恵をもたらさない個体を群れに受け入れることを不正だと感じ、その個体に報復しないことに怒って状況を改善することで、群れの中で恩恵を与え合い、互いの生命を守る関係が継続していくということ。

エ　一方的に他の個体から利益を奪うことを不正と感じて怒り、そうした行動を取る個体を群れから排除することで、困難な状況で生き残るために個体どうしが恩恵を与え合う協力関係が保たれるということ。

オ　相手の利益を奪って苦しめることを不正だと感じて怒り、そうした行動を取る個体を群れから駆逐することで、他の個体に利益を分けることができなくても思いやりを持つあり方が継続できるということ。

(7)　文章中にEアレグザンダーの間接互恵の理論　とあるが、本文の内容をふまえて、「アレグザンダーの間接互恵の理論」の具体例を述べているものとして最も適当なものを、次のア〜オのうちから一つ選びなさい。

ア　数人の学生が車道にはみ出して歩いていたので注意したところ、気をつけて歩く学生が増え、町全体の事故の危険性が減った。

イ　ある音楽家の寄付活動が報道されたことで、その音楽家への関心が高まり、多くの人がその人の演奏会に訪れるようになった。

ウ　ボランティア活動をしている人が活動の重要性を訴えると、その意見に多くの人が賛同し、活動に参加するようになった。

エ　あるスポーツ教室が、教室の利用者を増やそうと料金を下げたところ、申し込みが急激に増加して教室の人気が高まった。

オ　ある人が道に迷っている観光客を案内したところ、その観光客と親しくなり、観光客の家族から謝礼を受けることになった。

(8)　本文全体の論旨として最も適当なものを、次のア〜オのうちから一つ選びなさい。

ア　間接互恵の理論では人間の利他的行動はよい評判を得ることにつながるが、よい評判を意識的に求めることはかえって不利益につながるため、他人に親切にすることをただ心地よく感じる感性が進化した。

イ　人間は利益を独占する者の行為を、他人の物を盗んだりすぐに暴力をふるったりするような行為と同じ程度のものとして捉え、それを罰したいと感じるようになる。

ウ　人間が不正を感じ取り、多少の不利益を被ってでも報復しよ

(3) 文章中の[B]・[F]に入れる語句の組み合わせとして最も適当なものを、次のア～オのうちから一つ選びなさい。

ア　B　そのため　F　または
イ　B　ちなみに　F　こうして
ウ　B　けれども　F　ただし
エ　B　もちろん　F　なぜなら
オ　B　たとえば　F　むしろ

(4) 文章中にC人間における利他的行動（善の起源）と不正への怒り（悪の起源）のいずれもが、通常の進化論では説明しにくいのですとあるが、この部分についてクラスで話し合いが行われた。次の先生の発言を受けて、本文で筆者が説明する内容に沿って述べている意見として適当なものを、あとのア～カから**二つ**選びなさい。

> 先生　文章中では、特に「不正への怒り」に注目して、多くの動物には不正を感じる感性はないけれど、人間には不正を感じる感性があり、不正への怒りが進化してきたということが述べられています。筆者は、動物と比較して人間の感情の特徴を説明しているのですね。では、この不正への怒りの感情が「通常の進化論では説明しにくい」とはどういうことなのでしょうか。考えていきましょう。

ア　進化論では、生存につながる感情であれば進化すると考えられているようです。しかし、不正への怒りは、生きるために必要なものを奪われるという不利益に耐えることにつながるので、本来は進化しないはずだということだと思います。

イ　不正について怒って相手を攻撃しても利益が得られるわけではなく、不利益が生じることすらあります。進化論では敵と闘争するのは利益を得るためだと考えられているので、このような不正への怒りは進化論に反しているということではないでしょうか。

ウ　不正に怒ることとは、不正を働いた他者に対して攻撃することにつながります。進化論では、種の存続を脅《おびや》かす感情は進化しないと考えられているので、他者への攻撃を引き起こす感情が進化するのはおかしいということではないでしょうか。

エ　動物の例から、周囲を疑い闘争を引き起こすような感情は進化しないと考えられます。つまり、不正への怒りがあると、不正を働いているつもりのない相手を無差別に糾弾して争うことになるので、本当は進化しないものだということだと思います。

オ　多くの動物の場合、生き残って子どもを多く残すことにつながる感情でなければ進化しません。ですから、筆者は、不正への怒りのように自らの生命を危険にさらす可能性のある感情は、本来進化しないはずだということを言いたいのだと思います。

カ　進化論では、不利益を我慢するのは自分の生存を脅かす相手に報復する場合だけだと考えられています。しかし、不正への怒りは、報復する行動だけではなく不正を意識させる行動にもつながるので、進化するのは不自然だと言いたいのだと思います。

(5) 文章中の段落[7]～[11]までの段落相互の関係の説明として最も適当なものを、次のア～オのうちから一つ選びなさい。

ア　段落[7]～[9]では「互恵」と「不正への怒り」の具体例を示しながら論じ、段落[10]では段落[9]の内容の矛盾点を指摘して、段落[11]で段落[7]～[10]の要点をまとめながら新たな話題を提示している。

イ　段落[7]～[9]では「互恵」について他の理論と比較しながらその特徴を説明し、段落[10]では段落[7]～[9]の内容からわかる事実を考察して、段落[11]では段落[10]の内容を簡潔に言い換えてまとめている。

ウ　段落[7]～[9]では「互恵」について代表例を挙げながらその詳細を説明し、段落[10]では段落[9]で取り上げた考え方を補足して、段落[11]では段落[7]～[10]の要点を簡潔に指摘して考察をいることが見抜かれてしまい、かえって評判を落とすものです。それゆえ、他人に親切にすることに無条件に喜びを感じるような感性こそが、進化してくるのです。人間には、人を見たらわけもなく親切にしたいと思う傾向があるということです。

（山口裕之『「みんな違ってみんないい」のか？』による）

（注1） 先ほど見たように＝出典書籍の引用部分の直前の内容を指している。

（注2） 最後通牒ゲーム＝実験経済学においてのゲーム。利己的な個人が、どこまで利他的な行動をできるかを測る目的で行われる。

（注3） 詭弁＝相手を無理やり納得させるための議論。

(1) 文章中の～～～①～⑤に相当する漢字を含むものを、あとの各群のア～オのうちから、それぞれ一つずつ選びなさい。

① おセイボ
ア チョウボに予算を書き込む。
イ 恋人へのボジョウを歌った曲を聴く。
ウ 前国王のボショを訪れる。
エ 交通安全ポスターをコウボする。
オ ハクボの時間になり、街灯の光も目立つ。

② ハき
ア イベント開催のイトを説明する。
イ この本はトチュウまで読んだ。
ウ 兄が練習の苦しさをトロした。
エ シュト機能移転について議論する。
オ 理科の授業でホクト七星を習う。

③ コウケン
ア これについてはまだケントウの余地がある。
イ 政治家がゴケンの立場を表明する。
ウ 資産家が高額なケンキンをする。
エ 他人の自由を奪うケンゲンはない。
オ ホウケン社会について調べる。

④ シエン
ア 桜の下にエンセキを設ける。
イ ランナーにセイエンがおくられる。
ウ エンテン下でのスポーツは控える。
エ 会議は来週にエンキされた。
オ あっという間にフンエンが広がった。

⑤ ハンジョウ
ア 庭は草木がハンモして緑一色だ。
イ 後に続く人々のモハンとなる行動をする。
ウ シハンの薬を購入する。
エ 小学生のハンガ作品が展示されている。
オ 美術館に絵画をハンニュウする。

(2) 文章中にA感情 とあるが、人間や動物にとって感情とはどのようなものだと筆者は述べているか。その説明として最も適当なものを、次のア～オのうちから一つ選びなさい。

ア 生存していくために有害なのか有益なのかについて、周囲の状況や対象を高速で分析する人間や動物の意識によって生み出されるもの。
イ 状況に対する適切な行動へ人間や動物を導くために、状況や対象が自分にどんな意味を持つのか、意識的な思考によって分析するもの。
ウ 自分の存在にとっての周囲の状況や対象が持つ意味について、生物種の条件に照らしつつ分析する過程を、人間や動物に認識させるもの。
エ 脳が状況や対象と自分との関係性を、自覚のないまま即座に分析した後、適切に行動して適切に生きられるように人間や動物を導くもの。
オ 周囲の状況や対象に高速で反応し、自分の生物種にとって有害なものなのか有益なものなのかを分析するように、人間や動物を促すもの。

か頼みごとをしてきたら、当然断る（あるいは、頼みを聞いてやるにしても嫌みの一つも言う）でしょう。

8 こうした互恵的な行動は、群れで生きていて、仲間の個体識別ができる程度の知能があれば、進化論的に十分に説明がつきます。仲間と助け合う個体は、そうしない個体よりも生き残りやすく、子どもをたくさん残せるからです。そして実際、チスイコウモリなど、群れを作って生きるいくつかの動物では互恵的な行動が観察されるそうです。チスイコウモリは、餌にありつけなかった仲間に自分が吸ってきた血を②ハき戻して与えます。もらった方は、誰がくれたのかを覚えていて、くれた相手には次回その相手が空腹で自分が満腹の時には血を分けますが、以前くれなかった相手にはやらないそうです。

9 D不正への怒りは、こうした助け合いの行動が維持されるために必要な感情です。助け合いの行動はお互いの利益になりますが、もしも親切にしてやった相手がずるいやつで、お返しをせずに逃げてしまったら、こちらは大損です。単に親切なだけの動物の群れは、親切にタダ乗りして自分は何のコウ③ケンもしない個体の食い物にされてしまいます。なので、そうした相手には報復しなくてはなりません。不正への怒りという感情は、タダ乗りする個体を群れから追い出すことが利益になることから進化してきたわけです。

10 なお、不正な個体を暴力によって攻撃すると自分がケガをするかもしれないので、次からは親切にしないという対応の方が合理的なことが多いです。人間でも、不正な相手を攻撃することはそれほど多くなく、次からは付き合いをやめるという人がほとんどでしょう。

11 このように、通常の互恵的な行動は人間以外の動物でも観察されるし、そうした行動を取る動物は不正への怒りも感じているのではないかと思われます。

12 しかし、人間の場合には、行きずりの人を助けたり、見も知らぬ遠い国の難民をシ④エンしたりなど、見返りが期待できない相手に対しても親切にすることがあります。これは、他の動物にはまず見られない行動です。そして、これこそが真の意味で利他的行動でしょう。見返りを期待して親切にするのは、結局のところ自分の利益である見返りが目的なのですから、利他的ではありません。

13 Eアレグザンダーの間接互恵の理論は、こうした見返りを求めない利他的行動を説明しようとするものです。要点を一言でいうと、直接的な見返りが期待できない相手に親切にすることで、社会の中での評判がよくなるので、結局のところその人の利益になるというのです。

14 先ほども書きましたが、助け合いの行動はお互いの利益になりますが、もしも相手がずるいやつで、お返しをせずに逃げてしまったら、こちらは大損です。なので、親切にしてやる前に、相手がずるいやつでないかどうか、しっかりと見極めなければなりません。「利他的な人だ」という評判は、そうした見極めを行うときの判断材料になります。それゆえ、見返りを求めずに誰にでも親切にする人は、多くの人と助け合いの関係を結んでもらえることになります。その結果、大きな利益を得るのです。身近な例で考えてみれば、「誰にでもサービスがよい」と評判のお店は⑤ハンジョウするということです（なお、相手がずるいやつかどうかの見極めが重要なので、よい評判よりも悪い評判の方が数も多く広がるのも急速です）。

15 なんだか（注3）詭弁《きべん》的なこじつけの議論のように思われるかもしれませんし、私自身も「なんかしょうもない話やな～」と思わないわけでもないですが、どんなにすばらしい性質であっても、それを持つことで他の個体よりもたくさんの子どもを残せないのであれば進化のしようがないので、進化論的な説明がこのような形になるのはいたしかたありません。

16 付言すると、見返りを求めない利他的行動が評判によって利益になるということは、そのような行動を取ろうと思う本人に自覚されていることではありません。［ F ］、「よい評判を広めるために親切にしよう」と思っている人は、たいていの場合、そう思って

二〇二四年度　芝浦工業大学柏高等学校（第一回）

【国　語】（五〇分）〈満点：一〇〇点〉

一　次の文章を読み、あとの(1)～(8)の問いに答えなさい。なお、1～16は段落番号である。

1　人間には、他の動物にはあまり見られないA感情があるようです。それは、不正に対する怒りです。（注1）先ほど見たように、人間は利益を独占するなどの行為を不正だと感じ、それを罰したいと感じます。利益を独占する以外にも、たとえば他人の物を盗んだり、すぐに暴力をふるったりする者にはさらに大きな怒りを感じるものです。こうした不正に対する感情が、道徳における悪の背景にあります。

2　もちろん、犬や猫を飼っている人には明らかでしょうが、人間以外の動物であっても喜びや怒り、恐怖や嫌悪《けんお》といった感情は感じているようです。感情とは、周囲の状況や対象に対する反射的な（つまり、意識的な思考に先立つ高速の）反応です。脳は、周囲の状況や対象が自分の生存にとってどのような意味を持つのか、有害なのか有益なのかを、主に自分の生物種としての条件に照らして高速で分析しますが、そのプロセスは意識されません。意識は、そうした分析のあとで、分析結果に応じた感情を感じます。そして感情が、周囲の状況に対する適切な行動へと動物を導きます。［　B　］怒りとは、自分より弱そうな相手に攻撃されたときに反撃を引き起こす感情です。攻撃してきた相手が自分より強そうであれば恐怖を感じます。恐怖は逃走を引き起こす感情です。このように動物は、感情に従って行動することで、状況に対応して適切に生きています。

3　しかし、多くの動物には不正を感じる感性はありません。よくテレビの動物番組で、チーターが倒した獲物をハイエナが奪うシーンが放送されます。それを見た人間は、「ハイエナはずるい」と思いますが、おそらく当のチーターは、獲物を奪われて怒るかもしれませんが、ハイエナが不正を行ったとは思わないでしょう。ハイエナにしても、手に入れやすい餌を手に入れただけで、不正を働いているつもりはないに違いありません。

4　進化論的に考えると、チーターがハイエナに対して不正を感じる感性が進化する余地はありません。ハイエナに不正を感じるチーターが、感じないチーターよりも多くの子どもを残すとは考えられないからです。（注2）最後通牒《つうちょう》ゲームで見たように、不正を感じるということは、多少の不利益を我慢してでも報復しようとするということです。それはハイエナと、餌を得られるわけでもないのにわざわざ闘争するということですから、ハイエナに対して不正を感じる個体は、感じない個体よりもケガをするリスクが高く、短命で子どもを残さない可能性の方が高いのです。

5　このように考えると、人間は不正を感じ取ってそれに怒り、多少の不利益を被ってでも報復しようとすることが、どうして進化できたのかが謎だということになります。

6　このように、C人間における利他的行動（善の起源）と不正への怒り（悪の起源）のいずれもが、通常の進化論では説明しにくいのです。進化倫理学では、この謎についての説明を、人間が社会の中で生きているという点に求めます。よく知られている理論は、アメリカの進化生物学者リチャード・アレグザンダー（一九二九～二〇一八）の間接互恵の理論です（Richard D. Alexander, *The Biology of Moral Systems*, Routledge, 1987）。

7　まず、「間接互恵」でない通常の「互恵（reciprocity）」から説明しましょう。互恵とは、相手がよいことをしてくれたらよいことを返してあげ、悪い相手には悪いことを返すということです。私たちの日常生活でも、これは当たり前のことでしょう。おセイ①ボやお中元をくれた相手にはちゃんとお返しをしなくてはなりません。以前、授業中に鉛筆を貸してくれなかった相手が、今度は自分に何

2024年度／芝浦工業大学柏高等学校（第1回）

英語解答

1　1　C　2　B　3　C　4　A
5　B

2　1　B　2　A　3　C　4　A
5　C

3　1　C　2　B　3　A　4　B
5　C

4　(1)　ウ　(2)　ア　(3)　エ　(4)　イ
(5)　ア，エ

5　(1)　ウ　(2)　イ　(3)　ア　(4)　エ
(5)　イ　(6)　エ　(7)　ウ

6　(1)　イ　(2)　ウ　(3)　エ　(4)　イ
(5)　ア　(6)　ア　(7)　ウ

1～**3**〔放送問題〕放送文未公表

4〔長文読解総合—説明文〕

≪全訳≫❶ロボット工学者とは何か／誰がロボットをつくるのだろうか。ロボット工学者がそれらをつくるのだ。どんなタイプの人が優れたロボット工学者になるのだろうか。❷創造力があるだけでなく辛抱強い必要がある。常に新しい問題が持ち上がる。優れたロボットをつくるには長い時間がかかるのだ。❸ロボット工学者はあらゆる種類のさまざまな仕事に適するロボットをつくっている。彼らはきつい仕事をするためのロボットをつくっている。強じんなロボットは重い物を簡単に動かすことができる。❹ロボット工学者は物をつくるためのロボットをつくっている。物にはとても小さな部品が含まれていることもある。ロボットはとても慎重に部品を組み合わせることができる。ロボットは人間よりも間違いが少ない。❺ロボット工学者は人々を助けるためのロボットをつくっている。病院で働くロボットもある。医師が病気の人々を助けるためにそれらを使っている。これらのロボットは清潔で安全であるように慎重につくられなければならない。❻ロボット工学者は人々と遊ぶロボットをつくっている。今日，ロボットはチェスで簡単に人間に勝つことができる。だから，ロボットはどれが世界で一番かを確認するために互いに対戦している。❼どうやってロボット工学者になるか／ロボット工学者は何を勉強しているのだろうか。特別な課程でロボットについて学ぶ学生もいる。彼らは多くの場合，ロボット工学のサマーキャンプに参加する。こうしたキャンプで，彼らはロボットについて学び，自分自身のロボットをつくる練習をする。ロボットをつくるコンテストに参加する学生もいる。彼らはそれらのコンテストで学費を稼ぐことができる。❽大学では，多くのことを勉強できる。彼らはコンピューターや科学，数学，工学を勉強できる。これらの分野のどんな学位もロボット工学に役立つ。❾4年制の学位はロボット工学者として仕事を始めるのに十分である。しかし，さらに勉強すると，より良い仕事から始めることができる。修士号を持っているロボット工学者もいる。また博士号を持っているロボット工学者もいる。❿ロボット工学者の仕事／大学卒業後，ロボット工学者はたいてい，企業でアシスタントエンジニアとして出発する。年上の，より経験豊富な工学者が一緒に働くことになる。⓫ロボット工学者はチームでどう働くかということを学ぶ必要がある。チームの人たちはお互いに耳を傾けるのである。⓬大きなチームでは，何人かでロボットのたった一部分を担当する。チームの他の部隊がそれぞれ異なる部分を担当する。最後に，チームの全ての部隊が1つのロボットをつくるためにアイデアを集結するのだ。⓭大学で働くロボット工学者もいる。これらの工学者は学生たちにロボットについて教えている。いくつかの大学には現在ロボット工学と呼ばれる学位課程がある。将来はますます多くの大学にこの種の課程ができるだろう。⓮大学のロボット工学者は単に教えているだけではない。彼らはまた，より優れたロボットをつくる新しい方法を研究している。これらの工学の教員はロボットについてもっと学ぶために実験をする。⓯学生たちは多くの場合，こうした実験を手伝う。これは学生たちがロボットについて学ぶ良い方法である。⓰働くロボット／多くのロボットが，自動車会社のような企業で働いている。実際，今日のほとんどのロボットは自動車会社の工場にある。工場のロボットは機械のように見える。ほとんどの人はそれらのロボットを目にしたり一緒に働いたりすることはない。⓱しかし，他の場所で人々は毎日ロボットを目にしているかもしれない。それらのロボットは見た目がいい必要がある。それらは使いやすいように見える必要がある。そうすれば人々はそれらを身の回りに置いておきたいと思うだろう。⓲将来，ロボットはより人に近い見た目になるかもしれない。そうすれば誰もがそれらと働くことに心地良く感じるだろう。⓳ロボットは働くだけではない。それらは探査も行う。人が行くことができない危険な場所を探査するロボットもある。それらは宇宙や水中を探査する。これらの場所について科学者が学ぶのに役立っている。⓴未来に目を向ける／ロボットは年々より多くの場所で使われるようになっている。店舗，ホテル，博物館，そして農場がそれらを利用している。ますます多くのロボット工学者がこれらの場所が求める種類のロボットをつくるために必要とされている。㉑この仕事があなたにとって興味深く見えるだろうか。もしかしたらあなたは将来ロボット工学者になれるかもしれない！

(1)＜内容一致＞「ロボット工学者は(　　)ロボットをつくる」―ウ．「病院で患者を助けるために」　第5段落第1～3文参照。　patient「患者」

(2)＜内容一致＞「ロボット工学者になりたい学生の中には(　　)者もいる」―ア．「キャンプで自分のロボットを組み立てる練習をする」　第7段落第3，4文参照。　‘名詞＋of ～’s own’ ≒ ‘～’s own＋名詞’「～の〈名詞〉」

(3)＜内容一致＞「大学のロボット工学の教員は(　　)」―エ．「実験を行ってロボットを改良する新しい方法を見つけようとしている」　第14段落参照。　improve「～を改良する」

(4)＜内容一致＞「一部のロボットは(　　)」―イ．「人が行けない場所を調査して科学者の研究に役立っている」　第19段落参照。　explore「～を探査する」　examine「～を調査する」

(5)＜内容真偽＞ア．「優れたロボット工学者は新しい問題に直面しても諦めるべきではない」…○　第2段落に一致する。　patient「辛抱強い」　face「～に直面する」　イ．「ロボットは高価なため，優れたロボット工学者になるには多くのお金がかかる」…×　このような記述はない。　ウ．「大学を出た後，ロボット工学者はプロのエンジニアとして企業に勤めることになる」…×　第10段落第1文参照。通常はアシスタントエンジニアから始める。　エ．「ロボット工学者は1つのロボットをつくるためにチームで一緒に働く必要がある」…○　第11段落第1文および第12段落第2文に一致する。　オ．「自動車工場で働いているロボットのほとんどは，ホテルで働いているロボットと同じタイプである」…×　第16，17段落参照。違うタイプである。　カ．「ロボット工学に興味がある人は教授になることができる」…×　最終段落参照。「教授になれる」という記述はない。　professor「教授」

5〔長文読解総合―説明文〕

≪全訳≫❶サメは，主に乱獲によって，世界中ですでに深刻な問題に陥っている。しかし最近の研究によると，それらの状況は私たちが考えていたよりもさらに悪化していることがわかっている。太平洋中部からバハマまでの58か国における371のサンゴ礁に関する研究で，研究者たちは20パーセントのサメが姿を消したことを突きとめた。最悪なケースだと，コロンビアやスリランカにあるようないくつかのサンゴ礁ではほとんどサメが見つからなかった。そうした場所のサンゴ礁は人が暮らしている場所により近い。❷その研究は，2020年に雑誌『ネイチャー』で発表された。この研究はまたグローバル・フィンプリント・プロジェクトの一環でもあった。ナショナル・ジオグラフィックの研究者であるエンリック・サラは，それがサンゴ礁でのサメに関する過去最大の研究であると述べた。サラと一緒に研究を行ったアーロン・マクニールは１万5000台以上のカメラを設置した。彼は，スナップ写真は，オグロメジロザメやツマグロといった種がしばしばサンゴ礁からいなくなっていることを示していると述べた。それらは過去にはそこに生息していた。サラは「私たちが調べたサンゴ礁の５分の１でサメが全くいませんでした。サンゴ礁に生息するサメがまだ見られるいくつかの場所でさえ，現在ではそれらの数は大幅に減っています。このため，それらはもはや生態系において捕獲者と同じ役割を果たしていません」と述べている。❸イギリスのランカスター大学の海洋生物学者，ニック・グラハムは(その研究には参加していない)，カメラを用いた研究は局地的な規模で行われたものだが，この研究は世界規模で利用できると述べている。❹世界の500種を超えるサメの約３分の１が，サメの肉やヒレを目的とした乱獲により絶滅の危機に瀕《ひん》している。グラハムはサメは乱獲されやすいので，多くの国で人々がダイビングをするときにサメに遭遇することは稀《まれ》であると認めている。❺サメは場所をつくるだけでは戻ってはこないだろう。捕獲制限を設けたり，サメを傷つけるような釣り具を減らしたりするなどして漁師らと協力することもかぎになる。グラハムはその研究がそれらの手法の重要性を示していると述べている。彼はまた「サメを捕獲する方法をより注意深く管理することと，偶発的に殺されるサメの数を減らすことによって，個体数が回復する見込みはより高くなります」とも述べている。❻「コミュニケーションと理解も大きな役割を担っています」とサメの研究者であるカーリー・ジャクソンは述べている。「多くの国の人々がよくサメの肉を食べていますが，彼らに『誤った』ことをしているのだと言うのは決していいことではありません。代わりに，世界中の人々が海の健全性のためにサメがいかに重要であるかを理解することが大切です。そうすれば，捕獲をやめて，サメとサメが生息場所とするサンゴ礁を守るためにエコツーリズムを始める人もいるかもしれません」とジャクソンは述べている。❼「地域の人々がダイビングをする観光客に何度でもサメを見せることができるので，これは彼らにとってもいいことです。もし死んだサメを売りたくても，売れるのは１回だけですから」とサラは述べた。

(1)＜要旨把握＞下線部①の worse off は「暮らし向きがいっそう悪い，状況がさらにひどい」という意味で下線部全体としては，「それらの状況は私たちが考えていたよりもさらに悪い」という意味。ウ．「サンゴ礁にサメがほとんど見られない場所もある」は，その悪化した状況を具体的に説明した２文後の内容と同じ内容である。

(2)＜要旨把握＞下線部② The study「その研究」とは，第１段落で述べた研究のことで，この研究からわかったことは，第１段落第２～４文，および下線部と同じ第２段落の後半で，サメが減っていることが具体的に述べられている。イ．「サメはかつて生息していたサンゴ礁からいなくなっている」はこの内容を表している。 missing「いるべき場所にいない，見つからない」 disappear「姿を消す，見えなくなる」

(3)＜文脈把握＞下線部③は「それらはもはや生態系において捕獲者と同じ役割を果たしていない」という意味で，その理由は，直前の Because of this「このため」の this が指す前文後半の「サメの数が大きく減っている」という内容である。数が少なすぎて，捕食者の役割を果たせなくなっているということである。ア．「サメの個体数が減っている」が，この内容を表している。 population「人口，(動物の)個体数」 decrease「減る，減少する」

(4)＜語句解釈＞下線部④の「これらの手法」は，具体的には前文でサメの個体数を回復させるための対策例として挙げられている「捕獲制限を設けること」(イ)と「サメを傷つけるような釣り具を減らすこと」（ウ）を指している。また，直後の文にある「サメを捕獲する方法をより注意深く管理すること」（ア）は，それらを言い換えた内容である。エ．「より多くのサメの肉を食べること」は挙げられていない。

⑸＜要旨把握＞下線部⑤は「コミュニケーションと理解も大きな役割を担っている」という意味（この role(s)は「役割」の意味）。その目的は，２文後の Instead「その代わりに，そうではなく」で始まる文に書かれている。イ．「人々にサメの重要性を理解させること」は，この内容を表している。

⑹＜文脈把握＞直後の to save 以下の内容から，eco-tourism はサメを救うためのものであると判断できる。次の段落で述べられている，「ダイビング客に何度でもサメを見せること」（エ）は，その具体例である。

⑺＜表題選択＞文章全体が一貫してサメの絶滅の危機に関する内容になっているので，タイトルとして最も適切なのは，ウ．「サメのいない世界？」。

6 〔長文読解総合―物語〕

≪全訳≫❶僕は石狩川の河口に暮らすアイヌだ。ある秋の日，僕は長い冬に備えてサケをとるために上流に出かけた。しかしながら，どういうわけか，漁をする気がせずにさらに上流に向かった。日がほぼ沈んでしまったので，ある大きな家に泊めてくれるように頼んだ。そこには中年の夫婦とその息子が暮らしていた。なぜかはわからなかったが，彼らの顔には悲しみが浮かんでいた。彼らはときに涙を流し，息子はすぐに若い夫婦の寝床に横になってしまった。その夜，僕は訳もなく再び川沿いを行ってみたくなり，それで目が覚めたままだった。空が明るくなってくると，僕は川沿いを歩き始めた。❷誰かが僕を前に押すかのように，僕は深い森の中の小さな家に向かって走り続けた。その家はとても静かだったので，僕は注意深くそこに向かって歩いていって中をのぞいた。驚いたことに，１人の美しい女性が腕に自分の子どもを抱いて悲しそうに泣いていた。僕はその女性に「なぜこんなへんぴなところに子どもと２人だけで暮らしているのですか？」と尋ねた。❸彼女は「私は石狩川の中流域出身です。裕福な家庭の１人息子が私に結婚を申し込んでくれて，私は結婚しました。私たちは幸せに暮らしており，子どもが生まれようとしていました。私の仕事は薪を集めることでした。ある日，義理の父が薪を集める他の場所を見つけるように私に言いました。そして，彼は私の夫が外出している間に私を森に連れていきました。しかし，私が仕事を終えた後，彼はいなくなっていました。私は彼を見つけることも，家に帰る道を思い出すこともできませんでした。だから，私はここで息子を産まなくてはならなかったのです」と答えた。彼女の目は涙でいっぱいだった。「もう１つ恐ろしいことは，毎晩１頭のクマが家にやってくることです。私は腕に息子をしっかりと抱いてじっと座っています。すると１匹のイヌがいつもどこからともなくやってきて，クマを追い払ってくれるのです。私は死の瞬間を待っているかのような心地がします。私は常に私の兄〔弟〕がつくってくれた木製のイヌを身につけています。私が結婚したとき，彼がお守りとしてこれをいつでも身につけておくように私に言ったんです。イヌが外でクマと戦っている間，それはなくなってしまい，戦いが終わると私のもとに戻ってくるのです。これが私たちを守ってくれているんです。私は日夜，誰かが私たちを助けてくれるのを待っているのです」❹僕の心は同情心でいっぱいだった。彼女は僕が前日に訪れた家の人だと悟った。そのとき恐ろしい騒音が家の近くに迫ってきて，どこからともなく１匹のイヌが走り出てきて，クマに襲いかかった。遠吠《とおぼ》えとうなり声がしばらく続いて，遠ざかっていった。女性に「ここにいて」と言って，僕は弓と矢を持ってクマの足跡を追った。クマは倒れた木の下にじっとしたまま横たわっていた。僕は近づいて，矢を取り，そしてそれを放って殺した。その後，近くに血にまみれた木製のイヌを見つけた。僕はそれを拾い上げて女性に返した。❺その夜，僕は夢を見た。１人の若い男が現れてこう言った。「私はクマの神だ。私は誤ったことをしてしまった。私は木製のイヌが守っていた女性に恋をしてしまった。私は決して彼女を忘れることができなかった。私は彼女が欲しくてたまらなかったので，自分の力を彼女の義理の父に使って，彼女をここに連れてこさせたのだ。つまり，彼は少しも悪くなかったのだ。しかし，木製のイヌの魂が私を彼女から遠ざけ続けた。彼女が１人で出産しなければならなかったことに対しても申し訳なく思っている」と言った。僕は目覚めて彼女と僕は同じ夢を見ていたとわかった。僕たちは彼女とその息子を守ってくれたことに対してイヌの神に感謝した。朝食の後，僕たちはそこを離れ，無事に彼らの家へ戻った。家族全員が喜んで泣いていた。彼らはその後ずっと幸せに暮らした。

(1)<内容一致>「そのアイヌが１晩泊めてくれるよう頼むことにしたのは，（　　）からだ」―イ．「家に戻るには遅すぎた」　第１段落第４文参照。The sun almost set, so ～「日がほぼ沈んでしまったので～」とある。この so は「だから」の意味でその前が‘理由’，その後に‘結果’を表す内容がくる。　set「(日が)沈む」　ask to ～「～させてほしいと頼む」

(2)<内容一致>「そのアイヌが朝に大きな家を出たのは，（　　）からだ」―ウ．「なぜかはわからないまま行くべきだと感じた」　第１段落最後から２文目参照。　feel like ～ing「～したい気がする」　for no reason「訳もなく」

(3)<内容一致>「そのアイヌが女性に起きていることを聞いた後，（　　）」―エ．「彼は，彼女は自分が前日に会った若い男性の妻かもしれないと推測した」　第４段落第２文参照。ここでの realize は「～を悟る，～を実感する」という意味。　guess「～を推測する」

(4)<内容真偽>「深い森で暮らす女性について正しくないのはどれか」　ア．「彼女は深い森で迷ってしまい，家に帰りたかった」…○　第３段落の内容に一致する。　イ．「彼女は結婚していたが，クマの神に恋をした」…×　最終段落第４文参照。クマの神の方が彼女に恋をした。　ウ．「彼女は完全に１人で出産し息子を育てていた」…○　第３段落の内容に一致する。子どもを産む前からこの日まで彼女を助けてくれる人はいなかった。　by ～self「１人で，独力で」　エ．「彼女は木製のイヌによって守られていると確信していた」…○　第３段落最後から２文目に一致する。

(5)<内容真偽>「木製のイヌについて正しくないのはどれか」　ア．「それはとても強かったので，ついには熊の神を殺した」…×　第４段落第７文参照。クマの神を殺したのはアイヌの男。　イ．「その魂がクマの神を女性に近づけないようにしていた」…○　最終段落中盤の内容に一致する。‘keep ～ from …ing’「～が…できないようにする」　ウ．「その美しい女性は兄〔弟〕からそれを常に身につけるように言われていた」…○　第３段落後半の内容に一致する。　エ．「それは女性とその息子を守るためにクマの神と戦った」…○　第３段落後半および第４段落の内容に一致する。その魂がイヌに姿を変えて戦っていたことが読み取れる。

(6)<英問英答>「クマの神はその力を使って何がしたかったのか」―ア．「その美しい女性を自分のものにすること」　最終段落前半参照。　‘make＋目的語＋名詞’「～を…にする」

(7)<要旨把握>「アイヌが石狩川に釣りに行った」（第１段落第１，２文）／→C．「アイヌは，森に暮らす女性とその息子に会った」(第２段落第３文)／→D．「アイヌはイヌとクマが戦っているのを見た」(第４段落第３文)／→A．「クマは矢によって殺された」(第４段落最後から３文目)／→B．「クマの神がアイヌの夢に出てきた」（第５段落第１，２文)／→「女性とその息子は家族のもとに帰った」（第５段落最後から３文目）

数学解答

1 (1) ア…7　イ…4　ウ…3
(2) エ…1　オ…6
(3) カ…2　キ…4
(4) ク…2　ケ…1　コ…3

2 (1) ア…1　イ…3
(2) ウ…1　エ…3　オ…2
(3) カ…3　キ…4
(4) ク…1　ケ…4　コ…9

3 (1) ①　ア…5　イ…0
②　ウ…1　エ…4　オ…0
(2) ①　カ…1　キ…1　ク…1
ケ…0　コ…8
②　サ…2　シ…3　ス…2
セ…1　ソ…6

4 (1) ア…1　イ…5
(2) ウ…6　エ…2
(3) オ…6　カ…2
(4) キ…9　ク…3　ケ…9

5 (1) ア…1　イ…2
(2) ウ…2　エ…4　オ…5
(3) カ…9　キ…3　ク…9　ケ…5
(4) コ…3　サ…3　シ…9

1〔独立小問集合題〕

(1)＜数の計算＞与式 $=\frac{16}{7}\times\left(\frac{7}{4}-\frac{\sqrt{7\times21}}{4}+\frac{21}{16}\right)=\frac{16}{7}\times\left(\frac{28}{16}-\frac{\sqrt{7^2\times3}}{4}+\frac{21}{16}\right)=\frac{16}{7}\times\left(\frac{49}{16}-\frac{7\sqrt{3}}{4}\right)=7-4\sqrt{3}$

(2)＜連立方程式—解の利用＞$ax-(b-5)y=-5$……①，$\frac{by}{2}-\frac{bx-ay}{3}=14$……②とする。①，②の連立方程式の解が $x=-2$，$y=3$ だから，解を①に代入して，$a\times(-2)-(b-5)\times3=-5$，$-2a-3b+15=-5$，$-2a-3b=-20$……③となり，②に代入して，$\frac{b\times3}{2}-\frac{b\times(-2)-a\times3}{3}=14$，$3\times3b-2(-2b-3a)=84$，$9b+4b+6a=84$，$6a+13b=84$……④となる。③，④を連立方程式として解くと，③×3＋④より，$-9b+13b=-60+84$，$4b=24$，$b=6$ となり，これを③に代入して，$-2a-3\times6=-20$，$-2a=-2$，$a=1$ となる。

(3)＜数の性質＞n が自然数より，$\frac{200-n}{11}$ は，$\frac{200}{11}$ より小さい数である。$\frac{200}{11}=18+\frac{2}{11}$ だから，$\sqrt{\frac{200-n}{11}}$ が自然数となるとき，考えられる $\frac{200-n}{11}$ の値は，自然数を２乗した数のうち18以下のもので，$\frac{200-n}{11}=1$，4，9，16である。$\frac{200-n}{11}=1$ のとき，$200-n=11$ より，$n=189$ である。$\frac{200-n}{11}=4$ のとき，$200-n=44$ より，$n=156$ である。$\frac{200-n}{11}=9$ のとき，$200-n=99$ より，$n=101$ である。$\frac{200-n}{11}=16$ のとき，$200-n=176$ より，$n=24$ である。よって，最も小さい自然数 n は $n=24$ である。

(4)＜平面図形—長さ＞右図で，点Aから辺BCに垂線AIを引くと，$\angle ABC=60^\circ$ より，△ABIは３辺の比が $1:2:\sqrt{3}$ の直角三角形となるから，$BI=\frac{1}{2}AB=\frac{1}{2}\times8=4$，$AI=\sqrt{3}BI=\sqrt{3}\times4=4\sqrt{3}$ となる。また，$MH\perp BC$ だから，△MBHも３辺の比が $1:2:\sqrt{3}$ の直角三角形である。点Mが辺ABの中点より，$MB=\frac{1}{2}AB=\frac{1}{2}\times8=4$ だから，$BH=\frac{1}{2}MB=\frac{1}{2}\times4=2$ となる。$BH:HC=1:2$ だから，$HC=2BH=2\times2=4$ である。よって，$BC=BH+HC=2+4=6$ となり，$IC=BC-BI=6-4=2$ となるので，△AICで三平方の定理より，$AC=\sqrt{AI^2+IC^2}=\sqrt{(4\sqrt{3})^2+2^2}=\sqrt{52}=2\sqrt{13}$ (cm)である。

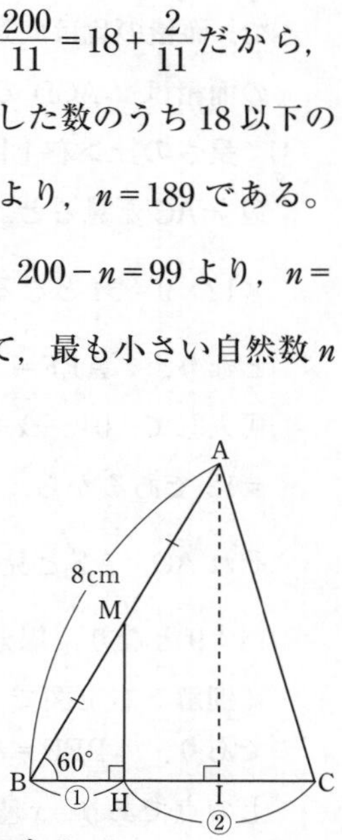

2 〔関数―関数 $y=ax^2$ と一次関数のグラフ〕

≪基本方針の決定≫(3)　BD：DC を考える。　　(4)　△AEO と △AEF の面積比を考える。

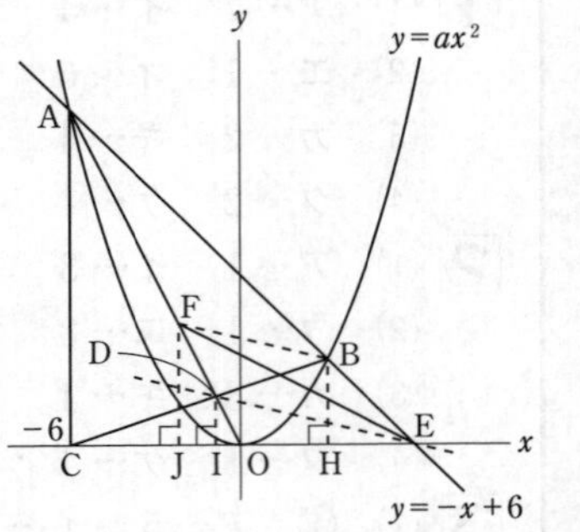

(1)＜比例定数＞右図で，点 A は直線 $y=-x+6$ 上にあり，x 座標が -6 だから，y 座標は $y=-(-6)+6=12$ であり，A$(-6,\ 12)$ である。点 A は放物線 $y=ax^2$ 上にもあるので，$12=a\times(-6)^2$ が成り立ち，$a=\dfrac{1}{3}$ である。

(2)＜直線の式＞右図で，(1)より，点 B は，放物線 $y=\dfrac{1}{3}x^2$ と直線 $y=-x+6$ の交点となる。この 2 式より，$\dfrac{1}{3}x^2=-x+6$，$x^2+3x-18=0$，$(x+6)(x-3)=0$ となり，$x=-6$，3 だから，点 B の x 座標は 3 である。y 座標は $y=\dfrac{1}{3}\times3^2=3$ より，B$(3,\ 3)$ である。また，AC は y 軸に平行で，点 A の x 座標は -6 だから，C$(-6,\ 0)$ である。したがって，直線 BC の傾きは $\dfrac{3-0}{3-(-6)}=\dfrac{1}{3}$ だから，その式は $y=\dfrac{1}{3}x+b$ とおける。点 B を通るので，$3=\dfrac{1}{3}\times3+b$，$b=2$ となり，直線 BC の式は $y=\dfrac{1}{3}x+2$ である。

(3)＜面積比＞右上図で，(1)より，A$(-6,\ 12)$ だから，直線 OA の傾きは $\dfrac{0-12}{0-(-6)}=-2$ であり，直線 OA の式は $y=-2x$ である。点 D は直線 $y=\dfrac{1}{3}x+2$ と直線 $y=-2x$ の交点となるから，$\dfrac{1}{3}x+2=-2x$ より，$\dfrac{7}{3}x=-2$，$x=-\dfrac{6}{7}$ となり，点 D の x 座標は $-\dfrac{6}{7}$ である。そこで，点 B，点 D から x 軸に垂線 BH，DI を引くと，BH∥DI より，BD：DC＝HI：IC となる。3 点 B，D，C の x 座標がそれぞれ 3，$-\dfrac{6}{7}$，-6 より，$\text{HI}=3-\left(-\dfrac{6}{7}\right)=\dfrac{27}{7}$，$\text{IC}=-\dfrac{6}{7}-(-6)=\dfrac{36}{7}$ だから，BD：DC＝HI：IC＝$\dfrac{27}{7}:\dfrac{36}{7}=3:4$ である。△ABD と △ACD は，底辺をそれぞれ BD，DC と見ると，高さが等しいので，面積の比は底辺の比と等しくなり，△ABD：△ACD＝BD：DC＝3：4 となる。よって，△ABD の面積は △ACD の面積の $\dfrac{3}{4}$ 倍である。

(4)＜長さの比＞右上図で，AC は y 軸に平行だから，A$(-6,\ 12)$ より，AC＝12 である。△ACB は，底辺を AC と見ると，高さは，2 点 B，C の x 座標より，$3-(-6)=9$ となる。これより，$\triangle\text{ACB}=\dfrac{1}{2}\times12\times9=54$ となる。(3)より，△ABD：△ACD＝3：4 だから，$\triangle\text{ABD}=\dfrac{3}{3+4}\triangle\text{ACB}=\dfrac{3}{7}\times54=\dfrac{162}{7}$ となり，$\triangle\text{AEF}=\triangle\text{ABD}=\dfrac{162}{7}$ となる。また，点 E は直線 $y=-x+6$ と x 軸の交点だから，$y=0$ を代入して，$0=-x+6$，$x=6$ となり，E$(6,\ 0)$ である。△AEO の底辺を OE＝6 と見ると，高さは AC＝12 であるから，$\triangle\text{AEO}=\dfrac{1}{2}\times\text{OE}\times\text{AC}=\dfrac{1}{2}\times6\times12=36$ となる。△AEO と △AEF の底辺をそれぞれ AO，AF と見ると，高さが等しいので，$\triangle\text{AEO}:\triangle\text{AEF}=36:\dfrac{162}{7}=14:9$ より，AO：AF＝14：9 となり，線分 AO の長さは線分 AF の長さの $\dfrac{14}{9}$ 倍となる。

≪別解≫右上図で，2 点 B，F を結ぶと，△AEF＝△ABD より，△ABF＋△BEF＝△ABF＋△BDF であり，△BEF＝△BDF となる。これより，BF∥ED である。また，(3)より，点 D は直線 $y=-2x$ 上の点であり，x 座標が $-\dfrac{6}{7}$ だから，$y=-2\times\left(-\dfrac{6}{7}\right)=\dfrac{12}{7}$ となり，D$\left(-\dfrac{6}{7},\ \dfrac{12}{7}\right)$ である。E$(6,\ 0)$ だ

から，直線EDの傾きは$\left(0-\frac{12}{7}\right)\div\left\{6-\left(-\frac{6}{7}\right)\right\}=-\frac{12}{7}\div\frac{48}{7}=-\frac{1}{4}$である。よって，直線BFの傾きも$-\frac{1}{4}$である。直線BFの式を$y=-\frac{1}{4}x+c$とおくと，B(3，3)を通ることより，$3=-\frac{1}{4}\times3+c$，$c=\frac{15}{4}$となり，直線BFの式は$y=-\frac{1}{4}x+\frac{15}{4}$である。点Fは直線$y=-2x$と直線$y=-\frac{1}{4}x+\frac{15}{4}$の交点となるから，$-2x=-\frac{1}{4}x+\frac{15}{4}$，$-\frac{7}{4}x=\frac{15}{4}$，$x=-\frac{15}{7}$となり，点Fの$x$座標は$-\frac{15}{7}$である。点Fから$x$軸に垂線FJを引くと，AC∥FJより，AO：AF＝CO：CJ＝$\{0-(-6)\}:\left\{-\frac{15}{7}-(-6)\right\}=6:\frac{27}{7}=14:9$となるから，線分AOの長さは線分AFの長さの$\frac{14}{9}$倍となる。

3 〔独立小問集合題〕

(1)＜データの活用＞①学習時間が２時間以上の生徒が26人より，$2\times60=120$(分)以上の生徒が26人だから，120分以上160分未満，160分以上200分未満の階級の度数の和は，26人である。また，この２つの階級の相対度数の和は$0.38+0.14=0.52$である。生徒の人数はx人だから，$x\times0.52=26$が成り立つ。これを解いて，$x=50$(人)となる。　②①より，生徒の人数は50人だから，中央値は，学習時間の大きい方から25番目と26番目の平均となる。２時間以上の生徒が26人より，大きい方から26番目は120分以上である。また，120分以上160分未満の階級の度数は，$50\times0.38=19$(人)なので，大きい方から25番目と26番目は，ともに120分以上160分未満の階級に含まれる。よって，中央値を含む階級は120分以上160分未満の階級だから，その階級値は，$(120+160)\div2=140$(分)となる。

(2)＜確率―さいころ＞①さいころの目の出方は６通りだから，さいころを３回投げたときの目の出方は全部で$6\times6\times6=216$(通り)あり，a，b，cの組は216通りある。このうち，cが４以上で，$\frac{x}{c}$の値が整数となる場合は，$c=4$のとき，$\frac{x}{c}=\frac{x}{4}$の値が整数だから，$x=4$，8，12，16，20，24，28，32，36の９通りある。$x=4$，8，12，16，20，24，28，32，36となるa，bの組は，それぞれ１通りなので，$c=4$のとき，a，bの組は９通りある。同様に考えて，$c=5$のとき，$\frac{x}{c}=\frac{x}{5}$の値が整数だから，$x=5$，10，15，20，25，30，35の７通りあり，a，bの組は７通りある。$c=6$のとき，$\frac{x}{c}=\frac{x}{6}$の値が整数だから，$x=6$，12，18，24，30，36の６通りあり，a，bの組は６通りある。よって，cが４以上で，$\frac{x}{c}$の値が整数となる場合は$9+7+6=22$(通り)あるから，求める確率は$\frac{22}{216}=\frac{11}{108}$である。
②cが２以上で，$\frac{x}{c}$の値が素数となる場合は，$c=2$のとき，$\frac{x}{c}$の値は最大で$\frac{36}{2}=18$だから，$\frac{x}{2}=2$，3，5，7，11，13，17であり，$x=4$，6，10，14，22，26，34の７通りある。よって，$c=2$のとき，a，bの組は７通りある。$c=3$のとき，$\frac{x}{c}$の値は最大で$\frac{36}{3}=12$だから，$\frac{x}{3}=2$，3，5，7，11であり，$x=6$，9，15，21，33の５通りある。よって，$c=3$のとき，a，bの組は５通りある。同様に考えて，$c=4$のとき，$\frac{x}{4}=2$，3，5，7であり，$x=8$，12，20，28の４通りより，a，bの組は４通りある。$c=5$のとき，$\frac{x}{5}=2$，3，5，7であり，$x=10$，15，25，35の４通りより，a，bの組は４通りある。$c=6$のとき，$\frac{x}{6}=2$，3，5であり，$x=12$，18，30の３通りより，a，bの組は３通りある。以上より，216通りのa，b，cの組のうち，cが２以上で，$\frac{x}{c}$の値が素数となる場合は$7+5+4+4+3=23$(通り)あるから，求める確率は$\frac{23}{216}$である。

4 〔平面図形—半円〕

≪基本方針の決定≫(1)　∠AOC の大きさを考える。　(2)　△OCD に着目する。　(3)　△DBE に着目する。

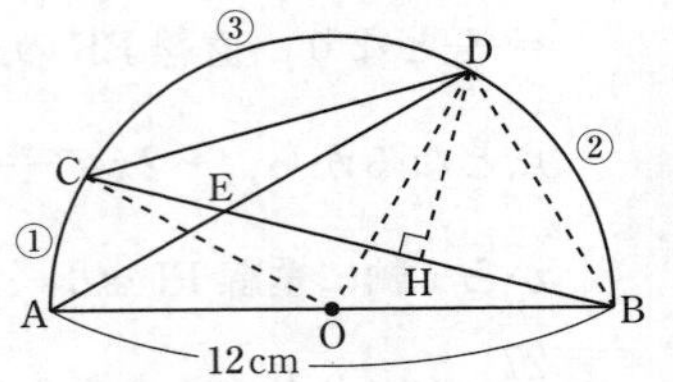

(1)<角度>右図で，点 C と点 O を結ぶ。$\overset{\frown}{AC}:\overset{\frown}{CD}:\overset{\frown}{DB}=1:3:2$ より，$\overset{\frown}{AC}$ の長さは $\overset{\frown}{AB}$ の長さの $\dfrac{1}{1+3+2}=\dfrac{1}{6}$ だから，$\angle AOC=\dfrac{1}{6}\times180^\circ=30^\circ$ である。よって，$\overset{\frown}{AC}$ に対する円周角と中心角の関係より，$\angle ABC=\dfrac{1}{2}\angle AOC=\dfrac{1}{6}\times30^\circ=15^\circ$ となる。

(2)<長さ—特別な直角三角形>右図で，点 D と点 O を結ぶ。$\overset{\frown}{AC}:\overset{\frown}{CD}=1:3$ より，$\angle AOC:\angle COD=1:3$ だから，$\angle COD=3\angle AOC=3\times30^\circ=90^\circ$ である。また，半円の半径より，OC＝OD だから，△OCD は直角二等辺三角形である。$OC=OA=\dfrac{1}{2}AB=\dfrac{1}{2}\times12=6$ だから，$CD=\sqrt{2}\,OC=\sqrt{2}\times6=6\sqrt{2}$(cm)となる。

(3)<長さ—特別な直角三角形>右上図で，点 B と点 D を結ぶ。$\overset{\frown}{CD}$ に対する円周角と中心角の関係より，$\angle EBD=\dfrac{1}{2}\angle COD=\dfrac{1}{2}\times90^\circ=45^\circ$ であり，線分 AB が半円の直径より，$\angle EDB=90^\circ$ だから，△DBE は直角二等辺三角形である。また，$\angle DOB=180^\circ-\angle AOC-\angle COD=180^\circ-30^\circ-90^\circ=60^\circ$，OB＝OD だから，△OBD は正三角形であり，BD＝OB＝OA＝6 となる。よって，$BE=\sqrt{2}\,BD=\sqrt{2}\times6=6\sqrt{2}$(cm)となる。

(4)<面積>右上図で，$\overset{\frown}{DB}$ に対する円周角と中心角の関係より，$\angle DCB=\dfrac{1}{2}\angle DOB=\dfrac{1}{2}\times60^\circ=30^\circ$ だから，点 D から BC に垂線 DH を引くと，△CDH は 3 辺の比が $1:2:\sqrt{3}$ の直角三角形となる。(2)より，$CD=6\sqrt{2}$ なので，$DH=\dfrac{1}{2}CD=\dfrac{1}{2}\times6\sqrt{2}=3\sqrt{2}$，$CH=\sqrt{3}\,DH=\sqrt{3}\times3\sqrt{2}=3\sqrt{6}$ である。また，△DBE が直角二等辺三角形より，DE＝BD＝6 であり，$\angle DEH=45^\circ$ だから，△DEH も直角二等辺三角形となる。これより，$EH=DH=3\sqrt{2}$ だから，$CE=CH-EH=3\sqrt{6}-3\sqrt{2}$ となり，$\triangle CDE=\dfrac{1}{2}\times CE\times DH=\dfrac{1}{2}\times(3\sqrt{6}-3\sqrt{2})\times3\sqrt{2}=9\sqrt{3}-9$($cm^2$)である。

5 〔空間図形—正三角錐〕

≪基本方針の決定≫(2)　△OAB の面積を利用する。　(3)　△BCD は二等辺三角形である。
(4)　OA⊥〔平面 BCD〕であることに気づきたい。

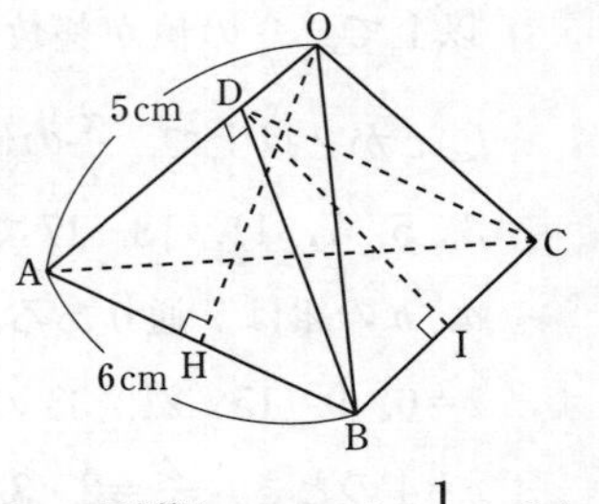

(1)<面積>右図で，点 O から辺 AB に垂線 OH を引く。△OAB は OA＝OB＝5 の二等辺三角形だから，点 H は辺 AB の中点となり，$AH=\dfrac{1}{2}AB=\dfrac{1}{2}\times6=3$ となる。△OAH で三平方の定理より，$OH=\sqrt{OA^2-AH^2}=\sqrt{5^2-3^2}=\sqrt{16}=4$ となるので，$\triangle OAB=\dfrac{1}{2}\times AB\times OH=\dfrac{1}{2}\times6\times4=12$($cm^2$)である。

(2)<長さ>右上図で，BD⊥OA であり，(1)より △OAB＝12 なので，△OAB の面積について，$\dfrac{1}{2}\times OA\times BD=12$ である。よって，$\dfrac{1}{2}\times5\times BD=12$ が成り立ち，$BD=\dfrac{24}{5}$(cm)となる。

(3)<面積>右上図で，OB＝OC＝5，OD＝OD であり，立体 O-ABC が正三角錐より，△OAB≡△OAC だから，∠BOD＝∠COD である。よって，△OBD≡△OCD となるから，BD＝CD であり，△BCD は二等辺三角形である。これより，点 D から辺 BC に垂線 DI を引くと，点 I は辺 BC の中点となり，

$BI=\frac{1}{2}BC=\frac{1}{2}\times 6=3$となる。△BDIで三平方の定理より，$DI=\sqrt{BD^2-BI^2}=\sqrt{\left(\frac{24}{5}\right)^2-3^2}=\sqrt{\frac{351}{25}}=\frac{3\sqrt{39}}{5}$となるので，$\triangle BCD=\frac{1}{2}\times BC\times DI=\frac{1}{2}\times 6\times\frac{3\sqrt{39}}{5}=\frac{9\sqrt{39}}{5}$(cm^2)である。

⑷<体積>前ページの図で，⑶より，△OBD≡△OCDだから，∠ODC＝∠ODB＝90°である。これより，OA⊥〔平面BCD〕となるので，三角錐O-BCD，三角錐A-BCDは，底面を△BCDとすると，高さは，それぞれ，OD，ADとなる。よって，〔正三角錐O-ABC〕＝〔三角錐O-BCD〕＋〔三角錐A-BCD〕$=\frac{1}{3}\times\triangle BCD\times OD+\frac{1}{3}\times\triangle BCD\times AD=\frac{1}{3}\times\triangle BCD\times(OD+AD)=\frac{1}{3}\times\triangle BCD\times OA$と表せる。⑶より，$\triangle BCD=\frac{9\sqrt{39}}{5}$であり，OA＝5だから，〔正三角錐O-ABC〕$=\frac{1}{3}\times\frac{9\sqrt{39}}{5}\times 5=3\sqrt{39}$(cm^3)となる。

═読者へのメッセージ═

関数では，座標を用いることが多いですが，この座標を発明したのは，フランスの哲学者，数学者のルネ・デカルト(1596～1650)です。ふだん使っているx軸とy軸が垂直に交わる座標系は，デカルト座標系といわれています。

2024年度／芝浦工業大学柏高等学校（第１回）

社会解答

1 (1) ウ　(2) エ　(3) ウ　(4) エ
(5) ①…エ　②…ウ

2 (1) イ　(2) オ　(3) ウ　(4) エ
(5) ウ　(6) ア　(7) イ

3 (1) ウ　(2) エ　(3) イ　(4) オ
(5) イ　(6) ア　(7) ウ

4 (1) エ　(2) ウ　(3) ア　(4) イ
(5) ア　(6) ウ

5 (1) イ　(2) ア　(3) ア　(4) ア
(5) カ

6 (1) エ　(2) ウ　(3) エ　(4) ア
(5) オ

7 (1) エ　(2) ウ　(3) カ　(4) イ

1〔日本地理―日本の諸地域，地形図〕

(1)＜都道府県＞■で示した７つの道府県は，北海道，福島県，富山県，京都府，鳥取県，徳島県，熊本県である。７つの地方区分のうち，これらの道府県のうちいずれも属していないのは，関東地方だけである（ウ…○）。なお，７つの道府県の中で，道府県名に「島」が使われているのは，福島県，徳島県の２つ（ア…×），道府県名と道府県庁所在地名が異なるのは，北海道（札幌市）のみ（イ…×），道府県内に新幹線の駅があるのは，北海道，福島県，富山県，京都府，熊本県であり，鳥取県と徳島県に新幹線の駅はない（エ…×）。

(2)＜琵琶湖・淀川水系＞琵琶湖を水源とし，滋賀県，京都府，大阪府を流れ大阪湾に注ぐ淀川は，周辺地域の生活用水・産業用水として重要な役割を果たしている。なお，利根川は関東地方を流れる川，伊勢湾は愛知県と三重県の間に広がる湾である。

(3)＜資料の読み取り―工業地帯・工業地域＞機械の出荷額は，京浜工業地帯が252929億円×0.47＝118876.63より，約118877億円，阪神工業地帯が336597億円×0.379＝127570.263より，約127570億円であるため，京浜工業地帯の方が少ない（ウ…○）。なお，機械，金属，化学の順に出荷額が多い工業地帯・工業地域は，それぞれの出荷割合の多い順で判断できるので中京工業地帯，阪神工業地帯の２つとわかる（ア…×）。金属と化学の割合の合計が製造品出荷額の３割を超えている工業地帯・工業地域は，阪神工業地帯（36.8％），瀬戸内工業地域（40.4％）の２つである（イ…×）。全国の製造品出荷額に占める，４つの工業地帯・工業地域の製造品出荷額の合計の割合は，(252929＋589550＋336597＋311899)÷3253459×100＝45.8…より，約46％であり，50％を下回っている（エ…×）。

(4)＜シラス台地＞図中のＸ（宮崎県）の南部から，Ｙ（鹿児島県）にかけての地域は，火山からの噴出物が積もったシラスが広がっている。シラスは保水性が低く，水を通しやすいという特徴があるため，水田には向かず，畜産や畑作中心の農業が行われている。

(5)＜地形図の読み取り＞①問題の地形図の縮尺は２万５千分の１であることから，地形図上の長さは，（実際の距離）÷（縮尺の分母）で表される。したがって，実際の距離が２km（＝200000cm）の経路は，この地形図上では，200000cm÷25000＝８cmで表される。　②地形図上では，特にことわりがないかぎり上が北を表すことから，「下関運動公園」から見て，「大坪八幡宮」は左上，すなわちおよそ北西の方角に位置している（ウ…○）。なお，Ａの斜面とＢの斜面を比較すると，Ａの斜面の方が等高線の間隔が狭いため，傾斜が急である（ア…×）。等高線を読み取ると，Ｃ地点の標高は80m,

D地点は120m～130mであるため，C地点の方が低い(イ…×)。⌂の地図記号は，老人ホームを示すものであり，博物館(美術館)を表す地図記号は🏛である(エ…×)。

2 〔世界地理―世界の姿と諸地域〕

(1)＜緯度と経度＞時差を考えるときには，日付変更線を起点に，その西側から日付が更新されるとするため，日付変更線を東から西に越えるときは，日付を１日進め，西から東に越えるときは，日付を１日遅らせる。また，地球はほぼ球体であるため，緯線と経線が直角に交わる図法(メルカトル図法)で描かれた地図においては，赤道からはなれ，緯度が高い地域ほど形がゆがみ，実際よりも面積が大きく描かれるという特徴がある。

(2)＜世界の気候，雨温図＞地図中のＡはロシアのモスクワ，Ｂはエジプトのヘルワン，Ｃはブラジルのマナオスを示している。Ⅰの雨温図は，１年を通して気温が高く，年降水量も多いことから，赤道に近い熱帯の気候であるＣ(マナオス)が当てはまる。Ⅱの雨温図は，年平均気温が低く，特に冬の寒さが厳しいことから，冷帯(亜寒帯)の気候であるＡ(モスクワ)が当てはまる。Ⅲの雨温図は，年降水量が極端に少なく，夏の気温が高いことから乾燥帯の気候であるＢ(ヘルワン)が当てはまる。

(3)＜インドネシア＞地図中のＤはインドネシアである。インドネシアの国民を宗教別に見ると，イスラム教徒の割合が最も高く，世界最大のイスラム教国である(Ⅰ…誤)。また，インドネシアは，東南アジアに属しており，1967年に設立されたASEAN〔東南アジア諸国連合〕の原加盟国である(Ⅱ…正)。

(4)＜石炭＞地図中のＥはオーストラリアである。オーストラリアは，さまざまな鉱産資源を産出している資源大国であるが，問題の文章は石炭について述べている。現在日本の石炭の自給率は0.4％にすぎず，輸入量が最も多いのはオーストラリアで，全体の66％を占める(2022年)。

(5)＜地中海式農業＞地図中のＦの地域は，地中海に突き出しているイタリア半島の一部やバルカン半島南部を示している。地中海沿岸のこの地域は，夏に乾燥し，冬に降水量が増えることから，夏にオリーブやぶどうなど，乾燥に強い作物をつくり，冬は小麦をつくる地中海式農業が盛んである(ウ…○)。なお，アの乳牛を飼育し，生乳や乳製品を生産する農業は酪農であり，ヨーロッパ北部やアメリカ北東部などの高緯度地域や，冷涼な地域でよく見られる(ア…×)。イの穀物栽培と家畜の飼育を組み合わせた農業は混合農業と呼ばれ，ドイツやフランスなどの中部ヨーロッパ地域で盛んである(イ…×)。エの森林を焼いた灰を肥料として農作物をつくる手法は，焼畑農業と呼ばれ，アマゾン川流域の熱帯雨林地域やアフリカなどでよく見られる(エ…×)。

(6)＜サンベルト＞地図中のＧの地域は，アメリカ合衆国の国土のうち，北緯37度線以南の部分を指している。この地域は，ICT〔情報通信技術〕産業の発達とともに，近年航空機・宇宙産業・電子などの先端技術産業が発達してきた地域で，温暖な気候と日照時間の長さから「サンベルト」と呼ばれる(ア…○)。なお，イのプレーリーは，北アメリカ大陸の中央部に広がる草原地帯，ウのシリコンバレーは，アメリカ合衆国のサンフランシスコ南部に位置する，半導体産業やICT産業の関連企業が集まる地区，エのパンパは，南アメリカ大陸のアルゼンチンからウルグアイにかけて広がる草原地帯を指している。

(7)＜資料の読み取り―世界の農業＞５か国中で農地面積が最も大きい国は中国であるが，中国の農林水産業就業人口は，インドよりも少ない(Ⅰ…×)。農林水産業就業者１人あたりの農地面積は，(農地面積)÷(農林水産業就業人口)で求められる。この面積が５か国中で最も広いのは，405811千

÷2189千＝185.38…より，約185ha/人のアメリカ合衆国である(Ⅱ…○)。５か国中で農林水産業就業人口が1000万人未満の国は，アメリカ合衆国，ブラジル，日本であり，この３か国はいずれも穀物輸入量が1000万ｔを超えている(Ⅲ…○)。５か国中で穀物輸入量が最も多い国は日本である。日本の１haあたりの穀物生産量は，(穀物生産量)÷(農地面積)で求められ，11832千÷4397千＝2.69…より，約2.7t/haとなる(Ⅳ…×)。

３〔歴史―古代～近世の日本と世界〕

⑴＜平家物語，豊臣秀吉＞中世，特に鎌倉時代以降，琵琶法師によって弾き語りが行われた作品は『平家物語』である。『平家物語』は，平家一門の栄華から滅亡に至る戦乱を描いた軍記物で，武士や庶民に親しまれた。また，太閤検地は，それまで地域によってまちまちだった検地のやり方や基準を統一し，同一の基準で全国的に行われた検地で，豊臣秀吉によって実施された。

⑵＜旧石器時代の日本列島＞旧石器時代は，現在と比べて気温が低く，海水面が現在より低かったため，日本列島は大陸と地続きになっていた。そのため，ナウマンゾウなどの大型動物や，それを追う人類が大陸から日本列島に移動してきたと考えられている。なお，約１万年前には地球全体で気温が上がり，海水面の上昇により日本列島は大陸から切り離された。

⑶＜平安時代の世界の出来事＞平安時代は一般に，794年の平安京遷都から1185年の鎌倉幕府成立までの間を指す。ルターがドイツで宗教改革を始めたのは1517年であり，日本では室町時代(戦国時代)にあたる(Ⅰ…×)。聖地エルサレムの奪還を目指し，ヨーロッパから十字軍が初めて派遣されたのは，1096年であり，日本では平安時代にあたる(Ⅱ…○)。東西の交通路としてシルクロードが開かれ，馬や絹織物などがやり取りされるようになったのは，中国が漢の時代の紀元前２世紀頃からであるとされている(Ⅲ…×)。中国で唐が衰退して滅亡(907年)し，宋が中国を統一(960年)したのは10世紀のことであり，日本では平安時代にあたる(Ⅳ…○)。

⑷＜年代整序＞年代の古い順に，Ⅲ(後白河上皇の皇子による平氏打倒の命令―1180年)，Ⅰ(六波羅探題の設置―1221年)，Ⅱ(南北朝の争乱―1336年頃～1392年)となる。

⑸＜国司＞律令制の下で都から地方に派遣され，それぞれの国で地方豪族から任命された役人(郡司など)を指揮して，国を治めた役職は国司である(イ…○)。鎌倉時代以降は守護が諸国に置かれたことで，国司の力は弱まっていった。なお，アの大名は，多くの土地を持つ武士のことで，とりわけ江戸時代に一万石以上の土地を支配した幕府直属の武士を指すことが多い。ウの里長は，律令制における地方の末端の組織単位である里の長であり，都から派遣されるのではなく，有力農民から選ばれた。エの守護は，鎌倉時代～室町時代，御家人の監督や，国内の治安維持などの目的で幕府が国ごとに置いた職であり，軍事や警察に関する役目を担った。

⑹＜千歯こき＞パネルＤに描かれた千歯こきは，鉄製の歯の間に稲や麦などの穂を入れて手前に引くことで，もみを取りはずすことができる道具である(ア…○)。江戸時代には千歯こきのほか，イの米ともみ殻などとを選別する唐箕や，ウの土地を深く耕すための備中ぐわなど，新しい農具が使われるようになった。

⑺＜資料の読み取り―江戸時代の百姓一揆と政治＞資料１中で最も百姓一揆の件数が多かった年は，1836年である。この年に政治を行っていた人物は，資料２の４人の中にはいない(ウ…○)。なお，徳川吉宗が政治を行った期間の中で，その年の百姓一揆の件数が10件以上あった年は，10年以上確認できる(ア…×)。田沼意次が政治を行った期間に起こったのは天保のききん(1833～39年)ではな

く，天明のききん（1782～87年）である（イ…×）。水野忠邦が政治を行った期間のうち，1842～43年の期間は，百姓一揆の件数が減少している（エ…×）。

4〔歴史―近現代の日本〕

⑴＜富国強兵＞明治政府は，近代的な国づくりを目指し，産業の育成と軍備の強化をはかる「富国強兵」をスローガンとして，さまざまな政策を進めた。中でも産業の育成については，官営模範工場を整備し，海外の技術を積極的に取り入れて生産を増やす「殖産興業」政策がとられた。資料１は，当時の代表的な官営模範工場である，群馬県の富岡製糸場で，生糸の生産が盛んに行われた。

⑵＜明治時代の出来事＞元衆議院議員の田中正造は，1901年，足尾銅山の鉱毒による水質汚染の解決を明治天皇に直訴し，被害者救済を求める世論の高まりを生んだ（ウ…○）。なお，アの普通選挙法成立は1925年，イの小村寿太郎外相による関税自主権の完全回復は1911年，エの自由民権運動の広がりは，板垣退助らが民撰議院設立の建白書を提出した1874年から，大日本帝国憲法制定までの間である。

⑶＜日清戦争＞日本は日清戦争の結果，清から遼東半島を割譲されたが，1895年，ロシア，フランス，ドイツの三国が，日本に対し遼東半島を清へ返還するよう要求した。この要求は，南下政策をとっていたロシアが，中国進出の足場となる遼東半島を得た日本への危機感を強めたことからフランス，ドイツを誘って行ったもので，日本はこれに応じ，遼東半島を清に返還した（Ⅰ…正）。また，日清戦争は1894年，朝鮮国内で起こった農民反乱（甲午農民戦争）に対して出兵した，清と日本の衝突から始まった（Ⅱ…正）。

⑷＜第一次世界大戦と国内外の動き＞日本は第一次世界大戦において，ヨーロッパの国々へ軍需品・日用品などを輸出したことから好景気となった。一方で，大戦中に起きたロシア革命に干渉し，シベリア出兵を行ったことから，米価の高騰が起こり，1918年以降，米の安売りを求める，米騒動が各地で起こった（Ⅰ…○）。日比谷焼き打ち事件は，日露戦争後に日本が賠償金を得られなかったことに反発した民衆が起こしたものであり，1905年の出来事である（Ⅱ…×）。第一次世界大戦中の1917年，ロシアで戦争の長期化などに反発した民衆が革命を起こし（ロシア革命），世界初の社会主義政権が誕生した（Ⅲ…○）。第一次世界大戦の戦後処理のため開かれたパリ講和会議では，日本が中華民国に対してつきつけていた21か条の要求が改めて認められたため，1919年，中国では反日運動である五・四運動が起きた。三・一独立運動は，同年に朝鮮で起きた独立運動である（Ⅳ…×）。

⑸＜世界恐慌への対応＞1929年に起きた世界恐慌に対して，アメリカではフランクリン=ローズベルト大統領のもと，大規模な公共事業を行い，経済を活性化させるニュー・ディール政策がとられた。計画経済が実施されたのは，社会主義政権であったソ連である。

⑹＜日ソ共同宣言＞1956年の日ソ共同宣言の調印で日本とソ連の国交が回復したことにより，それまで日本の国連への加盟に反対していたソ連が賛成に回ったため，日本の国連への加盟が実現した。

5〔公民―政治〕

⑴＜国会のはたらき＞2023年現在，参議院の議員定数は248人で，衆議院の465人よりも少なく，参議院議員の任期は６年で衆議院議員の４年より長く，解散がないため，解散によって任期途中で資格を失うことはない（Ⅰ…正）。予算案については，衆議院が議決した後，参議院が衆議院と異なった議決をした場合は，両院協議会を開き，そこでも意見が一致しないときは衆議院の議決がそのまま国会の議決となり，予算が成立する（Ⅱ…誤）。

(2)＜衆議院解散から内閣総理大臣の指名まで＞衆議院が解散されると，解散の日から40日以内に総選挙を行い（Ⅰ），総選挙の日から30日以内に，特別国会を召集する（Ⅱ）。特別国会の召集とともに内閣は総辞職し（Ⅲ），衆参両院で内閣総理大臣の指名が行われる。

(3)＜選挙と内閣＞現在の衆議院議員選挙における小選挙区制は，１つの都道府県から１人が当選するのではなく，全国を289の選挙区に分け，それぞれの選挙区で１人が当選するしくみとなっている（Ⅰ…×）。アメリカの大統領は，国民による投票で選出されるが，厳密には国民は選挙人を選出し，選挙人による投票で最終的に大統領が選ばれる間接選挙であり，2023年現在の大統領は民主党のジョー=バイデンである。なお，スナクはイギリスの現在の首相である（Ⅱ…×）。日本では現在SNSを活用した情報発信など，インターネットを使った選挙運動が行われている。地方の選挙については，インターネット投票の実現を目指す動きも見られるが，2023年現在，国や地方の選挙におけるインターネット投票は実現していない（Ⅲ…○）。日本では連立内閣が頻繁に組織されており，特に1993年の細川連立内閣以降は，衆参両院で単独過半数を獲得する政党が現れず，連立内閣を組織する状況が続いている（Ⅳ…×）。

(4)＜裁判員裁判＞2009年に始まった裁判員裁判の対象となるのは，殺人罪，強盗致死傷罪，傷害致死罪などの重大犯罪の疑いで起訴された刑事裁判の第一審で，地方裁判所で行われるものである。また，裁判員裁判において裁判員は，有罪か無罪か，また有罪の場合どのような刑罰にするかを裁判官と話し合い，決定する。

(5)＜地方財政＞福島県におけるⅠ，Ⅱ，Ⅲの歳入項目の額には大きな差が見られないため，東京都におけるそれぞれの額に注目する。東京都は，自主財源の割合が高いという特徴があり，歳入全体に占める地方税の割合が６～７割を占める地方公共団体であるため，Ⅲは地方税が当てはまる。また，東京都は自主財源の割合の高さゆえ，都道府県の中で唯一，自治体間の財政格差を小さくするために国から交付される地方交付税交付金を受けていないので，Ⅱは地方交付税交付金である。残るⅠは，特定の事務や事業を行うことに対して国が交付する国庫支出金が当てはまる。

6 〔公民―経済〕

(1)＜労働＞労働者が失業したとき，労働者の生活と雇用の安定をはかるために給付金が受けられるしくみは雇用保険であり，社会保障制度の中では，公衆衛生ではなく社会保険の１つに位置づけられる（Ⅰ…誤）。非正規雇用は，正規雇用と異なり契約が短期間であることが多く，立場が不安定であり，一般に正規雇用よりも賃金は低い（Ⅱ…誤）。

(2)＜金融＞個人や企業が，銀行などの金融機関から資金を借り入れるのは，間接金融である。銀行は，預金者から預かる預金に対する金利を，企業や個人に貸し出す際の貸し出し金利よりも低く設定することで，その差額を利益としている。なお，直接金融とは，企業などが自ら株式や債券を発行して，銀行などの金融機関を介入させずに，証券市場を通じて貸し手から資金を調達する方法である。

(3)＜価格の決まり方＞市場経済において，一般に商品の価格は需要量と供給量が一致する均衡価格に近づく。問題の商品については，縦軸の価格400円の目盛りを横に見ていくと，需要量を表す需要曲線が，供給量を表す供給曲線よりも左側に位置しているため，需要量＜供給量となっていることがわかる。したがって，価格が400円のままでは供給過多となり商品が売れ残る状態であるため，その後は需要量と供給量が一致する均衡価格まで商品の価格は下がると考えられる。

(4)＜消費税＞消費税は，商品を販売した事業者が納税者であり，商品の購入者が負担（担税）者であるため，納税者と負担(担税)者が異なる，間接税の１つである。また，消費税は，高所得者も低所得者も，同一の消費に対しては同じ税率の負担となるため，低所得者ほど所得に占める税負担の割合が高くなる，逆進性という問題を抱えている。

(5)＜資料の読み取り―消費支出＞資料３の１点目より，「交通・通信費」の消費支出に占める割合は，いずれの年も20％を超えたことがなく，年間収入が増えるほど支出額も大きくなっているため，資料１，資料２より「交通・通信費」はＢまたはＣに当てはまることがわかる。さらに資料３の３点目より，2020年から2022年にかけて消費支出に占める割合が低下し続けているのは，「食費」と「交通・通信費」のみであることから，「食費」と「交通・通信費」がそれぞれＢまたはＤに当てはまることがわかる。上記の条件をあわせて考えると，「交通・通信費」がＢ，「食費」がＤに当てはまる。残るＡとＣについて，資料３の２点目に着目すると，「住居費」の消費支出に占める割合は，いずれの年も「光熱・水道費」を上回ったことがないが，年間収入階級では「住居費」の支出額が「光熱・水道費」を上回っている階級が１つだけある，という条件から，資料１および資料２のＡとＣを比較すると，資料１のⅠのみでＣをＡが上回っているのが読み取れるので，Ａが「住居費」，Ｃが「光熱・水道費」であることがわかる。

7〔公民―総合〕

(1)＜天皇の地位＞天皇の地位については，日本国憲法第１条で，「天皇は，日本国の象徴であり日本国民統合の象徴であつて，この地位は，主権の存する日本国民の総意に基《もとづ》く」と明記されている。また，憲法第７条では「天皇は，内閣の助言と承認により，国民のために，左の国事に関する行為を行ふ」と規定されている。

(2)＜立憲主義＞立憲主義は，不当な権力の使用によって国民の生命や自由が奪われることがないよう，「法の支配」のもと，政府の持つ全ての強制力(政治権力)が法(憲法)による制限を受けるという考え方である。また，立憲主義においては，政府が権力の濫用を正当化する法(憲法)を制定することのないよう，法(憲法)は国民が制定するものとされている。

(3)＜基本的人権＞「個人として尊重され，性別などで差別されない」という内容は，自由権ではなく平等権に該当する(Ⅰ…誤)。社会権とは，人間らしい生活を営む権利であり，また人間らしい生活を保障するために国に積極的な関与を求める権利である。集会やデモ行進に参加することができるのは，集会・結社・表現の自由の１つであり，社会権ではなく自由権に該当する(Ⅱ…誤)。また，請求権とは，人権が侵害された際に，その救済を求める権利であり，国会議員や地方議会議員，首長を選挙で選ぶことができるのは，請求権ではなく参政権に該当する(Ⅲ…誤)。

(4)＜資料の読み取り―SDGs＞2015年の国連サミットにおいて，持続可能な社会をつくるための17の目標(SDGs)が定められた。資料１におけるＡの目標を達成するための例としては，募金活動，難民支援，生活物資の寄付などが挙げられる(Ａ－④)。Ｂの目標への取り組みとしては，年齢，性別，障がいの有無などにかかわらず，全ての人が社会的に取り残されないような制度づくりなどが挙げられる(Ｂ－②)。Ｃの目標を達成するための例としては，ごみや食品ロスの削減，リサイクルの推進などがある(Ｃ－①)。Ｄの目標への取り組みには，節電や排気ガスの削減などに代表される，温室効果ガスの排出削減などが挙げられる(Ｄ－③)。

理科解答

1 (1) イ　(2) エ
(3) １…イ　２…ア　(4) ウ
(5) １群…ア　２群…イ　３群…ア

2 (1) １…エ　２…ウ　３…ア　４…イ
(2) エ　(3) １群…イ　２群…イ
(4) １群…イ　２群…ア　(5) エ

3 (1) ア　(2) ウ
(3) あ…１　い…５
(4) １群…イ　２群…ア　(5) イ

4 (1) １群…イ　２群…ア　(2) イ
(3) あ…１　い…０　う…８
(4) １…イ　２…ウ
(5) あ…１　い…０　う…０

5 (1) ウ
(2) １…ウ　２…エ　３…イ　４…ア
(3) エ　(4) オ　(5) オ

6 (1) エ　(2) イ
(3) あ…１　い…０　う…１　え…６
(4) イ
(5) あ…１　い…０　う…８　え…０

7 (1) １…イ　２…ア　３…エ　４…ウ
(2) ウ　(3) ア　(4) ウ
(5) １群…ア　２群…オ

8 (1) ウ
(2) あ…１　い…５　う…５　え…３
お…１　か…０
(3) エ　(4) あ…２　い…３
(5) １群…ア　２群…イ

1〔生物の体のつくりとはたらき〕

(1)＜植物の分類＞網目状の葉脈を持つ植物は，子葉が２枚の双子葉類で，根は主根と側根からなり，茎の維管束は輪状に並んでいる。また，双子葉類に分類されるのはツツジである。なお，ユリは子葉が１枚の単子葉類で，葉脈は平行，根はひげ根，茎の維管束はばらばらに散らばっている。

(2)＜茎のつくり＞葉にあった養分は，水に溶ける物質に変化して，師管を通って移動する。師管は維管束の茎の表面に近い側にある。なお，根から吸収した水は，維管束の茎の中心に近い側にある道管を通って移動する。

(3)＜光合成＞光合成は，葉緑体で，水と二酸化炭素を原料として，光のエネルギーを用いてデンプンをつくるはたらきである。実験１の図１で，光合成に光が必要なことは，葉緑体があり光が当たっているＡと，光が当たっていないＣの結果を比べればわかる。また，光合成が葉緑体のある場所で行われることは，光が当たっていて，葉緑体があるＡと，葉緑体のないＢの結果を比べればわかる。

(4)＜光合成＞BTB溶液は，酸性で黄色，中性で緑色，アルカリ性で青色を示す。実験２で，図２の試験管Ｐのように光が十分に当たっているときは，光合成が盛んに行われ，取り入れられる二酸化炭素の量の方が，呼吸で放出される二酸化炭素の量より多いので，全体として，オオカナダモは二酸化炭素を吸収する。そのため，溶液中の二酸化炭素の量は減少し，溶液はアルカリ性となって，BTB溶液は青色になる。一方，試験管Ｑのように光が当たっていないと，オオカナダモは呼吸を行うが，光合成は行わないので，溶液中の二酸化炭素の量は増加し，溶液は酸性となって，BTB溶液は黄色になる。

(5)＜対照実験＞光の強さと植物の光合成の関係を調べるには，光の条件だけを変えた対照実験を行えばよい。よって，光が十分に当たっている試験管Ｐと同様に，緑色にしたBTB溶液の中に同じ大きさのオオカナダモを入れた試験管を，当たる光が弱くなるようにうすいガーゼでおおい，実験２と同じ時間だけ光を当てて，溶液の色を実験２の試験管Ｐと比較すればよい。

2〔大地の変化〕

(1)＜双眼実体顕微鏡＞図４の双眼実体顕微鏡は，次の手順で観察する。鏡筒を調節して，接眼レンズを自分の目のはばに合わせ，左右の目の視野が重なって見えるようにする(エ)。→両目で接眼レンズをのぞいて，粗動ねじをゆるめ，鏡筒を上下させておよそのピントを合わせる。ピントが合ったら，粗動ねじをしめて固定する(ウ)。→右目で接眼レンズをのぞき，微動ねじでピントを合わせる(ア)。→左目で接眼レンズをのぞき，視度調節リングでピントを合わせる(イ)。

(2)＜火山の形＞火山の形や噴火の様子は，噴出したマグマのねばりけで決まる。マグマのねばりけが強いと，火山の形は，図１の火山Ａのようになり，噴火の様子は激しい。また，マグマのねばりけが弱いと，火山の形は，図１の火山Ｃのようになり，噴火の様子はおだやかである。

(3)＜鉱物＞図２で，Ｍのような柱状の形をした白色の鉱物はチョウ石であり，Ｎのような丸みのある多面体の形をした黄緑色の鉱物はカンラン石である。

(4)＜火成岩＞マグマが冷え固まってできた岩石を火成岩という。図３で，Ｘのように，大きな鉱物が組み合わさってできたつくり(等粒状組織)を持つ火成岩は，マグマが地下深くでゆっくりと冷え固まった深成岩である。一方，Ｙのように，Ｐの石基と呼ばれるごく小さな鉱物がガラス質になった部分の中に，Ｑの斑晶と呼ばれる比較的大きな鉱物の結晶が散らばったつくり(斑状組織)を持つ火成岩は，マグマが地表や地表付近で短い時間で冷え固まった火山岩である。

(5)＜凝灰岩＞火山灰などの火山噴出物が堆積してできた堆積岩を凝灰岩という。凝灰岩に含まれる粒は，流水によって運ばれた土砂が堆積してできた堆積岩に含まれる丸みを帯びた粒とは異なり，角ばっている。

3 〔化学変化とイオン〕

(1)＜電解質と非電解質＞食塩($NaCl$)は電解質で，水に溶けてナトリウムイオン(Na^+)と塩化物イオン(Cl^-)に電離するから，食塩水は電解質の水溶液である。また，砂糖とエタノールは非電解質だから，砂糖水とエタノール水溶液は非電解質の水溶液である。

(2)＜化学反応式＞塩化銅($CuCl_2$)は水に溶けて，銅イオン(Cu^{2+})と塩化物イオン(Cl^-)に電離する。電離の様子を，化学式を使って表すときは，矢印の左側に電離する物質の化学式，右側に生じるイオンの化学式を書き，矢印の左右で原子の数が等しくなるようにイオンの化学式の前に係数をつける。また，矢印の右側の＋と－の数が等しいことを確認する。

(3)＜質量パーセント濃度＞質量パーセント濃度35％の塩酸に水を加えて，質量パーセント濃度2.5％のうすい塩酸210gをつくるとき，加えたのは水なので，それぞれの濃度の塩酸において溶質である塩化水素の質量は変わらない。2.5％のうすい塩酸210gに溶けている塩化水素の質量は，〔溶質の質量(g)〕＝〔水溶液の質量(g)〕×〔質量パーセント濃度(％)〕÷100より，210×2.5÷100＝5.25(g)である。よって，35％の塩酸の質量をxgとすると，塩化水素の質量について，x×35÷100＝5.25が成り立つ。これを解くと，35x＝525より，x＝15(g)となる。

(4)＜酸の性質＞実験で，図２の青色リトマス紙のＲの部分だけ色が変わったのは，糸にしみ込ませたうすい塩酸に含まれている電気を帯びたイオンがクリップＸ側に移動したためである。図１より，クリップＸ側につないでいた電極は－極なので，クリップＸ側に移動したイオンは陽イオンである。これより，酸性の塩酸の性質を決めているのは，塩酸中に含まれる陽イオンであることがわかる。塩化水素(HCl)は，水溶液中で水素イオン(H^+)と塩化物イオン(Cl^-)に電離しているから，塩酸中に含まれる陽イオンはH^+である。

(5)＜アルカリ＞うすい水酸化ナトリウム水溶液はアルカリ性を示し，水溶液中には水酸化ナトリウム(NaOH)が電離したナトリウムイオン(Na^+)と水酸化物イオン(OH^-)が含まれている。これらのイオンのうち，アルカリ性の性質を決めるイオンはOH^-である。OH^-は陰イオンだから，＋極の電極につないだクリップＹの方へ移動し，赤色リトマス紙のＱの部分だけが青色に変化する。

4 〔電流とその利用〕

⑴＜電流による磁界＞導線に電流を流すと，導線の周りには，電流の流れる向きに対して，右回りの磁界が生じる。よって，問題の図1のように，導線に上向きの電流を流すと，右図のように，導線の周りに反時計回りの向きの磁界が生じる。また，方位磁針のN極は磁界の向きを指す。したがって，方位磁針を点Xから点Yまで反時計回りに動かすと，右図のように，方位磁針のN極は反時計回りに$\frac{1}{2}$周する。

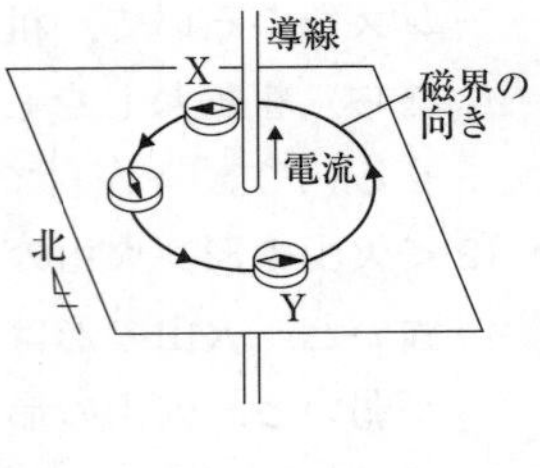

⑵＜電流が磁界から受ける力＞スピーカーには磁石とコイルが入っていて，コイルに流れた電流が磁石の磁界から力を受けて振動板を前後に動かし，その振動によって音を出す。なお，手回し発電機とIH調理器は電磁誘導を，光ファイバーは光の全反射を応用したものである。

⑶＜オームの法則＞表より，実験2の③で，回路に9.0Vの電圧を加えたとき，電流計が500mA，つまり0.5Aを示したことから，抵抗器Pには0.5Aの電流が流れている。よって，抵抗器Pの抵抗は，オームの法則〔抵抗〕=〔電圧〕÷〔電流〕より，9.0÷0.5=18(Ω)である。これより，抵抗器Pに600mA，つまり0.6Aの電流が流れたとき，加えた電圧の大きさは，0.6×18=10.8(V)となる。

⑷＜電流が磁界から受ける力＞図2のコイルが振れる向きは，U字形磁石による磁界の向きとコイルに流れる電流の向きで決まり，どちらか一方が逆向きになるとコイルの振れる向きは反対になり，両方が逆向きになると振れる向きは同じになる。また，コイルが動く大きさは，コイルに流れる電流の大きさが大きいほど大きくなる。[1]で，コイルが，実験2の③のときと反対向きに小さく動いたのは，コイルに流れる電流の向きを逆向きにして，電流の大きさを小さくしたためである。よって，電源装置の＋端子と－端子につないだ導線をそれぞれ逆の端子につなぎかえ，抵抗器にはPとQを直列につないで抵抗を大きくして，流れる電流を小さくしたイが適当である。次に，[2]で，コイルが，実験2の③のときと同じ向きに大きく動いたのは，コイルに流れる電流の向きを同じ向きにして，電流の大きさを大きくしたためである。つまり，U字形磁石の上下を逆にしてN極とS極を入れかえ，電源装置の＋端子と－端子につないだ導線をそれぞれ逆の端子につなぎかえ，抵抗器にはPとQを並列につないで抵抗を小さくして，流れる電流を大きくしたウが適当である。

⑸＜オームの法則＞まず，表より，実験2の④で，抵抗器Qに9.0Vの電圧を加えると600mA，つまり0.6Aの電流が流れたので，抵抗器Qの抵抗の大きさは，9.0÷0.6=15(Ω)である。次に，表より，実験2の⑤で，抵抗器Qと抵抗器Rを並列につなぐと，それぞれの抵抗器に加わる電圧の大きさは電源の電圧の大きさに等しく，それぞれの抵抗器を流れる電流の和が回路全体を流れる電流の大きさに等しい。よって，並列につながれた抵抗器Qと抵抗器Rにはそれぞれ3.0Vの電圧が加わり，抵抗器Qに流れた電流の大きさは，3.0÷15=0.2(A)となる。これより，回路全体に500mA，つまり0.5Aの電流が流れているので，抵抗器Rに流れる電流の大きさは，0.5－0.2=0.3(A)である。したがって，抵抗器Rの抵抗の大きさは，3.0÷0.3=10.0(Ω)となる。

5 〔生命・自然界のつながり〕

⑴＜細胞のつくり＞ア～エのうち，細胞膜は，植物細胞にも動物細胞にも見られるつくりである。なお，発達した液胞，細胞壁，葉緑体は，植物細胞にだけ見られ，動物細胞には見られない。

⑵＜細胞分裂＞植物の体細胞分裂は次のような順序で進む。細胞分裂が始まる前の状態。→核の輪郭が消え，染色体が現れる(ウ)。→染色体が中央に並ぶ(エ)。→染色体がそれぞれ両端に引かれていく(イ)。→細胞の中央に仕切りができ始める(ア)。→染色体がかたまって見えなくなり核ができて新しい細胞ができる。

⑶＜受精＞花粉がめしべの柱頭につくと花粉から花粉管が伸び，胚珠に達する。花粉管の中を精細胞が移動し，胚珠の中の卵細胞と受精する。なお，精細胞と卵細胞は生殖細胞である。

⑷＜有性生殖＞生殖には，新しい個体や子を，生殖細胞の受精によってつくる有性生殖と，生殖細胞の受精によらず体細胞分裂によってつくる無性生殖がある。マツのまつかさにできた種子と，カエルが生んだたまごは，生殖細胞の受精によってできるので，ＢとＤは有性生殖の例である。なお，ＡとＣは無性生殖の例である。

⑸＜細胞分裂＞受精卵は1.5時間ごとに１回細胞分裂を繰り返すので，12時間では，12÷1.5＝８(回)細胞分裂が行われる。１回の細胞分裂で１個の細胞が２個になるから，細胞分裂が８回行われると，１個の受精卵の細胞の数は，2^8＝256(個)になる。

6 〔気象と天気の変化〕

⑴＜低気圧＞日本付近を通過する低気圧の中心部では上昇気流が生じ，地表付近では中心部へ向かって反時計回りに風がふき込む。なお，高気圧の中心部では下降気流が生じ，地表付近では中心部から時計回りに風がふき出す。

⑵＜前線＞日本付近を西から東へ進む低気圧には，図のように，中心付近から南西に寒冷前線が，南東に温暖前線が伸びる。Ｘ－Ｙの断面を南側から見ると，寒冷前線の西側と温暖前線の東側に寒気が，寒冷前線と温暖前線の間に暖気がある。また，寒冷前線では，寒気が暖気の下にもぐり込み，暖気を押し上げるように進むため，前線面の傾きは大きく，垂直方向に発達した雲ができる。一方，温暖前線では，暖気が寒気の上にはい上がるように進むため，前線面の傾きは小さく，層状の雲ができる。よって，最も適当なのはイである。

⑶＜等圧線＞等圧線は4hPaごとに細い実線で，20hPaごとに太い実線で引かれる。また，中心気圧を示すとき，必要な場合は2hPaごとの細い破線で引かれる。よって，図で，日本の東側にある高気圧の中心に近い破線の等圧線が1026hPaを示し，高気圧は中心に近いほど気圧が高いので，1026hPaを示す等圧線の２本外側の太い実線の等圧線は1020hPaを示す。したがって，1020hPaの等圧線の１本外側の地点Ｐを通る等圧線は，1020－4＝1016(hPa)を示している。

⑷＜寒冷前線＞寒冷前線が通過するとき，強い雨が短時間降り，風向が南寄りから北寄りになり，前線が通過した後，気温が急に下がる。よって，寒冷前線が通過したと考えられる時刻は，表で，このような変化が見られる11日の15時から18時の間である。

⑸＜大気圧＞気圧(大気圧)は，空気の重さによって生じる圧力で，圧力の単位であるPaは１m^2の面に加わる力の大きさ(N)を表している。よって，１hPaが100Paなので，気圧が1026hPaのときと990hPaのときでは，気圧の差は，(1026－990)×100＝3600(Pa)だから，0.3m^2の机の上面に加わる力の大きさの差は，3600×0.3＝1080(N)である。

7 〔化学変化と原子・分子〕

⑴＜ガスバーナーの使い方＞ガスバーナーは以下の手順で点火する。ガス調節ねじと空気調節ねじが閉じていることを確認して元栓を開ける。→コックを開ける(イ)。→マッチに火をつけ，ガス調節ねじを開いて火をつける(ア)。→ガス調節ねじで炎の大きさを調節する(エ)。→ガス調節ねじをおさえ，空気調節ねじを開いて炎の色を青色に調節する(ウ)。

⑵＜発熱反応＞化学変化には，周囲に熱を与える発熱反応と周囲から熱を奪う吸熱反応がある。鉄粉と硫黄の粉末の混合物を加熱すると起こる反応は発熱反応で，発生した熱により，加熱をやめても反応が続く。また，酸化カルシウムに水を加えると水酸化カルシウムが生じる反応も発熱反応で，水酸化バリウムと塩化アンモニウムに水を加えるとアンモニアが発生する反応は吸熱反応である。

⑶＜鉄と硫黄の反応＞鉄(Fe)と硫黄(S)の反応では，それぞれの原子が1：1の個数の比で結びつき，

硫化鉄（FeS）が生じる。化学反応式は，矢印の左側に反応前の物質の化学式，右側に反応後の物質の化学式を書き，矢印の左右で原子の種類と数が等しくなるように化学式の前に係数をつける。

(4)＜鉄と硫化鉄の性質＞試験管Ｙは，鉄粉と硫黄の粉末を混ぜただけなので，鉄が残っている。そのため，磁石に引き寄せられる。一方，試験管Ｘでは，加熱によって硫化鉄が生じ，鉄と硫黄が過不足なく反応したので，鉄は残っていない。そのため，磁石には引き寄せられない。また，それぞれの試験管にうすい塩酸を加えると，試験管Ｘからは卵のくさったようなにおい（腐卵臭）がある硫化水素が発生し，試験管Ｙからはにおいがない水素が発生する。

(5)＜化学変化と物質の質量＞実験の①，②より，鉄粉3.50gと硫黄の粉末2.00gが過不足なく反応するので，過不足なく反応する鉄と硫黄の質量の比は，鉄：硫黄＝$3.50:2.00=7:4$となる。ここで，硫黄1.20gと過不足なく反応する鉄粉の質量をxgとすると，$x:1.20=7:4$が成り立つ。これを解くと，$x\times4=1.20\times7$より，$x=2.10$（g）となる。よって，加熱後の試験管には，反応せずに残った鉄粉が，$3.50-2.10=1.40$（g）含まれる。このとき生じた硫化鉄の質量は，$1.20+2.10=3.30$（g）である。

8〔運動とエネルギー〕

(1)＜斜面上の物体にはたらく力＞図１で，斜面上を運動している小球にはたらく力は，水平面に対して垂直下向きの重力と，斜面に対して垂直上向きの斜面からの垂直抗力である。

(2)＜木片の移動距離＞表より，質量80gの小球Ｘをはなす高さを２倍，３倍，４倍にすると，木片が移動する距離も２倍，３倍，４倍になるから，小球Ｘをはなす高さと木片が移動する距離は比例することがわかる。よって，小球Ｘを3.0cmの高さからはなすと，木片は3.0cm移動するので，木片を15.5cm移動させるためには，$15.5\times\frac{3.0}{3.0}=15.5$（cm）の高さからはなせばよい。同様に，小球Ｙをはなす高さと木片が移動する距離は比例し，小球Ｙを3.0cmの高さからはなすと，木片が1.5cm移動する。よって，木片を15.5cm移動させるためには，$15.5\times(3.0\div1.5)=31.0$（cm）の高さから小球Ｙをはなせばよい。

(3)＜ふりこ＞図２のように，糸でつるしたおもりを運動させたとき，点Ｅで静止した瞬間のおもりには重力しかはたらいていない。そのため，この瞬間に糸を切ると，図４のエのように，おもりは重力のはたらく真下に運動する。

(4)＜力学的エネルギーの保存＞図２の点Ｃでおもりが持つ位置エネルギーを０としたとき，点Ａでおもりが持つ位置エネルギーは，点Ｂでおもりが持つ位置エネルギーの３倍なので，点Ｂでおもりが持つ位置エネルギーをpとすると，点Ａでおもりが持つ位置エネルギーは$3p$となる。また，力学的エネルギーの保存より，おもりの持つ位置エネルギーと運動エネルギーの和は常に一定に保たれている。よって，点Ａでおもりは静止していて，運動エネルギーは０だから，点Ａでおもりが持つ力学的エネルギーは，$3p+0=3p$となる。つまり，おもりがどの位置にあっても，$3p$の力学的エネルギーを持っているので，おもりが点Ｂを通過するときに持つ運動エネルギーをb，点Ｃを通過するときに持つ運動エネルギーをcとすると，$b=3p-p=2p$，$c=3p-0=3p$である。以上より，$b:c=2p:3p=2:3$となる。

(5)＜力学的エネルギーの保存＞図３のように，おもりが点Ａから点Ｃまで運動した後，糸がくぎにかかって点Ｘを支点にして運動するときも，力学的エネルギーの保存は成り立っているので，おもりが持つ力学的エネルギーは点Ａで持つ位置エネルギーと同じになる。よって，おもりが上がり静止した点Ｆの高さは，点Ａの高さと同じになる。また，糸の長さが短くなると，ふりこの周期（おもりが１往復するのにかかる時間）は短くなるから，実験２の③で，おもりが点Ｃから点Ｆまで移動するのにかかった時間は，実験２の②に比べて短くなる。

2024年度／芝浦工業大学柏高等学校（第１回）

国語解答

一 (1) ①…オ ②…ウ ③…ウ ④…イ ⑤…ア

(2) エ (3) オ (4) イ，オ

(5) ウ (6) エ (7) イ (8) ア

二 (1) エ (2) エ (3) ウ (4) ウ

(5) イ (6) オ (7) オ

三 (1) イ，ウ (2) オ (3) イ

(4) ウ (5) エ

一〔論説文の読解―自然科学的分野―人類〕出典：山口裕之『「みんな違ってみんないい」のか？ 相対主義と普遍主義の問題』「『道徳的な正しさ』を人それぞれで勝手に決めてはならない」。

≪本文の概要≫人間には，他の動物にはあまり見られない不正に対する怒りという感情がある。もちろん，動物であっても喜びや怒り，恐怖などの感情はある。そもそも感情とは，周囲の状況や対象に対する反射的な反応であり，自分の生存にとって有害なのか有益なのかを分析した後に生まれるものである。動物や人間は，その感情に基づいて周囲の状況に対して適切に行動するように導かれているのである。しかし，不正への怒りという感情は，自分が多少の不利益を被るとしても我慢して報復しようとする行為につながるため，より多くの子孫を残すことを優先する進化論の考え方に合わない。一方で，動物たちの世界において，群れの中で互いに助け合うような互恵的な行動が観察されており，こうした行動を取る動物は，不正への怒りを感じているとも考えられる。とはいえ，人間に見られるような，見返りが期待できない相手に対しても親切を示す行動は，動物たちの間には見られない。しかし，人間の場合には，直接的な見返りが期待できない相手に対しても親切にした結果，社会の中での評判が高まり，自分の利益につながることがある。それゆえ，人間は，他人に親切にすることを無条件に喜べるような感性が進化したのだと考えられる。

(1)＜漢字＞①「お歳暮」と書く。アは「帳簿」，イは「慕情」，ウは「墓所」，エは「公募」，オは「薄暮」。 ②「吐(き)」と書く。アは「意図」，イは「途中」，ウは「吐露」，エは「首都」，オは「北斗」。 ③「貢献」と書く。アは「検討」，イは「護憲」，ウは「献金」，エは「権限」，オは「封建」。 ④「支援」と書く。アは「宴席」，イは「声援」，ウは「炎天」，エは「延期」，オは「噴煙」。 ⑤「繁盛」と書く。アは「繁茂」，イは「模範」，ウは「市販」，エは「版画」，オは「搬入」。

(2)＜文章内容＞人間や動物にとって感情は，「周囲の状況や対象が自分の生存にとってどのような意味を持つのか」を，意識的な思考に先立ってすばやく脳内で分析した結果生じるものであり，今後，自分がどう行動すればよいかを導くはたらきを持つ。

(3)＜接続語＞Ｂ．感情が，「周囲の状況に対する適切な行動へと動物を導」くことの例として，怒りが「自分より弱そうな相手に攻撃されたときに反撃を引き起こす感情」であることが挙げられる。 Ｆ．「見返りを求めない利他的行動が評判によって利益になる」からといって，本人が意識して利他的行動を取るわけではなく，かえって，「よい評判を広めるために親切にしよう」と思って行動する人は，たいていの場合，周囲からその動機を見抜かれ，自分の評判を落とす。

(4)＜文章内容＞生物は生きて多くの子孫を残すことを第一とすると考える進化論では，敵を攻撃するのは利益を得られる場合だけだということになる。しかしそれでは，不正に対する怒りという感情

によって，自分が不利益を被っても相手を攻撃しようとするリスクを負う行動は，説明しにくい。

(5)＜段落関係＞段落[7]・[8]では，互恵行動を「相手がよいことをしてくれたらよいことを返してあげ，悪い相手には悪いことを返すということ」だと定義し，人間やチスイコウモリに見られる行動を例示する。そのうえで段落[9]では，互恵関係を維持するために「不正への怒り」が必要であると述べ，段落[10]では，「不正な個体を暴力によって攻撃する」ことは少ないと補足する。段落[11]では，段落[7]～[10]までの要点をまとめ，「通常の互恵的な行動は人間以外の動物でも観察される」ことと，互恵的な行動を取る動物は「不正への怒りも感じているのではないか」ということを述べている。

(6)＜文章内容＞親切を受けるだけで相手に返さないという態度を示す個体に対し，不正に対する怒りの感情があれば「タダ乗りする個体を群れから追い出す」といった報復行為を行える。そうすれば，結果として，助け合いの行動を取る個体だけが残り，互恵的な集団を維持できる。

(7)＜文章内容＞アレグザンダーの間接互恵の理論によれば，「ある音楽家の寄付活動」のように，見返りを期待できない相手に対する親切は，社会的にその音楽家の評判を高め，演奏会に多くの人が訪れるようになるなど，当人の利益につながるのである。

(8)＜要旨＞間接互恵の理論では，「利他的行動が評判によって利益になる」ものの，よい評判を得るために意識的に親切な行いをすると，かえって評判を落とす。そこで人間には，「他人に親切にすることに無条件に喜びを感じるような感性」が進化したと考えられる。

[二]〔小説の読解〕出典：あさのあつこ『敗者たちの季節』。

(1)＜心情＞生真面目な郷田は，たとえ冗談であっても，将来の自分の名声のために「甲子園出場を売り物にする」という佐倉の発言に腹を立てていた。

(2)＜文章内容＞佐倉は，ふだんからチームの様子をよく見ており，「負の空気」を感じ取ると，他人を笑わせようとする。佐倉は今回も試合直前の仲間の緊張をほぐそうとしてあえておどけているのだと，直登は思っていた。

(3)＜文章内容＞人々は，部員の不祥事のために甲子園に出られなかった東祥ナインの悲劇に同情し，その代わりに出場する海藤の選手たちにも，感動的な結末を期待していた。

(4)＜心情＞直登は，小さな頃から目標としてきた甲子園出場という特別な出来事が，世間の人々から「わかり易《やす》く感動的な，あるいは悲劇的な物語」の一部としてとらえられ，その物語が直登たちにも押しつけられていることを，不快に感じていた。

(5)＜文章内容＞常にベンチに座っている「鬱屈を佐倉はちらりとも見せ」ないで，「何の拘りも，翳りも無いように」振る舞っている。しかし直登は，二年生の秋に見た佐倉の「耐え難い苦痛にそれでも耐えているかのよう」な姿から，当時「佐倉は野球部をやめようかと悩んでいたのではないか」と考えている(ア・ウ…○)。「守備は堅実にこなせるけれど，打率が一割台」ではレギュラーを外されるのもやむを得ないということを，「誰より佐倉自身が理解しているだろう」と，直登は感じた(イ…×)。そして，佐倉は，レギュラーから外されることを理解したうえで，「自分の居場所を見据えなければならない」つらさから，「野球部という場所に自分の居場所があるのかと自問」していたのではないかと，直登は推測していた(エ・オ…○)。

(6)＜文章内容＞チームのメンバーは，佐倉を「剽軽で調子良くて，いいかげんで，何事にも深く拘らない」人物として扱い，「けっこうぞんざい」に接していた。

(7)＜表現＞直登の視点から，試合前の佐倉の発言やそれに対する郷田の反応をきっかけとして，過去の佐倉の姿が思い出されている。佐倉は，「調子乗りで軽率」，「剽軽で調子良くて，いいかげんで，何事にも深く拘らない」人物と説明されている。一方で，直登が目撃したように，佐倉がおそらく野球のことで悩み苦しんでいたであろうことが，「暗く翳っていた。耐え難い苦痛にそれでも耐えているかのように，歪んでいた」という佐倉の表情などによって表現されている。

三〔古文の読解―説話〕出典：『宇治拾遺物語』巻第九ノ二。

≪現代語訳≫昔，中国に宝志和尚という聖がいた。とても尊くていらっしゃったので，御門は「あの聖の姿を肖像画に描きとらせよう」と，絵師三人を派遣して，「もしかしたら，一人では，描き損じることもあるかもしれない」と言って，三人(の絵師)がそれぞれに(聖の肖像画を)描くようにと命令なさって，お遣わしになったので，三人の絵師は聖のもとに参上して，このような宣旨をお受けして伺ったという旨を(聖に)申し上げたところ，(聖が)「しばらく(待ちなさい)」と言って，法服を着てお出でましになったのを，三人の絵師は，おのおの(絵を)描くための絹を広げて，三人並んで筆を下ろそうとすると，聖が，「しばらく(待ちなさい)。私の真の姿がある。それを見て(肖像画を)描くのがよい」と言ったので，絵師たちはすぐには描かずに，聖のお顔を見ると，(聖が自分の)親指の爪で額の皮膚を断ち切って，皮膚を左右に引き裂いた中から，金色の菩薩が顔をのぞかせた。一人の絵師は十一面観音と見る。一人の絵師は聖観音であると拝み申し上げた。(絵師たち)各自(聖を)見たとおり写し申し上げて(完成した肖像画を)持って(御門のもとに)参上したところ，(それらを見た)御門は驚きなさって，別の使いをお召しになって(聖に)お尋ねになると，(聖は)かき消すように見えなくなっておられた。それから「(この聖は)普通の人ではいらっしゃらなかった」と言い合ったものである。

(1)＜古文の内容理解＞非常に尊い存在であったのは，宝志和尚である(ア…○)。三人の絵師を宝志和尚のもとに遣わしたのは，御門である(イ…×)。宝志和尚の肖像画を描くよう命令を受けたのは，三人の絵師である(ウ…×)。しばらく待ちなさいと言って，法服を着て出てきたのは，宝志和尚である(エ・オ…○)。額の皮膚を引き裂いて，中から金色の菩薩の顔を出したのは，宝志和尚である(カ…○)。

(2)＜古文の内容理解＞御門は，一人の絵師では，宝志和尚の姿を描き損じることがあるかもしれないという不安から，三人の絵師にそれぞれ描かせた方が宝志和尚の正しい姿がわかると考えた。

(3)＜古語＞「左右なし」は，ここでは，ためらわない，すぐに，という意味。絵師たちは，宝志和尚からしばらく待つように言われたので，すぐには肖像画を描き始めなかった。

(4)＜古文の内容理解＞三人の絵師たちが献上した肖像画の宝志和尚は，菩薩の姿で描かれており，しかも三人がそれぞれ違った姿としてとらえてきたので，御門は驚いたのである。

(5)＜古文の内容理解＞宝志和尚は，絵師たちが訪問した時点で，法服を身につけていなかった(ア…×)。宝志和尚は，御門から遣わされた絵師たちの肖像画を描きたいという申し出に快く応じ，自分の本当の姿を見せた(ウ・オ…×)。御門が肖像画を見て，再び使者を宝志和尚のもとに遣わすと，和尚は自ら姿を消していたので，人々はこの一連の出来事から和尚を普通の人ではなかったとうわさするようになった(イ…×，エ…○)。

2024年度　芝浦工業大学柏高等学校（第２回）

【英　語】（50分）〈満点：100点〉

（注意）　1．リスニングテストは試験開始５分後から行います。時間は約15分間です。
2．リスニングテスト開始までは，リスニングの問題を確認しても，他の問題を解答してもかまいません。
3．リスニングテスト終了後は，リスニングの問題を解き続けていても，すぐに他の問題を解答してもかまいません。〈編集部注：放送文は未公表につき掲載してありません。〉

■放送問題の音声は，学校ホームページで聴くことができます。（https://www.ka.shibaura-it.ac.jp/）

1　（Listening Test）

Questions 1 ～ 5　For each question, choose the correct picture.

1　Which bus should the man take ?

A

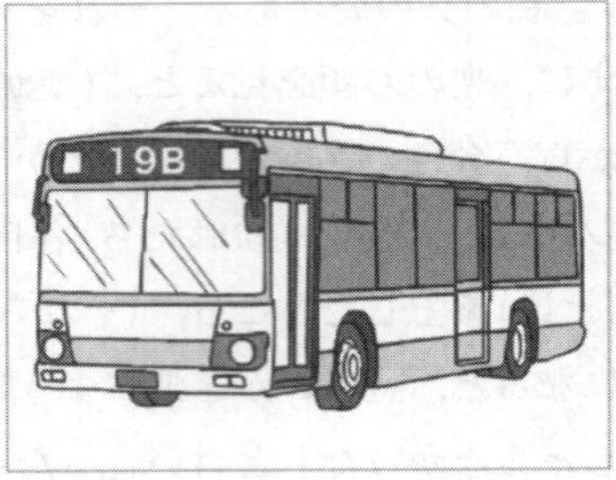

B

C

2　When will the girl have an important game ?

A

B

C

3　Which are the man and the woman looking at ?

到　着

出発地	便名	定刻	変更	状況
ニューヨーク	UA543	14：52	14：58	到着済み
パリ	FA235	15：03		
ロンドン	BA54	15：20	16：35	
シドニー	AU22	15：30	16：35	
シカゴ	UA35	17：46		

A

到　着

出発地	便名	定刻	変更	状況
ニューヨーク	UA543	14：52		到着済み
パリ	FA235	15：03	15：30	
シドニー	AU22	15：30	17：00	
ロンドン	BA54	17：13		
シカゴ	UA35	17：46	17：55	

B

到　着

出発地	便名	定刻	変更	状況
ニューヨーク	UA543	14：52		到着済み
パリ	FA235	15：03		
シカゴ	UA35	15：30	17：00	
ロンドン	BA54	16：00	16：20	
シドニー	AU22	17：00	17：30	

C

4　What does the woman like doing on weekends ?

A

B

C

5　Which map shows the way to ABC Hospital ?

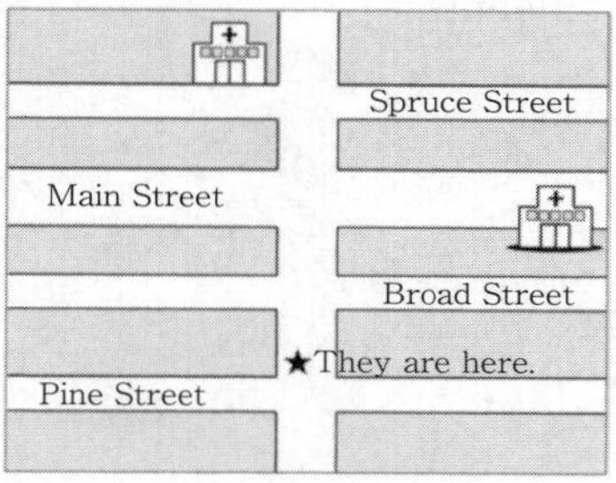

A

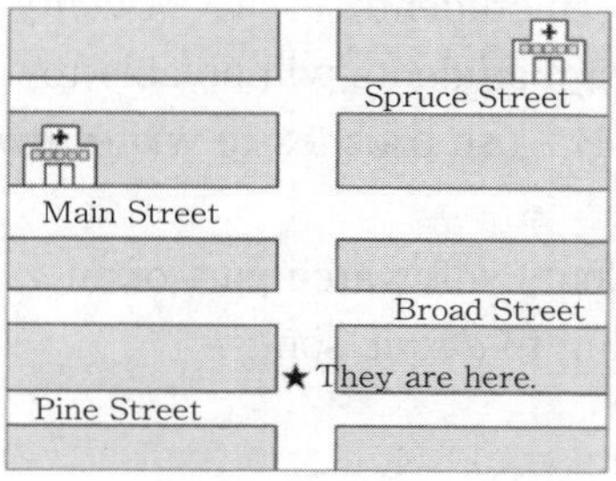

B

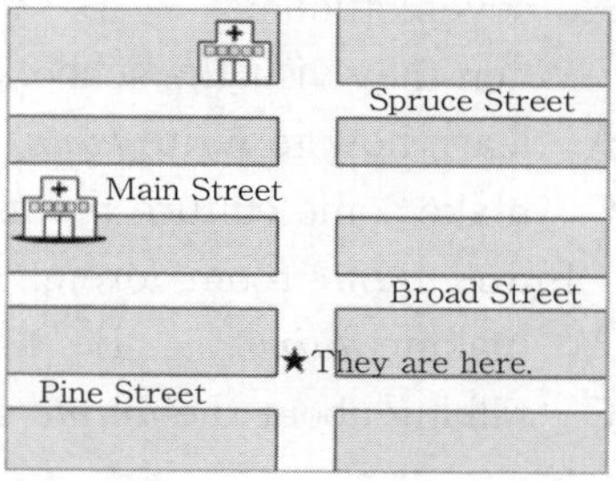

C

2　(Listening Test)

Questions 1 ～ 5　For each question, choose the correct answer.

1　You will hear a teacher talking to his class about smartphone use.
What will happen when students use smartphones in the classroom ?

A　Students will not listen to the teacher.
B　Students will concentrate more on class activities.
C　Students will get better at sending messages.

2　You will hear a girl, Saki, talking to a boy called Matt.
What was the hardest thing for Matt when he first came to Japan ?

A　many old things　　B　reading and writing Japanese
C　eating *sashimi*

3　You will hear a girl, Alice, talking to a boy called James.
What can be said about the boy's new pet ?

A　quiet with very soft hair　　B　cute with brown hair
C　tiny with white hair

4　You will hear two people talking in a doctor's office.
What does the doctor think about the man's health ?

A　He has a headache.　　B　He is good.　　C　He has a cold.

5　You will hear a student talking with a friend about his future.
What type of job does the boy want to do after graduation ?

A　police officer　　B　teacher　　C　engineer

3 (Listening Test)

Questions 1 ～ 5 For each question, choose the correct answer.

You will hear Hanako talking to her classmate, Kenta, about foreign visitors from New Zealand coming to their school.

1 The visitors will come to their school for

A one week. B three days. C one day.

2 Hanako and Kenta decided to use the gym because

A the library cannot be used.

B it was the only room with enough space.

C the main hall is too small.

3 Each group will have

A seven students. B fourteen students. C twenty-one students.

4 When they visit the school, foreign students will be able to

A learn how to write *kanji.* B use brushes to write *manga.*

C make some culture rooms.

5 In the *anime* room, foreign students will watch part of an *anime* movie before

A making *anime.* B listening to *anime* songs.

C talking about the *anime* story.

4 次の英文を読んで，あとの(1)～(5)の問いに答えなさい。

Music can be used as a tool for sales and can create an environment to help customers raise their motivation to buy things. It can also influence how our food tastes, how we feel about waiting in line, and what wine we buy in a store.

Then how are the tempo, genre (types of music) and volume of music connected to customers' buying behavior ?

The tempo of music playing can be an important part of the atmosphere in shops and restaurants. It has been widely believed that when the music becomes faster, the customers' actions also become faster.

A study showed that 'fast' tempo and 'slow' tempo music had different influences on the behavior of people in a restaurant, and a lot of studies support this. For example, restaurant customers listening to slow music spent an average of 11 minutes longer at their table than those who were listening to fast music (56 vs 45 minutes).

A similar study examined the effects of music tempo on supermarket shoppers. It found that slow-tempo background music made the customers walk more slowly in a store than fast music. The tempo of music had a great influence on how customers spent their time in the store. As customers move more slowly through stores, they are likely to buy more. In this case, 38% more.

Researchers say that the genre also has a strong link with the customers' way of thinking, as their behavior is likely to change according to music. For example, types of music such as classical and jazz are known as high-class because they are connected with elegance and richness. When they are played in places such as bars, restaurants and stores, these types of music have increased a customer's motivation to spend more and buy more expensive and high-quality products.

Another study found that customers listening to classical music instead of Top 40 music in a wine store spent much more money. This was not because customers bought more wines, but because they bought much more expensive wines. The conclusion here was that "music must fit the environment in order to increase sales."

There is not enough research to suggest that the volume of background music directly influences customers' spending. However, researchers also found that the loudness of music can influence how long a customer stays. One study tested the influence of 'loud' and 'soft' music on customers. According to the study, people spent less time in the stores when music was loud compared to when it was soft. So, we can say that playing music at a volume that helps customers to stay longer would likely lead to higher spending.

(1)　本文の内容に合うものを，次のア～エのうちから一つ選びなさい。

ア

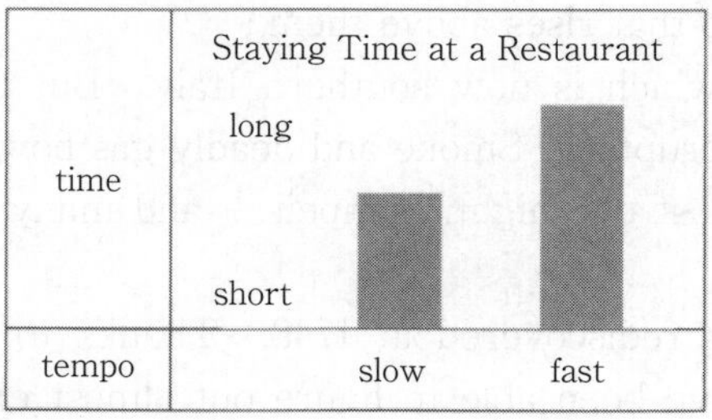

イ

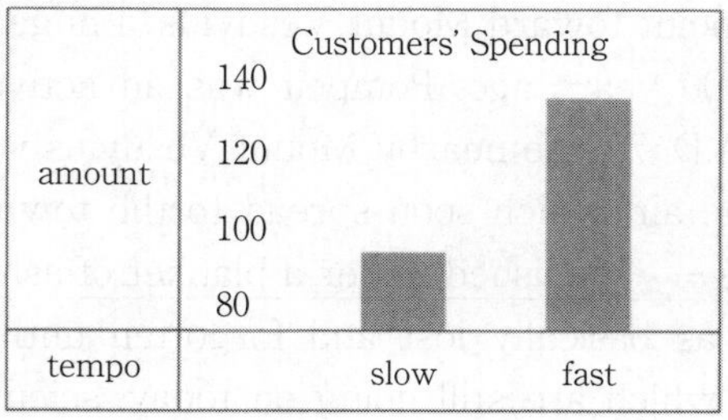

ウ

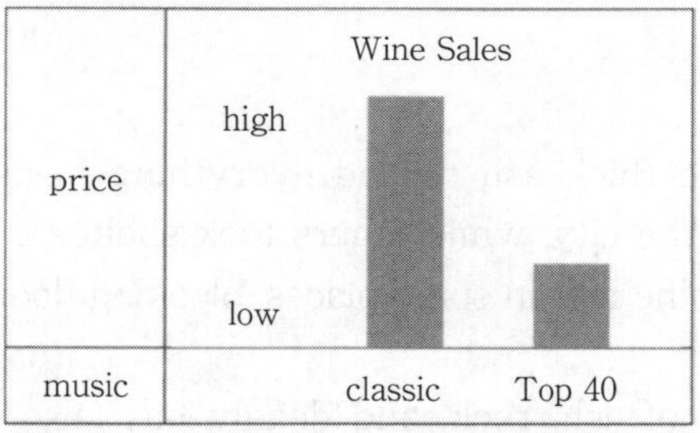

エ

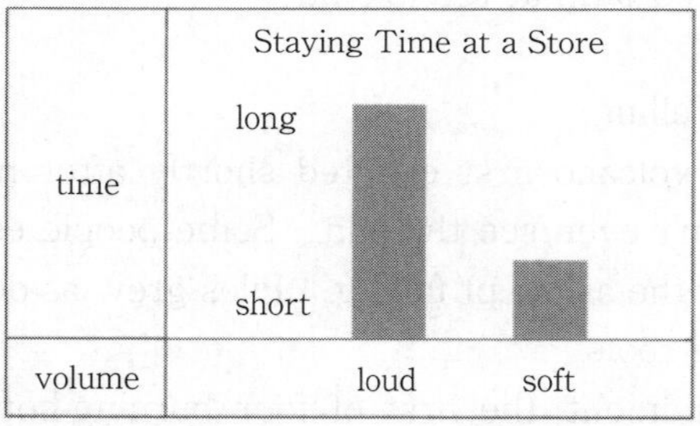

(2)　本文のタイトルとして最も適当なものを，次のア～エのうちから一つ選びなさい。

ア　Why is the Tempo of Music Important ?
イ　How can Music Influence our Buying Behavior ?
ウ　The Power of Top 40 Music
エ　The Importance of Walking Speed

(3)　本文の内容と一致するものを，次のア～エのうちから一つ選びなさい。

ア　Customers who listened to slow music stayed at a restaurant for eleven minutes on average.
イ　Slow-tempo music helped to increase the sales of products in a store.
ウ　Customers tend to buy more bottles of wine when listening to classical music.
エ　Loud music helped to increase the sales in a store.

(4)　本文によると，客の回転率を上げるためにはどのようなことをすればいいと考えられるか。最も適当なものを，次のア～エのうちから一つ選びなさい。

ア　using slow tempo music
イ　using classical music
ウ　using Top 40 music
エ　using loud and up-tempo music

(5)　本文から考えられることを，次のア～オのうちから二つ選びなさい。

ア High class restaurants should use classical or jazz music to increase sales.
イ Supermarkets should use fast tempo music to help customers buy more products.
ウ Fast food restaurants should use classical music to increase their sales.
エ Department stores may increase sales if they use soft music as background music.
オ Hotels should use classical and soft music for customers to feel good.

5 次の英文を読んで，あとの(1)〜(7)の問いに答えなさい。

The Lost City of Pompeii

A ①deafening boom can be heard through Pompeii's crowded marketplace. The ground shakes violently, throwing midday shoppers off balance and destroying stands of fish and meat. People scream and point toward Mount Vesuvius, a huge volcano that rises above them.

Nearly 2,000 years ago, Pompeii was an active city which is now southern Italy. But in the summer of A.D. 79, the nearby Mount Vesuvius volcano erupted. Smoke and deadly gas flowed 20 miles into the air, which soon spread to the town. Almost overnight, Pompeii — and many of its 10,000 people — ②vanished under a blanket of ash.

Pompeii was basically lost and forgotten until it was rediscovered in 1748. Thanks to ③the excavations, which are still going on today, scientists have been able to figure out almost exactly what happened on that terrible day.

The Sky is Falling

After the volcano first erupted shortly after noon, the thick ash turned everything black, and people couldn't even see the sun. Some people escaped the city, while others took shelter in their homes. But the ash kept falling. Piles grew as deep as nine feet in some places, blocking doorways and breaking roofs.

Around midnight, the first of four burning-hot clouds of ash, rock, and deadly gas (also called surges) rushed down the volcano. ④Traveling toward Pompeii at about 180 miles an hour, the surge burned everything in its path. Around 7 a.m., nearly 19 hours after the early eruption, the city was completely covered in a deadly mix of ash and rock.

Lost and Found

Visiting Pompeii is like going back in time. ⑤The layers of ash actually helped to preserve buildings, artwork, and even the forms of bodies as they decayed and left holes in the ash. That allowed experts to fill in the details that might not have survived at many other Roman sites.

Based on the findings they uncovered, scientists believe that Pompeii was a ⑥prosperous town popular with rich vacationing Romans. Well-paved streets had high sidewalks and stepping-stones to keep walkers out of the mud. To relax, people took public baths, watched gladiators or chariot races at an amphitheater, and enjoyed plays in two theaters.

Pompeii may be ancient history, but ⑦scientists are pretty sure Mount Vesuvius is overdue for another major eruption. Luckily the people living near the volcano today will likely receive evacuation warnings before it blows.

【出典】 *National Geographic Kids*

（注） ash 灰　gladiators 剣闘士　chariot races 古代の軽二輪戦車のレース

amphitheater　円形劇場

(1)　本文中の下線部①の原因として最も適当なものを，次のア～エのうちから一つ選びなさい。

ア　rocks　　イ　scream　　ウ　eruption　　エ　warnings

(2)　本文中の下線部②の内容として最も適当なものを，次のア～エのうちから一つ選びなさい。

ア　disappeared under the thick ash　　イ　escaped from the thick ash

ウ　dug under the thick ash　　エ　ran away from the thick ash

(3)　本文中の下線部③はどのような行為か。次のア～エのうちから一つ選びなさい。

ア　thinking　　イ　bathing　　ウ　building　　エ　digging

(4)　本文中の下線部④の内容として最も適当なものを，次のア～エのうちから一つ選びなさい。

ア　People drove toward Pompeii so fast that they couldn't see anything burning.

イ　The gas spread toward Pompeii so fast and it burned everything in the way.

ウ　The gas disappeared before reaching Pompeii, so everything in the way was not burned out.

エ　People took public buses before reaching Pompeii and it took nearly 19 hours after the early eruption.

(5)　本文中の下線部⑤の内容として最も適当なものを，次のア～エのうちから一つ選びなさい。

ア　The body parts could be found in the falls of the mountain.

イ　The layers of ash actually came from the hall and destroyed buildings.

ウ　The body parts disappeared, and left holes of the body shapes in the ash.

エ　The layers of ash allowed people to draw pictures of many other Roman sites.

(6)　本文中の下線部⑥と同じ意味のものを，次のア～エのうちから一つ選びなさい。

ア　wealthy　　イ　dangerous　　ウ　deep　　エ　terrible

(7)　本文中の下線部⑦の内容として最も適当なものを，次のア～エのうちから一つ選びなさい。

ア　Scientists are sure that Mount Vesuvius is a dead volcano.

イ　Scientists are sure that Mount Vesuvius is going to erupt sometime.

ウ　People are sure that Mount Vesuvius is too old to erupt.

エ　People are sure that Mount Vesuvius is getting bigger.

6　次の英文を読んで，あとの(1)～(7)の問いに答えなさい。

At the age of 14, Manjiro Nakahama, a fisherman, was lost while fishing and arrived on a deserted island. He was saved by an American ship and lived in the U.S.A. for about 10 years, and returned to Japan before Perry's arrival.

Long after all the other family members went to bed, Manjiro stood at the door of the house. The moon made a path of light leading to the ocean and beyond — perhaps to America.

It was silent. He could hear the sound of waves on the beach. The voice of an owl rolled down the mountainside.

It was hard to imagine any change in this remote village, but the waves of change were coming and Japan would have to change in many ways. His beloved country remained almost the same for many years while the West developed science, transportation and strong armies. There were hundreds of ways Japan would get better from the coming changes. And hundreds of ways it would not. Perhaps one day even this quiet peaceful village would be broken by the noise of steam engines and the voices of business people.

Nothing stayed the same like the nature of life. Originally Japanese people admired the beauty of cherry blossoms and the colorful autumn leaves. Manjiro thought it was funny that his country's people still held on to the past so strongly. Now they were like the last delicate blossoms on the branch while the wind blew at them.

Manjiro sighed and went inside, lay down on his futon, and joined his family in sleep.

Manjiro opened his eyes and wondered what had awakened him. He heard an unknown voice of a messenger. His mother went to talk to the messenger while he was still on his futon.

"The outsider, Manjiro, must go to Kochi right now," the messenger said.

"Excuse me," said Manjiro's mother, "he is not an outsider ; he is just as Japanese as you or I. Why must he go right away ?"

"The great lord of Tosa has ordered it," the man said.

"But why ?" she asked.

"I don't know," he said. "I am just a messenger !"

Manjiro's sister offered the man tea and a rice ball, and he began to talk more.

"Some people say he is a foreign spy," he said, "so perhaps he will be arrested."

Manjiro's mother took a breath deeply.

"But others say," the messenger continued, "that Lord Yamauchi wants him to teach young samurai the foreign language." The man lowered his voice to a whisper. "They even say that Manjiro would be a samurai." He clicked his tongue. "Imagine a simple fisherman becoming a samurai !"

Manjiro smiled on his futon and remembered what he told his friends in the fishing boat when they thought they were going to die. He said he wanted to be a samurai. He didn't know why he said that but it just came out. But this impossible idea helped to keep him alive.

The messenger drank his tea, then laughed. "Well, since he is not from a samurai family, I hope at least he has the heart of a samurai !"

Manjiro felt his heart beating. It was washed and broken by waves. It would always be the simple heart of a fisherman, but perhaps it was also becoming the brave heart of a samurai.

【出典】 Margi Preus, *Heart of a SAMURAI,* 2010

（注） deserted 人が住んでいない　messenger 使者　lord 藩主

問　次の(1)～(5)がそれぞれ本文の内容に合う英文になるように，（　）に入る最も適当なものを，下のア～エのうちから一つずつ選びなさい。

(1) After his family went to bed, Manjiro didn't sleep as (　　　)

ア he wanted to follow the moonlight back to the United States.

イ he was impressed to see how the quiet village had changed.

ウ he was worried about Japan's future.

エ he was glad that Japan was like the last delicate blossoms on the branch.

(2) The West was developing in many ways when Japan (　　　)

ア was just passing the time.

イ was trying hard to catch up.

ウ loved the changes in society.

エ was hearing the sound of steam engines.

(3) Manjiro found it funny that (　　　)

ア Japanese people saw the changing of nature.

イ Japanese people loved the cherry blossoms.

ウ　Japanese people enjoyed the beauty of flowers.

エ　Japanese people were afraid of change.

(4)　The messenger clicked his tongue because (　　　　　)

ア　it was rare for a non-samurai to be a samurai.

イ　he did not want to be heard by a spy.

ウ　Manjiro spoke the foreign language.

エ　Manjiro's mother took a deep breath.

(5)　The messenger thought (　　　　　)

ア　because Manjiro did not have the heart of a samurai, he needed to train in swords.

イ　he would be happy if Manjiro could be a samurai from a non-samurai family.

ウ　Manjiro did not have the heart of a samurai, so he could be a samurai.

エ　if Manjiro would be a samurai, he should at least have the heart of a samurai.

(6)　本文の内容に関して，Manjiroのことを説明したものとして最も適当なものを，次のア～エのうちから一つ選びなさい。

ア　When he returned from the U.S.A., he was happy to become an English teacher.

イ　His hope to be a samurai kept him alive.

ウ　He thought it was difficult to become a samurai because of his mother's words.

エ　After he came back from the U.S.A., he began to feel sorry that Japanese people loved the change of nature.

(7)　本文の内容に一致するものを，次のア～エのうちから一つ選びなさい。

ア　The Japanese sense of beauty, such as the love of cherry blossoms, was changed by Western culture.

イ　In the time of this story, being a foreigner was an honor in Japan.

ウ　In the time of this story, the family tradition was valued in Japan.

エ　In the time of this story, people often asked questions to the lord.

【数　学】　(50分)〈満点：100点〉

(注意)　問題の文中の $\boxed{ア}$, $\boxed{イ}\boxed{ウ}$ などの □ には，特に指示のない限り数値が入る。次の方法で解答用紙の指定欄に記入しなさい。

(1)　ア，イ，ウ，……の一つ一つは0から9までの数字が入る。

(2)　分数形で解答が求められているときは，約分された形で答える。

(3)　分数形で解答が求められているときに，得られた解答が整数であれば，分母は1として答える。

(4)　根号のついた値は，根号内を可能な限り小さな整数として表す。

1　次の問いに答えよ。

(1)　$(\sqrt{2}+2\sqrt{5})(\sqrt{6}-\sqrt{15})\div(-\sqrt{3})=\boxed{ア}-\sqrt{\boxed{イ}\boxed{ウ}}$

(2)　2次方程式 $x^2+3x+a=0$ の2つの解を s，t とする。$(s-t)^2=37$ のとき，$a=-\boxed{エ}$

(3)　a，b を素数($a<b$)とする。積 ab の値が40以下の自然数となるような a，b の組み合わせは，$\boxed{オ}\boxed{カ}$ 通りある。

(4)　右の図のように，線分ABを直径とする円Oの周上に点Cがあり，点Cを含まない $\overset{\frown}{AB}$ 上に点Dがある。

点Eは点Dを含まない $\overset{\frown}{AC}$ 上の点で，$\overset{\frown}{AE}:\overset{\frown}{EC}=1:1$ である。

点Fは点Dを含まない $\overset{\frown}{BC}$ 上の点で，$\overset{\frown}{BF}:\overset{\frown}{FC}=1:1$ である。

線分AFと線分DEとの交点をGとする。

$\angle AFD=52°$ のとき，$\angle AGE=\boxed{キ}\boxed{ク}°$

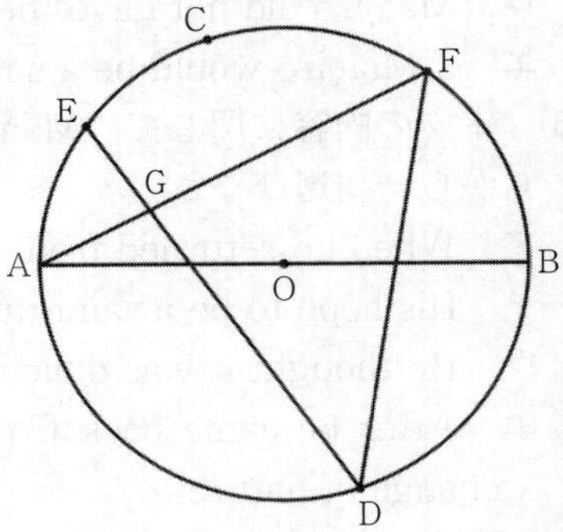

2　放物線 $y=\dfrac{1}{2}x^2$ 上に3点A，B，Cがあり，x 座標はそれぞれ -5，-3，4 である。

点Dは x 軸上の点で，AC∥BDである。

点Eは x 軸上の点で，x 座標は -2 である。

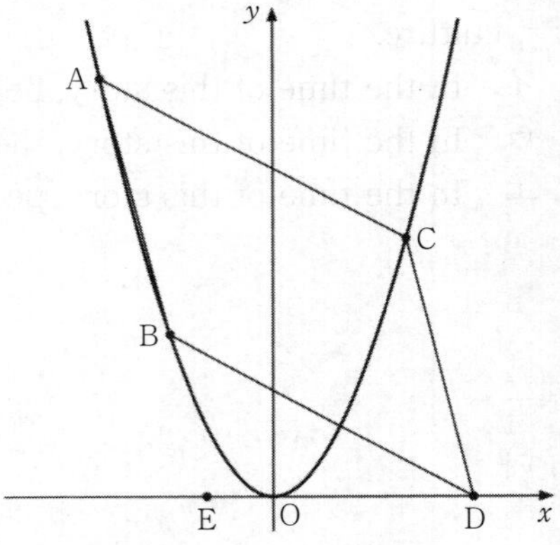

(1)　直線ACの式は $y=-\dfrac{\boxed{ア}}{\boxed{イ}}x+\boxed{ウ}\boxed{エ}$

(2)　四角形ABDCの面積は $\boxed{オ}\boxed{カ}$

(3)　点Eを通り，四角形ABDCの面積を2等分する直線の式は $y=\dfrac{\boxed{キ}}{\boxed{ク}}x+\boxed{ケ}$

(4)　放物線 $y=\dfrac{1}{2}x^2$ 上を原点Oから点Cまで動く点をPとする。

△PACの面積が四角形ABDCの面積の $\dfrac{1}{7}$ 倍のとき，点Pの x 座標は $\dfrac{-\boxed{コ}+\sqrt{\boxed{サ}\boxed{シ}}}{\boxed{ス}}$

3　次の問いに答えよ。

(1)　生徒36人がある期間に図書室で借りた本の冊数について調査を行い，箱ひげ図を作成した。

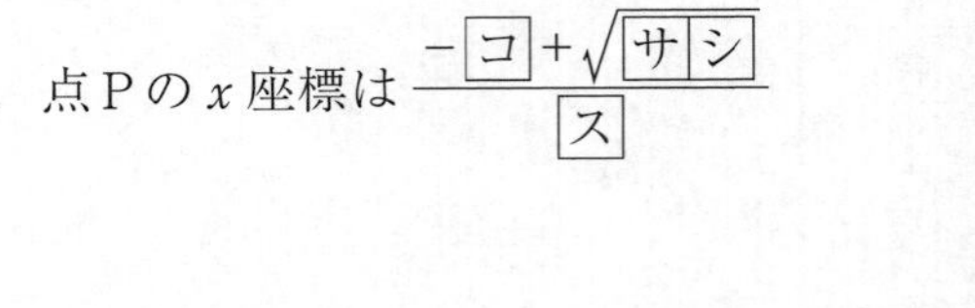

また，本を4冊借りた生徒と5冊借りた生徒はそれぞれ3人，6冊借りた生徒と7冊借りた生徒はそ

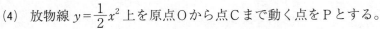

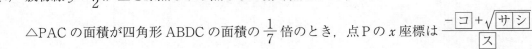

れぞれ2人であった。

① 最頻値は$\boxed{ア}$冊

② 本を3冊借りた生徒は$\boxed{イ}$人

(2) 1から5までの数字が1つずつ書かれた5枚のカードが袋の中に入っている。

この袋の中から3枚のカードを，途中で元に戻すことなく続けて取り出し，取り出したカードに書かれた数を，取り出した順にa，b，cとする。

① $a>b+c$となる確率は$\dfrac{\boxed{ウ}}{\boxed{エ}\boxed{オ}}$

② aを十の位，bを一の位とする2けたの整数をnとする。

積cnの値が，6の倍数になる確率は$\dfrac{\boxed{カ}}{\boxed{キ}}$

4

AB＝12cm，BC＝9cm，∠ABC＝120°の平行四辺形ABCDがある。

辺AB上にAE：EB＝3：1となる点Eをとり，辺BC，CDの中点をそれぞれF，Gとする。

線分AFと線分EGとの交点をHとする。

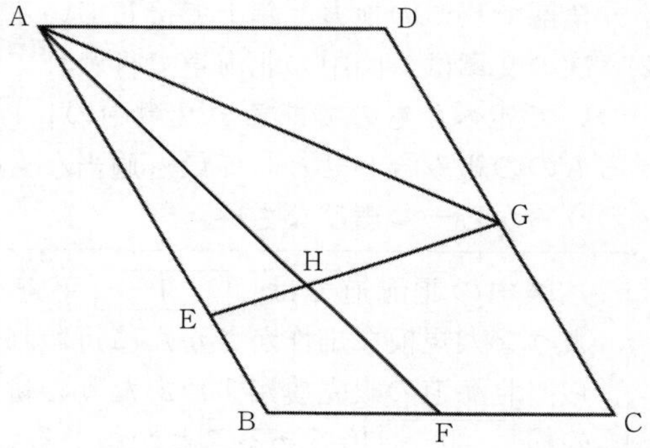

(1) 線分AEの長さは線分DGの長さの$\dfrac{\boxed{ア}}{\boxed{イ}}$倍

(2) 平行四辺形ABCDの面積は$\boxed{ウ}\boxed{エ}\sqrt{\boxed{オ}}$ cm^2

(3) 線分EHの長さは線分HGの長さの$\dfrac{\boxed{カ}}{\boxed{キ}}$倍

(4) △AHGの面積は$\dfrac{\boxed{ク}\boxed{ケ}\sqrt{\boxed{コ}}}{\boxed{サ}}$ cm^2

5

中心O，直径12cmの球Oがあり，線分AB，CDは垂直に交わる球Oの直径である。

中心Oを通り直線CDに垂直な平面で球Oを切断したときの切断面の円について，その円の周上に，$\overset{\frown}{\mathrm{AE}}$：$\overset{\frown}{\mathrm{EF}}$：$\overset{\frown}{\mathrm{FB}}$＝5：4：3となる点E，Fをとる。

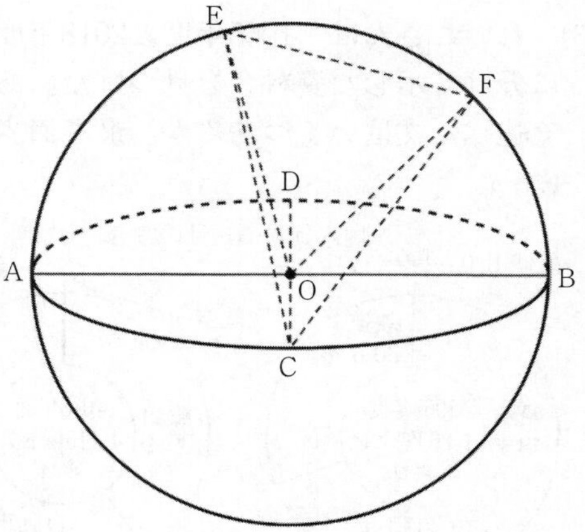

(1) ∠AOE＝$\boxed{ア}\boxed{イ}$°

(2) 四面体OCEFの体積は$\boxed{ウ}\boxed{エ}\sqrt{\boxed{オ}}$ cm^3

(3) △CEFの面積は$\boxed{カ}\sqrt{\boxed{キ}}$ cm^2

(4) 点Oと面CEFとの距離は$\dfrac{\boxed{ク}\sqrt{\boxed{ケ}\boxed{コ}}}{\boxed{サ}}$ cm

【社　会】（50分）〈満点：100点〉

1　右の図を見て，次の(1)～(5)の問いに答えなさい。

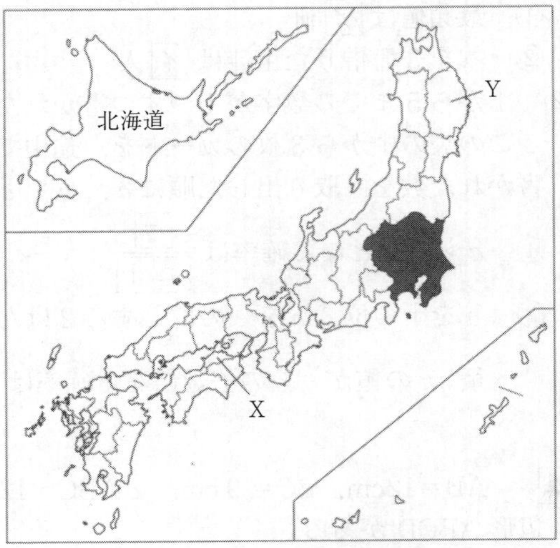

(1)　図中に■で示した地方についての説明として最も適当なものを，次のア～エのうちから一つ選びなさい。

ア　都県庁所在地の都市名がひらがなで表記される都県は一つもない。
イ　海に面していない内陸県にあてはまる都県は三つある。
ウ　日本の都道府県のうち，面積が最も小さい都県がある。
エ　日本を七つの地方に区分したとき，この地方は，全部で三つの地方と陸上で接している。

(2)　次の文章は，図中の北海道で行われている農業について述べたものである。文章中の［Ⅰ］，［Ⅱ］にあてはまるものの組み合わせとして最も適当なものを，あとのア～エのうちから一つ選びなさい。

> 図中の北海道では，［　Ⅰ　］平野などで，資料１のような大規模な畑作がさかんに行われている。資料２から，北海道の販売農家１戸あたりの耕地面積は，都府県の約［　Ⅱ　］倍であることがわかる。

資料１　北海道の農業の様子

資料２　北海道と都府県の農業（2020年）

	販売農家数（千戸）	耕地面積（千ha）
北海道	32.2	1,143
都府県	995.7	3,229

（「日本統計年鑑」より作成）

ア　Ⅰ：庄内　Ⅱ：３
イ　Ⅰ：庄内　Ⅱ：11
ウ　Ⅰ：十勝　Ⅱ：３
エ　Ⅰ：十勝　Ⅱ：11

(3)　れいこさんは，1965年度と2018年度における，日本の国内輸送量の輸送機関別割合を貨物と旅客に分けて示した資料３を見つけた。あとのⅠ～Ⅳのうち，資料３から読み取れることについて正しく述べた文はいくつあるか。最も適当なものを，下のア～エのうちから一つ選びなさい。

資料３

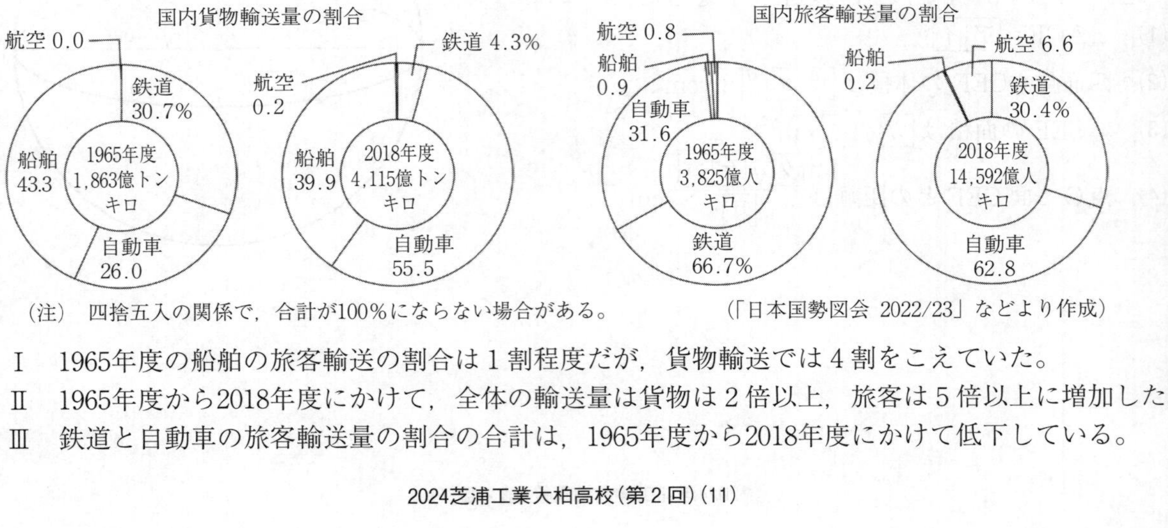

（注）　四捨五入の関係で，合計が100％にならない場合がある。　（「日本国勢図会 2022/23」などより作成）

Ⅰ　1965年度の船舶の旅客輸送の割合は１割程度だが，貨物輸送では４割をこえていた。
Ⅱ　1965年度から2018年度にかけて，全体の輸送量は貨物は２倍以上，旅客は５倍以上に増加した。
Ⅲ　鉄道と自動車の旅客輸送量の割合の合計は，1965年度から2018年度にかけて低下している。

Ⅳ　2018年度の鉄道の旅客輸送は5000億人キロを下回り，1965年度の約２分の１に減少した。

ア　一つ
イ　二つ
ウ　三つ
エ　四つ

(4)　次の文章は，図中のＸの県について述べたものである。文章中の［　　］にあてはまる内容として最も適当なものを，あとのア～エのうちから一つ選びなさい。

> 図中のＸの県は，一年を通して南北に位置する山地をこえて［　　　　　　］の被害に遭いやすい。そのため，古くから県内にはため池が数多くつくられてきた。

ア　かわいた風が吹き込むため，水害
イ　かわいた風が吹き込むため，干害
ウ　しめった風が吹き込むため，水害
エ　しめった風が吹き込むため，干害

(5)　次の地形図は，図中のＹの県のある地域を示したものである。これを見て，あとの①，②の問いに答えなさい。

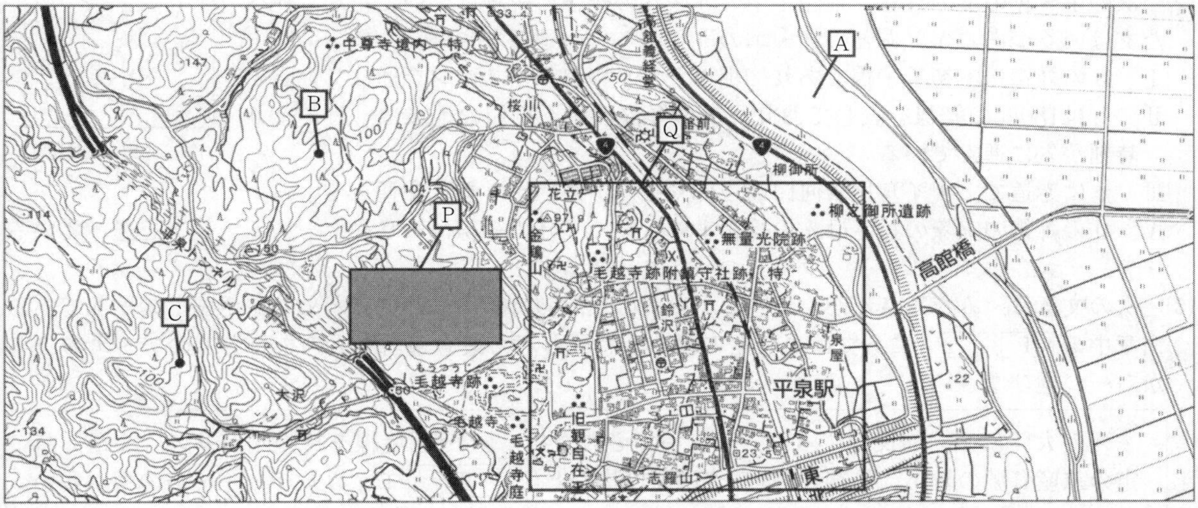

（国土地理院　平成27年発行１：25,000「平泉」より作成）

①　地形図中にＰで示した範囲は，縦１cm，横２cmの長方形である。Ｐで示した範囲の実際の面積として最も適当なものを，次のア～エのうちから一つ選びなさい。

ア　500m^2
イ　1,250m^2
ウ　50,000m^2
エ　125,000m^2

②　この地形図について述べた文として最も適当なものを，次のア～エのうちから一つ選びなさい。

ア　Ａで示した河川の東側には，主に荒れ地と畑が見られる。
イ　Ｑの枠で囲まれた地区内には，市役所と図書館が見られる。
ウ　Ｂで示した地点は，Ｃで示した地点より標高が高い場所にある。
エ　「平泉駅」から見て，ほぼ南東の方角に「高館橋」がある。

2　みなこさんたちは，緯線と経線が直角に交わる次の地図１を使って，世界の国々の様子について学習した。これに関して，あとの(1)～(7)の問いに答えなさい。

地図１

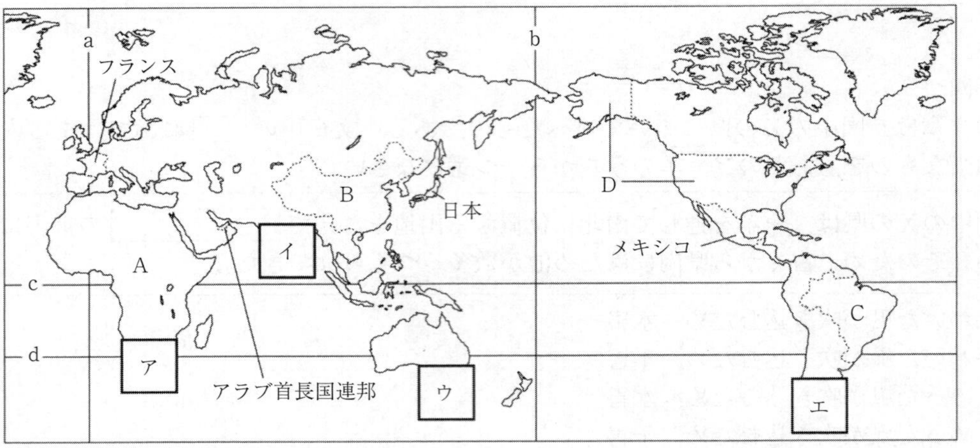

(1)　右の地図２は，地図１中の一部を切り取ったものである。地図２があてはまる場所を，地図１中のア～エのうちから一つ選びなさい。

地図２

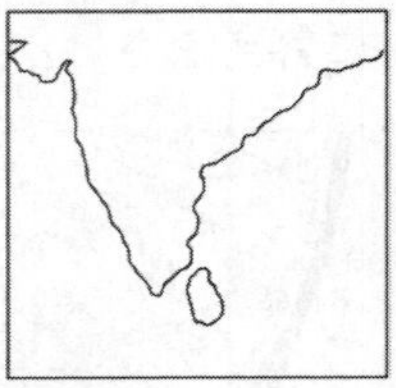

(注)　地図１と地図２の縮尺は異なる。

(2)　次のⅠ～Ⅳの文のうち，地図１中のａ～ｄの経線と緯線について正しく述べた文はいくつあるか。あとのア～エのうちから一つ選びなさい。

Ⅰ　ａの経線は本初子午線であり，ポルトガルの首都リスボンを通っている。

Ⅱ　ｂは180度の経線を表しており，この経線のすぐ東側の地域は，日本より時刻が先に進んでいる。

Ⅲ　ｃは赤道で，ナイル川の河口周辺部やギニア湾，タイなどを通っている。

Ⅳ　ｄの緯線の実際の長さはｃの緯線よりも短く，ｄの緯線はチリやオーストラリアを通っている。

ア　一つ　　イ　二つ　　ウ　三つ　　エ　四つ

(3)　次の文章は，みなこさんが，地図１中のＡの大陸の特徴についてまとめたレポートの一部である。文章中の［Ⅰ］，［Ⅱ］にあてはまる語の組み合わせとして最も適当なものを，あとのア～エのうちから一つ選びなさい。

> Ａの大陸には，植民地だったころに設定された［　Ⅰ　］国境線を持つ国が多い。また，特定の鉱産資源の輸出に依存し，経済が国際価格などに［　Ⅱ　］モノカルチャー経済の国が多い。

ア　Ⅰ：曲線的な　Ⅱ：影響されにくい　　イ　Ⅰ：曲線的な　Ⅱ：影響されやすい

ウ　Ⅰ：直線的な　Ⅱ：影響されにくい　　エ　Ⅰ：直線的な　Ⅱ：影響されやすい

(4)　次の文章は，ゆうたさんが，世界各国の人口政策についてまとめたレポートの一部である。文章中の［　　］にあてはまる内容として最も適当なものを，あとのア～エのうちから一つ選びなさい。

> 地図１中のＢの国では，1979年から2015年まで「一人っ子政策」とよばれる政策を行っていた。この政策は［　　　　　］ことを目的に行われていた。

ア　他国からの移民を制限する　　イ　人口増加をおさえる

ウ　人口増加をすすめる　　エ　国内の民族を多様化させる

(5)　次のⅠ，Ⅱの文は，地図１中のＣの国について述べたものである。Ⅰ，Ⅱの文の正誤の組み合わせとして最も適当なものを，あとのア～エのうちから一つ選びなさい。

Ⅰ　この国は，日本から見て地球のほぼ反対側に位置し，日本との時差は６時間で，季節が逆である。

Ⅱ　この国では，さとうきびなどを原料とするバイオ燃料(バイオエタノール)の生産がさかんである。

ア　Ⅰ：正　Ⅱ：正　　イ　Ⅰ：正　Ⅱ：誤

ウ　Ⅰ：誤　Ⅱ：正　　エ　Ⅰ：誤　Ⅱ：誤

(6)　地図中のＤの国でさかんな，各地の気候や自然環境に合わせて行われる農業の名称を，次のア～エのうちから一つ選びなさい。

ア　地産地消　　イ　適地適作

ウ　多角経営　　エ　企業的農業

(7)　次の資料は，もえさんが，地図中のフランス，アラブ首長国連邦，メキシコ及び日本の経済や社会の様子についてまとめたものである。資料から読み取れることとして最も適当なものを，あとのア～エのうちから一つ選びなさい。

資料　４か国の経済や社会の様子

国名	人口(2019年)(万人)	1人あたりの国民総所得(ドル)			一次エネルギー生産量(万ｔ)			人口100人あたりの自動車保有台数(台)
		2000年	2010年	2019年	2000年	2010年	2019年	
フランス	6,440	22,732	41,627	41,386	13,064	13,565	13,119	62.5
アラブ首長国連邦	921	34,404	33,884	42,912	15,721	18,589	23,754	32.2
メキシコ	12,509	6,547	9,161	9,660	22,931	22,254	14,928	35.9
日本	12,579	38,874	45,490	41,403	10,448	10,108	4,983	62.3

（注）　一次エネルギー生産量は石油換算。また，人口100人あたりの自動車保有台数は，アラブ首長国連邦のみ2017年，ほかは2019年。

（「世界国勢図会　2022/23年版」より作成）

ア　2000年，2010年，2019年の三つの年において，一次エネルギー生産量が増加し続けている国は一つもなく，減少し続けている国が一つだけある。

イ　2000年，2010年，2019年の三つの年において，アラブ首長国連邦はフランスに対して，１人あたりの国民総所得が上回ったことは一度もないが，一次エネルギー生産量は常に上回っている。

ウ　フランスはメキシコよりも2019年の人口100人あたりの自動車保有台数は上回っているが，国内の自動車保有台数の総数は下回っている。

エ　2019年の人口が４か国のうちで最も多い国は，2019年の一次エネルギー生産量が４か国のうちで最も多い。

3　次のＡ～Ｄのパネルは，社会科の授業で，そらさんたちが，「古代から近世までの歴史」をテーマに作成したものの一部である。これに関して，あとの(1)～(7)の問いに答えなさい。

Ａ：弥生土器

歴史の区分で，a古代とは，弥生土器などが使われた弥生時代から，摂関政治を行っていたb藤原氏が権力を強めた11世紀半ばまでをさすことがある。

Ｂ：勘合

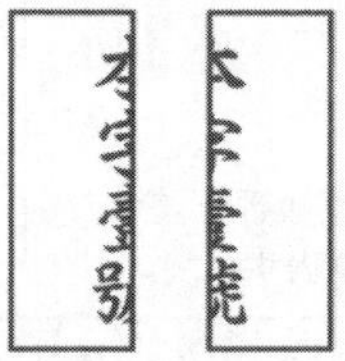

室町幕府３代将軍の足利義満によって，日本と明との間で貿易が始まった。勘合は，大陸沿岸で海賊行為をはたらく［　Ⅰ　］の船と正式な貿易船とを区別するために用いられた。

C：鉄砲

江戸幕府が c「鎖国」を行う以前，鉄砲の伝来後に，[　Ⅱ　]との間で南蛮貿易が始まった。当時，世界は d 大航海時代にあり，e 海外進出の動きが強まっていた。

D：「解体新書」

f 江戸時代中期に，漢訳された洋書の輸入が緩和されたことで，蘭学が発達した。杉田玄白や前野良沢らは，ヨーロッパの解剖学書を翻訳した『解体新書』を出版した。

(1)　パネルB，Cの[Ⅰ]，[Ⅱ]にあてはまるものの組み合わせとして最も適当なものを，次のア～エのうちから一つ選びなさい。

ア　Ⅰ：倭寇　Ⅱ：イギリスとオランダ　　イ　Ⅰ：倭寇　Ⅱ：ポルトガルとスペイン

ウ　Ⅰ：悪党　Ⅱ：イギリスとオランダ　　エ　Ⅰ：悪党　Ⅱ：ポルトガルとスペイン

(2)　次のⅠ～Ⅲは，パネルAの下線部aの時期に起こったできごとについて述べたものである。Ⅰ～Ⅲの文を年代の古いものから順に並べたものを，あとのア～カのうちから一つ選びなさい。

Ⅰ　坂上田村麻呂が征夷大将軍に任命され，蝦夷を攻撃し，東北地方で勢力を拡大した。

Ⅱ　天智天皇の弟は壬申の乱に勝利して，その後，天武天皇として即位した。

Ⅲ　6年ごとに戸籍がつくられ，戸籍に登録された6歳以上の人々に口分田が与えられた。

ア　Ⅰ→Ⅱ→Ⅲ　　イ　Ⅰ→Ⅲ→Ⅱ　　ウ　Ⅱ→Ⅰ→Ⅲ

エ　Ⅱ→Ⅲ→Ⅰ　　オ　Ⅲ→Ⅰ→Ⅱ　　カ　Ⅲ→Ⅱ→Ⅰ

(3)　パネルAの下線部bに関連して，次の図は，藤原氏をめぐる系図を示したものである。あとのⅠ～Ⅳの文のうち，図から読み取れることについて正しく述べた文はいくつあるか。最も適当なものを，下のア～エのうちから一つ選びなさい。

図

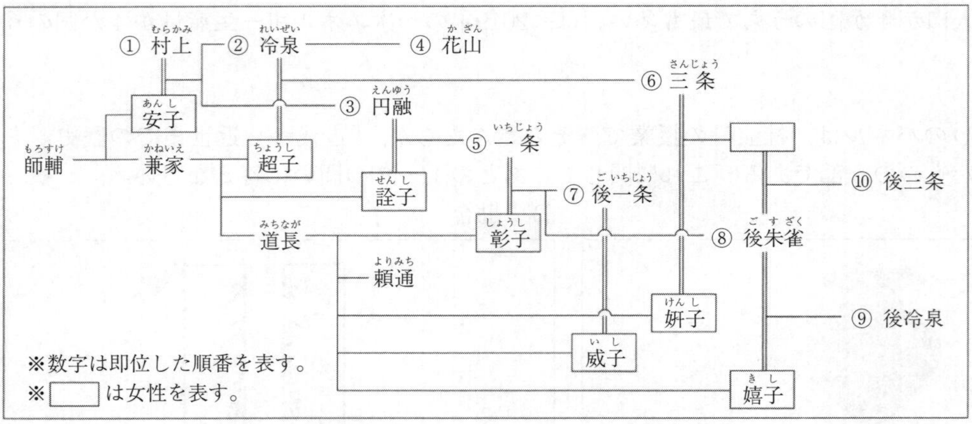

Ⅰ　後朱雀天皇は，後一条天皇の子である。

Ⅱ　藤原道長は，あわせて3人の娘を天皇にとつがせた。

Ⅲ　三条天皇の母方の祖父(母の父親)は天皇になったことがない。

Ⅳ　円融天皇にとついだ詮子は，藤原頼通の姉にあたる。

ア　一つ　　イ　二つ　　ウ　三つ　　エ　四つ

(4)　パネルCの下線部cに関連して，「鎖国」を確立した将軍が行ったこととして最も適当なものを，次のア～エのうちから一つ選びなさい。

ア　大阪の陣で中心となり，豊臣氏を滅ぼした。　　イ　株仲間の結成を奨励した。
ウ　参勤交代の制度を整えた。　　エ　公事方御定書を定めた。

(5)　パネルCの下線部dに関連して，大航海時代が始まった15世紀から16世紀にかけて海外で起こったことがらとして最も適当なものを，次のア～エのうちから一つ選びなさい。

ア　チンギス・ハンが遊牧民の諸部族を統一してモンゴル帝国を築き，西方に勢力を拡大した。
イ　活字を組んで印刷をする活版印刷術が発明された。
ウ　蒸気機関が新たな動力源として発明されたことにより，産業革命が始まった。
エ　ムハンマドがアラビア半島で，アッラー(アラー)を唯一神とするイスラム教を開いた。

(6)　パネルCの下線部eに関連して，日本が7世紀に朝鮮半島に大軍を送って救援しようとした国(王朝)として最も適当なものを，次のア～エのうちから一つ選びなさい。

ア　新羅《しらぎ》《シルラ》　イ　高句麗《こうくり》《コグリョ》　ウ　高麗《こうらい》《コリョ》　エ　百済《くだら》《ペクチェ》

(7)　パネルDの下線部fに関連して，次の文章は，そらさんがまとめたレポートの一部である。文章中の下線部ア～エのうち，内容が**誤っているもの**を一つ選びなさい。

> 江戸時代には米価の変動が武士や百姓，町人を悩ませた。新田開発や農具の改良により全国の石高(石)がア増加したため，米価はイ上がった。また，ききんが起こった際には凶作となり，米価はウ上がった。これを受け，8代将軍エ徳川吉宗は様々な政策を通じて米価の安定に努めた。

4　次の略年表は，もえねさんが，19世紀後半以降の日本と世界の主なできごとを調べ，まとめたものである。これに関して，あとの(1)～(6)の問いに答えなさい。

年代	日本の主なできごと	年代	世界の主なできごと
1858	a日米修好通商条約が結ばれる		
1877	西南戦争が起こる		
	↑ A ↓		
1912	第一次護憲運動が起こる		
		1920	b国際連盟が発足する
1945	日本のc民主化政策が始まる	1945	第二次世界大戦が終結する
			↑ B ↓
		1989	ベルリンの壁が崩壊する

(1)　略年表中の下線部aに関連して，右の地図中のA～Dのうち，この条約で開港することが決められた港として正しいものはいくつあるか。次のア～エのうちから一つ選びなさい。

ア　一つ　　イ　二つ　　ウ　三つ　　エ　四つ

地図

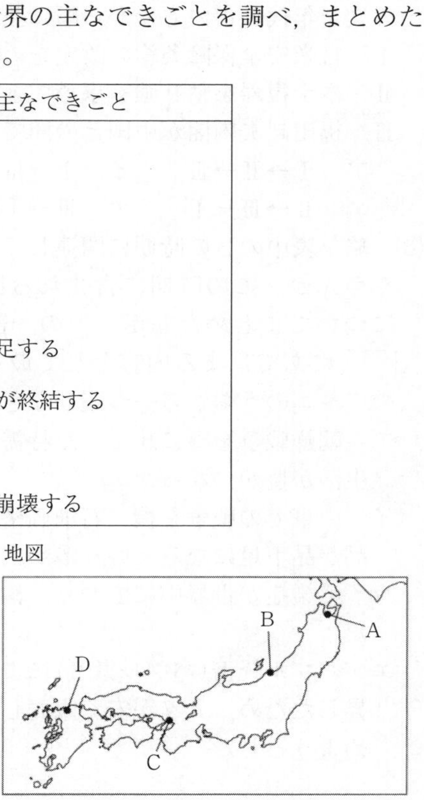

(2)　次のⅠ，Ⅱの文は，略年表中の下線部bについて述べたものである。Ⅰ，Ⅱの文の正誤の組み合わせとして最も適当なものを，あとのア～エのうちから一つ選びなさい。

Ⅰ　第一次世界大戦に参戦しなかった日本は，国会の反対で国際連盟に加盟しなかった。
Ⅱ　第一次世界大戦の敗戦国であるドイツは，当初国際連盟への加盟が認められなかった。

ア　Ⅰ：正　Ⅱ：正　　イ　Ⅰ：正　Ⅱ：誤
ウ　Ⅰ：誤　Ⅱ：正　　エ　Ⅰ：誤　Ⅱ：誤

(3)　略年表中の下線部ｃに関連して，次の文章は，日本の民主化政策の一つについて述べたものである。文章中の［Ⅰ］～［Ⅲ］にあてはまる語の組み合わせとして最も適当なものを，あとのア～カのうちから一つ選びなさい。

> 日本の民主化政策の中でも，農村の民主化は重要なテーマの一つであった。そこで，政府が［　Ⅰ　］の土地を強制的に買い上げ，［　Ⅱ　］に安く売り渡した。その結果，［　Ⅲ　］が大幅に増加した。

ア　Ⅰ：自作農　Ⅱ：地主　Ⅲ：小作人　　イ　Ⅰ：自作農　Ⅱ：小作人　Ⅲ：地主
ウ　Ⅰ：地主　Ⅱ：自作農　Ⅲ：小作人　　エ　Ⅰ：地主　Ⅱ：小作人　Ⅲ：自作農
オ　Ⅰ：小作人　Ⅱ：地主　Ⅲ：自作農　　カ　Ⅰ：小作人　Ⅱ：自作農　Ⅲ：地主

(4)　略年表中のＡの時期に起こったことがらとして最も適当なものを，次のア～エのうちから一つ選びなさい。
ア　天皇の暗殺をくわだてたとして，幸徳秋水をはじめとする社会主義者たちを処刑した。
イ　部落差別からの解放をめざして，全国水平社が結成された。
ウ　関東大震災が起こり多数の死者が出る中，朝鮮人・中国人が殺される事件が起こった。
エ　学制が発布され，６歳以上の子どもに学校教育を受けさせることとした。

(5)　次のⅠ～Ⅲの文は，略年表中のＢの時期に起こったできごとについて述べたものである。Ⅰ～Ⅲの文を年代の古いものから順に並べたものを，あとのア～カのうちから一つ選びなさい。
Ⅰ　日米安全保障条約の改定をめぐって，大規模なデモ隊が国会議事堂を連日取り囲んだ。
Ⅱ　本土復帰を粘り強く求めてきた沖縄の人々の願いがかない，沖縄が日本に返還された。
Ⅲ　福田赳夫内閣が中国との間で日中平和友好条約を結び，両国の交流関係の促進がうたわれた。

ア　Ⅰ→Ⅱ→Ⅲ　　イ　Ⅰ→Ⅲ→Ⅱ　　ウ　Ⅱ→Ⅰ→Ⅲ
エ　Ⅱ→Ⅲ→Ⅰ　　オ　Ⅲ→Ⅰ→Ⅱ　　カ　Ⅲ→Ⅱ→Ⅰ

(6)　略年表中のＢの時期に関連して，右の資料は，たつやさんが，この時期に含まれる1973年の日本の経済についてまとめたレポートの一部である。資料中の［　　］にあてはまる内容として最も適当なものを，次のア～エのうちから一つ選びなさい。
ア　朝鮮戦争を機に起こった特需景気により，人々の生活が豊かになった
イ　中東での戦争を機に石油価格が高騰して，生活用品が品不足になるという噂《うわさ》が広がった
ウ　感染症が世界中に広がり，輸入品が大幅に減少した
エ　バブル経済（バブル景気）によって地価や物価が上昇したため，人々が安く販売した生活用品を買い占めようとした

資料　たつやさんのレポートの一部

トイレットペーパー売り場に殺到する人々
（1973年）

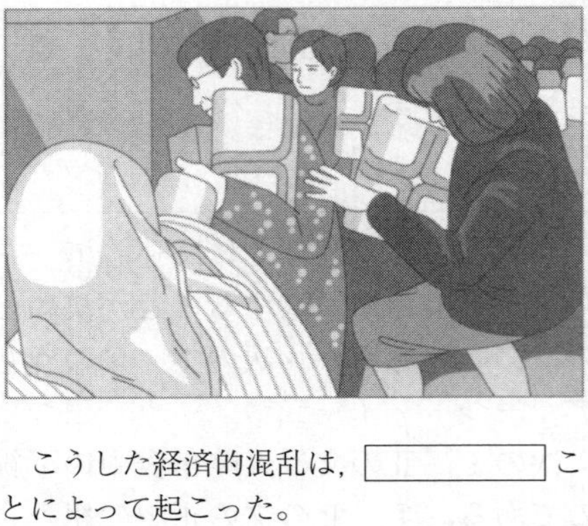

こうした経済的混乱は，［　　　　］ことによって起こった。

5 次の文章を読み，あとの(1)～(5)の問いに答えなさい。

日本では国の政治権力をa国会，b内閣，c裁判所に分散させ，それぞれ互いの抑制と均衡を図ることで，権力の暴走を防いでいる。一方，地方自治では国政にはないd独自の政治の仕組みも設けられており，住民にとって最も身近な政治の場が地方自治であることがわかる。国であれ地方であれ，政治を進める代表者はみな国民(住民)のe選挙によって選ばれる。言い換えれば，政治の代表者は本来，私たちの願いをかなえるために政治を行っていると言ってもよいだろう。

(1) 下線部aに関連して，次のⅠ～Ⅳの文のうち，衆議院(衆議院議員)のみに認められている権限について正しく述べた文はいくつあるか。あとのア～エのうちから一つ選びなさい。

Ⅰ 憲法改正の発議を行う。
Ⅱ 内閣不信任の決議案を議決する。
Ⅲ 内閣総理大臣を指名する。
Ⅳ 予算案の審議を先に行う。

ア 一つ　イ 二つ　ウ 三つ　エ 四つ

(2) 下線部bに関連して，次の文は，日本国憲法における内閣のあり方について述べたものである。文中の［Ⅰ］，［Ⅱ］にあてはまる語の組み合わせとして最も適当なものを，あとのア～エのうちから一つ選びなさい。

> 日本国憲法では，［Ⅰ］権は内閣に属しており，内閣は［Ⅰ］権の行使について，［Ⅱ］に対して連帯して責任を負っていると定められている。

ア Ⅰ：立法 Ⅱ：国会　イ Ⅰ：行政 Ⅱ：国会
ウ Ⅰ：立法 Ⅱ：国民　エ Ⅰ：行政 Ⅱ：国民

(3) 下線部cに関連して，右の図は，三審制の仕組みを模式的に示したものである。図中の［C］，［D］にあてはまるものの組み合わせとして最も適当なものを，次のア～エのうちから一つ選びなさい。

ア C：地方 D：上告
イ C：高等 D：控訴
ウ C：地方 D：控訴
エ C：高等 D：上告

図

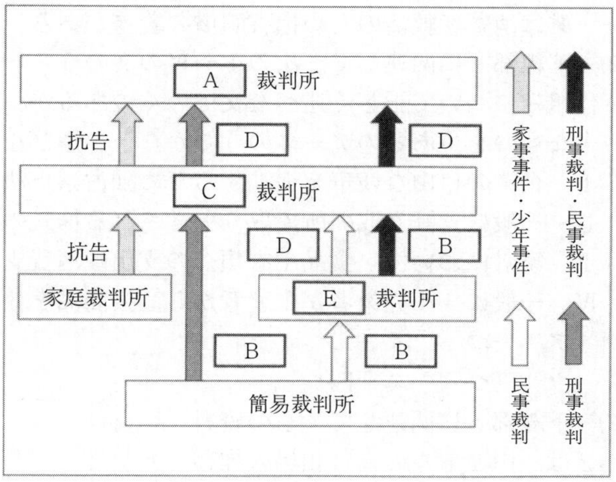

(4) 下線部dに関連して，次の文は，はなさんが，地方自治における直接請求の仕組みについてまとめたレポートの一部である。文中の［　］にあてはまる数字として最も適当なものを，あとのア～エのうちから一つ選びなさい。

> 例えば，人口が15万人(有権者数は12万人)のＸ市で，Ｘ市議会の解散を請求するには，［　］人以上のＸ市の有権者の署名を集めて，選挙管理委員会に提出する必要がある。

ア 24,000　イ 40,000　ウ 50,000　エ 60,000

(5) 下線部eに関連して，次の文章は，ある候補者が行った選挙演説の一部を示したものである。この候補者が立候補している選挙として最も適当なものを，あとのア～エのうちから一つ選びなさい。

私は現在37歳で，前回31歳のときに初当選しました。1期目の任期が終わり，このたび引き続き2期目に挑戦します。どうか皆様の一票を私にお寄せください。

ア　県知事選挙　　イ　衆議院議員選挙
ウ　参議院議員選挙　　エ　県議会議員選挙

6　次の文章を読み，あとの(1)～(5)の問いに答えなさい。

私たちの生活に必要な$_{a}$商品の生産，流通，消費の仕組み全体を$_{b}$経済という。市場には貿易を通じて様々な$_{c}$海外の商品も並び，ますます私たちの生活を豊かにしている。一方，市場の$_{d}$景気は長い期間をかけて循環し，好景気になったり不景気になったりする。そこで，$_{e}$政府は景気を安定させるための政策を日本銀行とともに行っている。

(1)　下線部aに関連して，右の資料1は，ある商品を購入した消費者が作成した通知書を示したものである。この消費者が利用している制度について述べた文として最も適当なものを，次のア～エのうちから一つ選びなさい。

ア　通信販売で商品を購入した場合，自分の好みに合わないとき一定の期間内であれば返品できる。
イ　商品に欠陥があった場合，企業は商品の回収や無償の修理，交換，返金などを行わなければならない。
ウ　訪問販売で商品を購入した場合，一定の期間内であれば無条件で契約を取り消すことができる。
エ　商品の欠陥によって消費者が被害を受けた場合，企業は消費者救済のため損害賠償の義務がある。

資料1

通知書
次の契約を解除します。
契約年月日　令和○○年○月○日
商品名　×××
商品金額　○○○○○円
販売会社　株式会社×××　●●営業所
担当者　△△　△△

支払った代金○○○○○円を返金し，商品を引き取って下さい。

平成○○年○月○日
○○県○市○町○丁目○番○号
氏名　××　××

(2)　下線部bに関連して，次のⅠ～Ⅳの文のうち，経済の仕組みについて正しく述べた文はいくつあるか。最も適当なものを，あとのア～エのうちから一つ選びなさい。

Ⅰ　企業の自由な競争を促進するため独占禁止法が制定されており，経済産業省が運用している。
Ⅱ　一般に，証券取引所で取り引きされる株式の価格は，需要と供給の関係で日々変動する。
Ⅲ　家計において，食品や衣類への支出は消費支出にあたる。
Ⅳ　一般に，小売業者が生産者から直接商品を仕入れると，より安い価格で消費者に販売できる。

ア　一つ　　イ　二つ
ウ　三つ　　エ　四つ

(3)　下線部cに関連して，右の資料2は，円とドルの為替相場の推移を示したものである。次の文章は，ようこさんが資料2の為替の動きについてまとめたレポートの一部である。文章中の ☐ にあてはまる内容として最も適当なものを，あとのア～エのうちから一つ選びなさい。

資料2

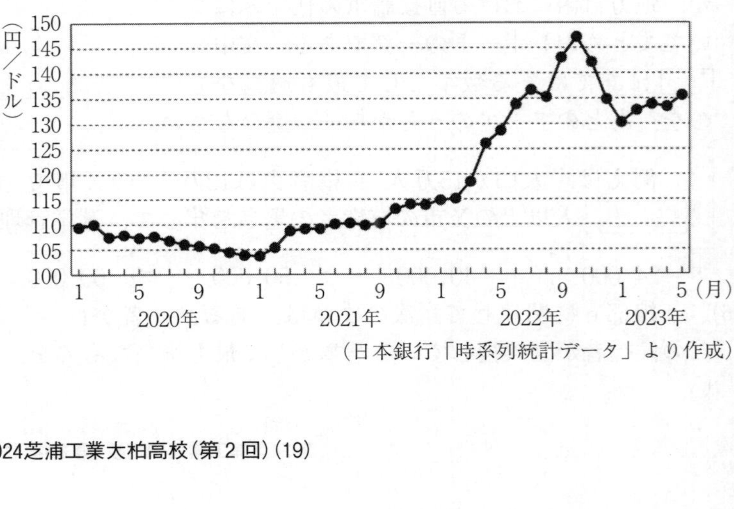

（日本銀行「時系列統計データ」より作成）

為替相場は世界経済の動向を反映して変化し，輸出や輸入の動きに大きな影響を与えます。そして，その結果私たちの生活を左右することとなります。資料２中の2022年２月から10月にかけて[　　　　]ことが，消費者物価が高騰した一因になっていると考えられます。

ア　円高が進んだため，輸入品の価格が上がった
イ　円高が進んだため，輸出品の価格が上がった
ウ　円安が進んだため，輸入品の価格が上がった
エ　円安が進んだため，輸出品の価格が上がった

(4)　下線部ｄに関連して，次の文は，国のある時期の景気の動きについて述べたものである。この文で述べられている時期に，一般に中央銀行と国が行う政策として最も適当なものを，あとのア～エのうちから一つ選びなさい。

物価や地価，株価などが下落し，失業率が増加する。

ア　国債を買い，公共事業を減らす　　イ　国債を買い，公共事業を増やす
ウ　国債を売り，公共事業を減らす　　エ　国債を売り，公共事業を増やす

(5)　下線部ｅに関連して，次の資料３は，国(政府)のあり方について述べたものである。資料３中で述べられている小さな政府と大きな政府を，資料４中のＡ～Ｄに位置づけるとしたらどうなるか。その組み合わせとして最も適当なものを，あとのア～カのうちから一つ選びなさい。

資料３

国(政府)のあり方は小さな政府と大きな政府の大きく二つに分けられる。小さな政府とは，社会保障や公共サービスを最低限におさえ，政府の役割をできるだけ小さくするような政府であり，代表的な国家としてはアメリカがあげられる。大きな政府とは，国が充実した社会保障や公共サービスを提供するような政府であり，北ヨーロッパの国々などに多く見られる。

資料４

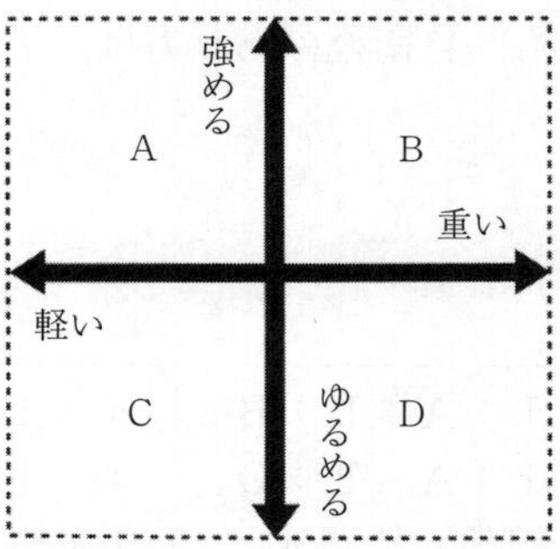

ア　小さな政府：A　大きな政府：C
イ　小さな政府：A　大きな政府：D
ウ　小さな政府：B　大きな政府：D
エ　小さな政府：C　大きな政府：A
オ　小さな政府：C　大きな政府：B
カ　小さな政府：D　大きな政府：B

7　次の文章を読み，あとの(1)～(4)の問いに答えなさい。

日本国憲法は戦前の反省を踏まえ，かつ近代市民革命以降の人権思想の発達の成果を反映して$_a$基本的人権を広く保障するとともに，厳粛な平和主義をうたっている。しかし，日本を取り巻く国際環境の変化の中で，$_b$平和主義の形は変化している。

一方，社会集団には様々な価値観を持った人々が存在しており，そこで生じた対立を合意に導くための判断基準として，「効率」と「公正」という二つの考え方がある。$_c$グローバル化と$_d$情報化の進展や少子高齢化の急速な進行など，私たちが暮らす社会が大きく変化している今，憲法を現代の情勢に合わせて改正すべきであると主張する声がある一方，憲法の改正に反対する声もある。

(1)　下線部ａに関連して，次の文章は，基本的人権の制限についてまとめたレポートの一部である。文章中の［ Ⅰ ］，［ Ⅱ ］にあてはまる語の組み合わせとして最も適当なものを，あとのア～エのうちから一つ選びなさい。

> 基本的人権は，17世紀から18世紀にかけて広がった市民革命の中で主張されるようになり，各国の憲法で明記されるようになりました。日本国憲法では，国民の権利については「国政の上で，最大の尊重を必要とする」としながらも，［ Ⅰ ］の福祉による制限を受けることがあるとしています。例えば，2020年以降世界でパンデミック(大流行)を引き起こした，新型コロナウイルス感染症に感染した患者を強制的に入院させることは，［ Ⅱ ］の制限に含まれます。

ア　Ⅰ：社会　Ⅱ：平等権　　イ　Ⅰ：社会　Ⅱ：自由権
ウ　Ⅰ：公共　Ⅱ：平等権　　エ　Ⅰ：公共　Ⅱ：自由権

(2)　下線部ｂに関連して，次の文章は，ゆうこさんが集団的自衛権などについて調べてまとめたレポートの一部である。文章中の［ Ⅰ ］，［ Ⅱ ］にあてはまる記号の組み合わせとして最も適当なものを，あとのア～エのうちから一つ選びなさい。

> 図中のＸ国がＹ国と同盟関係にあるとき，Ｘ国が集団的自衛権を行使するということは，［ Ⅰ ］が起こった際に［ Ⅱ ］を行うことである。一方，個別的自衛権とは，反撃を受けた国が直接防衛をすることである。日本においても，自衛権のあり方は，平和主義と深く関わっている。

図

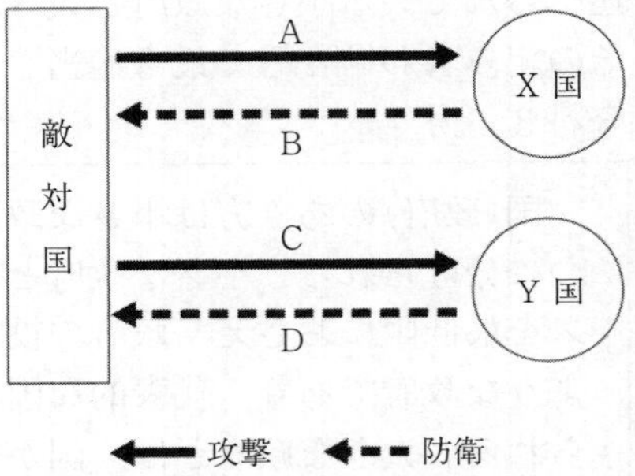

ア　Ⅰ：A　Ⅱ：B　　イ　Ⅰ：C　Ⅱ：D
ウ　Ⅰ：A　Ⅱ：D　　エ　Ⅰ：C　Ⅱ：B

(3)　下線部ｃに関連して，次の文章は，国際連合について述べたものである。文章中の［ Ⅰ ］，［ Ⅱ ］にあてはまるものの組み合わせとして最も適当なものを，あとのア～エのうちから一つ選びなさい。

> 国際連合は1945年に創設され，現在は世界の多くの国々が加盟し，本部は［ Ⅰ ］に置かれている。主要機関として六つの機関があり，そのうち［ Ⅱ ］は，毎年９月から開かれ，１国が１票を持ち，軍縮，開発と環境，人権，平和維持など世界の様々な問題を話し合い，決定している。

ア　Ⅰ：ジュネーブ　Ⅱ：総会　　イ　Ⅰ：ニューヨーク　Ⅱ：総会
ウ　Ⅰ：ジュネーブ　Ⅱ：安全保障理事会　　エ　Ⅰ：ニューヨーク　Ⅱ：安全保障理事会

(4)　下線部ｄに関連して，ゆうきさんは，メディアの利用というテーマで調べて，次の資料１～資料３を作成した。資料１と資料２は，年代別の１日あたりメディア平均利用時間を，平日と休日に分けてまとめたものである。また，資料３は，全年代の平日メディア利用者率(そのメディアを利用した人の割合)の推移をまとめたものである。あとの文章は，ゆうきさんたちの班が，資料１～資料３から読み取れることをそれぞれ発表している場面の一部である。４人のうち，正しく発表している人は何人いるか。最も適当なものを，下のア～エのうちから一つ選びなさい。

資料１　年代別の平日の平均利用時間（2021年度）（分）

	テレビ	ラジオ	新聞	インターネット
10代	57.3	3.3	0.4	191.5
20代	71.2	7.0	0.9	275.0
30代	107.4	4.8	1.5	188.2
40代	132.8	12.9	4.3	176.8
50代	187.7	23.6	9.1	153.6
60代	254.6	14.4	22.0	107.4

資料２　年代別の休日の平均利用時間（2021年度）（分）

	テレビ	ラジオ	新聞	インターネット
10代	73.9	0.0	0.0	253.8
20代	90.8	1.8	0.7	303.1
30代	147.6	3.2	1.5	212.3
40代	191.1	6.3	4.9	155.7
50代	242.6	14.2	9.2	119.0
60代	326.1	11.2	22.3	92.7

資料３　全年代の平日メディア利用者率の推移　（％）

	2015年	2016年	2017年	2018年	2019年	2020年	2021年
テレビ	85.9	82.6	80.8	79.3	81.6	81.8	74.4
ラジオ	7.8	8.3	6.2	6.5	7.2	7.7	6.2
新聞	33.1	28.5	30.8	26.6	26.1	25.5	22.1
インターネット	75.7	73.2	78.0	82.0	85.5	87.8	89.6

（注）テレビの利用時間・利用者率は，録画を除いたものである。

（資料１～資料３とも，総務省「令和３年度情報通信メディアの利用時間と情報行動に関する調査報告書」より作成）

ゆうきさん　休日に平日よりも利用時間が１時間以上多い年代は，テレビでは一つしかありませんが，インターネットでは二つあります。

ことねさん　2015年には約３人に１人が新聞を利用していましたが，2020年には約４人に１人に減少しました。また，2021年のラジオの利用者は新聞の利用者の３分の１以下です。

はるとさん　2015年に最も平日の利用者率が高かったのはテレビですが，2018年に初めてテレビがインターネットに抜かれて以降は，テレビの利用者率が低下し続けています。

ゆいなさん　平日に３時間以上テレビまたはインターネットのどちらかを利用している年代は全部で五つありますが，休日には六つのすべての年代に増えています。

ア　１人　　イ　２人　　ウ　３人　　エ　４人

【理　科】（50分）〈満点：100点〉

1　植物のつくりについてのＳさんと先生との会話文を読んで，あとの(1)～(5)の問いに答えなさい。

Ｓさん：自然界にはさまざまな種類の植物が存在していますが，そのつくりにはそれぞれどのような特徴があるのでしょうか。

先　生：まず，ツツジとマツの花のつくりについて調べてみましょう。

Ｓさん：ツツジの花を分解して，そのつくりごとに分けると，図１のようになりました。ａツツジの花弁は，もとの部分で１つにつながっていました。また，マツの雄花と雌花のいずれかからはがしたりん片をそれぞれ表したものが図２です。

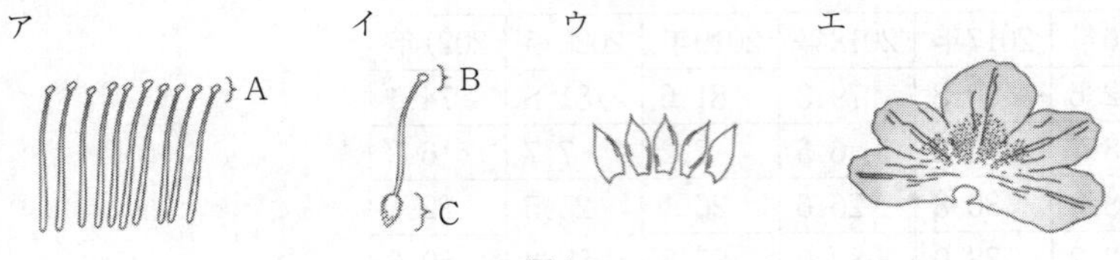

図１

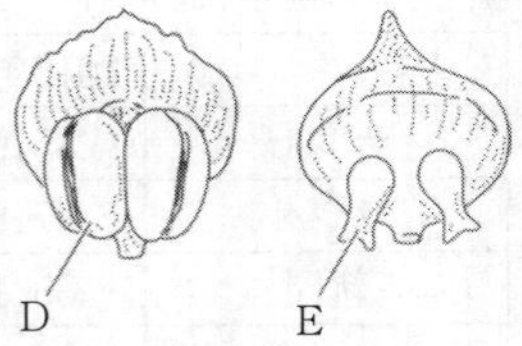

図２

先　生：ツツジとマツはともに種子植物で，ｂどちらの花にも花粉を出す部分と，受粉後に種子になる部分があります。その一方で，ツツジは受粉後に果実ができ，マツは受粉後に果実ができないという違いがあります。

Ｓさん：花のつくりについてはわかりました。植物の葉や茎のつくりには，どのような特徴があるのでしょうか。

先　生：図３は，ｃある植物の葉の断面を表したものです。また，図４は，同じ植物の茎の横断面を模式的に表したものです。

Ｓさん：葉ではＰとＱ，茎ではＲとＳの部分がまとまって維管束となっているのですね。また，この植物では茎の横断面に維管束が輪の形に並んでいることがわかります。どの植物も同じようなつくりになっているのでしょうか。

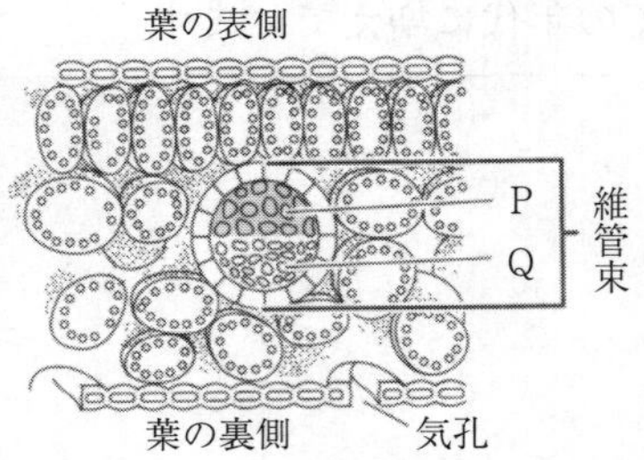

図３

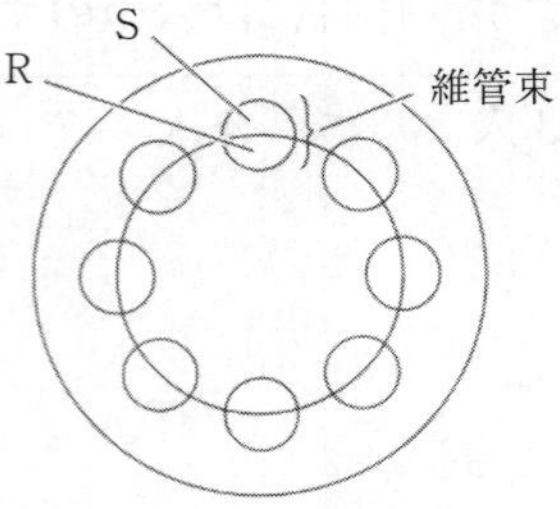

図４

先　生：いいえ。茎の横断面における維管束の並び方は，同じものもあれば異なるものもあります。また，維管束をもつ植物ともたない植物があり，ｄたとえば，ゼニゴケは維管束をもたない植物です。また，ゼニゴケには，種子ではなく胞子でふえるという特徴もあります。

Ｓさん：なるほど。植物は種類によってさまざまな特徴があるのですね。

(1)　図１のア～エを，花の外側から中心に向かってついている順に並べるとどのようになりますか。［１］～［４］にあてはまる最も適当なものを，図１のア～エのうちからそれぞれ一つずつ選びなさい。

（外側）［１］→［２］→［３］→［４］（中心）

(2)　下線部ａについて，ツツジと同じように，花弁のもとの部分が１つにつながっている植物はどれですか。最も適当なものを，次のア～エのうちから一つ選びなさい。

ア　エンドウ　　イ　アサガオ　　ウ　ホウセンカ　　エ　サクラ

(3)　下線部bについて述べた文として最も適当なものを，次のア～カのうちから一つ選びなさい。

ア　ツツジはA，マツはDの部分から花粉を出し，ツツジはBの一部，マツはEの部分が種子になる。
イ　ツツジはA，マツはDの部分から花粉を出し，ツツジはCの一部，マツはEの部分が種子になる。
ウ　ツツジはA，マツはEの部分から花粉を出し，ツツジはCの一部，マツはDの部分が種子になる。
エ　ツツジはB，マツはDの部分から花粉を出し，ツツジはAの一部，マツはEの部分が種子になる。
オ　ツツジはB，マツはDの部分から花粉を出し，ツツジはCの一部，マツはEの部分が種子になる。
カ　ツツジはB，マツはEの部分から花粉を出し，ツツジはCの一部，マツはDの部分が種子になる。

(4)　下線部cについて述べた文として最も適当なものを，次のア～エのうちから一つ選びなさい。

ア　この植物の葉脈は網目状で，図3のPの部分とつながっているのは，図4のRの部分である。
イ　この植物の葉脈は網目状で，図3のPの部分とつながっているのは，図4のSの部分である。
ウ　この植物の葉脈は平行で，図3のPの部分とつながっているのは，図4のRの部分である。
エ　この植物の葉脈は平行で，図3のPの部分とつながっているのは，図4のSの部分である。

(5)　次の文章は，下線部dについて述べたものです。[1]にあてはまるものを1群のア，イのうちから，[2]にあてはまるものを2群のア，イのうちから，最も適当なものをそれぞれ一つずつ選びなさい。

> 維管束をもつ植物には，[　1　]。ゼニゴケには雄株と雌株があり，そのうち，胞子を出す部分のあるものは[　2　]である。

【1群】　ア　胞子でふえるものはない　　イ　胞子でふえるものもある

【2群】　ア　　　イ

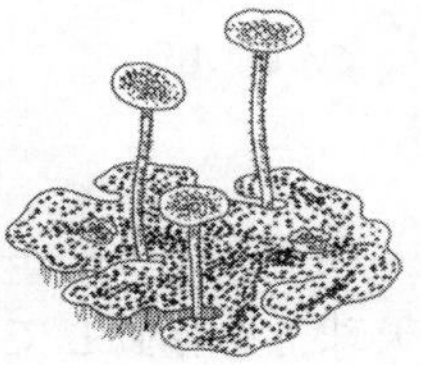

2　星座についてのSさんと先生との会話文を読んで，あとの(1)～(5)の問いに答えなさい。

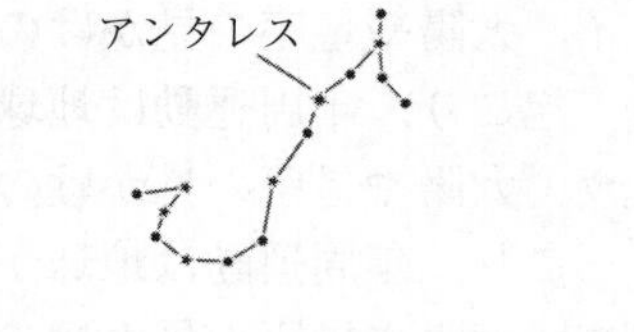

南
図1

Sさん：図1は，7月10日の21時に，ある地点から南の空を観察したときに見られたさそり座のようすです。このとき，アンタレスが南中していました。

先　生：では，観察する時刻を変えたり，日にちを変えたりして，南の空を観察したときの，アンタレスの見える位置は，図1と比較してどのようになっていましたか。

Sさん：観察する時刻や日にちを変えると，アンタレスが図1とは異なる位置に見えました。このようになるのは，a 太陽が天球上を移動していく見かけの運動が起きる理由と同様で，地球が運動しているためだと考えられます。

先　生：そのとおりです。星座の見え方について考えるときは，太陽の見え方と関連付けて理解していくとよいでしょう。図2は，黄道とその近くに見える12の星座を示したもので，星座の下には，地球から見て太陽がその星座の方向にある月を示しています。ここから，そ

れぞれの星座と地球の位置関係を考えてみましょう。

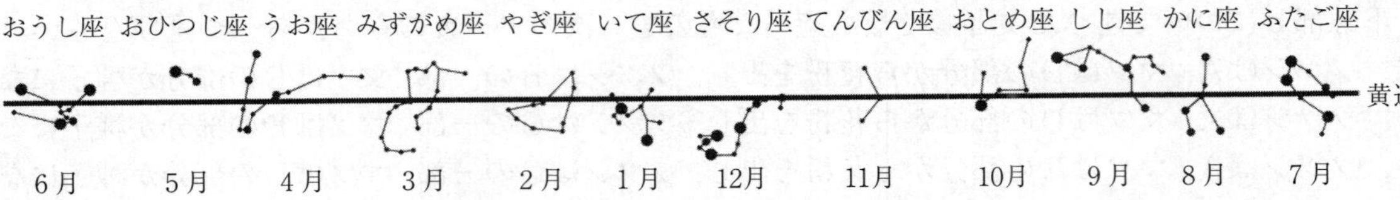

図2

Sさん：太陽，地球，各星座の位置関係を，図3のように模式的に表してみました。地球の移動していく向きは［ 1 ］で，地球がAの位置にあるとき，日本の季節は［ 2 ］です。

先　生：よくまとまっていますね。ここでは黄道の近くに見える12の星座について考えていますが，他の星座についても同じように考えることができます。図4は，b12月15日の22時に，ある地点から南の空を観察したときに見られたオリオン座のようすです。このオリオン座の位置がどのように変わっていくかについても考えてみましょう。

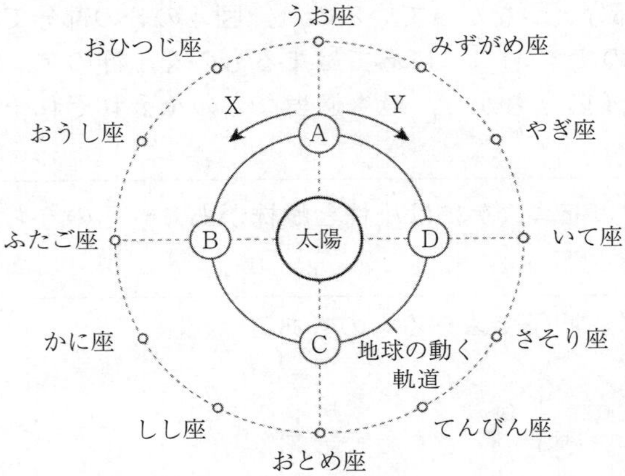

図3

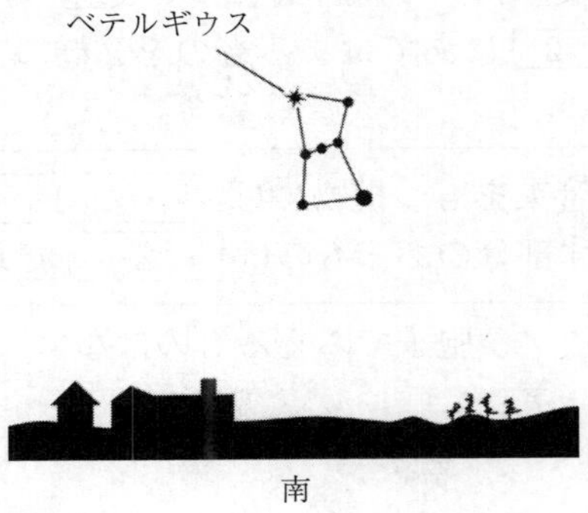

図4

(1)　下線部ａについて，太陽や星座が天球上を移動していく見かけの運動と，地球の運動について述べた文として最も適当なものを，次のア～エのうちから一つ選びなさい。

ア　太陽や星座の見かけの運動について，日周運動は地球が地軸を中心として公転しているために起こり，年周運動は地球が太陽のまわりを自転しているために起こる。

イ　太陽や星座の見かけの運動について，日周運動は地球が地軸を中心として自転しているために起こり，年周運動は地球が太陽のまわりを公転しているために起こる。

ウ　太陽や星座の見かけの運動について，日周運動は地球が太陽のまわりを公転しているために起こり，年周運動は地球が地軸を中心として自転しているために起こる。

エ　太陽や星座の見かけの運動について，日周運動は地球が太陽のまわりを自転しているために起こり，年周運動は地球が地軸を中心として公転しているために起こる。

(2)　9月10日の21時に，図1と同じ地点から南の空を観察すると，アンタレスは図1よりも西に移動して見えました。このとき，アンタレスは図1と比べて何度西に移動して見えますか。［あ］，［い］にあてはまる数字を一つずつ選びなさい。

［あ］［い］度

(3)　会話文中の［ 1 ］にあてはまるものを1群のア，イのうちから，［ 2 ］にあてはまるものを2群のア～エのうちから，最も適当なものをそれぞれ一つずつ選びなさい。

【1群】　ア　X　　イ　Y

【2群】 ア 春　イ 夏　ウ 秋　エ 冬

(4) 次の文章は，図3について述べたものです。[1]，[2]にあてはまるものを，あとのア～エのうちからそれぞれ一つずつ選びなさい。

> ふたご座が真夜中に南中して見えるのは，地球が図3の[1]の位置にあるときである。また，おとめ座が日没頃に南中して見えるのは，地球が図3の[2]の位置にあるときである。

ア A　イ B　ウ C　エ D

(5) 下線部bについて，図4と同じ位置にオリオン座が見える日時として最も適当なものを，次のア～エのうちから一つ選びなさい。

ア 11月1日の3時　イ 12月1日の21時
ウ 1月1日の22時　エ 2月1日の19時

3 Sさんは，気体の性質について調べるため，次の実験を行いました。これに関して，あとの(1)～(5)の問いに答えなさい。

> 実験
> ① 図1のように，5本のペットボトルA～Eを用意した。ペットボトルAには空気を入れ，B～Eには，いろいろな方法で発生させた，水素，酸素，二酸化炭素，アンモニアのいずれかを入れた。また，これらの気体は，いずれも温度と圧力が同じになるようにした。
> ② ペットボトルA～Eの質量を調べたところ，Aと比べて質量が小さいのはCとDで，Aと比べて質量が大きいのはBとEだった。
> ③ ペットボトルB～Eのふたを開け，少量の水を入れてすぐにふたを閉めて，ペットボトルを振ったところ，Bは少しへこみ，Cは大きくへこんだ。DとEには変化が見られなかった。

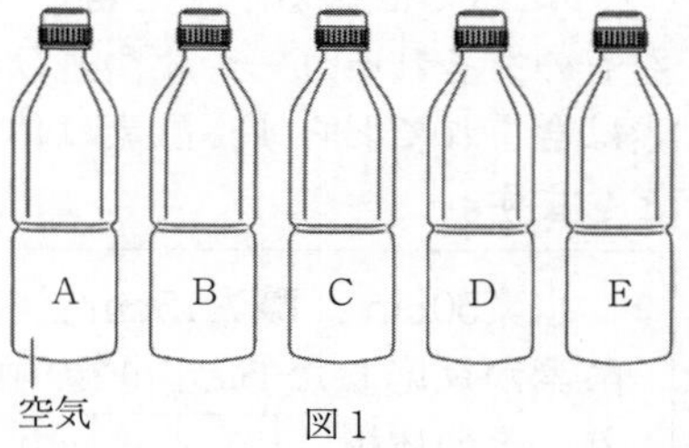

図1

(1) 実験で使った酸素は，図2のような装置を使って液体と固体を反応させることで発生させました。図2の[1]にあてはまる固体を1群のア～ウのうちから，[2]にあてはまる液体を2群のア～ウのうちから，最も適当なものをそれぞれ一つずつ選びなさい。

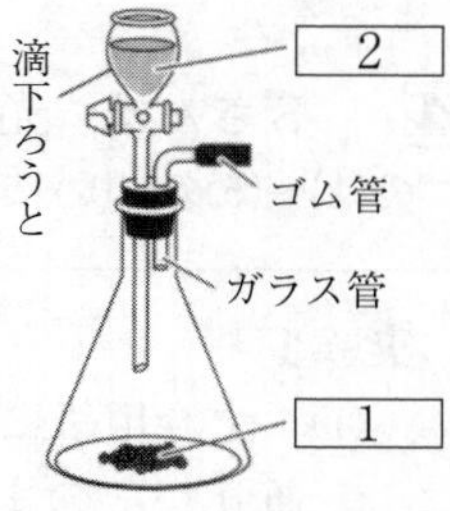

図2

【1群】 ア 亜鉛　イ 石灰石　ウ 二酸化マンガン
【2群】 ア うすい塩酸
イ うすい過酸化水素水(オキシドール)
ウ うすい水酸化ナトリウム水溶液

(2) ペットボトルCの気体を発生させたとき，水上置換法，上方置換法，下方置換法のうちのどの方法で集めることが適当ですか。次のア～オのうちから一つ選びなさい。

ア 水上置換法のみ
イ 上方置換法のみ
ウ 下方置換法のみ
エ 水上置換法または上方置換法
オ 水上置換法または下方置換法

(3)　ペットボトルDの気体は何ですか。最も適当なものを，次のア～エのうちから一つ選びなさい。

ア　水素
イ　酸素
ウ　二酸化炭素
エ　アンモニア

(4)　ペットボトルEの気体の性質として最も適当なものを，次のア～エのうちから一つ選びなさい。

ア　漂白作用がある。
イ　強いにおいがある。
ウ　ものが燃えるのを助ける。
エ　石灰水を白くにごらせる。

(5)　乾いたポリエチレンの袋に，水素40cm^{3}と酸素20cm^{3}を入れ，図３のように，点火装置を使って電気の火花で気体に点火したところ，水素と酸素が過不足なく反応し，袋の中に水ができました。次の文章は，図３と同様の装置を使い，使用する気体をかえて実験を行った結果について述べたものです。［１］にあてはまる気体を１群のア，イのうちから，［２］にあてはまる値を２群のア～エのうちから，最も適当なものをそれぞれ一つずつ選びなさい。ただし，空気中に水素は含まれておらず，酸素は体積比で20％含まれているものとします。

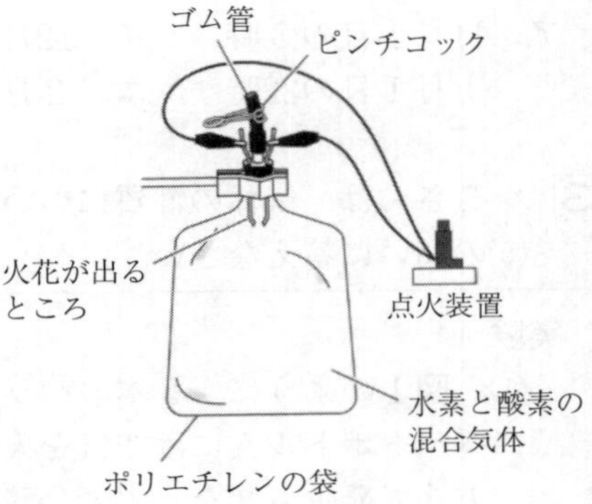

図３

> 水素50cm^3，酸素15cm^3，空気40cm^{3}を混合した気体を使って実験を行ったところ，水素と酸素が反応したあと，袋の中には気体が残った。この残った気体には［１］が含まれており，その体積は［２］cm^{3}である。

【１群】　ア　水素　　イ　酸素
【２群】　ア　２　　イ　４
　　　　　ウ　６　　エ　８

４　Sさんは，光の性質について調べるため，次の実験１，２を行いました。これに関して，あとの(1)～(5)の問いに答えなさい。

実験１

①　記録用紙に点Oを中心とした円をかいた。さらに，点Oを通り，そのまわりを30°ごとに区切る直線を引き，これらの直線と円との交点をA～Lとした。この記録用紙の円に合わせて，半円形レンズを置いた。図１は，この装置を真上から見たようすである。

②　図２のように，光源装置を使って，①の装置の点Fから点Oに向けて光を入射させたところ，光は点Oでガラスと空気の２方向に分かれ，一方は屈折して空気側に進み，もう一方は反射して半円形レンズ側に進んだ。なお，図２に点Oから先の光の道すじは示されていない。

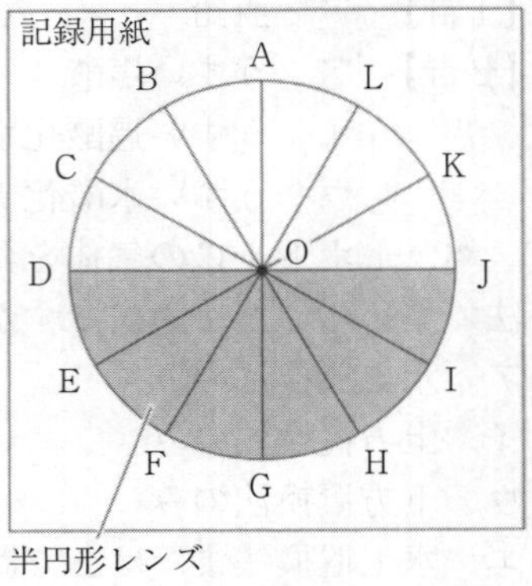

図１

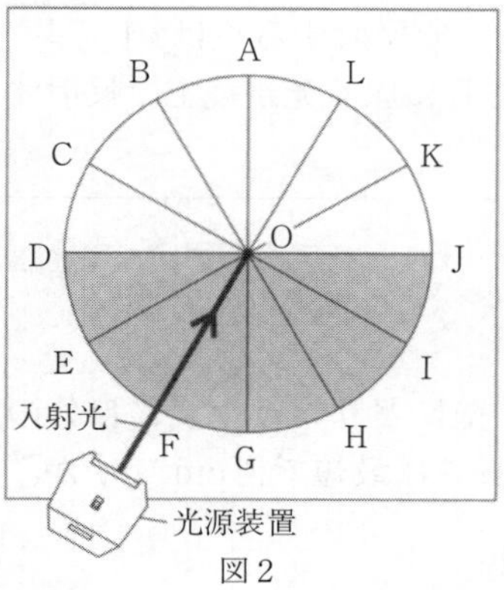

図2

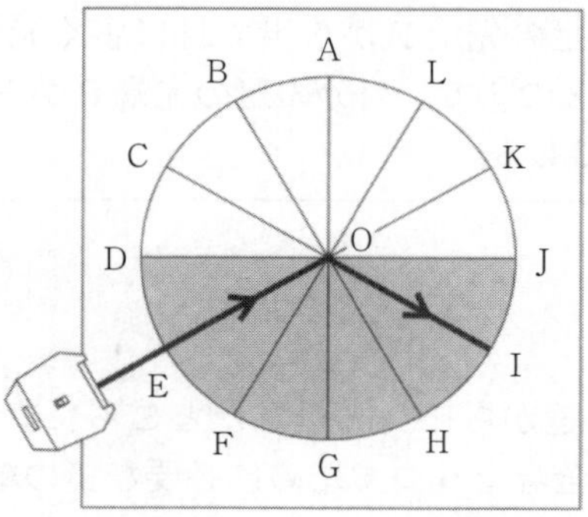

図3

③　図3のように，光源装置を使って，①の装置の点Eから点Oに向けて光を入射させたところ，光は点Oで反射して半円形レンズ側に進み，空気側には進まなかった。

実験2

①　図4のように，床に垂直な壁にとりつけられた鏡から100cm離れたところに，身長155cmのSさんが立ち，鏡にうつる自分の像を見た。このとき，自分の足の先端Pから出て目に届く光が鏡上で反射する点がどの位置になるかを調べた。

②　Sさんは，鏡と自分との距離を200cmに変えて，鏡にうつる自分の像を見た。このとき，自分の足の先端Pから出て目に届く光が鏡上で反射する点がどの位置になるかを調べた。

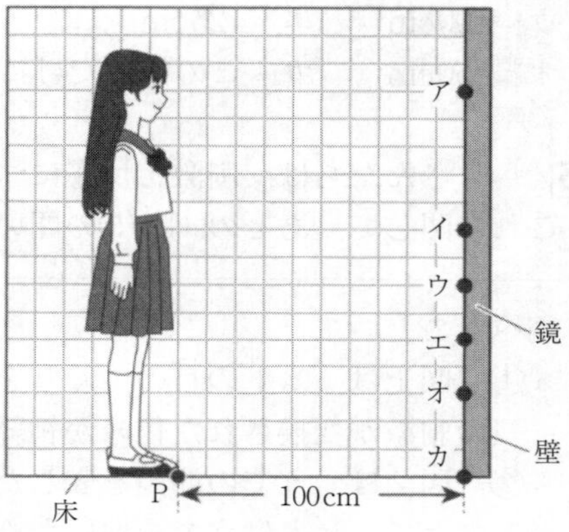

図4

(1)　実験1の②で，点Fから点Oに光を入射させたときの光の入射角は何度ですか。あ，い にあてはまる数字を一つずつ選びなさい。

あ い 度

(2)　実験1の②で，点Fから点Oに光を入射させたときの光の道すじはどのようになりましたか。最も適当なものを次のア～エのうちから一つ選びなさい。

ア

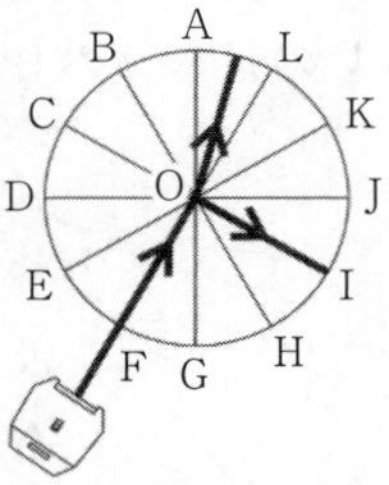

イ

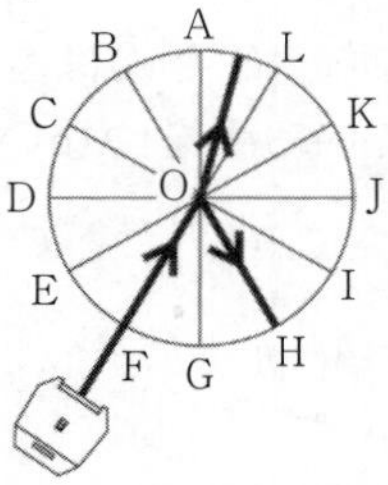

ウ

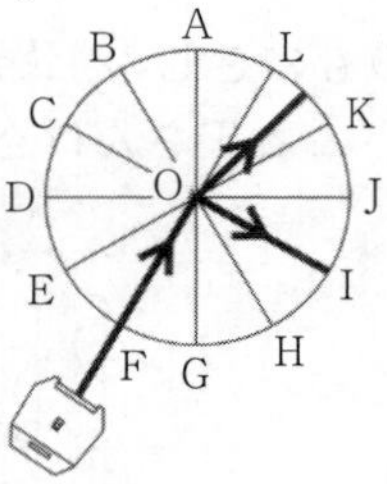

エ

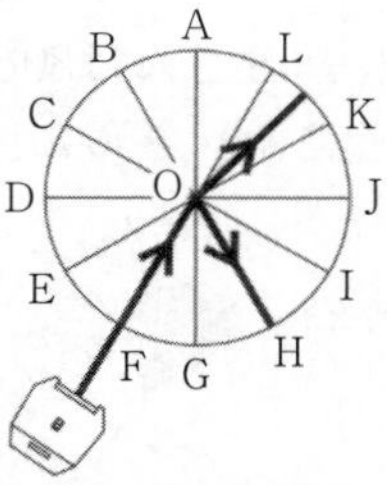

(3)　実験1の③で見られた現象を利用したものとして最も適当なものを，次のア～エのうちから一つ選びなさい。

ア　ルーペ　　イ　蛍光灯　　ウ　光ファイバー　　エ　発光ダイオード

(4)　次の文章は，実験2について述べたものです。 1 にあてはまるものを図4のア～カのうちから， 2 にあてはまるものを，あとのア～ウのうちからそれぞれ一つずつ選びなさい。

実験２の①で，自分の足の先端Ｐから出て目に届く光が鏡上で反射する点は，［　1　］の位置である。また，実験２の②で，自分の足の先端Ｐから出て目に届く光が鏡上で反射する点は，［　2　］位置である。

ア　実験２の①と同じ
イ　実験２の①よりも高い
ウ　実験２の①よりも低い

(5)　身長150cm のＴさんが，鏡から150cm 離れたところに立ち，壁にとりつけた鏡に自分の像をうつして見るとき，Ｔさんの全身をうつすために必要な鏡の縦の長さは最短で何cm ですか。最も適当なものを，次のア～カのうちから一つ選びなさい。

ア　50cm　　イ　75cm
ウ　100cm　　エ　125cm
オ　150cm　　カ　この条件だけでは求められない。

5　Ｓさんたちは，刺激と反応について興味を持ち，調べたことをまとめ，次の実験を行いました。これに関して，あとの(1)～(5)の問いに答えなさい。

調べたこと

①　図１は，ヒトの目のつくりを表したものである。ヒトの目では，光の刺激を受けとり，その刺激が変換された信号が神経を伝わっていき，それによってものが見えたと感じられる。

②　図２は，うでの筋肉を表したものである。筋肉ＡとＢがそれぞれゆるんだり縮んだりすることで，ヒトはうでを曲げたり伸ばしたりすることができる。

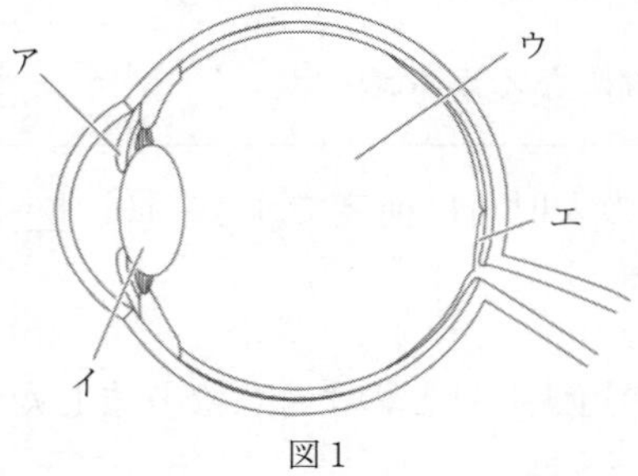

図１

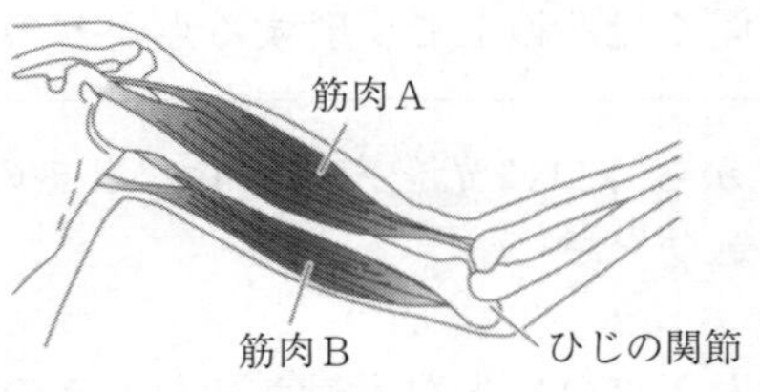

図２

実験

①　図３のように，Ｓさんは30cm のものさしの上端を持ち，Ｔさんはものさしの目もりの０の位置に手をそえた。さらに，ＳさんとＴさんは空いている手をつないだ。

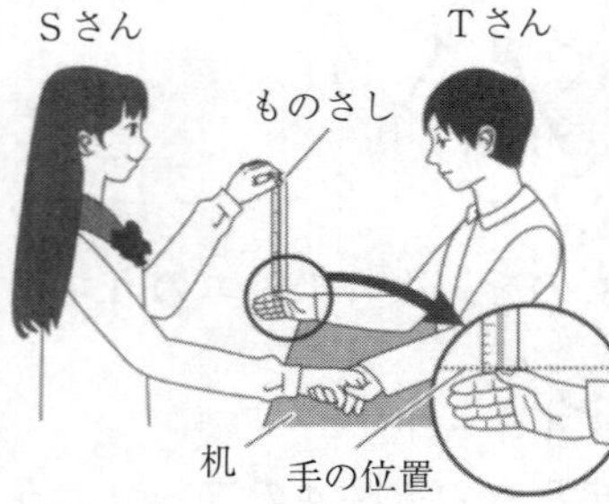

図３

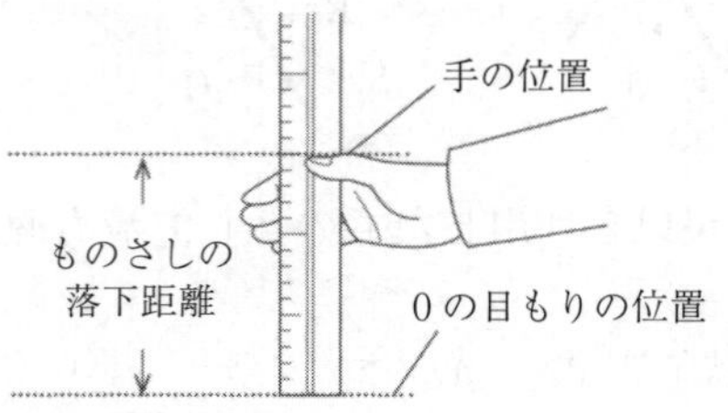

図４

② Tさんが目を閉じた状態で，Sさんは Tさんとつないだ手をにぎると同時に，ものさしをはなした。Tさんは，Sさんに手をにぎられたのを感じたら，すぐにもう一方の手をにぎり，ものさしをつかんだ。このときのものさしをつかんだ位置から，図4のようにものさしの落下距離を調べた。

③ ②を合計5回行い，その結果を表にまとめた。

表

	1回目	2回目	3回目	4回目	5回目
ものさしの落下距離〔cm〕	18.9	17.7	18.1	17.3	18.0

(1) 図1で，光の刺激を受けとる場所はどこですか。最も適当なものを，図1のア〜エのうちから一つ選びなさい。

(2) 図2で，うでをひじの関節で曲げるときの筋肉AとBのようすとして最も適当なものを，次のア〜エのうちから一つ選びなさい。

ア 筋肉AとBはともにゆるむ。

イ 筋肉AとBはともに縮む。

ウ 筋肉Aは縮み，筋肉Bはゆるむ。

エ 筋肉Aはゆるみ，筋肉Bは縮む。

(3) 図5は，ヒトの神経のつながりを模式的に表したものです。Tさんが Sさんに手をにぎられたとき，にぎられた手で受けとった刺激が変換された信号と，それに対する反応の信号が，もう一方の手の筋肉に伝わるまでの道すじはどのようになりますか。最も適当なものを，次のア〜エのうちから一つ選びなさい。

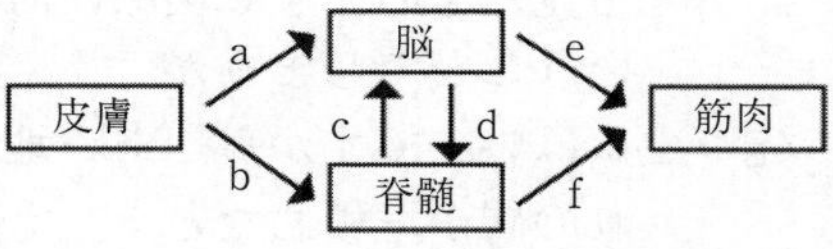

図5

ア a→d→f

イ a→d→c→e

ウ b→c→e

エ b→c→d→f

(4) 実験のように意識して起こす反応に対して，無意識に起こる反応である反射の例にはどのようなものがありますか。最も適当なものを，次のア〜エのうちから一つ選びなさい。

ア 鼻がかゆくなったので，手でかいた。

イ 暗い場所から明るい場所に移動すると，ひとみが小さくなった。

ウ 急にボールが飛んできたので，すばやく手でつかんだ。

エ 大きな声で呼ばれたので，返事をした。

(5) 図6は，実験で使用したものさしが落下したときの，落下時間と落下距離との関係をグラフに表したものです。表より，Tさんが手をにぎられてから，ものさしをつかむまでの時間を求めるとどのようになりますか。あ〜う にあてはまる数字を一つずつ選びなさい。

あ.いう 秒

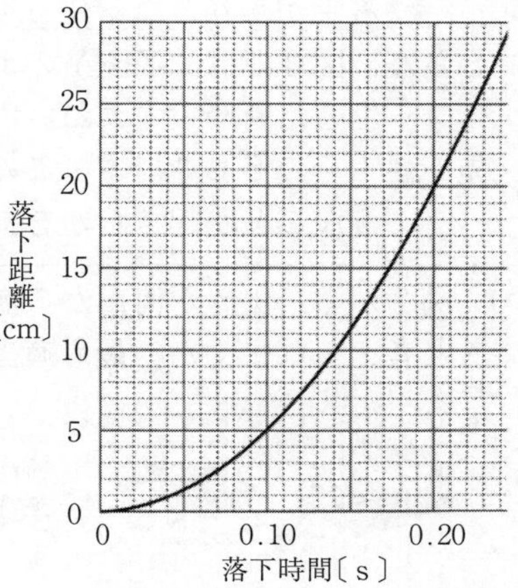

図6

6　地層についてのＳさんと先生との会話文を読んで，あとの(1)～(5)の問いに答えなさい。

Ｓさん：地層をつくっている泥岩，砂岩，れき岩のような岩石は，粒の大きさが異なっていると聞きました。このような粒の大きさの違いから，どのようなことがわかるのでしょうか。

先　生：では，泥，砂，れきを含む土砂を使った実験をしてみましょう。水が入った容器を傾けて置き，図１のように土砂を入れます。この土砂の上から洗浄びんを使って水をかけて，土砂の流され方を調べてみてください。

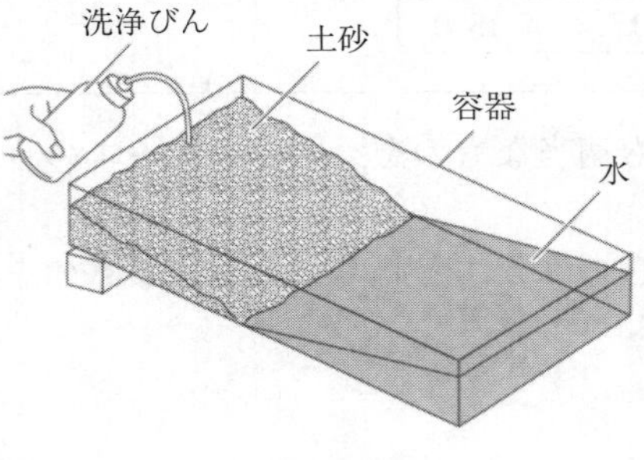

図１

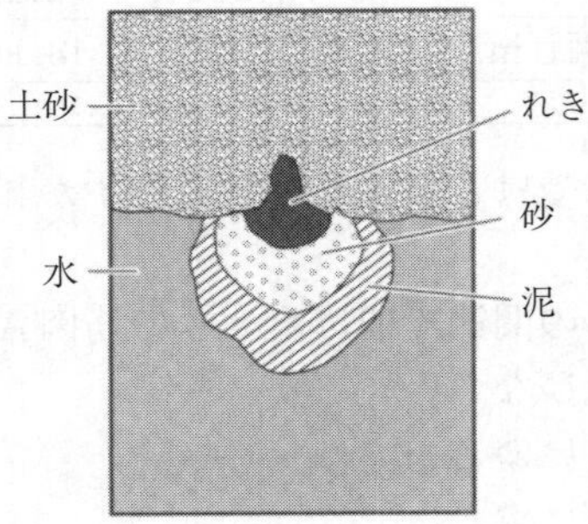

図２

Ｓさん：実験の結果，泥，砂，れきが分かれて堆積しました。図２はこのときのようすを真上から見たものです。実際に河口から海に流れこんだ土砂も，このように分かれて堆積するということでしょうか。

先　生：はい。ですから，ある地点の地層に，泥岩，砂岩，れき岩の層が見られる場合，それぞれの層が堆積したとき，その地点が河口からどのような距離にあったかを推測することができます。その他にも，地層からはさまざまなことがわかります。

Ｓさん：なるほど。図３は，ある露頭で見られた地層のようすなのですが，ここでは泥岩，砂岩，れき岩の他に凝灰岩や石灰岩の層も見られます。また，石灰岩の層からはフズリナの化石が見つかっています。

先　生：フズリナは，a <u>層が堆積した地質年代を知る手がかりとなる化石</u>です。また，シジミなどのように，b <u>層が堆積した環境を知る手がかりとなる化石</u>もあります。

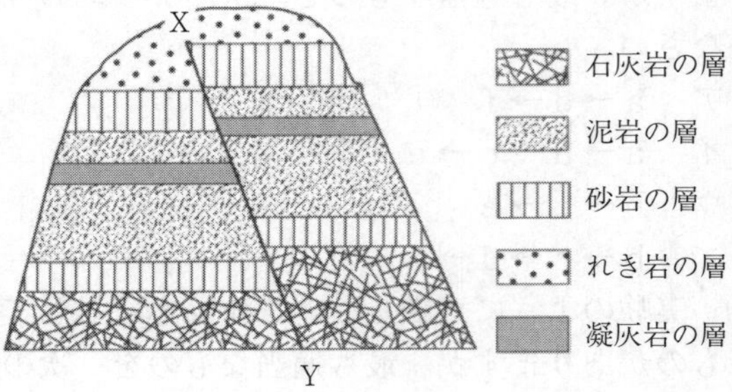

図３

Ｓさん：図３では，Ｘ―Ｙのようなずれが見られます。これは，大地に強い力が加わったために生じた断層ですよね。

先　生：そのとおりです。このように，地層を観察することによって，過去にこの地域でどのようなことが起きたかを推測することができます。

(1)　図２から，土砂が河口から海に流れこんだときの泥，砂，れきの堆積するようすはどのようになると考えられますか。最も適当なものを，次のア～エのうちから一つ選びなさい。

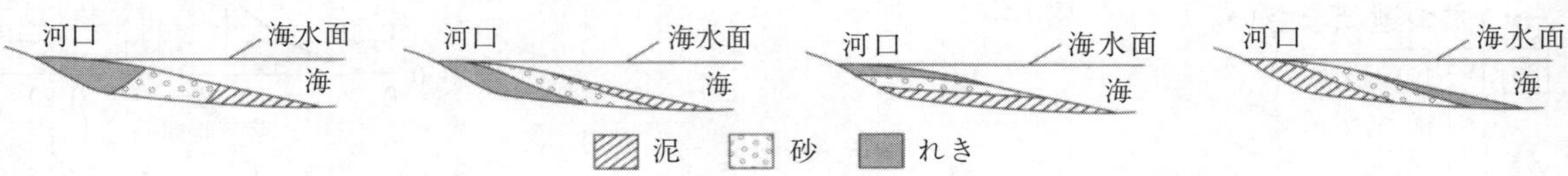

(2)　次の文章は，下線部ａについて述べたものです。［1］にあてはまるものを１群のア，イのうちから，［2］にあてはまるものを２群のア，イのうちから，［3］にあてはまるものを３群のア，イのうちから，最も適当なものをそれぞれ一つずつ選びなさい。

下線部ａのような化石を［　1　］という。このような化石になる条件は，その生物が［　2　］繁栄し，生息していた地域が［　3　］ことである。

【１群】　ア　示相化石　　　　イ　示準化石
【２群】　ア　ある限られた時代のみに　　　　イ　いくつもの時代にわたって
【３群】　ア　狭い　　　　イ　広い

(3)　下線部ｂについて，ある層からシジミの化石が見つかった場合，その層はどのような環境で堆積したと考えられますか。最も適当なものを，次のア～エのうちから一つ選びなさい。
ア　冷たくて深い海　　　　イ　あたたかくて浅い海
ウ　川の上流　　　　エ　湖や河口

(4)　図３の断層Ｘ―Ｙができたときに地層に加わった力の向きを ⇨ で，地層のずれた向きを → で表すと，どのようになりますか。最も適当なものを，次のア～エのうちから一つ選びなさい。

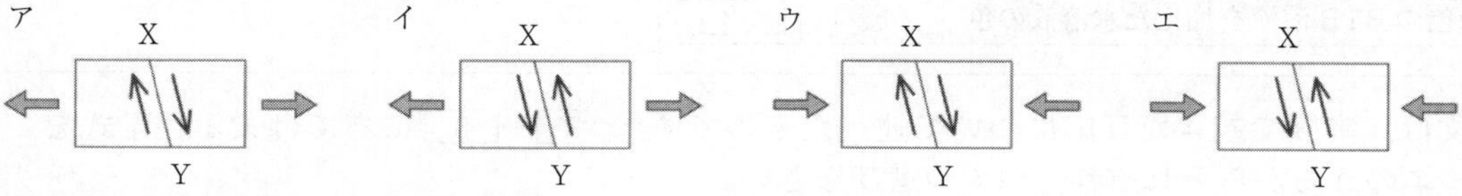

(5)　図３の露頭が見られた地域で起こったことを，左から順に並べるとどのようになりますか。［1］～［3］にあてはまる最も適当なものを，あとのア～ウのうちからそれぞれ一つずつ選びなさい。ただし，この地域において地層の逆転はなかったものとします。

［　1　］→［　2　］→［　3　］→断層ができた

ア　大地が沈降した　　　　イ　大地が隆起した　　　　ウ　火山活動があった

7　Ｓさんは，物質の性質について調べるため，次の実験を行いました。これに関して，あとの(1)～(5)の問いに答えなさい。

実験
①　ビーカーＡ～Ｈを用意し，それぞれのビーカーにうすい塩酸を$10cm^3$ずつ入れた。
②　図のように，ビーカーＢ～Ｈに，うすい水酸化ナトリウム水溶液をそれぞれ$2\,cm^3$，$4\,cm^3$，$6\,cm^3$，$8\,cm^3$，$10cm^3$，$12cm^3$，$14cm^3$加え，ガラス棒でよくかき混ぜた。

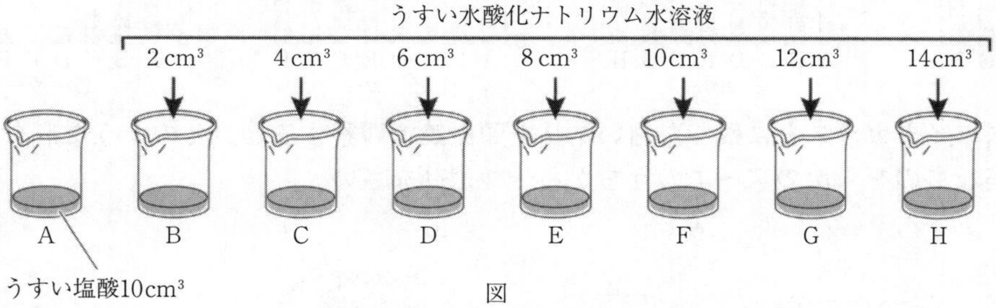

図

③　ビーカーＡ～Ｈに緑色のBTB溶液を数滴ずつ加え，ガラス棒でよくかき混ぜて，水溶液の色の変化を調べた。表１は，その結果をまとめたものである。

表1

ビーカー	A	B	C	D	E	F	G	H
うすい塩酸〔cm^3〕	10	10	10	10	10	10	10	10
うすい水酸化ナトリウム水溶液〔cm^3〕	0	2	4	6	8	10	12	14
緑色のBTB溶液を加えた水溶液の色	黄	黄	黄	黄	緑	青	青	青

④　ビーカーEの水溶液をスライドガラスに1滴とり，水を蒸発させたところ，スライドガラス上に白い結晶が残った。

⑤　①と同じ濃度のうすい塩酸を，ビーカーIとJにそれぞれ15cm^3ずつ入れた。次に，ビーカーIとJに，②と同じ濃度のうすい水酸化ナトリウム水溶液を加え，ガラス棒でよくかき混ぜた。さらに，ビーカーIとJに緑色のBTB溶液を数滴ずつ加え，ガラス棒でよくかき混ぜて，水溶液の色の変化を調べた。表2は，その結果をまとめたものである。

表2

ビーカー	I	J
うすい塩酸〔cm^3〕	15	15
うすい水酸化ナトリウム水溶液〔cm^3〕	[1]	9
緑色のBTB溶液を加えた水溶液の色	緑	[2]

(1)　次の文は，実験で起きた反応について述べたものです。[1]～[3]にあてはまる化学式を，あとのア～エのうちからそれぞれ一つずつ選びなさい。

> 実験では，酸である[1]と，アルカリである[2]が反応して，塩である[3]ができる。

ア　NaCl
イ　HCl
ウ　NaOH
エ　H_2O

(2)　実験後のビーカーA～Hの水溶液に含まれるイオンの総数をグラフで表すと，どのようになりますか。最も適当なものを，次のア～エのうちから一つ選びなさい。

ア
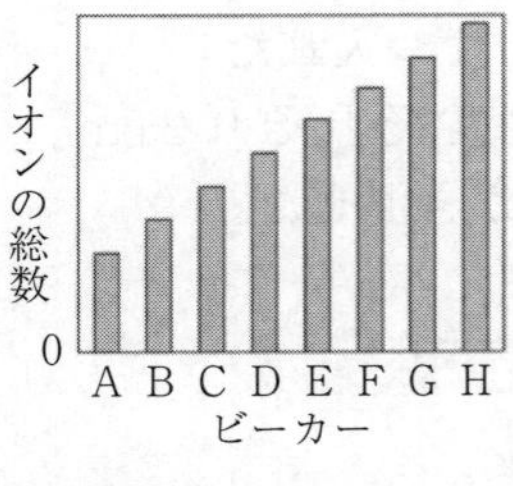

イ
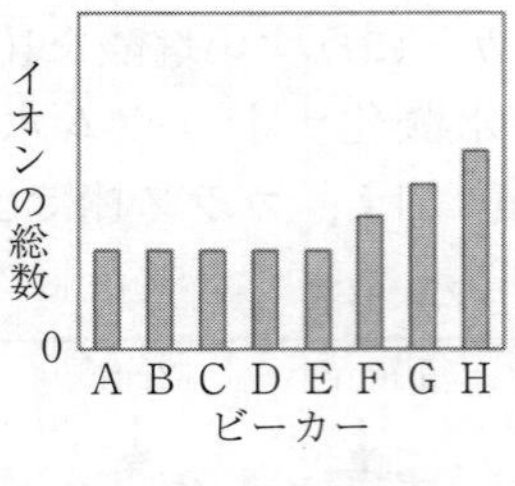

ウ
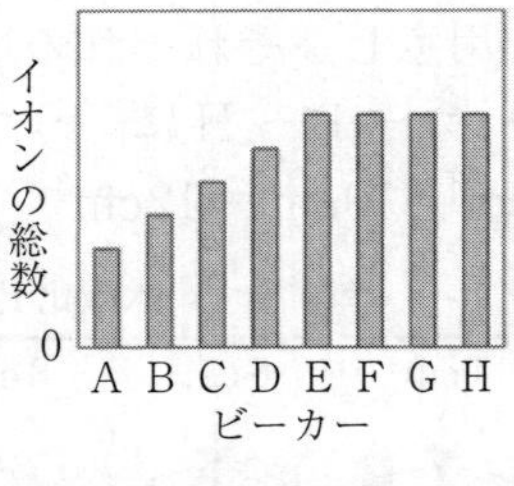

エ
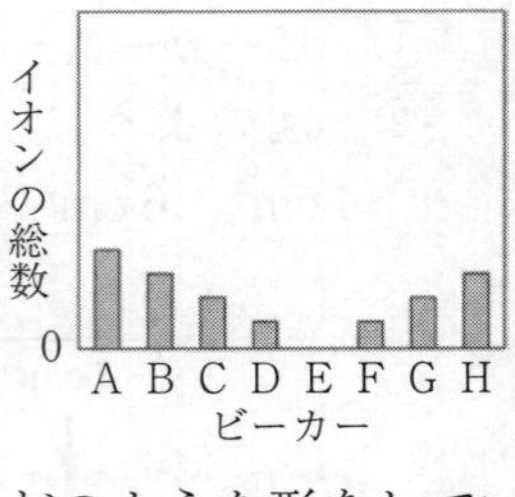

(3)　実験の④で，スライドガラス上に残った白い結晶を顕微鏡で観察すると，どのような形をしていますか。最も適当なものを，次のア～エのうちから一つ選びなさい。

ア
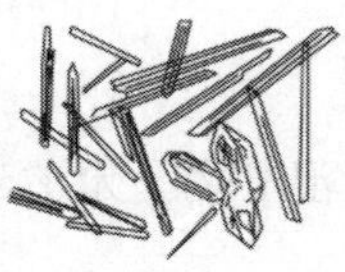

イ
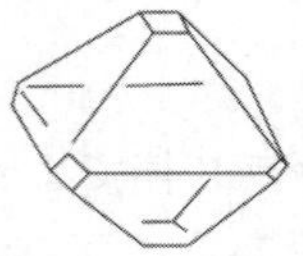

ウ
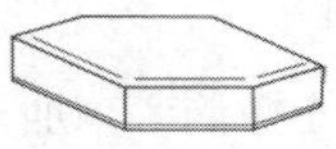

エ
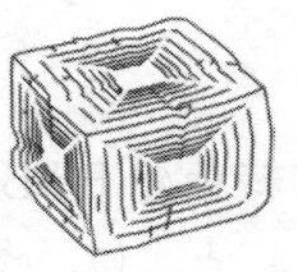

(4)　表2の[1]にあてはまる値を1群のア～エのうちから，[2]にあてはまることばを2群のア～ウのうちから，最も適当なものをそれぞれ一つずつ選びなさい。

【1群】 ア　8　　イ　10　　ウ　12　　エ　14

【2群】 ア　黄　　イ　緑　　ウ　青

(5)　実験後のビーカーAとBの水溶液をよく混ぜ合わせたところ，水溶液の色は黄色でした。この水溶液に，実験の②と同じ濃度のうすい水酸化ナトリウム水溶液をあらたに少しずつ加えていくと，水溶液の色は緑色になりました。このとき，あらたに加えたうすい水酸化ナトリウム水溶液の体積は何cm^3ですか。[あ]，[い]にあてはまる数字を一つずつ選びなさい。

[あ][い]cm^3

8　電流と電圧について調べるため，次の実験1，2を行いました。これに関して，あとの(1)～(5)の問いに答えなさい。

実験1

①　抵抗の大きさが異なる抵抗器P～Rを用意した。

②　抵抗器PまたはQと，電源装置，スイッチを使って，図1のような回路をつくった。スイッチを入れ，抵抗器に加わる電圧の大きさが9.0Vになるようにしたときの，抵抗器に流れる電流の大きさを測定した。表は，その結果をまとめたものである。

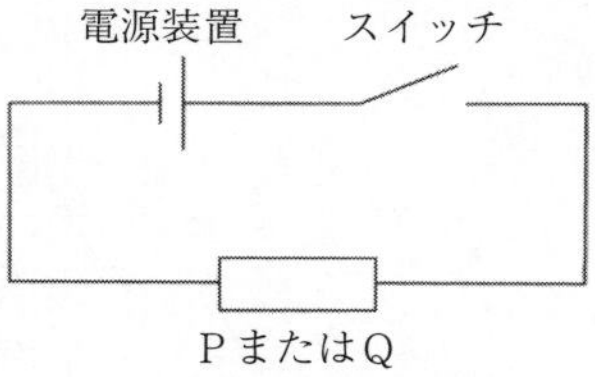

図1

表

抵抗器	P	Q
抵抗器に加わる電圧〔V〕	9.0	9.0
抵抗器に流れる電流〔A〕	1.5	0.6

③　抵抗器QとR，電源装置，スイッチを使って，図2のような回路をつくった。スイッチを入れ，電源装置の電圧を13.5Vにして，回路全体を流れる電流の大きさを測定したところ，0.3Aだった。

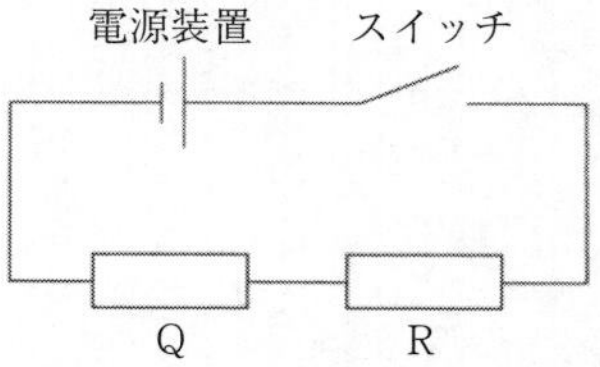

図2

実験2

①　抵抗の大きさが16.0Ωの抵抗器SとT，抵抗の大きさが20.0Ωの抵抗器Uを用意した。電源装置とスイッチa～cを使って，図3のような回路をつくった。

②　電源装置の電圧を12.0Vにして，スイッチbとcだけを入れたところ，抵抗器S～Uのすべてに電流が流れた。

③　電源装置の電圧は12.0Vのまま，スイッチの入れ方をさまざまに変え，電圧と電流の関係を調べた。

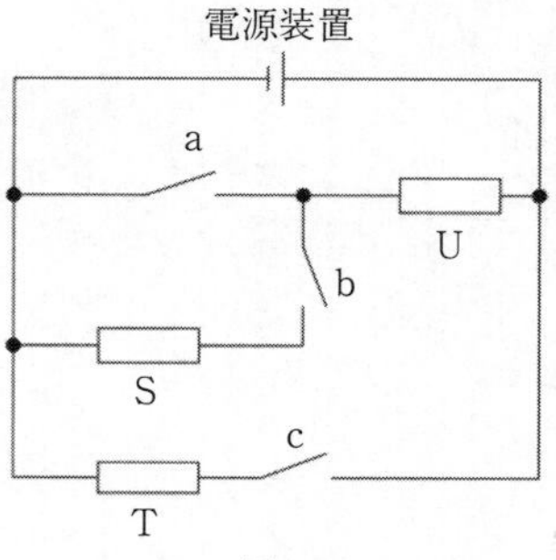

図3

(1)　表から，抵抗器Pの抵抗の大きさは何Ωですか。[あ]，[い]にあてはまる数字を一つずつ選びなさい。

[あ].[い]Ω

(2)　図2の回路で，抵抗器Rに加わる電圧と，抵抗器Rに流れる電流を調べるときの，電圧計と電流計のつなぎ方として最も適当なものを，次のア～エのうちから一つ選びなさい。

ア

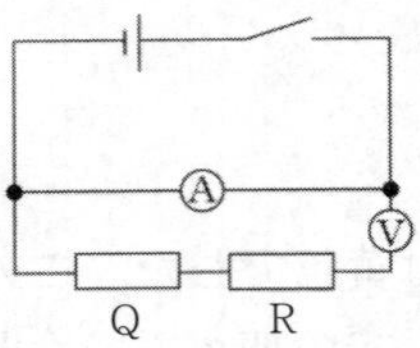

イ

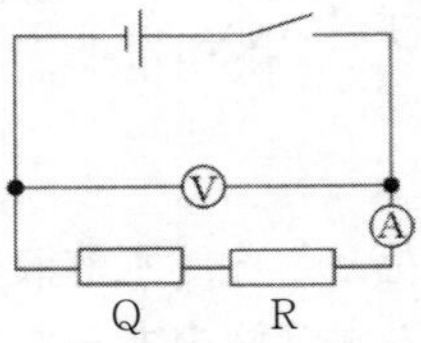

ウ

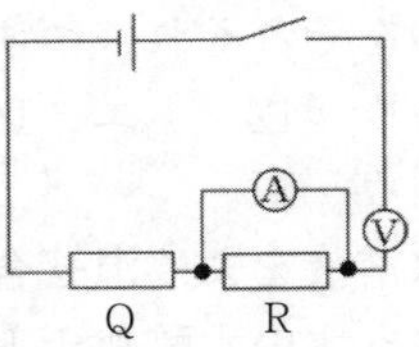

エ

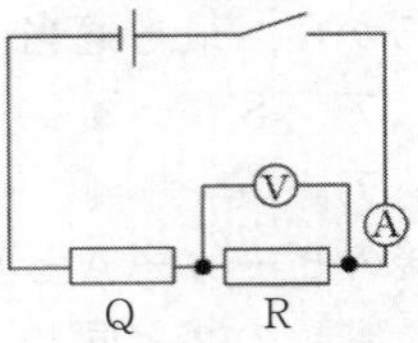

(3)　図２の回路で，電源装置の電圧を12.0Ｖにしたとき，抵抗器Ｒに加わる電圧は何Ｖですか。[あ]，[い] にあてはまる数字を一つずつ選びなさい。

[あ].[い]Ｖ

(4)　実験２の②で，スイッチｂとｃだけを入れたとき，最も大きな電流が流れた抵抗器には，何mAの電流が流れましたか。[あ]～[う] にあてはまる数字を一つずつ選びなさい。

[あ][い][う]mA

(5)　実験２で，３つのスイッチのうち１つまたは２つを入れたとき，回路全体に流れる電流が最も大きくなるのはどの場合ですか。最も適当なものを，次のア～オのうちから一つ選びなさい。

ア　スイッチａだけを入れる。
イ　スイッチｂだけを入れる。
ウ　スイッチｃだけを入れる。
エ　スイッチａとｃだけを入れる。
オ　スイッチｂとｃだけを入れる。

わいてくる心情。

(4) 文章中のCこれが指しているのは何か。その説明として最も適当なものを、次のア～オのうちから一つ選びなさい。

ア 源三位入道とその息子が甲を装着せずに、長刀の名手である但馬を伴って橋へ向かう様子。

イ 長刀を抱えた但馬が、平家方がどこにいるか探るように、橋の上へひっそりと向かう様子。

ウ 源三位入道とその息子が甲も装着せずに、平家方にすきを見せている様子。

エ 但馬が長刀を持ち平家の軍勢と戦う準備を整えた様子で、橋の上に向かっていく様子。

オ 源仲綱は弓を引く構えをして、但馬は橋へ向かいながら長刀のさやをはずして橋を渡ろうとしている様子。

(5) 文章中の「五智院の但馬」についての説明として最も適当なものを、次のア～オのうちから一つ選びなさい。

ア 平家方の軍勢に狙われていることにも気づかずにいて、矢が飛んでくるとあわてておかしな動きをしながらその攻撃を受けたことから、「矢切りの但馬」と呼ばれからかわれることになった。

イ 長刀の名手として名高く、平家方の弓の名手と直接競い合うことになり、すばらしい技術で勝利したのを、敵も味方も見ていたことから、「矢切りの但馬」として有名になった。

ウ 平家方の軍勢から容赦なく激しい攻撃を受けても平然としていて、飛んできた矢を鮮やかな身のこなしで切り落とし、敵味方関係なく感嘆させたことから、「矢切りの但馬」と呼ばれ評判を高くした。

エ 平家方の弓の名手たちと、自らが得意とする長刀で技術を見せ合うことになったが、平家方の者から突然攻撃され、それにさっと対応したことから「矢切りの但馬」と呼ばれ尊敬を集めた。

オ 平家方の弓の名手たちに一斉に矢を放たれて、けがを負いながらも冷静に戦略を立て、力をふりしぼって応戦したことで、敵味方問わず感動させ、「矢切りの但馬」と呼ばれ称賛された。

は異なる思わぬ展開になったことを暗示しているのです。

ウ　登場人物の心情描写の余韻を残しながら、最後に突然大きく場面を転換させています。これによって、直前までの出来事や人物の関係性がどう展開していくかについて関心が高まります。

エ　最後の部分で登場人物の心情描写を突然断ち切り、次の場面へと移っています。直前までの出来事が現実なのか想像なのか区別しづらくして、物語に奥深さを与える意図があります。

オ　現在の時間と過去の時間が交互に入れ替わるように展開し、最後にさらに時間を進める形になっています。物語に躍動感を与えながらそれぞれの場面を簡潔に引き締まったものにしているのです。

三

次の文章を読み、あとの(1)～(5)の問いに答えなさい。

源氏方に平家討伐の命令を下した高倉宮《たかくらのみや》（以仁王《もちひとおう》）は、源《げん》三位入道《さんみにゅうどう》（源　頼政《みなもとのよりまさ》）とともに京都から奈良へ向かっていた。その途中、宇治《うじ》橋の周辺で、高倉宮を追ってきた平家方の軍勢と合戦となった。高倉宮と源氏方の軍には大矢俊　長《おおやのしゅんちょう》、五《ご》智院《ちいん》の但馬《たじま》、渡辺《わたなべ》の省《はぶく》、授《さずく》、続《つづく》の源太《げんた》ら三井寺《みいでら》の僧兵たちも参加している。

宮の御方には、大矢の俊長、五智院の但馬、渡辺の省、授、続の源太がア射ける矢ぞ、鎧《よろひ》もかけず、楯《たて》もAたまらずイ通りける。源三位入道は、（注1）長絹《ちやうけん》の（注2）鎧直垂《びたたれ》に、（注3）科皮縅《しながはをどし》の鎧なり。その日を最後とや思はれけん、Bわざと甲《かぶと》は着給《きたま》はず。（注4）嫡子《ちやくし》（注5）伊豆守仲綱《いづのかみなかつな》は、赤地の錦《にしき》の直垂に、黒糸《くろいと》縅の鎧なり。弓を強う引かんとて、これも甲は着ざりけり。ここに、五智院但馬、大長《おほなぎ》刀《なた》のさやを（注6）はづいて、ただ一人《いちにん》、橋の上にぞ進んだる。平家の方にはCこれを見て、「あれ射取れや、者ども。」とて、（注7）究《くつ》竟《きやう》の弓の上手どもが矢先をウそろへて、差しつめエ引きつめさんざんに射る。但馬少しも騒がず、上がる矢をばついくぐり、下がる矢をばオをどり越え、カ向かつてくるをば長刀で切つて落とす。敵《かたき》も味方も見物す。それよりしてこそ、矢切りの但馬とはいはれけれ。

（『平家物語』による）

（注1）長絹＝絹織物の一種で、美しいつやがある。
（注2）鎧直垂＝鎧の下に着る直垂。「直垂」は男性用の衣服。
（注3）科皮縅＝シダの葉の模様をあい色の皮に白く染めた縅。「縅」は、鎧の材料を糸で結び合わせること。
（注4）嫡子＝跡取りの息子。
（注5）伊豆守仲綱＝源仲綱。
（注6）はづいて＝はずして。
（注7）究竟の＝大変すぐれている。

(1)　文章中の二重傍線部ア～カのうちから、動作主に「五智院の但馬」が含まれるものを**二つ**選びなさい。

(2)　文章中にAたまらず　とあるが、ここでの「たまる」の意味として最も適当なものを、次のア～オのうちから一つ選びなさい。

ア　集まる　　イ　かぶせる　　ウ　とどまる
エ　携える　　オ　積み上がる

(3)　文章中のBわざと甲は着給はず　とあるが、この行動には源三位入道のどのような心情が読み取れるか。最も適当なものを、次のア～オのうちから一つ選びなさい。

ア　この日が最後の合戦になるとはとうてい思えないので、油断している心情。
イ　このような大げさな装束を着る日はこれで最後にしたいと、うんざりする心情。
ウ　このような立派な装束を着ることができる日は最後になるだろうと残念がる心情。
エ　この日が最後の合戦になるかもしれないと思い、覚悟を決めている心情。
オ　この日で合戦を最後にしなくてはいけないと考えて、自信がので動揺し、またその態度が見下すものだったので腹立たしく感じている。

ウ　夜空の果てしない数の星の中からただ一つの小惑星を見つけるというすばるの目標があまりにも壮大なものだったので、圧倒されている。

エ　すばるが誰も思いつきもしないような大きな夢を抱き、恥ずかしがるそぶりもないことが内心うらやましく、劣等感を持ち始めている。

オ　すばるが自分の夢ばかりを語って、駿馬の夢や考えには関心を持つこともなく存在を無視していることが情けなく、悔しく思っている。

(5)　文章中にEああ、だからか、と思うとあるが、このときの駿馬についての説明として最も適当なものを、次のア～オのうちから一つ選びなさい。

ア　すばるに対して悪意を持って宇宙人だという三年生の言葉は認めないが、独特の雰囲気のあるすばるやそんなすばるを頼りにして新しい目標を見つけようとする自分は、実際に宇宙人みたいだと感じている。

イ　自分もすばると同じで未知の世界の存在について関心を持っていて、その意味ではすでに宇宙人のようであるため、すばるのようになってはいけないという三年生の言葉を思い出して反発を覚えている。

ウ　すばると一緒にいることを悪く言っていた三年生の言葉は許せないと感じるものの、自宅ですら人と交わろうとしないすばるの孤独な様子を見ると、確かに宇宙にいるような遠い存在だと感じている。

エ　避けるべき対象としてすばるのことを三年生は宇宙人と表現しているが、自分に新しい世界を見せてくれる不思議な力を持つ存在という意味では、すばるは本当に宇宙人のようだと感じている。

オ　三年生がすばるの星に対する情熱や秘められた才能を知りもしないで、すばるにひどい態度を取って宇宙人あつかいしたことが許せないから、自分は三年生に腹が立ったのだと思い返している。

(6)　文章中のすばるの駿馬に対する心情や態度として最も適当なものを、次のア～オのうちから一つ選びなさい。

ア　星に関して駿馬にさまざまな話をしているものの、駿馬が自分をどう思うかということは気にとめず、愛想がない態度をとっている。

イ　駿馬からからかわれたことにむっとして、わざと傷つけるようなことを言っているが、内心ではこれからも交流したいと思っている。

ウ　共に天体観測をした駿馬なら自分の夢を理解するはずだと思っていたが、冗談のように思われたことに傷つき、怒りをぶつけている。

エ　駿馬を自分と対等に星の話ができる存在だと感じているものの、人付き合いが苦手であるため話す気は起きず、あえて距離を置いている。

オ　駿馬は自分の好きなことを話しやすい存在だと思い世話を焼いているが、それ以上の関心や好意も感じないのでそっけない態度でいる。

(7)　この文章の表現についてクラスで話し合いをしている。本文の内容をふまえて最も適当な発言をしているものを、次のア～オのうちから一つ選びなさい。

ア　途中や最後の部分で過去の出来事の回想を挿入することで、過去と現在の登場人物の状況や心情の違いを比べやすくしています。そのため、人物像がよりはっきりと伝わるように感じます。

イ　後半で物語の時間を大きく進めて場面の雰囲気も変えています。直前まで書かれていた出来事や登場人物の心情が、期待と

ウ　星に夢中になり人間のように接しているすばるの様子を初めて見て、その人柄を好ましく感じたため、星のつらなりは二人の関係が強くなったことを象徴するものに見えて、大切に感じている。

エ　星を見るまでに長い間待ち続け、その間にはすばるの長い話や突飛な行動に付き合って、疲れ切った状態で星を見上げたため、今までよりも星が美しく見え価値がとても高いものに感じている。

オ　すばるが星を切実な様子で見つめ、生きているかのように扱う様子を見て、あっけにとられながらも、そのようにすばるを引き付ける星のつらなりには深い意味や価値があるのだろうと感じている。

(2)　文章中にB星を見ることができたのは、十五分くらいの短い間だった　とあるが、このことに対するすばるの心情の説明として最も適当なものを、次のア～オのうちから一つ選びなさい。

ア　長く待っただけの成果はあったが、予想よりも短い時間で最高のタイミングを失ったかもしれないという点について悲しく思っている。

イ　少しでも撮影できたのはよかったが、貴重な天体を撮影する時間が短かったことを考えると、来る日は変えるべきだったと思っている。

ウ　十五分であっても撮影できたのはありがたいことだし、今日だけの星の姿を見ることができただけでも貴重な体験だったと感じている。

エ　いつどのような天体を撮影できるかはわからないから、この日たった十五分であっても撮影できたことは無駄ではないととらえている。

オ　この十五分の間にこれまで探し求めていた星を撮影できている可能性が高いと思われるので、非常に幸運な時間だったと満足している。

(3)　文章中にC思いっきりビンタされたときみたいな熱いびりびりが胸に広がる　とあるが、この部分の駿馬の心情や表現についての説明として最も適当なものを、次のア～オのうちから一つ選びなさい。

ア　駿馬がすばるの言動によって大きく傷ついたことを擬態語によってそれとなく示しており、同じ擬態語を別の場面でも繰り返して用いることで駿馬の傷心の深さを表現している。

イ　星に対するすばるの真剣さに触れて、駿馬が強く打ちのめされる様子を表現しており、文章中で再び同じ擬態語を用いることでその気持ちが心にずっと引っかかっていたことを印象的に示している。

ウ　駿馬がすばるから強い衝撃を受け、心が大きく動かされたと自覚したことを表現しており、そのあとにもう一度、似たような表現を用いながら、気持ちが落ち着き始めたことを示している。

エ　すばると星を見たことで駿馬が言葉にできないような苦しさを感じていることを表現しており、あとの場面で同じ擬態語を用いることでその苦しさが喜びや安堵に変わったことを示している。

オ　すばるの厳しい態度や発言によって駿馬が打ちのめされつつあることを示しており、あとの場面でもう一度同じ表現を用いて、駿馬がすばるへのいらだちを抱え続けていることを強調している。

(4)　文章中にDばっかじゃねーの、と駿馬は心の中でつぶやいた　とあるが、このときの駿馬の心情の説明として**適当でないもの**を、次のア～オのうちから一つ選びなさい。

ア　夢をかなえることの大変さなど気にしないという自信に満ちたすばるの発言が、現実を見ていない幼稚なものに感じられあきれている。

イ　すばるが、駿馬の言われたくないことを率直に指摘してきたテーブルの向かい側に座って、ときどきお茶をついでくれながら、ばあちゃんはそんなことを言った。おだやかな山口ことばが耳に気持ちいい。

「ありゃあ、星だけ、たよりにしちょるような子でねえ……。あんた、えかったら、すばると仲ようしちくれんさい」

どこか悲しそうな、おだやかな笑みを浮かべる。

(星がたより、って何だよ、仲よくしてあげてねってキャラか、あれ)

駿馬は内心、首をかしげる。

当のすばるはといえば、家にたどり着くなり、駿馬にもばあちゃんにも何も言わずに自分の部屋に閉じこもったきりだ。いったい何をやっているのだろう。

脳裏には、すばるの部屋の星のポスターが思い浮かんでいた。「アポロ13」に出てくるみたいな宇宙飛行士のポスター。

『こんな宇宙人とつるんじょったら、おまえまで宇宙人あつかいされるけぇ』

すばるをカツアゲしていた三年が吐き捨てたせりふ。Eああ、だからか、と思う。

たしかに。すばるは宇宙人だ。

ほかのだれともちがう。何かを秘めている。この山には駿馬の知らなかった景色がある。すばるが見上げていたあの空で、何かが駿馬を待っている——。

耳元で、ぱちっと音が聞こえたような気がした。

草原の冬の寒い朝、トラックでウランバートルの学校まで送ってもらう。外はマイナス十度。フロントガラスには霜が降り、車内は凍《い》てついている。エンジンをかけても、水温計の針は最低すれすれからピクリとも動かない。父親は、すぐにあったまるからなと言って、霜落としのワイパーとラジオをオンにし、吐く息で曇ったガラスの向こうを見ている。駿馬は、どんだけ待てばいいんだよ、と文句を言う。

やがて、少しあたたまってきたエンジンに火を入れなおすとき、ぱちっと、ほんの小さな音が鳴る。冷えきった(注9)内燃機関に火花が散るような、そんな音……。

(黒川裕子『天を掃け』による)

(注1) アルコル＝おおぐま座の恒星の名前。ミザールのすぐ近くに位置する。
(注2) ミザール＝北斗七星の、ひしゃくの柄の先端から二番目の星の名前。
(注3) 連星＝二つの星が互いに引き付け合い、それぞれの重心のまわりを軌道運動している星。
(注4) ラメ＝ここではキラキラと光る微細な金属の粉のこと。
(注5) ランタン＝持ち運ぶことのできる照明器具。電球などを囲いで保護している。
(注6) シーイング＝星の見え方。
(注7) ジャブなしの右ストレート＝ボクシングで、ジャブ(次の動作につなげるための力を入れないパンチ)のないまま右手で打ち込むこと。
(注8) 三角飛びドロップキック＝プロレスの蹴り技。
(注9) 内燃機関＝ガソリンエンジンなど燃料の燃焼が行われる内部の機関。

(1) 文章中にA何のへんてつもない星のつらなりが、急に特別なもののように思える とあるが、このときの駿馬の心情の説明として最も適当なものを、次のア〜オのうちから一つ選びなさい。

ア すばるから星の歴史や疑惑を詳しく説明されたことやすばるが楽しそうに星を見ている様子に影響されて、星に対する興味が高まったことで、星のつらなりを見ることができる喜びに浸っている。

イ それまでは自分にとってなじみあるものだった空の星を、すばるが人間のように感じて必死に見ていることに反感を覚え、星のつらなりさえもいつもと違って親しみにくいものだと感じている。

「……未知の天体？　待てって！　撮影って言うけど、いったい何を撮ってたわけ？」

すばるはふり返りもせず、質問に質問で答えた。

「……あんた、小惑星って知ってるか？」

「しょーわくせえ？」

駿馬はすっとんきょうな声をあげてしまった。聞いたことはある。この間も、テレビで小惑星の特集をやっていた。はやぶさ2という探査機がもうじき何とかという小惑星に到着していろいろ調査するとか、そんな感じの特集だった。けっこう天文好きらしい六郎《ろくろう》が、かじりついていたっけ。

「小惑星……アステロイド、マイナー・プラネット、太陽系小天体。呼びかたはいろいろあるが、通称メインベルトと呼ばれる火星軌道と木星軌道の間に帯状に集まっている、ほとんどが岩石のかたまりという小天体だ。それぞれが異なる軌道を持ち、地球と同じように、太陽のまわりを公転している」

「それは、わかったけどさあ。だから、その、小惑星なんて撮ってどうすんだよ」

すばるはピタリと足を止めた。

「おれは、ある小惑星を捜索しているんだ。オトさんがやっていたように」

「ソーサクって、探すってこと？　あの中から？」

駿馬はぽかんとして、曇り空を見上げる。その上に広がる、無数の星の中から、ただ一つの星を探そうというのか。冗談だろ、という気分だ。

「……どうやって探すんだ、そんなん」

「望遠鏡に接続できる特殊なカメラで、さっきみたいに、夜空を撮影する。何枚も、何十枚もだ。簡単にいうと、写真の中から、未発見の星を探す。見つけたら、アメリカにある小惑星センターってところに報告する。いろんな条件をクリアしてそれが認められたら、番号登録。はれて、正式な小惑星発見者になれるってわけだ」

「星を見つけるのが、おまえのやりたいこと？」

無言でうなずいたすばるに、駿馬は息をのむ。

「……わかんないけど、その夢、ハードル高すぎね？　むずかしいんじゃないの」

「ハードルの高さは関係ない。あんたはむずかしかったから、あきらめたのか？　……夢」

ビー玉みたいな目が駿馬を射貫《いぬ》く。浮かべた笑みは、挑発、いや、嘲笑《ちょうしょう》だ。

駿馬はぽかんと口を開けた。

（注7）ジャブなしの右ストレート、またはロープにふらない（注8）三角飛びドロップキック。

――強烈。

小惑星って、つまり宇宙にあるものだろう。あの、空に浮かんでいる、ギラギラの仲間だ。これまでだれも見つけていない星を探して、見つける。すばるは、そういう話をしている。

Dばっかじゃねーの、と駿馬は心の中でつぶやいた。

そんなの、中学生が言うせりふだろうか。腹が熱くなる。ちくしょう、なぜか悪口を言いたくなる。根拠もないのに、負けたという気がする。

星に話しかけるわ、だいたいのやつに笑い飛ばされそうな夢をはっきりと口にするわ。

すばるは変わりすぎている。無愛想だし、やたらえらそうだし、ムカつくし、理解できなさすぎる――。正直、ちっともお近づきになりたいタイプじゃない。

なのに、すばるから食らった不愉快寸前のびりびりは、ずっと駿馬の胸にわだかまり、結局、土間のテーブルで、すばるのばあちゃんに焼きそばを食わせてもらうまで続いた。

「山で望遠鏡をのぞきにいくのに、すばるがほかの人を連れちったんは、あんたがはじめてよ。あの子はちっと、むずかしゅうてね。あのとおり、ずっと学校にも行けんでねぇ」

二　次の文章を読み、あとの(1)～(7)の問いに答えなさい。

駿馬《しゅま》は家族とともに八年間モンゴルの首都・ウランバートルで暮らしていたが、母親の仕事の都合で日本に帰国することになった。陸上部で活躍していたものの怪我《けが》で走れなくなった駿馬は、同級生のすばると出会う。父親を亡《な》くしたすばるは、祖母と二人で暮らしており、学校にも通っていない。初夏のある夜、二人は天体観測をしていた。

「北天、4・0等星の(注1)アルコル。いまみたいな視力検査がなかった昔は、アルコルが見えるかどうかで、視力の良し悪《あ》しをはかることもあった。(注2)ミザールとアルコルの距離は3光年から4光年。互いにあまりに近いせいで、ぱっと見には分離せず、重なって見える。疑惑つきの(注3)連星なんだよ。星が答えてくれたらいいのに」

人間じゃあるまいし。駿馬はからかった。

「質問があるなら、お星様にきいてみれば」

すると、すばるは、びっくりしたように目を見開いた。それから空に視線をもどして小さくささやいた。

「……ミザール、アルコル。返事をしろ。互いの重力を感じるか？　それとも、やっぱり見かけだけの連星なのか」

駿馬はふきだすのをすんでのところで我慢した。

(まじか。星に命令とか何者だよ。しかもなぜかちょっとキレぎみ)

ばっかじゃねーの、と笑い飛ばすところだけど、耳に届いたすばるのささやき声は、怖いくらいに真剣なのだった。

もし星から返事が聞こえたなら、当たり前のように喜ぶのだろう、きっと。

――こんなやつ、見たことない。

駿馬は北天に輝くミザール、アルコルをもう一度見上げた。すばるはいったい、空の何を見ている？　そこに何があるというのか。ガキのころからさんざん見てきた、A何のへんてつもない星のつらなりが、急に特別なもののように思える。

やがて西から厚い雲が流れてきて、すっかり空が覆われてしまった。

結局、B星を見ることができたのは、十五分くらいの短い間だった。

たかが十五分。でも、長さは関係ないのかもしれない。

すばるは、かならず星が見られると信じて、あれだけの機材をかついで山を登って、この場所でたった一人で――駿馬なんて視界にも入ってなかったから一人だ――空をにらんでいた。たとえ待ち時間が二時間でもたぶんすばるは待っただろう。(注4)ラメ入りのビー玉みたいな両目に、10センチのレンズに、星が映るまで……。

そう考えると、理解できねえとあきれると同時に、C思いっきりビンタされたときみたいな熱いびりびりが胸に広がる。

とまどう駿馬をよそに、すばるは、機材をケースとリュックに要領よくつめている。

「撤収する」

「えっ、もう終わり⁉」

短く告げたすばるに、思わず叫んでしまう。

「もたもたしてると、雨がふるぞ」

大判ハンカチを外した(注5)ランタンを腰につるして、すばるは、いまきた道をさっさと下りだした。あわててあとを追う。

「あれだけ待って、星が見えたのがたった十五分って……」

「たとえ数枚でも、撮影できただけで上等。最高の条件で観測できるタイミングなんて一年にそうそうないし、どの天域であっても、未知の天体が写る可能性はゼロじゃないんだ。たまたま望遠鏡を出さなかったその日が、最高の(注6)シーイングになるかもしれない。待ちに待った追跡のチャンスかもしれない。だったら、待たない理由はないだろ」

ア　段落9・10では筆者の主張とその主張の根拠となる事実を説明し、段落11では段落9・10で述べた事実を補足する内容を述べ、段落12で結論として先に述べた主張を繰り返している。

イ　段落9・10では取り上げている話題に関する複数の仮説を紹介し、段落11では段落9・10で述べた説から筆者が支持するものとその理由を述べ、段落12で段落11の内容をまとめている。

ウ　段落9・10では取り上げている話題に関する筆者の体験を列挙して、段落11では段落9・10の具体例についての考察を述べて要点をまとめ、段落12で段落9〜11の内容について結論を述べている。

エ　段落9・10では取り上げている話題に関して客観的事実を詳細に説明し、段落11では段落9・10の内容をまとめて推測できることを述べ、それをもとに段落12で重要な点を再度指摘している。

オ　段落9・10では筆者の考えとそれに関連する事実を複数紹介し、段落11では段落9・10の内容に反する考えを指摘してそれを否定し、段落12では段落9〜11を根拠に仮説を立てている。

(7)　文章中にF私たちはある状況、環境の中で認知を行うとあるが、状況や環境と認知の関係について説明したものとして**適当でないもの**を、次のア〜オのうちから一つ選びなさい。

ア　認知と環境の関係をつないでいるのは、人間の身体が生み出す行為であり、身体の構造によって高度な操作が可能になっているので、環境が人間の認知を助ける必要はないと考えられる。

イ　自分の身体を通して環境を変化させて、その環境を身体によって知覚して認知を行うという関係になっていることから、認知と環境は身体的行為を通したサイクルやループの関係だといえる。

ウ　手を入れるという身体的行為によって、人間が風呂の水という環境に働きかけることで、温度に関する情報を風呂の水から提供されることになり、認知することが可能になる。

エ　環境は人間の記憶を代替することがあるため、人間は正確な知識がない場合でも、ある環境を実際に見たり動いたりして情報を得ることで、環境に助けられ自然と目的を果たせることがある。

オ　実際にある環境の中で行為することで理解できることを事前に覚えたり予測したりする必要のないことから、環境は人間にとって認知や知識の一つとして扱われ、利用されていると考えられる。

(8)　本文全体の論旨の説明として最も適当なものを、次のア〜オのうちから一つ選びなさい。

ア　人間は環境に変化を加えようとすることで、直接経験していないことであっても知識を得られるが、コトバによって実際に経験していない感覚を知識としてたくわえることは難しい。

イ　人間の認知や知識は、脳の思考によってのみ行われているのではなく、身体を通してさまざまな感覚を得ることで作られており、その過程では人間の身体の形状が大きく影響している。

ウ　人間がコトバを通して頭の中で行う認知と、身体を使い実際に環境を利用して行う認知とはまったく別のものであり、頭の中で行う認知には、それが脳内で完結するという性質がある。

エ　人間の認知や知識の構築には、感覚の言語化とそれを可能にする高度な身体の機能が必要であり、感覚を言語化した知識や認知は環境によって大きく変わることはない。

オ　人間の認知、知識は、人間特有の高度な操作を可能にする身体とそれを受け止める環境によって構築されるものであり、その際に脳によって思考することはそれらから切り離されている。

ア　顔の特徴を言語化することで余計な情報を認識しなくなったため、直感でとらえたままにしておいたときよりも、思い出しやすくなる。

イ　直感で理解した顔の特徴を言語化することで記憶の精度が高まったため、言語化しないときよりも同じ顔の識別がしやすくなる。

ウ　直感的にとらえた顔の特徴を言語で表現しようとしたことが、正しい認識の妨げになって、次に同じ顔を見ても識別が難しくなる。

エ　顔全体を見て特徴を覚えるべき時間を、無理やり言語化するための時間として使ったことで記憶が曖昧になり、思い出せなくなる。

オ　顔の特徴を言語化することで細かく認識することが可能になったため、次に顔を見ると違和感があり、識別しにくくなる。

(5)　文章中にEその領域で経験の豊かな人が、経験のない人にコトバで何かを伝えるときは、齟齬が生み出される可能性はとても高いと考えなければならない　とあるが、これについてクラスで話し合いが行われた。次の先生の発言を受けて、本文で筆者が説明する内容に沿って述べている意見として適当なものを、あとのア～カのうちから**二つ**選びなさい。

> 先生　コトバによる伝達は人間に進歩をもたらしましたが、そうではないところもあると筆者は主張していますね。コトバのいくつかの特徴を取り上げて、「コトバで何かを伝えるときは、齟齬が生み出される可能性はとても高い」と指摘しており、コトバによる伝達が難しいと述べています。では、コトバのこういった特徴について考えていきましょう。

ア　コトバは全体性のある対象や直感的な理解を表現するものとしては不適当です。また、時代によって変化する概念を表現することも難しいです。ここから考えると、一時的な出来事を知識として言語化し、時代を超えて伝えていくのは困難であるとわかります。

イ　自分のさまざまな感覚のネットワークを構成しているものについて、すべてコトバで表現したことがある人は少ないはずです。言語で知識を伝達する以前に、まず感覚のネットワークのつながりを強弱も含めて表現できるようにしないと、正確なものにならないのです。

ウ　同じものでも上から見るか横から見るかで言語表現が変わる可能性があると指摘しています。伝達する側が横から見ていて受け取る側が上から見ている状況では、伝達する側の表現に受け取る側が違和感を覚え、意味することが理解できないということが起きます。

エ　コトバの解釈は聞き手や状況によって異なるため、必ずしも発した人の意図した通りに認識されるとは限りません。何かを名付けた人の置かれた状況について、時代を超えて正確に把握することは不可能なので、名付ける際には状況を反映せずに表現するべきです。

オ　私たちは多くの感覚を経験し、多くの知識を取り込んでいます。それらについて、感覚なのか知識なのかをすぐに区別することは難しいため、伝達するときに知識として整理して伝えていない場合が多く、受け取る側も知識ではなく感覚だと判断してしまうのです。

カ　一つのコトバには、五感で感じ取るさまざまな要素が含まれます。また、そこにはコトバを使う側にも意識できない要素もあります。コトバによる表現が難しいものやそもそも意識していないものは伝達できないため、完璧な知識や情報にならないということです。

(6)　文章中の段落[9]～[12]までの段落相互の関係の説明として最も適当なものを、次のア～オのうちから一つ選びなさい。

のア～オのうちから、それぞれ一つずつ選びなさい。

① フれる
ア 自動車と自転車がセッショクする。
イ この地域はカキのヨウショクがさかんである。
ウ 前年度のフンショク決算を指摘する。
エ 書籍にゴショクを見つける。
オ 銀行にシュウショクする。

② チツジョ
ア このマスコットはトツジョ注目された。
イ この道路ではジョコウ運転を心がける。
ウ 何を優先すべきかジョレツをつける。
エ 水中の汚れをジョキョする。
オ 歴史的な出来事をジョジュツする。

③ イデンシ
ア この人物は、音楽界のケンイである。
イ 食物センイを多く含んでいる野菜をとる。
ウ アンケート調査をイライする。
エ このランナーは、イダイな記録を残した。
オ イシツ物を係員に届ける。

④ ジョウショウ
ア ここはあるスポーツのハッショウの地である。
イ ショウライの目標を真剣に考える。
ウ 固体のショウカについて復習する。
エ 伝統を次世代にケイショウする。
オ サークルの歓迎会にショウタイされた。

⑤ テキギ
ア よい契約ができるようベンギをはかる。
イ しっかりレイギを尽くす。
ウ ギキョク作品を上演する。
エ 紙幣のギゾウを見破る。

オ サギ事件について注意喚起が行われる。

(2) 文章中の A ・ D に入れる語句の組み合わせとして最も適当なものを、次のア～オのうちから一つ選びなさい。
ア A しかし　D そのうえ
イ A だから　D たとえば
ウ A 一方で　D つまり
エ A なお　D ただし
オ A また　D けれども

(3) 文章中にB日本の学校で学ぶ英語は身体化されていないのだとあるが、これはどういうことか。その説明として最も適当なものを、次のア～オのうちから一つ選びなさい。
ア 英語の文字を日本語と結びつけるだけで終わり、言語を使って過ごすことで構成される、感覚との結びつきができていないということ。
イ 英語を文字として認識しているだけで、日常で流暢《りゅうちょう》に発声したり身振り手振りを伴って使ったりすることができていないということ。
ウ 日常的に役立てる機会がないため、日本語との記号的な結びつきを理解しても、英語を独立した記号として認識できていないということ。
エ 学習で文字としての単語を短期的に記憶するだけで、英語を使う感覚を身体で知って長期間記憶に残すことはできていないということ。
オ 英語を日本語で覚えるただの知識ととらえていて実用化しないので、英語における独特の身体感覚までは認識できていないということ。

(4) 文章中にCそのビデオに出ていた人物の顔の特徴をできるだけ詳しく記述させたとあるが、人物の顔の特徴を詳しく記述した人はどのような状態になるか。その説明として最も適当なものを、次のア～オのうちから一つ選びなさい。

は仁徳《にんとく》天皇陵、今は大仙陵古墳と呼ばれるものは前方後円墳と言われている。私ももう半世紀も前に学校でそのことを教わり、何も考えずに覚えていた。しかし数年前に、突然「逆じゃないか」と気づいた。前方後円墳ならば、前が方形で、後ろが円形になっているはずだが、ふつうに写った写真を見れば円形部が上、方形部が下になっている。多くの人にとって、これの自然な解釈は、「前円後方墳」になるのではないだろうか。どうも最初にこのように名づけた人が、このお墓を横から見て、牛車に似ていると思い、方形の部分を牛が引いている様、円形の部分を人が乗っているところと解釈したためという。そもそも昔の人は上から見ることはできなかったわけだから、別にこの命名が間違いということにはならないだろう。D 名付けた人の置かれた状況と言語表現は切り離せないということなのだ。

8 このように聞き手の視点の取り方、状況によって、コトバはその意味を大きく変える。だからE その領域で経験の豊かな人が、経験のない人にコトバで何かを伝えるときは、(注4)齟齬《そご》が生み出される可能性はとても高いと考えなければならない。

9 認知、知識などというと沈思黙考、(注5)ロダンの考える人のようなイメージがあるかもしれない。しかし思考も含めた人の認知というのは頭の中で完結しているわけではない。F私たちはある状況、環境の中で認知を行う。また行為を通して環境に働きかけ、環境を変化させ、それを知覚して情報を取得し、また認知を行う。環境はさまざまな情報を提供してくれるだけでなく、記憶の代替をしてくれたり、取り組む課題を簡単にしてくれたりする。別の本にも書いたのだが、風呂を沸かす時に、どの時点で止めればよいかは、水の容積、沸かす前の水の温度、気温、風呂の火力などから計算できるが、それをやる人はいない。手を入れてみればわかるからだ。家から学校までの正確な地図のような知識は誰も持っていない。なぜなら歩き始めればどこで曲がるか、どの程度直進するかは環境が教えてくれるからだ。

10 また実行可能な行為は身体の形状と深く関係している。私たちは4本の長めの突起物(手足のことだが)を持ち、そのうちの2本を用いて直立して生活をしている。すると首から下の身体の前面はほぼすべて見ることができる。つまり自分がどんなさまをしているのかがかなりの程度理解できる。これは自己というものの成立に深く関係している。また手が自由に動き、かつほどほどの長さの指があり、親指は他の指と対面の位置に置ける。これはかなり高度な操作を可能にしている。こうした手の構造を持たない動物たちは高度な石器などを作ることは不可能だ。

11 つまり認知と環境は特定の形状をした身体が生み出す行為を通したサイクル、ループの関係になっている。だとすれば認知、そこで構築され、利用される知識は、環境や状況の提供する情報を前提としている可能性がある。見ればわかることをわざわざ覚えておく必要はないし、やれば見えることを見る前に予測する必要もないはずだ。つまり環境は認知、知識の中に組み込まれており、それを支えとして構築、利用されているのだ。

12 だからすべてを頭の中に貯《たくわ》えておく必要はない。テキ⑤ギ環境に働きかけることで、環境が変化し、大事な情報を伝えてくれるからだ。

(鈴木宏昭『私たちはどう学んでいるのか』による)

(注1) 凌駕=他をしのいでそれ以上のものになること。
(注2) 可塑性=固体に強く力を加えて変形させると、力を取りのぞいても元に戻らなくなる性質。
(注3) 臨界期=人間の脳の発達において、あることを学習すると最もよく効果が出る、限られた期間。
(注4) 齟齬=うまくかみ合わないこと。行き違い。
(注5) ロダンの考える人=ロダンは十九世紀フランスの彫刻家。「考える人」はロダンの作品で、右ひじをついた姿勢で、沈思する青年の像。

(1) 文章中の〜〜〜①〜⑤に相当する漢字を含むものを、あとの各群

二〇二四年度 芝浦工業大学柏高等学校（第二回）

【国語】（五〇分）〈満点：一〇〇点〉

一 次の文章を読み、あとの(1)～(8)の問いに答えなさい。なお、[1]～[12]は段落番号である。

[1] 学校で英語を何年学んでもさっぱり英語が話せない、聞き取れないというような話はよく聞く。[A]、外国に住んだことのある日本の子供たちは親を（注1）凌駕《りょうが》するような英語能力を身につけると言われる。これがなぜかは、子供の脳の（注2）可塑《かそ》性とか、（注3）臨界期などと言われたりもしている。しかしこれまでのことからすれば、説明は簡単だ。B日本の学校で学ぶ英語は身体化されていないのだ。英語の時間に文字として①フれるだけであり、それを使って生活することがない。そこでは「apple→リンゴ」という記号同士のつながりができるだけだ。一方、英語圏で育つ日本の子供たちは幼稚園、学校に放り込まれ、起きている時間の1／3から1／4くらいをそこで英語を使って過ごす。彼らの英語は自分の経験を構成するさまざまな感覚と結びつき、身体化されている。これが子供たちのすばやい英語習得を支えている。

[2] 人はコトバおよびそれに対応した概念を持つことにより、世界を組織化し、チツ②ジョ立った形で他者にそれを伝達することが可能になった。またそれを受け取る人は自らが経験していないことを知識としてたくわえ、まさに人の肩に乗って生活をしていくことが可能になった。これによって人は③イデンシや直接の経験からの学習の呪縛《じゅばく》を超えて、文化的学習(cultural learning)が可能になり、その進歩のスピードを飛躍的に④ジョウさせたと言われている。

[3] その一方、学校、大学、職場、社会において、学習がいかに遅々たるものか、そこにどれだけの誤解が生じているかは多くの人がいやというほど経験済みのことだろう。つまり何か一定以上複雑なことがコトバだけで伝わったり、学ばれたりすることは稀《まれ》といっても過言ではない。

[4] それは、前節で述べたようにして作り出される感覚、知識のネットワークは言語では語り尽くせないような豊かな内容を含んでいるからなのだ。リンゴが何かを教える場面において、自分のさまざまな感覚のネットワークの構成要素、そしてその間のつながりを強弱も含めてすべてコトバで表現できる人などいるはずがない。だから言語的に知識を伝達しようとしてうまくいかないのだ。

[5] またコトバは万能選手ではない。得手不得手があるのだ。コトバは、全体性を持つような場面や対象、また直感的な理解を表現するには適していない。そうしたものをコトバで表現すると、認識が阻害されることもある。たとえば人の顔や声はコトバで表すことは難しい。これを無理にさせるとどのようなことが起きるかといえば、それらの認識の低下なのである。言語隠蔽《いんぺい》効果(verbal overshadowing)と呼ばれる現象はまさにこうしたことを示している。ある実験では、被験者にビデオを見せ、Cそのビデオに出ていた人物の顔の特徴をできるだけ詳しく記述させた。その後、その人物を含む複数人の顔写真から、どれがビデオに出ていた人かを指摘させる。すると言語的な記述をした人たちの正答率は、それを行わずにまったく別の作業をその間行っていた人よりも低下してしまうのだ。

[6] さらに私たちの感覚のネットワークは意識できないものも含んでいる。私たちは無意識的な情報も取り込んでいるし、その影響を受けている。だから身体化された知識の構成要素にはそれらが確実に入り込んでいる。こうした情報は本人自身が意識できないので、それを伝えることはもちろんできない。

[7] またコトバはそもそも多義的である。だから発したコトバがどのように解釈されるかは聞き手や状況によって大きく変化する。昔

英語解答

1	1 B	2 A	3 B	4 C	**4**	(1) ウ	(2) イ	(3) イ	(4) エ
	5 B					(5) ア，エ			
2	1 A	2 C	3 B	4 C	**5**	(1) ウ	(2) ア	(3) エ	(4) イ
	5 C					(5) ウ	(6) ア	(7) イ	
3	1 C	2 B	3 B	4 A	**6**	(1) ウ	(2) ア	(3) エ	(4) ア
	5 C					(5) エ	(6) イ	(7) ウ	

1～**3**〔放送問題〕放送文未公表

4〔長文読解総合―説明文〕

≪全訳≫❶音楽は販売活動の手段として使うことができ，また，顧客が物品を購入する意欲を高める環境をつくることもできる。それはまた食べ物の味や，列に並んでいるときの気分や，お店で買うワインにも影響することがある。❷それでは音楽のテンポ，ジャンル(音楽のタイプ)や音量は顧客の購買行動にどう関係しているのだろうか。❸かかっている曲のテンポは，店舗やレストランの雰囲気の重要な一部になりえる。音楽が速くなると，顧客の行動も速くなるということは広く信じられている。❹ある研究では，「速い」テンポと「遅い」テンポの音楽がレストランにおける人々の行動に異なる影響を与えるということが示され，多くの研究がこれを裏づけている。例えば，テンポの遅い音楽を聞いているレストランの客は，テンポの速い曲を聞いている客よりもテーブルで過ごした時間が平均で11分長かった(56分対45分)。❺類似の研究が，音楽のテンポがスーパーマーケットの買い物客へ及ぼす影響を調査した。それによると，テンポの遅い音楽がかかっていると，速い音楽がかかっているときよりも客が店内をゆっくりと歩いていたことがわかった。音楽のテンポが，店で客がどのように時間を過ごすかに大きな影響を及ぼしていたのである。店内をよりゆっくりと移動するので，客はより多く買う可能性が高くなるのだ。この場合では，38パーセント多かった。❻研究者によると，顧客の行動は音楽によって変わりやすいため，ジャンルもまた客の考え方に強く結びついている。例えば，クラシックやジャズといった音楽のタイプは，それらが優雅さや豊かさと結びついているため，高級として認知されている。それらのタイプの音楽がバーやレストラン，店舗などで流されると，この種の音楽によって顧客がよりたくさんお金を使って高価で高品質な製品を購入する意欲が向上した。❼また他の研究によると，あるワインショップでトップ40の音楽ではなくクラシック音楽を聞いた顧客は，はるかに多くのお金を費やしたことがわかった。これは顧客がより多くのワインを購入したからではなく，より高価なワインを購入したからだった。ここでの結論は，「売り上げを向上させるには，音楽が環境にふさわしいものでなくてはならない」ということだ。❽かかっている音楽の音量が顧客の支出に直接影響していることを示す十分な研究はない。しかしながら，研究者たちはまた音楽の音の大きさが顧客の滞在時間に影響することがあるということも見出した。ある研究は「騒がしい」音楽と「穏やかな」音楽の顧客への影響を調べた。その研究によると，音楽が穏やかな場合に比べて，騒がしい場合に人々は店内で過ごす時間が短かった。したがって，顧客をより長く滞在させるような音量で音楽を流すことが，より高い支出につながる可能性があるということがいえる。

(1)＜要旨把握―グラフの読み取り＞ウのグラフが，クラシック音楽が流れていると，トップ40の音楽のときよりも高価なワインを購入するという，第７段落の内容に一致する。

(2)＜表題選択＞第１段落で音楽が人々の感覚や行動に与える影響という問題を提起し，第２段落ではより具体的なテーマとして，音楽が顧客の購買行動に与える影響を挙げ，第３段落以降は，テンポ，ジャンル，音量という音楽の異なる側面から，それぞれが滞在時間や支出額といった顧客の購買行動に与える影響について研究結果を挙げながら説明している。よって，タイトルとして適切なのはイ．「音楽は我々の購買行動にどう影響するか」。　influence「～に影響を与える」　behavior「行動」

(3)＜内容真偽＞ア．「テンポの遅い音楽を聞いた顧客は平均で11分間レストランに滞在した」…×　第４段落後半参照。テンポの速い音楽を聞いた顧客よりも11分間長く滞在した。　イ．「ゆっくりとした速度の音楽は店での製品の売り上げを伸ばすのに役立った」…○　第５段落後半の内容に一致する。　ウ．「顧客はクラシック音楽を聞いていると，より多くのボトルを購入する傾向がある」…×　第７段落第２文参照。本数が多いのではなく単価が高かった。　tend to ～「～する傾向がある」　エ．「騒がしい音楽は店の売り上げを伸ばすのに役立った」…×　第８段落後半参照。音楽が騒がしいと客の滞在時間が短くなるので，売り上げの向上にはつながらないと考えられる。

(4)＜要旨把握＞客の滞在時間が短いほど回転率は上がる。第４，８段落より，客の滞在時間がより短かったのは，音楽のテンポが速いときと騒がしい音楽がかかっているときである。　up-tempo「速い速度の，アップテンポの」

(5)＜要旨把握＞第６段落では，バーやレストランなどでクラシックやジャズをかければ，顧客の購買意欲が高まることが述べられており，ア．「高級レストランは売り上げを伸ばすためにクラシック音楽かジャズ音楽を用いるべきである」は，この内容に沿う。また，第８段落では，穏やかな音楽をかけると，顧客の滞在時間が長くなり，その結果，支出額の増加が期待できることが示唆されており，エ．「デパートは穏やかな音楽を流せば売り上げを伸ばせるだろう」は，この内容に沿う。その他の選択肢の訳は以下のとおり。　イ．「スーパーマーケットは顧客がより多くの製品を購入できるように速い速度の音楽を用いるべきである」　ウ．「ファストフードのレストランは売り上げを伸ばすためにクラシック音楽かジャズ音楽を用いるべきである」　オ．「ホテルは顧客の気分がよくなるようにクラシックの穏やかな音楽を用いるべきである」

5〔長文読解総合―説明文〕

≪全訳≫❶ポンペイという失われた都市／耳をつんざくばかりの轟音《ごうおん》が，ポンペイの混みあった市場中に響き渡る。大地が激しく揺れ，昼間の買い物客のバランスを崩させ，魚や肉の屋台を破壊する。人々は叫び，その頭上にそびえる巨大な火山，ベスビオ山を指さす。❷2000年近く前，ポンペイは今日の南イタリアにある活気ある都市だった。しかし西暦79年の夏，近くのベスビオ火山が噴火した。煙ときわめて有害なガスが大気中20マイルにわたって流れ出て，それは瞬く間に町へと広がった。ほぼ一夜にして，ポンペイと，その１万人の市民の多くが，一面の灰の下に消えてしまった。❸実のところ，ポンペイは1748年に再発見されるまで，その存在は忘れられていた。その発掘のおかげで，それは今日もまだ進行中であるが，科学者たちはその恐ろしい日に起きたことをほぼ正確に解明することができている。

❹空が落ちてくる／正午過ぎにその火山が最初に噴火した後，分厚い灰によって真っ暗になり，人々は太陽さえも見ることができなかった。その都市から逃れた人たちもいたが，自宅に避難した人たちもいた。しかし灰は降り続けた。場所によっては，９フィートもの深さになって，出入り口をふさいだり屋根を破壊したりした。❺午前０時頃に，４回のうち最初の焼けるように熱い灰と岩，有毒ガス（サージとも呼ばれる）からなる雲状のものが火山から流れ落ちてきた。時速180マイルでポンペイへと向かいながら，サージはその通り道にある全てを焼いた。午前７時頃，最初の噴火からおよそ19時間後，その都市は死をもたらすほどの灰と岩で完全に覆われた。❻消失と発見／ポンペイを訪れることは時間を遡るかのようだ。灰の層は実は，建物や芸術作品，それに身体の形さえをも保存するのに役立ったのだが，それはそれらが腐食すると灰に空洞が残ったからだった。そのことが，専門家たちに多くの他のローマ遺跡には残存していなかったであろう細部を埋めるという作業を可能にした。❼彼らが明らかにした発見に基づいて，科学者たちは，ポンペイが休暇を過ごす裕福なローマ人たちに人気の栄えた町だったと考えている。見事に舗装された通りには，歩行者が泥を避けられるように高くなった歩道と踏み石が設置されていた。くつろぐために，人々は公衆浴場につかったり，円形競技場で剣闘士や軽二輪戦車のレースを観戦したり，２つあった劇場で演劇を楽しんだりしていた。❽ポンペイは昔の歴史かもしれないが，科学者たちはベスビオ山が再び大噴火を迎える時期にきていると確信している。幸い今日火山の近隣に居住する人たちは，それが噴き出す前に避難警告を受け取るだろう。

(1)＜文脈把握＞この段落では近くのベスビオ火山が噴火したことが示唆されていることから，聞こえてきたdeafening boomとは噴火に伴う轟音だと考えられる。deafeningは「耳をつんざくような」，boomは「とどろき」という意味。　eruption「噴火」

(2)＜語句解釈＞続く第３段落では，ポンペイが失われた町になったことがわかる。町とそこで暮らしていた多くの人々が，ア．「分厚い灰の下に消えてしまった」のである。　vanish ≒ disappear「消える」　a blanket of ～「一面の～」　thick「厚い」

(3)＜単語の意味＞the excavationsとあるので，その前を見ると，ポンペイが再発見されたことが述べられている。ポンペイが再発見されたのは，それがexcavation「発掘」されたからである。
digging「発掘」　thanks to ～「～のおかげで」

(4)＜英文解釈＞下線部④はTraveling ～ an hourという分詞句が副詞のはたらきをする分詞構文で「時速180マイルでポンペイへと向かいながら，サージはその通り道にある全てを焼いた」という意味。分詞構文では，分詞句の意味上の主語は原則，主節の主語に一致する。ここでのtravelは「進む」という意味。the surgeは第５段落第１文よりdeadly gasの別称。pathは「通り道」。以上より，下線部④の内容を表すのは，イ．「ガスはポンペイに向かってとても速く広がったので，それは進路にある全てのものを燃やした」。

(5)＜英文解釈＞help to preserveは‘help (to)＋動詞の原形’「～するのを助ける」の形。preserveは「～を維持する，～を保存する」。ここでのasは‘理由’を表し，as以下が建物や人の形が保存された理由を表している（theyは前にあるbuildingsからbodiesまでを指す）。decayの意味は直後にleft holes in the ash「灰に空洞を残した」とあることからdisappear「消える」に近いことが推測できる。以上より，下線部⑤の内容を表すのは，ウ．「身体の部位は消失し，灰に身体の形の空洞を残した」である。　decay「腐食する，腐敗する」

(6)＜単語の意味＞prosperousは直後のtownを修飾していることから，消失前のポンペイがどんな町だったかを表す語と考えられる。この後に続く内容から，ポンペイが「栄えた〔裕福な〕」町だったことがわかる。　wealthy「裕福な」

(7)＜英文解釈＞直後で，噴火の前には避難警告があると述べられていることから，また噴火することが予測されていることがわかる。その内容を表すのは，イ．「科学者らはベスビオ山がいつか噴火するだろうと確信している」。　overdue for ～「～の機が熟していて」

6〔長文読解総合―伝記〕

≪全訳≫❶14歳のとき，漁師だった中浜万次郎は漁の間に遭難して人が住んでいない島に漂着した。彼はアメリカの船に助けられ，約10年間アメリカで暮らして，ペリーの来航前に日本に戻った。❷他の家族が皆，床についてしばらくしてから，万次郎は家の出入り口の前に立った。月が海へと，そしてもしかしたらアメリカまでもつながっている光の道をつくっていた。❸静かだった。彼には海辺の波音が聞こえた。フクロウの鳴き声が山肌を伝っていた。❹このへんぴな村に何かしらの変化を想像することは難しかったが，変化の波は迫ってきており，日本は多くの点で変わらなければならなさそうだった。西洋が科学や交通，そして強兵を発展させていた間，彼の愛する祖国は長年の間ほぼ変わっていなかった。迫る変化で日本がよりよくなる方法は何百通りとあった。そしてそうはならない方法も何百通りもあった。もしかしたらいつの日かこの静かで平和な村でさえ，蒸気機関の音と実業家たちの声で打ち破られるかもしれなかった。❺生命の本質と同様に，同じであり続けるものなどなかった。元来日本の人々は桜の花の美しさや色づいた秋の木の葉を慈しんだ。万次郎は彼の国の人々がいまだかくも強固に過去にしがみついているのを滑稽に思った。今や彼らは風が吹きつけている，枝の上の最後のもろい花のようだった。❻万次郎はため息をついて中に入り，布団《ふとん》に横たわって，そして眠っている家族に加わった。❼万次郎は目を開けて何が自分を目覚めさせたのかと自問した。彼にはある見知らぬ使者の声が聞こえた。彼がまだ布団の中にいる間，彼の母親がその使者に応対しに行った。❽「よそ者である万次郎は直ちに高知へと行かねばなりません」と使者が言った。❾「失礼ですが」と彼の母親は言った。「彼はよそ者ではありません。彼はあなたや私と全く同じように日本人です。なぜ彼が直ちに行かねばならないのですか？」❿「偉大な土佐の藩主がそれを命じたのです」とその男は言った。⓫「でもなぜ？」と彼女は尋ねた。⓬「私にはわかりません」と彼は言った。「私はただの使者にすぎませんので！」⓭万次郎の姉〔妹〕がその男にお茶とおにぎりを出すと，彼はもっと話し始めた。⓮「彼が外国のスパイだという人もいるんです」と彼は言った。「ですから，彼は逮捕されるかもしれません」⓯万次郎の母親は深く息をついた。⓰「しかし，こう言う人もおります」と使者は続けた。「藩主の山内氏が，彼に若い侍たちに外国語を教えてほしいと思っていると」　男は声をひそめて小声にした。「彼らは万次郎が侍になるかもしれないとさえ言っております」　彼は舌打ちをした。「単なる漁師が侍になることを想像してみてください！」⓱万次郎は布団の上でほほ笑みを浮かべ，自分たちが死にそうだと思ったときに漁船の中で自分が友人に何と言ったかを思い出した。彼は侍になりたいと言ったのだ。彼はなぜそう言ったかはわからなかったが，その言葉はただ出てきたのだ。しかしこの不可能に思える考えが彼が生き続けるのに役立ったのだった。⓲使者はお茶を飲み，そして笑った。「そうですね，彼は侍の家の出ではないから，せめて侍の心を持っていればいいですな！」⓳万次郎は自分の心臓が鼓動するのを感じた。それは波に洗われて砕けた。それはいつだって漁師の単純な心であろうが，もしかしたらそれは侍の勇敢な心にもなるかもしれなかった。

(1)＜内容一致＞「家族が床についた後，(　　)ので万次郎は眠らなかった」―ウ.「彼は日本の将来について心配していた」　第4，5段落参照。西洋諸国が科学などで発展を遂げる中，変わらない日本の将来を憂えている様子が読み取れる。

(2)＜内容一致＞「日本が(　　)とき，西洋はいろいろな形で発展していた」―ア.「ただ時を過ごしていた」　第4段落第2文参照。　remain ～「～(の状態)のままである」

(3)＜内容一致＞「万次郎は(　　)ことを滑稽だと思った」―エ.「日本の人々が変化を恐れている」　第5段落第3文参照。hold on to the pastは「過去にしがみつく」という意味で，この部分がエではbe afraid of change「変化を恐れる」と言い換えられている。

(4)＜内容一致＞「(　　)なので，使者は舌打ちをした」―ア.「侍でない者が侍になるのは珍しかった」　第16段落後半参照。使者が舌打ちした直後のセリフは，使者の不快感を表していると考えられる。

(5)＜内容一致＞「使者は(　　)と思った」―エ.「もし万次郎が侍になるのなら，彼はせめて侍の心を持っているべきだ」　第18段落第2文参照。

(6)＜内容真偽＞ア.「彼がアメリカから戻ったとき，彼は英語の教師になれてうれしかった」…×　このような記述はない。　イ.「彼の侍になるという希望が彼を生かし続けた」…○　第17段落最終文に一致する。　'keep＋目的語＋形容詞'「～を…(の状態)に保つ」　ウ.「彼は母親の言葉によって侍になるのは難しいと思っていた」…×　このような記述はない。　エ.「彼がアメリカから戻った後，彼は日本の人々が自然の移り変わりを慈しむことを残念に感じ始めた」…×　第5段落第2，3文参照。彼が残念に感じたのは日本人が過去にしがみついていること。

(7)＜内容真偽＞ア.「日本人の，桜への愛のような美意識は，西洋文化によって変えられた」…×　このような記述はない。　イ.「この話の時代には，日本において外国人であることは名誉であった」…×　第8～14段落参照。外国語を話すだけでよそ者やスパイと見なされることがあった。honor「名誉」　ウ.「この話の時代には，日本では家の伝統が重んじられていた」…○　第16～18段落より，侍の家の出でなければ通常は侍になれなかったことがわかる。　エ.「この話の時代には，人々はよく藩主に質問をしていた」…×　このような記述はない。

2024年度／芝浦工業大学柏高等学校（第２回）

数学解答

1 (1) ア…8　イ…1　ウ…0　(2) 7
(3) オ…1　カ…2
(4) キ…8　ク…3

2 (1) ア…1　イ…2　ウ…1　エ…0
(2) オ…6　カ…3
(3) キ…5　ク…2　ケ…5
(4) コ…1　サ…6　シ…5　ス…2

3 (1) ①　2　②　7
(2) ①　ウ…1　エ…1　オ…0
②　カ…1　キ…3

4 (1) ア…3　イ…2
(2) ウ…5　エ…4　オ…3
(3) カ…1　キ…2
(4) ク…2　ケ…7　コ…3　サ…2

5 (1) ア…7　イ…5
(2) ウ…1　エ…8　オ…3
(3) カ…9　キ…7
(4) ク…6　ケ…2　コ…1　サ…7

1〔独立小問集合題〕

(1)＜数の計算＞与式$=(\sqrt{2}+2\sqrt{5})\times\sqrt{3}(\sqrt{2}-\sqrt{5})\times\left(-\frac{1}{\sqrt{3}}\right)=-(\sqrt{2}+2\sqrt{5})(\sqrt{2}-\sqrt{5})=-(2-\sqrt{10}+2\sqrt{10}-2\times5)=-(2-\sqrt{10}+2\sqrt{10}-10)=-(-8+\sqrt{10})=8-\sqrt{10}$

(2)＜二次方程式─解の利用＞二次方程式$x^2+3x+a=0$の解は，解の公式を使って求めると，$x=\frac{-3\pm\sqrt{3^2-4\times1\times a}}{2\times1}=\frac{-3\pm\sqrt{9-4a}}{2}$である。$s=\frac{-3+\sqrt{9-4a}}{2}$，$t=\frac{-3-\sqrt{9-4a}}{2}$とすると，$s-t=\frac{-3+\sqrt{9-4a}}{2}-\frac{-3-\sqrt{9-4a}}{2}=\sqrt{9-4a}$となるので，$(s-t)^2=(\sqrt{9-4a})^2=9-4a$となる。また，$s=\frac{-3-\sqrt{9-4a}}{2}$，$t=\frac{-3+\sqrt{9-4a}}{2}$とすると，$s-t=\frac{-3-\sqrt{9-4a}}{2}-\frac{-3+\sqrt{9-4a}}{2}=-\sqrt{9-4a}$となるので，$(s-t)^2=(-\sqrt{9-4a})^2=9-4a$となる。よって，$(s-t)^2=37$のとき，$9-4a=37$が成り立つ。これを解くと，$-4a=28$，$a=-7$となる。

≪別解≫$x=s$，tを解とする二次方程式は，$(x-s)(x-t)=0$より，$x^2-(s+t)x+st=0$である。二次方程式$x^2+3x+a=0$の解も$x=s$，tなので，この２つの二次方程式は同じ方程式となる。よって，$-(s+t)=3$……①，$st=a$……②である。①より，$s+t=-3$，$(s+t)^2=(-3)^2$，$s^2+2st+t^2=9$……①′となる。また，$(s-t)^2=37$のとき，$s^2-2st+t^2=37$……③である。①′－③より，$2st-(-2st)=9-37$，$4st=-28$，$st=-7$となるので，②より，$a=-7$である。

(3)＜数の性質＞a，bは素数だから，2，3，5，7，11，13，17，19，……である。$a<b$であり，積abの値が40以下となるので，$a=2$のとき，$b=3$，5，7，11，13，17，19の７通りある。$a=3$のとき，$b=5$，7，11，13の４通りある。$a=5$のとき，$b=7$の１通りある。$a\geqq7$のときはない。よって，求めるa，bの組は$7+4+1=12$（通り）ある。

(4)＜平面図形─角度＞右図で，点Ｏと３点Ｃ，Ｅ，Ｆを結ぶ。$\overset{\frown}{\mathrm{AE}}:\overset{\frown}{\mathrm{EC}}=1:1$より，$\overset{\frown}{\mathrm{AE}}=\overset{\frown}{\mathrm{EC}}$だから，$\angle\mathrm{AOE}=\angle\mathrm{EOC}=\frac{1}{2}\angle\mathrm{AOC}$である。同様にして，$\overset{\frown}{\mathrm{BF}}:\overset{\frown}{\mathrm{FC}}=1:1$より，$\overset{\frown}{\mathrm{BF}}=\overset{\frown}{\mathrm{FC}}$だから，$\angle\mathrm{BOF}=\angle\mathrm{FOC}=\frac{1}{2}\angle\mathrm{COB}$である。よって，$\angle\mathrm{EOF}=\angle\mathrm{EOC}+\angle\mathrm{FOC}=\frac{1}{2}\angle\mathrm{AOC}+\frac{1}{2}\angle\mathrm{COB}=\frac{1}{2}(\angle\mathrm{AOC}+\angle\mathrm{COB})=\frac{1}{2}\times180^\circ=90^\circ$となる。$\overset{\frown}{\mathrm{EF}}$に対する円周角と中心角の関係より，$\angle\mathrm{GDF}=\frac{1}{2}\angle\mathrm{EOF}=\frac{1}{2}\times90^\circ=45^\circ$となるので，△GDFにおいて，$\angle\mathrm{DGF}=180^\circ-\angle\mathrm{GDF}-\angle\mathrm{GFD}=180^\circ-45^\circ-52^\circ=83^\circ$となり，$\angle\mathrm{AGE}=$

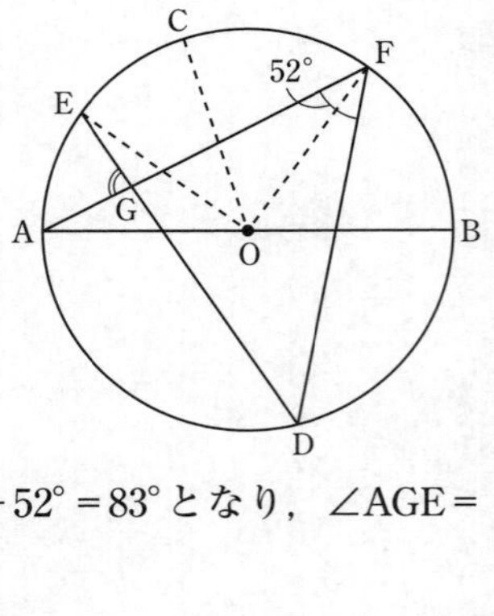

∠DGF＝83°である。

2〔関数―関数 $y=ax^2$ と一次関数のグラフ〕

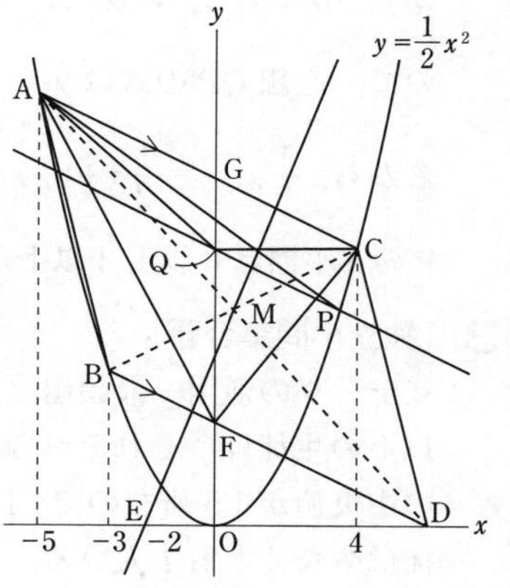

(1)＜直線の式＞右図で，2点A，Cは放物線 $y=\frac{1}{2}x^2$ 上にあり，x 座標はそれぞれ−5，4だから，$y=\frac{1}{2}\times(-5)^2=\frac{25}{2}$，$y=\frac{1}{2}\times4^2=8$ より，$\mathrm{A}\left(-5,\ \frac{25}{2}\right)$，C(4，8)である。よって，直線ACは，傾きが $\left(8-\frac{25}{2}\right)\div\{4-(-5)\}=-\frac{9}{2}\div9=-\frac{1}{2}$ となるから，その式は $y=-\frac{1}{2}x+b$ とおける。点Cを通るから，$8=-\frac{1}{2}\times4+b$，$b=10$ となり，直線ACの式は $y=-\frac{1}{2}x+10$ である。

(2)＜面積＞右図で，点Bは放物線 $y=\frac{1}{2}x^2$ 上にあり，x 座標は−3なので，$y=\frac{1}{2}\times(-3)^2=\frac{9}{2}$ より，$\mathrm{B}\left(-3,\ \frac{9}{2}\right)$ である。AC∥BDであり，(1)より，直線ACの傾きは $-\frac{1}{2}$ だから，直線BDの傾きも $-\frac{1}{2}$ である。直線BDの式を $y=-\frac{1}{2}x+c$ とおくと，点Bを通るので，$\frac{9}{2}=-\frac{1}{2}\times(-3)+c$，$c=3$ となり，直線BDの式は $y=-\frac{1}{2}x+3$ である。点Dは直線 $y=-\frac{1}{2}x+3$ と x 軸の交点だから，$y=0$ を代入して，$0=-\frac{1}{2}x+3$，$x=6$ より，D(6，0)となる。よって，直線CDの傾きは $\frac{0-8}{6-4}=-4$，直線ABの傾きは $\left(\frac{9}{2}-\frac{25}{2}\right)\div\{-3-(-5)\}=-8\div2=-4$ となるから，CD∥ABであり，四角形ABDCは平行四辺形となる。これより，2点B，Cを結ぶと，△ABC＝△DCBであり，BDと y 軸の交点をFとすると，AC∥BDより，△ABC＝△AFCとなるから，〔四角形ABDC〕＝2△ABC＝2△AFCとなる。ACと y 軸の交点をGとすると，△AFC＝△AFG＋△CFGである。直線BDの切片が3，直線ACの切片が10より，F(0，3)，G(0，10)だから，FG＝10−3＝7である。△AFG，△CFGで底辺をFGと見ると，2点A，Cの x 座標より，高さはそれぞれ5，4である。したがって，$\triangle\mathrm{AFG}=\frac{1}{2}\times7\times5=\frac{35}{2}$，$\triangle\mathrm{CFG}=\frac{1}{2}\times7\times4=14$ より，$\triangle\mathrm{AFC}=\frac{35}{2}+14=\frac{63}{2}$ となり，〔四角形ABDC〕$=2\times\frac{63}{2}=63$ である。

(3)＜直線の式＞右上図で，(2)より，四角形ABDCは平行四辺形なので，その対角線AD，BCの交点をMとすると，点Eを通り四角形ABDCの面積を2等分する直線は，直線EMとなる。点Mは線分ADの中点だから，$\mathrm{A}\left(-5,\ \frac{25}{2}\right)$，D(6，0)より，点Mの x 座標は $\frac{-5+6}{2}=\frac{1}{2}$，$y$ 座標は $\left(\frac{25}{2}+0\right)\div2=\frac{25}{4}$ であり，$\mathrm{M}\left(\frac{1}{2},\ \frac{25}{4}\right)$ となる。よって，E(−2，0)より，直線EMの傾きは，$\left(\frac{25}{4}-0\right)\div\left\{\frac{1}{2}-(-2)\right\}=\frac{25}{4}\div\frac{5}{2}=\frac{5}{2}$ なので，その式を $y=\frac{5}{2}x+d$ とおくと，点Eを通ることから，$0=\frac{5}{2}\times(-2)+d$，$d=5$ となり，求める直線EMの式は，$y=\frac{5}{2}x+5$ となる。

(4)＜x 座標＞右上図で，y 軸上の点Gより下に，△QAC＝△PACとなる点Qをとると，QP∥ACとなり，(2)より，△QAC＝△PAC$=\frac{1}{7}$〔四角形ABDC〕$=\frac{1}{7}\times63=9$ である。また，△QAC＝△AGQ＋△CGQと表せる。Q(0，q)とすると，G(0，10)より，GQ＝$10-q$ であり，△AGQ，△CGQの底辺をGQと見ると，高さはそれぞれ5，4だから，$\triangle\mathrm{QAC}=\frac{1}{2}\times(10-q)\times5+\frac{1}{2}\times(10-q)\times4=45-$

$\frac{9}{2}q$ となる。よって，$45-\frac{9}{2}q=9$ が成り立つ。これを解くと，$-\frac{9}{2}q=-36$，$q=8$ となるので，Q(0，8)であり，直線QPの切片は8である。直線ACの傾きが $-\frac{1}{2}$ より，直線QPの傾きも $-\frac{1}{2}$ なので，直線QPの式は $y=-\frac{1}{2}x+8$ となる。点Pは放物線 $y=\frac{1}{2}x^2$ と直線 $y=-\frac{1}{2}x+8$ の交点となるから，$\frac{1}{2}x^2=-\frac{1}{2}x+8$，$x^2+x-16=0$ より，$x=\frac{-1\pm\sqrt{1^2-4\times1\times(-16)}}{2\times1}=\frac{-1\pm\sqrt{65}}{2}$ となる。点Pの x 座標は0以上4以下だから，$\frac{-1+\sqrt{65}}{2}$ である。

3〔独立小問集合題〕

(1)＜データの活用―最頻値，人数＞①生徒が36人で，中央値が2.5冊だから，2冊以下の生徒と3冊以上の生徒は，それぞれ $36\div2=18$(人)である。第1四分位数が1.5冊より，2冊以下の生徒18人の中央値が1.5冊なので，1冊以下の生徒と2冊の生徒は，それぞれ $18\div2=9$(人)となり，1冊の生徒は少なくとも1人いる。最小値が0冊なので，0冊の生徒も少なくとも1人いる。これより，0冊の生徒と1冊の生徒の人数はどちらも9人未満となる。また，3冊以上の生徒18人のうち，4冊と5冊の生徒はそれぞれ3人，6冊と7冊の生徒はそれぞれ2人だから，3冊と最大値の8冊の生徒は，合わせて $18-3\times2-2\times2=8$(人)である。よって，人数が最も大きいのは9人の2冊となるから，最頻値は2冊である。　②第3四分位数が4冊で，4冊の生徒は3人いるから，3冊以上の生徒18人の中で小さい方から9番目と10番目は4冊となる。これより，3冊の生徒は7人か8人である。①より，3冊と最大値の8冊の生徒は合わせて8人だから，3冊の生徒は8人未満である。よって，3冊の生徒の人数は，7人である。

(2)＜確率―カード＞①5枚のカードから3枚のカードを，1枚ずつ続けて取り出すので，1枚目は5通りあり，2枚目は1枚目以外の4通り，3枚目は1枚目，2枚目以外の3通りある。よって，カードの取り出し方は全部で $5\times4\times3=60$(通り)あり，a，b，c の組も60通りある。このうち，$a>b+c$ となる場合は，$b+c$ が最小で $1+2=3$ より，$a=4$，5の場合である。$a=4$ のとき，$(b,\ c)=(1,\ 2)$，$(2,\ 1)$ の2通りあり，$a=5$ のとき，$(b,\ c)=(1,\ 2)$，$(1,\ 3)$，$(2,\ 1)$，$(3,\ 1)$ の4通りあるので，$a>b+c$ となる場合は，$2+4=6$(通り)ある。よって，求める確率は $\frac{6}{60}=\frac{1}{10}$ である。　②cn が6の倍数になるのは，$c=1$ のとき，n は6の倍数であり，a，b は2，3，4，5であるから，$n=24$，42，54より，a，b の組は3通りある。$c=2$ のとき，n は3の倍数であり，a，b は1，3，4，5であるから，$n=15$，45，51，54より，a，b の組は4通りある。以下同様にして，$c=3$ のとき，n は2の倍数だから，$n=12$，14，24，42，52，54より，6通りある。$c=4$ のとき，n は3の倍数だから，$n=12$，15，21，51より，4通りある。$c=5$ のとき，n は6の倍数だから，$n=12$，24，42より，3通りある。以上より，60通りの a，b，c の組のうち，cn が6の倍数となる場合は $3+4+6+4+3=20$(通り)あるから，求める確率は $\frac{20}{60}=\frac{1}{3}$ となる。

4〔平面図形―平行四辺形〕

≪基本方針の決定≫(2)　点Aから辺CBの延長に垂線を引く。　(4)　△AEH：△AHG＝EH：HGである。

(1)＜長さの比＞次ページの図で，AB＝12，AE：EB＝3：1より，$\mathrm{AE}=\frac{3}{3+1}\mathrm{AB}=\frac{3}{4}\times12=9$ となる。また，CD＝AB＝12であり，点Gは辺CDの中点だから，$\mathrm{DG}=\frac{1}{2}\mathrm{CD}=\frac{1}{2}\times12=6$ となる。よって，$9\div6=\frac{3}{2}$ より，線分AEの長さは線分DGの長さの $\frac{3}{2}$ 倍である。

(2)＜面積―特別な直角三角形＞右図のように，点Aから辺CBの延長に垂線AIを引くと，$\angle ABI=180^\circ-\angle ABC=180^\circ-120^\circ=60^\circ$より，△AIBは3辺の比が$1:2:\sqrt{3}$の直角三角形となる。よって，$AI=\frac{\sqrt{3}}{2}AB=\frac{\sqrt{3}}{2}\times12=6\sqrt{3}$だから，▱ABCD$=BC\times AI=9\times6\sqrt{3}=54\sqrt{3}(\mathrm{cm}^2)$となる。

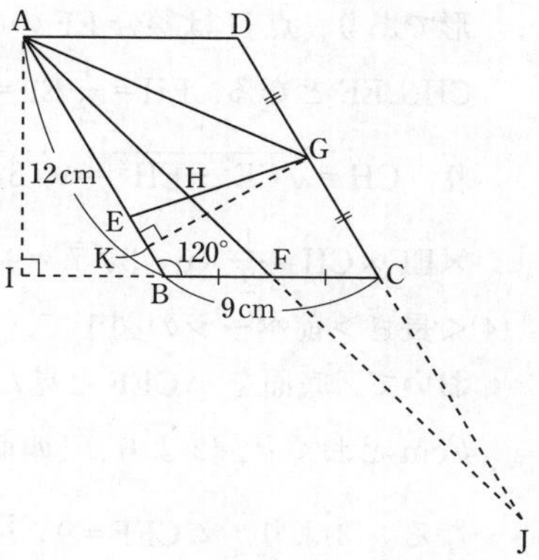

(3)＜長さの比―相似＞右図のように，線分AFの延長と辺DCの延長の交点をJとすると，∠AHE＝∠JHGであり，AB∥DJより，∠AEH＝∠JGHだから，△AEH∽△JGHとなる。これより，EH：HG＝AE：JGとなる。(1)より，AE＝9，CG＝DG＝6である。また，点Fは辺BCの中点より，BF＝CFであり，∠AFB＝∠JFC，∠ABF＝∠JCFだから，△ABF≡△JCFである。これより，JC＝AB＝12となり，JG＝JC＋CG＝12＋6＝18である。よって，EH：HG＝AE：JG＝9：18＝1：2となるので，線分EHの長さは線分HGの長さの$\frac{1}{2}$倍である。

(4)＜面積＞右上図で，△AEH，△AHGの底辺をそれぞれEH，HGと見ると，高さが等しいから，(3)より，△AEH：△AHG＝EH：HG＝1：2となり，$\triangle AHG=\frac{2}{1+2}\triangle AEG=\frac{2}{3}\triangle AEG$となる。また，点Gから辺ABに垂線GKを引くと，(2)より，▱ABCD$=54\sqrt{3}$だから，▱ABCDの面積について，$AB\times GK=54\sqrt{3}$であり，$12\times GK=54\sqrt{3}$が成り立つ。これより，$GK=\frac{9\sqrt{3}}{2}$となる。よって，$\triangle AEG=\frac{1}{2}\times AE\times GK=\frac{1}{2}\times9\times\frac{9\sqrt{3}}{2}=\frac{81\sqrt{3}}{4}$となるので，$\triangle AHG=\frac{2}{3}\times\frac{81\sqrt{3}}{4}=\frac{27\sqrt{3}}{2}(\mathrm{cm}^2)$である。

5〔空間図形―球〕

≪基本方針の決定≫(2)　△OEFを底面と見る。　(4)　四面体OCEFの底面を△CEFと見たときの高さを考える。

(1)＜角度＞右図1で，4点A，E，F，Bを通る円において，$\overset{\frown}{AE}:\overset{\frown}{EF}:\overset{\frown}{FB}=5:4:3$より，∠AOE：∠EOF：∠FOB＝5：4：3となる。$\angle AOE+\angle EOF+\angle FOB=180^\circ$だから，$\angle AOE=\frac{5}{5+4+3}\times180^\circ=\frac{5}{12}\times180^\circ=75^\circ$である。

図1

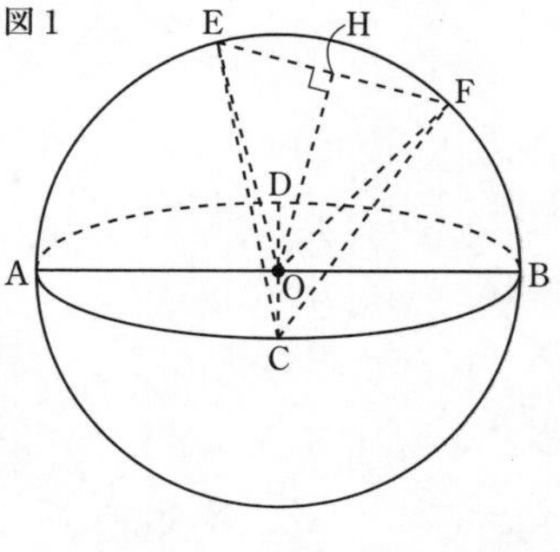

(2)＜体積＞右図1で，4点A，E，F，Bを通る円はCDと垂直だから，四面体OCEFは，底面が△OEF，高さがOCの三角錐と見ることができる。球の直径が12cmより，CD＝12なので，OC＝6である。また，∠AOE：∠EOF＝5：4より，$\angle EOF=\frac{4}{5}\angle AOE=\frac{4}{5}\times75^\circ=60^\circ$であり，OE＝OFだから，△OEFは正三角形となる。これより，点OからEFに垂線OHを引くと，△OEHは3辺の比が$1:2:\sqrt{3}$の直角三角形になる。OE＝OF＝OC＝6だから，$OH=\frac{\sqrt{3}}{2}OE=\frac{\sqrt{3}}{2}\times6=3\sqrt{3}$となる。EF＝OE＝6だから，$\triangle OEF=\frac{1}{2}\times EF\times OH=\frac{1}{2}\times6\times3\sqrt{3}=9\sqrt{3}$となり，〔四面体OCEF〕$=\frac{1}{3}\times\triangle OEF\times OC=\frac{1}{3}\times9\sqrt{3}\times6=18\sqrt{3}(\mathrm{cm}^3)$である。

(3)＜面積＞右上図1で，$\angle COE=\angle COF=90^\circ$，OC＝OE＝OF＝6より，△COE，△COFはともに直角二等辺三角形である。よって，$CE=CF=\sqrt{2}OC=\sqrt{2}\times6=6\sqrt{2}$となる。△CEFは二等辺三角

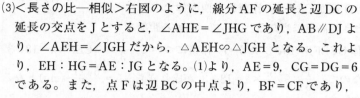

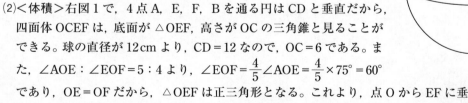

形であり，点Hは線分EFの中点なので，右図2で，点Cと点Hを結ぶと，CH⊥EFとなる。$\mathrm{EH}=\frac{1}{2}\mathrm{EF}=\frac{1}{2}\times6=3$だから，△CEHで三平方の定理より，$\mathrm{CH}=\sqrt{\mathrm{CE}^2-\mathrm{EH}^2}=\sqrt{(6\sqrt{2})^2-3^2}=\sqrt{63}=3\sqrt{7}$となり，$\triangle\mathrm{CEF}=\frac{1}{2}\times\mathrm{EF}\times\mathrm{CH}=\frac{1}{2}\times6\times3\sqrt{7}=9\sqrt{7}\,(\mathrm{cm}^2)$である。

図2

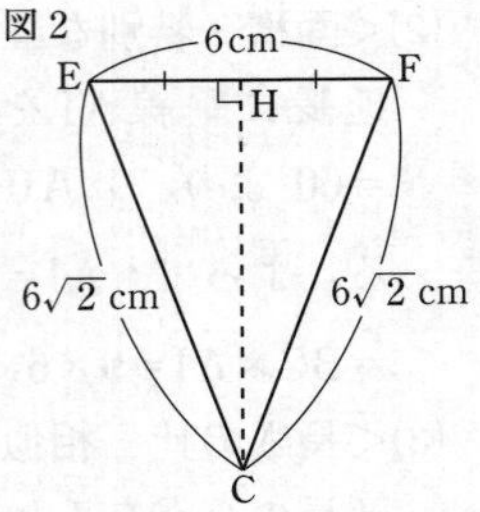

⑷＜長さ＞前ページの図1で，点Oと面CEFとの距離は，四面体OCEFにおいて，底面を△CEFと見たときの高さに当たる。よって，求める距離をh cmとおくと，⑵より，〔四面体OCEF〕$=18\sqrt{3}$だから，体積について，$\frac{1}{3}\times\triangle\mathrm{CEF}\times h=18\sqrt{3}$となる。⑶より，$\triangle\mathrm{CEF}=9\sqrt{7}$なので，$\frac{1}{3}\times9\sqrt{7}\times h=18\sqrt{3}$が成り立ち，$h=\frac{6\sqrt{21}}{7}$(cm)となる。

═読者へのメッセージ═

1⑶では，素数を扱いました。素数の中には，3と5，5と7，11と13のように，差が2である2つの素数の組があります。これを「双子素数」といいます。素数が無限にあることは証明されているのですが，双子素数は，無限にあると予想されているものの，証明はされていません。

社会解答

1 (1) イ　(2) エ　(3) ア　(4) イ
(5) ①…エ　②…ウ

2 (1) イ　(2) ア　(3) エ　(4) イ
(5) ウ　(6) イ　(7) ウ

3 (1) イ　(2) エ　(3) ア　(4) ウ
(5) イ　(6) エ　(7) イ

4 (1) イ　(2) ウ　(3) エ　(4) ア
(5) ア　(6) イ

5 (1) イ　(2) イ　(3) エ　(4) イ
(5) ウ

6 (1) ウ　(2) ウ　(3) ウ　(4) イ
(5) オ

7 (1) エ　(2) エ　(3) イ　(4) イ

1〔地理―日本地理〕

(1)＜都道府県＞■で示した地方は，東京都，千葉県，神奈川県，埼玉県，群馬県，栃木県，茨城県からなる関東地方である。このうち，海に面していない内陸県は埼玉県，群馬県，栃木県の３つである(イ…○)。なお，埼玉県の県庁所在地の都市名はさいたま市である(ア…×)。都道府県のうち最も面積が小さいのは香川県である(ウ…×)。７つの地方区分のうち，関東地方が陸上で接しているのは，中部地方および東北地方の２つである(エ…×)。

(2)＜北海道の農業＞北海道を代表する畑作地帯は，十勝平野で，じゃがいも，てん菜，小麦，豆類などの生産が盛んである。また，資料２より，販売農家１戸あたりの耕地面積は，北海道が1143÷32.2＝35.4…より，約35ha，都府県が3229÷995.7＝3.2…より，約３haであり，北海道は都府県の約11～12倍であることがわかる。なお，庄内平野は，山形県の最上川河口部に広がる平野で，日本を代表する稲作地帯となっている。

(3)＜資料の読み取り―貨物と旅客の輸送＞1965年度の船舶の旅客輸送量の割合は0.9％であり，これは１割(10％)程度ではない(Ⅰ…×)。1965年度から2018年度にかけての，旅客における全体の輸送量は，3825億人キロから14592億人キロへと変化しており，これは14592億÷3825億＝3.81…より，約3.8倍の増加である(Ⅱ…×)。鉄道と自動車の旅客輸送量の割合の合計は，1965年度が66.7＋31.6＝98.3％，2018年度が30.4＋62.8＝93.2％であり，1965年度から2018年度にかけて低下している(Ⅲ…○)。2018年度の鉄道の旅客輸送量は，14592億×0.304＝4435.968億より，約4436億人キロである。一方，1965年度の鉄道の旅客輸送量は，3825億×0.667＝2551.275億より，約2551億人キロなので，4436億÷2551億＝1.73…より，鉄道の旅客輸送量は約２倍に増加している(Ⅳ…×)。

(4)＜瀬戸内の気候＞Ｘの県は香川県であり，瀬戸内の気候に属している。瀬戸内の気候は，北に位置する中国山地と南に位置する四国山地に挟まれた地域であるため，季節風の影響を受けにくく，一年を通じて比較的空気が乾燥しており，雨が少ないという特徴がある。そのため干害に遭いやすく，古くからため池が数多くつくられてきた。

(5)＜地形図の読み取り＞①地図上の長さの実際の距離は，(地図上の長さ)×(縮尺の分母)で求められる。問題の地形図の縮尺は２万５千分の１であることから，Ｐで示した範囲は縦が１cm×25000＝25000cm＝250m，横が２cm×25000＝50000cm＝500mの長方形である。したがって，この長方形の面積は，250×500＝125000m^2である。　②等高線を読み取ると，Ｂで示した地点は標高120m

であり，Ｃで示した地点の標高100mよりも高い場所にあることがわかる(ウ…○)。なお，Ａで示した河川の東側は，ılıと‖の地図記号が見られることから，おもに荒れ地と水田が広がっている(ア…×)。Ｑの枠で囲まれた地区内には，町役場を表す○の地図記号は見られるが，市役所を表す◎の地図記号は見られない(イ…×)。地図上では，特にことわりがないかぎり上が北を表すことから，「平泉駅」から見て，「高館橋」は右上，すなわち北東の方角に位置している(エ…×)。

2 〔地理—世界地理〕

⑴＜世界の姿＞地図２はインド半島とスリランカであり，世界の中では南アジアに位置している。

⑵＜緯線と経線＞ａの経線は本初子午線であり，イギリスの首都ロンドンを通っており，ポルトガルの首都リスボンは通っていない(Ⅰ…×)。ｂは180度の経線であり，おおむねこの経線に沿って日付変更線が設定されている。日付変更線を起点に，その西側から日付が更新されるため，180度の経線のすぐ東側の地域は，世界で最も時刻が遅れている地域である(Ⅱ…×)。ｃは赤道であり，ギニア湾やインドネシア，エクアドル，ブラジルのアマゾン川河口周辺部などを通っているが，ナイル川河口周辺部やタイは通っていない(Ⅲ…×)。地球はほぼ球体であるため，緯線と経線が直角に交わる図法で描かれた地図(メルカトル図法)における緯線は，赤道からはなれ，高緯度になればなるほど，実際よりも長く描かれることとなる。したがって，ｄの緯線(南緯30度)は，ｃの緯線(赤道)よりも高緯度であるため，実際の長さは短い。また，ｄの緯線はチリやオーストラリアを通っている(Ⅳ…○)。

⑶＜アフリカ大陸＞Ａの大陸はアフリカ大陸である。アフリカ大陸は19世紀以降，その大部分がヨーロッパ各国の植民地となる中で，緯線や経線を基準にヨーロッパ各国により分割されたことから，独立後の現在も直線的な国境線が多く残っている。また，アフリカ大陸の国は，原油や金，銅，ダイヤモンドなど，特定の鉱産資源の輸出に依存するモノカルチャー経済の国が多く，鉱産資源の国際価格の変動により，国の経済全体が大きく影響を受けるという特徴がある。

⑷＜一人っ子政策＞Ｂの国は中華人民共和国(中国)である。中国では，増え続ける人口を抑制するために，1979年から2015年までの間，夫婦一組につき子どもを一人までに制限するという一人っ子政策が行われてきた。

⑸＜ブラジル＞Ｃの国はブラジルである。ブラジルは日本から見て地球のほぼ反対側に位置するため，首都のブラジリアと日本の時差は12時間である(Ⅰ…誤)。ブラジルは世界最大の砂糖の生産，輸出国であり，1930年代から国家主導で進められた，さとうきびを原料としたバイオエタノールの生産が盛んである(Ⅱ…正)。

⑹＜アメリカの農業＞Ｄの国はアメリカである。アメリカは，国土が広く，地域によって気温や降水量，地質などが違うため，各地の環境に合わせて農作物を栽培する「適地適作」を行っている(イ…○)。なお，アの「地産地消」は，地元で生産したものを地元で消費すること，ウの「多角経営」は主力となる事業とは別に数種類の事業を経営すること，エの「企業的農業」は個人や家族で営む形態の農業ではなく，人を雇い，機械化を進めた大規模な農業形態を指す用語である。

⑺＜資料の読み取り＞2019年の人口100人あたりの自動車保有台数は，フランスが62.5台で，35.9台のメキシコを上回っている。また，国内の自動車保有台数の総数は，(人口100人あたりの自動車保有台数)÷100×(人口)によって求めることができることから，フランスは62.5÷100×6440万＝4025

万台，メキシコは35.9÷100×12509万＝4490万7310台となり，フランスはメキシコを下回る(ウ…○)。なお，アラブ首長国連邦は，2000年，2010年，2019年の３つの年において，一次エネルギー生産量が増加し続けており，メキシコと日本は減少し続けている(ア…×)。アラブ首長国連邦の2000年における１人あたりの国民総所得は，フランスを上回っている(イ…×)。2019年の人口が４か国のうちで最も多い国は日本で，日本における2019年の一次エネルギー生産量は４か国のうちで最も少ない(エ…×)。

3 〔歴史―古代～近世の日本と世界〕

(1)＜勘合貿易，南蛮貿易＞室町幕府第３代将軍の足利義満によって始められた日明貿易は，当時東アジアで海賊行為を行っていた倭寇の船と，正式な貿易船を区別するため，勘合という合い札を用いたことから，勘合貿易とも呼ばれる。また，1543年に，種子島に漂着した中国船に乗っていたポルトガル人から鉄砲が日本に伝えられて以降，日本とポルトガル・スペインの間で貿易が始まった。ポルトガル人，スペイン人を当時南蛮人と呼んだことから，この貿易は南蛮貿易と呼ばれる。なお，悪党とは，鎌倉時代後期から南北朝時代にかけて，幕府や荘園領主に反抗した武士集団を指す。

(2)＜年代整序―古代＞年代の古い順に，Ⅱ(壬申の乱，天武天皇の即位―672～673年)，Ⅲ(班田収授法の成立―701年)，Ⅰ(坂上田村麻呂が征夷大将軍に任命される―797年)となる。

(3)＜資料の読み取り―系図＞系図では，婚姻関係は二重線，親子兄弟関係は一本線で表される。また，本問の図が示す系図は，左から右に展開されており，右にいくほど世代が新しいことを示している。後朱雀天皇と後一条天皇は，ともに一条天皇と彰子の間に生まれた子であることから，親子ではなく，兄弟関係にある(Ⅰ…×)。藤原道長の娘は，彰子，妍子，威子，嬉子の４人であり，いずれも天皇にとついでいる(Ⅱ…×)。三条天皇の母方の祖父は，超子の父，すなわち兼家であるが，即位順を示す数字がついていないことから，天皇になったことがない(Ⅲ…○)。円融天皇にとついだ詮子は，道長を兄弟に持ち，その道長の息子が頼通である。したがって，詮子は頼通の父の兄弟，すなわち伯母にあたる(Ⅳ…×)。

(4)＜徳川家光＞江戸時代，いわゆる「鎖国」を確立したのは第３代将軍徳川家光である。家光はキリシタンの弾圧や貿易統制を行ったほか，参勤交代の制度を整えるなど，幕藩体制を強化する政策も進めた(ウ…○)。なお，アの大阪の陣で豊臣氏を滅ぼした中心人物は初代将軍を務めた徳川家康，イの株仲間の結成を奨励したのは老中の田沼意次，エの公事方御定書を定めたのは，第８代将軍徳川吉宗である。

(5)＜大航海時代の出来事＞活字を組んで印刷をする活版印刷術は，15世紀半ば，ドイツのグーテンベルクによって発明され，16世紀の宗教改革を契機に急速に広がった(イ…○)。なお，アのチンギス・ハンによるモンゴル帝国の建国は13世紀，ウの蒸気機関の発明による産業革命は18世紀，エのムハンマドによるイスラム教の始まりは７世紀のことである。

(6)＜白村江の戦い＞唐・新羅の連合軍に敗れた百済を救援するため，663年，日本は朝鮮半島に援軍を送ったが，唐・新羅の連合軍に大敗した。この戦は，朝鮮半島南西部の白村江において行われたため白村江の戦いと呼ばれ，その後日本は侵攻に備えて北九州の防備を進めることとなった。

(7)＜江戸時代の米価＞江戸時代は，享保の改革で進められた新田開発や備中ぐわ・千歯こきなどの農具の改良により，全国の石高が増加し，米の供給が過剰ぎみになったため，米価は下落傾向にあった（イ…×）。

4〔歴史―近世～現代の日本と世界〕

⑴＜日米修好通商条約と開港＞1858年の日米修好通商条約によって開港が決まったのは，函館，新潟，神奈川（横浜），兵庫（神戸），長崎の５つの港である。このうち地図中に示されているのはＢの新潟，Ｃの兵庫（神戸）の２つである。

⑵＜第一次世界大戦と国際連盟＞日本は1914年，日英同盟を理由に第一次世界大戦に参戦し，中国や太平洋地域におけるドイツの支配地を攻撃しており，大戦終了後は1920年の発足当初から国際連盟に加盟し，常任理事国となった（Ⅰ…誤）。第一次世界大戦の敗戦国であるドイツは，当初国際連盟への加盟が認められず，加盟が認められたのは1926年のことであった（Ⅱ…正）。

⑶＜農地改革＞第二次世界大戦後，封建的な地主制度から脱却し，農村の民主化を進めるために行われた農地改革は，政府が地主から土地を買い上げ，小作人に安く売り渡すことにより，自作農を増加させるというものであった。

⑷＜大逆事件＞天皇の暗殺をくわだてたとして，幸徳秋水ら社会主義者たちが処刑された大逆事件は1910年の出来事であり，年表中のＡの時期に当てはまる（ア…○）。なお，イの全国水平社の結成は1922年，ウの関東大震災の発生は1923年，エの学制の発布は1872年のことである。

⑸＜年代整序―戦後の日本外交＞年代の古い順に，Ⅰ（日米安全保障条約の改定，安保闘争―1960年），Ⅱ（沖縄の返還―1972年），Ⅲ（日中平和友好条約の締結―1978年）となる。

⑹＜石油危機＞1973年，アラブ諸国とイスラエルによる第４次中東戦争が勃発したのを機に，石油価格が高騰した（石油危機）。石油資源の安定供給が崩れたことで日本経済は大打撃を受け，日本では高度経済成長が終わり，低成長の時代に入った。また，石油危機により石油を使った生活用品が品不足になるという噂が広がり，トイレットペーパーなどの日用品を買いだめしようと，人々が売り場に殺到する混乱が起こった。

5〔公民―政治〕

⑴＜衆議院＞日本国憲法第69条で，「内閣は，衆議院で不信任の決議案を可決し，又は信任の決議案を否決したときは，10日以内に衆議院が解散されない限り，総辞職をしなければならない」と定められており，参議院には内閣不信任案の決議は認められていない（Ⅱ…○）。また，憲法第60条１項には，「予算は，さきに衆議院に提出しなければならない」と規定されている（Ⅳ…○）。なお，憲法改正の発議については，衆参で各議院の総議員の３分の２以上の賛成で，国会が発議する（Ⅰ…×）。内閣総理大臣の指名は，衆参両院にて行われる（Ⅲ…×）。

⑵＜議院内閣制＞憲法第65条は，「行政権は，内閣に属する」と規定している。また，第66条３項では，「内閣は，行政権の行使について，国会に対し連帯して責任を負ふ」と定めており，日本は政府が議会の信任によって存立する，議院内閣制を採用している。

⑶＜三審制＞三審制とは，第一審，第二審，第三審という３つの裁判所を設けて，判決が不服な場合，原則３回まで審理を受けることができる制度であり，図中の矢印はそれぞれ，上級の裁判所に不服申し立てをすることを示している。第一審の判決に納得できず，第二審の裁判所に不服申し立てを行うことを控訴といい，図中のＢに当てはまる。第二審の判決に納得できず，第三審の裁判所に不服申し立てを行うことを上告といい，図中のＤに当てはまる。また，Ａの裁判所は，これ以上

不服申し立てを行う先がないため，最高裁判所を表している。最高裁判所を第三審としたときの第二審にあたるＣの裁判所は，高等裁判所である。簡易裁判所を第一審とする民事裁判の第二審となるＥの裁判所は，地方裁判所である。

⑷＜直接請求権＞地方自治において，議会の解散を請求するのに必要な署名数は，有権者の３分の１以上である。したがって，有権者数が12万人のＸ市議会の解散請求に必要な有権者の署名数は，12万÷３＝４万人以上である。

⑸＜首長や議員の任期＞初回の当選が31歳で，１期目を終えて37歳で２期目の選挙に臨むことから，任期は６年であることがわかる。選択肢の中で任期が６年であるのは参議院議員であり(ウ…○)，アの県知事，イの衆議院議員，エの県議会議員の任期は，いずれも４年である。

6 〔公民—経済〕

⑴＜クーリングオフ制度＞資料１の内容は，消費者が商品を購入した後に，売買契約を解除することを販売者側に通知するものである。このように消費者側が無条件で契約を解除できる制度としては，クーリングオフ制度がある。クーリングオフ制度は，訪問販売や電話勧誘などで商品・サービスを購入した場合，購入後８日以内であれば，無条件で契約を解除できる制度である。

⑵＜経済の仕組み＞独占禁止法は，公正取引委員会が運用している(Ⅰ…×)。証券取引所で取り引きされる株式の価格は，需要と供給の関係で日々変動する(Ⅱ…○)。家計において，食品や衣類，住居，交通・通信，教育など，生活に必要な財やサービスに使う支出は消費支出にあたる(Ⅲ…○)。一般に，流通に関わる業者が少ないほど，流通にかかる費用を抑えることができる。したがって，小売業者は卸売業者などを通さず生産者から直接商品を仕入れることで，販売価格を安くすることができる(Ⅳ…○)。

⑶＜為替相場＞円とドルの為替相場は，2022年２月が１ドル115円前後，2022年10月が１ドル147円前後であることから，この期間において，ドルに対する円の価値が相対的に下がる，いわゆる円安が進んだといえる。円安が進むと，海外の製品を買う際，支払いにより多くの円が必要となり，輸入品の価格が上昇するため，資源や原材料の多くを輸入に頼る日本においては，円安は物価が高騰する一因となる。

⑷＜金融政策と財政政策＞物価や地価，株価などが下落し，失業率が増加する状況は，不景気〔不況〕にあたる。不景気の際は経済活動全体が停滞している状況のため，一般に家計の消費や企業の設備投資，金融機関による融資などを活発にするための政策が実施される。例えば，中央銀行は，金融機関から国債を買うことで，金融機関を通じて世の中に出回るお金の量を増やし，国(政府)は公共事業を増やすことで雇用を創出し，企業の経済活動を活発化させるなどの政策を行う。景気の安定のために行われるこのような政策は，中央銀行が行うものを金融政策，国(政府)が財政を通じて行うものを財政政策という。

⑸＜政府のあり方＞一般に，小さな政府とは，国民の生活や経済活動に対する国(政府)の関与を小さくする政府のあり方を指す。したがって，小さな政府の場合，政府による規制はゆるく，税などの国民の負担も軽いため，資料４のＣに位置づけられる。一方で，大きな政府は，国民の生活や経済活動に対する国(政府)の関与の度合いが高い状態を指すため，国民から多くの税を集め，規制を強める方向となり，資料４のＢに位置づけられる。

7 〔公民―総合〕

⑴＜基本的人権の制限＞日本国憲法第13条では，「国民の権利については，公共の福祉に反しない限り，立法その他の国政の上で，最大の尊重を必要とする」と明記されており，国民の権利が公共の福祉により制限を受けることがあるとしている。公共の福祉とは，社会共通の利益のことであり，人権と人権の衝突を調整する原理である。公共の福祉の例として，感染症による入院，隔離の措置が挙げられるが，これは感染症のまん延を防ぐという社会共通の利益のために，自由権(居住・移転の自由)を制限するものである。

⑵＜集団的自衛権＞集団的自衛権とは，自国と密接な関係にある国が攻撃を受けた際，自国が直接攻撃を受けていなくても，防衛活動に参加する権利を指す。したがって，図中のＸ国が集団的自衛権を行使するということは，同盟関係にあるＹ国に対する攻撃(矢印Ｃ)が起こった際に，敵対国に対して防衛活動を行う(矢印Ｂ)ことである。

⑶＜国際連合＞1945年に発足した国際連合(国連)には，現在193か国が加盟しており，その本部は，ニューヨークに置かれている。国連には総会，安全保障理事会，経済社会理事会，信託統治理事会，国際司法裁判所，事務局の６つの主要機関が設置されている。そのうち毎年９月に開かれ，１国が１票を持ち，世界のさまざまな問題を話し合い，決議を行うのは総会である。なお，ジュネーブは，1920年に発足した国際連盟の本部が置かれた都市である。

⑷＜資料の読み取り―メディアの利用＞休日に平日よりも利用時間が１時間以上多い年代は，インターネットでは平日191.5分，休日253.8分の10代のみである(ゆうきさん…×)。2015年の新聞の利用者は，33.1％(約３人に１人)であり，2020年には25.5％(約４人に１人)に減少した。また，2021年のラジオの利用者率は6.2％であり，これは同じ年の新聞の利用者率22.1％の３分の１以下である(ことねさん…○)。2019年，2020年のテレビの利用者率はそれぞれ前年よりも増加している(はるとさん…×)。平日に３時間以上テレビまたはインターネットのどちらかを利用している年代は10代，20代，30代，50代，60代の５つの年代であり，休日においてはさらに40代も加わり，６つ全ての年代が該当する(ゆいなさん…○)。

理科解答

1 (1) １…ウ　２…エ　３…ア　４…イ
(2) イ　(3) イ　(4) ア
(5) １群…イ　２群…ア

2 (1) イ　(2) あ…6　い…0
(3) １群…ア　２群…ウ
(4) １…イ　２…エ　(5) エ

3 (1) １群…ウ　２群…イ　(2) イ
(3) ア　(4) ウ
(5) １群…ア　２群…イ

4 (1) あ…3　い…0　(2) エ
(3) ウ　(4) １…ウ　２…ア
(5) イ

5 (1) エ　(2) ウ　(3) エ　(4) イ
(5) あ…0　い…1　う…9

6 (1) イ
(2) １群…イ　２群…ア　３群…イ
(3) エ　(4) エ
(5) １…ア　２…ウ　３…イ

7 (1) １…イ　２…ウ　３…ア　(2) イ
(3) エ　(4) １群…ウ　２群…ア
(5) あ…1　い…4

8 (1) あ…6　い…0　(2) エ
(3) あ…8　い…0
(4) あ…7　い…5　う…0　(5) エ

1〔生物の世界〕

(1)＜花のつくり＞図１のア～エの花のつくりを，花の外側から中心に向かってついている順に並べると，がく(ウ)→花弁(エ)→おしべ(ア)→めしべ(イ)となる。

(2)＜合弁花類＞ツツジのように，被子植物の双子葉類のうち，花弁のもとの部分が１つにつながっている花を咲かせるグループを合弁花類，花弁が１枚ずつに分かれている花を咲かせるグループを離弁花類という。ア～エのうち，合弁花類のなかまはアサガオで，エンドウ，ホウセンカ，サクラは離弁花類のなかまである。

(3)＜花のつくり＞花粉を出すのは，図１のツツジではＡのやくであり，図２のマツでは，雄花のりん片についているＤの花粉のうである。また，受粉後に種子になるのは胚珠で，ツツジではＣの子房の中にあり，マツではＥである。

(4)＜双子葉類＞図４のように，茎の維管束が輪状に並んでいるのは，被子植物の双子葉類のなかまである。また，図３の葉の維管束のＰの部分は根から吸収した水や水に溶けている無機養分が通る道管で，図４の茎の維管束では，道管はＲの部分である。なお，図３のＱの部分は葉でつくられた養分が通る師管で，図４で，師管はＳの部分である。

(5)＜胞子でふえる植物＞胞子でふえる植物にはシダ植物とコケ植物があり，シダ植物には維管束があるが，コケ植物に維管束はない。また，ゼニゴケは雌株に胞子を出す胞子のうがあり，２群では，アが雌株，イが雄株である。

2〔地球と宇宙〕

(1)＜天体の見かけの運動＞太陽や星は時間とともに移動して，１日でほぼもとの位置に戻るように見える。天体のこのような見かけの運動を日周運動という。天体の日周運動は，地球が１日に１回地軸を中心に自転しているために起こる。また，同時刻に見える星の位置は毎日少しずつずれていき，１年で再びもとの位置に戻るように見える。天体のこのような見かけの運動を年周運動という。年周運動は，地球が太陽の周りを１年で１回公転しているために起こる。

(2)＜星の年周運動＞地球は１か月でおよそ，$360° \div 12 = 30°$，北極側から見て反時計回りに公転するので，同時刻に見える星の位置も１か月でおよそ30°西へ移動する。よって，７月10日の21時に真南に見えたアンタレスは，２か月後の同時刻である９月10日の21時には，真南から$30° \times 2 = 60°$西へ移動した位置に見える。

(3)＜地球の公転＞図３で，地球がＡ，Ｂの位置にあるとき，地球から見て，太陽はそれぞれおとめ座，いて座の方向にある。図２で，地球から見て，太陽がおとめ座，いて座の方向にあるときの月は，それぞれ10月，１月だから，地球の移動していく向きはＸである。また，地球がＡの位置にあるとき，地球から見て，太陽はおとめ座の方向にあり，それは10月である。よって，地球がＡの位置にあるときの日本の季節は秋である。

(4)＜星座の見え方＞図３で，ふたご座が真夜中に南中して見えるのは，地球から見て，ふたご座が太陽と反対の方向にあるときである。よって，地球がＢの位置にあるときである。また，おとめ座が日没頃に南中して見えるのは，地球から見て，おとめ座が太陽の東(左)側にあるときで，地球がＤの位置にあるときである。

(5)＜星の年周運動＞(2)より，同時刻に見える星の位置は１か月でおよそ30°西へ移動する。また，南の空では，星は日周運動により，１時間に15°西へ移動する。これより，エのとき，２月１日は12月15日の1.5か月後より，同時刻の22時に西へ$30^\circ\times1.5=45^\circ$移動した位置に見え，19時は22時の３時間前より，東へ$15^\circ\times3=45^\circ$移動した位置に見えるから，オリオン座は，図４の位置と同じ位置に見える。なお，同様に，アのとき，1.5か月前より，同時刻の22時に東へ$30^\circ\times1.5=45^\circ$移動した位置に見え，５時間後より，西へ$15^\circ\times5=75^\circ$移動した位置に見えるから，$75^\circ-45^\circ=30^\circ$より，オリオン座は，図４の位置より西へ30°移動した位置に見える。イのとき，0.5か月前より，同時刻の22時に東へ$30^\circ\times0.5=15^\circ$移動した位置に見え，１時間前より，東へ15°移動した位置に見えるから，オリオン座は，図４の位置より東へ$15^\circ+15^\circ=30^\circ$移動した位置に見える。ウは，0.5か月後の同時刻より，オリオン座は，図４の位置より西へ15°移動した位置に見える。

3〔物質のすがた〕

(1)＜酸素の発生＞図２の装置を使って酸素を発生させるとき，三角フラスコに二酸化マンガン，滴下ろうとにうすい過酸化水素水(オキシドール)を入れ，二酸化マンガンに少しずつうすい過酸化水素水を加える。なお，亜鉛にうすい塩酸を加えると水素が発生し，石灰石にうすい塩酸を加えると二酸化炭素が発生する。

(2)＜気体の捕集法＞ペットボトルＣに入っている気体は，実験の②より，空気より軽く，実験の③より水によく溶けるので，アンモニアである。よって，アンモニアを集めるのに適当な方法は，上方置換法のみである。なお，水上置換法は水に溶けにくい気体を，下方置換法は空気より重く，水に溶けやすい気体を集めるのに適している。

(3)＜水素＞実験の②より，ペットボトルＣとペットボトルＤに入っている気体は，空気より軽く，４つの気体の中で，空気より軽いのは水素とアンモニアである。(2)より，ペットボトルＣに入っている気体はアンモニアなので，ペットボトルＤに入っている気体は水素である。

(4)＜酸素＞ペットボトルＢに入っている気体は，実験の②より，空気より重く，実験の③より，少し水に溶けるので，二酸化炭素である。よって，ペットボトルＥに入っている気体は酸素である。酸素は無臭の気体で，空気より少し重く，物が燃えるのを助けるはたらき(助燃性)がある。

(5)＜水素と酸素の反応＞空気中には，体積の割合で，酸素がおよそ20％含まれるから，空気40cm^{3}中に含まれる酸素は，$40\times\frac{20}{100}=8$(cm^3)である。これより，水素50cm^{3}と酸素15cm^3，空気40cm^{3}を混合した気体には，水素が50cm^3，酸素が，$15+8=23$(cm^3)含まれる。図３の装置に水素40cm^{3}と酸素20cm^{3}を入れて点火すると，過不足なく反応して水になったことから，水素と酸素は，40：20＝２：１の体積比で過不足なく反応する。よって，この混合気体に点火したとき，酸素23cm^{3}と反応する水素の体積は，$23\times2=46(\mathrm{cm}^3)$となるから，反応した後，袋に残った気体には，水素が，$50-46=4(\mathrm{cm}^3)$含まれる。なお，空気中には，体積の割合で，窒素がおよそ78%含まれているが，窒素は酸素や水素とは反応しないので，袋に残った気体には窒素も含まれる。

4〔身近な物理現象〕

⑴＜入射角＞入射角は，入射光と，半円形レンズと空気の境界面に光が入射した点に立てた垂線がつくる角度である。よって，図2で，点Fから点Oに光を入射させたときの入射角は，∠FOG＝30°となる。

⑵＜屈折光と反射光＞図2のように，点Fから入射した光は，半円形レンズと空気の境界面で屈折し，一部は反射する。境界面で屈折した光は，入射角より屈折角の方が大きく，反射する光は，入射角と反射角が等しい。よって，適当なものはエである。

⑶＜全反射＞図3のように，全ての光が点Oで反射する現象を全反射という。ア～エのうち，光の全反射を利用したものは，光ファイバーである。

⑷＜光の反射＞光が鏡で反射するとき，入射角と反射角は等しくなる。そのため，図4で，自分の足の先端Pから出て目に届く光が鏡上で反射する点は，点Pから目の高さの$\frac{1}{2}$の高さとなる。よって，図4で，点Pの高さは0cm，目の高さは140cmより，光が反射する点の高さは，$(0+140)\times\frac{1}{2}=70(\mathrm{cm})$となるから，求める点の位置はウである。また，実験2の②で，鏡と自分との距離を2倍にしても，点Pから出て目に届く光が鏡上で反射する点の高さは変わらないから，実験2の①と同じウの位置になる。

⑸＜光の反射＞身長150cmのTさんの全身が鏡に映るとき，Tさんの足の先端から出て目に届く光が鏡上で反射する点は，足の先端から目の高さの$\frac{1}{2}$の高さとなり，Tさんの頭の先端から出て目に届く光が鏡上で反射する点は，頭の先端から目の高さの$\frac{1}{2}$の高さとなる。ここで，Tさんの足の先端から目の高さまでを$a$cm，Tさんの頭の先端から目の高さまでを$b$cmとすると，身長が150cmより，$a+b=150$である。また，鏡の下端の高さは，足の先端から出て目に届く光が鏡上で反射する点の高さで$\frac{1}{2}a$cm，上端の高さは，頭の先端から出て目に届く光が鏡上で反射する点の高さで$a+\frac{1}{2}b$cmとなる。よって，鏡の縦の長さは，$a+\frac{1}{2}b-\frac{1}{2}a=\frac{1}{2}a+\frac{1}{2}b=\frac{1}{2}(a+b)$となるから，$a+b=150$より，$\frac{1}{2}\times150=75(\mathrm{cm})$である。

5〔生物の体のつくりとはたらき〕

⑴＜網膜＞図1のア～エのうち，光の刺激を受け取る場所は，エの網膜である。網膜には，光の刺激を受け取る感覚細胞がある。なお，アは目に入る光の量を調節する虹彩，イは網膜にピントの合った像を結ぶレンズ，ウは透明なゼリー状のガラス体である。

⑵＜腕の筋肉＞図2で，腕をひじの関節で曲げるとき，筋肉Aが縮み，筋肉Bがゆるむ。なお，腕をひじの関節でのばすときは，筋肉Aがゆるみ，筋肉Bが縮む。

⑶＜信号の伝達＞図5で，TさんがSさんに手を握られたとき，握られた手の皮膚で受け取った刺激の信号は，感覚神経bから脊髄を通って，脳に伝えられる。脳では，刺激を判断し，それに対する反応が決められ，反応の信号が脳から脊髄，運動神経fを通って，もう一方の手の筋肉に伝えられ，ものさしをつかむという反応が起こる。よって，信号が伝わる道すじは，b→c→d→fとなる。

⑷＜反射＞ア～エのうち，反射の例はイで，目に入る光の量を調節するためにひとみの大きさが変化

するのは，無意識に起こる反応である。なお，他の反応は，脳が判断して反応を決めているので，無意識に起こる反応ではない。

(5)＜反応時間＞表より，５回行った実験の結果の平均は，$(18.9+17.7+18.1+17.3+18.0)\div5=18.0$(cm)となるから，Ｔさんが手を握られてから，ものさしをつかむまでに，ものさしが落下した距離を18.0cmとする。Ｔさんが手を握られてから，ものさしをつかむまでの時間は，ものさしの落下距離が18.0cmのときの落下時間に等しい。よって，図６より，求める時間は0.19秒である。

6〔大地の変化〕

(1)＜土砂の堆積＞土砂が河口から海に流れ込んだとき，粒の大きいれきが河口に近い浅い海底に堆積し，河口から遠ざかるにつれ，粒の小さい砂，泥と堆積する。よって，泥，砂，れきの堆積する様子はイのようになる。

(2)＜示準化石＞地層が堆積した地質年代を知る手がかりとなる化石を示準化石という。示準化石となる生物の条件は，堆積した時代を特定するために，ある限られた時代のみに繁栄し，離れた地域の地層が堆積した時代を比較するために，生息していた地域が広いことである。

(3)＜示相化石＞シジミは淡水の湖や河口付近に生息するので，シジミの化石を含む地層が堆積した当時，その地域が湖底や河口付近であったことがわかる。このように，地層が堆積した当時の環境を知る手がかりとなる化石を，示相化石という。

(4)＜断層＞図３より，Ｘ－Ｙのずれの右側の地層が左側の地層より高くなっているので，この断層は左右から押す力が地層に加わってできたと考えられる。このようにしてできた断層を逆断層という。

(5)＜大地の変動＞地層は海底で下の方が古く，(1)より，河口付近では，河口に近い順に，れき，砂，泥と堆積し，泥は深い海底に堆積する。図３より，この地域には，砂岩→泥岩→凝灰岩の順に堆積した層があるから，この層が堆積した時期に沈降して深い海底になり，その後，火山活動によって噴出した火山灰が堆積したと考えられる。さらに，凝灰岩が堆積した後に，泥岩→砂岩→れき岩が堆積していることから，この地域は隆起して海底が浅くなったと考えられる。

7〔化学変化とイオン〕

(1)＜中和＞この実験では，酸である塩化水素(HCl)の水溶液（塩酸）に，アルカリである水酸化ナトリウム($NaOH$)の水溶液を加えている。このとき，中和が起こり，水(H_2O)と，塩《えん》として塩化ナトリウム($NaCl$)が生じる。

(2)＜イオン数の変化＞うすい塩酸には，塩化水素(HCl)が電離した水素イオン(H^+)と塩化物イオン(Cl^-)が含まれ，うすい水酸化ナトリウム水溶液には，水酸化ナトリウム($NaOH$)が電離したナトリウムイオン(Na^+)と水酸化物イオン(OH^-)が含まれている。また，BTB溶液は，酸性で黄色，中性で緑色，アルカリ性で青色を示すので，表１より，ビーカーＡ～Ｄの水溶液は酸性，ビーカーＥの水溶液は中性，ビーカーＦ～Ｈの水溶液はアルカリ性である。ビーカーＡ～Ｅでは，うすい塩酸にうすい水酸化ナトリウム水溶液を加えていくと，塩酸中のH^+は加えられたうすい水酸化ナトリウム水溶液中のOH^-と結びつき，水(H_2O)となるため，H^+は減少し，OH^-は水溶液中に残らない。このとき，塩酸中のCl^-はそのまま水溶液中に存在し，加えられたうすい水酸化ナトリウム水溶液中のNa^+は減少したH^+と同数増加する。そのため，水溶液中のイオンの総数は変化しない。ビーカーＥで，水溶液が中性になると，H^+は全てOH^-と反応してなくなり，Cl^-とNa^+のみが存在する。さらに，うすい水酸化ナトリウム水溶液を加えたビーカーＦ～Ｈでは，Na^+とOH^-が増加するため，水溶液中のイオンの総数は増加する。よって，ビーカーＡ～Ｈの水溶液に含まれるイオンの総数のグラフはイのようになる。

(3)＜塩化ナトリウムの結晶＞実験の④で，スライドガラス上に残ったのは塩化ナトリウムの結晶である。塩化ナトリウムの結晶は，エのような立方体である。

(4)＜中和＞表２より，ビーカーＩの水溶液の色が緑色になっているので，このビーカーではうすい塩酸とうすい水酸化ナトリウム水溶液が過不足なく反応している。表１のビーカーＥより，この実験で用いたうすい塩酸10cm^{3}はうすい水酸化ナトリウム水溶液８cm^{3}と過不足なく反応し，うすい塩酸とうすい水酸化ナトリウム水溶液が過不足なく反応するときの体積は比例する。よって，うすい塩酸15cm^{3}と過不足なく反応するうすい水酸化ナトリウム水溶液の体積は，$8\times\frac{15}{10}=12$(cm^3)である。これより，うすい塩酸15cm^{3}にうすい水酸化ナトリウム水溶液９cm^{3}を加えたビーカーＪでは，うすい塩酸の一部が反応せずに残っているため，水溶液は酸性を示し，BTB溶液は黄色になる。

(5)＜中和＞表１のビーカーＡとビーカーＢの水溶液を混ぜ合わせた水溶液は，うすい塩酸を，$10+10=20$(cm^3)と，うすい水酸化ナトリウム水溶液を２cm^{3}混ぜ合わせたものである。うすい塩酸20cm^{3}と過不足なく反応するうすい水酸化ナトリウム水溶液の体積は，$8\times\frac{20}{10}=16$(cm^3)だから，この水溶液を中性にするには，新たにうすい水酸化ナトリウム水溶液を，$16-2=14$(cm^3)加えればよい。

8〔電流とその利用〕

(1)＜抵抗＞表より，抵抗器Ｐに9.0Ｖの電圧を加えると，電流が1.5Ａ流れる。よって，抵抗器Ｐの抵抗の大きさは，オームの法則〔抵抗〕＝〔電圧〕÷〔電流〕より，$9.0\div1.5=6.0$(Ω)となる。

(2)＜電流計と電圧計のつなぎ方＞電流計は流れる電流の大きさを調べる部分に直列につなぎ，電圧計は加わる電圧の大きさを調べる部分に並列につなぐ。

(3)＜直列回路＞まず，表より，抵抗器Ｑに9.0Ｖの電圧を加えると，電流が0.6Ａ流れることから，抵抗器Ｑの抵抗の大きさは，$9.0\div0.6=15$(Ω)である。図２の回路は，抵抗器Ｑと抵抗器Ｒを直列につなぎ，13.5Ｖの電圧を加えると，電流が0.3Ａ流れたことから，この回路全体の抵抗の大きさは，$13.5\div0.3=45$(Ω)である。これより，抵抗器Ｒの抵抗の大きさは，$45-15=30$(Ω)である。次に，この回路に12.0Ｖの電圧を加えると，流れた電流は，$12.0\div45=\frac{4}{15}$(A)である。よって，抵抗器Ｒに加わる電圧の大きさは，$30\times\frac{4}{15}=8.0$(V)となる。

(4)＜電流＞図３の回路で，スイッチｂとスイッチｃを入れると，右図のような回路になる。この回路で，電源装置の電圧を12.0Ｖにすると，抵抗器Ｓと抵抗器Ｕを直列につないだ部分に12.0Ｖの電圧が加わり，抵抗器Ｔにも12.0Ｖの電圧が加わる。それぞれの抵抗器の抵抗の大きさは，抵抗器Ｓと抵抗器Ｔが16.0Ω，抵抗器Ｕが20.0Ωより，抵抗器Ｓと抵抗器Ｕを直列につないだ部分の抵抗の大きさは，$16.0+20.0=36.0$(Ω)となる。よって，抵抗器Ｓと抵抗器Ｕを直列につないだ部分の抵抗の大きさは，抵抗器Ｔの抵抗の大きさより大きいから，抵抗器Ｔを流れる電流の方が大きい。したがって，最も大きい電流が流れたのは抵抗器Ｔで，その大きさは，$12.0\div16.0=0.75$(A)より，750mAである。なお，抵抗器Ｓと抵抗器Ｕを直列につないだ部分に流れる電流の大きさは，$12.0\div36.0=0.3333\cdots$より，0.333Aだから，333mAとなる。

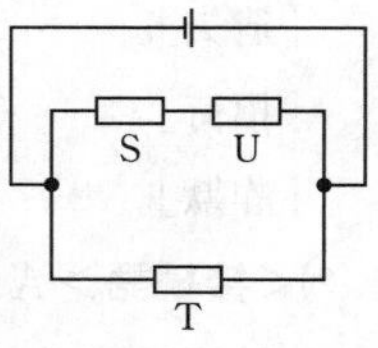

(5)＜電流＞回路全体に流れる電流が最も大きくなるのは，回路全体の抵抗が最も小さいときである。図３で，回路全体の抵抗が最も小さくなるのは，スイッチａとスイッチｃだけを入れ，抵抗器Ｕと抵抗器Ｔを並列につないだときで，このとき，回路全体に流れる電流が最も大きくなる。

2024年度／芝浦工業大学柏高等学校（第２回）

国語解答

一　(1)　①…ア　②…ウ　③…オ　④…ウ
⑤…ア
(2)　ウ　(3)　ア　(4)　ウ
(5)　ウ，カ　(6)　エ　(7)　ア
(8)　イ

二　(1)　オ　(2)　エ　(3)　イ　(4)　オ
(5)　エ　(6)　ア　(7)　ウ

三　(1)　ア，オ　(2)　ウ　(3)　エ
(4)　エ　(5)　ウ

一〔論説文の読解―教育・心理学的分野―心理〕出典：鈴木宏昭『私たちはどう学んでいるのか　創発から見る認知の変化』「知識は構築される」。

≪本文の概要≫人はコトバおよびそれに対応した概念を持つことで，世界を組織し，他者とのコミュニケーションも可能にした。その一方で，ある一定以上複雑なことがコトバだけでは伝わらないことがある。なぜならコトバは万能ではないからである。まず，コトバは，全体性を持つような場面や対象，また直感的な理解を表現するには適しておらず，無理に表現しようとすると，認識を阻害してしまう。また，コトバは，私たちの感覚ネットワークに基づくものだが，その中には意識できないものも含んでいる。当然，伝える本人でさえも意識できていないものを，他者に伝えることはできない。さらに，コトバは，多義的であるので，聞き手の受け取り方や状況によって解釈が変わることもある。このように，コトバで何かを伝えるときに齟齬が起きる可能性は，とても高いのである。とはいえ，思考も含めた人の認知は，頭の中だけで行われるものではなく，身体を使って得られたさまざまな感覚を通してつくられているので，いちいち全てを知識として覚えておくことも，予測する必要もないのである。

(1)＜漢字＞①「触(れる)」と書く。アは「接触」，イは「養殖」，ウは「粉飾」，エは「誤植」，オは「就職」。　②「秩序」と書く。アは「突如」，イは「徐行」，ウは「序列」，エは「除去」，オは「叙述」。　③「遺伝子」と書く。アは「権威」，イは「繊維」，ウは「依頼」，エは「偉大」，オは「遺失」。　④「上昇」と書く。アは「発祥」，イは「将来」，ウは「昇華」，エは「継承」，オは「招待」。　⑤「適宜」と書く。アは「便宜」，イは「礼儀」，ウは「戯曲」，エは「偽造」，オは「詐欺」。

(2)＜接続語＞A．「学校で英語を何年学んでもさっぱり英語が話せない」ことがよくあるのに対し，「外国に住んだことのある日本の子供たち」は，高い英語能力を身につけると言われる。　D．大仙陵古墳を「前方後円墳」と命名したいきさつを，簡単にまとめれば，「名付けた人の置かれた状況と言語表現は切り離せないということ」である。

(3)＜文章内容＞日本の学校では「apple→リンゴ」のような「記号同士のつながり」を学ぶだけで，子どもたちは英語を使って生活しない。だから，彼らの英語は「自分の経験を構成するさまざまな感覚」と結びついていない。

(4)＜文章内容＞コトバは，「直感的な理解を表現するには適していない」ので，無理にコトバで表現しようとすると，表現しようとしたものの認識が阻害されてしまうのである。

(5)＜文章内容＞私たちは「無意識的な情報も取り込んでいるし，その影響も受けている」ため，コト

バを使っても，本人にさえ意識できない情報は伝えることができない(カ…○)。また，古墳をどのように見るかで自然な命名が異なるように，コトバは多義的であり，「どのように解釈されるかは聞き手や状況によって大きく変化」する(ウ…○)。

(6)＜段落関係＞段落⑨では，「認知」が頭の中で完結するものではなく「環境の中」で行うものであり「環境はさまざまな情報を提供してくれる」ということを，風呂を沸かすことを例として説明している。続く段落⑩では，「実行可能な行為は身体の形状と深く関係している」ことを，人間のふだんの姿勢，指の構造などを例として説明している。段落⑪では，段落⑨・⑩の内容を整理して「認知と環境は特定の形状をした身体が生み出す行為を通したサイクル，ループの関係になっている」とまとめ，認知と知識は「環境や状況の提供する情報を前提としている可能性がある」と推測している。そして，段落⑫では，「環境に働きかけることで，環境が変化し，大事な情報を伝えてくれる」という段落⑨の内容を改めて述べている。

(7)＜文章内容＞風呂の湯加減は手を入れてみればわかるので，水の容積や風呂の火力から計算する人はいない。同様に，正確な地図のような知識を持たなくても，環境が教えてくれるので家から学校まで歩くことは可能である。このように，環境は「記憶の代替をしてくれたり，取り組む課題を簡単にしてくれたり」することで，人間の認知を助けているといえる(ア…×)。

(8)＜要旨＞人間の認知は頭の中だけで完結しているのではなく，私たちは，認知した「環境を変化させ，それを知覚して情報を取得」することでも認知を行っている。そして，この認知と環境のループ関係を可能にするのは，高度な操作を可能にする手の構造のような，「特定の形状をした身体」である。

二〔小説の読解〕出典：黒川裕子『天を掃け』。

(1)＜心情＞駿馬は，すばるが真剣に星に語りかける姿を見て「まじか。星に命令とか何者だよ」と驚きあきれながらも，それほど彼を魅了する星のつらなりに，今まで何も感じなかったが特別な価値や魅力があるように思えてきた。

(2)＜心情＞「最高の条件で観測できるタイミングなんて一年にそうそうない」ので，たった十五分とはいえ，数枚でも「撮影できただけで上等」だと，すばるは満足していた。

(3)＜表現＞駿馬がすばるの真剣さに心を強く打たれたことを「びりびり」という擬態語で表現し，その後すばるの家の場面で「びりびりはずっと駿馬の胸にわだかまり」と再度用いることで，この出来事が駿馬に長時間影響を与えたことを効果的に表している。

(4)＜心情＞駿馬は，壮大な夢を語るすばるにあきれたが，どんなに難しくても決して諦めない，という堂々としたすばるの言葉に「根拠もないのに，負けたという気」がして，悔しく思った(オ…×)。

(5)＜文章内容＞三年生から見たすばるは，理解できない存在でしかなかったが，駿馬にとっては，「あの空で，何かが駿馬を待っている」と思わせてくれるという意味で，「ほかのだれともちがう」宇宙人のように思えてきたのである。

(6)＜文章内容＞すばるは，小惑星発見者になりたいという自分の夢を駿馬に詳しく語り，ハードルが高かったことが諦めた理由なのかと駿馬を嘲笑した。一方で，「撤収する」とだけ告げて帰宅の準備を始め，家に帰ると「何も言わずに自分の部屋に閉じこもったきり」になるなど，「無愛想」で駿馬にどう思われるかを気にしていないようであった。

(7)＜表現＞「すばるが見上げていたあの空で，何かが駿馬を待っている――」と駿馬の心情を明確に描写しないで余韻を持たせたうえで，突然日本からウランバートルへと場面を転換している。そして，場面転換の間の，「エンジンに火を入れなおすとき」の「ばちっ」という「音が聞こえたような気がした」という表現からは，今後，駿馬が変わっていくことが予想される。

三〔古文の読解―物語〕出典：『平家物語』巻第四「橋合戦」。

≪現代語訳≫高倉宮の御方では，大矢の俊長，五智院の但馬，渡辺の省・授，続の源太が放った矢が，(平家側の)鎧をわけもなく，楯にもとどまらず貫通した。源三位入道は，長絹の鎧直垂に，科皮縅の鎧姿である。(源三位入道は)その日を最後だと思われたのだろうか，わざと甲をおつけにならない。嫡子の伊豆守仲綱は，赤地の錦の直垂に，黒糸縅の鎧である。弓を強く引こうとして，この人も甲はつけなかった。そこで，五智院の但馬が，大長刀をさやから外し，たった一人で，橋の上を(平家方に)進んでいく。平家方ではこれを見て，「あの者を射取れ，お前たち」と言って，大変優れた弓の射手たちが矢先をそろえて，(矢を弓に)つがえては引き次々と(但馬に向かって)射る。但馬は少しも騒がず，上がる矢をさっとかいくぐり，落ちてくる矢を踊るように飛び越え，向かってくる矢を長刀で切って落とす。敵も味方も(この様子を感嘆して)見物している。それ以来，(但馬は)矢切りの但馬と言われるようになった。

(1)＜古文の内容理解＞高倉宮の側では，五智院の但馬らが矢を射ていた(ア…○)。その矢は，敵の鎧も楯も貫通した(イ…×)。平家側でも，優れた弓の名手たちが，矢先をそろえて，弓につがえては引き，次々と矢を放った(ウ・エ…×)。但馬は，平家側から放たれた矢を踊るようにかわしていった(オ…○)。但馬は，平家側から放たれて向かってくる矢を長刀で切って落とした(カ…×)。

(2)＜古語＞「たまる」は，持ちこたえる，という意味。

(3)＜古文の内容理解＞源三位入道は，「その日を最後」，つまり今日の合戦で敗北して，自分が死ぬかもしれないという覚悟を持って，甲を身につけずに戦いに臨んだ。

(4)＜古文の内容理解＞高倉宮側の但馬が，たった一人で，長刀を持って橋の上を進んでくるので，平家側では，但馬を射取ろうと，次々に矢を放った。

(5)＜古文の内容理解＞平家側から激しく射られても矢をかわし，切り落として前進した但馬の姿は，敵も味方も皆感嘆するほどであったので，但馬は，人々から「矢切りの但馬」と呼ばれるようになったのである。

2023年度 芝浦工業大学柏高等学校（第１回）

【英　語】（50分）〈満点：100点〉

（注意）　１．リスニングテストは試験開始５分後から行います。時間は約15分間です。

２．リスニングテスト開始までは，リスニングの問題を確認しても，他の問題を解答してもかまいません。

３．リスニングテスト終了後は，リスニングの問題を解き続けていても，すぐに他の問題を解答してもかまいません。　〈編集部注：放送文は未公表につき掲載してありません。〉

■放送問題の音声は，学校ホームページで聴くことができます。（https://www.ka.shibaura-it.ac.jp/）

1　（Listening Test）

Questions 1 ～ 5　For each question, choose the correct picture.

1　How does Erika feel after the interview ?

A

B

C

2　What time will the next train leave for Shin-Kurashiki ?

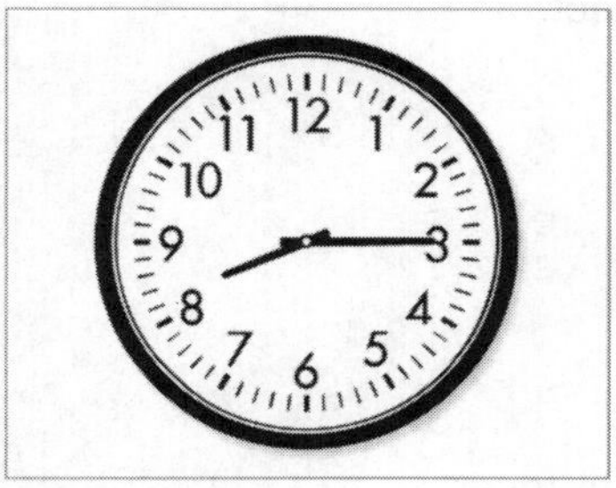

A

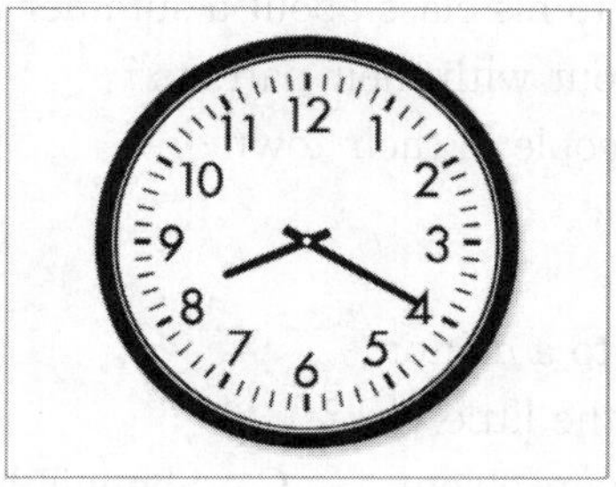

B

C

3　Which gate will the woman go to ?

A

B

C

4　Where is the man now ?

A

B

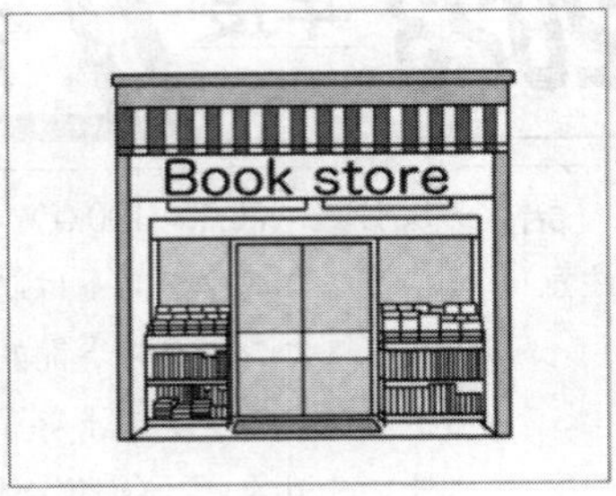

C

5　How much will the woman pay ?

A	B	C
2,400 yen	2,460 yen	2,640 yen

2　(Listening Test)

Questions 1 〜 5　For each question, choose the correct answer.

1　You will hear a teacher talking to his class about a summer project.
What must his students talk about with their parents ?

A　the permission to talk with people in their town
B　the activity they will do
C　the report about what they do

2　You will hear a woman talking to a doctor.
What did the doctor say about the little girl ?

A　She is sick.　　B　She has no problem.　　C　She will have a fever.

3　You will hear a boy, Jack, talking to his friend called Chris.
Why does Chris get hungry ?

A　She remembered the word “hamburger.”
B　She looked at a website.
C　Jack was eating a hamburger.

4　You will hear two friends talking.
What are they talking about ?

A　speaking English　　B　visiting New Zealand　　C　studying abroad

5　You will hear a girl, Kate, talking to her friend called Ken.
Why does Ken go to the train station on Sundays ?

A　to help travelers　　B　to talk about Japanese things　　C　to improve his English

3 (Listening Test)

Questions 1 ～ 5 For each question, choose the correct answer.

You will hear Martha talking to her friend Takeshi about a party she will have.

1 Martha is planning a party for a friend
A living in Australia. B going back to Australia.
C visiting her school in January.

2 Two girls are going to help to
A cook the food. B bake cakes.
C plan the party.

3 Martha thinks Susan will love
A two types of cakes. B their secret things.
C the food Takeshi will make.

4 Martha wants the party to be
A a Halloween one. B a friendship one.
C a welcome one.

5 About the games, Martha said
A she was preparing them. B they would be wonderful.
C only a few words.

4 次の英文を読んで，あとの(1)～(9)の問いに答えなさい。

Many kids have felt sad and stressed lately. To help them feel better, some schools in Michigan have (①) in special helpers. They are therapy dogs.

Why bring dogs into school ? There is a good reason. They make kids happy.

COVID-19 has been hard on students everywhere. Many have been lonely. Some lost loved ones.

Schools are trying to help students through this tough time. Many have hired counselors. Some have started teaching kids skills to help ②them manage their feelings. Some bought dogs.

There are about 12 dogs working in schools in Michigan. The dogs live with a teacher or another staff member and spend the day at school.

Research has shown that a ③(ア children's イ dog ウ stress エ lower オ trained カ can). A dog can also help them study and get along with one another.

There are downsides of having dogs in schools. Dogs can be dirty, and some people are allergic to them. As well, some kids are afraid of dogs. But school leaders in Michigan say these problems can be handled. For example, the new dogs are highly trained and hypoallergenic. That means they don't cause allergic reactions. And nobody has to be with a dog (④) they do not want to.

In many schools, the dogs are very popular. At one high school, students even had a birthday party for a dog. Her name is Gravy.

Gravy is a sweet brown dog. In September, she started working (⑤) a therapy dog at a high school in Michigan. She is cared for by Maria Capra, a school leader.

Some students learned (⑥) Gravy had a birthday coming up. They asked if they could have a party for Gravy. Capra said it was okay and did not think it would be a very big party.

However, the students invited the whole school to the party. Some made a birthday costume for

Gravy. Others started collecting money for an animal shelter in her honor.

(⑦) the time for the party came, there were hundreds of kids there.

Capra said Gravy's birthday party was good for the kids at school because it helped them become comfortable with face-to-face learning again.

Traci Souva is an art teacher in Michigan. She cares for a dog (⑧) Chipper. She remembered something that happened earlier in the school year.

"A child was sad. So Chipper decided to lie right next to his chair. A lot of times the kids ⑨(ア Chipper イ wrong ウ will エ what オ is カ tell). That can help them feel better. That's pretty magical," she said.

【出典】 *USA TODAY, 2022*

(注) Michigan ミシガン州　therapy 治療　hire counselors カウンセラーを雇う
downsides 不都合な面　allergic to ～ ～に対してアレルギーのある

(1) 本文中の(①)に入る最も適当なものを，次のア～エのうちから一つ選びなさい。
ア taught　イ caught　ウ found　エ brought

(2) 本文中の下線部②が指すものとして最も適当なものを，次のア～エのうちから一つ選びなさい。
ア counselors　イ students　ウ schools　エ dogs

(3) 本文中の③の(　)の中を正しい語順に並べかえ，(　)の中で**3番目**と**6番目**にくるものをそれぞれ選びなさい。

(4) 本文中の(④)に入る最も適当なものを，次のア～エのうちから一つ選びなさい。
ア if　イ that　ウ so　エ but

(5) 本文中の(⑤)に入る最も適当なものを，次のア～エのうちから一つ選びなさい。
ア at　イ for　ウ as　エ on

(6) 本文中の(⑥)に入る最も適当なものを，次のア～エのうちから一つ選びなさい。
ア what　イ that　ウ which　エ why

(7) 本文中の(⑦)に入る最も適当なものを，次のア～エのうちから一つ選びなさい。
ア When　イ If　ウ After　エ Soon

(8) 本文中の(⑧)に入る最も適当なものを，次のア～エのうちから一つ選びなさい。
ア for name　イ to name　ウ naming　エ named

(9) 本文中の⑨の(　)の中を正しい語順に並べかえ，(　)の中で**3番目**と**6番目**にくるものをそれぞれ選びなさい。

5 次の英文を読んで，あとの(1)～(8)の問いに答えなさい。

One day, Prometheus looked up at the sun shining brightly and called for his brother Epimetheus.

He said, "Listen, brother, I have given many things to humans, but this time I will give them fire. It will be ①my last and greatest gift. They will be able to warm themselves, cook their food and make tools to build their houses. However, Zeus will be very angry with me and punish me for giving humans fire. So, pay attention to ②any gifts from Zeus. I ask you to take care of the humans while I am away."

Then Prometheus said goodbye to his brother and went to Mount Olympus with a stick to use later as a candle.

At the end of the day, when the sun was going down, ③Prometheus held out his stick and touched the beautiful ball. Then with the burning candle hidden under his coat, he ran down the mountain and set fire to some wood.

People who saw the fire for the first time came closer to the fire.

"Oh, it's lovely!" a man cried when he felt its heat.

"Oh, I love it! I must kiss it," another said happily, moving forward and trying to kiss the red fire. Everyone laughed at his face when the fire burned his beard!

The next day Prometheus showed the humans how to cook and make tools and weapons out of metal with fire. After this, humans built towns and used fire to make many wonderful things. But when Zeus heard about ④all this, he was angry and called for Prometheus.

"Prometheus!" he shouted in a voice of thunder.

"King Zeus," Prometheus answered. "I know you will punish me for what I have done, but let me tell you two things. First, you cannot take away the gifts I have given the humans. Second, you will not want to destroy humans because they can help you fight the Titans, your enemy when they come to attack you."

However ⑤Prometheus's words made Zeus even angrier, and he ordered his son to take Prometheus to a mountain at the edge of the world and tie him to a rock. And Zeus said to Prometheus, "Stay there and feel the winter's snow and the summer's sun, but nobody will help you!"

Prometheus was taken to the edge of the world and was tied there. Zeus's son said to Prometheus, "Every day, Zeus will send a violent bird to eat your stomach, and your stomach will grow again every night, so your pain will repeat." The bird came every day and his screams of pain could be heard across the mountain.

Zeus had a plan to punish humans. He sent the first woman to Earth with a golden box filled with bad things. The woman's name was Pandora. Epimetheus saw the beautiful Pandora and he fell in love with her and soon got married. Unfortunately, bad things were going to happen.

Epimetheus remembered his brother's words and said to Pandora, "Don't open the box. There must be ⑥many horrible things inside." But Pandora could not stop herself and finally opened it. At that moment, all the bad things in the world came flying out — disease, sadness, hate, lies, stealing and a hundred others.

She got scared and ⑦quickly closed the box. Then she heard a little voice, "Let me out, too! I am hope." So, she opened the box again.

It was Prometheus who put hope in the box. ⑧He knew that humans would open Zeus's golden box and that is why he secretly put hope in the box along with all the other bad things. Zeus wanted to punish humans but Prometheus wanted humans to live with some hope.

【出典】 Roger L. G. *Tales of the Greek Heroes*, 1958

（注） Titan(s) 巨人　　enemy 敵

(1) 本文中の下線部①が指す内容として最も適当なものを，次のア～エのうちから一つ選びなさい。

ア humans　イ the sun　ウ fire　エ a candle

(2) 本文中の下線部②が指す内容として最も適当なものを，次のア～エのうちから一つ選びなさい。

ア tools and weapons　イ Pandora and the golden box

ウ Titans　エ Epimetheus and Prometheus

(3) 本文中の下線部③の内容として最も適当なものを，次のア～エのうちから一つ選びなさい。

ア Prometheus checked the temperature of the sun with a stick.
イ Prometheus played some sports with a stick and a ball.
ウ Prometheus took fire from the sun with a stick.
エ Prometheus put on sunblock with a stick.

(4) 本文中の下線部④の内容として適当でないものを，次のア～エのうちから一つ選びなさい。
ア Prometheus gave fire to humans.
イ Prometheus taught humans how to use fire.
ウ Humans used fire and made wonderful things.
エ Humans would try to attack Zeus with fire.

(5) 本文中の下線部⑤の内容として適当でないものを，次のア～エのうちから一つ選びなさい。
ア Humans can help fight the Titans.
イ Humans could destroy Mount Olympus and everyone.
ウ The Titans would come and try to attack Zeus.
エ Zeus cannot take fire away from humans.

(6) 本文中の下線部⑥の内容として適当でないものを，次のア～エのうちから一つ選びなさい。
ア hope　イ sadness　ウ hate　エ lies

(7) 本文中の下線部⑦の理由として最も適当なものを，次のア～エのうちから一つ選びなさい。
ア She noticed the box was already opened by someone.
イ She got scared of the voice inside the box.
ウ She wanted Epimetheus to know that she opened the box.
エ She was afraid of the things that came out of the box.

(8) 本文中の下線部⑧の理由として最も適当なものを，次のア～エのうちから一つ選びなさい。
ア Prometheus hoped that humans would live in fear.
イ Prometheus wanted humans to have hope for the future.
ウ Prometheus didn't trust Epimetheus at all.
エ Prometheus knew that Zeus had put hope in the box.

6 次の英文を読んで，あとの(1)～(8)の問いに答えなさい。

On Monday, May 2, 2022, Rocket Lab, a rocket company in California, used a helicopter to catch a large booster from a rocket falling from space. Rocket Lab hopes to lower the costs of rocket launches by reusing rocket parts.

To launch spacecraft into space, rockets use several "boosters." Boosters push the spacecraft up and then fall back to Earth. Rocket Lab's Electron rocket uses two boosters to (①) the satellite into space.

Peter Beck, the leader of Rocket Lab, says, "We spend 80% of the cost on the first booster. (②) we are trying to save money by reusing its first booster and to lower the cost of sending things into space."

Another rocket company, Space X, uses special engines to slow down their boosters as they come back to Earth. However, Rocket Lab's rockets are much (③) and can't carry enough fuel to return in this way.

In the past, Rocket Lab has recovered some boosters from the ocean, but the salty sea water can damage boosters and make them hard to reuse safely.

On Monday, Rocket Lab used a helicopter to catch the booster as it fell back to Earth. It is difficult to catch a 12-meter tube that weighs nearly 1,000 kilograms when it falls from space. But it (④) — at least for a while.

After pushing the rocket into space, the booster reached about 80 kilometers above the Earth. Then it began falling, reaching speeds as fast as 8,400km/h and the heat of the booster reached 2,730℃. To stop itself from (⑤) up as it fell through the Earth's atmosphere, the booster had special heat protection. After the booster reduced its speed through the Earth's atmosphere, a small parachute was opened to slow it down more. Finally, an even larger parachute was opened, and it slowed down the booster even more so that a helicopter could catch it.

The helicopter used a strong cable with a hook to catch the cable between the first and second parachute. The hook supported the booster and ⑥<u>gradually, the booster stopped falling</u>.

However, the test wasn't completely successful. After a few moments, the helicopter pilots realized that it was unsafe for the helicopter to support the (⑦) of the booster. They released the booster, and it was later recovered from the sea.

Rocket Lab learned a lot from this test and hopes that ⑧(ア will　イ take　ウ to　エ the helicopter　オ be　カ the booster　キ able) safely to a nearby boat next time.

（注） booster　打ち上げのための加速装置　　rocket launches　ロケットの打ち上げ
Space X　ロケット打ち上げ会社　　the Earth's atmosphere　大気圏
parachute　パラシュート

(1) 本文中の(①)に入る最も適当なものを，次のア～エのうちから一つ選びなさい。
ア fall　イ use　ウ send　エ save

(2) 本文中の(②)に入る最も適当なものを，次のア～エのうちから一つ選びなさい。
ア That's why　イ That's because
ウ This is how　エ The problem is

(3) 本文中の(③)に入る最も適当なものを，次のア～エのうちから一つ選びなさい。
ア smaller　イ bigger　ウ faster　エ slower

(4) 本文中の(④)に入る最も適当なものを，次のア～エのうちから一つ選びなさい。
ア fell　イ failed　ウ success　エ worked

(5) 本文中の(⑤)に入る最も適当なものを，次のア～エのうちから一つ選びなさい。
ア changing　イ burning　ウ falling　エ reaching

(6) 本文中の下線部⑥の状態に至るまでの理由として<u>適当でないもの</u>を，次のア～エのうちから一つ選びなさい。
ア The helicopter's strong cable with a hook caught the booster.
イ The first small parachute was opened.
ウ The second larger parachute was opened.
エ The helicopter pilots released the booster.

(7) 本文中の(⑦)に入る最も適当なものを，次のア～エのうちから一つ選びなさい。
ア direction　イ hook　ウ fuel　エ weight

(8) 本文中の⑧の(　)の中を正しい語順に並べかえ，(　)の中で**3番目**と**6番目**にくるものをそれぞれ選びなさい。

【数　学】（50分）〈満点：100点〉

（注意）　問題の文中の[ア]，[イウ]などの□には，特に指示のない限り数値が入る。次の方法で解答用紙の指定欄に記入しなさい。

(1)　ア，イ，ウ，……の一つ一つは０から９までの数字が入る。

(2)　分数形で解答が求められているときは，約分された形で答える。

(3)　分数形で解答が求められているときに，得られた解答が整数であれば，分母は１として答える。

(4)　根号のついた値は，根号内を可能な限り小さな整数として表す。

1　次の問いに答えよ。

(1)　$(\sqrt{6}-\sqrt{2})(3\sqrt{2}-\sqrt{6})-\sqrt{3}(3-4\sqrt{3})=$[ア]$\sqrt{\text{[イ]}}$

(2)　xについての２次方程式$ax^2+3bx-10b=0$の解の１つが$x=-10$のとき，$a:b=$[ウ]：[エ]

(3)　nを自然数とする。$\sqrt{15n}$と$\sqrt{360-n}$がどちらも整数となるとき，$n=$[オカキ]

(4)　右の図で，△ABCは，AB＝ACの二等辺三角形である。辺AC上に点Dを∠ABD＝3∠CBDとなるようにとる。

∠ADB＝55°のとき，∠BAC＝[クケ]°

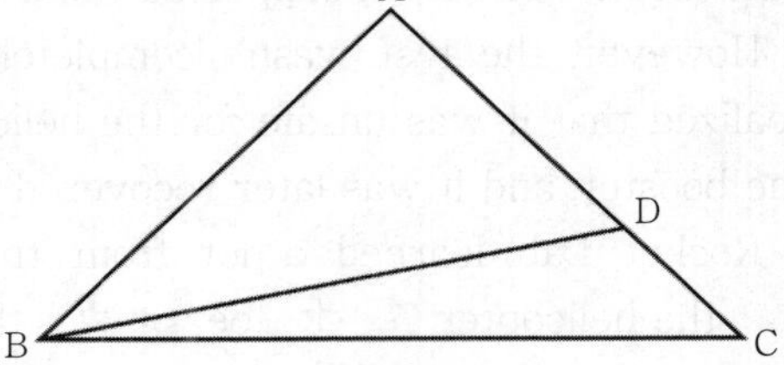

2　放物線$y=x^2$と直線$y=x+6$との交点をA，Bとする。ただし，点Aのx座標は負である。

点Cはy軸上の点，点Dはx軸上の点で，３点C，B，Dはこの順に一直線上に並び，CB＝BDである。

線分ADと放物線$y=x^2$との交点のうち，点Aと異なる方をEとする。

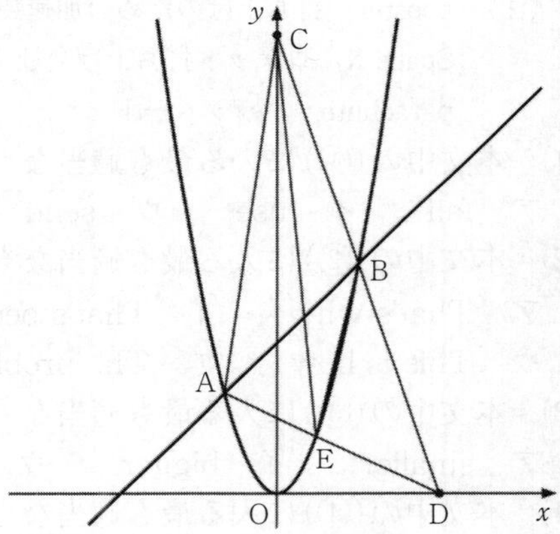

(1)　点Cのy座標は[アイ]

(2)　直線ADの式は$y=-\frac{\text{[ウ]}}{\text{[エ]}}x+$[オ]

(3)　点Eのx座標は$\frac{\text{[カ]}}{\text{[キ]}}$

(4)　△ACEの面積と△BCEの面積の比は[クケ]：[コ]

3　次の問いに答えよ。

(1)　生徒40人が10点満点のテストを受け，その結果を右のような表にまとめ，この表をもとに，箱ひげ図を作成した。

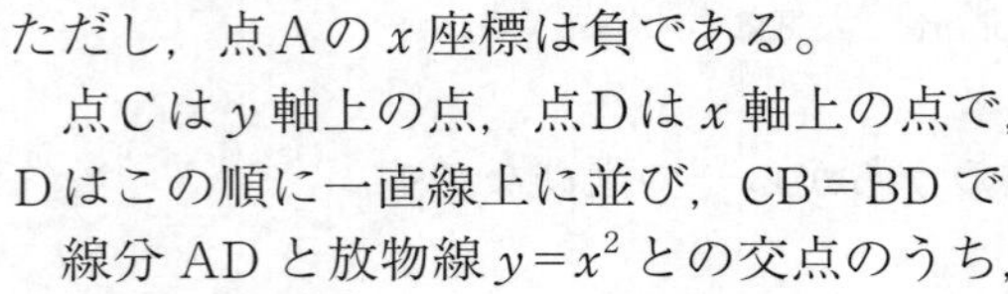

得点（点）	人数（人）
0	0
1	0
2	a
3	b
4	3
5	6
6	c
7	d
8	5
9	6
10	4
計	40

①　$a=$[ア]，$b=$[イ]

②　生徒40人の平均値が6.9点であるとき，$c=$[ウ]，$d=$[エ]

(2)　１から６までの数字が１つずつ書かれた６枚のカードがある。このカードの中から同時に３枚のカードを取り出す。

取り出した３枚のカードに書かれた数のうち，最も大きい数を百の位，２番目に大きい数を十の位，最も小さい数を一の位とする３けたの整数を a とする。

取り出した３枚のカードに書かれた数のうち，最も小さい数を百の位，２番目に大きい数を十の位，最も大きい数を一の位とする３けたの整数を b とする。

① カードの取り出し方は全部で [オ][カ] 通り

② $a-b$ の値が12の倍数になる確率は $\dfrac{\boxed{キ}}{\boxed{ク}\boxed{ケ}}$

4 半径10cm の円Oの周上に３点A，B，Cがあり，AB＝16cm，∠ABC＝60° である。

線分BCをCの方に延ばした直線上に，AC＝CDとなるような点Dをとる。

線分ADと円Oとの交点のうち，点Aと異なる方をEとする。

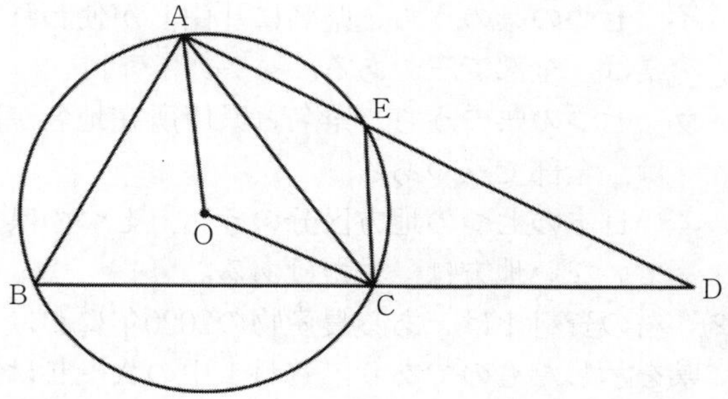

(1) AC＝$\boxed{ア}\boxed{イ}\sqrt{\boxed{ウ}}$ cm

(2) BC＝($\boxed{エ}+\boxed{オ}\sqrt{\boxed{カ}}$) cm

(3) AD＝$\boxed{キ}\sqrt{\boxed{ク}\boxed{ケ}}$ cm

(4) CE＝$\boxed{コ}\sqrt{\boxed{サ}}$ cm

5 底面が一辺12cm の正方形である正四角すいP-ABCDがあり，PA＝$2\sqrt{34}$ cm である。

正四角すいP-ABCDのすべての面に内側で接する球の中心をOとする。

面ABCDに平行で球Oと接する平面と，辺PCとの交点をEとする。

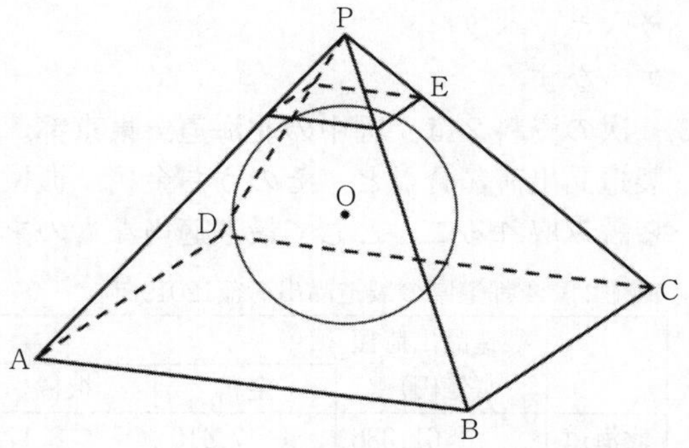

(1) 正四角すいP-ABCDの表面積は [ア][イ][ウ] cm^2

(2) 正四角すいP-ABCDの体積は [エ][オ][カ] cm^3

(3) 球Oの半径は [キ] cm

(4) ３点A，B，Eを通る平面と直線POとの交点をQとすると，QO＝$\dfrac{\boxed{ク}}{\boxed{ケ}}$ cm

【社　会】（50分）〈満点：100点〉

1　右の図を見て，次の(1)～(5)の問いに答えなさい。

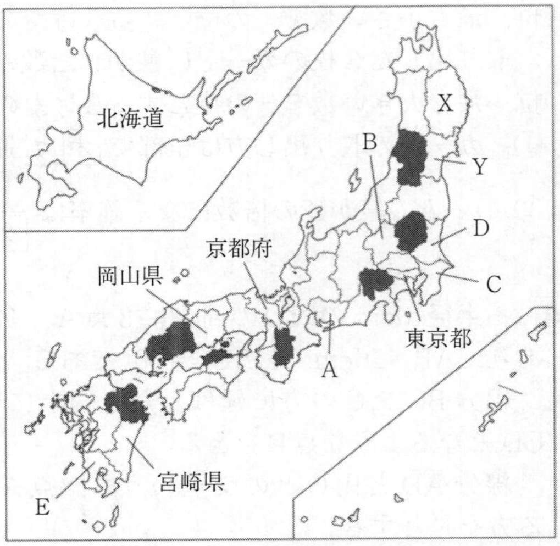

(1)　図中に■で示した七つの県についての説明として最も適当なものを，次のア～エのうちから一つ選びなさい。

ア　七つの県のうち，内陸県にあてはまる県は，全部で二つある。

イ　七つの県のうち，県名に「山」が使われている県は，全部で三つある。

ウ　七つの県のうち，県名と県庁所在地名が同じ県は，全部で三つある。

エ　日本の七つの地方区分のうち，七つの県が属していない地方は一つだけある。

(2)　右の資料1は，ある農産物の2020年における収穫量上位5県を示したものであり，資料1中のA～Eは，図中のA～Eと同じ県である。この農産物にあてはまる最も適当なものを，次のア～エのうちから一つ選びなさい。

資料1　ある農産物の収穫量割合(2020年)

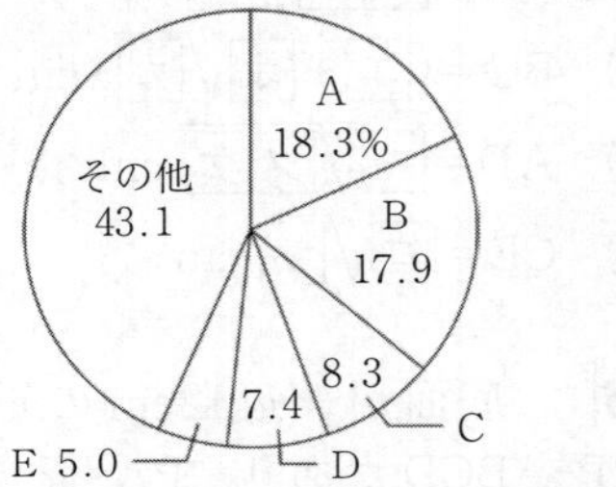

(「データでみる県勢 2022」より作成)

ア　生乳

イ　茶

ウ　キャベツ

エ　なす

(3)　次の資料2は，図中の北海道，東京都，岡山県，宮崎県の製造品出荷額合計と，そのうち金属，機械，化学，食料品の出荷額を示したものである。資料2から読み取れることとして最も適当なものを，あとのア～エのうちから一つ選びなさい。

資料2　4都道府県の製造品出荷額(2019年)

	製造品出荷額（億円）	金属	機械	化学	食料品
北海道	61,336	7,410	8,171	10,850	24,740
東京都	74,207	6,289	37,337	5,867	8,441
岡山県	77,397	13,082	21,122	27,218	7,204
宮崎県	16,523	653	4,454	3,297	5,402
全国計	3,253,459	438,551	1,475,429	596,205	397,884

(「地理データファイル 2022年度版」より作成)

ア　全国の製造品出荷額に占める機械の割合は，50%をこえている。

イ　四つの都道県の中で金属の出荷額が最も多い都道県は，機械と化学の出荷額も最も多い。

ウ　宮崎県は東京都より食料品の出荷額が少ないが，製造品出荷額に占める割合は東京都より高い。

エ　四つの都道県の中で，化学の出荷額が最も多い都道県は，二つある。

(4)　次の文章は，図中のX，Yの県について述べたものである。文章中の［Ⅰ］，［Ⅱ］にあてはまる語の組み合わせとして最も適当なものを，あとのア～エのうちから一つ選びなさい。

図中のXとYの県は，初夏から夏にかけて［　Ⅰ　］から吹き込む冷たくしめった風の影響で，冷害にみまわれることがある。また，両県の沖合いには寒流と暖流が出合う［　Ⅱ　］が好漁場となっているため，古くから漁業がさかんに行われてきた。

ア　Ⅰ：北西　Ⅱ：大陸棚
イ　Ⅰ：北東　Ⅱ：大陸棚
ウ　Ⅰ：北西　Ⅱ：潮目(潮境)
エ　Ⅰ：北東　Ⅱ：潮目(潮境)

(5)　次の地形図は，前のページの図中の京都府のある地域を示したものである。これを見て，あとの①，②の問いに答えなさい。

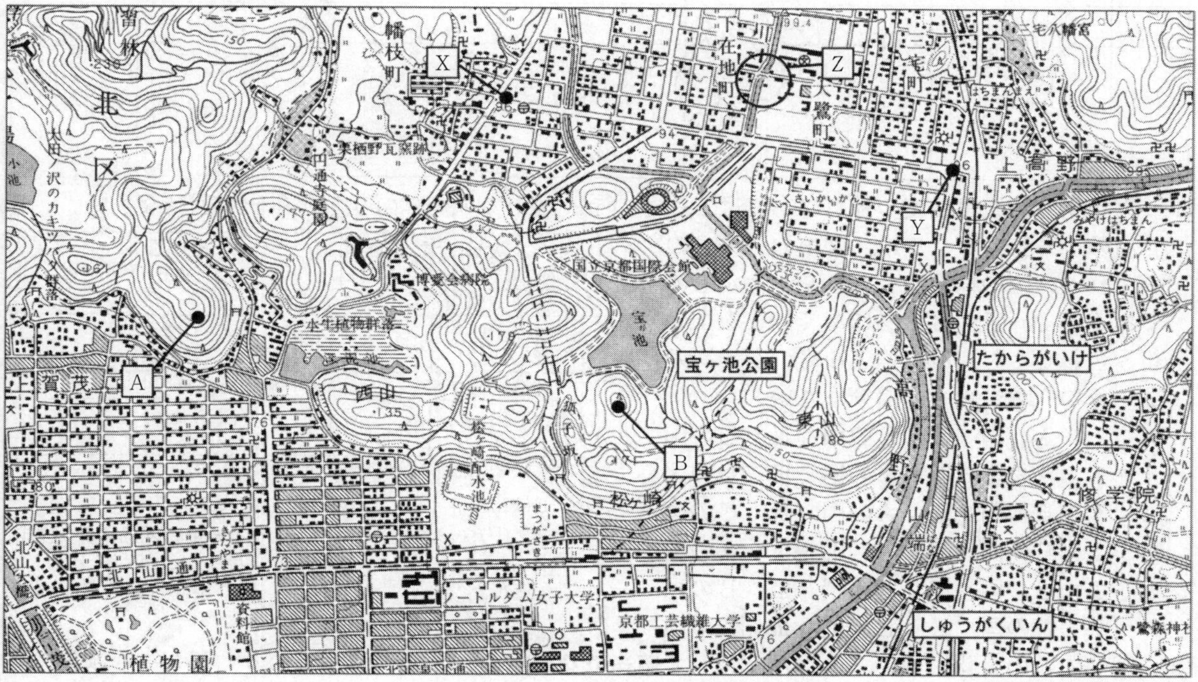

(国土地理院　平成12年発行1：25,000「京都東北部」より作成)

①　地形図中のX地点からY地点まで地形図上で6cmあるとすると，実際の距離として最も適当なものを，次のア～エのうちから一つ選びなさい。

ア　0.6km　　イ　1.5km　　ウ　2.5km　　エ　4km

②　この地形図について述べた文として最も適当なものを，次のア～エのうちから一つ選びなさい。

ア　Zの橋の上で立ち止まって川の様子を見ると，川はほぼ南から北に向かって流れている。
イ　「たからがいけ」駅には，二つのJRの路線が乗り入れている。
ウ　宝ヶ池公園から見て，「しゅうがくいん」駅は南西の方向に位置している。
エ　A地点の標高は，B地点の標高より高い。

2 次の図を見て，あとの(1)～(7)の問いに答えなさい。なお，図中の緯線と経線は，一部のみ，緯線は15度ごと，経線は30度ごとに示している。

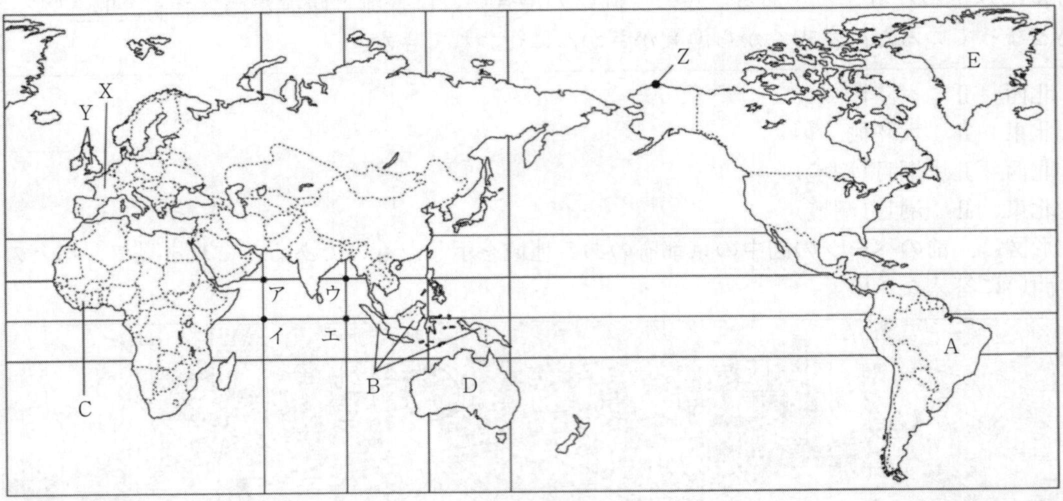

(1) 東経90度，北緯15度の地点にあてはまるものを，図中のア～エのうちから一つ選びなさい。

(2) 右のⅠ～Ⅲのグラフは，図中のA～Cのいずれかの国の輸出品目割合を示したものである。Ⅰ～Ⅲのグラフにあてはまる国の組み合わせとして最も適当なものを，次のア～カのうちから一つ選びなさい。

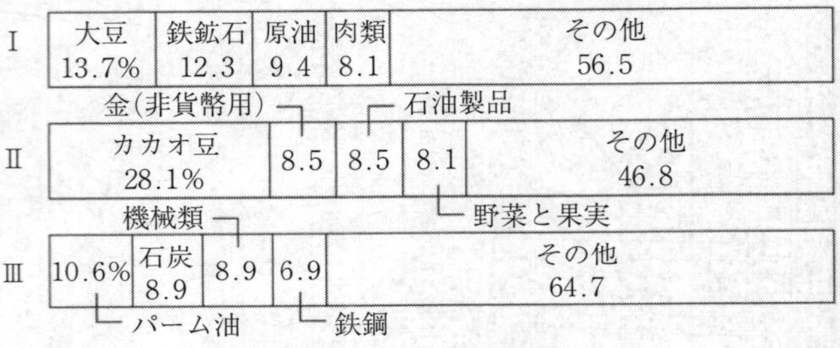

(注) Ⅱは2019年，Ⅰ・Ⅲは2020年。

(「データブック オブ・ザ・ワールド 2022」より作成)

ア Ⅰ：Aの国 Ⅱ：Bの国 Ⅲ：Cの国
イ Ⅰ：Aの国 Ⅱ：Cの国 Ⅲ：Bの国
ウ Ⅰ：Bの国 Ⅱ：Aの国 Ⅲ：Cの国
エ Ⅰ：Bの国 Ⅱ：Cの国 Ⅲ：Aの国
オ Ⅰ：Cの国 Ⅱ：Aの国 Ⅲ：Bの国
カ Ⅰ：Cの国 Ⅱ：Bの国 Ⅲ：Aの国

(3) 図中のDの大陸について述べた文として**適当でないもの**を，次のア～エのうちから一つ選びなさい。

ア Dの大陸は，図中のEの島より実際の面積は小さい。
イ Dの大陸に，最も広く分布している気候帯は乾燥帯である。
ウ Dの大陸の先住民族はアボリジニ(アボリジニー)である。
エ Dの大陸の季節は日本と逆になるが，時差は小さい。

(4) 右の資料1は，ある農産物の生産量上位4か国と世界の総生産量に占める割合を示したものである。資料1にあてはまる農産物として最も適当なものを，次のア～エのうちから一つ選びなさい。

ア 小麦
イ 綿花
ウ 米
エ ぶどう

資料1 ある農産物の生産量上位4か国と世界の総生産量に占める割合(2019年)

	総生産量に占める割合(%)
中国	18.5
イタリア	10.2
アメリカ合衆国	8.1
スペイン	7.4

(「世界国勢図会 2021/22」より作成)

(5) 次のⅠ，Ⅱの文は，図中のXの国が現在加盟しており，Yの国が2020年に離脱した地域連合について述べたものである。Ⅰ，Ⅱの文の正誤の組み合わせとして最も適当なものを，あとのア～エのうちから一つ選びなさい。

Ⅰ 加盟国間で国境を越える際は，原則パスポートが不要で加盟国間の貿易には関税がかからない。

Ⅱ この地域連合に加盟している国はすべて，共通通貨であるユーロを使用している。

ア Ⅰ：正 Ⅱ：正

イ Ⅰ：正 Ⅱ：誤

ウ Ⅰ：誤 Ⅱ：正

エ Ⅰ：誤 Ⅱ：誤

(6) 図中のZの都市で夏至の日に見られる現象について述べた文として最も適当なものを，次のア～エのうちから一つ選びなさい。

ア 太陽が真上から照らす。

イ 太陽が1日中のぼらなくなる。

ウ 太陽が1日中しずまなくなる。

エ 昼と夜の長さが同じになる。

(7) たつきさんは，日本と世界各国の産業と人口の動きについて発表するために，日本，アメリカ合衆国，ブラジル，中国の自動車保有台数の推移と人口の推移を調べて，資料2，資料3のようにまとめた。下のⅠ～Ⅳの文のうち，これらの資料から読み取れることについて正しく述べた文はいくつあるか。最も適当なものを，あとのア～エのうちから一つ選びなさい。

資料2 4か国の自動車保有台数の推移(単位：万台)

	2000年	2005年	2010年	2015年
日本	7,265	7,569	7,536	7,740
アメリカ合衆国	22,148	24,484	23,981	26,419
ブラジル	1,547	2,302	3,210	4,274
中国	1,570	3,088	7,722	16,285

(「世界自動車統計年報」などより作成)

資料3 4か国の人口の推移(単位：万人)

	2000年	2005年	2010年	2015年
日本	12,752	12,833	12,854	12,799
アメリカ合衆国	28,171	29,499	30,901	32,088
ブラジル	17,479	18,613	19,571	20,447
中国	129,055	133,078	136,881	140,685

(「World Population Prospects 2019」より作成)

Ⅰ 人口減少が見られる国は1か国で，人口減少が起こった年には自動車保有台数も減少している。

Ⅱ ブラジルの人口の増加数が最も多いのは，2000年から2005年にかけてである。

Ⅲ 2015年において，4か国のうち自動車1台当たりの人口が最も少ないのは中国なので，中国が最も自動車が普及しているといえる。

Ⅳ 2015年に百人当たりの自動車保有台数が日本より少ない国は，全部で二つある。

ア 一つ イ 二つ ウ 三つ エ 四つ

3 次の略年表を見て，あとの(1)～(7)の問いに答えなさい。

年代	主なできごと	
57	倭の奴国王が後漢に使節を送る	A
701	大宝律令が制定される	↑
		B
1086	白河上皇が院政を始める	↓
1221	承久の乱が起こる	C
		↑ D
1392	足利義満により南北朝が統一される	↓
1467	京都を舞台として応仁の乱が起こる	
1582	豊臣秀吉が織田信長の後継者となる	E
1603	徳川家康が征夷大将軍に任じられる	F
1854	日米和親条約を結び開国する	G
1858	日米修好通商条約を結ぶ	H

(1) 略年表中のAに関連して，この時代に栄えた大規模な集落跡が発掘された吉野ヶ里遺跡の場所として最も適当なものを，右の図中のア～エのうちから一つ選びなさい。

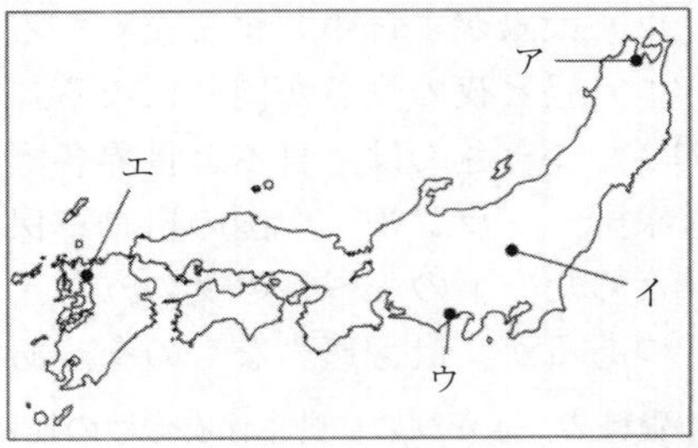

(2) 次のⅠ～Ⅲは，略年表中のBの時期に起こったできごとについて述べたものである。Ⅰ～Ⅲの文を年代の**古いものから順に**並べたものを，あとのア～カのうちから一つ選びなさい。

Ⅰ 坂上田村麻呂が征夷大将軍に任じられた。
Ⅱ 平将門が反乱を起こした。
Ⅲ 遣唐使の派遣が停止された。

ア Ⅰ→Ⅱ→Ⅲ　イ Ⅰ→Ⅲ→Ⅱ　ウ Ⅱ→Ⅰ→Ⅲ
エ Ⅱ→Ⅲ→Ⅰ　オ Ⅲ→Ⅰ→Ⅱ　カ Ⅲ→Ⅱ→Ⅰ

(3) 次のⅠ，Ⅱの文は，略年表中のCのころのできごとについて述べたものである。Ⅰ，Ⅱの文の正誤の組み合わせとして最も適当なものを，あとのア～エのうちから一つ選びなさい。

Ⅰ 東大寺南大門が再建され，西行によって制作された金剛力士像が安置された。
Ⅱ 法然の弟子の親鸞は浄土真宗を開き，「自分の罪を自覚した悪人こそが救われる」と説いた。

ア Ⅰ：正 Ⅱ：正　イ Ⅰ：正 Ⅱ：誤　ウ Ⅰ：誤 Ⅱ：正　エ Ⅰ：誤 Ⅱ：誤

(4) 略年表中のDの時期に海外で起こったできごととして最も適当なものを，次のア～エのうちから一つ選びなさい。

ア マルコ・ポーロが中国の皇帝に仕えて見聞きしたことを，「世界の記述(東方見聞録)」にまとめた。
イ イギリスやオランダが東インド会社を設立し，アジアとの物産の交易を行った。
ウ ローマ教皇の聖地エルサレムを奪い返すとの呼びかけに応じて，十字軍が初めて派遣された。
エ 尚氏が三つの勢力に分裂していた沖縄島を統一し，琉球王国を建国した。

資料1

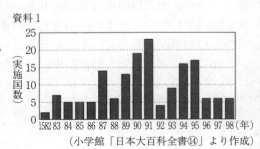

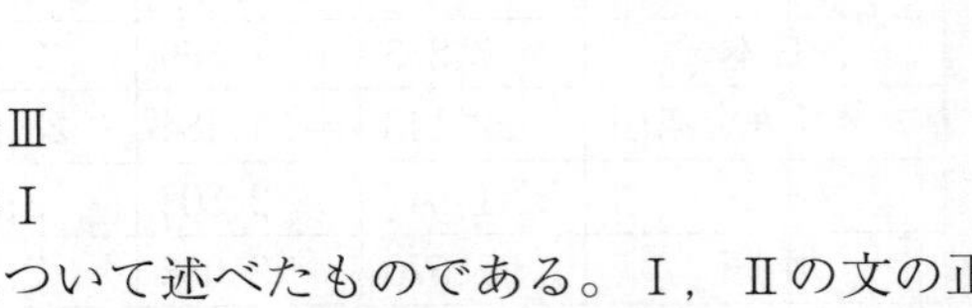

(小学館「日本大百科全書⑭」より作成)

(5) 略年表中のEに関連して，右の資料1は，豊臣秀吉が検地(太閤検地)を行った実施国数の推移を示したものである。資料1中で，検地の実施国数が前年に比べて15か国以上減少している年に起こったできごととして最も適当なものを，次のア～エのうちから一つ選びなさい。

ア　豊臣秀吉が明智光秀を倒した。　　イ　豊臣秀吉がキリスト教を禁止した。
ウ　豊臣秀吉が死去した。　　エ　豊臣秀吉が朝鮮に大軍を送った。

(6)　略年表中のFに関連して，次の資料2は，江戸幕府が出したとされる百姓の生活心得(御触書)の一部を示したものである。資料3は，資料2が出された背景についてまとめたものである。資料2，資料3中の［Ⅰ］，［Ⅱ］にあてはまる語の組み合わせとして最も適当なものを，あとのア～エのうちから一つ選びなさい。

資料2

一、朝は早く起きて草を刈り，昼は田畑を耕し，夜は縄をなったり俵を編んだりすること。
一、酒や茶を買って飲まないこと。
一、百姓は雑穀を食べ，米を多く食べないこと。
一、衣類は，麻と［Ⅰ］以外は使わないこと。
以上のように物ごとに念を入れ，財産をつくるためにしっかり働きなさい。

資料3

江戸時代には，人々の身分は武士と百姓，町人に大きく分けられており，武士の人口は百姓より［Ⅱ］。しかし当時支配的な立場にあった武士の生活は，百姓が納める年貢にたよっていたため，百姓から安定して年貢を徴収するため，その生活を厳しく規制した。

ア　Ⅰ：絹　Ⅱ：少なかった　　イ　Ⅰ：絹　Ⅱ：多かった
ウ　Ⅰ：木綿　Ⅱ：少なかった　　エ　Ⅰ：木綿　Ⅱ：多かった

(7)　次のⅠ～Ⅳの文は，略年表中のGとHの条約について述べたものである。Ⅰ～Ⅳの文のうち，GとHの条約について正しく述べた文はいくつあるか。最も適当なものを，あとのア～エのうちから一つ選びなさい。

Ⅰ　日米和親条約は，アメリカのペリーと大老の井伊直弼の間で結ばれた。
Ⅱ　日米和親条約では，函館と横浜(神奈川)の2港が開港された。
Ⅲ　日米修好通商条約により，アメリカ人は日本国内で自由に貿易や居住ができるようになった。
Ⅳ　日米修好通商条約により貿易が始まり，日本からは生糸や茶などが輸出された。

ア　一つ　　イ　二つ　　ウ　三つ　　エ　四つ

4　次のA～Gのカードは，ゆりかさんが，明治時代から平成時代までの主な内閣が行ったことを調べ，年代の古い順にまとめたものの一部である。これらを読み，あとの(1)～(5)の問いに答えなさい。

A	伊藤博文内閣(第二次)	外務大臣の陸奥宗光が［X］との交渉の末，領事裁判権の撤廃を実現した。その後，中国との間で日清戦争が起こった。
B	桂太郎内閣(第二次)	外務大臣のa小村寿太郎が関税自主権の回復に成功し，日本が長く望んでいた条約改正を実現した。また，大逆事件で社会主義者を処罰した。
C	大隈重信内閣(第二次)	この内閣のときにb第一次世界大戦が起こった。日本は連合国側の一員として参戦を表明し，中国に対し二十一か条の要求の大部分を認めさせた。
D	原敬内閣	原敬は平民宰相とも呼ばれ，最初の本格的な政党内閣を組織した。日本の山東省の権益に対する反発から，中国では［Y］運動が起こった。

E	近衛文麿内閣 （第一次）	この内閣のときに c 日中戦争が始まり，内閣は不拡大方針を出したが，軍部に押し切られ，国家総動員法の制定など戦時体制の強化が進んだ。

F	池田勇人内閣 （第一次～三次）	安保闘争後に成立したこの内閣は，所得倍増計画をスローガンに掲げ高度経済成長の土台を築いた。東京オリンピックが開かれ，世界に戦後復興を示した。

G	鳩山由紀夫内閣	2009年の総選挙で野党であった民主党が圧勝して政権交代が起こり，この内閣が組閣した。行政改革を掲げたが十分な成果を上げられず，翌年総辞職した。

(1)　A，Dのカード中の X ， Y にあてはまる語の組み合わせとして最も適当なものを，次のア～エのうちから一つ選びなさい。

ア　X：アメリカ　Y：三・一　　イ　X：イギリス　Y：三・一

ウ　X：アメリカ　Y：五・四　　エ　X：イギリス　Y：五・四

(2)　Bのカード中の下線部 a に関連して，このできごとが起こった時期の日本の領土の範囲として最も適当なものを，次のア～エのうちから一つ選びなさい。

ア

イ
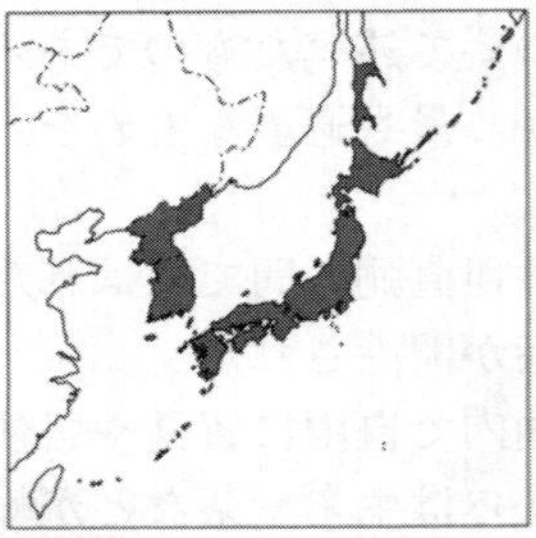
ウ
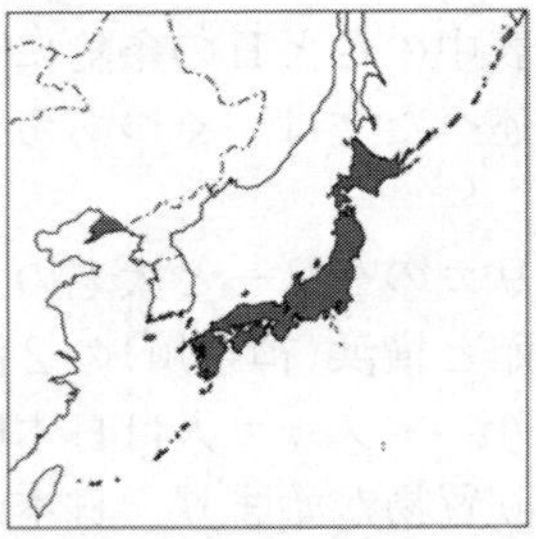
エ
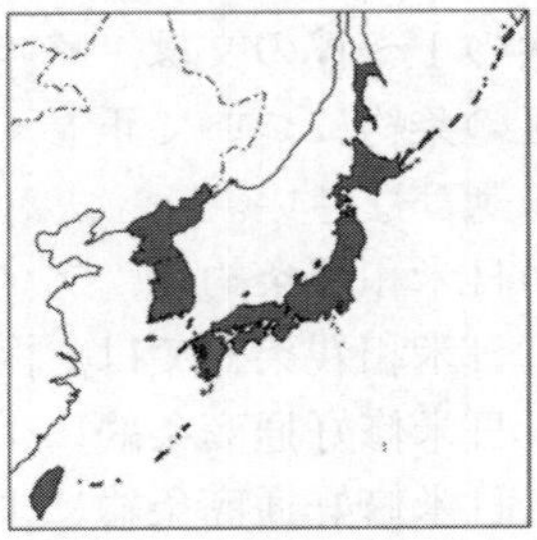

(3)　Cのカード中の下線部 b に関連して，次の①，②の問いに答えなさい。

①　第一次世界大戦中の日本の経済について述べた文として最も適当なものを，次のア～エのうちから一つ選びなさい。

ア　軍需品の生産が優先されて生活必需品の生産が圧迫を受け，砂糖やマッチが切符制となった。

イ　日本製品の輸出先がアジアやアメリカに広がった結果，輸出が輸入を上回り好景気となった。

ウ　アメリカ軍からの軍事物資の調達が大量に行われたため，特需景気と呼ばれる好景気となった。

エ　ニューヨークの株式市場で株価が暴落したのをきっかけに，日本にも不景気の波が広がった。

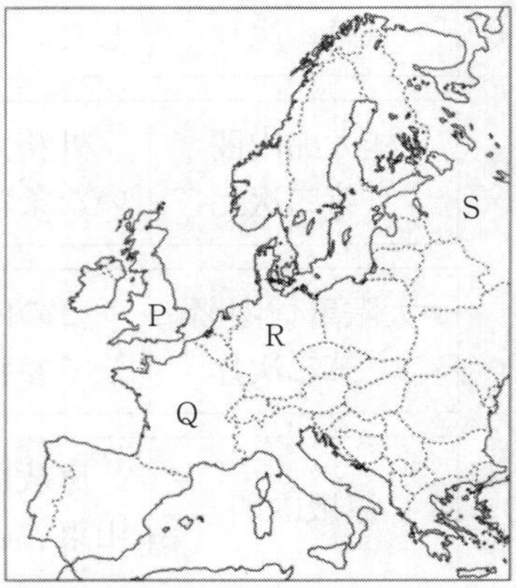

②　右の図は，現在のヨーロッパなどの国々を示したものである。次のⅠ～Ⅳの文のうち，図中のP～Sの国について正しく述べた文はいくつあるか。あとのア～エのうちから一つ選びなさい。

Ⅰ　P・Q・Rの国は，第一次世界大戦前に三国協商という同盟を結んでいた。

Ⅱ　第一次世界大戦後に国際連盟が設立されたとき，常任理事国となった国はP・Q・R・Sの国と日本である。

Ⅲ　Rの国では，第一次世界大戦中に革命が起こり，世界最初の社会主義政府が樹立された。

Ⅳ　第一次世界大戦が終わったあとの講和会議は，Ｑの国で開かれた。

ア　一つ　　イ　二つ　　ウ　三つ　　エ　四つ

(4)　Ｅのカード中の下線部ｃに関連して，次のⅠ，Ⅱの文は，日中戦争について述べたものである。Ⅰ，Ⅱの文の正誤の組み合わせとして最も適当なものを，あとのア～エのうちから一つ選びなさい。

Ⅰ　日中戦争が始まる以前に，陸軍の青年将校らにより二・二六事件が起こされ，軍部の発言力が高まった。

Ⅱ　柳条湖での南満州鉄道の爆破を中国のしわざとして関東軍が軍事行動を始めたことから，日中戦争が起こった。

ア　Ⅰ：正　Ⅱ：正　　イ　Ⅰ：正　Ⅱ：誤

ウ　Ⅰ：誤　Ⅱ：正　　エ　Ⅰ：誤　Ⅱ：誤

(5)　次のⅠ～Ⅲは，Ｆのカードの内閣からＧのカードの内閣の間の時期に起こったできごとについて述べたものである。Ⅰ～Ⅲの文を年代の**古いものから順に**並べたものを，あとのア～カのうちから一つ選びなさい。

Ⅰ　大量破壊兵器を保有しているとみなされたイラクをアメリカが攻撃し，イラク戦争が始まった。

Ⅱ　半導体や自動車などの工業製品の輸出が増加する一方で，アメリカとの間の貿易摩擦が深刻化した。

Ⅲ　佐藤栄作内閣がアメリカと沖縄返還協定を結び，沖縄の本土復帰が実現した。

ア　Ⅰ→Ⅱ→Ⅲ　　イ　Ⅰ→Ⅲ→Ⅱ　　ウ　Ⅱ→Ⅰ→Ⅲ

エ　Ⅱ→Ⅲ→Ⅰ　　オ　Ⅲ→Ⅰ→Ⅱ　　カ　Ⅲ→Ⅱ→Ⅰ

5　次の文章を読み，あとの(1)～(5)の問いに答えなさい。

日本の国の政治は，大きくａ三つの権力が互いに抑制し合いながら独立して仕事を行っている。ｂ内閣は国会が議決した法律や予算にもとづいて政治を行い，その行使については国会に対し連帯して責任を負っている。ｃ裁判所は国会が定めた法律にもとづいて争いや事件を解決している。また，日本の民主主義の形は間接民主制であり，ｄ国民が選んだ代表者が政治を行うため，私たちは普段から権力の行使について関心を持ち監視することが重要である。これは国の政治だけでなく，私たちの生活に最も身近な政治の場であるｅ地方公共団体においても同様である。

(1)　下線部ａに関連して，右の資料１は，三権分立の仕組みを示したものである。資料１中のＡ～Ｃにあてはまるものの組み合わせとして最も適当なものを，次のア～カのうちから一つ選びなさい。

ア　Ａ：違憲立法審査権　Ｂ：選挙　Ｃ：国民審査

イ　Ａ：違憲立法審査権　Ｂ：世論　Ｃ：弾劾裁判

ウ　Ａ：衆議院の解散　Ｂ：選挙　Ｃ：国民審査

エ　Ａ：衆議院の解散　Ｂ：世論　Ｃ：弾劾裁判

オ　Ａ：国政調査権　Ｂ：選挙　Ｃ：弾劾裁判

カ　Ａ：国政調査権　Ｂ：世論　Ｃ：国民審査

資料１

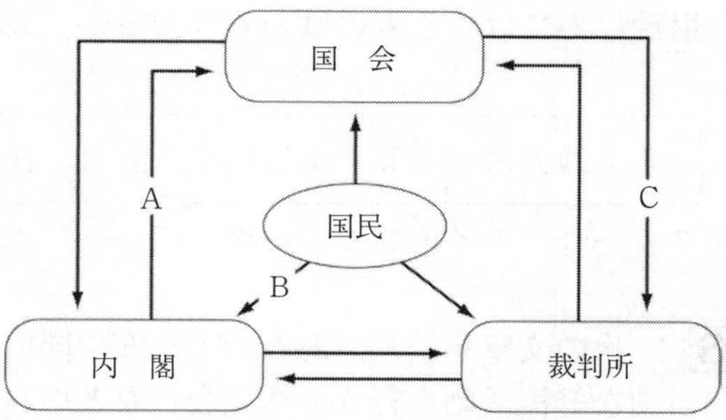

(2)　下線部ｂに関連して，次のⅠ～Ⅳのうち，国会と内閣に関連することがらについて正しく述べた文はいくつあるか。最も適当なものを，あとのア～エのうちから一つ選びなさい。

Ⅰ　予算の審議は必ず衆議院が先に行うが，法律案の審議は衆議院と参議院のどちらが先でもよい。

Ⅱ　内閣総理大臣は国会議員の中から選ばれるが，国務大臣は全員が国会議員である必要はない。

Ⅲ　参議院議員は衆議院議員より任期が短く，参議院の議員定数は衆議院より多い。

Ⅳ　2021年の衆議院議員総選挙で自民党は単独で議席数の過半数を超えたが，公明党との連立内閣は維持した。

ア　一つ　　イ　二つ　　ウ　三つ　　エ　四つ

(3)　下線部ｃに関連して，次のⅠ，Ⅱの文は，裁判所の働きについて述べたものである。Ⅰ，Ⅱの文の正誤の組み合わせとして最も適当なものを，あとのア～エのうちから一つ選びなさい。

Ⅰ　裁判では刑事裁判では一つの事案について３回まで裁判を受けられるが，民事裁判では２回までしか裁判を受けることができない。

Ⅱ　裁判員は地方裁判所で行われる殺人や強盗などの重大な刑事裁判の第一審に参加するが，被告人が有罪であるか無罪であるかを判断するのは裁判官だけの仕事である。

ア　Ⅰ：正　Ⅱ：正　　イ　Ⅰ：正　Ⅱ：誤

ウ　Ⅰ：誤　Ⅱ：正　　エ　Ⅰ：誤　Ⅱ：誤

(4)　下線部ｄに関連して，次の資料２は，参議院議員選挙の選挙区における有権者数と議員定数を示したものである。資料２について述べた資料３中の［Ⅰ］，［Ⅱ］にあてはまるものの組み合わせとして最も適当なものを，あとのア～エのうちから一つ選びなさい。

資料２　（令和３年９月現在）

	有権者数	議員定数
神奈川県	7,723,524	8
岡山県	1,572,057	2

（総務省「選挙人名簿及び在外選挙人名簿登録者数調」より作成）

資料３

資料２からは，［　Ⅰ　］の方が一票の価値は高く（重く）なり，一票の格差が生じていることがわかる。こうした格差は，日本国憲法に定められた［　Ⅱ　］権に違反している恐れがあるとして問題となっている。

ア　Ⅰ：岡山県　Ⅱ：平等　　イ　Ⅰ：神奈川県　Ⅱ：平等

ウ　Ⅰ：岡山県　Ⅱ：参政　　エ　Ⅰ：神奈川県　Ⅱ：参政

(5)　下線部ｅに関連して，次のⅠ～Ⅳは，地方公共団体の１年間の収入（歳入）の主な項目を示したものである。地方公共団体の収入の財源は自主財源と依存財源に分けられるが，Ⅰ～Ⅳのうち，依存財源にあてはまるものはいくつあるか。最も適当なものを，あとのア～エのうちから一つ選びなさい。

Ⅰ　地方債　　Ⅱ　水道料金　　Ⅲ　住民税　　Ⅳ　地方交付税交付金

ア　一つ　　イ　二つ　　ウ　三つ　　エ　四つ

6　次の文章を読み，あとの(1)～(5)の問いに答えなさい。

自由な経済活動を行う$_a$株式会社などの私企業が中心となった資本主義経済では，市場における需要量と供給量の関係で$_b$価格が決まる。しかし，企業の活動は，$_c$為替相場や$_d$景気の変動に大きく影響されるため，政府や日本銀行はそれらの安定のためにさまざまな政策を行う。一方，政府は企業で働く労働者の権利を保護し，$_e$人々の生活をより豊かにするための政策もあわせて行っている。

(1)　下線部ａに関連して，次のⅠ，Ⅱの文は，株式会社について述べたものである。Ⅰ，Ⅱの文の正誤の組み合わせとして最も適当なものを，あとのア～エのうちから一つ選びなさい。

Ⅰ　株主は取締役会に出席し，株式会社の経営方針や役員の選出に関する議決を行うことができる。
Ⅱ　株式会社が倒産すると株主は出資金を失い，会社の負債(借金)に責任を負わねばならない。
ア　Ⅰ：正　Ⅱ：正　　イ　Ⅰ：正　Ⅱ：誤
ウ　Ⅰ：誤　Ⅱ：正　　エ　Ⅰ：誤　Ⅱ：誤

(2)　下線部ｂに関連して，次の文章は，需要量と供給量の変化が価格に及ぼす影響について述べたものである。文章中の[W]～[Z]にあてはまる語の組み合わせとして最も適当なものを，あとのア～エのうちから一つ選びなさい。

> 一般に価格が上昇すれば[　W　]は増加し[　X　]は減少する。価格が下落すればその逆となる。需要量が供給量を下回っている場合は価格が[　Y　]し，上回っている場合は価格が[　Z　]する。

ア　W：需要量　X：供給量　Y：下落　Z：上昇
イ　W：需要量　X：供給量　Y：上昇　Z：下落
ウ　W：供給量　X：需要量　Y：下落　Z：上昇
エ　W：供給量　X：需要量　Y：上昇　Z：下落

(3)　下線部ｃに関連して，為替の変動について述べた文として最も適当なものを，次のア～エのうちから一つ選びなさい。
ア　１ドル＝100円が１ドル＝80円になることを円高といい，１台200万円する日本の自動車をアメリカに輸出した場合，アメリカ現地では１ドル＝100円のときよりも5000ドル高くなる。
イ　１ドル＝100円が１ドル＝80円になることを円高といい，１台200万円する日本の自動車をアメリカに輸出した場合，アメリカ現地では１ドル＝100円のときよりも5000ドル安くなる。
ウ　１ドル＝100円が１ドル＝80円になることを円安といい，１台200万円する日本の自動車をアメリカに輸出した場合，アメリカ現地では１ドル＝100円のときよりも5000ドル高くなる。
エ　１ドル＝100円が１ドル＝80円になることを円安といい，１台200万円する日本の自動車をアメリカに輸出した場合，アメリカ現地では１ドル＝100円のときよりも5000ドル安くなる。

(4)　下線部ｄに関連して，右の資料１は，景気の変動を模式的に示したものである。資料１中のＰの時期に政府が一般的に行う財政政策として最も適当なものを，次のア～エのうちから一つ選びなさい。
ア　公共投資を増やして増税をする。
イ　公共投資を増やして減税をする。
ウ　公共投資を減らして増税をする。
エ　公共投資を減らして減税をする。

資料１

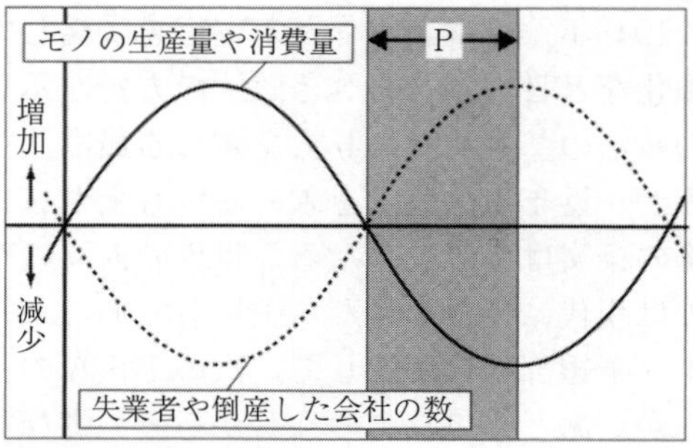

(5)　下線部ｅに関連して，次の文章は，たけしさんたちの班が次のページの資料２から読み取れることをそれぞれ発表している場面の一部である。資料２から正しく読み取れることを発表している人は何人いるか。最も適当なものを，あとのア～エのうちから一つ選びなさい。

> たけしさん　1970年をのぞいた各年における消費支出額を比べると，2000年が最も多くなっており，最も少ない2020年は2000年より８万円以上減少しています。
> ゆうまさん　1980年以降支出割合が減少し続けているのは被服履物だけで，増加し続けているのは交通通信と住居です。

さおりさん　各年における被服履物の支出額を比べると，1970年が最も多くなっており，2020年が最も少なくなっています。

かえでさん　2020年を2000年と比べると，交通通信の支出割合は増加していますが，交通通信の支出額は減少しています。

資料２　二人以上世帯の消費支出額と，消費支出の内訳の推移（１か月あたり）

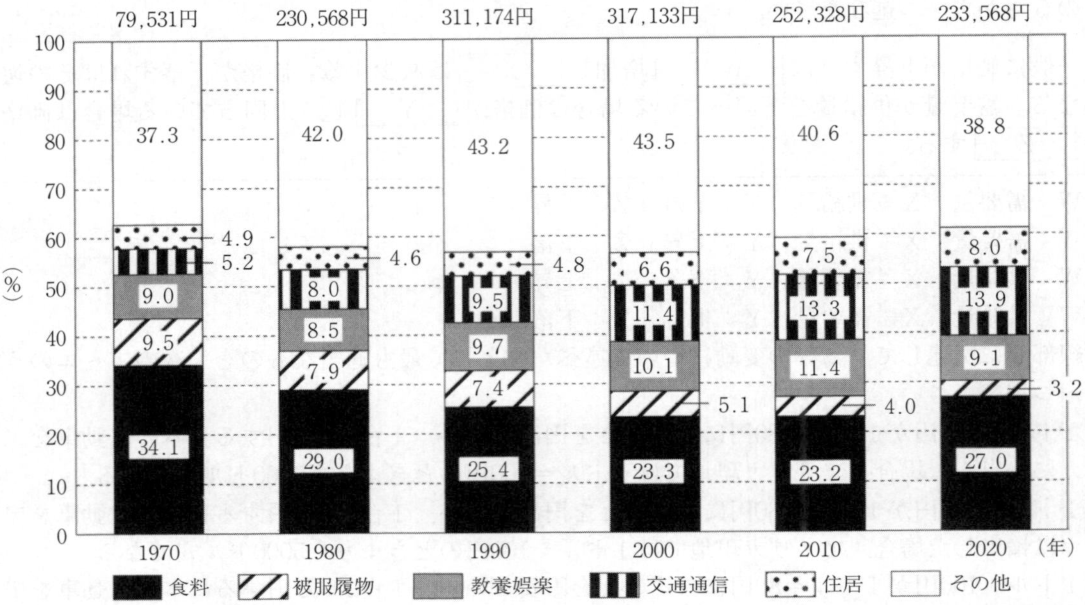

（「家計調査年報」などより作成）

ア　一人　　イ　二人　　ウ　三人　　エ　四人

7　次の文章を読み，あとの(1)～(4)の問いに答えなさい。

1945年，日本はポツダム宣言を受諾して降伏した。ポツダム宣言には軍国主義の排除や民主主義の強化など日本がとるべき政治の方針が示され，それが形となったのが a日本国憲法である。憲法は国の政治の基本的なあり方を定める最高法規であるため，その b改正には慎重な手続きが定められているが，近年憲法改正を求める声も上がっている。憲法に明記されたさまざまな c基本的人権や国民主権の条文は多年にわたる d世界の人々の努力の成果であり，それをどう未来に受けつぐのかを決めるのは現代に生きる私たち主権者である。

(1)　下線部ａに関連して，次のⅠ～Ⅳの文のうち，日本国憲法について正しく述べた文はいくつあるか。あとのア～エのうちから一つ選びなさい。

Ⅰ　日本国憲法の平和主義にのっとり，自衛隊は日本の自衛のための必要最小限の活動しかできないため，自衛隊は海外に派遣されず，大規模な災害時のみ国内において活動している。

Ⅱ　近年の社会の変化に応じて，プライバシーの権利や知る権利などの新しい人権が認められるようになっているが，日本国憲法には条文として明記されていない。

Ⅲ　日本国憲法は1946年11月３日に公布され，翌年の５月３日に施行されたが，公布された日は文化の日，施行された日は憲法記念日として国民の祝日となっている。

Ⅳ　日本国憲法で，天皇は日本国と日本国民統合の象徴として，国の政治を行う権限を持っていないが，内閣の助言と承認のもと国事行為は行うことができる。

ア　一つ　　イ　二つ　　ウ　三つ　　エ　四つ

(2)　下線部ｂに関連して，次の資料１は，日本国憲法改正の手続きを示したものである。資料１中のＡ～Ｃにあてはまるものの組み合わせとして最も適当なものを，あとのア～エのうちから一つ選びなさい。

資料１

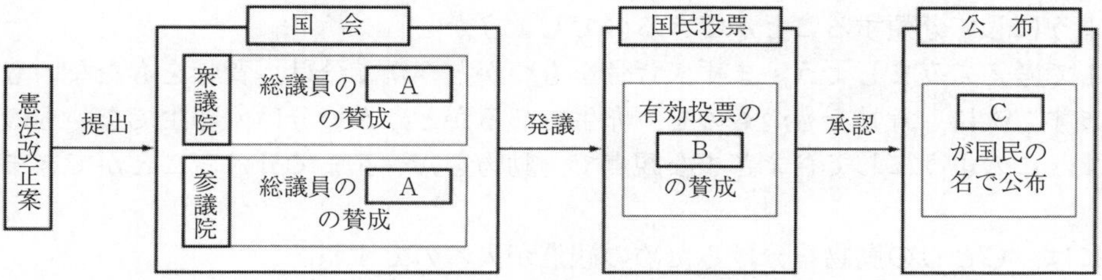

ア　Ａ：過半数　　　　Ｂ：３分の２以上　Ｃ：天皇
イ　Ａ：３分の２以上　Ｂ：３分の２以上　Ｃ：内閣総理大臣
ウ　Ａ：過半数　　　　Ｂ：過半数　　　　Ｃ：内閣総理大臣
エ　Ａ：３分の２以上　Ｂ：過半数　　　　Ｃ：天皇

(3)　下線部ｃに関連して，次のⅠ～Ⅳの文と関係の深い基本的人権の組み合わせとして最も適当なものを，あとのア～エのうちから一つ選びなさい。

Ⅰ　公共施設には点字ブロックやスロープなどが設置されることが多くなった。
Ⅱ　衆議院議員には25歳，参議院議員には30歳になれば立候補することができる。
Ⅲ　私は実家が経営している薬局をつぐことなく，海外との貿易を行う会社に就職した。
Ⅳ　病気にかかったため働けなくなったが，生活に必要な資金が国から支給された。

ア　Ⅰ：自由権　Ⅱ：社会権　　イ　Ⅲ：自由権　Ⅳ：社会権
ウ　Ⅰ：社会権　Ⅱ：自由権　　エ　Ⅲ：社会権　Ⅳ：自由権

(4)　下線部ｄに関連して，世界の地域主義について述べた文として最も適当なものを，次のア～エのうちから一つ選びなさい。

ア　北米自由貿易協定(NAFTA)に代わる新協定として，米国・メキシコ・カナダ協定(USMCA)が締結された。
イ　環太平洋パートナーシップに関する包括的及び先進的な協定(TPP11)には，日本とアメリカは加盟していない。
ウ　ヨーロッパ連合(EU)の加盟国数は，イギリスの離脱後19か国となった。
エ　東南アジア諸国連合(ASEAN)に，日本は設立当初から加盟している。

【理　科】（50分）〈満点：100点〉

1　Sさんは，動物の分類について調べました。これに関する先生との会話文を読んで，あとの(1)～(5)の問いに答えなさい。

Sさん：動物は，背骨をもつものと背骨をもたないものに分けられると聞きました。このほかに，動物はどのようにして分類することができるのでしょうか。

先　生：では，図1で考えてみましょう。まず，背骨をもつかどうかで分け，背骨をもたないものをAとします。次に，背骨をもつものを，卵生であるかどうかで分け，卵生でないものをBとします。このようにしてさまざまな観点で，動物をA～Fまで分けることができます。

Sさん：図1のXには，CとDの動物を分けるための観点が入るのですね。

先　生：そういうことです。どのような観点が入るか考えてみましょう。

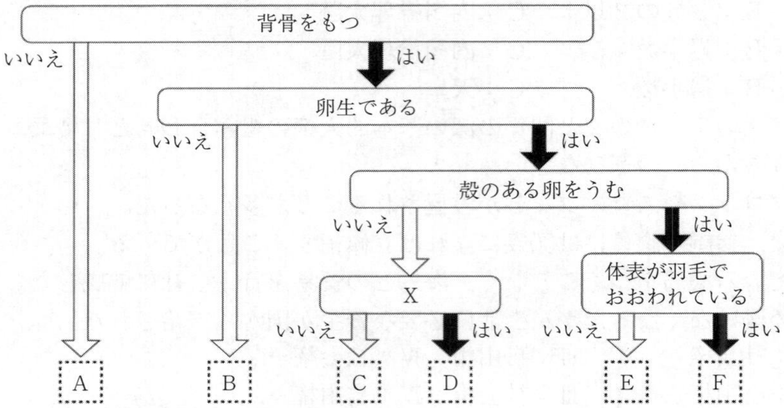

図1

Sさん：このような図を使えば動物の分類について整理することができますね。動物の分類についてまとめるときは，必ずこのような方法になるのでしょうか。

先　生：このほかにも動物の分類についてまとめる方法はあります。たとえば，ある動物が決まった特徴をもつかどうかを数字で表し，それぞれの動物に分類番号をつける方法があります。表のような観点を使って，図2のコイに分類番号をつけると「112」となります。

コイ

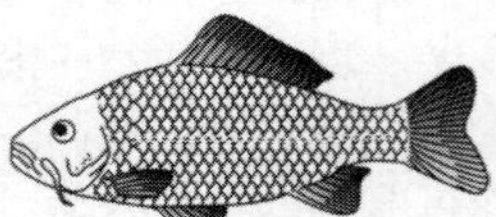

図2

表

百の位	十の位	一の位
1．背骨がある。 2．背骨がない。	1．一生えらで呼吸する。 2．一生肺で呼吸する。 3．成長の過程で呼吸器官が変わる。 4．肺・えら以外の器官で呼吸する。	1．胎生である。 2．卵生である。

Sさん：なるほど，そういう方法もあるのですね。ほかの動物についてもやってみたいと思います。

(1)　次の文章は，図1のAにあてはまる動物について述べたものです。 1 にあてはまることばを1群のア～ウのうちから， 2 にあてはまることばを2群のア～ウのうちから，最も適当なものをそれぞれ一つずつ選びなさい。

図１のＡにあてはまる動物のグループを無セキツイ動物という。無セキツイ動物には，軟体動物や節足動物，あるいはそのどちらでもないその他の動物が分類されており，バッタは［　1　］。また，バッタと同じグループに分類される動物は，［　2　］。

【１群】　ア　軟体動物である　　イ　節足動物である
　　　　　ウ　軟体動物でも節足動物でもない

【２群】　ア　外骨格をもつ　　イ　外とう膜をもつ
　　　　　ウ　外骨格も外とう膜ももたない

(2)　図１のＢにあてはまる動物のグループとして最も適当なものを，次のア～オのうちから一つ選びなさい。

ア　両生類　　イ　ハチュウ類
ウ　ホニュウ類　　エ　魚類
オ　鳥類

(3)　図１のＸにあてはまる観点として最も適当なものを，次のア～エのうちから一つ選びなさい。

ア　一生肺で呼吸する　　イ　一生皮ふで呼吸する
ウ　体表が毛でおおわれている　　エ　体表がうろこでおおわれている

(4)　図１のＥ，Ｆにあてはまる動物のグループに分類される動物の組み合わせとして最も適当なものを，次のア～カのうちから一つ選びなさい。

ア　Ｅ：ニワトリ　Ｆ：カエル　　イ　Ｅ：カエル　Ｆ：ニワトリ
ウ　Ｅ：ヘビ　Ｆ：カエル　　エ　Ｅ：カエル　Ｆ：ヘビ
オ　Ｅ：ニワトリ　Ｆ：ヘビ　　カ　Ｅ：ヘビ　Ｆ：ニワトリ

(5)　下線部について，表を使って，図２のコイと同様に，図３の動物に分類番号をつけるとどのようになりますか。［あ］～［か］にあてはまる数字を一つずつ選びなさい。

イヌの分類番号　：［あ］［い］［う］
スズメの分類番号：［え］［お］［か］

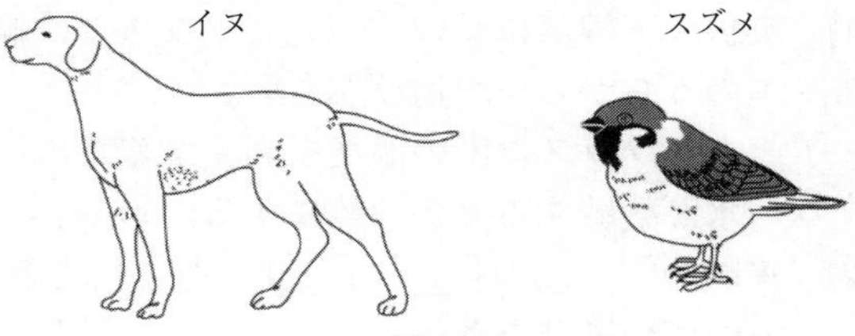

図３

2　Ｓさんは，空気中の水と雲のでき方について調べるため，次の実験を行い，調べたことをまとめました。これに関して，あとの(1)～(5)の問いに答えなさい。

実験

①　内側を少量の水でしめらせた丸底フラスコに，線香の煙を少し入れ，温度計と注射器を使って図１のような装置をつくった。

②　注射器のピストンをすばやく引くと，丸底フラスコの中が白くくもった。このとき，丸底フラスコ内では，①の状態と比べて，［　1　］。

③　②の状態から注射器のピストンをすばやくもどすと，丸底フラスコ内のくもりは消えた。このとき，丸底フラスコ内では，②の状態と比べて，［　2　］。

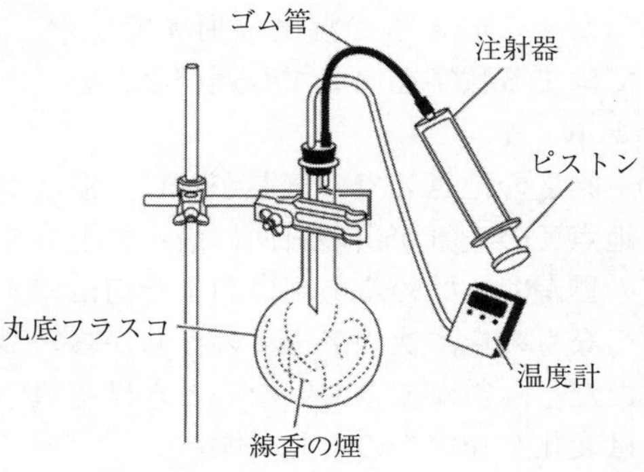

図１

調べたこと

図２は，山の斜面を空気が上っていくときに雲ができるようすをまとめたもので，表１は，気温と飽和水蒸気量との関係をまとめたものである。

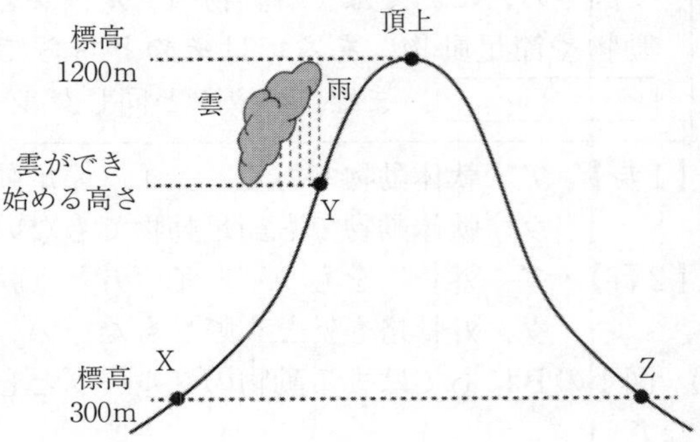

図２

標高300mの地点Ｘでは雲はできていないが，空気が斜面を上っていくにつれて空気の温度と湿度が変化していき，地点Ｙに達すると湿度が100％になって雲ができ始める。この雲は，山に雨を降らせながらさらに上昇していき，山の頂上を越えると消える。山の頂上を越えた空気は，山の斜面を下っていく。このときも，空気の温度と湿度が変化していく。

湿度が100％になっておらず雲ができていない状態では，標高が100m上がるにつれて空気の温度は約１℃低下し，標高が100m下がるにつれて空気の温度は約１℃上昇する。湿度が100％になって雲ができている状態では，標高が100m上がるにつれて空気の温度は約0.5℃低下する。これらのことから，山の斜面を上り，山を越えていく空気の温度や湿度の変化のようすを計算して求めることができる。

表１

気温〔℃〕	13	14	15	16	17	18	19	20
飽和水蒸気量〔g/m^3〕	11.4	12.1	12.8	13.6	14.5	15.4	16.3	17.3

(1)　実験の下線部について，丸底フラスコに線香の煙を入れた理由として最も適当なものを，次のア～エのうちから一つ選びなさい。

ア　丸底フラスコ内の温度を高くするため。　　イ　水に色をつけるため。

ウ　水が凝結するときの核にするため。　　エ　水が蒸発しやすくするため。

(2)　実験の②，③の[1]，[2]にあてはまることばとして最も適当なものを，次のア～エのうちから一つずつ選びなさい。

ア　気圧も温度も下がった　　イ　気圧は下がり，温度は上がった

ウ　気圧は上がり，温度は下がった　　エ　気圧も温度も上がった

(3)　表２は，湿度表の一部を示したものです。ある日，図２の地点Ｘに置いた乾湿計の示度を調べたところ，乾球温度計は16℃，湿球温度計は11℃を示していました。このときの湿度は何％ですか。[あ]，[い]にあてはまる数字を一つずつ選びなさい。

[あ][い]％

表２

乾球の示度〔℃〕	乾球と湿球の示度の差〔℃〕					
	0.0	1.0	2.0	3.0	4.0	5.0
20	100	91	81	72	64	56
19	100	90	81	72	63	54
18	100	90	80	71	62	53
17	100	90	80	70	61	51
16	100	89	79	69	59	50
15	100	89	78	68	58	48
14	100	89	78	67	57	46
13	100	88	77	66	55	45
12	100	88	76	65	53	43
11	100	87	75	63	52	40

(4)　図２の地点Ｘでの気温が20℃，湿度が70％のとき，地点Ｘの空気が山の斜面に沿って上っていったときの雲ができ始める標高はおよそ何mですか。最も適当なものを，次のア～カのうちから一つ選びなさい。ただし，雲ができていないときは空気中の水蒸気量は変化しないものとします。

ア　500m　　イ　600m　　ウ　700m　　エ　800m　　オ　900m　　カ　1000m

(5)　図２の地点Ｘでの気温が20℃，湿度が70％のとき，地点Ｘの空気が山を越えて地点Ｚまで下ってきたときの温度は，およそ何℃ですか。最も適当なものを，次のア～カのうちから一つ選びなさい。ただし，雲ができていないときは空気中の水蒸気量は変化しないものとします。

ア　17.0℃　　イ　18.5℃　　ウ　20.0℃
エ　21.5℃　　オ　23.0℃　　カ　24.5℃

3　Ｓさんは，もののとけ方について先生と話し合ったあと，実験を行いました。これに関して，あとの(1)～(5)の問いに答えなさい。

Ｓさん：ミョウバン，硝酸カリウム，塩化ナトリウム，ショ糖，ホウ酸の水へのとけ方について調べてみました。表は，それぞれの物質が100ｇの水にとける量と，温度との関係をまとめたものです。

表

	0℃	20℃	40℃	60℃	80℃
ミョウバン	6 g	11 g	24 g	57 g	321 g
硝酸カリウム	13 g	32 g	64 g	109 g	169 g
塩化ナトリウム	38 g	38 g	38 g	39 g	40 g
ショ糖	179 g	204 g	238 g	287 g	362 g
ホウ酸	3 g	5 g	9 g	15 g	24 g

先　生：よく調べましたね。この表を使えば，これらの物質の見分けがつかないときに，実験によって区別することができます。

Ｓさん：温度を変えながら，それぞれの物質が何ｇとけるか，あるいはどのくらいとけ残るかを調べればよいのですね。

先　生：そのとおりです。次の実験で使う物質Ａ～Ｄは，それぞれミョウバン，硝酸カリウム，塩化ナトリウム，ショ糖のうちのいずれかです。これらの物質とホウ酸を使って，水へのとけ方の違いを確かめてみましょう。

実験

①　図１のように，20℃の水が50ｇずつ入ったビーカーを５つ用意し，物質Ａ～Ｄとホウ酸を30ｇずつ入れ，よくかき混ぜたところ，Ａだけがすべてとけ，Ｂ～Ｄとホウ酸はとけ残った。

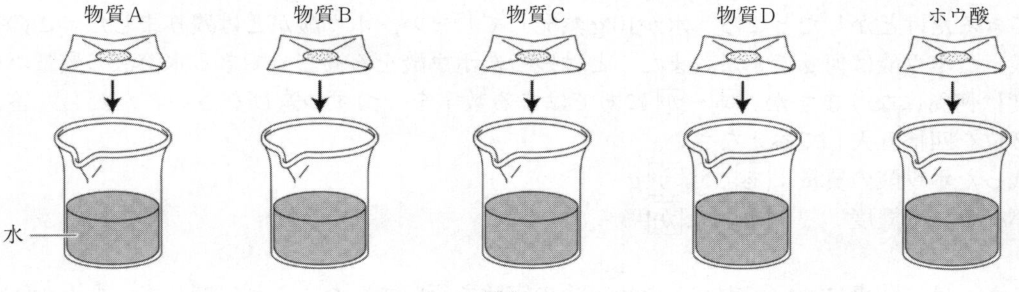

図１

②　水の質量が変化しないよう注意しながら，Ｂ～Ｄを入れた a ビーカーを加熱して80℃にしたところ，ＢとＣはすべてとけたが，Ｄとホウ酸はとけ残った。

③　②のあと，水の質量が変化しないよう注意しながら，ＢとＣのビーカーの水溶液を40℃まで冷やしたところ，Ｂはすべてとけたままだったが， b Ｃは一部が結晶となって出てきた。

(1)　下線部ａで，ビーカーを加熱するために図２のようなガスバーナーを使いました。次の文は，このガスバーナーの使い方について述べたものです。[1]～[3]にあてはまるものの組み合わせとして最も適当なものを，あとのア～エのうちから一つ選びなさい。

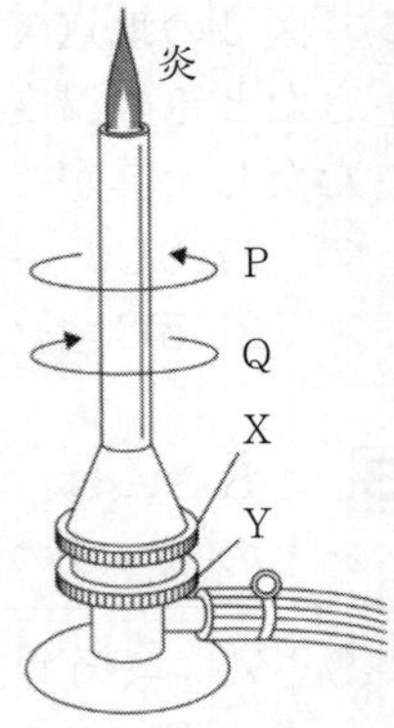

図２

> ガスバーナーの炎がオレンジ色になっているときは，ねじ[1]をおさえた状態で，ねじ[2]を，[3]の方向に回して，炎を青色にする。

ア　1：X　2：Y　3：P
イ　1：X　2：Y　3：Q
ウ　1：Y　2：X　3：P
エ　1：Y　2：X　3：Q

(2)　実験の結果から，Ａは何であると考えられますか。最も適当なものを，次のア～エのうちから一つ選びなさい。

ア　ミョウバン　　イ　硝酸カリウム　　ウ　塩化ナトリウム　　エ　ショ糖

(3)　実験の①で，とけ残ったホウ酸の質量は何ｇですか。[あ]～[う]にあてはまる数字を一つずつ選びなさい。

[あ][い].[う]ｇ

(4)　下線部ｂで，ビーカーを冷やしはじめてから40℃になるまでの経過時間と，出てきた物質Ｃの結晶の質量との関係を表したグラフとして最も適当なものを，次のア～エのうちから一つ選びなさい。ただし，水の温度の下がり方は，時間の経過に対して一定だったものとします。

ア
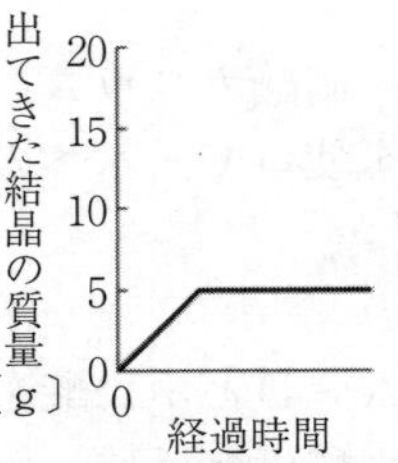

イ
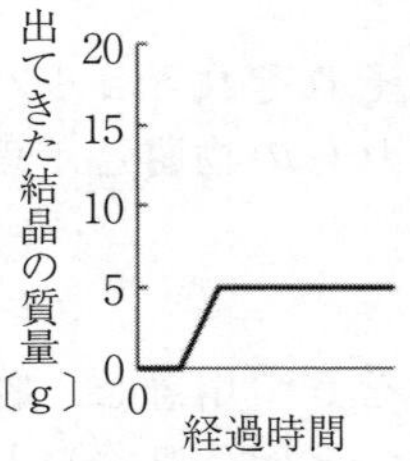

ウ
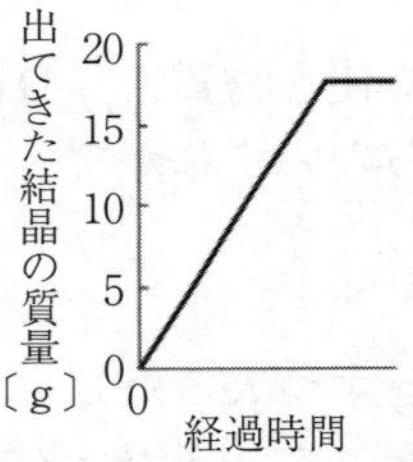

エ
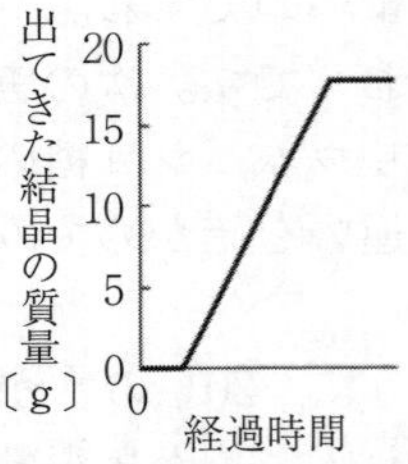

(5)　同様の実験を行おうとして，水50ｇにホウ酸30ｇを入れ，ガスバーナーで80℃まで加熱してホウ酸をできるだけとかしたところ，水が10ｇ蒸発してしまい，ホウ酸がとけ残りました。このとき，とけ残ったホウ酸は何ｇですか。また，とけ残ったホウ酸をろ過してできる水溶液の質量パーセント濃度は何％になりますか。[あ]～[か]にあてはまる数字を一つずつ選びなさい。ただし，答えは小数第２位を四捨五入して答えなさい。

とけ残ったホウ酸の質量：[あ][い].[う]ｇ
質量パーセント濃度　　：[え][お].[か]％

4　Ｓさんは，仕事について調べるため，次の実験を行いました。これに関して，あとの(1)～(5)の問いに答えなさい。ただし，滑車，糸，ばねばかり，連結棒の質量や，物体間の摩擦は考えないものとし，糸の伸び縮みはないものとします。また，質量100ｇの物体にはたらく重力の大きさを１Ｎとします。

実験

① 質量が500gの直方体Xを用意した。図1のように，a水平面の上に置いた直方体Xにつないだ糸をばねばかりで引き，引く力を少しずつ大きくしていった。b引く力をある程度まで大きくすると，直方体Xが水平面から離れた。このときのばねばかりが示した値を読みとった。

② 定滑車1個を使って図2のような装置をつくり，一定の速さで糸を矢印の方向に引いて，直方体Xを引き上げていった。

③ 定滑車1個と動滑車1個を使って図3のような装置をつくり，一定の速さで糸を矢印の方向に引いて，直方体Xを引き上げていった。

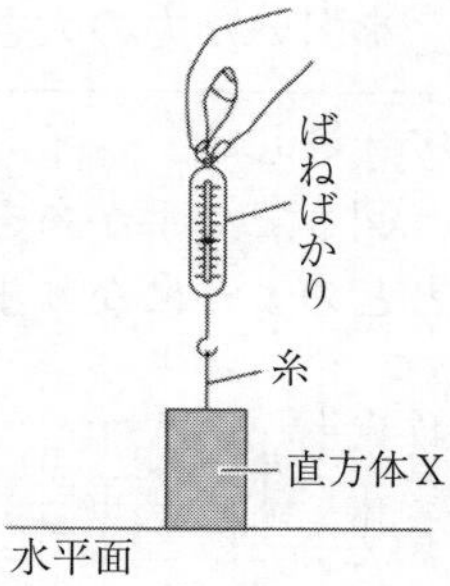

図1

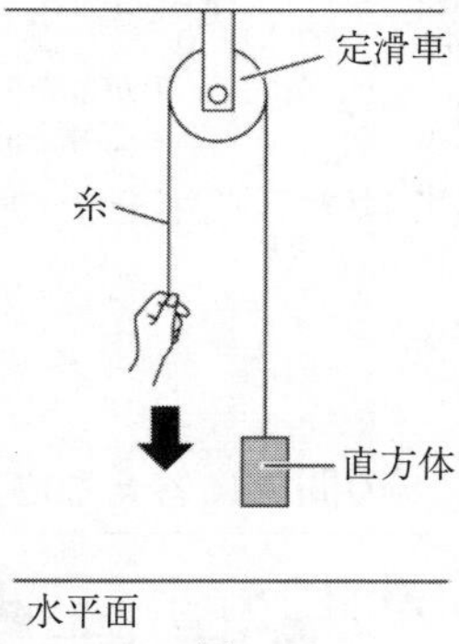

図2

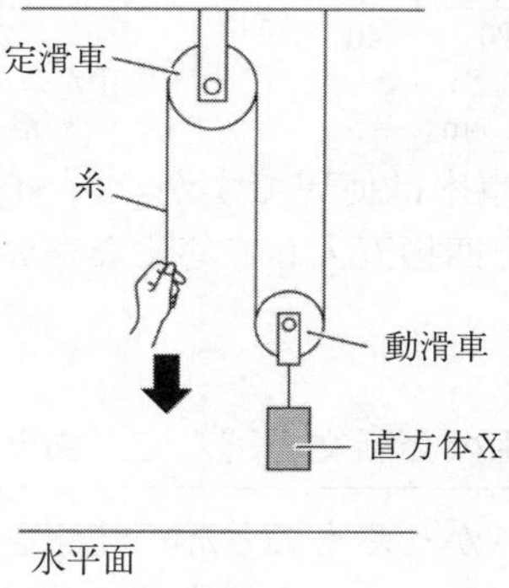

図3

④ 定滑車2個，動滑車2個，連結棒と直方体Xを使って図4のような装置をつくり，一定の速さで糸を10秒間かけて矢印の方向に100cm引き，直方体Xを引き上げた。このとき，連結棒は水平面に平行な状態のまま引き上げられた。

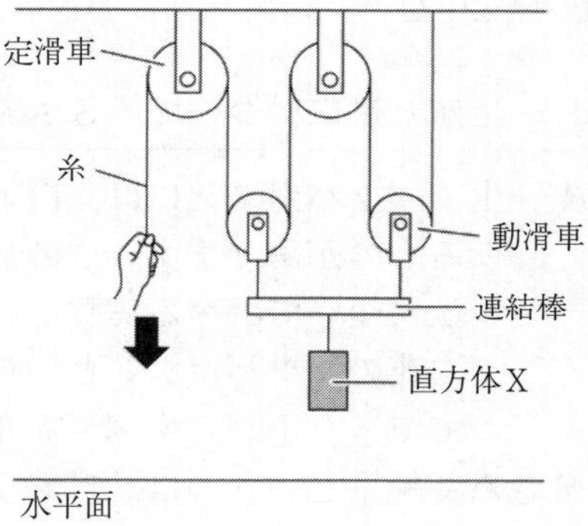

図4

(1) 下線部aのときの力のつり合いについて述べた文として最も適当なものを，次のア～エのうちから一つ選びなさい。

ア 直方体Xが糸を引く力と水平面が直方体Xを押す力の和が，直方体Xにはたらく重力とつり合っている。

イ 直方体Xが糸を引く力と直方体Xが水平面を押す力の和が，直方体Xにはたらく重力とつり合っている。

ウ 糸が直方体Xを引く力と水平面が直方体Xを押す力の和が，直方体Xにはたらく重力とつり合っている。

エ 糸が直方体Xを引く力と直方体Xが水平面を押す力の和が，直方体Xにはたらく重力とつり合っている。

(2) 下線部bで，ばねばかりが示した値は何Nですか。あ，い にあてはまる数字を一つずつ選びなさい。

あ.い N

(3) 次の文章は，図2と図3について述べたものです。 1 ， 2 にあてはまることばを，あとのア～ウのうちからそれぞれ一つずつ選びなさい。なお，同じ記号を選んでもよいものとします。

図2と図3で，それぞれ直方体Xを水平面から20cmの高さまで引き上げたときに，手が糸を引いた力の大きさは［1］。また，手がした仕事の大きさは，［2］。

ア　等しい　　イ　図2の方が大きい　　ウ　図3の方が大きい

(4)　図3で，手が糸を引いた距離と，直方体Xのもつ位置エネルギーの変化との関係をグラフに表すとどのようになりますか。最も適当なものを，次のア～エのうちから一つ選びなさい。

ア
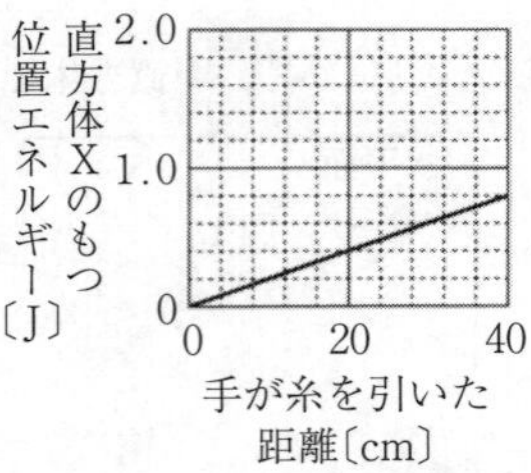

イ
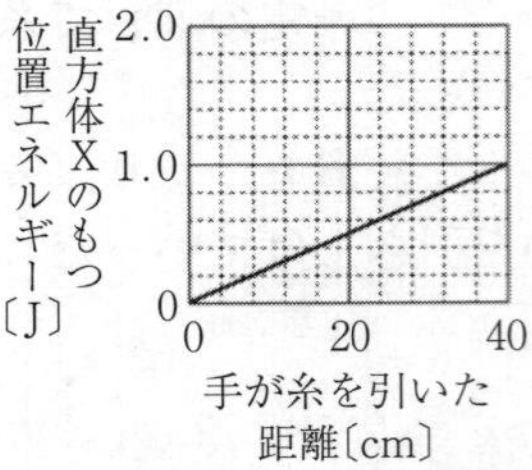

ウ
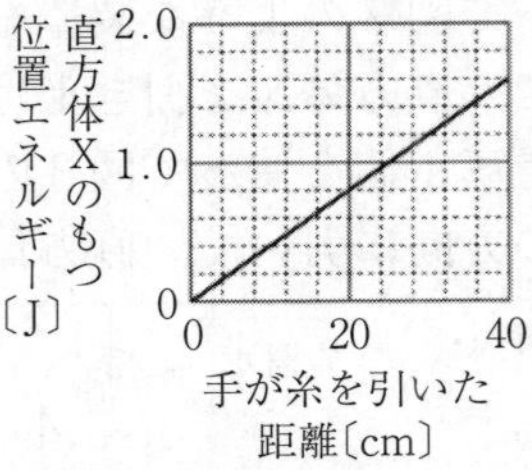

エ
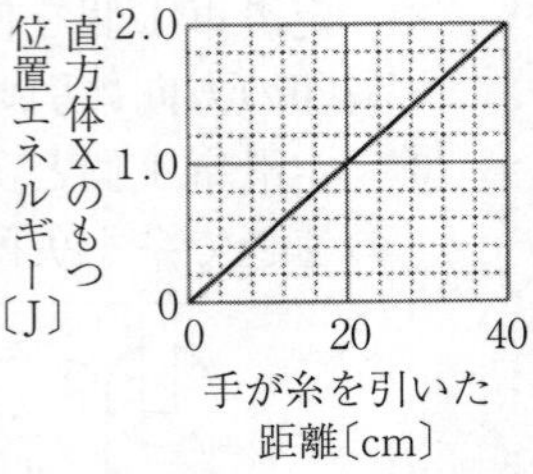

(5)　図4のとき，手が糸にした仕事の仕事率は何Wですか。［あ］～［う］にあてはまる数字を一つずつ選びなさい。ただし，答えは小数第3位を四捨五入して答えなさい。

［あ］.［い］［う］W

5　生殖と遺伝についてのSさんと先生の会話文を読んで，あとの(1)～(5)の問いに答えなさい。

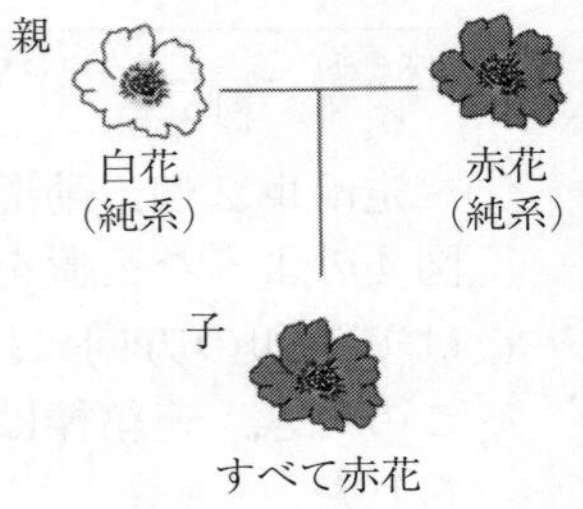

図1

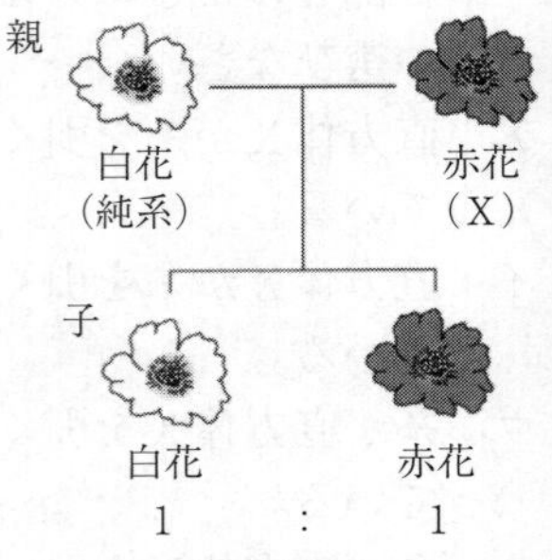

図2

先　生：マツバボタンには，白い花をさかせるものと赤い花をさかせるものがあります。この形質を利用して，有性生殖における遺伝について調べる実験を行うことができます。図1は，純系の白花のマツバボタンと，純系の赤花のマツバボタンを受粉させてできた子が，すべて赤花になったことを示しています。

Sさん：純系というのは，自家受粉でできた子や孫が代々同じ形質をもつものですよね。この場合，白花のマツバボタンと赤花のマツバボタンをかけ合わせたのに，子はすべて赤花になるのですね。

先　生：そうです。別の例も見てみましょう。図2は，純系の白花のマツバボタンと，ある赤花のマツバボタンXを受粉させて子をつくった場合を示しています。

Sさん：こちらでは，子は白花：赤花＝1：1になったのですね。純系の白花のマツバボタンを使ったのは図1と同じですから，赤花のマツバボタンXが図1の場合とは異なっていたということでしょうか。

先　生：そういうことです。実際にどのように異なっていたのか考えてみましょう。また，図1や図2でできた子のマツバボタンを自家受粉させたとき，どのような孫ができるかということも考えてみるとよいでしょう。

(1)　遺伝に関わる遺伝子や染色体について述べた文として**誤っているもの**を，次のア～エのうちから一つ選びなさい。

ア　遺伝子は核の染色体に含まれている。

イ　生殖細胞をつくるための細胞分裂の前後では，染色体の数は常に同じになる。

ウ　遺伝子が親から子に伝わるとき，遺伝子はまれに変化することがある。
エ　遺伝子の本体はDNA(デオキシリボ核酸)という物質である。

(2)　マツバボタンの花の色について，顕性形質を伝える遺伝子をA，潜性形質を伝える遺伝子をaで表した場合，図1のマツバボタンの遺伝子はどのように表されますか。最も適当なものを，次のア～エのうちから一つ選びなさい。

ア　白花の親はAA，赤花の親はaa，赤花の子はAAとAaで表される。
イ　白花の親はAA，赤花の親はaa，赤花の子はすべてAaで表される。
ウ　白花の親はaa，赤花の親はAA，赤花の子はAAとAaで表される。
エ　白花の親はaa，赤花の親はAA，赤花の子はすべてAaで表される。

(3)　下線部について，図1でできた子(すべて赤花)のマツバボタンを自家受粉させると，孫として8000個の種子ができました。このときできた種子のうち，育てたときに赤い花をさかせるものは何個あると考えられますか。最も適当なものを，次のア～エのうちから一つ選びなさい。

ア　2000個　　イ　4000個　　ウ　6000個　　エ　8000個

(4)　次の文章は，図2について述べたものです。 1 ， 2 にあてはまることばを，あとのア～ウのうちからそれぞれ一つずつ選びなさい。なお，同じ記号を選んでもよいものとします。

> 花の色を決める遺伝子の組み合わせは，図2における親の白花と子の白花では， 1 。また，図2における親の赤花(X)と子の赤花では， 2 。

ア　すべて同じである
イ　すべて異なっている
ウ　同じであるものと異なっているものがある

(5)　下線部について，図2でできた子(白花：赤花＝1：1)のマツバボタンを，それぞれすべて自家受粉させてできた孫では，白い花をさかせるものと，赤い花をさかせるものの数の比はどのようになりますか。 あ ， い にあてはまる数字を一つずつ選びなさい。ただし，答えは最も簡単な整数の比で答えなさい。

白花：赤花＝ あ ： い

6　Sさんは，ある地域で行われたボーリング調査の結果について調べ，調べたことをまとめました。これに関して，あとの(1)～(5)の問いに答えなさい。

調べたこと

① 図1は，ある地域の地形図を示したものである。この地域では断層や地層の逆転やしゅう曲はなく，すべての層は平行に重なっていることがわかっている。

② 図1の地点A～Dで，ボーリング調査が行われた。次のページの図2は，その結果を柱状図にまとめたものである。

③ 図2の地層ウからは，サンヨウチュウの化石が見つかった。

④ 図2の地点A～Dの柱状図で見られた凝灰岩の層は，ひとつながりの同じ層であった。

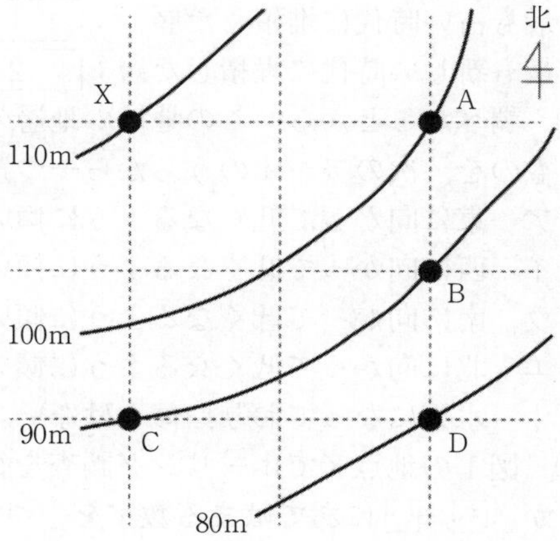

図1

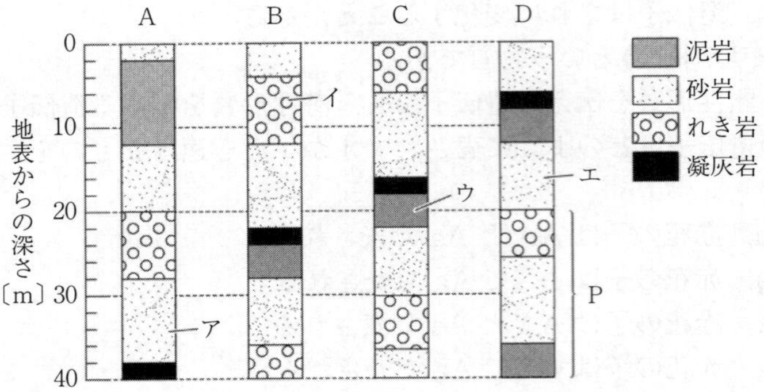

図2

(1) 図2の地層ウでサンヨウチュウの化石が見つかったことから，この地層についてどのようなことがいえますか。最も適当なものを，次のア～エのうちから一つ選びなさい。

ア　この地層が堆積したのは，フズリナも生息していた古生代である。
イ　この地層が堆積したのは，フズリナも生息していた新生代である。
ウ　この地層が堆積したのは，ビカリアも生息していた古生代である。
エ　この地層が堆積したのは，ビカリアも生息していた新生代である。

(2) 次の文章は，図2のPの地層について述べたものです。［1］にあてはまることばを1群のア，イのうちから，［2］にあてはまることばを2群のア，イのうちから，［3］にあてはまることばを3群のア，イのうちから，最も適当なものをそれぞれ一つずつ選びなさい。

> 図2のPの地層では，上の層になるほど地層をつくる粒が［1］なっている。粒の大きな土砂ほど，流れる水のはたらきによって遠くに［2］ため，Pの地層が堆積したとき，地点Dは，海岸から［3］なっていったと考えられる。

【1群】　ア　大きく　　　　イ　小さく
【2群】　ア　運ばれにくい　イ　運ばれやすい
【3群】　ア　遠く　　　　　イ　近く

(3) 図2の地層ア～エのうち，最も古い時代に堆積した層と，最も新しい時代に堆積した層はどれですか。［1］，［2］にあてはまる最も適当なものを，図2のア～エのうちからそれぞれ一つずつ選びなさい。

最も古い時代に堆積した層　：［1］
最も新しい時代に堆積した層：［2］

(4) 調べたことから，この地域の地層の傾きはどのようになっていると考えられますか。最も適当なものを，次のア～オのうちから一つ選びなさい。

ア　東に向かって低くなるように傾いている。
イ　西に向かって低くなるように傾いている。
ウ　南に向かって低くなるように傾いている。
エ　北に向かって低くなるように傾いている。
オ　水平になっており，傾きはない。

(5) 図1の地点Xでボーリング調査を行うと，凝灰岩の層の上端は地表から何mの深さで見られますか。［あ］，［い］にあてはまる数字を一つずつ選びなさい。

［あ］［い］m

7　Ｓさんは，金属のイオンへのなりやすさと電池について調べるため，次の実験１，２を行いました。これに関して，あとの(1)～(5)の問いに答えなさい。

実験１

①　図１のように，マイクロプレートの横の列１に硫酸マグネシウム水溶液，横の列２に硫酸銅水溶液，横の列３に硫酸亜鉛水溶液を入れた。また，縦の列１にはマグネシウム板，縦の列２には銅板，縦の列３には亜鉛板を入れた。

②　しばらくおいてからマイクロプレートの水溶液と金属板を観察すると，変化が見られたものがあった。表は，その結果をまとめたものである。表より，マグネシウム，銅，亜鉛のイオンへのなりやすさは，イオンになりやすい方から順に，［　1　］，［　2　］，［　3　］であることがわかった。

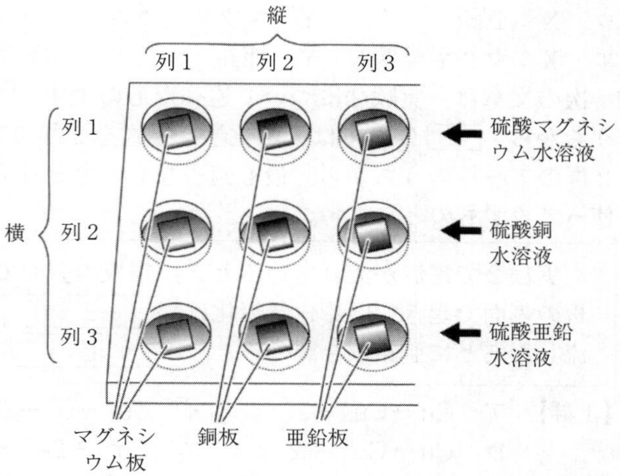

図１

表

	マグネシウム板	銅板	亜鉛板
硫酸マグネシウム水溶液	変化なし	変化なし	変化なし
硫酸銅水溶液	Ｘが付着した。	変化なし	Ｘが付着した。
硫酸亜鉛水溶液	Ｙが付着した。	変化なし	変化なし

実験２

①　図２のように，ビーカーに硫酸亜鉛水溶液を入れ，亜鉛板とセロハンの袋に入れた硫酸銅水溶液と銅板を入れた。

②　亜鉛板と銅板を導線でプロペラ付きモーターにつなぐと，導線に電流が流れ，プロペラ付きモーターが回転した。

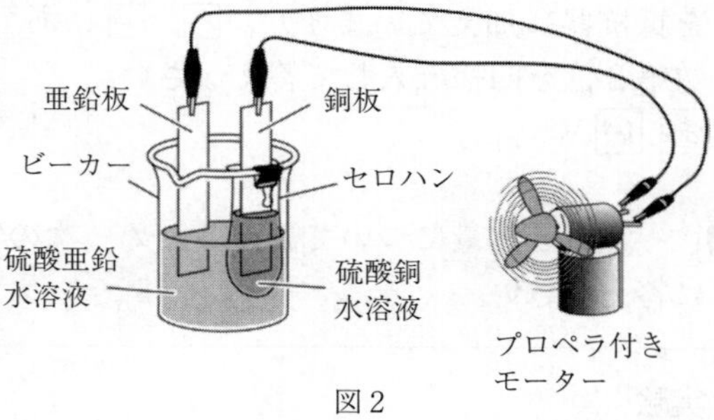

図２

(1)　実験１で使用した硫酸マグネシウム水溶液，硫酸銅水溶液，硫酸亜鉛水溶液はいずれも電解質の水溶液です。次のＡ～Ｄのうち，電解質の水溶液であるものの組み合わせとして最も適当なものを，あとのア～カのうちから一つ選びなさい。

Ａ　エタノール水溶液　　Ｂ　水酸化ナトリウム水溶液
Ｃ　砂糖水　　Ｄ　うすい塩酸

ア　Ａ，Ｂ　　イ　Ａ，Ｃ　　ウ　Ａ，Ｄ
エ　Ｂ，Ｃ　　オ　Ｂ，Ｄ　　カ　Ｃ，Ｄ

(2)　実験１の［　1　］～［　3　］にあてはまる最も適当なものを，次のア～ウのうちからそれぞれ一つずつ選びなさい。

ア　マグネシウム　　イ　銅　　ウ　亜鉛

(3) 表のX，Yにあてはまる物質の組み合わせとして最も適当なものを，次のア～エのうちから一つ選びなさい。

ア　X：銅　　Y：マグネシウム

イ　X：銅　　Y：亜鉛

ウ　X：亜鉛　　Y：マグネシウム

エ　X：マグネシウム　　Y：亜鉛

(4) 次の文章は，実験2について述べたものです。[1]にあてはまる化学反応式を1群のア～エのうちから，[2]にあてはまる化学反応式を2群のア～エのうちから，[3]にあてはまることばを3群のア～ウのうちから，最も適当なものをそれぞれ一つずつ選びなさい。ただし，電子はe^-を使って表すものとします。

> 実験2で電流が流れているとき，銅板の表面で起きている化学変化は[　1　]，亜鉛板の表面で起きている化学変化は[　2　]のように表すことができる。しばらく電流を流したあとに亜鉛板を調べると，[　3　]。

【1群】　ア　$Cu \rightarrow Cu^{+} + e^{-}$　　イ　$Cu^{+} + e^{-} \rightarrow Cu$

　　　　ウ　$Cu \rightarrow Cu^{2+} + 2e^{-}$　　エ　$Cu^{2+} + 2e^{-} \rightarrow Cu$

【2群】　ア　$Zn \rightarrow Zn^{+} + e^{-}$　　イ　$Zn^{+} + e^{-} \rightarrow Zn$

　　　　ウ　$Zn \rightarrow Zn^{2+} + 2e^{-}$　　エ　$Zn^{2+} + 2e^{-} \rightarrow Zn$

【3群】　ア　銅が付着している

　　　　イ　亜鉛が付着している

　　　　ウ　うすくなっている

(5) 実験2で，プロペラ付きモーターのかわりに，9.0Ωの抵抗器と電流計を亜鉛板と銅板に直列につなぎ，電流を流したところ，電流計は120mAを示しました。このとき，この電池は何Vの電圧を抵抗器に加えていますか。[あ]，[い]にあてはまる数字を一つずつ選びなさい。ただし，答えは小数第2位を四捨五入して答えなさい。

[あ].[い]V

8　電流と熱量について調べるため，次の実験を行いました。これに関して，あとの(1)～(5)の問いに答えなさい。

> 実験
>
> ①　6V－6Wの電熱線X，6V－12Wの電熱線Y，6V－18Wの電熱線Zを用意した。
>
> ②　電源装置，スイッチ，電流計，電圧計，電熱線Xを，次のページの図1のようにつなぎ，発泡ポリスチレンのカップにくみ置きの水を入れて，電熱線Xを沈めた。スイッチを入れ，電圧計の示す値が6.0Vになるようにして5分間電流を流し，発泡ポリスチレンのカップに入れた水の温度変化を調べた。次に，電熱線Xを電熱線Y，Zにかえて，同様に電圧計の示す値が6.0Vになるようにして，5分間電流を流し，発泡ポリスチレンのカップに入れた水の温度変化を調べた。次のページの図2のグラフは，このときの電熱線X，Yの結果をまとめたものである。

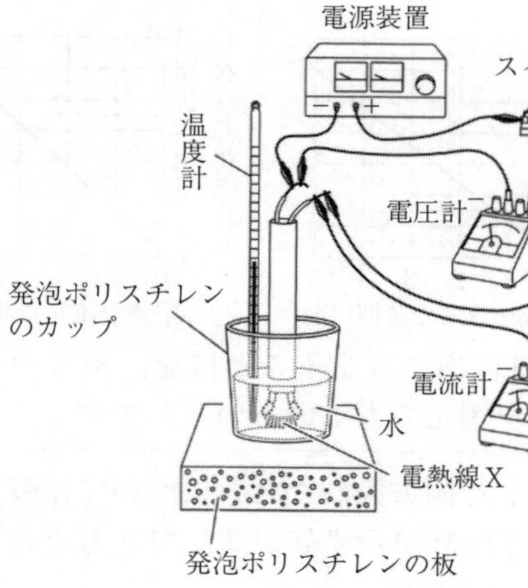

図１

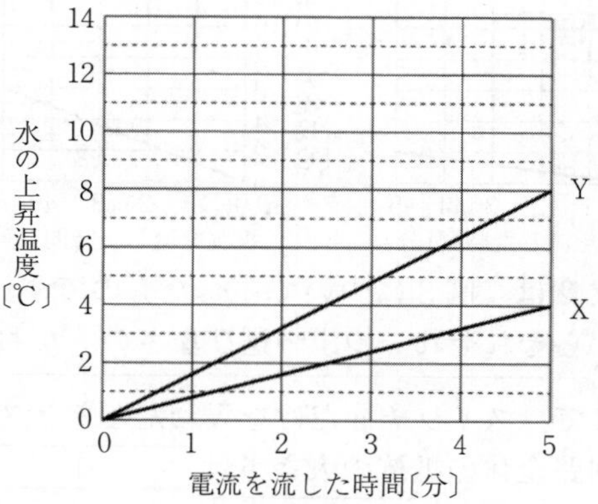

図２

③　電源装置，スイッチａとｂ，電流計，電圧計，電熱線ＸとＹを図３のようにつないだ。スイッチａだけを入れ，電圧計の示す値が6.0Ｖになるようにして２分間電流を流した。次に，スイッチｂも入れて，さらに３分間電流を流した。このとき，電圧計の示す値は6.0Ｖのままだった。

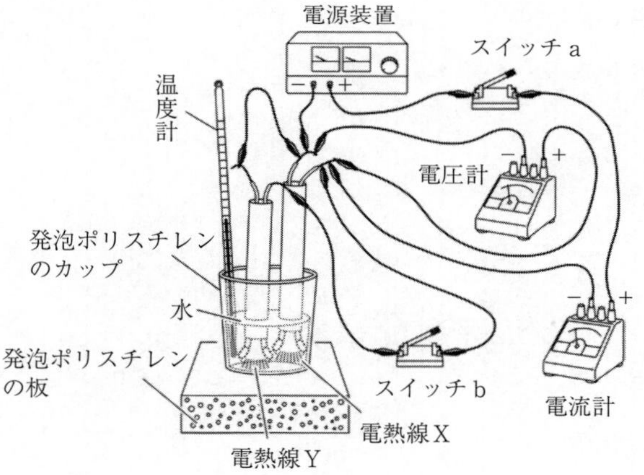

図３

(1)　実験の②で，電熱線Ｘを使って実験を行い，電圧計が6.0Ｖを示しているとき，電流計は何Ａを示しますか。[あ]，[い] にあてはまる数字を一つずつ選びなさい。

[あ].[い] Ａ

(2)　実験の②で，電熱線Ｙに５分間電流を流したとき，Ｙから発生した熱量は何Ｊですか。[あ]～[え] にあてはまる数字を一つずつ選びなさい。

[あ][い][う][え] Ｊ

(3)　図２から，実験の②の電熱線Ｚの結果はどのようになると考えられますか。最も適当なものを，次のア～エのうちから一つ選びなさい。

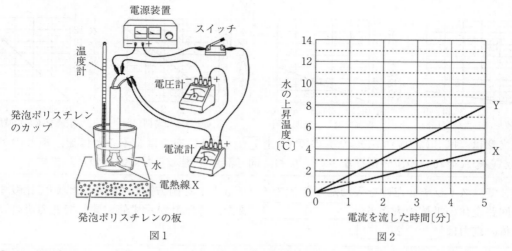

ア

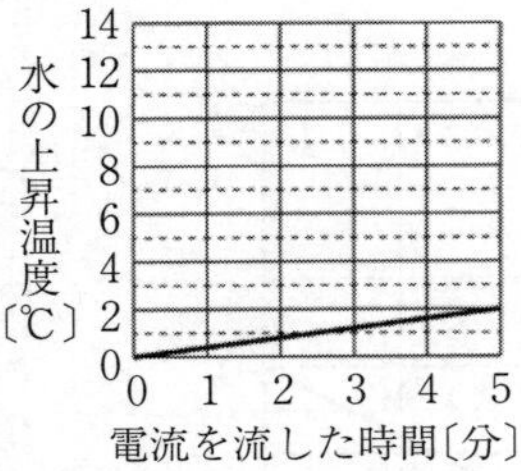

イ

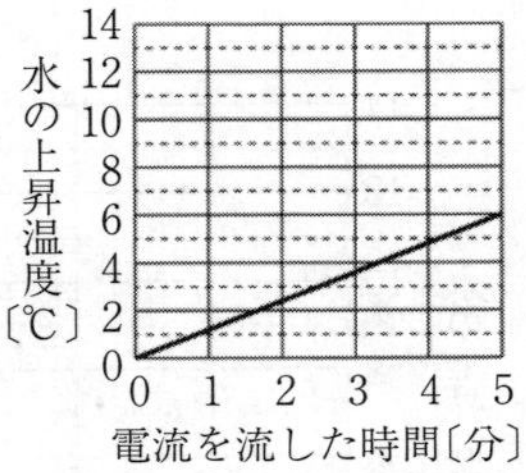

ウ

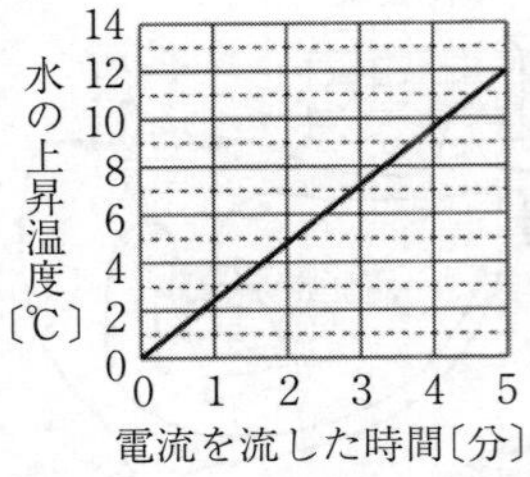

エ

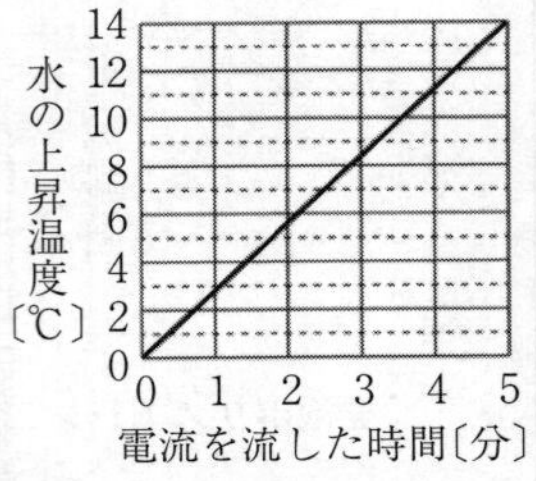

(4)　次の文章は，図３について述べたものです。1，2 にあてはまることばを，あとのア～ウのうちからそれぞれ一つずつ選びなさい。なお，同じ記号を選んでもよいものとします。

> 図３で，スイッチａだけを入れたときとスイッチａとｂを両方入れたときについて比較すると，回路全体の抵抗の大きさは　1　。また，電圧計が示す値が同じである場合，回路全体の電力は　2　。

ア　スイッチａだけを入れたときの方が大きい
イ　スイッチａとｂを両方入れたときの方が大きい
ウ　スイッチａだけを入れたときもスイッチａとｂを両方入れたときも等しい

(5)　図２から，実験の③で合計５分間電流を流したときには，水温は何℃上昇すると考えられますか。あ，い にあてはまる数字を一つずつ選びなさい。
あ.い℃

（注1） 破籠＝中に仕切りのある弁当箱。
（注2） うるへいひて＝心配そうに言って。
（注3） いたがり＝感心して、ほめて。

(1) 文章中の二重傍線部ア〜カのうちから、動作主が「歌主」**ではないものを二つ**選びなさい。

(2) 文章中のAこの人、歌よまんとおもふ心ありてなりけり の意味として最も適当なものを、次のア〜オのうちから一つ選びなさい。
ア この人は、その場にいる人たちにせがまれることがあれば、自分の歌を披露しようという気持ちがあった
イ この人は、大勢の人がいる前で歌など披露したくないという心持ちで来訪したのだった
ウ この人が歌を詠《よ》もうという向上心にあふれていることには、その場にいる人たちも感心したのであった
エ この人がわざわざ来訪したのは、歌を披露してみせようという下心があったためだった
オ この人が歌を詠まないでおこうと考えていることは、その場にいる人たちもみな知っていたのだった

(3) 文章中のBとかく の意味として最も適当なものを、次のア〜オのうちから一つ選びなさい。
ア さらに　イ あれこれと　ウ はっきりと　エ すぐに　オ それなら

(4) 文章中のC歌はいかがあらん は文章中の歌に対する筆者の心情である。この筆者の心情として最も適当なものを、次のア〜オのうちから一つ選びなさい。
ア これから船旅で目にするであろう厳しい光景があからさまに詠まれているせいで気が重くなり、そのような歌を送別に際して贈られる自分たちに問題があると感じている。
イ 送別に当たって別れの悲しさで大声で泣いてしまったという内容はわかりにくいものの、歌の技巧に関しては感心する部分もあり、評価が難しいと思っている。
ウ 筆者たちの今後の船旅に、歌主がこれまで経験してきた船旅を重ね合わせて心配する歌になっていて、歌主の気遣いを感じるため、ひどい接し方はできないと考えている。
エ 白波の立つ音と歌主の泣き声のどちらが大きいかという答えの出ない疑問が詠まれているため、どう答えを出せばいいのかがわからないととまどいを覚えている。
オ 歌には筆者たちの船旅が困難になるという不吉なことが悪気なく詠まれていて、この歌主の不用意さやひとりよがりな人がらが感じられ、あきれ果てている。

(5) 文章中にDこの歌主、「まだまからず。」といひて起ちぬ とあるが、このときの歌主についての説明として最も適当なものを、次のア〜オのうちから一つ選びなさい。
ア 歌主は、その場にいる人たちが歌の出来には目を向けず、食事ばかりを気にかけていることを不愉快に感じて、途中で退席することにした。
イ 歌主は、歌を気に入った人が多いようなので、そのうち誰かが返歌を作ってくれるだろうと期待して、いつまでも帰らないで待ち続けていた。
ウ 歌を口先でほめるだけで誰からも返歌がないことに、歌主はその場の冷めた空気を察して居心地が悪くなり、気にしないふりをしながら席を立った。
エ 誰も歌に対して関心がなく返歌を作ろうとしないことに、しらけた雰囲気を感じて申し訳なくなり、早めにその場から立ち去ることを告げた。
オ 歌主は、その場にいる人たちが返歌をしたくなくなるほど自分の歌の出来がよくなかったことを察して、謝罪の言葉をひとりで考えようとした。

ウ　委員長の仕事は難しく、逃げ出したいと思っているのに、その気持ちを知らない水原が自分のためにあれこれと考えてくれるため、さらに責任の重さを痛感し、プレッシャーを感じてしまったから。
エ　自分が委員長になることを無邪気に応援してくれる水原の様子につい目を奪われて、自分が水原に好感を抱いていることを自覚し、その思いを彼女に気付かれてしまったのではないかと思ったから。
オ　委員長の仕事をやり遂げるのは難しいと感じたが、水原のキャンドルナイトへの純粋な思いが伝わってきたことで委員長の責任から逃れづらくなったうえ、期待に応えたいとまで感じてしまったから。

(6)　文章中の登場人物どうしの関係の説明として**適当でないもの**を、次のア～オのうちから一つ選びなさい。
ア　「ぼく」と元気に資料を見せるとき、水原は内心不安を感じていたが、二人にはそのような様子を見せようとしなかった。
イ　「ぼく」が強気になれない性格であるため、難しい仕事を任せられてしまったことを元気は心配していた。
ウ　「ぼく」と元気が資料に関心を持ったことに水原は戸惑い、「ぼく」は資料をまとめる水原の積極性にあきれてしまった。
エ　色の組み合わせについて、水原が感受性豊かであることがわかり、「ぼく」は感心しながら水原の話を聞いた。
オ　水原がキャンドルナイトの資料をしっかりとまとめていることに元気は驚き、率直に称賛の言葉をかけた。

(7)　この文章の情景描写や表現についてクラスで話をしている。本文の内容をふまえて最も適当な発言をしているものを、次のア～オのうちから一つ選びなさい。
ア　最後の場面では、小学生の妹の姿を黄色い小鳥に見立てています。このように情景をユーモラスに表現することで、「ぼく」と水原がすっかり打ち解けて親しくなったことを示しているのだと思います。
イ　最後の部分では、それまでと話題が変わり、曇り空に似合う色についての発見や季節の移り変わりが描写されています。これらは、このあと「ぼく」の発想に変化が生じることを暗示していると思います。
ウ　水原が「ぼく」と元気に資料を見せる場面では、水原の険しい表情に焦点を当てた描写があります。さわがしい二人と厳格な水原の様子を対照的に描くことで、場面に緩急をつけているのだと思います。
エ　場面は教室から歩道橋へと移動していきますが、そのどちらでも人物の背後の風景まで丁寧に描写しています。その描写によって「ぼく」と水原の気持ちが少しずつ近づいていることが感じられます。
オ　「ぼく」と水原がそれぞれ思い描くキャンドルナイトの光景がいくつか描写された部分があります。このことによって、キャンドルナイトに対する二人の憧れが一致していることが読みとれます。

三

次の文章を読み、あとの(1)～(5)の問いに答えなさい。

今日、(注1)破籠《わりご》もたせて来たる人、その名などぞや、いま ア おもひ出《い》でん。A この人、歌よまんとおもふ心ありてなりけり。B とかく イ いひいひて、「波の立つなること。」と ウ (注2)うるへいひて、よめる歌、

ゆくさきに立つ白波の声よりもおくれて泣かんわれやまさらん

とぞ エ よめる。いと大声なるべし。オ もて来たるものよりは、C 歌はいかがあらん。この歌をこれかれ カ あはれがれども、ひとりも返しせず。しつべき人もまじれれど、これをのみ(注3)いたがり、ものをのみ食ひて、夜ふけぬ。D この歌主、「まだまからず。」といひて起《た》ちぬ。

（紀　貫之『土佐日記』による）

ウ　やる気を見せない元気と「ぼく」を、水原が真剣な態度で注意すると、元気がすっかりおびえた様子になったこと。
エ　元気のやる気のない発言について、水原が厳しい態度で注意すると、元気が水原に対して敵意を向けてきたこと。
オ　キャンドルナイトをよいものにしようと本気で奮起を促している水原の言葉を、元気が冗談だと軽く受け取っていたこと。

(3)　文章中にＣとりあえず思いついたことを口にしてみる　とあるが、このときの「ぼく」の様子の説明として最も適当なものを、次のア～オのうちから一つ選びなさい。
ア　なりゆきで水原と二人きりになったが、それほど親しくもない水原とどう接すればよいかわからないため居心地が悪く、適当に話をして何とか場を持たせ、落ち着こうとしている。
イ　率先して作業をしてくれた水原と二人きりで偶然帰ることになって照れくさく感じ、そのような自分の気持ちを悟られないように、当たり障《さわ》りのない話をしてやり過ごそうとしている。
ウ　流れで水原と二人で帰ることになったが、互いに相手のことをよく知らないため緊張感があり、もう少し親しくなる必要があると感じて、水原の喜ぶことを考えて話しかけようとしている。
エ　水原とたまたま一緒に帰ることになったが、まじめな水原と一緒にいると堅苦しさを感じてしまうので、考えを共有しておくことで水原の気持ちに寄り添い、場を和ませようとしている。
オ　それほど打ち解けていない水原と思いがけず一緒に帰ることになり、声をかけるのは迷惑ではないかと不安な気持ちはあるが、気を遣わせたくないので自分から話しかけようとしている。

(4)　文章中にＤ水原は後ろで「うーん……」とためらうような声を出した　とあるが、実行委員に資料を見てもらうという「ぼく」の提案に水原がためらうような声を出したのはなぜか。最も適当なものを、次のア～オのうちから一つ選びなさい。
ア　実行委員がすでにキャンドルナイトについて計画を立てているかもしれないのに、水原のキャンドルナイトの資料を見せるのは余計な口出しになり、彼らを不快にさせるだろうと思ったから。
イ　水原は、キャンドルナイトの企画をできるだけよいものにするためにこだわりたいのに、実行委員に資料を見せると、彼らのテンポに合わせて進めなくてはいけなくなるだろうと考えたから。
ウ　実行委員がキャンドルナイトにどのくらい熱心なのか水原にはわからないのに、ひとりで勝手にやる気になって行動していることを知られると、彼らをしらけさせ、うんざりされると思ったから。
エ　実行委員や「ぼく」たちが大変な思いをしてキャンドルナイトの計画を進めているのに、水原ひとりが企画を楽しみにして盛り上がっていることを知られるのは恥ずかしいような気がしたから。
オ　水原は実行委員がどんなふうに企画を進めているのかを知らないのに、水原が資料をまとめていることを知られると、彼らの企画に不満があるように思われ、うっとうしがられるだろうと思ったから。

(5)　文章中にＥなぜかとっさに、まずい、と思った　とあるが、「ぼく」が「まずい」と思ったのはなぜだと考えられるか。最も適当なものを、次のア～オのうちから一つ選びなさい。
ア　委員長にはならないと心に決めていたのに、水原がキャンドルナイトに熱心になっている様子を見ると、そんな自分が恥ずかしくみじめで、難しいことでも挑戦しなくてはいけないと感じてしまったから。
イ　水原のキャンドルナイトにかける気持ちを知って、次の委員長をやるのはめんどうだと感じながらも、彼女を傷つけないためにその場しのぎの愛想のよい対応をしなくてはいけないと思ったから。

「なに？」
「なんでもない」
「なんだよ。気になるじゃないか」
「だって、キャンドルナイトとは関係ないし」
なんどか聞いて、水原はようやく口を開いた。
「ちょっと、発見しただけ。色の組み合わせ。曇り空にいちばん似合う色はなにかなって、この間からずっと考えてたから」
「……ああ。ひょっとしてこの前の」
ぼくが本をかざす格好をしてみせると、水原は少し怒ったような顔で頬を赤らめた。
「本で読んだから。小説に出てきたの、灰色の空には淡い牡丹色《ぼたんいろ》が調和するって。ほんとかなと思って、やってみたのよ。確かにいい組み合わせだったけど、でも今、新しいのも見つけちゃったから」
「へえ。なに色？」
「あれ」
歩道橋の上から水原が指さした先に、明るい黄色が見えた。国道沿いの植え込みのところでうろうろと動いている。
「曇り空には、同じ色調のくすんだ色が合うと思ってたんだけど、ほら、紫陽花《あじさい》とかそうでしょう。でも、ああいうぱっと明るい色も、すごくいいよね。黄色い小鳥がいるみたいで」
と、その黄色い小鳥がこちらをふり返った。遠くてぼやけていてもわかった。あれは、小学生のかぶる通学帽だ。
そのとき、帽子の持ち主がぼくに向かって呼びかけてきた。
「あ、おにいー！　見て見て、かたつむりがいっぱいいるよおー！」
ぼくが顔をそむけると、(注)有里《あり》はさらに大きな声で聞いてきた。
「ねえ、そこでなにしてるのー？　その寝ぐせのひと、だれー？」
隣で、水原がさっと自分の頭に手をやる。
梅雨が明けるのも、もうすぐだった。

（市川朔久子『紙コップのオリオン』による）

（注）有里＝「ぼく」の妹。

---

(1) 文章中にAキャンドルナイトの資料とあるが、この資料を見ているときの「ぼく」の心情の説明として最も適当なものを、次のア～オのうちから一つ選びなさい。

ア　キャンドルナイトの風景の写真を見た瞬間に、完成までに手の込んだ作業が必要である現実を突き付けられて動揺したが、気を取り直して自分たちで実現する方法を探す意欲がわいている。

イ　キャンドルナイトの風景の写真や詳細な情報によって、その神秘的な雰囲気が具体的にわかって興味がわいたものの、自分だけに作業の責任がかかっていることを思い出して不安が募っている。

ウ　キャンドルナイトの風景の写真を見て、想像以上のはなやかさに驚いて心を奪われてしまい、自分たちが同じように完成させるにはどうすればよいかをしっかりと考えようと思い悩んでいる。

エ　キャンドルナイトの風景の写真から、美しさを実感して強く心をひかれたが、自分たちがその状況を完成させる大変さも認識して、簡単に実現するものではないだろうと気後れしている。

オ　キャンドルナイトの風景の写真を見ておもしろさは感じたが、それ以上の感情はわいてこなかったため、これからやる作業についても自分とは関係のないことだと考え、冷静な思いになっている。

(2) 文章中にB水原はあきれたようにまたくるりと校庭のほうを向いてしまったとあるが、このときの水原はどのようなことが理由であきれたような様子になったのか。最も適当なものを、次のア～オのうちから一つ選びなさい。

ア　元気と水原が対立しながらも意見を出しているのに、責任者である「ぼく」がまったく二人の話を聞いていなかったこと。

イ　すぐ前に水原が提案したキャンドルナイトのやり方について、元気がしっかりと聞かずに勘違いをしていたこと。

の先に白く光があたったところが、さっき見たろうそくの灯りみたいだった。
　その日の放課後、元気といっしょに帰っていると、後ろから水原もついてきた。元気がふり返って声をかける。
「あれ？　水原、おまえんちって、こっちだっけ？」
「今日、塾だもの。家に帰ってると時間が厳しいから、このまま行って自習室で宿題やってる」
「あっ！　そうか宿題。やばい、忘れてた」
　元気は急にそわそわしはじめ、いつものように歩道橋の手前まできたところで、「じゃあな」と言って小走りに去っていった。あっという間に角を曲がって見えなくなる。
　ぼくが歩道橋に足をかけると、水原も同じように階段を上がってきた。塾はこっちの方角らしい。無視するのも不自然だし、かといって並んで歩くのも違う気がして、ひどく気詰まりな空気が流れた。Ｃとりあえず思いついたことを口にしてみる。
「……さっきのあの資料さ、キャンドルナイトの。あれ、今度実行委員に持っていって、みんなに見てもらうといいんじゃないかな。進藤先輩とかも、参考になって喜ぶと思うけど」
　ぼくが言うと、Ｄ水原は後ろで「うーん……」とためらうような声を出した。
「なんで、なんかまずい？」
「……そうじゃないけど。大丈夫かな」
「なにが」
「でしゃばりだって、思われるかも」
　水原は立ちどまり、歩道橋の下に目をやった。
「あたし、気になったことはすぐ突き詰めちゃう性質《たち》だから。よく言われる。こだわりすぎとか、ひとりで走りすぎとか。なんか、あんまりみんなとはテンポが合わないみたい」
　歩道橋の下を、車が音をたてて流れていく。
「ほんとは、さっきの資料も見せようかどうか迷ったんだ。橘くんたち、あんまり乗り気じゃない気もしたし、……もしかして、またひとりで先走ってるって、言われるんじゃないかって思ったりして。あきれられるかもって思ったら、見せるのにちょっと勇気がいった」
　水原はそこで顔を上げた。どこかほっとしたような顔をしている。
「でも、よかった。とりあえずふたりともちゃんと見てくれたから。……まあ、轟くんはまだちょっと気が進まないみたいだけど。あの企画ね、あたし、ほんとにいいと思う。成功したら、きっとみんな、すごく心に残ると思う。だから、ぜったいうまくいってほしい」
　水原は、本気でそう言っている。それがわかった。そしたら、ふいに首のあたりが熱くなった。水原はまだしゃべり続けている。
「次の委員長、橘くんがやるんだって？　よかった。じゃあきっと大丈夫。さっきの資料、好きに使ってくれていいから」
まっすぐに見られて、つい見返してしまった。一瞬、目の奥がつんとする。Ｅなぜかとっさに、まずい、と思った。
「あー、いや。うん、でも……」
いったい、なにが「まずい」んだろう。目をそらしながら言葉を濁す。水原の瞳の白い部分は、澄んだ水色をしていた。
「楽しみだね、キャンドルナイト」
水原が先にたって歩きながらさっきより明るい声で言う。
なんだか、今さら「委員長は無理」とか、「まあ適当に」とか、とてもそんな言葉は口に出せなくなってしまった。それどころか、ぼくの中で、少し気持ちが動きはじめてもいた。
　頭にひとつの光景を思いうかべる。
　暗くなった校庭に、静かに並ぶ無数のろうそく。それにひとつひとつ火が灯されていったとき、そこにどんな景色が浮かびあがるだろう。
　やってみるのも、いいかもしれない。そんなふうに思えてきた。
「あ」
　ふいに水原が声をあげる。

「んで、結局おまえが次期リーダーなわけね」
「うん。なんか、そうらしい……」
教室の自分の席でぐったりと身を投げだしていると、元気が声をかけてきた。
「なんだかんだ言ってお人好《ひとよ》しなんだよなあ、論里は」
「ときどき自分でも嫌になるよ」
どうやったらこのめんどうから逃れられるだろう。
この期《ご》に及んでぼくはまだそんなことを考えていた。けれど、いくら考えてもよい手は浮かばなかった。元気が気の毒そうにため息をつく。
「あいつくらい、押しが強いといいのにな」
そう言ってちらりと教室の端にいる大和を見た。休み時間の生徒たちが周囲でざわめく中、大和は大きくいすを引いて机に足を乗せ、じっと目を閉じている。あれから大和とはほとんど口をきいていなかった。
そこへ、ファイルを抱えた水原白が、まっすぐにぼくたちのほうへ近づいてきた。
「ねえ、これ、見てくれない」
ぼくたちの前にファイルを置く。
「なに？　これ」
開いてみると、中に収められていたのはぜんぶAキャンドルナイトの資料だった。あちこちで行われたイベントを調べあげてきたらしい。公園で開かれた小さなものから、街じゅうを会場にした大規模なものまで、その準備過程や当日のようすなどをピックアップしてまとめてあった。
「へえ、すげえ、やるじゃん水原」
元気がのぞきこんで感心したような声をあげる。
つぎつぎページをめくっていき、終わりのほうまで来たところで手が止まった。そこから先はずらりと夜の写真が並んでいる。実際のキャンドルナイトの風景だった。
夜の闇に、点々とろうそくの灯《あか》りが浮かんでいる。文字やハートをかたどったもの。階段状に並べられたもの。場所も形もさまざまだったが、どの灯りも暖かい色をしていた。しんとした炎が静かに揺らめくのが、見える気がした。
しばらく黙って三人で写真をながめる。
「きれいだな」
ぼくが言うと、
「うん、きれいだ」
元気も言った。水原は口を結んだままじっとファイルに目を落としている。
「でも、ほんとにできるのかな、これ」
他人事《ひとごと》のようにつぶやいて校庭に顔を向ける。あの広い場所で、たくさんのろうそくに火を灯《とも》すところを想像してみる。それは気の遠くなるような作業に思えた。
本当に、できるんだろうか。ぼくたちに。
まったく現実感のない話だった。
水原がすたすたと窓際《まどぎわ》まで歩いていって窓枠に手をかける。
「できる、っていうか、やらなきゃ、でしょ？　せっかくだから、あの校庭を光で埋め尽くしてやればいいじゃない」
窓の外を指さしながらこともなげに言ってのける。
「無理、無理、無理、無理。二十周年だから二十本くらいでいいじゃん」
元気が言うと水原がにらみ返してきた。
「うっそ、まじで言ってんのかよ」
元気が口の中でつぶやき、B水原はあきれたようにまたくるりと校庭のほうを向いてしまった。ぼくは頬杖《ほおづえ》をついたまま、ふたりのやりとりを聞いていた。
「無理無理、ぜったい無理」
元気はまだぶつぶつ言っている。
ぼくは窓の外を見るふりをして、水原の指先を見ていた。細い指

ウ　写真に関心のある人が、専門家から写真鑑賞のポイントを知識として教わりつつ、ある写真について自分なりに意味を考えようとする。

エ　映画知識の深い人たちが集まって、映画作品のある場面に含まれた意味について他人に新たな気づきをもたらすような分析を言い合う。

オ　クラシック音楽を複数の音楽家で聴く中で、それぞれの担当している楽器の演奏の仕方を考えながら、作品の全体像について判断する。

(7)　文章中にF それこそが、美術館の、さらには美術それ自体の「公共性」とも言うべきものだと考えます　とあるが、この部分の筆者の考えを説明したものとして最も適当なものを、次のア～オのうちから一つ選びなさい。

ア　美術館は、そこにある美術作品を観る時間を多くの人で共有して、立場や思想に関係なく感想を言い合う場であり、人々が異なる価値観を認め合うために存在する。

イ　美術館は、多くの人が自由に出入りしながら、そこにある美術作品を観て気軽に話し合えるような開放性に富んだ場であり、美術の衰退を止める一助となっている。

ウ　美術館は、そこに存在する美術作品を観た多くの人々が、自分の感じたことを他者に伝えられる場であり、社会において人々が関わり合いを持つ機会を生んでいる。

エ　美術館は、人々が美術作品と実際に向き合いながら解釈をすることにより、作品の持つ意味と人間の心が共鳴し合う場であり、人間の健全な精神を育み続けている。

オ　美術館は、美術作品の鑑賞に加えて、他者に配慮する意識の必要性や意見交換の方法を学ぶ場であり、生きていくうえで身につけるべき最低限のことに触れられる。

(8)　本文全体の論旨として最も適当なものを、次のア～オのうちから一つ選びなさい。

ア　直接観た美術作品について活発に意見交換する中で、人々の感じたことが言語化されてその作品の存在意義や価値が生まれていくことになるのであり、作品に関する議論は必須事項にしていった方がよい。

イ　作品に直面して思考をめぐらせ、他者と議論を交わすことが新しい視点を構築するきっかけとなるのであり、他者の作品を観る経験や議論をなくしては、新しい価値観を反映する作品の創作はありえない。

ウ　作品を直接観たうえで思考をめぐらせ、他者と意見交換することが様々な気づきにつながっていくので、作品を観ただけで終わったり、直接観ずに理論を展開したりする美術との関わり方はもったいない。

エ　美術作品を直接観たときに感じたことを、他者と議論すれば心が豊かになっていくため、自分と感じ方がまったく異なる相手を見つけるために、美術と触れ合う機会をより多く作り出していく必要がある。

オ　美術作品の醍醐味は、心を動かすような作品に直面する経験をして、その経験について意見交換を行うことであるのに、現代では議論を避ける傾向が強く、価値のある美術作品が生まれる機会も減っている。

二

次の文章を読み、あとの(1)～(7)の問いに答えなさい。

〈中学二年生の「ぼく（橘《たちばな》 論里《ろんり》）」の通う中学校では、創立二十周年記念行事を開催することになり、「ぼく」は、轟《とどろき》 元《げん》気《き》、水原《みずはら》 白《ましろ》、河上《かわかみ》 大和《やまと》とともにその行事の実行委員になった。記念行事では、「ぼく」の提案したキャンドルナイトが実施されることになっている。そのこともあって今の実行委員長の進藤《しんどう》先輩が、「ぼく」を次の実行委員長として指名した。〉

A　筆者は、読書会を行う意味や目的は何かと問いかけていますね。

B　はい。「いちいち時間を合わせて顔を突き合わせて」という表現には、本来、読書は一人でもできるけれども、それでも読書会を行う意義があるのだという気持ちが含まれていると思います。

C　確かに一人で読んでいると理解が難しいことも、友人と話すとそれぞれの知識を出し合えるのでわかりやすくなることがあります。でも、一人で読んでもそれほど困ることはないようにも感じます。

D　一人で読むことに問題があるということではなく、読書会をするときと比べるとそのテキストの捉え方が違うということではないでしょうか。つまり、［ i ］

B　そうですね。筆者は読書会についてテキストを共通のテーマとして議論を交わす場として捉えています。

C　そうすることで、一人で読んだときとは捉え方が変わる可能性があることが、読書会を行うことの最大の意義だと思います。つまり、［ ii ］

D　一人で読書をしたあとに読書会を行うことは、奥深くテキストを理解することにつながるのですね。

a　テキストを一人で読んで他者と議論を交わさないと、テキストについて自分自身の限定的な解釈で捉え続けることになり、テキストから受け取る内容がひとつに固定されるということです。

b　一人でテキストを読んだあと自分の感想を他者に伝えることをしないと、自分の感想が記憶に残ることもなく、他者の感想との違いすらもわからなくなってしまうということです。

c　読書会でひとつのテキストに対する様々な考え方を聞くことで、テキストの内容を具体的に理解するだけではなく、社会や人生についての知識も身につけることができるということです。

d　テキストを読んだあと他者と議論を行わない場合、内容について正しく捉えていない部分があっても気づかないままになり、テキストのより深い解釈もできなくなるということです。

e　読書会で他者の見方を知ることによって、ひとつのテキストは多様な解釈ができることや新しい解釈の余地がいくらでも残されているものだということを明らかにすることができるということです。

f　読書会でひとつのテキストについて感想を述べ合うことで、そのテキストの持つ魅力をいろいろな尺度で評価することができ、より多くの人に読まれる可能性を広げられるということです。

ア　［ i ］ a　［ ii ］ c　　イ　［ i ］ a　［ ii ］ e

ウ　［ i ］ b　［ ii ］ e　　エ　［ i ］ b　［ ii ］ f

オ　［ i ］ d　［ ii ］ a　　カ　［ i ］ d　［ ii ］ f

キ　［ i ］ c　［ ii ］ a　　ク　［ i ］ e　［ ii ］ c

(6)　文章中にE解釈共同体が形成されるとあるが、解釈共同体が形成される過程について具体例を挙げる場合、最も適当なものを、次のア～オのうちから一つ選びなさい。

ア　演劇を見たあとに、観客どうしが演出や役者の演技について疑問を感じたところを率直に言い合ったうえで、制作者に正解を確認する。

イ　彫刻に造詣《ぞうけい》の深い人たちが、作品の主題についてあえて対立する解釈を出し合いながら、どちらの解釈の方が優れているかを判断する。

オ　感染の拡大をソシする。

⑤　サワぎ

ア　なんとなくブッソウな世の中になったと感じる。

イ　どれだけ勉強してもショウソウ感がある。

ウ　作品の結末にはソウシツ感がある。

エ　彼の海外での体験はソウゼツなものだった。

オ　このチームの強さは一位のチームとソウヘキである。

(2)　文章中の[A]・[D]に入れる語句の組み合わせとして最も適当なものを、次のア～オのうちから一つ選びなさい。

ア　A　ただし　D　また

イ　A　でも　D　そこで

ウ　A　そのため　D　したがって

エ　A　つまり　D　ところで

オ　A　一方で　D　例えば

(3)　文章中にB最初のステップとあるが、これについての説明として最も適当なものを、次のア～オのうちから一つ選びなさい。

ア　美術作品を観たときに心を動かされた経験について自分一人の記憶としてとどめるのではなく、誰かに伝えて共有しようとすること。

イ　美術作品を観たときに感動し、作品の背景を深く考えることで自分自身の視野を広げ、これまでにない自分に変化しようとすること。

ウ　美術作品を観たあとに自分の感想や感情について考察することによって、作品と対話し、より深い理解につなげようとすること。

エ　美術作品を観たときに自分自身が抱いた感動を分析することによって、自分が価値を見出《みいだ》すものや目を向けるものを認識すること。

オ　美術作品を観たときに感情的に評価したことを省みて、作品が自分自身にとってどう価値を持つかを冷静に判断しようとすること。

(4)　文章中の段落[3]～[7]までの段落相互の関係の説明として最も適当なものを、次のア～オのうちから一つ選びなさい。

ア　段落[3]～[5]では、作品について他者と意見を共有する方法について一般的な例を挙げながら説明し、段落[6]・[7]でその方法との共通点と違いを示しながら、筆者が考案する意見共有の方法を明示している。

イ　段落[3]～[5]では、導入部から本論に移って作品鑑賞における意見共有の重要性を訴えて、段落[6]・[7]で筆者自身の美術鑑賞の実体験を根拠にして、作品の鑑賞以外でも意見共有することを提案している。

ウ　段落[3]～[5]では、導入部で述べた作品鑑賞のあり方について、一般的な考え方を引用して疑問を提示し、段落[6]・[7]でその疑問に対する答えとして、経験に基づく意見共有の必要性を提示している。

エ　段落[3]～[5]では、作品について一人で考察することと意見共有することの違いを具体例によって説明し、その比較をもとに段落[6]・[7]でテーマである美術鑑賞についてそれぞれの利点を挙げている。

オ　段落[3]～[5]では、作品に関する意見共有が与える影響についてわかりやすい事例を用いて説明し、これを根拠に、段落[6]・[7]で本題の美術鑑賞における意見共有のあり方について筆者の主張を述べている。

(5)　文章中にCいちいち時間を合わせて顔を突き合わせて、ひとつのテキストに向き合ってその内容を吟味していく、そのことにどんな意味があるのでしょうとあるが、読書会についてのこの筆者の問いかけについてクラスで次のような話し合いが行われた。話し合いの[i]・[ii]には、あとのa～fのいずれかの意見が入る。その組み合わせとして最も適当なものを、あとのア～クのうちから一つ選びなさい。

ません。人の意見に耳をじっと傾け、それに対して的確な意見を返していく、そんな意見交換の(注3)パスワークそれ自体が、スリリングなのです。そのことによって、作品を読み解いていく上でのE解釈共同体が形成されるのです。そのような経験は、きっと美術作品と付き合っていく上での財産になることでしょう。

[8] もちろんこのようなことを、インターネットのSNS上で繰り広げても構いません。しかし、美術作品の醍醐味は、リアル空間で美術作品と直面するという経験を与えてくれるところでしょう。作品なきところで理屈ばかりが空転して、SNS上で炎上などということも、日常的に目にする機会は少なくありません。

[9] ですが、それよりも、美術作品を前にして議論を交わしたほうが、より豊かな作品の観かたを獲得するための近道だと私は考えます。日本の美術館では、慣習的に静粛さを求められます。そのような慣習は、私には美術作品を鑑賞する際の豊かさを④ソガイしているように思えるのです。もちろん、ギャラリー内でお祭り⑤サワぎをするのは問題かもしれませんが、作品に対して真摯に意見を交わし合う光景は、私はとても健全なものだと思います。ですから、そういう一団を見かけたら、「うるさいなぁ」と顔をしかめるのではなく、寛容であってほしいと感じています。古代ギリシアには、「アゴラ」と呼ばれるコミュニケーションのための広場がありました。美術館とは、そのような「アゴラ」としての性質を持つべきものではないでしょうか。Fそれこそが、美術館の、さらには美術それ自体の「公共性」とも言うべきものだと考えます。

[10] このように、まずは自分の受け止めた感想や感動の由来を自己分析してみること、さらには、美術作品を議論の土台にして意見を交わし合うこと。そのような行為は、自らの価値観を見つめるきっかけになると思いますし、さらには美術作品を例えば論文や批評文のようなかたちで言語化すること、あるいは実作者であるならば、自分自身の作品を作り上げていく上での、大きなヒントになるでしょう。

(土屋誠一『思考する自分に気づく』による)

(注1) 一家言=その人独特の意見や主張。
(注2) タブロー=カンバスや板に描かれた絵画。完成された絵画作品。
(注3) パスワーク=サッカーなどの球技で味方にボールを渡し合う技術。ここではたとえとして用いている。

(1) 文章中の〜〜〜①〜⑤に相当する漢字を含むものを、あとの各群のア〜オのうちから、それぞれ一つずつ選びなさい。

① ケンキョ
ア 今後についてケンメイな判断を下した。
イ 授業でケンジョウ語について学んだ。
ウ この地域は台風のケンガイである。
エ イベントの費用をケンヤクする。
オ ベテラン選手がケンシン的にチームを支える。

② ヨウボウ
ア あえて敵のボウリャクに乗る。
イ 彼はタボウな日々を送っている。
ウ この小説はボウトウから驚かされる。
エ 予算がボウチョウする。
オ 事件のゼンボウは明らかになっていない。

③ キョショウ
ア 国際大会をショウチする。
イ ショウドウ的な買い物はやめよう。
ウ 新しいルールをテイショウする。
エ シショウに教わったことを思い出す。
オ 他人をレイショウするべきではない。

④ ソガイ
ア ソエンになっていた友人に会う。
イ 暫定的なソチをとる。
ウ 借りた本をソザツに扱う。
エ ソコクを離れたくはない。

二〇二三年度 芝浦工業大学柏高等学校（第一回）

【国語】（五〇分）〈満点：一〇〇点〉

一 次の文章を読み、あとの(1)〜(8)の問いに答えなさい。なお、1〜10は段落番号である。

1 作品と直面したとき、何らかの感想を抱いたり、あるいは感情が突き動かされたりした経験は、誰もが持っていると思います。それを展覧会場から持ち帰って、自分の心の宝箱のなかだけにそっとしまっておくのも、悪くはないかもしれません。私だって、この感動は誰にも伝えず、自分の心のなかにしまっておきたいと思うときはあります。

2 [A]、いったい自分はなぜある作品を観《み》て何らかの感想を抱いたのか、あるいは感情が突き動かされたのか、そのことを問うことはとても重要な思考の過程だと思います。なぜなら、そのような問いは、作品について熟考するだけにとどまらず、自分自身の価値基準がどのように構成されているのかを反省的に見つめ返す機会になるでしょうし、さらには、「私」という主体の成り立ちがどのようになっているのか、そのことを自ら考えるきっかけになると思うからです。いわば、自分のなかの、普段は気づかない「他者性」とでも言うべきものと向かい合い、対話することにつながります。まずそれが、B最初のステップです。

3 さらに先に進むとするならば、自分の感想や感動は、誰かとシェアしたいと思いませんか？

4 例えば、人文系の大学生などだと、読書会という催しを行ったりしますよね。読書会とは、難読のテキストに①ケンキョに向き合って、著者の言わんとしていることを、知恵を出し合って読み解くという側面もありますが、読書会の醍醐《だいご》味はそれだけに限らないと私は思います。

5 Cいちいち時間を合わせて顔を突き合わせて、ひとつのテキストに向き合ってその内容を吟味していく、そのことにどんな意味があるのでしょう。もちろん読書という行為は、複数の人間によってなされなければならないなどということはありません。本というメディアは、基本的には孤独に「読む」という行為に基づくものです。ではなぜ、わざわざ読書会などを行うのか。それは、ひとつのテキストを土台にすることで、共通の話題の枠組みをもとに、様々な議論を交わすことにあると思います。そのような手続きを踏むことで、同じ顔をしていたテキストが、一人でそれを読んでいたときとは全く異なる顔をもって立ち現《あら》われるということはしばしばあります。つまり、ひとつのテキストとは、原理的には無限の読解可能性に開かれていて、テキストのそのような様々なヨウ②ボウは、価値観の異なる他者とともにシェアすることによって見えてくる、ということですね。

6 美術作品の鑑賞においても、全く同じことが言えると思います。美術作品だってテキストと同様に無限の解釈可能性に開かれているからこそ、たとえかつてのキョ③ショウが生み出した古典的な作品であっても、常に新しい見え方を提示してくれるわけです。[D]私が提案したいのは、美術館やギャラリーへ一人で作品を鑑賞しに行くのではなく、友人と連れ立って観に行くということです。

7 私は学生の頃、様々な専門領域に取り組んでいる友人たちと連れ立って、美術館に行くということをよく行《おこ》なっていました。ピクニック気分で遊びに行くわけではありません。同じ学生の立場とはいえ、一緒に行く友人たちは手練《てだ》れですから、それぞれ美術作品の解釈については(注1)一家言持っている人たちです。そこで例えば、一枚の(注2)タブローを目の前にして、作品の読解についてワイワイガヤガヤと意見を言い合う。ここは勝負ですので、ある人の面白い意見に対して、さらに面白い観点からコメントを被《かぶ》せていく。一番面白い意見を言った者が勝ちです。ただし、勝敗は問題ではあり

2023年度／芝浦工業大学柏高等学校（第１回）

英語解答

1　1　C　2　B　3　A　4　C　5　A

2　1　B　2　A　3　B　4　C　5　C

3　1　B　2　A　3　C　4　B　5　C

4　(1)　エ　(2)　イ
(3)　３番目…カ　６番目…ウ
(4)　ア　(5)　ウ　(6)　イ　(7)　ア
(8)　エ　(9)　３番目…ア　６番目…イ

5　(1)　ウ　(2)　イ　(3)　ウ　(4)　エ
(5)　イ　(6)　ア　(7)　エ　(8)　イ

6　(1)　ウ　(2)　ア　(3)　ア　(4)　エ
(5)　イ　(6)　エ　(7)　エ
(8)　３番目…オ　６番目…イ

1～**3**〔放送問題〕放送文未公表

4〔長文読解総合―説明文〕

≪全訳≫❶最近，多くの子どもたちが悲しい思いをしたりストレスを感じたりしている。彼らの気分がよりよくなるのを手助けするために，ミシガン州の一部の学校では特別な助っ人を迎え入れた。彼らはセラピー犬だ。❷なぜ学校にイヌを迎え入れるのか。もっともな理由がある。イヌは子どもたちを幸せにする。❸新型コロナウイルス感染症は至る所で生徒たちに負担をかけている。彼らの多くが孤独になっている。最愛の人をなくした者もいる。❹この過酷な時期の間，学校は生徒たちを助けようと努力している。多くの学校がカウンセラーを雇った。自分の感情をコントロールするのに役立つ技術を子どもたちに教え始めた学校もある。イヌを購入した学校もある。❺ミシガン州には学校で働いているイヌが12頭ほどいる。そのイヌたちは教師や別の職員とともに暮らし，学校で一日を過ごす。❻研究によると，③訓練を受けたイヌは子どもたちのストレスを軽減することができるという結果が出ている。イヌは子どもたちが勉強したりお互いに仲良くしたりするのを助けることもできる。❼学校でイヌを飼うことには不都合な面がある。イヌが汚れていることもありうるし，イヌに対してアレルギーのある者もいる。そのうえ，イヌを怖がる子どももいる。しかしミシガン州の校長たちは，こうした問題は対処可能だと言っている。例えば，新入りのイヌは高度な訓練を受けていて，アレルギーを起こしにくい。つまり，このイヌたちはアレルギー反応を引き起こさないのだ。それに，イヌと一緒にいたくなければ誰も一緒にいる必要はない。❽多くの学校で，セラピー犬たちはとても人気がある。ある高校では，生徒たちはイヌのために誕生日パーティーさえ行った。彼女の名前はグレイビーだ。❾グレイビーはかわいい茶色のイヌだ。９月に，彼女はミシガン州のある高校でセラピー犬として働き始めた。校長のマリア・カプラが彼女の世話をしている。❿何人かの生徒が，もうすぐグレイビーの誕生日だと知った。彼らはグレイビーのためにパーティーを行えるか尋ねた。カプラは「いいわよ」と言ったが，それほど盛大なパーティーになるとは思いもしなかった。⓫しかしながら，生徒たちは職員生徒一同をパーティーに招待した。グレイビーのために誕生日の衣装をつくった者もいた。彼女に敬意を表して，動物保護施設の資金集めを始める者もいた。⓬パーティーの時間になると，そこには何百人もの子どもたちがいた。⓭カプラは，グレイビーの誕生日パーティーは生徒たちにとって効果的だと言った，というのもそれは生徒たちが再び対面授業になじむのに役立ったからだ。⓮トレイシー・スーヴァはミシガン州の美術教師だ。彼女はチッパーという名前のイヌの世話をしている。彼女は学年の初めに起きたことを覚えていた。⑮「ある子どもが悲しんでいました。そこでチッパーは彼の椅子のすぐ隣に横たわることにしました。子どもたちは⑨チッパーに何が問題なのかを言うことが何度もあります。そのことは彼らの気分をよくするのに役立ちます。すごく不思議です」と彼女は言った。

(1)＜適語選択＞第2段落第1文にWhy bring dogs into school? とあることに注目する。bring in ～で「～を迎え入れる」という意味。 bring－brought－brought

(2)＜指示語＞themなので前に出ている複数名詞の中で意味が通るものを探す。'help＋目的語＋動詞の原形'で「～が…するのに役立つ」という意味。'動詞の原形'に当たるmanageは「～にうまく対処する」という意味。自分の感情にうまく対処する必要があるのは学校に通う子どもたちである。

(3)＜整序結合＞文脈と語群から，「訓練を受けたイヌは子どもたちのストレスを軽減することができる」といった意味になると推測できる。a trained dog「訓練を受けたイヌ」を主語とし，動詞をcan lowerとまとめ，この目的語としてchildren's stressを置く。 Research has shown that a trained dog can lower children's stress.

(4)＜適語選択＞直前の「誰もイヌと一緒にいる必要はない」と直後の「イヌと一緒にいたくない」という内容をつなぐのは「もし～なら」という'条件'を表す接続詞のif。

(5)＜適語選択＞work as ～で「～として働く」という意味。 work for〔at〕～「(会社など)に勤めている」

(6)＜適語選択＞'learn that＋主語＋動詞...'で「～ということを知る」という意味。

(7)＜適語選択＞直後の「何百人もの子どもたちがいた」という記述は，パーティーの時間がきたときのことである。

(8)＜適語(句)選択＞a dog named Chipperで「チッパーと名づけられたイヌ」という意味。過去分詞namedで始まる2語以上の語句が前の名詞a dogを修飾する'名詞＋過去分詞＋語句'の形(過去分詞の形容詞的用法)。

(9)＜整序結合＞語群にtellがあるので'tell＋人＋目的語'「〈人〉に～を言う」の形を考える。主語のthe kidsの後にwill tellを続け，'人'の部分をChipperとする。残りは疑問詞whatを主語とする間接疑問と考えて，what is wrong「何が問題なのか」とまとめる。 A lot of times the kids will tell Chipper what is wrong.

5〔長文読解総合―物語〕

≪全訳≫❶ある日，プロメテウスは明るく輝く太陽を見上げて，弟のエピメテウスを呼び出した。❷彼は「いいか，弟よ，私は人間に多くの物を与えてきたが，今回は彼らに火を与えるつもりだ。それは私からの最後にして最高の贈り物になるだろう。彼らは体を温め，食料を調理し，家を建てる道具をつくることができるだろう。だが，ゼウスは人間に火を与えたことで私に激高し，私を罰するだろう。だから，ゼウスからの贈り物はどんなものでも注意を払いなさい。私の留守中はお前が人間の世話をするよう頼む」と言った。❸それからプロメテウスは弟に別れを告げて，後でろうそくとして使うつえを持ってオリンポス山へ行った。❹1日の終わりに太陽が沈みかけると，プロメテウスはつえを差し出してその美しい球体に触れた。それから燃え盛るろうそくをコートの下に隠しながら，彼は山を駆け下りて森に火を放った。❺初めて火を目にした人々は火に近づいた。❻「ああ，すばらしい！」とある男がその熱さを感じたときに大声を上げた。❼「ああ，最高だ！　キスをしなくては」と別の者がうれしそうに言い，前進して赤い炎にキスしようとした。炎が彼のあごひげを焦がすと，皆が彼の顔を見て笑った。❽翌日，プロメテウスは人々に，火を使って調理する方法や金属から道具や武器をつくる方法を教えた。この後に，人々は町をつくり，火を使って多くのすばらしい物をつくった。しかし，ゼウスがこれら全てを耳にすると，彼は怒ってプロメテウスを呼び出した。❾「プロメテウス！」と彼は雷鳴のような声で叫んだ。❿「ゼウス王」とプロメテウスは答えた。「私がしたことで私を罰しようとなさることは承知しておりますが，２つ申し上げさせてください。第１に，あなたは私が人間に与えた贈り物を取り上げることはできません。第２に，あなたは人間を滅ぼしたいとは思わないはずです。なぜなら，彼らはあなたの敵であるタイタンがあなたを襲撃しに来たときに，あなたがタイタンと戦う手助けをすることができるからです」⓫しかし，プロメテウスの言葉はゼウスをさらに怒らせたので，彼は息子にプロメテウスを世界の果てにある山へ連れていき，岩に縛りつけるよう命じた。そしてゼウスはプロメテウスに「そこにいて，冬の雪と夏の太陽を感じろ，だが誰もお前を助けないぞ！」と言った。⓬プロメテウスは世界の果てに連れていかれ，そこに縛られた。ゼウスの息子がプロメテウスに「毎日ゼウスが凶暴な鳥を送ってお前の胃を食べさせるだろう。毎晩お前の胃は再び大きくなるので，お前の痛みは繰り返すだろう」と言った。その鳥は毎日来たので，彼の苦痛の叫びは山中にとどろいた。⓭ゼウスは人間を罰する計画を立てた。彼は災いがたくさん詰まった金色の箱を持たせて地球に初めての女性を送った。その女性の名前はパンドラだった。エピメテウスはその美しいパンドラを目にすると彼女と恋に落ちて，すぐに結婚した。不幸なことに，災いが起ころうとしていた。⓮エピメテウスは兄の言葉を思い出して，パンドラに「その箱を開けてはならない。中には恐ろしいものがたくさん入っているに違いない」と言った。だが，パンドラは自分を抑えきれずに結局それを開けてしまった。その瞬間，世界中のあらゆる災いが飛び出してきた――病気，悲哀，憎悪，うそ，窃盗，その他にもたくさん。⓯彼女は怖くなりすぐに箱を閉めた。それから彼女はささやき声を耳にした。「私も外に出して！　私は希望よ」そこで，彼女は再び箱を開けた。⓰箱の中に希望を入れたのはプロメテウスだった。彼は，人間はゼウスの金色の箱を開けるだろうということがわかっていて，それで彼は他の全ての災いと一緒に箱の中にこっそり希望を入れたのだ。ゼウスは人間を罰したがったが，プロメテウスは人間に希望とともに生きてほしかったのだ。

(1)＜語句解釈＞下線部①を含む文は「それは私からの最後にして最高の贈り物になるだろう」という意味。「それ」とは，前文にある fire のことを指す。

(2)＜語句解釈＞ゼウスからの贈り物については第13段落参照。ゼウスは人間に罰を与えようと，「パンドラと金色の箱」をエピメテウスのもとへ送った。

(3)＜英文解釈＞hold out には「(手など)を差し出す，伸ばす」という意味がある。また，文末の the beautiful ball「その美しい球体」は，文の前半にある the sun を受けている。直後の文に描写されるプロメテウスの行動から，下線部はウ.「プロメテウスはつえで太陽から火を取った」様子を表していることがわかる。

(4)＜指示語＞all this は「これら全て」という意味で，その内容は下線部より前に書かれていると推測できる。アは第４段落，イとウは第８段落の内容に一致するが，エ.「人間は火を使ってゼウスを襲撃しようとするだろう」は本文中に記述がない。

(5)＜語句解釈＞下線部⑤の「プロメテウスの言葉」は前段落のプロメテウスのセリフを受けている。イ.「人間はオリンポス山を破壊し，皆を破滅させるだろう」という記述はない。

(6)＜語句解釈＞下線部⑥「(箱の)中にあるたくさんの恐ろしいもの」の具体的な内容は，同じ段落の最終文に書かれている。ア.「希望」は「恐ろしいもの」には該当しない。

(7)＜文脈把握＞下線部⑦を含む文は「彼女は怖くなりすぐに箱を閉めた」という意味。前の2文から，箱からは世界中のあらゆる災いが飛び出してきたことがわかる。よって，箱をすぐに閉めたのはエ.「彼女は箱から出てきたものを怖がった」から。 be afraid of ～「～を恐れる」

(8)＜文脈把握＞直後の文に，プロメテウスは人間に希望とともに生きてほしかったとある。この内容に一致するのは，イ.「プロメテウスは人間に未来に対する希望を持ってほしいと思っていた」。

6 〔長文読解総合―説明文〕

≪全訳≫❶2022年5月2日の月曜日に，カリフォルニア州にあるロケット会社ロケット・ラボがヘリコプターを使って，宇宙から落下してくるロケットの大型ブースターをキャッチした。ロケット・ラボはロケット部品を再利用してロケットの打ち上げ費用を削減したいと思っている。❷宇宙船を宇宙に打ち上げるために，ロケットは数個の「ブースター」を使う。ブースターは宇宙船を押し上げてから地球に戻ってくる。ロケット・ラボのエレクトロンロケットは人工衛星を宇宙に送るためにブースターを2つ使う。❸ロケット・ラボの代表者ピーター・ベックは「私たちは第1ブースターに費用の80パーセントをかけています。そんなわけで，第1ブースターを再利用してお金を節約し，宇宙に送り出す費用を削減しようと努めているところです」と言っている。❹別のロケット会社スペースXは特殊なエンジンを使い，ブースターが地球に帰還する際，その速度を落とす。だが，ロケット・ラボのロケットははるかに小型なので，このような方法で帰還するだけの十分な燃料を搭載できない。❺過去にはロケット・ラボはブースターを海から回収していたが，塩気の強い海水はブースターを損傷させ，安全に再利用しづらくさせることがある。❻月曜日に，ロケット・ラボは地球に帰還したブースターをキャッチするためにヘリコプターを使った。宇宙から落下するとき1000キロほどの重さのある12メートルの管をキャッチするのは難しい。だが，それはうまくいった――少なくともしばらくの間は。❼ロケットを宇宙へと押し上げた後，ブースターは地球上空約80キロメートルに達した。それから落下し始め，時速8400キロメートルほどの速度に到達し，ブースターの熱は2730度に達した。地球の大気圏を落下する際に燃え尽きないように，ブースターは特殊な熱防御を備えていた。ブースターが地球の大気圏を通過して減速した後，さらに速度を落とすために小型パラシュートが開いた。最終的により一層大きなパラシュートが開いて，ヘリコプターがキャッチできるようさらにブースターの速度を落とした。❽ヘリコプターは第1と第2のパラシュートの間のケーブルをキャッチするため，フックつきの頑丈なケーブルを使っていた。フックはブースターを支え，徐々にブースターは落下をやめた。❾しかし，このテストは完全に成功したわけではなかった。しばらくして，ヘリコプター操縦士はヘリコプターがブースターの重量を支えるのは危険だと気づいた。彼らはブースターを離し，後に海から回収した。❿ロケット・ラボはこのテストから多くのことを学び，次回は⑧ヘリコプターがブースターを近くの船に安全に運んでいけるように期待している。

(1)＜適語選択＞空所以下はエレクトロンロケットが2つのブースターを使う目的を述べた部分。前の文から，ブースターの役割は宇宙船を押し上げることだとわかる。これは人工衛星を宇宙に送るということである。'send ～ into …'「～を…に送る」 spacecraft「宇宙船」 satellite「人工衛星」

(2)＜適語句選択＞空所前後の文の関係に注目する。第１ブースターに費用の80パーセントがかかるので，第１ブースターを再利用することによってコストを削減するという文脈。That's why ～「だから～だ」は先に述べたことを理由に，その'結果・結論'を導くときに使う表現。

(3)＜適語選択＞文頭のHowever「しかし」に注目。前文の，スペースＸが特殊なエンジンを使い，ブースターが地球に帰還する際その速度を落とすという内容とは対照的に，ロケット・ラボのロケットはこのような方法で帰還するための十分な燃料を搭載できないことが述べられている。それはロケットがはるかに「小さい」からだと考えられる。

(4)＜適語選択＞文頭のBut「しかし」に注目。前文の「宇宙から落下するとき1000キロほどの重さのある12メートルの管をキャッチするのは難しい」という説明に反して，それは「成功した」という文脈を読み取る。過去を表す文なので，過去形を選ぶ。workには「(計画などが)うまくいく」という意味がある。

(5)＜適語選択＞空所を含む文の後半に，ブースターは特殊な熱防御を備えていたとあることから，地球の大気圏を落下する際に「燃え」尽きないようにしたことがわかる。burn upで「燃え尽きる」という意味。 'stop … from ～ing'「…が～するのを止める，妨げる」

(6)＜文脈把握＞下線部⑥の状態に至るまでの理由はこれより前に書かれていると推測できる。エ.「ヘリコプター操縦士はブースターを離した」はブースターが落下をやめた後の出来事である。

(7)＜適語選択＞第６段落第２文より，ブースターは宇宙から落下するとき1000キロほどの重さがあることがわかる。よって，ヘリコプター操縦士はヘリコプターがブースターの「重量」を支えるのは危険だと気づいたと判断できる。

(8)＜整序結合＞ロケット・ラボが期待していることとは「ヘリコプターがブースターを(近くの船に安全に)運んでいく」ことだと考えられる。the helicopter「ヘリコプター」で始め，be able to ～「～することができる」を使ってwill be able to takeとまとめ，この目的語としてthe boosterを置く。... the helicopter will be able to take the booster safely to a nearby boat next time.

2023年度／芝浦工業大学柏高等学校（第１回）

数学解答

1 (1) ア…5　イ…3
(2) ウ…2　エ…5
(3) オ…1　カ…3　キ…5
(4) ク…9　ケ…2

2 (1) ア…1　イ…8
(2) ウ…1　エ…2　オ…3
(3) カ…3　キ…2
(4) ク…1　ケ…4　コ…9

3 (1) ①　ア…0　イ…1
②　ウ…8　エ…7
(2) ①　オ…2　カ…0
②　キ…3　ク…1　ケ…0

4 (1) ア…1　イ…0　ウ…3
(2) エ…8　オ…6　カ…3
(3) キ…8　ク…1　ケ…5
(4) コ…4　サ…5

5 (1) ア…3　イ…8　ウ…4
(2) エ…3　オ…8　カ…4　(3)　3
(4) ク…9　ケ…5

1〔独立小問集合題〕

(1)＜数の計算＞与式$=3\sqrt{6\times2}-6-3\times2+\sqrt{2\times6}-3\sqrt{3}+4\times3=3\sqrt{2^2\times3}-6-6+\sqrt{2^2\times3}-3\sqrt{3}+12=3\times2\sqrt{3}+2\sqrt{3}-3\sqrt{3}=6\sqrt{3}+2\sqrt{3}-3\sqrt{3}=5\sqrt{3}$

(2)＜二次方程式—解の利用＞二次方程式 $ax^2+3bx-10b=0$ の解の１つが $x=-10$ だから，解を方程式に代入すると，$a\times(-10)^2+3b\times(-10)-10b=0$ より，$100a-30b-10b=0$，$100a=40b$，$a=\frac{2}{5}b$ となる。よって，$a:b=\frac{2}{5}b:b=2:5$ である。

(3)＜数の性質＞$\sqrt{15n}=\sqrt{3\times5\times n}$ が整数となるとき，$n=3\times5\times a^2$（a は自然数）と表せる。これより，$\sqrt{360-n}=\sqrt{360-3\times5\times a^2}=\sqrt{3\times5\times24-3\times5\times a^2}=\sqrt{3\times5\times(24-a^2)}$ となる。これが整数となるとき，$24-a^2$ は 24 より小さい整数だから，$24-a^2=3\times5$ である。よって，$24-a^2=3\times5$ より，$a^2=9$，$a=\pm3$ となり，a は自然数だから，$a=3$ である。このとき，$n=3\times5\times3^2=135$ となる。

(4)＜平面図形—角度＞右図で，$\angle\mathrm{CBD}=x$ とおくと，$\angle\mathrm{ABD}=3\angle\mathrm{CBD}=3x$ となり，$\angle\mathrm{ABC}=\angle\mathrm{ABD}+\angle\mathrm{CBD}=3x+x=4x$ となる。$\triangle\mathrm{ABC}$ は $\mathrm{AB}=\mathrm{AC}$ の二等辺三角形だから，$\angle\mathrm{DCB}=\angle\mathrm{ABC}=4x$ である。よって，$\triangle\mathrm{BCD}$ で内角と外角の関係より，$\angle\mathrm{CBD}+\angle\mathrm{DCB}=\angle\mathrm{ADB}$ だから，$x+4x=55°$ が成り立ち，$x=11°$ となる。$\angle\mathrm{ABC}=\angle\mathrm{DCB}=4x=4\times11°=44°$ だから，$\triangle\mathrm{ABC}$ で，$\angle\mathrm{BAC}=180°-\angle\mathrm{ABC}-\angle\mathrm{DCB}=180°-44°-44°=92°$ である。

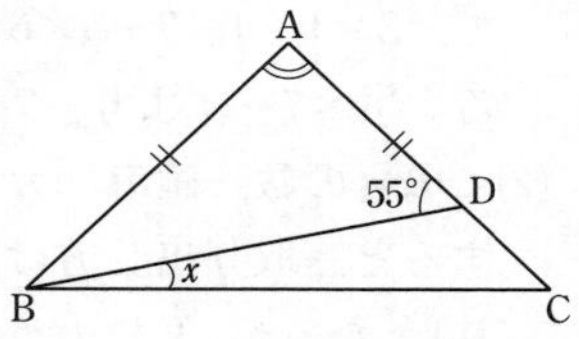

2〔関数—関数 $y=ax^2$ と一次関数のグラフ〕

≪基本方針の決定≫(4)　△ACE，△BCE の面積がそれぞれ △DCE の面積の何倍か考える。

(1)＜y 座標＞右図で，点Ｂは放物線 $y=x^2$ と直線 $y=x+6$ の交点だから，$x^2=x+6$ より，$x^2-x-6=0$，$(x+2)(x-3)=0$　∴ $x=-2, 3$　よって，点Ｂの x 座標は 3 であり，$y=3+6=9$ だから，B(3, 9) である。CB＝BD より，点Ｂは線分 CD の中点であり，点Ｄの y 座標は 0 だから，点Ｃの y 座標を c とおくと，点Ｂの y 座標について，$\frac{c+0}{2}=9$ が成り立ち，$c=18$ となる。したがって，点Ｃの y 座標は 18 である。

(2)＜直線の式＞右図で，(1)より，B(3, 9)，C(0, 18) だから，D(d, 0) とす

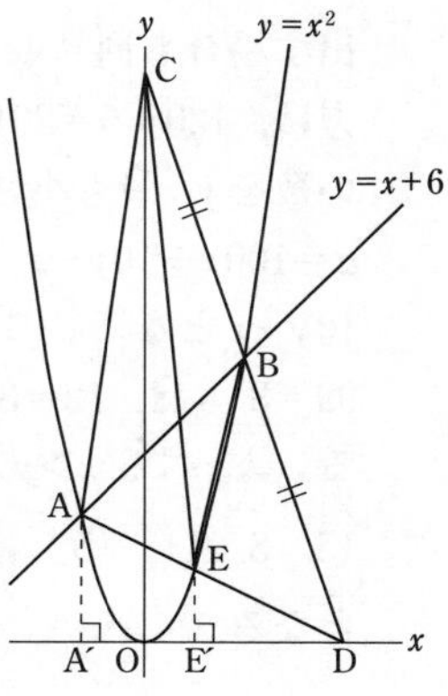

ると，点Bが線分CDの中点より，x座標について，$\frac{0+d}{2}=3$が成り立ち，$d=6$となる。よって，D$(6,\ 0)$である。また，(1)より，点Aのx座標は-2だから，$y=-2+6=4$となり，A$(-2,\ 4)$である。直線ADの傾きは$\frac{0-4}{6-(-2)}=-\frac{1}{2}$であり，その式は$y=-\frac{1}{2}x+b$とおける。これが点Dを通るので，$0=-\frac{1}{2}\times6+b$，$b=3$となり，直線ADの式は$y=-\frac{1}{2}x+3$である。

(3)＜x座標＞前ページの図で，(2)より，点Eは放物線$y=x^2$と直線$y=-\frac{1}{2}x+3$の交点だから，$x^2=-\frac{1}{2}x+3$，$2x^2+x-6=0$より，$x=\frac{-1\pm\sqrt{1^2-4\times2\times(-6)}}{2\times2}=\frac{-1\pm\sqrt{49}}{4}=\frac{-1\pm7}{4}$となり，$x=\frac{-1-7}{4}=-2$，$x=\frac{-1+7}{4}=\frac{3}{2}$となる。よって，点Eの$x$座標は$\frac{3}{2}$である。

(4)＜面積比＞前ページの図で，CB＝BDより，△BCE＝△BED＝$\frac{1}{2}$△DCEである。また，△ACE：△DCE＝AE：EDである。2点A，Eからx軸にそれぞれ垂線AA′，EE′を引くと，AA′∥EE′より，AE：ED＝A′E′：E′Dであり，3点A，E，Dのx座標より，A′E′$=\frac{3}{2}-(-2)=\frac{7}{2}$，E′D$=6-\frac{3}{2}=\frac{9}{2}$だから，AE：ED＝$\frac{7}{2}$：$\frac{9}{2}$＝7：9となる。よって，△ACE：△DCE＝7：9であり，△ACE＝$\frac{7}{9}$△DCEとなる。以上より，△ACE：△BCE＝$\frac{7}{9}$△DCE：$\frac{1}{2}$△DCE＝14：9である。

3〔独立小問集合題〕

(1)＜データの活用―人数＞①箱ひげ図より，最小値は3点だから，2点以下の生徒はいない。よって，$a=0$である。また，生徒の人数は40人だから，第1四分位数は，得点の小さい方20人の中央値であり，小さい方から10番目と11番目の得点の平均値となる。箱ひげ図より，第1四分位数は5.5点だから，10番目と11番目の得点の平均値は5.5点である。これより，5点以下の生徒は10人だから，$b+3+6=10$が成り立ち，$b=1$である。　②①より，生徒の人数について，$1+3+6+c+d+5+6+4=40$だから，$c+d=15$……㋐である。また，平均値が6.9点だから，得点の合計について，$3\times1+4\times3+5\times6+6c+7d+8\times5+9\times6+10\times4=6.9\times40$が成り立ち，$6c+7d=97$……㋑となる。㋐$\times7-$㋑より，$7c-6c=105-97$，$c=8$となり，これを㋐に代入して，$8+d=15$，$d=7$となる。

(2)＜場合の数，確率―カード＞①カードは6枚あるので，3枚のカードを1枚ずつ順番に取り出すとすると，取り出し方は，1枚目が6通り，2枚目が5通り，3枚目が4通りより，$6\times5\times4=120$(通り)となるが，3枚のカードを同時に取り出すときは取り出す順序は問わないので，例えば，1，2，3のカードを取り出す場合の(1枚目，2枚目，3枚目)＝(1，2，3)，(1，3，2)，(2，1，3)，(2，3，1)，(3，1，2)，(3，2，1)の6通りは同じ取り出し方となり，1通りとなる。他の3枚のカードを取り出す場合も同じ取り出し方が6通りずつあるから，3枚のカードを同時に取り出すときの取り出し方は，$120\div6=20$(通り)となる。　②3枚のカードの数のうち，最も大きい数をx，2番目に大きい数をy，最も小さい数をzとすると，aは百の位の数がx，十の位の数がy，一の位の数がzだから，$a=100x+10y+z$となり，bは百の位の数がz，十の位の数がy，一の位の数がxだから，$b=100z+10y+x$となる。これより，$a-b=(100x+10y+z)-(100z+10y+x)=99x-99z=99(x-z)$と表せる。$99=3^2\times11$，$12=3\times4$だから，$a-b=99(x-z)$が12の倍数となるのは，$x-z$が4の倍数のときである。よって，$x>y>z$，$x-z=4$より，$a-b$が12の倍数となる取り出し方は，$(x,\ y,\ z)=(5,\ 2,\ 1)$，$(5,\ 3,\ 1)$，$(5,\ 4,\ 1)$，$(6,\ 3,\ 2)$，$(6,\ 4,\ 2)$，$(6,\ 5,\ 2)$の6通りだから，求める確率は$\frac{6}{20}=\frac{3}{10}$となる。

4〔平面図形—円と三角形〕

≪基本方針の決定≫(2)　点Aから線分BCに垂線を引いてできる直角三角形に着目する。　(4)　△ABDと△CEDに着目する。

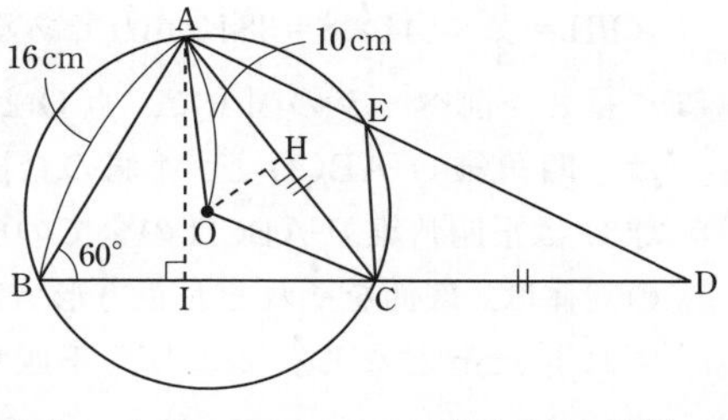

(1)<長さ—特別な直角三角形>右図で，$\overset{\frown}{AC}$に対する円周角と中心角の関係より，$\angle AOC = 2\angle ABC = 2\times60^\circ = 120^\circ$である。△OACはOA＝OCの二等辺三角形だから，点Oから線分ACに垂線OHを引くと，点Hは線分ACの中点となり，$\angle AOH = \angle COH = \frac{1}{2}\angle AOC = \frac{1}{2}\times120^\circ = 60^\circ$である。よって，△AOHは3辺の比が$1:2:\sqrt{3}$の直角三角形だから，$AH = \frac{\sqrt{3}}{2}OA = \frac{\sqrt{3}}{2}\times10 = 5\sqrt{3}$であり，$AC = 2AH = 2\times5\sqrt{3} = 10\sqrt{3}$(cm)となる。

(2)<長さ—三平方の定理>右上図で，点Aから線分BCに垂線AIを引くと，$\angle ABC = 60^\circ$より，△ABIは3辺の比が$1:2:\sqrt{3}$の直角三角形だから，$BI = \frac{1}{2}AB = \frac{1}{2}\times16 = 8$，$AI = \sqrt{3}BI = \sqrt{3}\times8 = 8\sqrt{3}$である。△AICで三平方の定理より，$IC = \sqrt{AC^2 - AI^2} = \sqrt{(10\sqrt{3})^2 - (8\sqrt{3})^2} = \sqrt{108} = 6\sqrt{3}$となるから，$BC = BI + IC = 8 + 6\sqrt{3}$(cm)である。

(3)<長さ—三平方の定理>右上図で，(1)，(2)より，$CD = AC = 10\sqrt{3}$となり，$ID = IC + CD = 6\sqrt{3} + 10\sqrt{3} = 16\sqrt{3}$となる。よって，△AIDで三平方の定理より，$AD = \sqrt{AI^2 + ID^2} = \sqrt{(8\sqrt{3})^2 + (16\sqrt{3})^2} = \sqrt{960} = 8\sqrt{15}$(cm)となる。

(4)<長さ—相似>右上図で，点Bを含む$\overset{\frown}{AC}$に対する中心角は$360^\circ - \angle AOC = 360^\circ - 120^\circ = 240^\circ$だから，点Bを含む$\overset{\frown}{AC}$に対する円周角と中心角の関係より，$\angle AEC = \frac{1}{2}\times240^\circ = 120^\circ$であり，$\angle CED = 180^\circ - \angle AEC = 180^\circ - 120^\circ = 60^\circ$となる。よって，$\angle ABD = \angle CED = 60^\circ$，$\angle ADB = \angle CDE$より，$\triangle ABD \backsim \triangle CED$だから，AB：CE＝AD：CDである。したがって，$16 : CE = 8\sqrt{15} : 10\sqrt{3}$が成り立ち，$CE\times8\sqrt{15} = 16\times10\sqrt{3}$より，$CE = 4\sqrt{5}$(cm)である。

5〔空間図形—正四角錐と球〕

≪基本方針の決定≫(3)　点Oと5点P，A，B，C，Dをそれぞれ結び，正四角錐P-ABCDを，5個の立体に分ける。(1)，(2)の結果を利用する。　(4)　点Qが，線分AEと直線POの交点となることに気づきたい。

図1

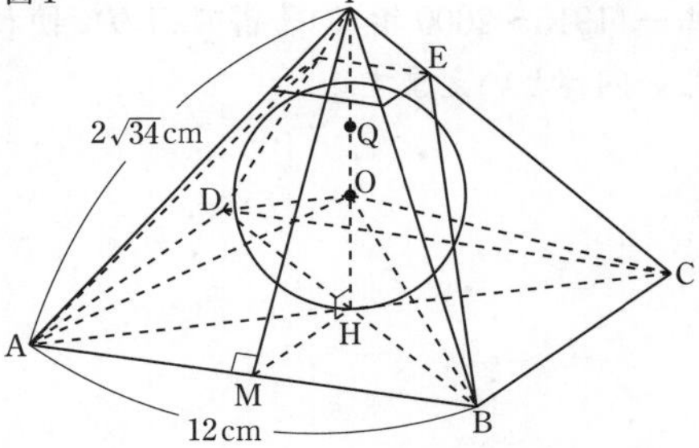

(1)<面積>右図1で，立体P-ABCDは正四角錐だから，△PAB，△PBC，△PCD，△PDAは合同な二等辺三角形である。点Pから辺ABに垂線PMを引くと，点Mは辺ABの中点となり，$AM = \frac{1}{2}AB = \frac{1}{2}\times12 = 6$である。△PAMで三平方の定理より，$PM = \sqrt{PA^2 - AM^2} = \sqrt{(2\sqrt{34})^2 - 6^2} = \sqrt{100} = 10$となるから，$\triangle PAB = \frac{1}{2}\times AB\times PM = \frac{1}{2}\times12\times10 = 60$である。〔正方形ABCD〕＝$12^2 = 144$だから，正四角錐P-ABCDの表面積は，〔正方形ABCD〕＋4△PAB＝$144 + 4\times60 = 384$(cm^2)となる。

(2)<体積>右上図1で，点Pから面ABCDに垂線PHを引くと，点Hは正方形ABCDの対角線AC，BDの交点と一致する。2点M，Hを結ぶと，2点M，Hはそれぞれ辺AB，線分ACの中点だから，

△ABCで中点連結定理より，$MH=\frac{1}{2}BC=\frac{1}{2}\times12=6$となる。△PMHで三平方の定理より，$PH=\sqrt{PM^2-MH^2}=\sqrt{10^2-6^2}=\sqrt{64}=8$となるから，正四角錐P-ABCDの体積は，$\frac{1}{3}\times$〔正方形ABCD〕$\times PH=\frac{1}{3}\times144\times8=384(\text{cm}^3)$である。

(3)＜長さ＞前ページの図1で，点Oと5点P，A，B，C，Dをそれぞれ結ぶと，正四角錐P-ABCDは，四角錐O-ABCDと，4個の合図な三角錐O-PAB，O-PBC，O-PCD，O-PDAに分けられる。球Oは正四角錐P-ABCDの全ての面と接するから，球Oの半径を$r$cmとおくと，分けられた5個の立体は，底面をそれぞれ正方形ABCD，△PAB，△PBC，△PCD，△PDAと見たときの高さがいずれも$r$cmとなる。(2)より，正四角錐P-ABCDの体積は384cm^3だから，〔四角錐O-ABCD〕+〔三角錐O-PAB〕+〔三角錐O-PBC〕+〔三角錐O-PCD〕+〔三角錐O-PDA〕=384であり，$\frac{1}{3}\times$〔正方形ABCD〕$\times r+\frac{1}{3}\times$△PAB$\times r+\frac{1}{3}\times$△PBC$\times r+\frac{1}{3}\times$△PCD$\times r+\frac{1}{3}\times$△PDA$\times r=384$，$\frac{1}{3}\times$(〔正方形ABCD〕+△PAB+△PBC+△PCD+△PDA)$\times r=384$となる。(1)より，正四角錐P-ABCDの表面積が384cm^2なので，〔正方形ABCD〕+△PAB+△PBC+△PCD+△PDA=384より，$\frac{1}{3}\times384\times r=384$となる。よって，$r=3$(cm)である。

(4)＜長さ＞前ページの図1で，図形の対称性から，点Oは線分PH上の点である。線分AE，直線POは3点P，A，Cを通る平面上にあるので，3点A，B，Eを通る平面と直線POの交点Qは，線分AEと直線POの交点であり，3点P，A，Cを通る平面で切ったときの断面は右図2のようになる。図2のように点Iを定めると，(2)よりPH=8，(3)より$IH=3\times2=6$だから，$PI=PH-IH=8-6=2$である。IE∥ACより，△PIE∽△PHCだから，IE：HC=PI：PH=2：8=1：4となる。さらに，△EIQ∽△AHQだから，IQ：HQ=IE：HAである。HA=HCなので，IQ：HQ=IE：HC=1：4となる。したがって，$HQ=\frac{4}{1+4}IH=\frac{4}{5}\times6=\frac{24}{5}$だから，$QO=HQ-OH=\frac{24}{5}-3=\frac{9}{5}$(cm)である。

図2

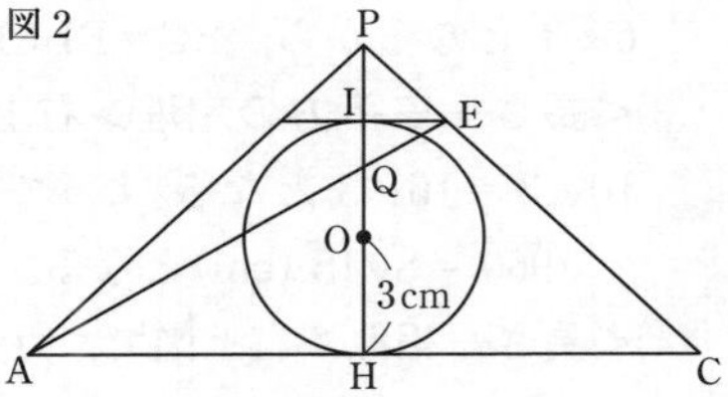

═読者へのメッセージ═

③(1)は，箱ひげ図を利用した問題でした。箱ひげ図は，アメリカの数学者，統計学者ジョン・テューキー(1915～2000年)の著書で初めて使われたといわれています。1970年代のことですので，かなり新しい内容といえます。

2023年度／芝浦工業大学柏高等学校（第１回）

社会解答

1 (1) エ　(2) ウ　(3) ウ　(4) エ
(5) ①…イ　②…エ

2 (1) ウ　(2) イ　(3) ア　(4) エ
(5) イ　(6) ウ　(7) イ

3 (1) エ　(2) イ　(3) ウ　(4) ア
(5) エ　(6) ウ　(7) ア

4 (1) エ　(2) エ
(3) ①…イ　②…ア　(4) イ
(5) カ

5 (1) エ　(2) ウ　(3) エ　(4) ア
(5) イ

6 (1) エ　(2) ウ　(3) ア　(4) イ
(5) イ

7 (1) ウ　(2) エ　(3) イ　(4) ア

1〔日本地理―日本の諸地域，地形図〕

⑴＜県と県庁所在地＞日本の７つの地方区分(北海道地方，東北地方，関東地方，中部地方，近畿地方，中国・四国地方，九州地方)のうち，７つの県(山形県，栃木県，山梨県，奈良県，広島県，香川県，大分県)が属していないのは，北海道地方のみである(エ…○)。なお，７つの県のうち，内陸県に当てはまる県は，栃木県，山梨県，奈良県の３つ(ア…×)，県名に「山」が使われている県は，山形県，山梨県の２つ(イ…×)，県名と県庁所在地名が同じ県は，山形県，奈良県，広島県，大分県の４つである(ウ…×)。

⑵＜キャベツの産地＞愛知県の知多半島や渥美半島では，キャベツなどの野菜を栽培する施設園芸農業が盛んである。また，群馬県も嬬恋村などで，冷涼な気候を生かしたキャベツなどの高原野菜の栽培が盛んである。

⑶＜資料の読み取り＞東京都の食料品の出荷額が8441億円であるのに対し，宮崎県の食料品の出荷額は5402億円なので，宮崎県は東京都より食料品の出荷額が少ない。しかし，食料品の製造品出荷額に占める割合は，東京都は8441億÷74207億×100＝11.37…より，約11.4％であるのに対し，宮崎県は5402億÷16523億×100＝32.69…より，約32.7％であり，宮崎県は東京都より食料品の製造品出荷額に占める割合が高い(ウ…○)。なお，全国の製造品出荷額に占める機械の割合は，1475429億÷3253459億×100＝45.34…より，約45.3％であり，50％を超えていない(ア…×)。４つの都道県の中で金属の出荷額が最も多い都道県は岡山県であるが，機械の出荷額は東京都が最も多い(イ…×)。化学の出荷額が最も多い都道県は，岡山県のみである(エ…×)。

⑷＜やませ，潮目＞Xの岩手県やYの宮城県などの東北地方の太平洋側では，初夏から夏にかけてやませと呼ばれる冷たくしめった風が北東から吹き込む。また，暖流と寒流の出合う場所を潮目〔潮境〕といい，好漁場となっている。

⑸＜地形図の読み取り＞①この地形図の縮尺は２万５千分の１であることから，地形図上で６cm ある場合，実際の距離は，６cm×25000＝150000cm＝1.5km となる。　②特にことわりのないかぎり，地形図では上が北を表している。また，縮尺２万５千分の１の地形図では，等高線のうち細い主曲線は10m ごと，太い計曲線は50m ごとに引かれている。A地点の北西に標高161m の地点があるが，ここを基点に等高線を読み取ると，A地点は160m であることがわかる。一方で，B地点の南に標高171m の地点があるが，ここを基点に等高線を読み取ると，B地点は140m であること

がわかる。したがって，Ａ地点の標高の方がＢ地点よりも高い(エ…○)。なお，Ｚの橋の下を流れる川を北の方にたどると，標高99.4ｍの地点があり，Ｚの南西には標高94ｍの地点がある。川は高い方から低い方に流れるので，Ｚの橋の下を流れる川は北から南に向かって流れていることがわかる。ちなみに，橋の下を流れる川を南の方にたどると，高野川に合流し，さらに地形図の最も南までたどると，標高76ｍの地点がある(ア…×)。「たからがいけ」駅に乗り入れているのは，JRの複線(▬▭▬▭▬)ではなく，JR以外の複線(─┼┼─)である(イ…×)。宝が池公園から見て，「しゅうがくいん」駅は南東の方向に位置している(ウ…×)。

2〔世界地理―世界の姿と諸地域〕

(1)＜経度と緯度＞図に引かれた４本の経線のうち東寄り２つの経線のほぼ中央に，東経135度付近に位置する兵庫県明石市がある。図上では経線は30度ごとに示してあることから，東から２本目にある経線の経度は東経120度であるとわかる。したがって，東経90度の経線は，その１本西にあるウ，エの上に引かれた経線である。また，赤道はアフリカ大陸中央付近やマレー半島先端付近を通過するので，イ，エの上に引かれた緯線が赤道である。図上では緯線は15度ごとに示してあることから，ア，ウの上に引かれた緯線が北緯15度の緯線であるとわかる(ウ…○)。

(2)＜輸出品＞Ａのブラジルは，大豆の生産量・輸出量ともに世界第１位である(2019年)。また，鉄鉱石の産出量・輸出量ともにオーストラリアに次いで世界第２位である(2017年)。Ｂのインドネシアは，パーム油の生産量が世界第１位である(2018年)。また，石炭の輸出量が世界第１位である(2018年)。Ｃのコートジボワールは，カカオ豆の生産量・輸出量ともに世界第１位である(2019年)。したがって，Ⅰがブラジル，Ⅱがコートジボワール，Ⅲがインドネシアのグラフとなる。

(3)＜オーストラリア大陸＞地球上の陸地は面積の大きい大陸と，面積の小さい島に分けられる。Ｄのオーストラリア大陸は六大陸の中では面積は最小であるが，世界最大の島であるＥのグリーンランドよりは面積は大きい。また，この図は高緯度ほど面積が拡大されて，実際より大きく見えている(ア…×)。

(4)＜ぶどうの産地＞資料１には，イタリアやスペインといった地中海沿岸諸国が並んでいる。地中海沿岸地域は地中海性気候であり，夏に暑く乾燥した気候に適したぶどうなどの栽培が盛んである。また，アメリカ合衆国においても，太平洋沿岸地域は地中海性気候になっており，やはりぶどうなどの栽培が盛んである。なお，2019年の小麦，綿花，米，ぶどうの生産量世界第１位は中国である。

(5)＜EU＞Ｘのフランスが現在加盟しており，Ｙのイギリスが2020年に離脱した地域連合はEU〔ヨーロッパ連合〕である。EUは，経済の統合を目指しており，人の移動や貿易は原則的に自由化されている(Ⅰ…正)。共通通貨ユーロについては，EU加盟国全てが使用しているわけではない(Ⅱ…誤)。

(6)＜白夜＞Ｚの都市のような北極点に近い地域では，夏至を中心に一日中太陽がしずまず，夜でも暗くならない白夜が発生する。

(7)＜資料の読み取り＞資料３を見ると，ブラジルの人口は，2000年から2005年にかけて18613万－17479万＝1134万人増えているが，他の期間の増加数は1000万人を下回る(Ⅱ…○)。また，資料２と３を見ると，2015年の各国の人口百人当たりの自動車保有台数は，日本は7740万台÷12799万人×100＝60.47…台，アメリカ合衆国は26419万台÷32088万人×100＝82.33…台，ブラジルは4274万台÷20447万人×100＝20.90…台，中国は16285万台÷140685万人×100＝11.57…台であり，日本より少ない国は，ブラジルと中国の２つである(Ⅳ…○)。なお，資料３を見ると，人口減少が見られるのは2010年から2015年にかけての日本のみであるが，資料２を見ると，同じ期間の自動車保有台数は増えている(Ⅰ…×)。資料２と３を見ると，2015年において，自動車１台当たりの人口が最も多いのが中国であり，中国が最も自動車が普及していないといえる(Ⅲ…×)。

3〔歴史―古代～近世の日本と世界〕

(1)＜吉野ヶ里遺跡＞弥生時代に栄えた大規模な集落跡が発見された吉野ヶ里遺跡は，佐賀県にある。

(2)＜年代整序＞年代の古い順に，Ⅰ(坂上田村麻呂の征夷大将軍叙任―797年)，Ⅲ(遣唐使の停止―894年)，Ⅱ(平将門の乱―939年)となる。

(3)＜鎌倉文化＞再建された東大寺南大門には，運慶らが制作した金剛力士像が安置された(Ⅰ…誤)。親鸞は浄土真宗を開き，「自分の罪を自覚した悪人こそが救われる」という悪人正機説を唱えた(Ⅱ…正)。

(4)＜13～14世紀の世界の出来事＞マルコ・ポーロは元のフビライ・ハンに仕えたが，フビライ・ハンは1274年の文永の役と1281年の弘安の役の２度にわたって日本に遠征軍を派遣した(ア…○)。なお，イギリスやオランダが東インド会社を設立したのは16世紀末～17世紀初め頃(イ…×)，十字軍が初めて派遣されたのは11世紀末(ウ…×)，琉球王国が建国されたのは15世紀前半である(エ…×)。

(5)＜朝鮮侵略＞資料１を見ると，検地の実施国数が前年に比べて15か国以上減少しているのは，1592年であり，この年は，豊臣秀吉が朝鮮に大軍を送って文禄の役が始まった年である(エ…○)。なお，豊臣秀吉が，山崎の合戦で明智光秀を倒したのは1582年(ア…×)，キリスト教をバテレン追放令で禁止したのは1587年(イ…×)，死去したのは1598年である(ウ…×)。

(6)＜江戸時代の農村＞江戸幕府は，年貢を安定的に取り立てるため，百姓のぜいたくを禁止した。そのため，高級せんい品である絹ではなく木綿を衣類に使うように命じた。また，江戸時代において，人口の約８割は百姓が占めていた。

(7)＜幕末の条約＞日米修好通商条約により貿易が開始されると，日本からは生糸や茶などが主に輸出された(Ⅳ…○)。なお，井伊直弼は日米修好通商条約締結時の幕府大老である(Ⅰ…×)。日米和親条約では，下田と函館の２港が開港された(Ⅱ…×)。日米修好通商条約では，アメリカ人の貿易と居住は開港地に限定された(Ⅲ…×)。

4〔歴史―近現代の日本と世界〕

(1)＜領事裁判権の撤廃，五・四運動＞1894年，日清戦争直前に陸奥宗光外相がイギリスと日英通商航海条約を結び，領事裁判権の撤廃に成功した。また，1919年５月４日，第一次世界大戦後のパリ講和会議で山東省の権益返還要求を拒絶されたのに反発した学生らが北京で集会を開いたのをきっかけに，中国全土で反日・反帝国主義運動である五・四運動が始まった。

(2)＜日本の植民地＞小村寿太郎外相が関税自主権の回復に成功したのは1911年である。台湾は1895年に日清戦争の講和条約である下関条約で，南樺太は1905年に日露戦争の講和条約であるポーツマス条約で，朝鮮半島は1910年の韓国併合でそれぞれ日本の植民地となった。

(3)①＜大戦景気＞第一次世界大戦中，日本はアジア市場に綿織物などを，アメリカ市場に生糸などを輸出して好景気となった(イ…○)。なお，砂糖やマッチが切符制となったのは1937年の日中戦争開戦後である(ア…×)。特需景気と呼ばれる好景気となったのは，1950年の朝鮮戦争開戦後である(ウ…×)。ニューヨークの株式市場で株価が暴落したのをきっかけに世界恐慌が発生したのは，1929年である(エ…×)。

⑵＜第一次世界大戦＞第一次世界大戦が終わった後の講和会議は，Ｑのフランスの首都パリで開かれた(Ⅳ…○)。なお，第一次世界大戦前に三国協商という同盟を結んでいたのは，ＰのイギリスとＱのフランス，Ｓのロシアである(Ⅰ…×)。第一次世界大戦後に国際連盟が設立されたとき，常任理事国となった国は戦勝国であるＰのイギリスとＱのフランス，イタリアと日本である(Ⅱ…×)。第一次世界大戦中に革命が起こり，世界最初の社会主義政権が樹立されたのは，Ｓのロシアである(Ⅲ…×)。

⑷＜日中戦争＞1937年に日中戦争が始まる以前，1936年に二・二六事件が起こった(Ⅰ…正)。日中戦争は，北京郊外で日中両国軍が武力衝突した盧溝橋事件をきっかけに始まった(Ⅱ…誤)。

⑸＜年代整序＞年代の古い順に，Ⅲ(1971～72年)，Ⅱ(1980年代)，Ⅰ(2003年)となる。

5〔公民―政治〕

⑴＜三権分立＞Ａは内閣が国会に対して行使できる権限を表しており，内閣が決定する衆議院の解散が当てはまる。Ｂは国民が内閣に行使できる影響力を表しており，内閣の施策に影響を与える世論が当てはまる。Ｃは国会が裁判所に対して行使できる権限を表しており，裁判官を辞めさせるかどうかを決定する弾劾裁判が当てはまる。

⑵＜国会と内閣＞衆議院は予算の先議権を持つが，予算以外の議題の審議については衆議院と参議院のどちらが先に議論を進めてもよい(Ⅰ…○)。内閣総理大臣は国会議員の中から選ばれるが，国務大臣は過半数が国会議員から任命されていればよい(Ⅱ…○)。2021年の衆議院議員総選挙で自民党は単独で議席数の過半数を超えたが，2022年の参議院議員選挙を経ても参議院では自民党の議席数は過半数を超えておらず，公明党との連立内閣は維持されている(Ⅳ…○)。なお，参議院議員の任期は６年で解散はなく，衆議院議員の任期は４年で解散もあるので，参議院議員の方が任期が長い。また，参議院の議員定数は248人であり，衆議院の議員定数である465人よりも少ない(2023年)(Ⅲ…×)。

⑶＜裁判の仕組み＞裁判では刑事裁判でも民事裁判でも１つの事案について３回まで裁判を受けられる三審制がとられている(Ⅰ…誤)。裁判員制度では，裁判員は被告人が有罪か無罪かの決定だけでなく，有罪であった場合の量刑の決定も，裁判官とともに評決する(Ⅱ…誤)。

⑷＜一票の格差＞選挙区における議員１人当たりの有権者数の大小の違いを一票の価値という。神奈川県の議員１人当たりの有権者数は7723524人÷８＝965440.5人であるのに対し，岡山県の議員１人当たりの有権者数は1572057÷２＝786028.5人であり，岡山県の方が神奈川県よりも少ない有権者数で議員を１人国会に送り出すことができるので，一票の価値が高いといえる。選挙区間の一票の価値の差を一票の格差といい，日本国憲法第14条の法の下の平等および第44条の選挙権の平等に反するとして問題となっている。

⑸＜地方財政＞地方財政の収入のうち，地方公共団体が独自に集める自主財源ではない，国などからの支払いに頼る財源を依存財源という。自主財源には住民税のような地方税があり，依存財源には地方公共団体の間の財政格差を抑えるために国から配分される地方交付税交付金や，地方公共団体

の借金である地方債などがある。

6 〔公民―経済〕

(1)＜株式会社＞株主が株式会社の経営方針や役員の選出に関する議決を行うことができる場は，株主総会である(Ⅰ…誤)。株式会社が倒産すると株主は出資金を失うが，そのことによって株主としての有限責任を果たしたと見なされ，出資金を失う以上の責任を取る必要はない(Ⅱ…誤)。

(2)＜需要と供給＞一般に価格が上昇すれば売る側である供給量は増加し，買う側である需要量は減少する。買う量である需要量が売る量である供給量を下回っている場合は商品が売れ残るため価格が下落し，需要量が供給量を上回っている場合は価格が上昇する。

(3)＜為替相場＞1ドル＝100円が1ドル＝80円になると，ドルに対する円の価値が上がっているため，円高であるという。1台200万円する日本車をアメリカに輸出した場合，1ドル＝80円のときは200万円÷80円＝25000ドルで売ることになり，1ドル＝100円のときの200万円÷100円＝20000ドルに比べて，5000ドル高くなる(ア…○)。

(4)＜財政政策＞資料1を見ると，Pの期間はモノの生産量や消費量が減少し，失業者や倒産した会社の数が増加しているため，不景気に陥っていることがわかる。不景気の際は，政府は公共投資を増やしたり減税を行ったりすることで，企業や民間の資金を増やして景気を回復させようとする(イ…○)。

(5)＜資料の読み取り＞1970年をのぞいた各年における消費支出額を比べると，2000年が最も多くなっているが，最も少ないのは1980年である(たけしさん…×)。各年における被服履物の支出額を比べると，1990年が311174円×7.4÷100＝23026.876円で最も多くなっており，2020年が233568円×3.2÷100＝7474.176円で最も少ない(さおりさん…×)。

7 〔公民―総合〕

(1)＜自衛隊＞自衛隊は，1992年に成立した国際平和協力法〔PKO協力法〕によって，海外に派遣されるようになっている(Ⅰ…×)。

(2)＜憲法改正＞日本国憲法第96条では，憲法の改正は，各議院の総議員の3分の2以上の賛成で，国会が発議し，国民投票において，過半数の賛成を必要とすると規定されている。また，憲法改正について国民投票で承認を経たときは，天皇は，国民の名で公布するとされている。

(3)＜基本的人権＞Ⅲの職業選択の自由は，自由権に基づいている。また，Ⅳの生活に必要な資金を国が支給する公的扶助は，社会権に基づいている。なお，Ⅰの公共施設に点字ブロックやスロープなどを設置してバリアフリー化を進めることは，平等権に基づいている。Ⅱの一定の年齢に達すれば被選挙権を得られることは，参政権に基づいている。

(4)＜地域主義＞米国・メキシコ・カナダ協定〔USMCA〕は，北米自由貿易協定〔NAFTA〕に代わる新協定として，2020年に発効した(ア…○)。なお，環太平洋パートナーシップに関する包括的及び先進的な協定〔TPP11〕には，アメリカは加盟していないが，日本は加盟している(イ…×)。ヨーロッパ連合〔EU〕の加盟国数は，イギリスが離脱して27か国となった(ウ…×)。東南アジア諸国連合〔ASEAN〕に，日本は現在も加盟していない(エ…×)。

2023年度／芝浦工業大学柏高等学校（第１回）

理科解答

１ ⑴　１群…イ　２群…ア　⑵　ウ
⑶　エ　⑷　カ
⑸　あ…１　い…２　う…１　え…１
お…２　か…２

２ ⑴　ウ　⑵　１…ア　２…エ
⑶　あ…５　い…０　⑷　オ
⑸　エ

３ ⑴　ウ　⑵　エ
⑶　あ…２　い…７　う…５
⑷　エ
⑸　あ…２　い…０　う…４　え…１
お…９　か…４

４ ⑴　ウ　⑵　あ…５　い…０
⑶　１…イ　２…ア　⑷　イ
⑸　あ…０　い…１　う…３

５ ⑴　イ　⑵　エ　⑶　ウ
⑷　１…ア　２…ア
⑸　あ…５　い…３

６ ⑴　ア
⑵　１群…ア　２群…ア　３群…イ
⑶　１…エ　２…イ　⑷　エ
⑸　あ…４　い…８

７ ⑴　オ　⑵　１…ア　２…ウ　３…イ
⑶　イ
⑷　１群…エ　２群…ウ　３群…ウ
⑸　あ…１　い…１

８ ⑴　あ…１　い…０
⑵　あ…３　い…６　う…０　え…０
⑶　ウ　⑷　１…ア　２…イ
⑸　あ…８　い…８

１〔生物の世界〕

⑴＜節足動物＞バッタは無セキツイ動物の節足動物に分類される。節足動物は，からだが外骨格でおおわれ，あしに節があり，昆虫類や甲殻類のなかまが含まれる。

⑵＜ホニュウ類＞図１のＢは，背骨を持つセキツイ動物のうち，卵生ではなく胎生なので，ホニュウ類である。

⑶＜両生類と魚類＞セキツイ動物の中で殻のある卵を産まないのは，両生類と魚類である。両生類は粘膜でおおわれた湿った皮ふを持ち，魚類は体表がうろこでおおわれている。よって，Ｘに当てはまる観点はエである。なお，魚類は一生えらで呼吸し，両生類は幼生のときはえらで呼吸し，成体のときは肺と皮ふで呼吸する。

⑷＜ハチュウ類と鳥類＞セキツイ動物の中で殻のある卵を産むのは，ハチュウ類と鳥類である。そのうち，体表が羽毛でおおわれているのは，鳥類である。よって，図１のＥに当てはまるのはハチュウ類，Ｆに当てはまるのは鳥類である。ア～カのうち，ハチュウ類に分類されるのはヘビ，鳥類に分類されるのはニワトリである。なお，カエルは両生類に属する。

⑸＜動物の分類＞イヌはホニュウ類に分類されるから，背骨があり（１），一生肺で呼吸し（２），胎生である（１）。スズメは鳥類に分類されるから，背骨があり（１），一生肺で呼吸し（２），卵生である（２）。

２〔気象とその変化〕

⑴＜実験操作＞フラスコ内の空気中に含まれている水蒸気が凝結して水滴となるためには，核（凝結核）が必要である。一般に，空気中に含まれているほこりなどが凝結核になるが，雲をつくる実験では，線香の煙の粒が凝結核となる。

⑵＜雲のでき方＞注射器のピストンを引くと内部の気圧が下がるので，フラスコ内の空気は体積が膨張して温度が下がる。そして，フラスコ内の空気の温度が露点より低くなると，フラスコ内の空気

中に含まれる水蒸気が凝結して水滴が生じ，フラスコ内が白くくもる。逆にピストンを押すと内部の気圧が上がるため，フラスコ内の空気の温度が上がり，くもりが消える。

⑶＜乾湿計＞表２の湿度表で，乾球の示度が16℃の行と，乾球と湿球の示度の差が16－11＝5(℃)の列のぶつかる50％がこのときの湿度である。

⑷＜雲のできる標高＞表１より，20℃の飽和水蒸気量が17.3g/m^{3}だから，気温20℃，湿度70％の空気１m^{3}中に含まれる水蒸気量は，$17.3\times\frac{70}{100}=12.11$より，約12.1gである。よって，この空気の露点は，表１より，14℃である。標高300mの地点Xで20℃の空気は，温度が20－14＝6(℃)下がると雲が生じる。雲ができていない間は標高が100m上がるにつれて空気の温度が１℃下がるので，６℃下がるとき，標高は$100\times\frac{6}{1}=600$(m)高くなる。したがって，雲ができ始める標高は，300＋600＝900(m)である。

⑸＜フェーン現象＞標高300mの地点Xで20℃，湿度70％の空気は，⑷より，標高900mに達したとき気温が14℃になり，雲ができ始める。雲ができている状態では100m上がるにつれて空気の温度は0.5℃下がるので，標高1200mの山頂に達したときの温度は，$14-0.5\times\frac{1200-900}{100}=12.5$(℃)である。そして，空気が山を下るときは，100m下がるにつれて空気の温度が１℃上がるので，標高300mの地点Zに達したときの温度は，$12.5+1\times\frac{1200-300}{100}=21.5$(℃)になる。このように，山を越えることで気温が上がる現象をフェーン現象という。

3〔身の回りの物質〕

⑴＜ガスバーナー＞図２のガスバーナーのオレンジ色の炎を青色の安定した炎にするには，ガス調節ねじ(Y)を押さえながら，空気調節ねじ(X)をPの向きに回して酸素の量を増やせばよい。

⑵＜溶解度＞表は，それぞれの物質が水100gに溶ける量だから，それぞれの物質が20℃の水50gに溶ける量を求めると，ミョウバンは$11\times\frac{50}{100}=5.5$(g)，硝酸カリウムは$32\times\frac{50}{100}=16$(g)，塩化ナトリウムは$38\times\frac{50}{100}=19$(g)，ショ糖は$204\times\frac{50}{100}=102$(g)である。よって，20℃の水50gに入れた30gが全て溶けた物質Aはショ糖である。

⑶＜溶解度＞表より，20℃の水50gに溶けるホウ酸の量は$5\times\frac{50}{100}=2.5$(g)である。よって，20℃の水50gにホウ酸を30g入れたとき，溶け残ったホウ酸の質量は30－2.5＝27.5(g)となる。

⑷＜溶解度＞実験②，③から，水50gに溶ける物質Cの質量は，80℃では30g以上で，40℃では30g未満なので，質量が２倍の水100gに溶ける物質Cの質量は，80℃では30×2＝60(g)以上，40℃では60g未満である。よって，表より，物質Cはミョウバンである。ミョウバンは40℃の水100gに24g溶けるから，40℃の水50gに溶ける量は$24\times\frac{50}{100}=12$(g)である。したがって，80℃の水50gにミョウバンが30g溶けている水溶液を40℃まで冷やすと，30－12＝18(g)の結晶が出てくる。また，結晶が出てくるのは水50gに溶ける質量が30g未満になってからなので，冷やしはじめてからしばらくは結晶は出てこない。以上より，求めるグラフはエのようになる。

⑸＜再結晶＞80℃に加熱したとき，水が10g蒸発したので，水の量は50－10＝40(g)になる。表より，80℃の水100gに溶けるホウ酸は24gだから，80℃の水40gに溶けるホウ酸の質量は，$24\times\frac{40}{100}=9.6$(g)である。よって，溶け残ったホウ酸は30－9.6＝20.4(g)である。また，このときできた水溶液の濃度は，9.6÷(9.6＋40)×100＝19.35…より，約19.4％である。

4〔運動とエネルギー〕

(1)＜力のつり合い＞右図のように，糸が直方体Xを引く力Aと，水平面が直方体Xを押す力Bは上向きの矢印で，直方体Xにはたらく重力Cは下向きの矢印で示される。このとき，力Aと力Bの合力は，力Cとつり合っているため，力Cに対して一直線上にあり，逆向きで，大きさが等しくなる。

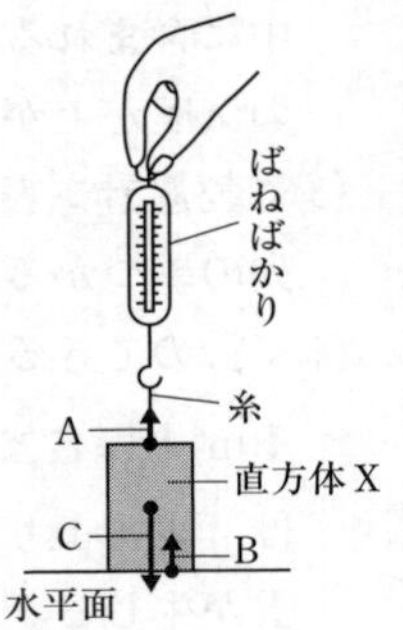

(2)＜引き上げる力＞物体を引き上げるには，物体にはたらく重力と同じ大きさの力を上向きに加えればよい。質量500gの直方体Xにはたらく重力の大きさは，$1\times\frac{500}{100}=5.0$(N)だから，直方体Xが水平面から離れたときばねばかりが示した値は5.0Nである。

(3)＜滑車＞図2のように定滑車を用いると，手が糸を引く力の大きさと糸を引く距離は，図1のように，直方体Xを直接引き上げたときと等しい。一方，図3のように動滑車を1個用いると，直方体Xを直接引き上げたときに比べて，手が糸を引く力は$\frac{1}{2}$になるが，糸を引く距離は2倍になる。その結果，図2と図3で手がした仕事の大きさは等しくなる。

(4)＜位置エネルギー＞図3のように動滑車を1個用いると，直方体Xを引き上げる高さは，糸を引いた距離の$\frac{1}{2}$になる。つまり，糸を40cm引いたとき，直方体Xは水平面から，$40\times\frac{1}{2}=20$(cm)の高さまで上がる。位置エネルギーは，〔位置エネルギー(J)〕=〔物体の重さ(N)〕×〔基準面からの高さ(m)〕で求めることができるから，直方体Xが水平面から20cm，つまり，0.2mの高さまで上がったときに持つ位置エネルギーの大きさは，$5.0\times0.2=1.0$(J)である。よって，求めるグラフは，点(40, 1.0)を通るイのようになる。

(5)＜仕事率＞図4のように動滑車を2個用いると，直方体Xを引き上げる高さは，糸を引いた距離の$\frac{1}{2}\times\frac{1}{2}=\frac{1}{4}$になる。つまり，糸を100cm引いたとき，直方体Xは水平面から$100\times\frac{1}{4}=25$(cm)の高さまで上がる。また，仕事率は，〔仕事率(W)〕=〔仕事(J)〕÷〔仕事に要した時間(s)〕で求めることができ，仕事は，〔仕事(J)〕=〔加えた力の大きさ(N)〕×〔力の向きに動いた距離(m)〕で求めることができる。よって，図4のように，10秒間で重さ5.0Nの直方体Xを25cm，つまり，0.25m引き上げたときの仕事率は，$(5.0\times0.25)\div10=0.125$より，約0.13Wである。

5 〔生命の連続性〕

(1)＜遺伝＞精細胞や卵細胞などの生殖細胞をつくるときは，減数分裂という特別な細胞分裂が行われる。減数分裂でつくられる生殖細胞に含まれる染色体の数は，体細胞の$\frac{1}{2}$になる。

(2)＜遺伝の規則性＞純系の白花と純系の赤花のマツバボタンをかけあわせると，子が全て赤花になったことから，赤花が顕性形質，白花が潜性形質である。よって，遺伝子の組み合わせは，白花の親がaa，赤花の親がAAとなり，子はそれぞれの親から遺伝子を受け継ぐので，全てAaとなる。

(3)＜遺伝の規則性＞Aaの遺伝子を持つ子を自家受粉させたときにできる孫の遺伝子の組み合わせと数の比は，右表1のように，AA：Aa：aa=1：2：1となる。このうち，Aを持つAAとAaは赤い花を咲かせ，Aを持たないaaは白い花を咲かせるから，その割合は，赤花：白花=3：1になる。よって，孫の8000個の種子のうち，赤い花を咲かせるものは，$8000\times\frac{3}{3+1}=6000$(個)である。

表1

	A	a
A	AA	Aa
a	Aa	aa

表2

	A	a
a	Aa	aa
a	Aa	aa

(4)＜遺伝の規則性＞図2で，白花と赤花のマツバボタンXからできた子が白花：赤花=1：1になったことから，マツバボタンXの持つ遺伝子はAaであり，で

きた孫の遺伝子の組み合わせは，前ページの表2のように，Aaとaaとなる。これより，赤花の親Xも赤花の子も遺伝子はAaで全て同じである。また，潜性形質である白花の遺伝子はaaで全て同じである。

(5)＜遺伝の規則性＞aaの白花の子を自家受粉させてできる孫の遺伝子の組み合わせは，右表3のように，全てaaで白い花になり，このときの数の比を4とする。また，前ページの表1より，Aaの遺伝子を持つ赤花の子を自家受粉させてできる孫の遺伝子の組み合わせと数の比は，AA：Aa：aa＝1：2：1で，白花：赤花＝1：3である。よって，求める数の比は，白花：赤花＝(4＋1)：3＝5：3となる。

表3

	a	a
a	aa	aa
a	aa	aa

6〔大地のつくりと変化〕

(1)＜示準化石＞サンヨウチュウとフズリナの化石は古生代の示準化石で，ビカリアの化石は新生代の示準化石である。

(2)＜堆積岩＞泥岩，砂岩，れき岩をつくる粒の大きさは，泥岩＜砂岩＜れき岩である。よって，図2のPの地層は下から順に泥岩，砂岩，れき岩の層になっているので，地層をつくる粒の大きさは上の層ほど大きい。粒が大きな土砂は重いため，流水によって運ばれにくく，河口に近い所に堆積しやすい。また，地層は下から順に堆積するので，Pの地層は泥岩，砂岩，れき岩の順に堆積し，地点Dはしだいに海岸に近くなっていったと考えられる。

(3)＜かぎ層＞地点A～Dに共通して見られる凝灰岩の層はひとつながりの層だから，凝灰岩の層より下にある層ほど古い時代に，上にある層ほど新しい時代に堆積した層である。よって，図2の地層ア～エは，エ→ウ→ア→イの順に堆積したことがわかる。なお，この凝灰岩の層のように，地層の広がりを知る目印となる層をかぎ層という。

(4)＜地層の傾き＞図1の地点A～Dの標高と図2の柱状図より，それぞれの地点での凝灰岩の層の上端の標高は，地点Aでは100－38＝62(m)，地点Bでは90－22＝68(m)，地点Cでは90－16＝74(m)，地点Dでは80－6＝74(m)である。よって，南北に並ぶ地点A，B，Dの凝灰岩の層の上端の標高を比べると，北が低く南が高いことがわかり，東西に並ぶ地点C，Dの凝灰岩の層の上端の標高を比べると，同じ高さであることがわかる。したがって，この地域の地層は，北に向かって低くなるように傾いている。

(5)＜地層の傾き＞(4)より，この地域の地層は東西方向には傾いていないので，地点Xでの凝灰岩の層の上端の標高はXの東にある地点Aと同じ62mである。よって，標高110mの地点Xでは，凝灰岩の層の上端は，地表から110－62＝48(m)の深さに見られる。

7〔化学変化とイオン〕

(1)＜電解質＞水に溶かしたとき，水溶液に電流が流れる物質を電解質といい，電流が流れない物質を非電解質という。A～Dのうち，電解質の水溶液は水酸化ナトリウム水溶液とうすい塩酸で，非電解質の水溶液はエタノール水溶液と砂糖水である。

(2)，(3)＜イオン化傾向＞金属片を，金属片の金属よりイオンになりにくい金属のイオンが存在する水溶液中に入れると，金属片の金属はイオンとなって溶け出し，水溶液中の金属のイオンは金属片の表面に付着する。水溶液中の金属のイオンが，金属片の金属よりイオンになりやすい金属の場合は反応が起きない。表より，マグネシウム板に，硫酸銅水溶液を加えるとXが，硫酸亜鉛水溶液を加えるとYが，それぞれ付着したことから，付着したXは銅，Yは亜鉛で，マグネシウムは銅と亜鉛よりイオンになりやすいことがわかる。また，亜鉛板に硫酸銅水溶液を加えると，X(銅)が亜鉛板に付着したことから，亜鉛は銅よりイオンになりやすいことがわかる。よって，イオンになりやすい方から順に，マグネシウム，亜鉛，銅である。

(4)＜ダニエル電池＞図２で，硫酸銅水溶液に入れてある銅板では，銅イオン(Cu^{2+})が電子(e^-)を２個受け取り銅原子(Cu)となって銅板に付着する。また，亜鉛板では，亜鉛原子(Zn)がe^-を２個放出して亜鉛イオン(Zn^{2+})となって硫酸亜鉛水溶液中に溶け出すので，亜鉛板はうすくなる。

(5)＜オームの法則＞9.0Ωの抵抗器に電流が120mA，つまり，0.12A流れたとき，抵抗器に加わる電圧は，オームの法則〔電圧〕＝〔抵抗〕×〔電流〕より，9×0.12＝1.08より，約1.1Vである。

8 〔電流とその利用〕

(1)＜電力＞〔電力(W)〕＝〔電圧(V)〕×〔電流(A)〕より，〔電流(A)〕＝$\frac{〔電力(W)〕}{〔電圧(V)〕}$となる。よって，６V－６Wの電熱線Xに６Vの電圧を加えたとき流れる電流は$\frac{6}{6}$＝1.0(A)である。

(2)＜発熱量＞６V－12Wの電熱線Yに６Vの電圧を加えたときの消費電力は12Wで，電流による発熱量は，〔発熱量(J)〕＝〔電力(W)〕×〔時間(s)〕で求められる。よって，電熱線Yに５分間，つまり，60×5＝300(s)間電流を流したときの発熱量は，12×300＝3600(J)である。

(3)＜水の上昇温度＞図２で，５分後の水の上昇温度は，６V－６Wの電熱線Xでは4.0℃，6V－12Wの電熱線Yでは8.0℃である。これより，水の上昇温度は電熱線の消費電力に比例することがわかる。よって，６V－18Wの電熱線Zの５分後の水の上昇温度は4.0×$\frac{18}{6}$＝12.0(℃)になるから，求めるグラフはウである。

(4)＜回路＞図３で，スイッチaだけを入れると電熱線Xだけに電流が流れる回路になり，スイッチaとスイッチbを両方入れると電熱線Xと電熱線Yが並列につながった回路になる。回路全体の抵抗の大きさは，電熱線Xと電熱線Yを並列につないだ回路より，電熱線Xだけをつないだ回路の方が大きくなる。また，２本の電熱線を並列につないだ回路では，それぞれの電熱線に6.0Vの電圧が加わるので，回路全体の電力の大きさは，電熱線Xだけの回路より大きくなる。

(5)＜発熱量＞(4)から，スイッチaだけを入れた２分間は電熱線Xだけに電流が流れ，スイッチaとスイッチbを入れた３分間は電熱線Xと電熱線Yに電流が流れる。図２より，５分間の水の上昇温度は電熱線Xでは４℃，電熱線Yでは８℃だから，スイッチaだけを入れた２分間の水の上昇温度は4×$\frac{2}{5}$＝1.6(℃)であり，スイッチaとスイッチbを入れた３分間の水の上昇温度は，(4＋8)×$\frac{3}{5}$＝7.2(℃)である。よって，求める水の上昇温度は，1.6＋7.2＝8.8(℃)となる。

国語解答

一　(1)　①…イ　②…オ　③…エ　④…オ　⑤…ア
(2)　イ　(3)　エ　(4)　オ　(5)　イ
(6)　エ　(7)　ウ　(8)　ウ

二　(1)　エ　(2)　オ　(3)　ア　(4)　ウ
(5)　オ　(6)　ウ　(7)　イ

三　(1)　ア，カ　(2)　エ　(3)　イ
(4)　オ　(5)　ウ

一　〔論説文の読解―芸術・文学・言語学的分野―芸術〕出典；土屋誠一「思考する自分に気づく」。

≪本文の概要≫ある作品と直面して，何らかの感想を抱いたり，感情が突き動かされたりすることがある。そこで，自分はなぜその作品を見て心を動かされたのかといったことを考えることは，大切である。なぜなら，その行為は，作品について熟考することになるだけでなく，自分の中の「他者性」とでもいうべきものに向き合い，対話することになるからである。さらに，自分の感想や感動を誰かとシェアするのはどうか。例えば，読書会では，一つのテキストを土台にして議論を交わすことで，一人で読んでいたときには気づかなかった解釈を知ることができる。同様に，美術作品の鑑賞においても，作品の解釈には無限の可能性が開かれている。そこで，私が提案したいのは，美術館やギャラリーで鑑賞する際には一人ではなく，友人と連れ立って行くことである。SNS上でも意見交換はできるが，美術作品を前にして真摯に意見を交わし合う方が，作品のないところで理屈ばかりが空転せず，より豊かな作品の観点を獲得する近道になる。美術作品から受けた感動の由来を自己分析することや，作品を土台に意見交換することは，自分の価値観を見つめるきっかけだけでなく，美術作品について言語化したり，自分自身の作品をつくり上げたりしていくうえでの大きなヒントにもつながる。

(1)＜漢字＞①「謙虚」と書く。アは「賢明」，イは「謙譲」，ウは「圏外」，エは「倹約」，オは「献身」。　②「容貌」と書く。アは「謀略」，イは「多忙」，ウは「冒頭」，エは「膨張」，オは「全貌」。　③「巨匠」と書く。アは「招致」，イは「衝動」，ウは「提唱」，エは「師匠」，オは「冷笑」。　④「阻害」と書く。アは「疎遠」，イは「措置」，ウは「粗雑」，エは「祖国」，オは「阻止」。　⑤「騒(ぎ)」と書く。アは「物騒」，イは「焦燥」，ウは「喪失」，エは「壮絶」，オは「双璧」。

(2)＜接続語＞A．ある作品を見た感動を「自分の心のなかにしまっておきたい」と思うときもあるが，なぜ「感情が突き動かされたのか」を自問することは「重要な思考の過程」である。　D．美術作品は「無限の解釈可能性に開かれている」のであり，古典作品でも「新しい見え方を提示してくれる」という理由で，「私」は，一人ではなく「友人と連れ立って観に行く」ことを提案したい。

(3)＜文章内容＞美術作品を見て，まず自分がなぜ感動したのかを自ら考えることで，自分自身がどんな価値基準を持っているかを知るきっかけになるのである。

(4)＜段落関係＞段落[3]〜[5]では，自分の感想や感動を他の人とシェアするメリットについて，「読書会」の例を通して説明されている。段落[6]・[7]では，美術鑑賞においても「読書会」と同様のメリットがあるとして，美術館やギャラリーへは「友人と連れ立って」見に行き，解釈を戦わせて意見交換して作品を読み解いていくという，美術鑑賞での意見共有のあり方が説明されている。

(5)<文章内容>ⅰ．一人で読むときは，自分の一つの解釈に限られるが，読書会では，複数人で同じテキストを読むことで，一人で読んでいたときとは「全く異なる」解釈を知ることができ，「テキストの捉え方」の幅を広げることができる。　ⅱ．読書会を行うことの最大の意義は，他の人と解釈を共有することで，一つのテキストに「無限の読解可能性」があることを知ることにある。

(6)<文章内容>解釈共同体は自由に意見を「言い合う」場なので，制作者に正解を確認する必要はない(ア…×)。解釈を出し合うに際し，誰が優れた意見を言うかを競うのではなく，他の人の意見をじっくり聞き，それに対して「的確な意見を返していく」ことに意義がある(イ…×，エ…○)。一つの作品について，多くの人とともにあれこれ考えるのが，解釈共同体である(ウ・オ…×)。

(7)<文章内容>日本の美術館では，慣習的に静かに作品を鑑賞することが求められているが，美術館は，作品を前に人々が感じたことを自由に語り合ってもよい場であり，「アラゴ」としての性質を持った，人々がコミュニケーションを図る場としてとらえるべきである。

(8)<主題>美術作品から受けとめた感想や感動の出どころを自己分析することや，実際に作品を見て他者と議論を交わすことは，「自らの価値観を見つめるきっかけ」になり，さらには，美術作品について言語化したり，自分自身の作品をつくり上げたりしていくうえでの「大きなヒント」になるなど，さまざまな気づきにつながるのである。

二 〔小説の読解〕出典；市川朔久子『紙コップのオリオン』。

(1)<心情>「ぼく」は，実際のキャンドルナイトの風景写真を見て，「きれいだな」と心を引かれる一方で，実行するために行う「気の遠くなるような作業」を想像すると，自分たちに「本当に，できるんだろうか」と不安になった。

(2)<文章内容>「あの校庭を光で埋め尽くしてやればいいじゃない」と言ったことに対し，元気が何もしないうちからできないと決めつけるだけでなく，「まじで言ってんのかよ」と冗談のようにとらえていたので，水原は，あきれて，何を言っても無駄だと思ったのである。

(3)<文章内容>なりゆきで水原と二人同じ方向へ行くことになったが，「無視するのも不自然だし，かといって並んで歩くのも違う」気がし，「ひどく気詰まりな空気」を何とかしたいと思った「ぼく」は，とりあえず水原と話題を共有できそうな話を振ることにしたのである。

(4)<文章内容>水原は，実行委員がどれほどキャンドルナイトの企画にやる気があるかわからない以上，自分が資料を持っていったら，「でしゃばり」だとか「こだわりすぎとか，ひとりで走りすぎ」とか思われるだろうと考え，資料を見せるべきかどうか悩んでいたのである。

(5)<文章内容>「ぼく」は，委員長の仕事にやる気がなかったが，水原のキャンドルナイトにかける情熱を知って，「委員長は無理」などとは言い出せなくなったどころか，気がつけば，彼女の期待に応えられないかと「少し気持ちが動きはじめて」いる自分に気づき，「まずい」と感じたのである。

(6)<文章内容>「ぼく」が押しが弱くて委員長にされることを，元気は，気の毒に思って声をかけた(イ…○)。水原は，これまでの経験から，元気と「ぼく」がキャンドルナイトの資料を見てあきれるかもしれないと内心不安に思っていたが，そんな素振りも見せずに「これ，見てくれない」と言ってファイルを置いた(ア…○)。水原がまとめた資料を見て，元気は，「すげえ，やるじゃん」と「感心したような声」を上げた(オ…○)。「ぼく」は，水原がまとめた資料に心を強く引きつけられ，水原は，「ぼく」と元気が最後まで「ちゃんと見てくれた」ことをうれしく思った(ウ…×)。「ぼく」は，水原が発見した「曇り空にいちばん似合う色」について，興味深く聞いた(エ…○)。

(7)＜表現＞最後の場面の，「曇り空にいちばん似合う色」について「新しい」色の発見や，もうすぐ「梅雨が明ける」という変化の描写は，今後，「ぼく」の考えにも変化が訪れることをほのめかしていると考えられる。

三〔古文の読解―日記〕出典；紀貫之『土佐日記』。

≪現代語訳≫今日，(料理を詰めた)破籠を(従者に)持たせてやってきた人(＝歌主)は，その名などを何といったか，そのうち思い出すだろう。この人は，歌をよもうという(下)心があってのことなのである。あれこれと言ったあげくに，「(ずいぶん)波が立つことですね」と心配そうに言って，よんだ歌，

(これからあなた方が向かう)行き先に立つ白波の音よりも，後に残されて泣くだろう私の泣き声の方が大きいことでしょう。

とよんだ。(歌主は)ずいぶん大きな声であるだろう。(歌主が)持ってきた料理と比べて，この歌はどうであろうか。この歌を誰かれと感心はするけれども，一人も返歌をしない。当然歌を返せる(はずの)人も(その場に)交じっていたが，歌をほめるだけで，(差し入れられた)物ばかりを食べているうちに，夜がふけた。この歌主は，「まだ退出するのではありません」と言って(席を)立った。

(1)＜古文の内容理解＞作者は，「破籠もたせて来たる人」の名前を覚えておらず，そのうちに思い出すだろうといった(ア…×)。この「破籠もたせて来たる人」で，歌をよんで披露しようという下心があって来た歌主が，あれこれと言って，歌をよむタイミングをうかがった(イ…○)。歌主は，波がずいぶんと立っていると心配そうに言って，歌をよんだ(ウ・エ…○)。歌主が持ってきた差し入れと歌を比べる(オ…○)。その場にいた人たちは，歌主の歌に感心はするけれども，誰も歌を返さなかった(カ…×)。

(2)＜古文の内容理解＞「よまん」の「ん」は，意志を表す助動詞。この破籠を持ってやってきた人は，歌をよもうという心があってやってきた。つまり，この人は，自分の作歌力を披露したいという下心があって，この場にやってきたのである。

(3)＜古語＞「とかく」は，あれやこれや，という意味。

(4)＜古文の内容理解＞歌主は，作者たちとの別れのつらさを表現しようとして，行く先に白波が立つという船旅の不安を予想させる表現を無自覚に用いた。縁起でもないことをよみ込んでしまったことに全く気づかない歌主の鈍感さに，作者はあきれて，「歌はいかがあらん」と疑問視したのである。

(5)＜古文の内容理解＞歌主は，自分の歌をほめてはくれるものの，皆がいつまでたっても歌を返してくれない状況に，返歌を催促することもできず，かといって引き下がることもできずで居心地の悪さを感じ，「まだ退出するわけではない」と言って退出するのである。

Memo

2023年度 芝浦工業大学柏高等学校(第2回)

【英　語】 (50分) 〈満点：100点〉

(注意)　1．リスニングテストは試験開始５分後から行います。時間は約15分間です。

2．リスニングテスト開始までは，リスニングの問題を確認しても，他の問題を解答してもかまいません。

3．リスニングテスト終了後は，リスニングの問題を解き続けていても，すぐに他の問題を解答してもかまいません。 〈編集部注：放送文は未公表につき掲載してありません。〉

■放送問題の音声は，学校ホームページで聴くことができます。(https://www.ka.shibaura-it.ac.jp/)

1　(Listening Test)

Questions 1 ～ 5　For each question, choose the correct picture.

1　Which room are the two people talking about ?

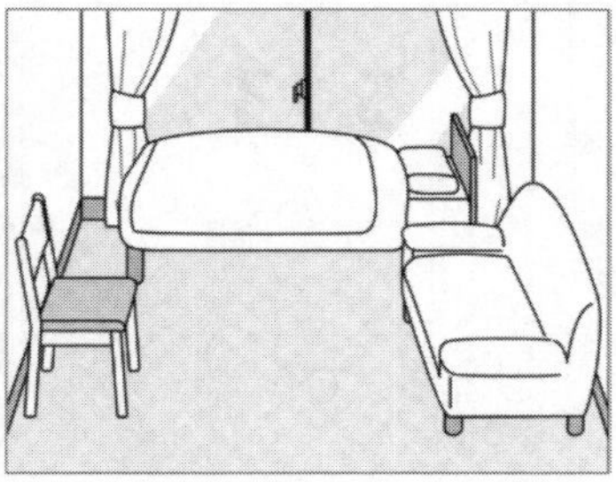

A

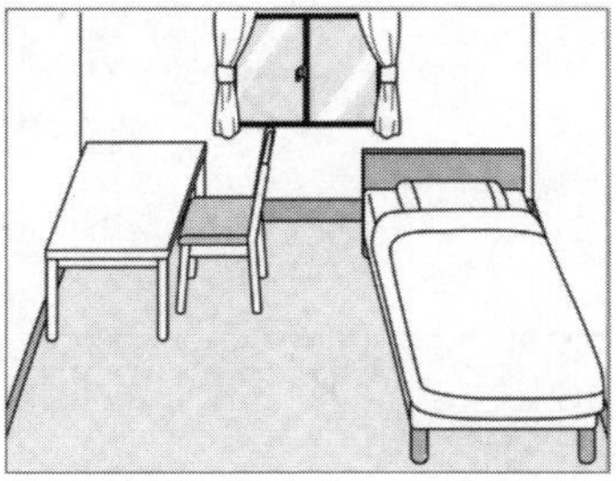

B

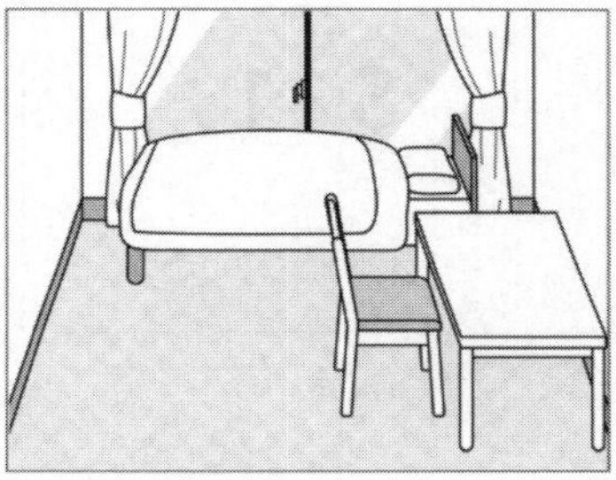

C

2　What will Mark and Judy do ?

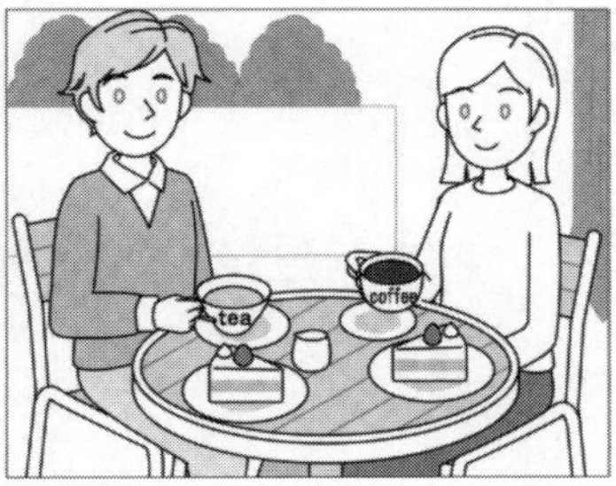

A

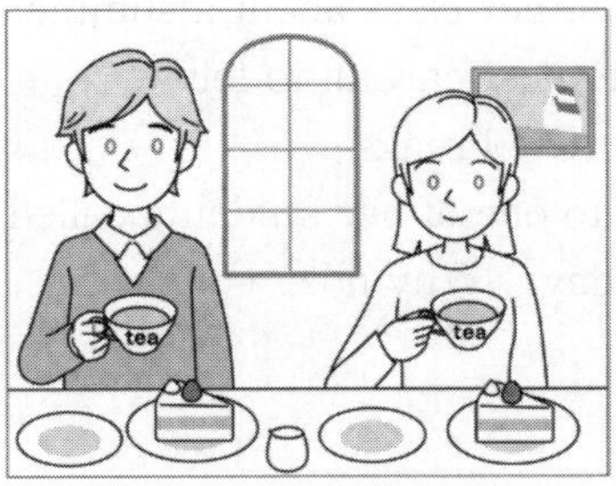

B

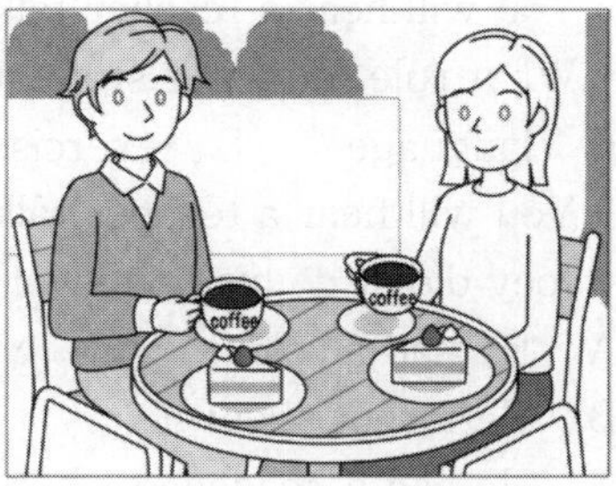

C

3　How is the weather today ?

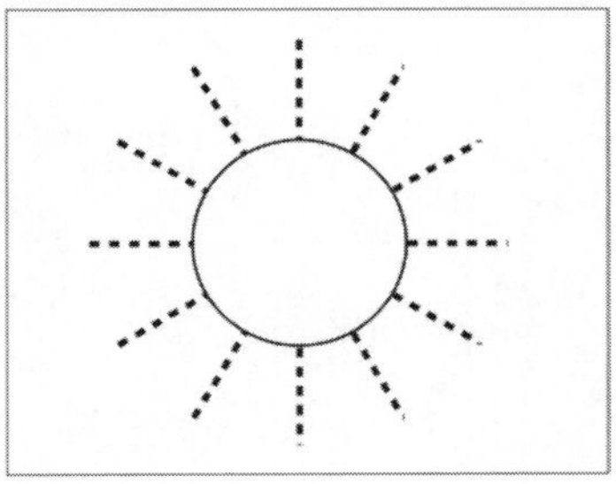

A

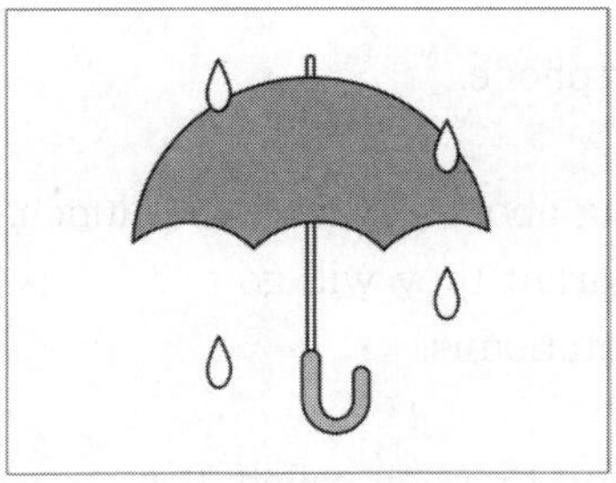

B

C

4　Who will buy tickets ?

A

B

C

5　How much will the man pay ?

A	B	C
$ 11	**$ 12**	**$ 13**

2　(Listening Test)

Questions 1 ～ 5　For each question, choose the correct answer.

1　You will hear a teacher talking to her class about a summer project.
What rule must her students be most careful to follow ?

A　language　　B　exercise　　C　breaks

2　You will hear a teacher talking to one of her students called Joey.
Joey didn't do his homework today.　Why not ?

A　He had a cold.
B　He forgot about it.
C　He had a headache.

3　You will hear two friends talking after school.
Why is Sally's mother angry at her ?

A　Sally didn't clean her room.
B　Sally used her mother's smartphone.
C　Sally did something bad.

4　You will hear two friends talking about a place to eat lunch.
What building is near the restaurant they will go to ?

A　The hospital is.　　B　The station is.
C　The post office is.

5　You will hear a girl, Mary, talking to a boy called Tom.
How often does Mary play volleyball ?

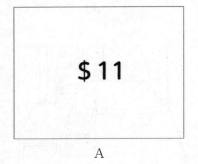

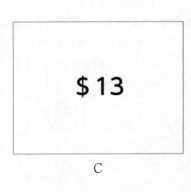

A　on Tuesdays, Thursdays, and Fridays　　B　every day
C　three times a week

3　(Listening Test)

Questions 1 ～ 5　For each question, choose the correct answer.

You will hear Kyoko talking to her English teacher, Mr. Brown, about speaking English.

1　Now Kyoko wants
A　information about a homestay program.
B　to practice her English.
C　some advice.

2　Kyoko's dream is to be a person who translates
A　TV dramas.　　B　one language into another.
C　dreams into reality.

3　Kyoko writes English words
A　before and after school.
B　before school and after dinner.
C　the whole day.

4　On Saturdays and Sundays, Kyoko gets up
A　two hours earlier.　　B　much shorter.
C　two hours later.

5　At first, Kyoko watches a TV drama
A　in English only.　　B　in Japanese only.
C　with no sound.

4　次の英文を読んで，あとの(1)～(9)の問いに答えなさい。

①Ahead of the Tokyo Paralympics, in 2017, an exhibition was held in the middle of Shibuya, Tokyo. The usually crowded shopping street was closed off for a 60-meter street race. The world's top prosthetic athletes challenged the world's fastest athlete, and excited people filled the street. ②(ア　watching　イ　trying　ウ　the crowd　エ　to break　オ　real para-athletes　カ　enjoyed) the record. Among the athletes was Jarryd Wallace, a US 200 m champion at the World Para-Athletes Championships 2017. He wore the prosthetic foot produced by "Xiborg."

Xiborg is a company that creates prosthetics and running blades. The CEO, Endo Ken, has a friend who lost his leg and he became (③) in prosthetics. Then, he studied physical performance and prosthetics at the Massachusetts Institute of Technology and set up Xiborg in 2014. In a market shared mostly by two international brands, Endo's goal was to create blades for Japanese athletes — a better blade for Japanese athletes who are smaller than Europeans.

Wallace is 173 cm tall and shorter than most Western sprinters. After he came fifth on European blades in the 100 m at the Rio Paralympics 2016, he changed to the Xiborg ④ones and joined Endo's team. The team soon started collecting enough data of Wallace's performances to make a new blade closer to his request. In the Tokyo Paralympics 2020, Wallace, on his new blade, won his first Paralympic medal in the men's 200 m with a season-best mark of 22.09 seconds.

Another goal for Endo ⑤(ア　something　イ　to　ウ　the public　エ　is　オ　for

カ do). In October 2017, he started "Blade Library" to share the joy of running not only with top athletes but also with amputees. This library covers several problems with the running blade, (⑥) cost, place and information. For just 500 yen plus track rental, users can try any blade they want as they learn how to use them.

Endo says, "Running should be open to anyone who wants to do it. For most of us it's (⑦A) to get into, but for amputees, things are very (⑦B)."

In 2020, Endo's blades came into a more daily use. Ten-year-old Sugimoto Daichi lost his lower leg at six because of illness, and Endo's company lent him a running blade for free. Daichi also learned from the staff and athletes how to use it safely. (⑧) their help, he was able to use it at home or at school. After just eight months of practice, he can run as freely as his non-handicapped classmates.

Endo says, "We need to create a society where anybody can enjoy sports. Paralympics are a key point on that path." Engineers like Endo Ken are creating a future that brings the joy of sports to ⑨all.

【出典】 *NHK World Documentary, The Technicians Supporting Top Para-Athletes,* 2021

(注) prosthetics 人工装具 amputee 四肢のいずれかを切断した人

(1) 本文中の下線部①と同じ意味を表すものを，次のア～エのうちから一つ選びなさい。

ア After イ As ウ Since エ Before

(2) 本文中の②の( )の中を正しい語順に並べかえ，( )の中で**3番目**と**6番目**にくるものをそれぞれ選びなさい。ただし，文頭にくる語(句)も小文字になっています。

(3) 本文中の(③)に入る最も適当なものを，次のア～エのうちから一つ選びなさい。

ア known イ wondered ウ interested エ woken

(4) 本文中の下線部④が指すものとして最も適当なものを，次のア～エのうちから一つ選びなさい。

ア races イ goals ウ workers エ blades

(5) 本文中の⑤の( )の中を正しい語順に並べかえ，( )の中で**3番目**と**6番目**にくるものをそれぞれ選びなさい。

(6) 本文中の(⑥)に入る最も適当なものを，次のア～エのうちから一つ選びなさい。

ア such as イ that are ウ likely エ as

(7) 本文中の(⑦A)と(⑦B)に入れる単語の組み合わせとして最も適当なものを，次のア～エのうちから一つ選びなさい。

ア ⑦A easy ⑦B necessary イ ⑦A different ⑦B difficult

ウ ⑦A easy ⑦B different エ ⑦A different ⑦B necessary

(8) 本文中の(⑧)に入る最も適当なものを，次のア～エのうちから一つ選びなさい。

ア In イ With ウ On エ Because

(9) 本文中の下線部⑨が指すものとして最も適当なものを，次のア～エのうちから一つ選びなさい。

ア any children イ anyone ウ all athletes エ runners

5 次の英文を読んで，あとの(1)～(8)の問いに答えなさい。

"I remember the heat of the fire," the monster said. "I remember running away from ①it. I ran and ran through the city. It was dark and no one saw me. I did not know who I was. I did not know where I was going. Many days passed."

"How did you live ?" I asked him. "What did you eat ?"

"Sometimes I ate fruit from the trees," the monster answered. "Sometimes I took food from houses. The first time I did this, a man saw me. I shall never forget the fear in his eyes. I could not understand ②it. I wanted to be friends with him. I smiled at him, but he ran away."

"A few days later, I came to a small pool of water. When I bent down to drink, I saw my own face. How terrible it was! How different from other people's faces! I saw my yellow, wrinkled skin. I saw my yellow eyes and thin, black lips. Now ③I knew why people ran away from me. From that moment, I hated myself. And I hated you, Victor Frankenstein."

"How do you know my name?" I cried.

"The laboratory was on fire," the monster replied. "I picked up your ④cloak to protect myself from the fire. I used it to cover myself. Later, I found a book in the pocket with your name in it. I made a promise to myself. Everyone with that name was my enemy. Everyone with that name would die. I would wander through the world looking for my revenge."

"I walked on for many days," the monster continued. "At last, I came to a beautiful valley. At the end of the valley, there was a little cottage. I hid myself and watched the cottage. Three people lived there — an old man, a young man and a girl."

"They were poor, but very happy. Why? Because they loved each other. I watched them for several days."

"The old man never moved from the cottage. The young people worked hard all day. Then they came back with food or wood."

"In the evenings, they all sat together. I watched them through a small hole in the wall. The house was full of books. The old man was blind and could not see. The young girl read aloud from the books to the old man. I listened too. I learned many, many things."

"One day, I watched the young people go out. I knew they would be away all day. I knocked at the cottage door. The old man answered and I went in. ⑤I knew that he could not see me."

"I am a stranger in this country," I said. "A terrible accident has made my face ugly. People are afraid of me, but I must talk to someone. Can I talk to you?"

"The old man smiled and told me to sit down. I began to talk and we soon became friends. The old man was very clever."

"He became my teacher," the monster said. "⑥His cottage was my school. I wanted to be part of this family. But I always left the cottage before the young people returned."

"Then, one day, I stayed late. The young girl came into the cottage and saw me. She screamed loudly and I ran to the door of the cottage. The girl was terrified and fell to the ground. ⑦I bent over to help her. At that moment, her brother came running up. He saw me and shot at me with his gun. I cried out in pain and ran away down the valley."

"My mind was full of anger. I hated everyone in the world — men, women and children. But most of all, I hated you, ⑧Victor Frankenstein. You made me ugly. You made me a monster who everyone fears."

【出典】 Mary S. *Frankenstein*, 1818

（注） was terrified　恐れた

(1) 本文中の下線部①が指すものとして最も適当なものを，次のア～エのうちから一つ選びなさい。

ア　the monster　　イ　the heat

ウ　the city　　エ　fruit

(2)　本文中の下線部②が指すものとして最も適当なものを，次のア～エのうちから一つ選びなさい。

ア　my own face　　イ　a small pool

ウ　the fear　　エ　my wrinkled skin

(3)　"I" が本文中の下線部③のように述べている理由として適当でないものを，次のア～エのうちから一つ選びなさい。

ア　I have a yellow, wrinkled skin.

イ　My face was different from other people's faces.

ウ　I smiled at people, but they ran away.

エ　I have yellow eyes and thin, black lips.

(4)　本文中の下線部④の意味として最も適当なものを，次のア～エのうちから一つ選びなさい。

ア　a piece of clothing that covers or hides something

イ　a thing for measuring and showing time

ウ　an outside part of a book or magazine

エ　a piece of paper with a name on it

(5)　本文中の下線部⑤の理由として最も適当なものを，次のア～エのうちから一つ選びなさい。

ア　I knew they would be away all day.

イ　I am a stranger in this country.

ウ　The house was full of books.

エ　The young girl read aloud to the old man.

(6)　本文中の下線部⑥の意味として最も適当なものを，次のア～エのうちから一つ選びなさい。

ア　The old man never moved from the cottage.

イ　I wanted to be part of this family.

ウ　I must talk to someone.

エ　The old man taught the monster.

(7)　本文中の下線部⑦の理由として最も適当なものを，次のア～エのうちから一つ選びなさい。

ア　I found the girl falling to the ground behind me.

イ　The girl screamed loudly.

ウ　Her brother saw me and shot at me with his gun.

エ　The young girl came into the cottage.

(8)　本文中の下線部⑧が指す内容として最も適当なものを，次のア～エのうちから一つ選びなさい。

ア　a monster's name

イ　a man who made a monster

ウ　an old man's name

エ　a man who lived in a cottage

6　次の英文を読んで，あとの(1)～(8)の問いに答えなさい。

Two missing notebooks belonging to the scientist Charles Darwin were secretly returned to the Cambridge University Library recently. The stolen notebooks, missing for over 20 years, were returned in good condition.

Charles Darwin was a very famous scientist who lived in the 1800s. His ideas about evolution — how different kinds of living things change slowly over time — completely ①(ア　the natural world　イ　changed　ウ　way　エ　understand　オ　scientists　カ　the).

Mr. Darwin began to develop his ideas after visiting the Galapagos Islands. He was trying to understand how tortoises and birds there had developed differently, depending on (②A) they lived and (②B) they ate.

He recorded his ideas in a series of notebooks labeled with letters of the alphabet. It took over 20 years for Mr. Darwin to turn his ideas into a world-changing book. Since then, his notebooks have been thought very important for showing how he developed his ideas.

The Cambridge University Library had several of Mr. Darwin's notebooks. The two that were missing were kept in a small box, and were last seen in 2000, and then they were taken out (③). In 2001, someone noticed that the box was missing. Luckily, the library had taken pictures of the notebook's pages, (④) the information wasn't completely lost.

In 2020, the library made a great effort to find the notebooks. Workers searched through the 10 million books and other items in the library, but didn't find the notebooks. Finally, the library asked people around the world to help look for the notebooks. They reported the missing notebooks as stolen. They wanted the police around the world to search for them.

Jessica Gardner was the librarian ⑤behind the push to get Darwin's notebooks back. But even she could never have expected how the notebooks were returned: in a pink gift bag with a note that said "Librarian, Happy Easter, X."

Dr. Gardner told the New York Times, "It's really hard ⑥(ア excited イ am ウ how エ express オ to カ I)." People at the library quickly recognized the blue box that the notebooks had been stored in. Inside a brown envelope they found the two missing notebooks, wrapped in plastic.

After the police had checked the package, library workers were able to open and carefully study the notebooks. They were glad to learn that the notebooks were (⑦). They hadn't been damaged and they weren't missing any pages.

The timing of the return is perfect. The library was planning a show called "Darwin in Conversation." The show was set to open in July. Dr. Gardner says that now the missing notebooks can be part of that show.

The police are still looking into the case and said, "We share the university's delight that these priceless notebooks are now back where they belong."

（注） labeled with ～　～でラベリングされた　recognize　認識する

(1) 本文中の①の(　)の中を正しい語順に並べかえ，(　)の中で**3番目**と**6番目**にくるものをそれぞれ選びなさい。

(2) 本文中の(②A)と(②B)に入れる単語の組み合わせとして最も適当なものを，次のア～エのうちから一つ選びなさい。

ア ②A where ②B what　イ ②A who ②B what

ウ ②A how ②B which　エ ②A who ②B how

(3) 本文中の(③)に入る最も適当なものを，次のア～エのうちから一つ選びなさい。

ア to be missed　イ to steal

ウ to damage　エ to be photographed

(4) 本文中の(④)に入る最も適当なものを，次のア～エのうちから一つ選びなさい。

ア if　イ because　ウ though　エ so

(5) 本文中の下線部⑤の内容として最も適当なものを，次のア～エのうちから一つ選びなさい。

ア Jessica Gardner pushed Darwin in the back.

イ Jessica Gardner knew why Darwin's notebooks were returned.

ウ Jessica Gardner continued to work hard to find Darwin's missing notebooks.

エ Jessica Gardner secretly returned Darwin's notebooks in a pink gift bag.

(6) 本文中の⑥の（　）の中を正しい語順に並べかえ，（　）の中で**3番目**と**6番目**にくるものをそれぞれ選びなさい。

(7) 本文中の（⑦）に入る最も適当なものを，次のア～エのうちから一つ選びなさい。

ア in bad condition　　イ in good condition

ウ missing a couple of pages　　エ returned by Darwin

(8) 本文中のDarwin's notebooksの説明として適当でないものを，次のア～エのうちから一つ選びなさい。

ア Darwin labeled his notebooks with different letters of the alphabet.

イ The notebooks were stolen but were returned 5 years later.

ウ Darwin needed more than 20 years to finish writing his notebooks.

エ The library asked the police and people around the world to look for the notebooks.

【数　学】（50分）〈満点：100点〉

（注意）問題の文中の $\boxed{\text{ア}}$，$\boxed{\text{イ}}\boxed{\text{ウ}}$ などの $\boxed{}$ には，特に指示のない限り数値が入る。次の方法で解答用紙の指定欄に記入しなさい。

(1) ア，イ，ウ，……の一つ一つは0から9までの数字が入る。

(2) 分数形で解答が求められているときは，約分された形で答える。

(3) 分数形で解答が求められているときに，得られた解答が整数であれば，分母は1として答える。

(4) 根号のついた値は，根号内を可能な限り小さな整数として表す。

1　次の問いに答えよ。

(1) $(\sqrt{2}+\sqrt{6})(\sqrt{14}-\sqrt{42})\div(-\sqrt{21})=\dfrac{\boxed{\text{ア}}\sqrt{\boxed{\text{イ}}}}{\boxed{\text{ウ}}}$

(2) $a>0$，$b>0$ とする。x，y についての連立方程式 $\begin{cases}ax+by=7\\x-a(y+6)=b-9\end{cases}$ の解が $x=a-2$，$y=-4$ のとき，$a=\boxed{\text{エ}}$，$b=\boxed{\text{オ}}$

(3) m は12でわると7余る整数，n は18でわると11余る整数である。このとき，mn を6でわったときの余りは $\boxed{\text{カ}}$ である。

(4) 右の図で，△OCDは△OABを時計回りに90°回転させたものである。線分ADと辺OBとの交点をEとする。

OA＝OB＝6cm，∠AOB＝30°のとき，BE＝$(\boxed{\text{キ}}-\boxed{\text{ク}}\sqrt{\boxed{\text{ケ}}})$cm

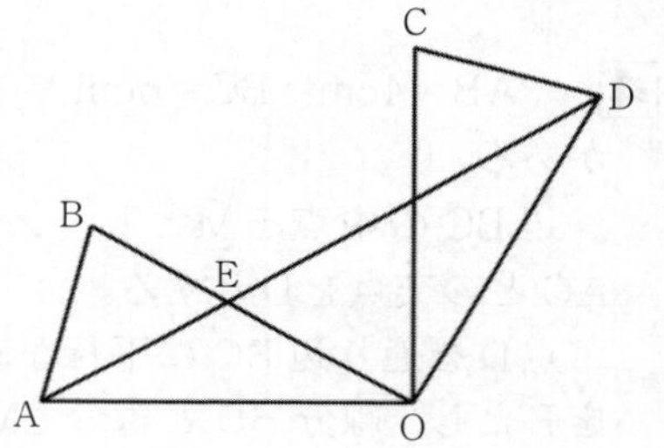

2　点Aと，放物線 $y=\dfrac{2}{3}x^2$ 上の点B，C，Dがある。3点B，C，Dの x 座標は，それぞれ3，−2，−1で，四角形ABCDは平行四辺形である。

点Eは放物線 $y=\dfrac{2}{3}x^2$ の x 座標が負の部分にあり，△BCEの面積は四角形ABCDの面積に等しい。

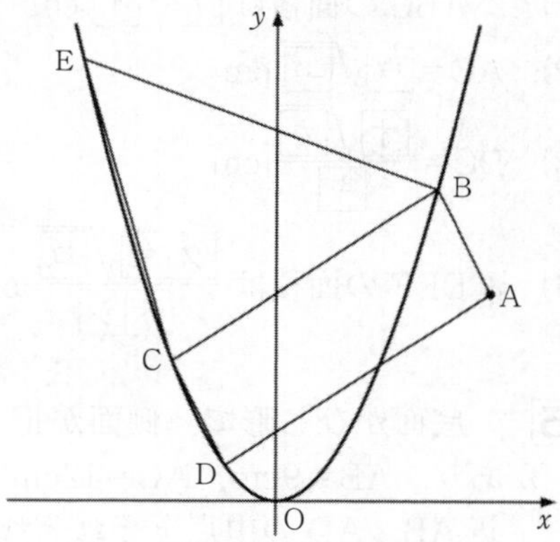

(1) 点Aの座標は $(\boxed{\text{ア}},\ \boxed{\text{イ}})$

(2) 直線BCの式は $y=\dfrac{\boxed{\text{ウ}}}{\boxed{\text{エ}}}x+\boxed{\text{オ}}$

(3) 四角形ABCDの面積は $\dfrac{\boxed{\text{カ}}\boxed{\text{キ}}}{\boxed{\text{ク}}}$

(4) 点Eの x 座標は $\dfrac{\boxed{\text{ケ}}-\sqrt{\boxed{\text{コ}}\boxed{\text{サ}}}}{\boxed{\text{シ}}}$

3　次の問いに答えよ。

(1) 生徒50人を対象に，通学にかかる時間を調査し，階級の幅を20分として度数分布表にまとめ，累積相対度数を求めた。

① $a=\boxed{\text{ア}}\boxed{\text{イ}}$

② c が b よりも7大きいとき，$b=\boxed{\text{ウ}}$，$c=\boxed{\text{エ}}\boxed{\text{オ}}$，$d=0.\boxed{\text{カ}}\boxed{\text{キ}}$

時間（分）	度数（人）	累積相対度数
以上　未満		
0～20	13	0.26
20～40	c	d
40～60	b	0.72
60～80	a	1.00
計	50	

(2) 1から6までの数字が1つずつ書かれた6枚のカードがあ

る。１から６までの目が出る３つのさいころX，Y，Zを同時に１回投げ，Xの出た目の数をx，Yの出た目の数をy，Zの出た目の数をzとし，次の操作を順に行う。

操作Ⅰ　xの約数が書かれたカードをすべて裏返す。 操作Ⅱ　yの約数が書かれたカードをすべて裏返す。 操作Ⅲ　zの約数が書かれたカードをすべて裏返す。

たとえば，$x=2$，$y=4$のとき，２が書かれたカードは操作Ⅰ，Ⅱで裏返されるから，操作Ⅱまで終了したとき，２が書かれたカードは表になっている。

① 操作Ⅱまで終了したとき，５と書かれたカードが表になっている確率は$\frac{\boxed{ク}\boxed{ケ}}{\boxed{コ}\boxed{サ}}$

② 操作Ⅲまで終了したとき，３と書かれたカードが表になっている確率は$\frac{\boxed{シ}\boxed{ス}}{\boxed{セ}\boxed{ソ}}$

4　AB＝4cm，BC＝6cm，∠ABC＝60°の△ABCがある。

辺BCの中点をMとし，∠ABCの二等分線と辺ACとの交点をDとする。

点Dを通り辺BCに平行な直線と辺ABとの交点をEとし，線分BDと線分EMとの交点をFとする。

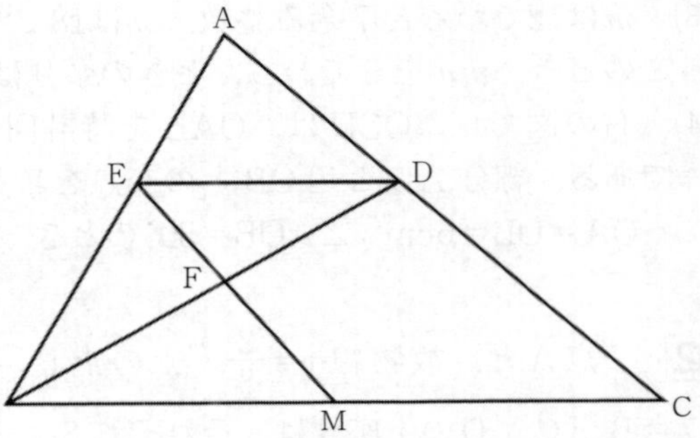

(1)　△ABCの面積は$\boxed{ア}\sqrt{\boxed{イ}}$ cm^2

(2)　AC＝$\boxed{ウ}\sqrt{\boxed{エ}}$ cm

(3)　DC＝$\frac{\boxed{オ}\sqrt{\boxed{カ}}}{\boxed{キ}}$ cm

(4)　△DEFの面積は$\frac{\boxed{ク}\boxed{ケ}\sqrt{\boxed{コ}}}{\boxed{サ}\boxed{シ}}$ cm^2

5　底面がひし形で，側面が正方形の四角柱ABCD-EFGHがあり，AB＝9cm，AC＝12cmである。

辺AB，ADの中点をそれぞれM，Nとし，線分MNと線分ACとの交点をＩとする。

辺CG上に，CJ＝3cmとなるような点Ｊをとる。

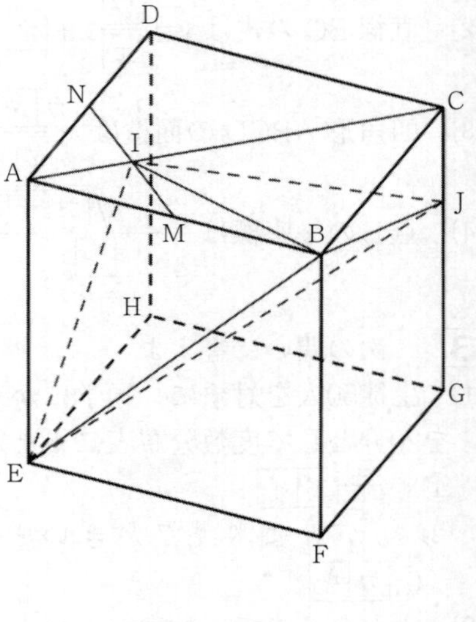

(1)　MN＝$\boxed{ア}\sqrt{\boxed{イ}}$ cm

(2)　IJ＝$\boxed{ウ}\sqrt{\boxed{エ}\boxed{オ}}$ cm

(3)　△EIJの面積は$\boxed{カ}\boxed{キ}$ cm^2

(4)　四面体BEIJの体積は$\boxed{ク}\boxed{ケ}\sqrt{\boxed{コ}}$ cm^3

【社　会】（50分）〈満点：100点〉

1　右の図を見て，次の(1)～(5)の問いに答えなさい。

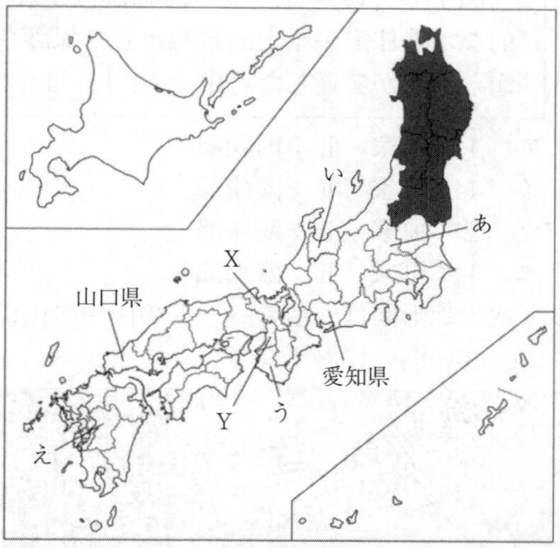

(1)　図中に■で示した地方についての説明として最も適当なものを，次のア～エのうちから一つ選びなさい。

ア　県名と県庁所在地名が異なっている県は，一つだけある。

イ　太平洋と日本海の両方に面している県は見られない。

ウ　この地方には，南部鉄器が伝統的工芸品として登録されている県がある。

エ　北緯40度の緯線と東経135度の経線が交差している場所がある。

(2)　次の文章は，図中の愛知県で行われている農業について述べたものである。文章中の□にあてはまる内容として最も適当なものを，あとのア～エのうちから一つ選びなさい。

> 図中の愛知県の半島部では，温暖な気候や大消費地に近い立地条件を生かし，施設園芸農業がさかんである。資料1は電照菊の栽培の様子で，これは□と菊が開花する性質を利用して，夜間に照明を当てることにより開花時期を調節して出荷している。

資料1

ア　日照時間が長くなる　　イ　日照時間が短くなる

ウ　気温が高くなる　　エ　気温が低くなる

(3)　次の資料2中のⅠ～Ⅳは，図中に示した あ～え のいずれかの県における耕地面積とその内訳を示したものである。Ⅰ～Ⅳにあてはまる県の組み合わせとして最も適当なものを，あとのア～カのうちから一つ選びなさい。

資料2　4県の耕地面積(2020年)

	耕地面積(百 ha)				
		水田	普通畑	樹園地	牧草地
Ⅰ	318	93	23	202	0.3
Ⅱ	1,091	671	219	133	68
Ⅲ	582	555	18	7	2
Ⅳ	668	253	374	29	12

(「地理データファイル 2022年度版」より作成)

ア　Ⅰ：あ　Ⅱ：い　Ⅲ：う　Ⅳ：え

イ　Ⅰ：う　Ⅱ：え　Ⅲ：あ　Ⅳ：い

ウ　Ⅰ：う　Ⅱ：あ　Ⅲ：え　Ⅳ：い

エ　Ⅰ：う　Ⅱ：え　Ⅲ：い　Ⅳ：あ

オ　Ⅰ：え　Ⅱ：あ　Ⅲ：い　Ⅳ：う

カ　Ⅰ：え　Ⅱ：う　Ⅲ：い　Ⅳ：あ

(4)　次の文章は，図中のX，Yの府について述べたものである。文章中の［Ⅰ］，［Ⅱ］にあてはまる語の組み合わせとして最も適当なものを，あとのア～エのうちから一つ選びなさい。

図中のXの府は，長い間都が置かれ政治の中心地であったため，［　Ⅰ　］と呼ばれる伝統的な木造住宅が歴史的景観として保護されている。また，Yの府は大都市圏の中心として古くから工業が発達した。中でも，［　Ⅱ　］の都市には中小工場が多く集まっている。

ア　Ⅰ：曲家　Ⅱ：内陸部
イ　Ⅰ：町家　Ⅱ：内陸部
ウ　Ⅰ：曲家　Ⅱ：臨海部
エ　Ⅰ：町家　Ⅱ：臨海部

(5)　次の地形図は，前のページの図中の山口県のある地域を示したものである。これを見て，あとの①，②の問いに答えなさい。

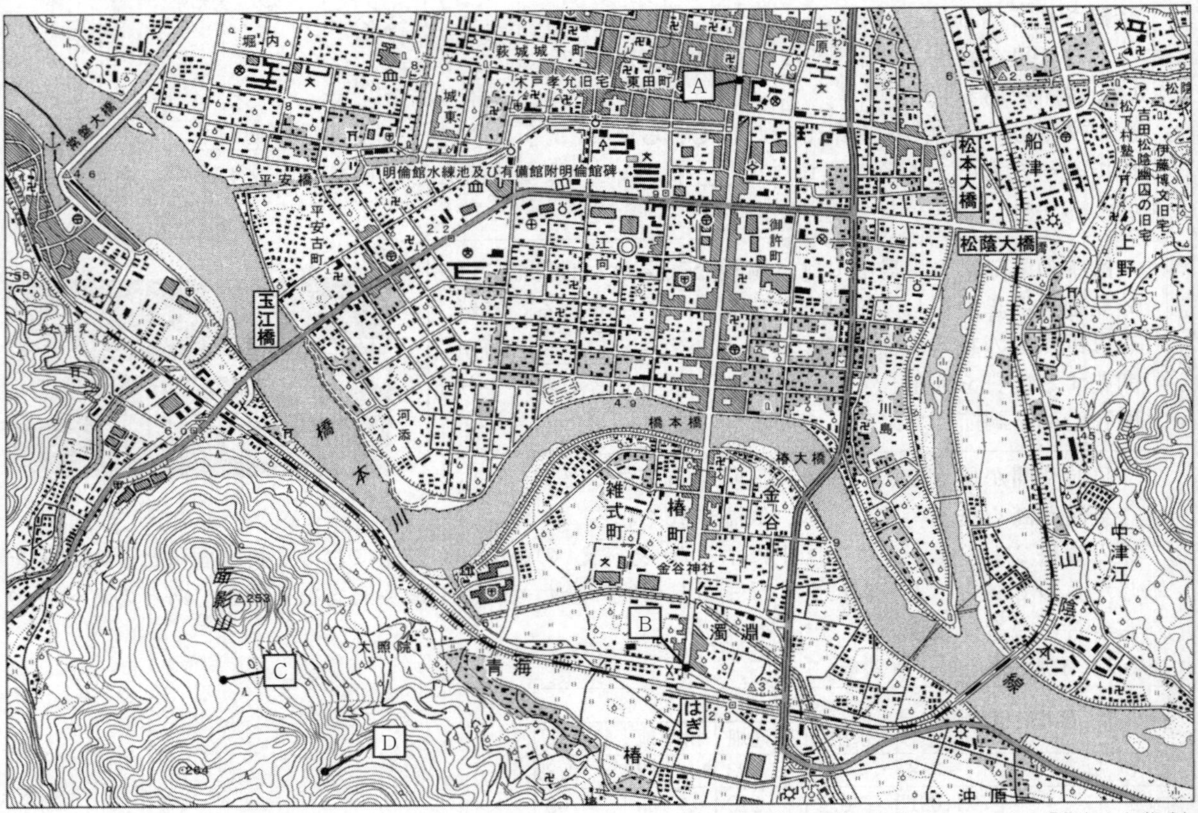

（国土地理院　平成24年発行1：25,000「萩」より作成）

①　地形図中のA地点からB地点まで地形図上で8cmあるとすると，実際の距離として最も適当なものを，次のア〜エのうちから一つ選びなさい。

ア　0.8km　　イ　1.6km　　ウ　2.0km　　エ　3.2km

②　この地形図について述べた文として最も適当なものを，次のア〜エのうちから一つ選びなさい。

ア　松本大橋がかけられている川は，ほぼ北から南に向かって流れている。
イ　松蔭大橋から図書館に向かってまっすぐ進むと，道路沿いに消防署がある。
ウ　玉江橋から見て，「はぎ」駅は北西の方向に位置している。
エ　C地点の標高は，D地点の標高より低い。

2 次の図を見て，あとの(1)～(7)の問いに答えなさい。

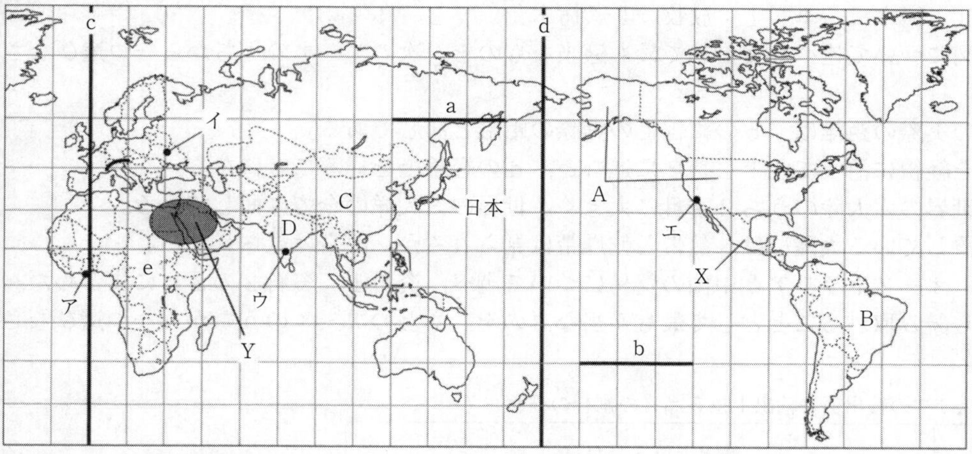

(1) 図中の日本が午後3時のとき，午前8時である都市として最も適当なものを，図中のア～エのうちから一つ選びなさい。なお，サマータイム制度は考えないこととする。

(2) 右のⅠ～Ⅲのグラフは，米，小麦，大豆のいずれかの生産割合を示したもので，グラフ中のA～Dは図中と同じ国を示している。Ⅰ～Ⅲのグラフにあてはまる農産物の組み合わせとして最も適当なものを，次のア～カのうちから一つ選びなさい。

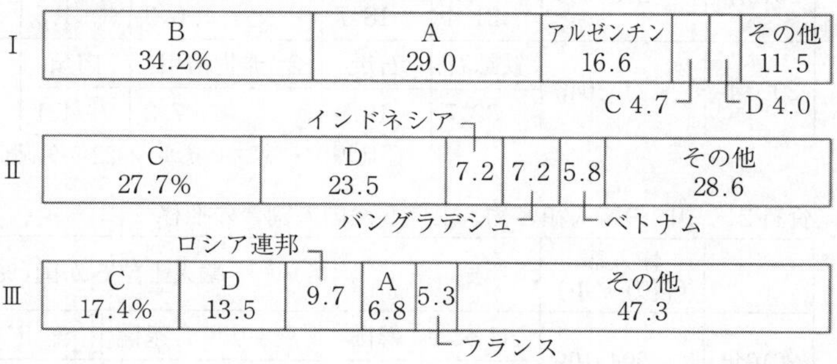

2019年　（「データブック オブ・ザ・ワールド 2022」より作成）

ア　Ⅰ：小麦　Ⅱ：米　Ⅲ：大豆
イ　Ⅰ：小麦　Ⅱ：大豆　Ⅲ：米
ウ　Ⅰ：米　Ⅱ：小麦　Ⅲ：大豆
エ　Ⅰ：米　Ⅱ：大豆　Ⅲ：小麦
オ　Ⅰ：大豆　Ⅱ：米　Ⅲ：小麦
カ　Ⅰ：大豆　Ⅱ：小麦　Ⅲ：米

(3) 次のⅠ，Ⅱの文は，図中のAの国について述べたものである。Ⅰ，Ⅱの文の正誤の組み合わせとして最も適当なものを，あとのア～エのうちから一つ選びなさい。

Ⅰ　ICT関連企業の本社や研究所が集まっている地区は，北東部の五大湖周辺にある。
Ⅱ　世界有数の多民族国家で，近年はスペイン語を母国語とする人々の割合が増加している。

ア　Ⅰ：正　Ⅱ：正　　イ　Ⅰ：正　Ⅱ：誤
ウ　Ⅰ：誤　Ⅱ：正　　エ　Ⅰ：誤　Ⅱ：誤

(4) 図中のXの国は，同じ州に属する国と自由貿易のための協定を結んでいる。その協定の略称として最も適当なものを，次のア～エのうちから一つ選びなさい。

ア　OPEC　　イ　NAFTA（USMCA）　　ウ　NATO　　エ　ASEAN

(5) 次の文章は，図中のYの地域の生活について述べたものである。文章中の［Ⅰ］，［Ⅱ］にあてはまる語の組み合わせとして最も適当なものを，あとのア～エのうちから一つ選びなさい。

> 図中のYの地域の砂漠地帯では，古くから家畜とともに移動する［　Ⅰ　］がさかんに行われてきた。また，この地域では自然条件を生かして住居は［　Ⅱ　］を原料としたものが多い。

ア　Ⅰ：遊牧　Ⅱ：粘土　　イ　Ⅰ：放牧　Ⅱ：粘土
ウ　Ⅰ：遊牧　Ⅱ：樹木　　エ　Ⅰ：放牧　Ⅱ：樹木

(6)　前のページの図について述べた文として最も適当なものを，次のア～エのうちから一つ選びなさい。

ア　ａの緯線上の実際の距離は，ｂの緯線上の実際の距離と同じである。
イ　ｃの経線上を経線に沿って北上しさらに進むと，ｄの経線上を通ることになる。
ウ　ｅの大陸は世界の六大陸のうち２番目に大きく，世界の三大洋の全てに面している。
エ　Ｂの国が位置している大陸には，熱帯と乾燥帯は見られるが，温帯は見られない。

(7)　みちやさんは，オーストラリアと中国の貿易について調べ，資料１，資料２のようにまとめた。これらの資料から読み取れることとして最も適当なものを，あとのア～エのうちから一つ選びなさい。

資料１　オーストラリアの輸出額と輸出上位５品目の割合の推移

	輸出額（百万ドル）	輸出上位５品目（%）				
2010年	206,705	鉄鉱石	石炭	金（非貨幣用）	原油	液化天然ガス
		21.4	18.7	6.3	4.5	4.1
2020年	245,046	鉄鉱石	石炭	金（非貨幣用）	肉類	機械類
		32.7	12.3	7.2	4.1	3.0

（「地理データファイル 2022年度版」などより作成）

資料２　中国の輸入額と輸入上位５か国の割合の推移

	輸入額（百万ドル）	輸入上位５か国（%）				
2010年	1,394,199	日本	韓国	アメリカ合衆国	ドイツ	オーストラリア
		12.7	9.9	7.4	5.3	4.3
2020年	2,055,591	日本	韓国	アメリカ合衆国	オーストラリア	ドイツ
		8.5	8.4	6.6	5.6	5.1

（「地理データファイル 2022年度版」などより作成）

ア　オーストラリアは2010年から2020年にかけて，輸出額が3,000億ドル以上増加している。
イ　2010年，2020年のオーストラリアの輸出上位５品目は，加工されていない一次産品である。
ウ　2010年，2020年ともオーストラリアから中国への輸出額は500億ドルを超えている。
エ　2010年と比べた2020年の中国の輸入相手先割合は，ヨーロッパ州以外の国は全て低下している。

3　次のＡ～Ｆのカードは，社会科の授業で，たろうさんが，「歴史上の人物」というテーマで学習を進め，年代の古い順にまとめたものの一部である。これらを読み，あとの(1)～(7)の問いに答えなさい。

A　聖武天皇の頃には a天皇や貴族を中心とした国際色豊かな文化が栄えた。自然災害や人口増加などによる [b] の不足から，土地の私有を認める法令を出したため律令制が崩れるもととなった。

B　平清盛は武士として初めて太政大臣となるなど，c平氏一族は朝廷の要職を独占し，「平氏にあらずんば人にあらず」とまで言われるほど栄華をほこった。

C　雪舟は若くして出家し京都の相国寺で絵を学び，遣明船に同乗して中国に渡り壮大な自然や古来の名作にふれて帰国した後，日本独自の水墨画の画法を大成した。

D　d織田信長は比叡山延暦寺を焼き打ちにし，長篠の戦いで武田氏を鉄砲を効果的に使った戦法で破るなど敵対勢力をおさえて勢力を強め，全国統一を目指したが家来の謀反により滅ぼされた。

E　徳川家康は1600年の関ヶ原の戦いに勝利して３年後に幕府を開いた。江戸幕府は [e] 世紀から19世紀まで200年以上続き，f産業や文化が発展したが，幕末には激動する歴史の流れに直面した。

F　g水野忠邦は老中に就任すると政治改革に着手したが，質素倹約を命じて出版や風紀を厳しく取りしまり，江戸・大阪周辺の大名・旗本領を直轄地にしようとして反発を買い，失脚した。

(1)　Ａ，Ｅの文中の [b]，[e] にあてはまる語・数字の組み合わせとして最も適当なものを，次のア～エのうちから一つ選びなさい。

ア　b：口分田　e：16　　イ　b：荘園　e：17
ウ　b：口分田　e：17　　エ　b：荘園　e：16

(2)　Ａの文中の下線部ａに関連して，次のⅠ～Ⅲは，天皇や貴族が中心となって政治を行っていた時期に起こったできごとについて述べたものである。Ⅰ～Ⅲの文を年代の**古いものから順に**並べたものを，あとのア～カのうちから一つ選びなさい。

Ⅰ　白河天皇は位をゆずって上皇となった後も，自らの住まいである院で政治を行った。
Ⅱ　天皇の子と弟が後継ぎをめぐり戦ったが，天皇の弟が勝利し天武天皇として即位した。
Ⅲ　大宝律令が制定され，天皇を中心に法に基づいて国をおさめる体制が築かれた。

ア　Ⅰ→Ⅱ→Ⅲ　　イ　Ⅰ→Ⅲ→Ⅱ　　ウ　Ⅱ→Ⅰ→Ⅲ
エ　Ⅱ→Ⅲ→Ⅰ　　オ　Ⅲ→Ⅰ→Ⅱ　　カ　Ⅲ→Ⅱ→Ⅰ

(3)　Ｂの文中の下線部ｃに関連して，平氏が政治の実権をにぎることができた理由として最も適当なものを，次のア～エのうちから一つ選びなさい。

ア　東北地方で起こった前九年の役・後三年の役をしずめたことで，朝廷からの信頼を得たから。
イ　藤原氏にならい，平氏の娘を天皇のきさきとして生まれた子を次の天皇に立てたから。
ウ　対立する藤原氏などの貴族にさまざまな理由をつけて左遷するなど，朝廷から退けたから。

エ　長く続いた南北朝の対立をおさめて，中国の皇帝から日本の国王として認められたから。

(4)　Cの文の時代における農村の様子について述べた文として最も適当なものを，次のア～エのうちから一つ選びなさい。

ア　有力な農民を中心に惣と呼ばれる自治組織がつくられ，寄合を開き村のおきてが定められた。
イ　全国で一律の基準で田畑の面積や収穫量が調査され，農民は土地の所有権が認められた。
ウ　土地に対する支配を強める地頭の横暴をかな書きの訴状にまとめて，訴え出る農民たちが出た。
エ　備中鍬や千歯こきなど新しい農具が開発されて農業生産が増え，商品作物の栽培も広まった。

(5)　Dの文中の下線部dに関連して，右の資料は，織田信長が定めた法令の一部を示したものである。資料を読み，次のⅠ，Ⅱの文の正誤の組み合わせとして最も適当なものを，あとのア～エのうちから一つ選びなさい。

資料

> 安土城下の町中に対する定め
> 一、この安土の町は楽市としたので，いろいろな［X］は廃止し，さまざまな税や労役は免除する。
> 一、往来の商人は中山道を素通りせず，この町に宿を取るようにせよ。
> （一部省略）

Ⅰ　［X］には，当時営業を独占していた同業者組合を指す「座」があてはまる。
Ⅱ　この法令は，交通の要地に関所をつくって人々の往来を監視し，通行者から通行料を徴収する目的で出された。

ア　Ⅰ：正　Ⅱ：正　　イ　Ⅰ：正　Ⅱ：誤
ウ　Ⅰ：誤　Ⅱ：正　　エ　Ⅰ：誤　Ⅱ：誤

(6)　Eの文中の下線部fに関連して，次のⅠ～Ⅳのうち，この時代における産業や文化について正しく述べた文はいくつあるか。最も適当なものを，あとのア～エのうちから一つ選びなさい。

Ⅰ　九十九里浜ではいわし漁がさかんに行われ，そこでとれたいわしを天日干しにして干鰯と呼ばれる肥料に加工して，各地に販売された。
Ⅱ　洋書の輸入制限が緩和されたことにより，杉田玄白らはオランダ語の解剖書を翻訳した「解体新書」を出版し，国学が発展するさきがけとなった。
Ⅲ　たびたびききんが起こり，米価が高騰して生活が苦しくなった都市部の貧しい人々が，米を買い占めた大商人などを集団で襲う打ちこわしが多発した。
Ⅳ　元禄期には上方と呼ばれる京都と大阪で新たな文化がおこり，そこでは松尾芭蕉が俳諧の芸術性を高め，伊能忠敬は正確な日本地図を作成した。

ア　一つ　イ　二つ
ウ　三つ　エ　四つ

(7)　Fの文中の下線部gに関連して，この人物が政治を行う直前に，幕府の元役人であった人物が弟子らと反乱を起こす事件があった。この事件が起こった場所として最も適当なものを，右の図中のア～エのうちから一つ選びなさい。

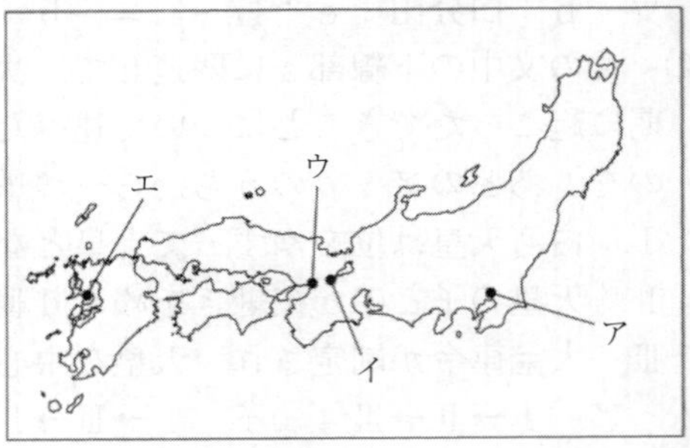

4 次の略年表は，ゆきえさんが，19世紀半ば以降の日本と世界の主なできごとを調べ，まとめたものである。これに関して，あとの(1)～(6)の問いに答えなさい。

年代	日本の主なできごと	年代	世界の主なできごと
1877	西南戦争が起こる……………………（A↕）		
		1882	三国同盟が結ばれる
	A		
1901	a <u>八幡製鉄所</u>が操業を開始する		
1911	関税自主権の回復を実現する…………	1911	辛亥革命が起こる
		1920	国際連盟が設立される
1925	b <u>普通選挙法</u>と治安維持法が制定される		
	↕B	1929	c <u>世界恐慌</u>が起こる
1945	広島と長崎に原子爆弾が投下される	1945	国際連合が設立される
1960	安保闘争が起こる		
		1962	キューバ危機が起こる
1964	東京オリンピックが開かれる		↕C
1972	沖縄が日本に返還される		
		1989	マルタ会談で冷戦の終結が宣言される
		2001	アメリカ同時多発テロが起こる
2011	東日本大震災が起こる		

(1) 次の資料は，略年表中のAの時期における綿糸の国内生産量，輸入量，輸出量の推移を示したものである。資料から読み取れることがらについて述べた下のⅠ，Ⅱの文の正誤の組み合わせとして最も適当なものを，あとのア～エのうちから一つ選びなさい。

資料

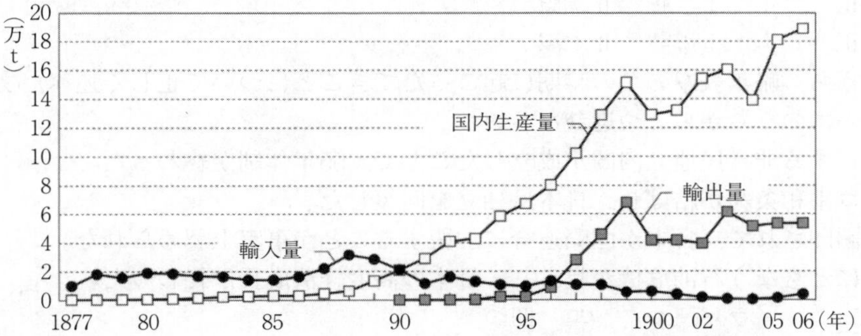

（「内外綿業年鑑 昭和８年版」より作成）

Ⅰ 綿糸の輸出量が初めて輸入量を上回ったのは，日清戦争が始まったあとで，日露戦争が始まる前のことである。

Ⅱ 1890年から1900年にかけての10年間で綿糸の国内生産量は10万ｔ以上増加し，1905年には国内生産量の約４分の１以上を輸出に回した。

ア Ⅰ：正 Ⅱ：正　イ Ⅰ：正 Ⅱ：誤

ウ Ⅰ：誤 Ⅱ：正　エ Ⅰ：誤 Ⅱ：誤

(2) 略年表中の下線部ａに関連して，このできごとと最も近い時期に世界で起こったことがらとして最も適当なものを，次のア～エのうちから一つ選びなさい。

ア ビスマルクの指導の下，プロイセン王国は諸国を統一してドイツ帝国となった。

イ 「扶清滅洋」を唱えて外国勢力の排斥を訴える義和団が，反乱を起こしたが鎮圧された。

ウ　アメリカ合衆国の北部と南部の間で，奴隷貿易や自由貿易をめぐって南北戦争が起こった。
エ　レーニンの指導の下に，ソビエトが結成され世界で初めての社会主義国家が誕生した。

(3)　次の文章は，略年表中の下線部bについて述べたものである。文章中の［Ⅰ］，［Ⅱ］にあてはまる語の組み合わせとして最も適当なものを，あとのア～エのうちから一つ選びなさい。

> 大正デモクラシーが広がり国民のさらなる政治参加を求める声が高まる中，［　Ⅰ　］内閣は普通選挙法を制定し，［　Ⅱ　］に選挙権が与えられることとなった。一方で，治安維持法を制定し，社会主義運動の取りしまりが強化された。こうした政策は当時，「アメとムチ」の政策と呼ばれた。

ア　Ⅰ：原敬　Ⅱ：満20歳以上の男女　　イ　Ⅰ：加藤高明　Ⅱ：満25歳以上の男子
ウ　Ⅰ：原敬　Ⅱ：満25歳以上の男子　　エ　Ⅰ：加藤高明　Ⅱ：満20歳以上の男女

(4)　次のⅠ～Ⅲは，略年表中のBの時期に起こったできごとについて述べたものである。Ⅰ～Ⅲの文を年代の**古いものから順に**並べたものを，あとのア～カのうちから一つ選びなさい。
Ⅰ　国家総動員法が制定され，政府が人や物を戦争に強制的に動員できるようになった。
Ⅱ　日本の海軍が真珠湾を奇襲攻撃したことなどを機に，太平洋戦争が始まった。
Ⅲ　日本は，満州からの日本軍の撤退を勧告した国際連盟を脱退した。
ア　Ⅰ→Ⅱ→Ⅲ　　イ　Ⅰ→Ⅲ→Ⅱ　　ウ　Ⅱ→Ⅰ→Ⅲ
エ　Ⅱ→Ⅲ→Ⅰ　　オ　Ⅲ→Ⅰ→Ⅱ　　カ　Ⅲ→Ⅱ→Ⅰ

(5)　略年表中の下線部cに関連して，次のⅠ，Ⅱの文は，世界恐慌について述べたものである。Ⅰ，Ⅱの文の正誤の組み合わせとして最も適当なものを，あとのア～エのうちから一つ選びなさい。
Ⅰ　イギリスはニューディール政策を実施したため，恐慌の影響をほとんど受けなかった。
Ⅱ　日本はアメリカへの生糸の輸出が激減したため，生糸の価格が暴落して養蚕業が打撃を受けた。
ア　Ⅰ：正　Ⅱ：正　　イ　Ⅰ：正　Ⅱ：誤
ウ　Ⅰ：誤　Ⅱ：正　　エ　Ⅰ：誤　Ⅱ：誤

(6)　次のⅠ～Ⅳの文のうち，略年表中のCの時期に起こったできごとについて正しく述べた文はいくつあるか。あとのア～エのうちから一つ選びなさい。
Ⅰ　細川護熙を首相とする非自民連立内閣が成立したことで，55年体制が終わった。
Ⅱ　サンフランシスコ平和条約が結ばれ，日本は独立を回復した。
Ⅲ　日ソ共同宣言が調印されて，日本が国際連合に加盟することが事実上認められた。
Ⅳ　石油価格の高騰にともなう石油危機が起こり，日本の高度経済成長が終わった。
ア　一つ　　イ　二つ　　ウ　三つ　　エ　四つ

5　次のレポートは，はなこさんが国民の政治参加についてまとめたものの一部である。これを読み，あとの(1)～(5)の問いに答えなさい。

今日の民主政治は，国民がa選挙で選んだ代表者によって構成される議会を中心に行われている。日本ではその議会とはb国会であり，c内閣も国会の信任なしには成立できない。またd裁判所は，国会・内閣が定めた法律・政令などが憲法に違反していないかどうか判断するため，国会・内閣から圧力を受けるなどの弊害がないよう，司法権の独立がしっかりと保たれる必要がある。

また，民主政治は国だけで終わるものではない。日本の各地域にはそれぞれ地域ごとに異なった課題があり，生活に必要な条件も異なるため，e各地域の住民が自分たちで自分たちの課題に取り組むこと，つまり「地方自治」が尊重されるとする基本的な考え方が日本国憲法にも盛り込まれた。

(1)　下線部aに関連して，次のⅠ，Ⅱの文は，日本の選挙制度について述べたものである。Ⅰ，Ⅱの文の正誤の組み合わせとして最も適当なものを，あとのア～エのうちから一つ選びなさい。

Ⅰ　近年投票を棄権する人が増加して投票率が低下しているため，国は，有権者が期日前に投票したり，インターネットを使って投票したりできるように制度を改正した。

Ⅱ　国政選挙で導入されている比例代表制は得票に応じて政党に議席が配分されるため死票が少なくなる利点はあるが，小政党が分立して政治が不安定になりやすい。

ア　Ⅰ：正　Ⅱ：正　　イ　Ⅰ：正　Ⅱ：誤

ウ　Ⅰ：誤　Ⅱ：正　　エ　Ⅰ：誤　Ⅱ：誤

(2)　下線部ｂに関連して，次の資料は，2021年における主な国会の動きをまとめたものである。資料中の Ⅰ ～ Ⅲ にあてはまる語の組み合わせとして最も適当なものを，あとのア～エのうちから一つ選びなさい。

資料

1月18日	Ⅰ が召集された。
6月16日	Ⅰ の会期が終了した。
10月4日	内閣が必要であると認めたため， Ⅱ が召集された。
10月14日	衆議院が解散された。
10月31日	衆議院議員総選挙が行われた。
11月10日	Ⅲ が召集された。

（「衆議院資料」より作成）

ア　Ⅰ：臨時会（臨時国会）　Ⅱ：特別会（特別国会）　Ⅲ：常会（通常国会）

イ　Ⅰ：常会（通常国会）　Ⅱ：臨時会（臨時国会）　Ⅲ：特別会（特別国会）

ウ　Ⅰ：臨時会（臨時国会）　Ⅱ：常会（通常国会）　Ⅲ：特別会（特別国会）

エ　Ⅰ：常会（通常国会）　Ⅱ：特別会（特別国会）　Ⅲ：臨時会（臨時国会）

(3)　下線部ｃに関連して，次のⅠ～Ⅳのうち，国会や内閣について正しく述べた文はいくつあるか。最も適当なものを，あとのア～エのうちから一つ選びなさい。

Ⅰ　法律案について，衆議院と参議院が異なった議決をした場合，衆議院で出席議員の３分の２以上の多数で再び議決したときは，衆議院の議決が国会の議決となる。

Ⅱ　予算について，衆議院と参議院で異なった議決をした場合，両議院の意見を調整するために開かれるのは公聴会である。

Ⅲ　内閣が規制緩和を進めすぎると，自由な競争が失われて価格が高くなったり，技術革新が遅れたりするなど，国民の利益が損なわれることがある。

Ⅳ　衆議院で内閣不信任決議が可決された場合，10日以内に，内閣は衆議院を解散するか，総辞職しなければならない。

ア　一つ　　イ　二つ　　ウ　三つ　　エ　四つ

(4)　下線部ｄに関連して，次の文章は，日本の裁判について述べたものである。文章中の Ｗ ， Ｘ にあてはまる語の組み合わせとして最も適当なものを，あとのア～エのうちから一つ選びなさい。

> 刑事裁判は，犯罪の事実があったかどうかを判断し，その事実があった場合はどのような刑罰を科すかを決める裁判である。逮捕された被疑者の容疑が固まると，検察官は被疑者を Ｗ として裁判所に Ｘ し，ここから刑事裁判が始まることとなる。

ア　Ｗ：被告人　Ｘ：控訴　　イ　Ｗ：原告　Ｘ：起訴

ウ　Ｗ：被告人　Ｘ：起訴　　エ　Ｗ：原告　Ｘ：控訴

(5)　下線部ｅに関連して，地方自治において認められている直接請求の内容，必要署名数，請求先の組み合わせとして最も適当なものを，次のア～エのうちから一つ選びなさい。

ア

請求内容	必要署名数	請求先
議会の解散	有権者の50分の１以上	選挙管理委員会

イ

請求内容	必要署名数	請求先
条例の制定や改廃	有権者の50分の１以上	首長

ウ

請求内容	必要署名数	請求先
条例の制定や改廃	有権者の３分の１以上	選挙管理委員会

エ

請求内容	必要署名数	請求先
議会の解散	有権者の３分の１以上	首長

6　次の文章を読み，あとの(1)～(5)の問いに答えなさい。

私たち個人や家族での経済活動を家計という。家計の支出の消費の割合や a 貯蓄の割合を定期的に見直し，改善していくことは重要である。このうち，家計が行う消費は企業の生産活動と同様に b 経済活動の一つであるが，市場に任せるだけでは様々な不都合や不公正が生じるため，国が c 家計や企業から集めた税をもとに財やサービスを提供し， d 日本銀行と協力して景気の安定を図り，市場で働く e 労働者の生活を安定させるため，所得の再分配などを行っている。

(1)　下線部ａに関連して，次のⅠ～Ⅳの文のうち，貯蓄について述べた文はいくつあるか。あとのア～エのうちから一つ選びなさい。

Ⅰ　怪我をしたので，病院で治療を行い窓口で治療費を支払った。
Ⅱ　家を建てるため，土地を購入するのに必要な代金を支払った。
Ⅲ　バスの乗車料金を支払い，遠方の祖父母に会いに行った。
Ⅳ　事故や災害に備えて生命保険に加入して，その料金を支払った。

ア　一つ　　イ　二つ　　ウ　三つ　　エ　四つ

(2)　下線部ｂに関連して，次のⅠ～Ⅳの文のうち，経済の仕組みについて正しく述べた文はいくつあるか。あとのア～エのうちから一つ選びなさい。

Ⅰ　タクシーの運賃やクリーニング代，スマートフォンの端末の代金は，いずれもモノ（財）ではなくサービスの購入である。
Ⅱ　訪問販売や電話勧誘などで購入した商品の契約を，一定期間内であれば無条件に解除できる制度をキャッシュレス制度という。
Ⅲ　欠陥商品により消費者が被害を受けたときの企業の責任について定めた法律は，消費者基本法である。
Ⅳ　鉄道の運賃や郵便料金，水道料金など国民生活に大きな影響を与えるものについては，公共料金として国や地方公共団体が決定・認可している。

ア　一つ　　イ　二つ　　ウ　三つ　　エ　四つ

(3)　下線部ｃに関連して，次のⅠ，Ⅱの文は，日本の税について述べたものである。Ⅰ，Ⅱの文の正誤の組み合わせとして最も適当なものを，あとのア～エのうちから一つ選びなさい。

Ⅰ　所得税には，所得が高い人ほど税率が高くなる累進課税の仕組みが取り入れられている。
Ⅱ　消費税は，税を納める人と税を実際に負担する人が異なる間接税の一つである。

ア　Ⅰ：正　Ⅱ：正　　イ　Ⅰ：正　Ⅱ：誤
ウ　Ⅰ：誤　Ⅱ：正　　エ　Ⅰ：誤　Ⅱ：誤

(4)　下線部ｄに関連して，次の文章は，一般的に日本銀行が行っている金融政策について述べたものである。文章中の［Ⅰ］，［Ⅱ］にあてはまる語の組み合わせとして最も適当なものを，あとのア～エのうちから一つ選びなさい。

> 日本銀行は通貨量を調節して日本の景気や物価の安定を図る金融政策を行う。例えば，景気が悪いときには国債などを［　Ⅰ　］ことにより，市場に出回る通貨量を［　Ⅱ　］とする。景気がよいときはこの逆のことを行う。

ア　Ⅰ：銀行から買う　Ⅱ：減らそう　　イ　Ⅰ：銀行に売る　Ⅱ：増やそう
ウ　Ⅰ：銀行から買う　Ⅱ：増やそう　　エ　Ⅰ：銀行に売る　Ⅱ：減らそう

(5)　下線部eに関連して，次の資料は，1990年と2020年の労働力人口と雇用形態別労働者数を示したものである。下の文章は，資料をもとに日本の雇用の変化について述べたものである。文章中の［Ⅰ］，［Ⅱ］にあてはまる語の組み合わせとして最も適当なものを，あとのア～エのうちから一つ選びなさい。

資料

	労働力人口（万人）	正規雇用（万人）	非正規雇用（万人）
1990年	4,369	3,488	881
2020年	6,868	3,539	2,090

（総務省「労働力調査」などより作成）

> 近年経済のグローバル化などによる競争の激化や産業構造の変化を受けて，雇用の形態は大きく変化している。1990年に労働力人口に占める非正規雇用の割合は約５人に１人だったが，2020年には約［　Ⅰ　］人に１人にまで高まっている。こうした雇用の流動化が急速に進んでいる背景には，非正規雇用の賃金が正規雇用より［　Ⅱ　］ことなどがあげられる。

ア　Ⅰ：２　Ⅱ：高い　　イ　Ⅰ：２　Ⅱ：低い
ウ　Ⅰ：３　Ⅱ：低い　　エ　Ⅰ：３　Ⅱ：高い

7　次の文章を読み，あとの(1)～(4)の問いに答えなさい。

2022年は，$_{a}$日本国憲法が施行されてからちょうど75周年の年である。日本国憲法が成立したのは未曽有の被害をもたらした第二次世界大戦が終わり，$_{b}$国際社会が平和と民主主義へ向けて大きく歩み出した時期であり，憲法の中にもその気概や信念が色濃く反映されている。また，市民社会形成の中で獲得されてきた多くの人権が「人類の…努力の成果」として保障された。

一方，私たちが暮らす社会は，科学や技術，学問，芸術，宗教，政治など人間がつくり出したものによって成り立っている。最新の進歩した文化もあれば，伝統的に受け継がれている文化もまたある。そこから生まれる価値観や意識は多様であり，そうした人々が共存するとき，それぞれの$_{c}$権利や利害が対立することもある。とりわけ，近年技術の進歩により$_{d}$現代社会が激動の中にある今，憲法で高らかにうたわれた気概や信念もまた変化を求められているのではないかという意見もある。日本国憲法が施行されて75年が経った今，日本国憲法の価値を再検討する時期に来ているのかもしれない。

(1)　下線部aに関連して，次のⅠ～Ⅳの文のうち，日本国憲法について正しく述べた文はいくつあるか。あとのア～エのうちから一つ選びなさい。

Ⅰ　日本国憲法では国民の義務として，教育を受ける義務，勤労の義務，納税の義務をそれぞれ定めている。

Ⅱ　日本国憲法は国の最高法規であるため，憲法に違反する一切の法律や命令，行為などはすべて効力をもたないとされている。

Ⅲ　日本国憲法で基本的人権は「侵すことのできない永久の権利」として最大限に尊重され，制約を受けることは全くない。

Ⅳ　国や地方の機関に対して請願を行ったり，憲法改正の国民投票に投票したりすることも，日本国憲法で保障されている。

ア　一つ　　イ　二つ　　ウ　三つ　　エ　四つ

(2)　下線部ｂに関連して，次のⅠ～Ⅳの文のうち，国際社会に関する問題について正しく述べた文はいくつあるか。あとのア～エのうちから一つ選びなさい。

Ⅰ　核兵器不拡散(核拡散防止)条約(NPT)は，核保有国以外の国が核兵器を持つことを禁止しているが，この条約に加わらない国もある。

Ⅱ　政府開発援助(ODA)は，発展途上国の経済や福祉の向上のために，さまざまな技術や資金の援助を行うものである。

Ⅲ　国連は紛争が起こった地域で，停戦や選挙の監視などの平和維持活動(PKO)を行っているが，日本の自衛隊はこの活動に一度も参加していない。

Ⅳ　持続可能な開発目標(SDGs)は，貧困や飢餓をなくしたり，教育を普及させたりするためにいくつかの目標を掲げている。

ア　一つ　　イ　二つ　　ウ　三つ　　エ　四つ

(3)　下線部ｃに関連して，次の文章は，基本的人権をめぐる争いについて述べたものである。文章中の［Ⅰ］，［Ⅱ］にあてはまるものの組み合わせとして最も適当なものを，あとのア～エのうちから一つ選びなさい。

> ある出版社が，大手芸能プロダクションに所属するタレントの家族が入会している宗教団体の名称や入会の経緯，活動内容などを週刊誌で特集しようとした。これに対し，芸能プロダクション側は［　Ⅰ　］の侵害を理由に出版差し止めを求めた。しかし，出版社側は［　Ⅱ　］を主張してゆずらなかったため，裁判で争われることとなった。

ア　Ⅰ：信教の自由　　Ⅱ：知る権利

イ　Ⅰ：プライバシー　Ⅱ：表現の自由

ウ　Ⅰ：信教の自由　　Ⅱ：表現の自由

エ　Ⅰ：プライバシー　Ⅱ：知る権利

(4)　下線部ｄに関連して，次の資料１は，インターネットを利用した端末の割合(１年間にどの端末を使ってインターネットを利用したかという割合)の推移を示したものである。資料２は，2020年におけるインターネットを利用した端末の割合を関東地方の都県別に示したものである。次のページの資料３は，資料１，２から読み取ったことがらをまとめたものである。資料１，２中のＡ～Ｄにあてはまる端末の組み合わせとして最も適当なものを，あとのア～カのうちから一つ選びなさい。

資料１

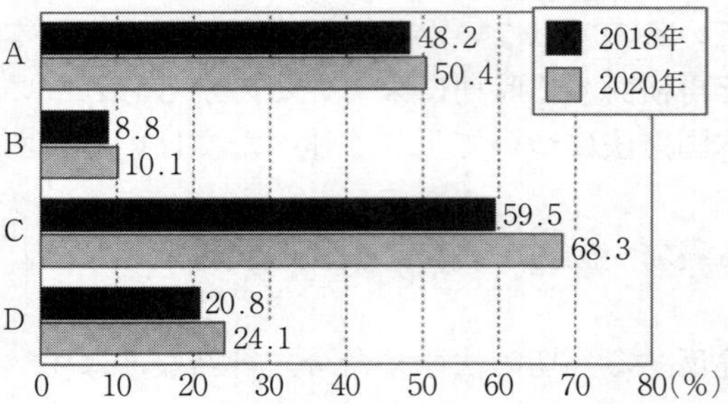

資料２　(%)

	A	B	C	D
茨城県	45.5	12.6	62.9	25.5
栃木県	43.7	10.5	66.1	25.7
群馬県	43.9	8.3	65.6	20.7
埼玉県	51.4	9.8	71.8	23.2
千葉県	50.2	9.1	68.3	24.3
東京都	64.8	11.7	75.2	29.2
神奈川県	60.3	10.6	77.6	33.3

(資料１，２とも，総務省「通信利用動向調査」より作成)

資料３

・2018年から2020年にかけてインターネット利用端末の割合が３％以上増加しているのは，スマートフォンとタブレット型端末である。
・2020年におけるインターネット利用端末の割合が関東地方のすべての都県で20％を超えたのは，パソコン，スマートフォン，タブレット型端末である。
・2020年における千葉県のスマートフォンの利用割合を上回っている都県は，千葉県以外に全部で三つある。

ア　Ａ：スマートフォン　Ｂ：携帯電話
　　Ｃ：パソコン　Ｄ：タブレット型端末
イ　Ａ：パソコン　Ｂ：携帯電話
　　Ｃ：タブレット型端末　Ｄ：スマートフォン
ウ　Ａ：タブレット型端末　Ｂ：パソコン
　　Ｃ：スマートフォン　Ｄ：携帯電話
エ　Ａ：スマートフォン　Ｂ：パソコン
　　Ｃ：タブレット型端末　Ｄ：携帯電話
オ　Ａ：パソコン　Ｂ：携帯電話
　　Ｃ：スマートフォン　Ｄ：タブレット型端末
カ　Ａ：携帯電話　Ｂ：タブレット型端末
　　Ｃ：スマートフォン　Ｄ：パソコン

【理　科】 (50分) 〈満点：100点〉

1　無性生殖と有性生殖に関するＳさんと先生との会話文を読んで，あとの(1)～(5)の問いに答えなさい。

Ｓさん：生物のふえ方には，無性生殖と有性生殖があると聞きました。それぞれどのようなものなのでしょうか。また，どのような生物が無性生殖や有性生殖をするのでしょうか。

先　生：生物には，<u>無性生殖だけをするもの，有性生殖だけをするもの，無性生殖と有性生殖の両方をするものがあります。</u>これについてはあとで整理してみましょう。図１は，親がある細胞分裂を行うことで，無性生殖で子がふえていくようすを表しています。

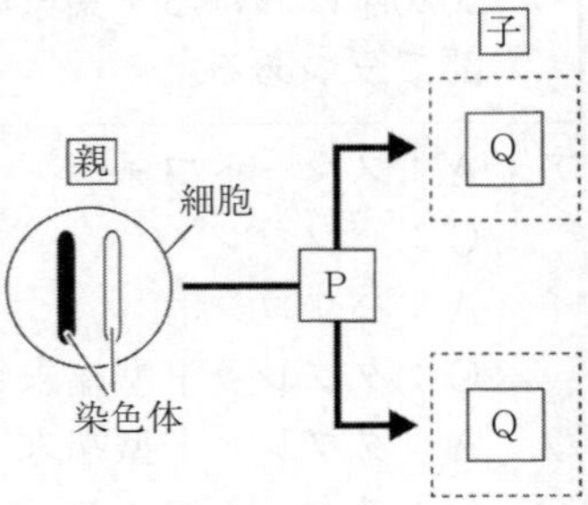

図１

Ｓさん：図１から，無性生殖でできた子がもつ染色体がどのようになるかがわかりますね。

先　生：では，次に有性生殖について考えてみましょう。図２は被子植物の有性生殖，図３はカエルの有性生殖のようすを表したものです。

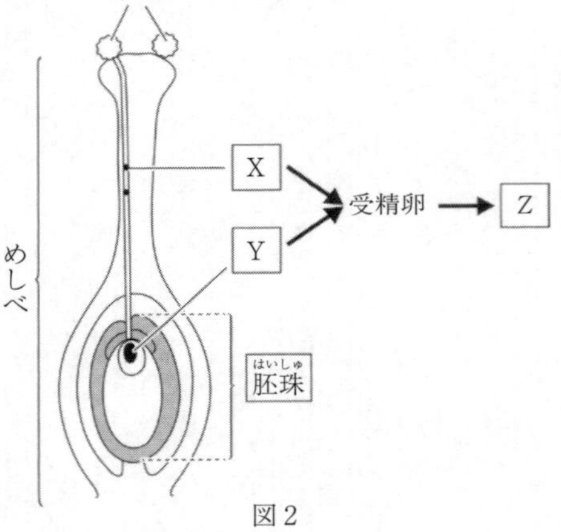

図２

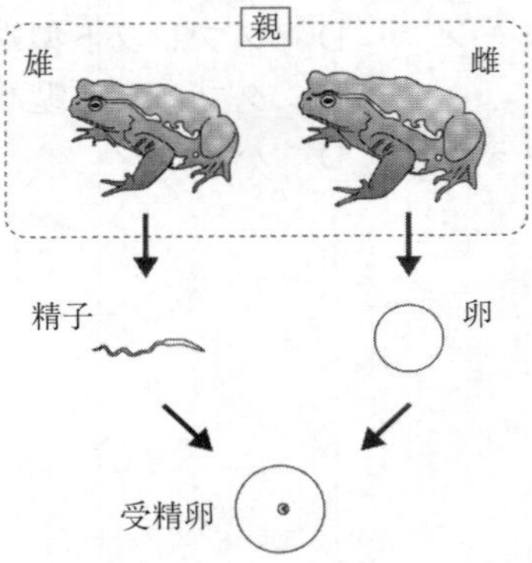

図３

Ｓさん：図２から，めしべの先に花粉がつき，花粉から花粉管が伸びて，その中を生殖細胞が移動していることがわかります。この生殖細胞の中にある核が，胚珠にあるもう一方の生殖細胞の中にある核と合体して受精卵ができ，その受精卵が成長していくのですね。

先　生：よく理解できていますね。図３では，どのように有性生殖が行われているかわかりますか。

Ｓさん：カエルの雄では精子が，雌では卵がつくられ，これらの中にある核が合体する有性生殖が行われています。有性生殖では，植物も動物も，無性生殖のように親のからだが分かれて子ができるわけではないと思います。

先　生：そのとおりです。

(1)　下線部について，有性生殖だけを行う生物として最も適当なものを，次のア～カのうちから一つ選びなさい。

ア　アメーバ　　イ　オランダイチゴ　　ウ　イソギンチャク
エ　ジャガイモ　　オ　メダカ　　カ　ミカヅキモ

(2)　図1のPにあてはまるものを1群のア，イのうちから，Q にあてはまるものを2群のア～オのうちから，最も適当なものをそれぞれ一つずつ選びなさい。

【1群】 ア　体細胞分裂　　イ　減数分裂

【2群】 ア　　イ　　ウ　　エ　　オ

(3)　図2のX～Zにあてはまることばの組み合わせとして最も適当なものを，次のア～エのうちから一つ選びなさい。

ア　X：卵細胞　Y：精細胞　Z：胚　　　イ　X：精細胞　Y：卵細胞　Z：胚

ウ　X：卵細胞　Y：精細胞　Z：子房　　エ　X：精細胞　Y：卵細胞　Z：子房

(4)　カエルの親の細胞には，染色体が24本含まれています。このカエルがつくる卵や精子には，それぞれ染色体は何本含まれていますか。あ～え にあてはまる数字を一つずつ選びなさい。

卵　：あ い 本

精子：う え 本

(5)　次のA～Dを，カエルの発生の順に左から並べたものとして最も適当なものを，あとのア～カのうちから一つ選びなさい。

A　　B　　C　　D

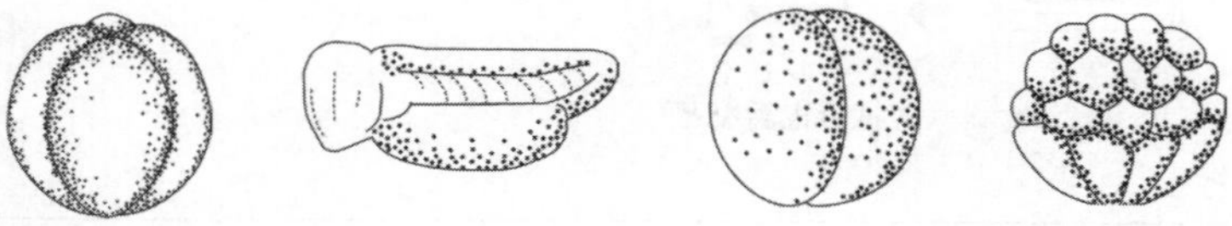

ア　図3の受精卵→A→C→D→B　　イ　図3の受精卵→A→D→C→B

ウ　図3の受精卵→C→A→D→B　　エ　図3の受精卵→C→D→A→B

オ　図3の受精卵→D→A→C→B　　カ　図3の受精卵→D→C→A→B

2　地震に関するSさんと先生との会話文を読んで，あとの(1)～(5)の問いに答えなさい。ただし，地震の揺れを伝える2種類の波は，それぞれ一定の速さで伝わったものとします。

Sさん：ある地震について，震源からの距離が40kmの地点Xと，震源からの距離が80kmの地点Yで，地震の揺れを記録したものを，図1のようにまとめました。

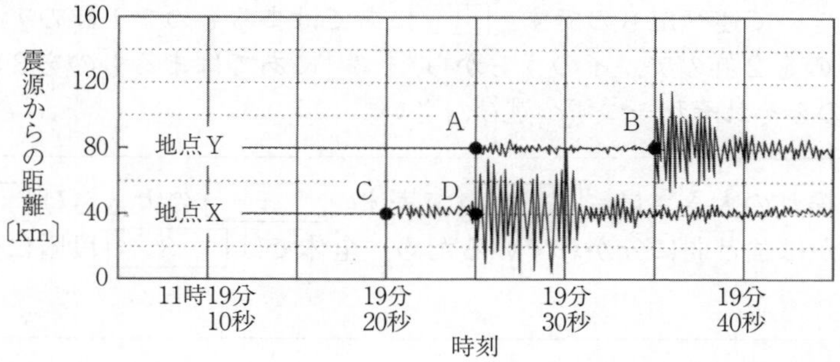

図1

先　生：図1から，この地震についてどのようなことがわかりますか。

Sさん：最初にAB間やCD間のような小さな揺れが記録された後に大きな揺れが記録されてい

ることがわかります。この小さな揺れを初期微動，大きな揺れを主要動といいます。
先　生：よく勉強できていますね。a プレートの境界などで地震が発生すると，P波とS波という2種類の波が発生し，これらの波によって初期微動や主要動が起きます。初期微動がはじまってから，主要動がはじまるまでの時間を初期微動継続時間といいます。
Sさん：地点XとYでは，初期微動継続時間の長さが異なっているように見えます。
先　生：よいところに気がつきましたね。同じ地震による揺れでも，観測地点によって初期微動継続時間は異なります。
Sさん：それは，震源からの距離が地点XやYと異なる地点では，初期微動継続時間がどちらの地点とも異なるということでしょうか。
先　生：そういうことです。実際に，b 震源からの距離によって初期微動継続時間がどのように変わるか，あとで図1をもとに考えてみましょう。
Sさん：ところで，地震が発生すると，すぐに緊急地震速報が出されることがありますが，あれはどのような仕組みになっているのでしょうか。
先　生：それでは，図2を見てください。地震が発生すると，震源の近くの地震計で，速く伝わるP波をとらえ，その情報が気象庁に伝えられます。この情報をもとに，気象庁が緊急地震速報を発信して，各地に伝えられるのです。

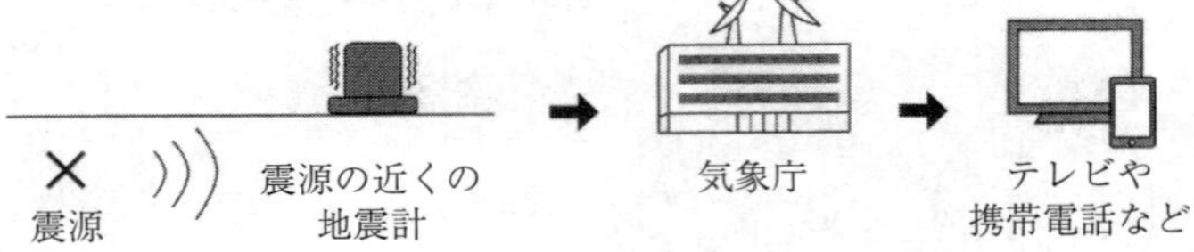

図2

(1)　下線部aについて，日本列島付近での陸のプレートと海のプレートの動きを表した模式図として最も適当なものを，次のア～エのうちから一つ選びなさい。ただし，矢印はプレートの動く向きを表すものとします。

ア
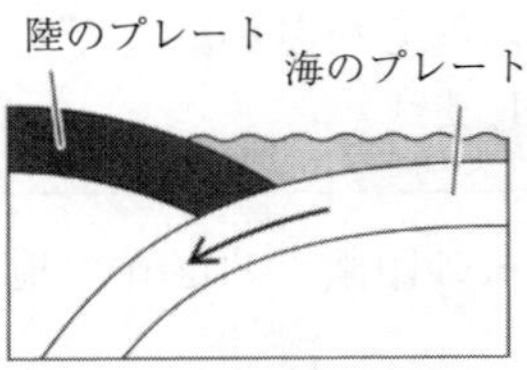

イ
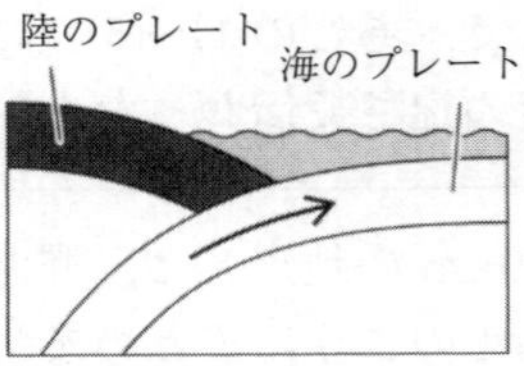

ウ
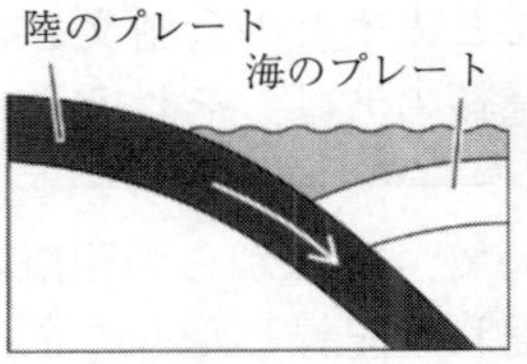

エ
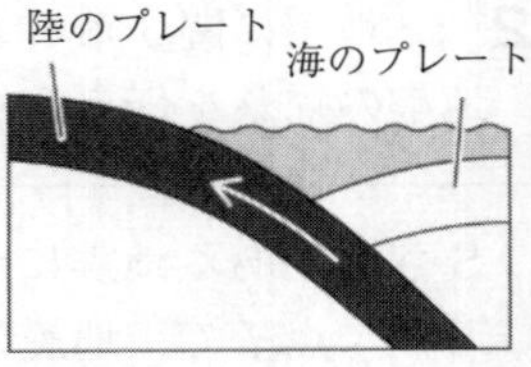

(2)　次の文章は，地震の揺れについて述べたものです。[1] にあてはまるものを1群のア，イのうちから，[2] にあてはまるものを2群のア，イのうちから，[3] にあてはまるものを3群のア，イのうちから，最も適当なものをそれぞれ一つずつ選びなさい。

> 観測地点における地震の揺れの大きさは，[1] で表す。[1] の大きさは [2] まであり，そのうちいくつかは強と弱に分かれているため，全体では [3] 段階に分かれている。

【1群】　ア　震度　　　　イ　マグニチュード
【2群】　ア　0～7　　　イ　1～8
【3群】　ア　9　　　　　イ　10

(3)　図1の地震のP波の速さは何 km/s ですか。[あ]，[い] にあてはまる数字を一つずつ選びなさい。
[あ].[い] km/s

(4)　下線部bについて，震源から120km の地点における，この地震の初期微動継続時間は何秒ですか。[あ]～[う] にあてはまる数字を一つずつ選びなさい。
[あ][い].[う] 秒

(5)　図1の地震について，震源から20km の地点で初期微動を観測し，それから3.7秒後に緊急地震速報が出されました。緊急地震速報が出されたとき，震源から何 km の地点までこの地震の主要動が起きていますか。[あ]～[う] にあてはまる数字を一つずつ選びなさい。
[あ][い].[う] km

3　Sさんは，酸化と還元について調べるため，次の実験を行いました。これに関して，あとの(1)～(5)の問いに答えなさい。

実験

①　酸化銅4.00ｇと炭素粉末0.10ｇをよく混合したものを試験管Aに入れ，図1のように，ガスバーナーで加熱したところ，気体が発生し，試験管Bの石灰水が白くにごった。

②　しばらく試験管Aの加熱を続けたところ，気体の発生が止まったので，加熱をやめて，試験管A内の固体を冷ましてからその質量を測定した。

③　①と同様に酸化銅4.00ｇを用意し，混合する炭素粉末を0.20ｇ，0.30ｇ，0.40ｇ，0.50ｇ，0.60ｇと変えて，同様の実験を行った。図2は，その結果をまとめたものである。

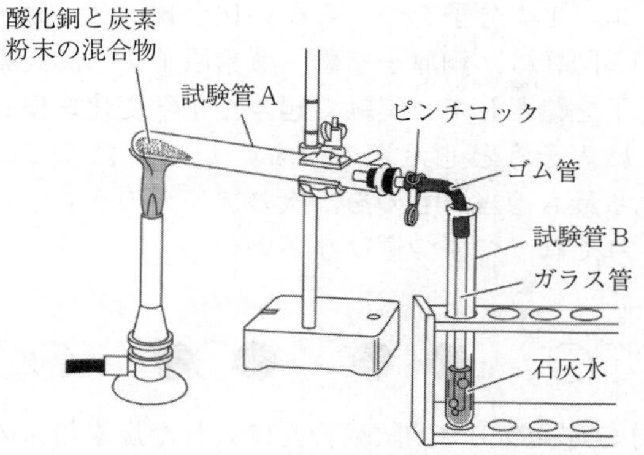

図1

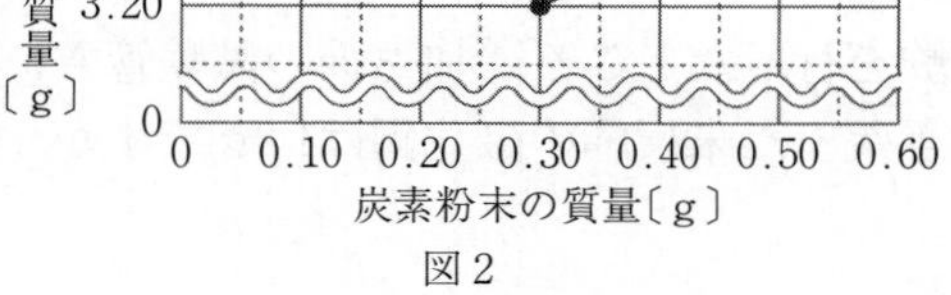

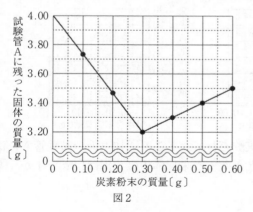

図2

(1)　下線部について，このときの操作として正しくなるように，次のa～cを並べかえるとどのようになりますか。最も適当なものを，あとのア～カのうちから一つ選びなさい。

a　ガスバーナーの火を消す。
b　石灰水からガラス管を抜く。
c　ピンチコックでゴム管を閉じる。

ア　a → b → c　　イ　a → c → b
ウ　b → a → c　　エ　b → c → a
オ　c → a → b　　カ　c → b → a

(2)　次の文章は，実験で起きた反応に関わった物質について述べたものです。［1］，［2］にあてはまることばの組み合わせとして最も適当なものを，あとのア～エのうちから一つ選びなさい。

> 純粋な物質は，分子をつくる物質と，分子をつくらない物質に分けることができる。また，単体と化合物に分けることもできる。実験で使った酸化銅は，［　1　］である。また，実験で発生した気体は，［　2　］である。

ア　1：分子をつくる単体　　　2：分子をつくる化合物
イ　1：分子をつくらない単体　　2：分子をつくる単体
ウ　1：分子をつくる化合物　　2：分子をつくらない化合物
エ　1：分子をつくらない化合物　2：分子をつくる化合物

(3)　図3は，銅原子を●，酸素原子を○，炭素原子を◎として，実験で起きた化学変化を模式的に表そうとしたものです。［1］～［3］にあてはまる最も適当なものを，次のア～カのうちからそれぞれ一つずつ選びなさい。

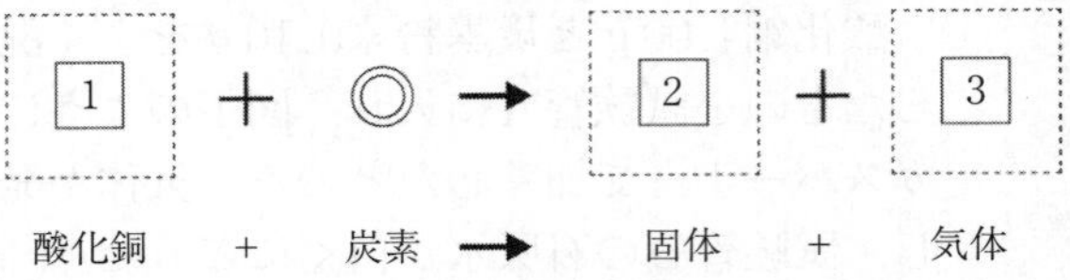

図3

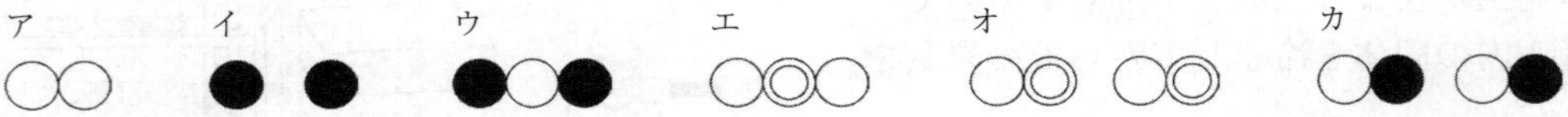

(4)　実験の③で，試験管Aに入れた炭素粉末の質量と，発生した気体の質量の関係をグラフで表すとどのようになりますか。最も適当なものを，次のア～ウのうちから一つ選びなさい。

ア
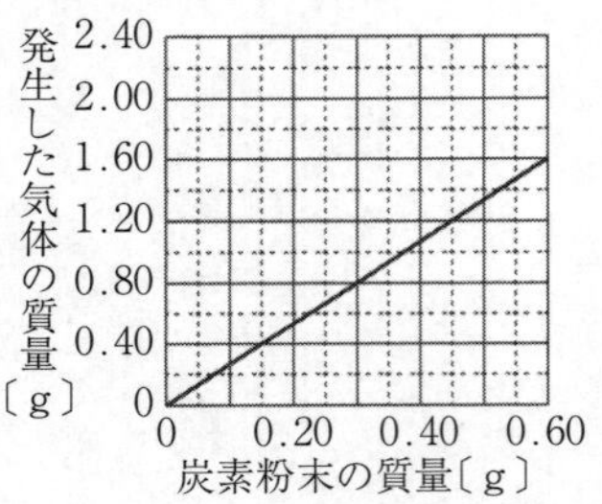

イ
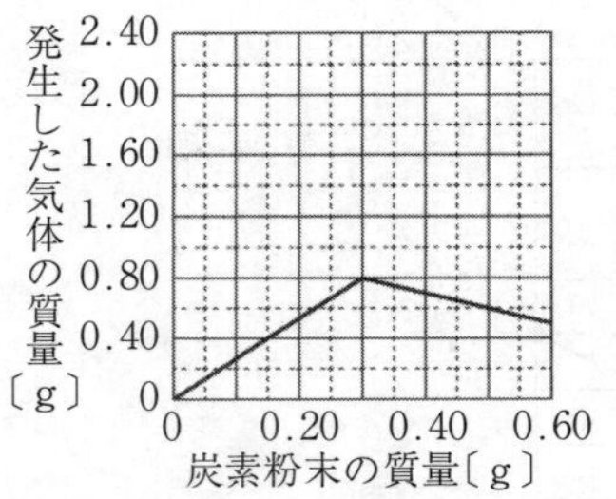

ウ
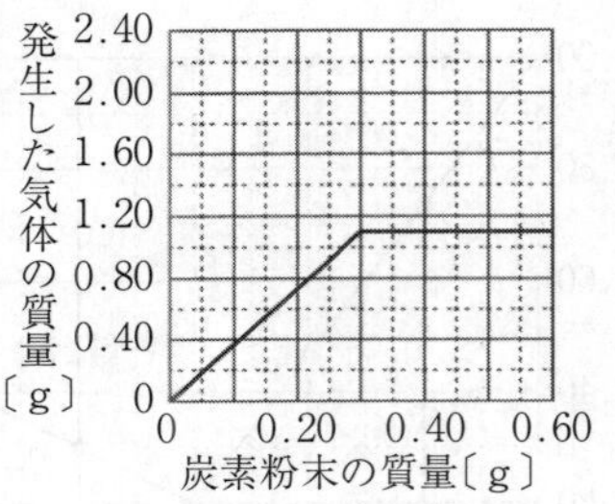

(5)　8.00 g の酸化銅と0.48 g の炭素を使って同様の実験を行ったところ，加熱後の試験管Aには炭素がなくなり，未反応の酸化銅が残りました。このとき残った未反応の酸化銅は何 g ですか。［あ］～［う］にあてはまる数字を一つずつ選びなさい。

［あ］.［い］［う］g

4　Sさんは，浮力について調べるため，次の実験1，2を行いました。これに関して，あとの(1)～(5)の問いに答えなさい。ただし，質量100 g の物体にはたらく重力を1 Nとし，糸やばねばかりの質量，体積は考えないものとします。

実験1

① 図1のように，同じ物質でできた質量が150 gの直方体Aと，質量が240 gの直方体Bを用意した。

② 図2のように，直方体Aと糸をつないでばねばかりにつるし，Aを図1の向きで，底面Xが水面と平行になるように注意しながら，水を入れた容器にゆっくりと沈めていった。

③ 水面から底面Xまでの距離と，ばねばかりの示す値との関係を調べ，図3にまとめた。

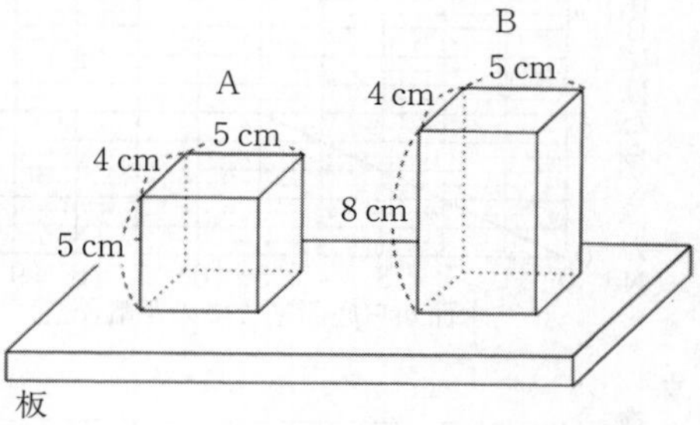

図1

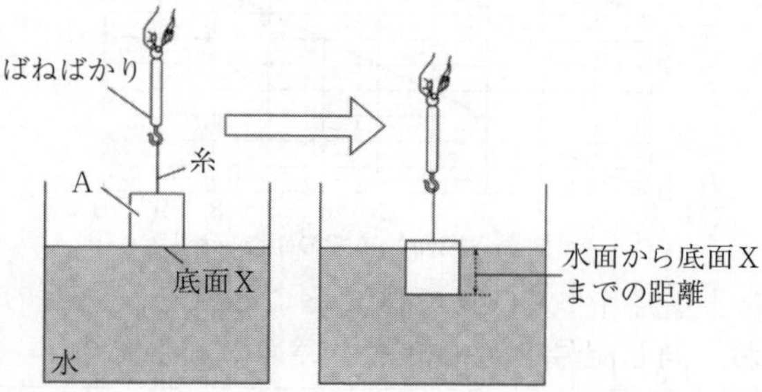

図2

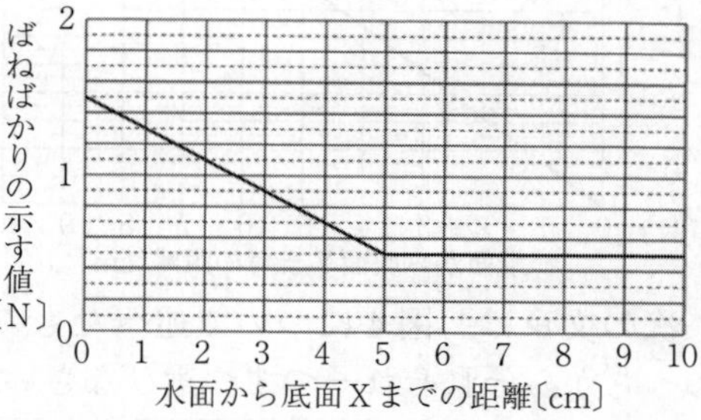

図3

④ 直方体AのかわりにBを使って，Bを図1の向きで，底面Yが水面と平行になるように注意しながら，②，③と同様の実験を行った。

実験2

① 質量130 gの物体Cと，質量180 gの物体Dを用意した。

② 図4のように，水を入れた容器に物体CとDを入れたところ，Cは浮き，Dは沈んだ。

③ 図5のように，物体Dを糸とつないでばねばかりにつるし，水中に完全に入れたところ，ばねばかりは0.9 Nを示した。

④ 図6のように，物体CとDを糸でつなぎ，ばねばかりにつるして水中に完全に入れたところ，ばねばかりは0.7 Nを示した。

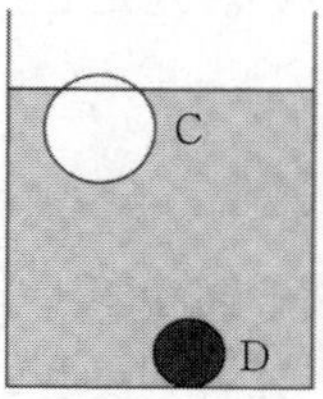

図4

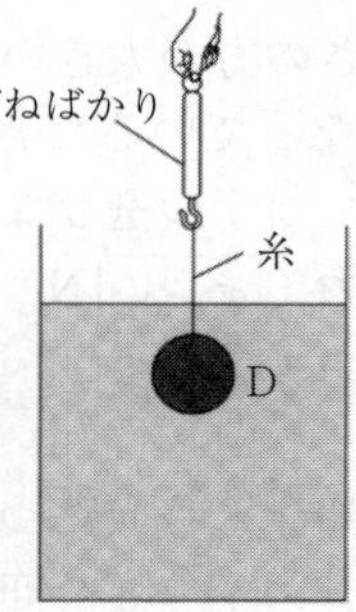

図5

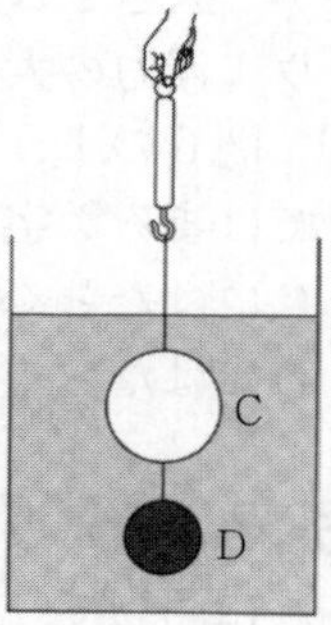

図6

(1) 図1で，物体Aが水平な板の上に置いてあるとき，物体Aの底面Xが板に加えている圧力は何Paですか。[あ]～[う]にあてはまる数字を一つずつ選びなさい。

[あ][い][う] Pa

(2) 実験1の③で，水面から底面Xまでの距離が3 cmのとき，Aにはたらいている浮力は何Nですか。[あ]，[い]にあてはまる数字を一つずつ選びなさい。

[あ].[い] N

(3) 実験1の④で，水面から底面Yまでの距離と，物体Bにはたらく浮力の関係をグラフに表すとどのようになりますか。最も適当なものを，次のア～エのうちから一つ選びなさい。

ア

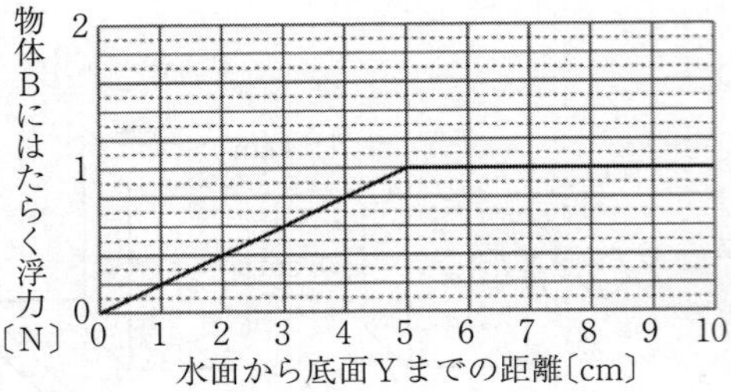

イ

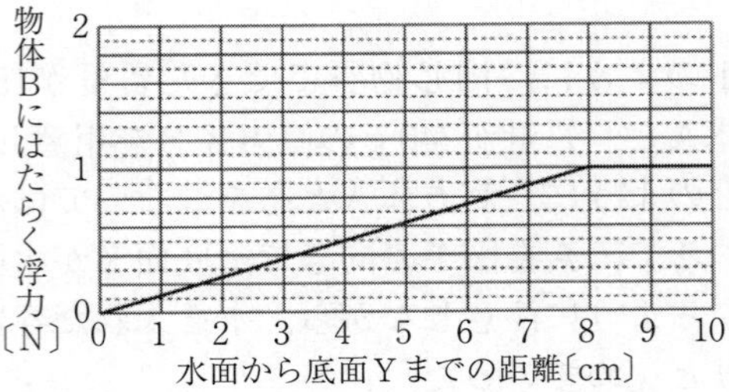

ウ

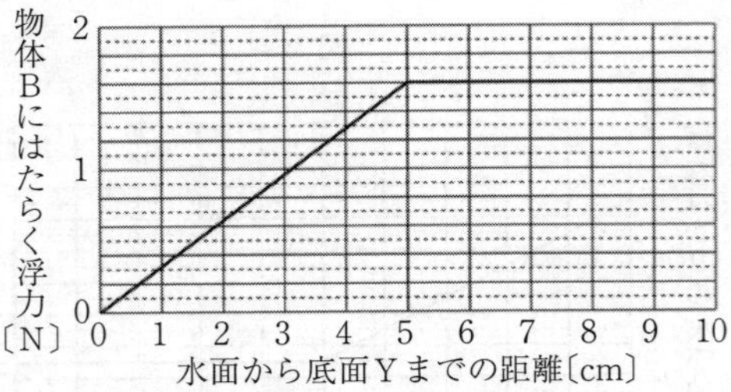

エ

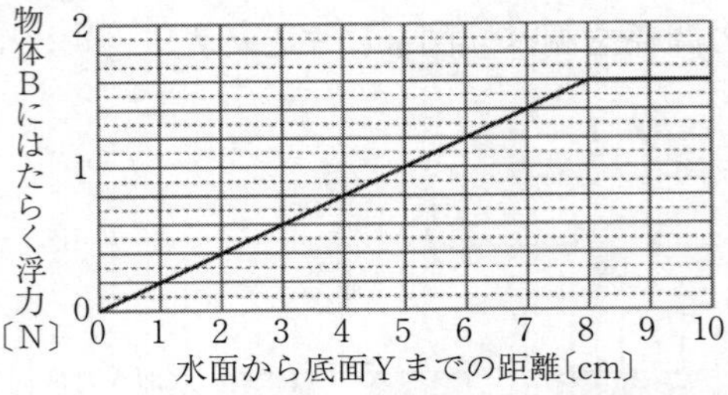

(4) 次の文章は，図4について述べたものです。[1]，[2]にあてはまることばを，あとのア～ウのうちからそれぞれ一つずつ選びなさい。なお，同じ記号を選んでもよいものとします。

> 実験2の②で，図4のようになっているとき，物体Cにはたらく重力と浮力の大きさを比較すると，[1]。また，物体Dにはたらく重力と浮力の大きさを比較すると，[2]。

ア 大きさは等しい　　イ 重力の大きさの方が大きい
ウ 浮力の大きさの方が大きい

(5) 図6のようになっているとき，物体C，Dにはたらく浮力はそれぞれ何Nですか。[あ]～[え]にあてはまる数字を一つずつ選びなさい。ただし，答えは小数第2位を四捨五入して答えなさい。

Cにはたらく浮力：[あ].[い]N
Dにはたらく浮力：[う].[え]N

5 Sさんは，消化と吸収について興味をもち，次の実験を行い，調べたことをまとめました。これに関して，あとの(1)～(5)の問いに答えなさい。

> 実験
> ① 4本の試験管A～Dを用意し，AとBにはデンプン溶液5mLと水でうすめただ液2mLを入れ，CとDにはデンプン溶液5mLと水2mLを入れた。
> ② 図1のように，A～Dを36℃の水に入れて，10分間おいた。
> ③ AとCにはヨウ素液を加え，変化が見られるかどうかを調べた。
> ④ BとDにはベネジクト液を加え，沸騰石を入れて軽く振りながら加熱して，変化が見られるかどうかを調べた。

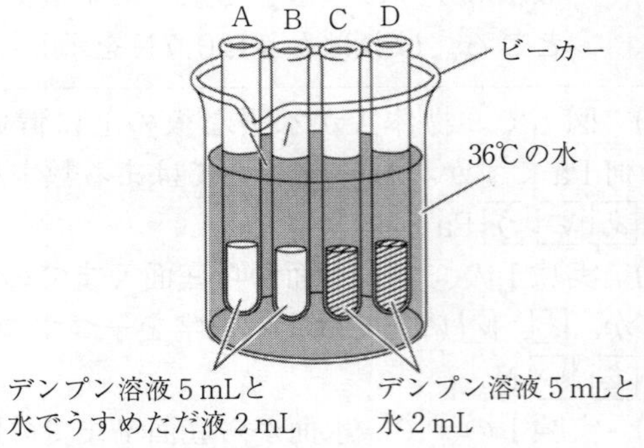

図1

表は，実験の結果をまとめたものである。

表

	A	B	C	D
ヨウ素液	×		○	
ベネジクト液		○		×

○…変化が見られた　×…変化が見られなかった

調べたこと

図2は，ヒトの消化器官をまとめたものである。

消化液には，だ液せんから出されるだ液のほかに，Xから出される消化液，肝臓でつくられてYから出される消化液，Zから出される消化液があり，食物に含まれるデンプン，タンパク質，脂肪といった栄養分の消化に関わっている。

また，小腸の壁に含まれる消化酵素も栄養分の消化に関わっている。小腸の壁にはたくさんのひだがあり，さらにその表面は柔毛という小さな突起でおおわれている。このようなつくりになっていることで，小腸の表面積は非常に大きくなっており，その大きさはテニスコートと同じくらいである。

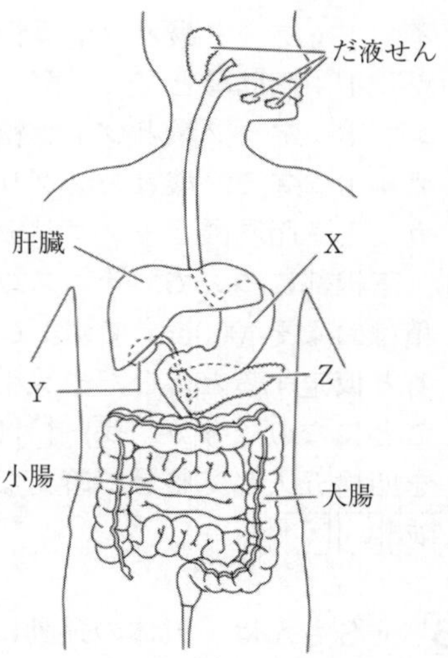

図2

(1)　だ液に含まれ，デンプンを分解するはたらきをもつ消化酵素を何といいますか。最も適当なものを，次のア～エのうちから一つ選びなさい。

ア　ペプシン　　イ　トリプシン　　ウ　アミラーゼ　　エ　リパーゼ

(2)　次の文章は，実験の結果からわかることについて述べたものです。[1]，[2]にあてはまるものを，あとのア～エのうちからそれぞれ一つずつ選びなさい。なお，同じ記号を選んでもよいものとします。

> [1]の結果を比較すると，だ液のはたらきによってデンプンがなくなったことがわかる。また，[2]の結果を比較すると，だ液のはたらきによって麦芽糖などの糖ができたことがわかる。

ア　試験管AとC　　イ　試験管AとD　　ウ　試験管BとC　　エ　試験管BとD

(3)　タンパク質の分解について述べた文として最も適当なものを，次のア～カのうちから一つ選びなさい。

ア　XやYから出される消化液，小腸の壁に含まれる消化酵素によって分解される。
イ　XやZから出される消化液，小腸の壁に含まれる消化酵素によって分解される。
ウ　YやZから出される消化液，小腸の壁に含まれる消化酵素によって分解される。
エ　XやYから出される消化液，大腸の壁に含まれる消化酵素によって分解される。
オ　XやZから出される消化液，大腸の壁に含まれる消化酵素によって分解される。
カ　YやZから出される消化液，大腸の壁に含まれる消化酵素によって分解される。

(4)　次の文章は，小腸で行われる養分の吸収について述べたものです。[1]，[2]にあてはまることばの組み合わせとして最も適当なものを，あとのア～カのうちから一つ選びなさい。

> 養分には，小腸の柔毛で吸収されたあと，リンパ管に入るものと毛細血管に入るものがある。[1]は柔毛から吸収されたあと，小腸の細胞内で[2]にもどり，リンパ管に

入る。

ア　１：ブドウ糖とモノグリセリド　２：デンプン
イ　１：アミノ酸とブドウ糖　２：タンパク質
ウ　１：脂肪酸とアミノ酸　２：脂肪
エ　１：アミノ酸とブドウ糖　２：デンプン
オ　１：アミノ酸とモノグリセリド　２：タンパク質
カ　１：脂肪酸とモノグリセリド　２：脂肪

(5)　下線部について，テニスコートの広さは，縦23.77m，横10.97mです。また，小腸の外側の表面積はおよそ4000cm^2です。ひだや柔毛がない場合，小腸の内側が外側の表面積と同じ4000cm^2であると仮定すると，ひだや柔毛などのつくりがあることによって，小腸の表面積は何倍になっていることになりますか。あ～う にあてはまる数字を一つずつ選びなさい。ただし，答えは小数第１位を四捨五入して整数で答えなさい。

あ い う 倍

6　Ｓさんは，天体の運動について調べるため，次の観測１，２を行いました。これに関して，あとの(1)～(5)の問いに答えなさい。

観測１

夜，日本のある地点で，北，南，東，西の各方位に向けて，カメラのシャッターを長時間開けて星空を撮影した。図１のＡ～Ｄはそれぞれ，いずれかの方位で撮影された星空のようすを表したものである。このとき，Ｄでは，ほとんど動かない星Ｘが観察された。

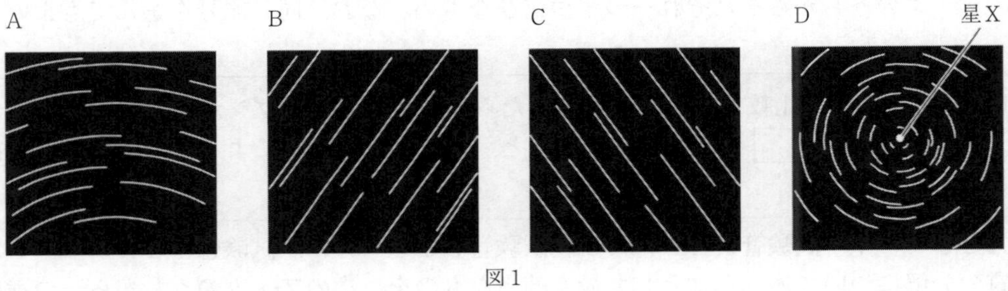

図１

観測２

①　図２のように，画用紙に円をかいて方位を記入し，その円に透明半球のふちを合わせて固定した装置をつくった。点Ｏは円の中心を表している。

②　図２の装置を，よく晴れた春分の日に，日本のある地点で，画用紙に記入した方位に合わせて水平な場所に置いた。

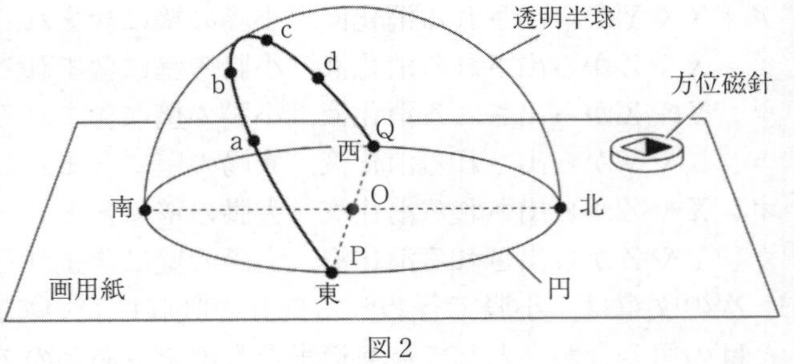

図２

③　９時から15時まで，フェルトペンの先端の影が点Ｏに重なるようにして，２時間ごとに太陽の位置を記録した。点ａ～ｄはこのとき記録した点を，点Ｐ，Ｑは点ａ～ｄをなめらかな

曲線でつないだ線が画用紙にかいた円と交わる点を表している。

④　透明半球の点Pから点Qに紙テープを当てて，点a～dを写しとった。図3はこのとき記録した，それぞれの点と点の間の長さを示したものである。

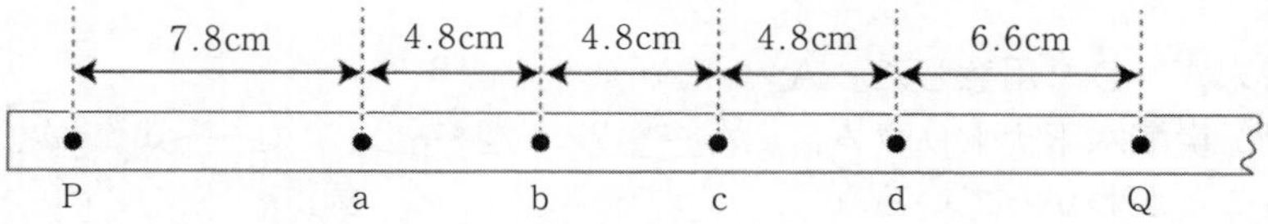

図3

(1)　図1のA～Dを撮影した方位の組み合わせとして最も適当なものを，次のア～エのうちから一つ選びなさい。

ア　A：北　B：東　C：西　D：南　　イ　A：北　B：西　C：東　D：南

ウ　A：南　B：東　C：西　D：北　　エ　A：南　B：西　C：東　D：北

(2)　図1のDで観察された星Xがほとんど動いて見えない理由として最も適当なものを，次のア～エのうちから一つ選びなさい。

ア　星Xが，地球の公転に合わせて運動しているから。

イ　星Xが，地球の自転に合わせて運動しているから。

ウ　星Xが，地球の公転面と同じ面上にあるから。

エ　星Xが，地軸の延長線上にあるから。

(3)　次の文章は，観測2を別の季節に行った場合について述べたものです。[1]，[2]にあてはまることばを，あとのア～ウのうちからそれぞれ一つずつ選びなさい。なお，同じ記号を選んでもよいものとします。

> 夏至の日に観測2を行うと，点P，Qの位置は[　1　]になり，秋分の日に観測2を行うと，点P，Qの位置は[　2　]になる。

ア　図2の位置よりも北寄り　　イ　図2の位置と同じ

ウ　図2の位置よりも南寄り

(4)　観測2を行ったのと同じ日に，赤道上のある地点と，南半球のある地点で同様の観察を行うと，透明半球上での太陽の動く道すじはどのようになりますか。[1]，[2]にあてはまる最も適当なものを，あとのア～エのうちからそれぞれ一つずつ選びなさい。なお，ア～エの点線は，日本で観察した図2の太陽の道すじを表しています。

赤道上の地点：[　1　]

南半球の地点：[　2　]

ア

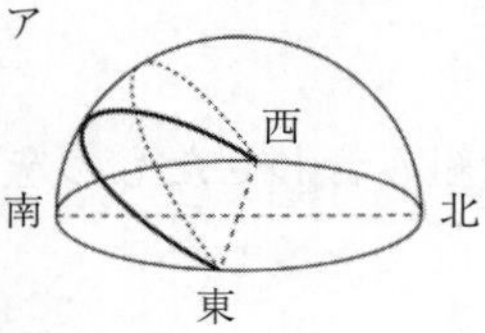

イ

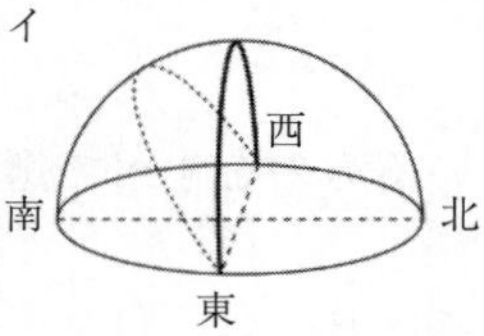

ウ

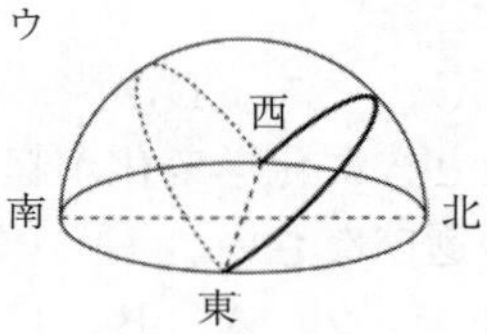

エ

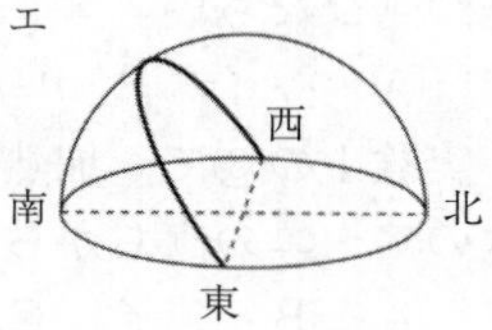

(5)　観測2を行った日の，日の出の時刻は何時何分ですか。[あ]～[う]にあてはまる数字を一つずつ選びなさい。

[あ]時[い][う]分

7　Sさんは，物質の性質について調べるため，次の実験1，2を行いました。これに関して，あとの(1)～(5)の問いに答えなさい。

実験1

①　図1のような白い粉末A～Dを用意した。A～Dはデンプン，食塩，炭酸水素ナトリウム，砂糖のいずれかであることがわかっている。

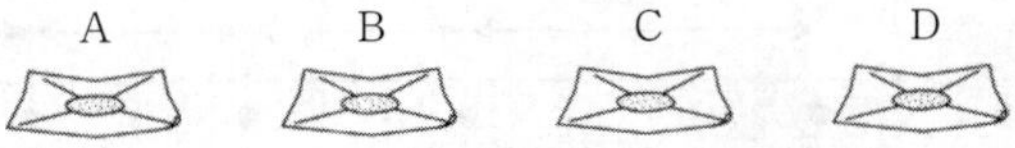

図1

②　図2のように，$10cm^3$の水を入れた試験管を4本用意し，A～Dを1.0gずつとってそれぞれの試験管に加えたところ，AとDはすべてとけ，BとCはとけ残った。

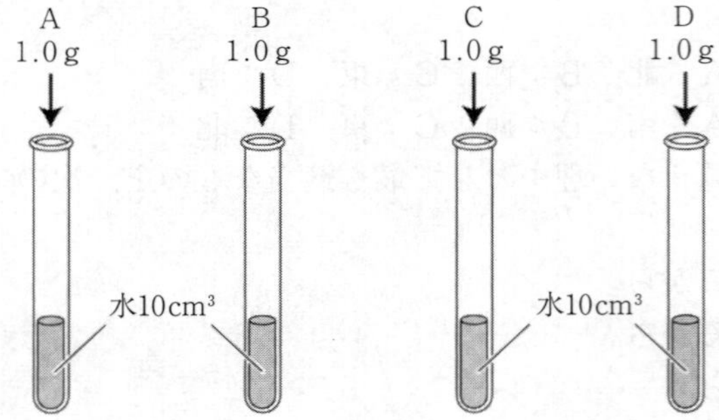

図2

③　A～Dを燃焼さじにとり，ガスバーナーを使って加熱したところ，C，Dだけが燃えて黒くこげた。

実験2

①　金属Vでできた物体を用意し，体積と質量を調べたところ，体積は$2.5cm^3$，質量は18.28gだった。

②　金属W～Zでできた物体を用意した。これらの物体の体積と質量を調べてグラフにまとめたところ，図3のようになった。

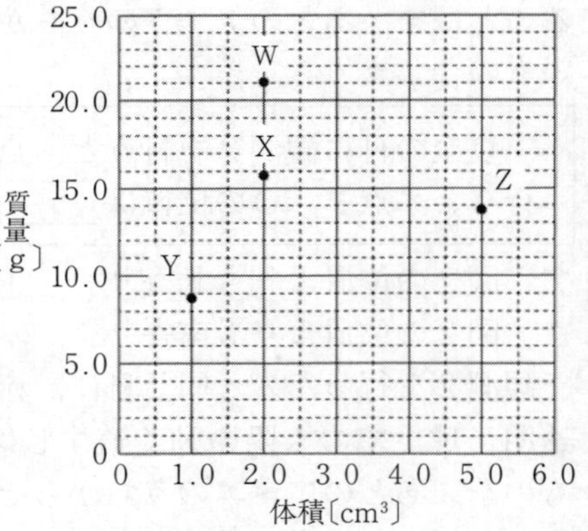

図3

(1)　実験1の粉末A～Dのうち，デンプンはどれですか。最も適当なものを，次のア～エのうちから一つ選びなさい。

ア　A　　イ　B　　ウ　C　　エ　D

(2)　実験1の③で，加熱したときに化学変化が起きているものをすべて選んで組み合わせたものを，次のア～エのうちから一つ選びなさい。

ア　A，B　　イ　C，D　　ウ　A，B，C　　エ　B，C，D

(3)　実験2の金属V～Zに共通する性質として**誤っているもの**を，次のア～エのうちから一つ選びなさい。

ア　電流をよく通す。　　イ　たたくとのびる。

ウ　磁石につく。　　エ　熱をよく伝える。

(4) 金属Vの密度は何g/cm^{3}ですか。[あ], [い]にあてはまる数字を一つずつ選びなさい。ただし，答えは小数第2位を四捨五入して答えなさい。

[あ].[い] g/cm^3

(5) 金属W～Zのそれぞれでできた，質量が同じ100gで内部に空洞のない物体を用意したとき，体積が大きい順に左から並べるとどのようになりますか。最も適当なものを，次のア～カのうちから一つ選びなさい。

ア W→X→Z→Y　　イ W→Y→X→Z　　ウ X→Z→Y→W
エ Y→Z→X→W　　オ Z→X→Y→W　　カ Z→W→X→Y

8 Sさんは，音の性質について調べるため，次の実験1，2を行いました。これに関して，あとの(1)～(5)の問いに答えなさい。ただし，空気中を伝わる音の速さは340m/sとし，人間が音を聞いてから反応するまでの時間は考えないものとします。

実験1

① 図1のように，モノコードの弦の点Pの位置に木片を置いて弦におもりAをつるし，点Rをはじいて音を出して，その音をマイクロホンでコンピュータに入力した。

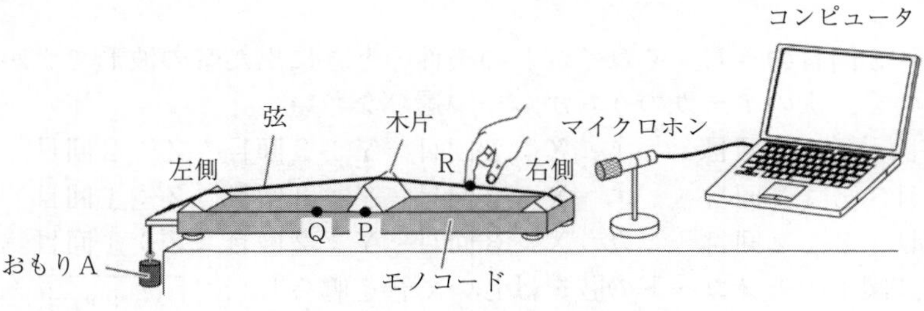

図1

② 表のように，おもりをAと質量が異なるBに変えたり，木片の位置や弦をはじく強さを変えたりして，①と同様の実験を行った。

図2は，このときコンピュータに表示された音の波形を示したもので，X～Zは，表の1～3回目の実験のいずれかの結果である。

表

	おもり	木片の位置	はじく強さ
1回目	A	P	①より強い
2回目	A	Q	①より強い
3回目	B	P	①と同じ

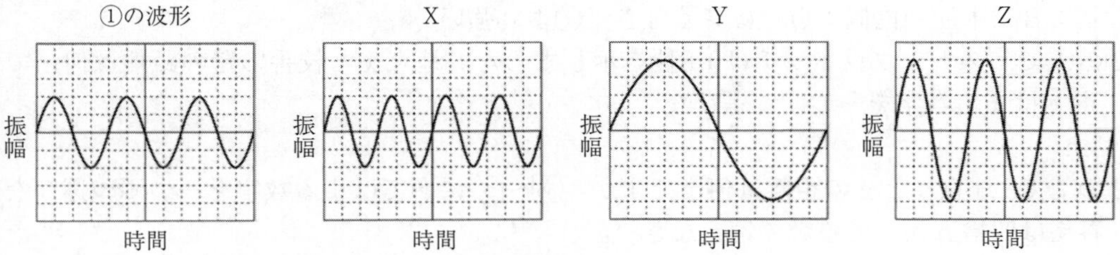

図2

実験2

① Sさんは，次のページの図3のように，運動会などで使うスターター用のピストルとストップウォッチを持って地点xに立ち，手に持ったピストルを鳴らすと同時にストップウォッチのスタートボタンを押し，校舎の壁ではね返ってきた音が聞こえたら，ストップウォッチを止めた。

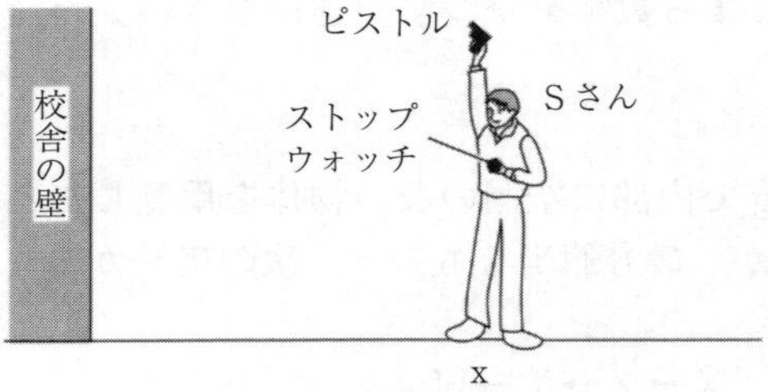

図3

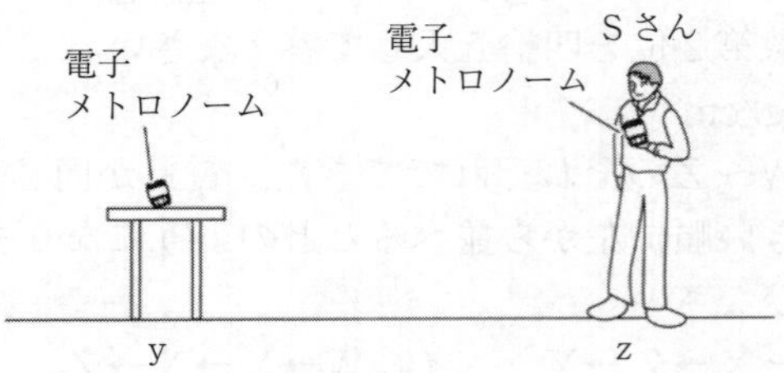

図4

② Sさんは，図4のように，1分間に180回音が鳴る電子メトロノームを2個用意し，同じタイミングで鳴るように動作させてから，1個を地点yに置いた。もう1個を手に持って地点yから少しずつ離れていくと，はじめはSさんには電子メトロノームの音がずれて聞こえたが，地点zにきたとき，Sさんには2個の電子メトロノームの音が再び完全に重なって聞こえた。

(1) 図2の横軸は1目盛りが0.0005秒を表しています。実験1の①で出た音の振動数は何Hzですか。あ～う にあてはまる数字を一つずつ選びなさい。

あいう Hz

(2) 図2のX～Zは，表の1～3回目のうち，それぞれどの条件のときに出た音の波形ですか。それらを正しく組み合わせたものを，次のア～カのうちから一つ選びなさい。

ア X：1回目 Y：2回目 Z：3回目　イ X：1回目 Y：3回目 Z：2回目
ウ X：2回目 Y：1回目 Z：3回目　エ X：2回目 Y：3回目 Z：1回目
オ X：3回目 Y：1回目 Z：2回目　カ X：3回目 Y：2回目 Z：1回目

(3) 実験1とは異なる条件で，図1のモノコードの弦をはじいて音を鳴らしたところ，コンピュータに表示された波形が図5のようになりました。このとき，どのような条件で弦をはじいたと考えられますか。最も適当なものを，次のア～エのうちから一つ選びなさい。なお，図5の目盛りの取り方は図2と同じである。

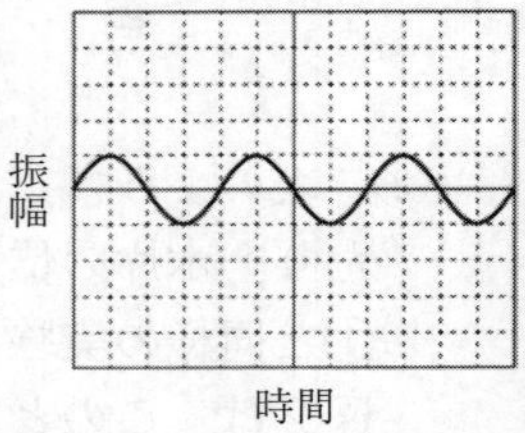

図5

ア おもり：A 木片の位置：P はじく強さ：①より弱い
イ おもり：A 木片の位置：Q はじく強さ：①と同じ
ウ おもり：B 木片の位置：P はじく強さ：①より弱い
エ おもり：B 木片の位置：Q はじく強さ：①より強い

(4) 実験2の①で，ストップウォッチは0.8秒を示しました。地点xと校舎の壁の距離は何mですか。あ～う にあてはまる数字を一つずつ選びなさい。

あいう m

(5) 実験2の②で，地点yとzの距離は何mですか。あ～う にあてはまる数字を一つずつ選びなさい。ただし，答えは四捨五入して整数で答えなさい。

あいう m

(5) 本文の内容を述べたものとして最も適当なものを、次のア～オのうちから一つ選びなさい。

ア 歌・物語は、儒教や仏教のように守るべき教えはなく、儒教や仏教で教えられるよいことと悪いことが似ているのと違って、歌・物語の世界における善悪は他の世界の考えとは似ていない。

イ 儒教や仏教の世界はよいことや悪いことの明確な基準がないが、歌・物語は人や国を大きく変えてしまうようなものではないため、歌・物語の世界で独自に統一した明確な善悪の基準が存在している。

ウ 儒教や仏教は民衆や国家のためにそれぞれに決まった善悪の基準があるが、歌・物語は儒教や仏教と違って自由な世界であるため、その世界において唯一と言えるような善悪の基準はない。

エ 歌・物語には、儒教や仏教のように厳格な善悪に関する教えはないが、歌・物語の世界の中で、その作品がよいか悪いかを判断するような決まりは仏教や儒教と同じように存在している。

オ 歌・物語には、儒教や仏教のように人々を導く教えはないが、儒教と仏教それぞれの世界に独自のよい悪いの考えがあるのと同じで、歌・物語の世界における独自の善悪の基準が存在している。

読み取れます。このあとは、「僕」が放送部のメンバーといつものように過ごそうと、さらに気を取り直そうとすると思います。

オ　最後に「僕」が今の自分としっかり向き合い、日常の大切さに気付く様子が描かれます。このあとは、放送部のメンバーとやりとりしながら、自分の心が揺れ動いたことを反省する姿も描かれると思います。

三　次の文章を読み、あとの(1)～(5)の問いに答えなさい。

「よし」「悪《あ》し」ァの指すところ、変はりあるゆゑなり。指すところ変はりあるとは、(注1)尋常の書に悪ししとする事ィの、歌・物語にてはよしとする事あり、歌・物語にて悪ししとする事の、尋常の書にてはよしとする事ゥもあるなり。ゆゑにAよき人悪しき人といへるも、尋常の書にいふよき人悪しき人とは定むるところ異なるなり。

すべてよし悪しといふものは、その道その道によりて変はり、またB時にふれ所にしたがひ、事によりてェも変はりあるなり。仏の道にてよしとする事も、(注2)儒家《じゅか》にては悪ししとし、儒道にてよしとする事も、仏家にて悪ししとすることもあるやうに、よし悪し変はることとあり。歌・物語は、儒仏の道ォのやうに、(注3)惑《まど》ひを離れて悟りに入る道ヵもあらず、(注4)身を修め、家を斉《ととの》へ、国を治《をさ》むる道にもあらねど、Cおのづからその中につきてもまた一様《ひとやう》のよし悪しあるなり。

（本居宣長『紫文要領』による）

(注1)　尋常の＝普通の。
(注2)　儒家＝儒教学派。
(注3)　惑ひを離れて悟りに入る道＝仏教のこと。
(注4)　身を修め、家を斉へ、国を治むる道＝儒教のこと。

(1)　文章中の二重傍線部ア～カの助詞のうちから、主格(主語を示す)として用いられているものを**二つ**選びなさい。

(2)　文章中にAよき人悪しき人といへるも、尋常の書にいふよき人悪しき人とは定むるところ異なるなりとあるが、これはどういうことか。その説明として最も適当なものを、次のア～オのうちから一つ選びなさい。

ア　歌・物語を書く人についてよい人、悪い人と思っても、同じ人が普通の書物を書いた場合は、その人に対する評価が変わるということ。

イ　歌・物語でよい人、悪い人が登場しても、それは普通の書物に出て来るよい人、悪い人とは正反対の描かれ方をしているということ。

ウ　よい人、悪い人という言葉が頻繁に使われても、普通の書物がいうよい人や悪い人は、世間一般の定義の仕方とは違っているということ。

エ　歌・物語でよい人、悪い人という表現があっても、それらは普通の書物がいうよい人、悪い人とは意味合いが違っているということ。

オ　よい人、悪い人の議論がさかんになっても、普通の書物が決めているようなよい人、悪い人のあり方が変わることはないということ。

(3)　文章中のB時にふれ所にしたがひの意味として最も適当なものを、次のア～オのうちから一つ選びなさい。

ア　何か機会があるごとに、場所に合わせて

イ　時間がたつにつれ、その場にふさわしく

ウ　何かあるにつけて、上の立場の者にならって

エ　年月を経て、そのときどきの事情によって

オ　年齢にふさわしく、場面に応じて

(4)　文章中のCおのづからの意味として最も適当なものを、次のア～オのうちから一つ選びなさい。

ア　積極的に　　イ　一般的に　　ウ　自然と

エ　いっそう　　オ　故意に

(5) 文章中にE今の僕なら、そんなふうには思わないはずだとあるが、「僕」がこのように感じるのはなぜか。最も適当なものを、次のア～オのうちから一つ選びなさい。

ア 映画の主人公と同じような状況にいる今の「僕」は、仮想世界から戻れないのは、大切なものを失った現実から目を背けているのではなく、前に進んでいくためにも必要なことだと考えているから。

イ 映画の主人公と同じような状況にいる今の「僕」は、仮想世界に浸ってしまうのは、現実がつらいことだけが理由ではなく、大切なものを取り戻したいという切実な願いによるものだと理解しているから。

ウ 映画の主人公と同じような状況にいる今の「僕」は、仮想世界に行ってしまうのは、現実をよりよいものにするために、大切なものを取り戻そうとする強い意志が反映された結果だと感じているから。

エ 映画の主人公と同じような状況にいる今の「僕」は、大切なものを失った人間にとって、仮想世界は決して楽しい場所ではなく、現実より強い心が必要な過酷さにあふれた場所だと感じているから。

オ 映画の主人公と同じような状況にいる今の「僕」は、大切なものを失った人間が仮想世界に入ったとしても、一瞬で現実に引き戻されてしまうので、現実から逃げることができないとわかっているから。

(6) 文章中の原島先生についての説明として**適当でないもの**を、次のア～カのうちから**二つ**選びなさい。

ア 現在の「僕」について放送部に所属していることは知っているが、放送部の活動についてはよく知らず、あまり関心がない態度でいる。

イ 「僕」の思いや状況をいくつか確認するような質問をしたあとに本題を話していて、言いたいことを切り出すまでに時間をかけている。

ウ 「僕」が、自分と似ていることで、同情心を持ち、好成績を残すことがなくても、走りの楽しさを知ってほしいと思っている。

エ 「僕」が質問をしなくても、「僕」が気にしていることを読み取って答えを話していて、話を進めていく強引さとともに察しのよさもある。

オ 陸上に熱心で、三年前に村岡先生の勧めで「僕」の走りを見てから、自分に似ていることに気付いて、いい選手だと思っていた。

カ 「僕」を陸上部に勧誘する前に気持ちを抑えて気合いを入れるような様子を見せるなど、「僕」がどう思うのかを気にして緊張していた。

(7) この文章について、このあとどのように展開するのか、文章中の表現や情景描写をもとに、クラスで話をしている。本文の内容をふまえて、最も適当な発言をしているものを、次のア～オのうちから一つ選びなさい。

ア この文章は、「僕」が、現在の自分自身について違和感を抱いたままで終わっています。その違和感によって、「僕」がこのまま放送部にいるべきなのかと悩む場面が続くだろうと思います。

イ 「僕」が放送室に入ったときに、気持ちが前向きになっていく様子が描かれています。このあとは、「僕」は放送部の活動をがんばろうと決意して、陸上部への思いを振り切ると思います。

ウ 「僕」は、夢のような気分から覚めて、このままでいいのかと自分に尋ね、答えがわからない様子が読み取れます。「僕」は陸上部がよいのか、放送部を続けるのか決められないという展開が続くと思います。

エ 最終的に「僕」の気持ちが現実に向いて、落ち着いたことがているようだが、自分でも先のことはほとんどわからず言えることはないため、原島先生の配慮のなさを不快に感じている。

ウ　原島先生と村岡先生の関係を聞いていろいろと納得できたが、陸上部に入ることを断念した自分にはあまり関係ないことなので、どう反応していいかわからないため困惑している。

エ　原島先生と村岡先生が知人だということがわかって安心することができたが、陸上をやめた自分が二人に心配をかけていることが申し訳なく、それ以上踏み込んだ話はやめようと決意している。

オ　原島先生と村岡先生が先輩と後輩の関係だとわかり興味深く感じるものの、原島先生が自分に関心を持つ理由がよくわからず、気軽に話もできないので、警戒した気持ちでいる。

(3)　文章中にC原島先生の投げるボールは、先生が言葉を重ねるごとに力を増し、僕の胸へとぶち当たる　とあるが、これはどういうことか。最も適当なものを、次のア～オのうちから一つ選びなさい。

ア　原島先生の話は、走ることの大切さを伝え、徐々に真剣さが増してきたので、「僕」は目をそらしていたことを深刻に考えざるを得ず、陸上から離れたいといっそう思うようになっているということ。

イ　原島先生の話が、「僕」が陸上に復帰できるようにと、どんどん親身になる内容になってきたので、「僕」はもう一度走ることができるような希望がわき、先生の思いに応えたいと感じているということ。

ウ　原島先生の話は、「僕」が陸上部に入ることを真剣に望んでいることがじわじわと伝わるものだったので、かえって「僕」はもとのように走れない現実を突きつけられ、内心では傷ついているということ。

エ　原島先生の話が、「僕」を陸上部に勧誘するという核心に近づいていき、その態度も熱心になっていくので、「僕」が自分の弱さや陸上への未練を自覚させられ、心が乱されているということ。

オ　原島先生の話が、「僕」が陸上から離れていることを暗に責めるようなもので、口調もどんどん本気になっていくので、「僕」がその勢いに押されて、陸上から逃げていることに気付かされているということ。

(4)　文章中にD体が分裂して、ふわふわと浮かんだ自分がもう一人の自分を見ているような感じがするけれど、そのもう一人も浮かんでいて、どちらもまったく地に足がついていない、不思議な感覚だ　とあるが、このときの「僕」の様子の説明として最も適当なものを、次のア～オのうちから一つ選びなさい。

ア　原島先生に注目されていたことがわかり、過去の自分が報われたように感じて浮かれているが、もう一度陸上をするかどうかを考えなくてはいけないと思って感情的にもなっている。

イ　原島先生が、自分の才能に関心を持っていることがうれしく、今後を考えてそわそわしているが、あまりにも気持ちが先走りすぎてあとで失望するのが怖くなり、かえって落ち着きをなくしている。

ウ　原島先生が、ずっと前から自分を陸上部に誘おうとしていたことがありがたく、心が弾んでいるが、実際に走ることができるかどうか思い悩んで、他のことや周囲が目に入らなくなっている。

エ　原島先生が、自分を高く評価するようなことを言ったのは、陸上部に誘うためのうそのように感じて心がざわついたが、本心ではうれしいと感じていることも自覚して恥ずかしくなっている。

オ　原島先生が、自分に期待を抱いていることに驚いて、舞い上がりそうになっていることを認識したため改めて冷静に自分を客観視しようとしたところ、思うようにいかず余計に混乱している。

実感が伴わない分、真剣に考える。考えれば考えるほど、聞き間違いだったのではないかと、実感が薄れていく。

体育教官室から教室まで、僕はまっすぐ歩けていただろうか。授業中に当てられて、きちんと答えられただろうか。昼食の弁当のおかずも思い出せないし、正也《まさや》と久米《くめ》さんにおもしろい本を薦められたような気がするけれど、タイトルの頭文字すら出てこない。

D体が分裂して、ふわふわと浮かんだ自分がもう一人の自分を見ているような感じがするけれど、そのもう一人も浮かんでいて、どちらもまったく地に足がついていない、不思議な感覚だ。

——何かあった？

昼食を終えて、非常階段から教室に戻っている途中に、正也に訊ねられたような気もするけれど、何と答えたっけ？

思い出せ。今、現実に起きていることを意識しなければ、たちまち僕の頭の中は、緑色のユニホームを着て走っている自分の姿で覆い尽くされてしまう。

大切なものを失った主人公が、自分が憧れた仮想世界から戻れなくなってしまうという内容の映画を見たことがある。まだ事故に遭っておらず、ただ毎日、駅伝の全国大会を目指して走り続けていたころだ。

僕は映画の主人公を、現実逃避している心の弱い人物だと感じた。なぜ、その映画が僕でも見に行くくらいヒットしているのか、さっぱりわからなかった。だけど、E今の僕なら、そんなふうには思わないはずだ。

もう一度、思い切り走れる世界に行くことができるなら、二度と戻ってきたくはない。たとえそこが、すぐに覚めてしまう夢の世界だとしても。

それでも、放課後になると、正也が教室前に迎えに来て、一緒に放送室に向かう。

重いドアを開けて中に入ると、ふわふわと浮いていた自分の片方が、しっかりと床に着地して両足で立ったような感覚に囚《とら》われた。

浮いたままの方の僕が問いかける。

おい圭祐、ここはおまえの居場所なのか？

立っている僕は、静かに頷《うなず》いた。

（湊　かなえ『ブロードキャスト』による）

（注）フォーム＝走る（運動する）ときの姿勢。

(1) 文章中にAはい……とあるが、このように言ったときの「僕」の気持ちとして最も適当なものを、次のア～オのうちから一つ選びなさい。

ア　手術のあとに走ってもよいということは、高校の先生たちは知らないはずなのに、どうやって原島先生に伝わったのか不審に思う気持ち。

イ　自分が手術を受けて走れるようになることを、自分と関わりがほとんどない原島先生に気にかけてもらうのが申し訳ない気持ち。

ウ　高校の関係者には隠そうとしていた手術の話が、いつの間にか知られてしまっていることに対する動揺を抑えようとする気持ち。

エ　村岡先生が、原島先生に自分の手術やリハビリについて話してしまっているのだろうと推測して、裏切られたように感じる気持ち。

オ　手術やそのあとの回復の見通しについてはまだ確実ではないのに、原島先生に知られてしまってよいのか不安になる気持ち。

(2) 文章中にBだからといって、僕に続ける言葉はないとあるが、これはどういうことか。最も適当なものを、次のア～オのうちから一つ選びなさい。

ア　村岡先生が、自分のことを原島先生に何でも話していたということがわかってもやもやしたが、村岡先生にはとても世話になっているので特に文句を言うこともないと冷静な気持ちでいる。

イ　原島先生は村岡先生から聞いた話をもっと詳しく探ろうとし

ことはないけれど、母さんから聞いたかもしれないし、直接、先生が医者に訊《たず》ねた可能性もある。
　村岡先生と原島先生は同じ大学の陸上部。駅伝の強豪校だ。だから、三崎中陸上部のユニホームも、青海学院陸上部のユニホームも、その大学の陸上部のユニホームとよく似た、緑色なのか。
　Bだからといって、僕に続ける言葉はない。
「じゃあ、レポート、水田先生に……」
「確か、放送部だったよな」
　ゴニョゴニョと口ごもる声は原島先生には聞こえなかったのか、ドッジボールをまっすぐ投げるような調子で、質問が飛んできた。
「そう、です」
「全国大会出場が決まったって聞いたけど、町田も出るのか？」
　出る。先生たちにも、放送部の活動はいまいち理解されていないということか。
「いいえ。三年生が、出ます」
「そうか。まあ、まだ入部したばかりだもんな。本格的な活動はこれからだろう」
　いや、ガッツリ参加しました。とは言えない。いつまでここにいればいいのだろう。
　原島先生は一度下を向いたかと思うと、グッと目を見開いて僕を見た。
「なあ、町田。陸上部に入らないか？」
　原島先生は、今、何と言った……。
「僕が、陸上部？」
　青天の霹靂《へきれき》、寝耳に水、藪《やぶ》から棒、ひょうたんから駒。乏しい知識の中から、今の気持ちに一番合うものは、などと考えてしまうのが、すでに現実逃避だ。
「高校在学中に好成績を出すのは難しいかもしれない。だけど、走ることを少しずつでも続けていれば、大学、社会人と、次に繋《つな》がる可能性がある」
「でも……」
　練習についていけない僕は、他の部員の足を引っ張ることになるのではないだろうか。たとえ、個人競技だとしても。いや、僕は本気でそんなことを案じているのか？　思うように走れないもどかしさを、今以上に突きつけられるのが怖いだけではないのか。
「まあ、もう新しい部活に入っているわけだし、無理にとは言わない。ただ、陸上という選択肢が、まだあるってことを、夏休みのあいだにでも、もう一度、考えてみてくれ」
　C原島先生の投げるボールは、先生が言葉を重ねるごとに力を増し、僕の胸へとぶち当たる。もう、受け止めきれないくらいに。
「どうして、僕なんかを誘ってくれるんですか？　陸上部には、スポーツ推薦で入学したすごい選手がいっぱいいるのに」
　事故に遭っていなくても、僕など、活躍できるかどうかわからないのに。
「走り方が、俺に似てるんだって」
「えっ？」
「三年前だったかな。村岡がいきなり電話をかけてきて、何の急用かと思ったら、先輩の(注)フォームを彷彿《ほうふつ》とさせる新入生がいるんです、本人は短距離を希望しているし、三〇〇〇メートルのタイムもそれほど良くないですけど、いい選手になると思うんですよね、だってさ」
　思考が半分以上停止し、先生の言っていることがいまいち理解できない。
「良太のことですか？」
「何を、とぼけてるんだ。町田圭祐、おまえのことだよ。村岡から、おまえが一般入試で青海を受けるって聞いて、俺は楽しみにしていたんだ」
　顧問の原島先生に、陸上部入部を勧められた。原島先生に走るフォームが似ているとも言われた。

ディアを紙のような媒介物として扱う方法を模索する必要がある。

イ　電子メディアが社会で最重要な媒体となっている今、電子メディアによって文化を発展させていくには、紙のような媒介物がどのように創造性を育んだのかを知識として学んでいくことが大切だ。

ウ　電子メディアが進展し続けている今、電子メディアの意義をより理解するためにも、紙を実際に使い続けることで創造性を高めることを実感し、文化を育てる媒介物の重要性を見つめ直すべきである。

エ　現代社会を支える電子メディアは媒質を持たず、人間に創造する力を与えるような深みが欠落しているので、紙のような媒質の価値を再認識し、必要に応じてメディアを使い分けていくべきである。

オ　電子メディアが今後さらに発展することを考えると、紙に実際に向き合い、媒介物がどう人間に作用しているかを正負の面から評価し直して、電子メディアに還元することが必要である。

二

次の文章を読み、あとの(1)~(7)の問いに答えなさい。

「僕(町田圭祐《まちだけいすけ》)」は、三崎中学校の陸上部に所属し、駅伝で全国大会出場を目指していた。その後、陸上の名門校である青海学院高校に進学したが、ケガのため陸上部に入ることを断念し、放送部で活動する。六月、「僕」は、体育の単位をとるため、水田《みずた》先生から「駅伝」をテーマにしたレポートを課され、中学時代の自分や他のメンバーの各大会のタイムについて表やグラフを作成してまとめることにした。

週が明け、六月最後の月曜日の朝、完成させたレポートを体育教官室に提出しに行くと、水田先生はまだ出勤しておらず、代わりに、その場にいた先生が預かってくれることになった。以前、印刷室で声をかけられた、陸上部の顧問、原島《はらしま》先生だ。

「おっ、町田圭祐か」

またもやフルネームで僕を呼びながら、渡したレポートをパラパラとめくり出す。

「タイトルは『エース不在の駅伝大会』か。このエースって、山岸《やまぎし》良太《りょうた》のことだよな」

原島先生が良太を知っているのは当然だけど、どうして、僕のレポートとすぐに結びつけることができるのか。

「え、あ、はい。そうです」

体育教官室はすでに、冷房が効いているのに、僕の額には汗が噴き出してきた。

「なかなか興味深い内容だな。ところで、夏休みに膝の再手術をするんだって?」

先生はレポートから顔を上げて、椅子に座ったまま、僕をまっすぐ見上げた。

「は、はい。そうです」

僕は手の甲で汗を拭いながら答えた。

「成功したら、リハビリを兼ねて、少しずつ走ってもよくなるんだよな」

「Aはい……」

僕は胸の内で首をかしげた。手術をすることは、担任を通じて水田先生に伝えてもらっている。それを同じ体育科の原島先生が知っていてもおかしくはない。
だけど、そのあとのことは、青海学院の先生の誰にも言っていない。

知っているのは、僕、母さん、そして……。

「村岡《むらおか》は中学、高校、大学と、陸上部の一学年下の後輩なんだ」

そう、村岡先生。僕が事故で入院しているあいだ、ほぼ毎日見舞いに来てくれていた。回復の見通しについて、僕から先生に話した適当なものを、次のア～オのうちから一つ選びなさい。

ア　段落5で媒質としての紙に焦点を当て、段落6・7で紙と似た働きをした媒質を取り上げ人間への作用を具体的に説明し、段落8で別の例を示し、人間と媒質との関わりについて筆者の主張をまとめている。

イ　段落5で媒質とは何かを簡潔に説明し、段落6・7で筆者自身の体験をもとに紙と似た性質の媒質と人間の関係を考察し、段落8では電子メディアと似た媒質を取り上げ、その問題点を指摘している。

ウ　段落5で媒質の存在の重要性を指摘し、段落6・7は紙以外の媒質の具体例を取り上げて、それをどういかすべきかという考えを述べ、段落8では別の例を示して媒質が重要である根拠を説明している。

エ　段落5で紙の媒質としての特徴に触れ、段落6・7ではこれまでに存在した媒質の歴史を説明して紙の特徴との相違点を述べ、段落8で紙と同様の働きをした媒質を例に紙の持つ働きを明らかにしている。

オ　段落5で紙を例に媒質について疑問を投げかけ、段落6・7で人間に貢献した紙以外の媒質を例にして疑問に対する答えを述べ、段落8ではさらに掘り下げて、媒質に関する筆者の主張を示している。

(6)　文章中にD紙の本質とあるが、これは紙のどのような性質か。最も適当なものを、次のア～オのうちから一つ選びなさい。

ア　人間が身体によって直接体感できる実体として存在するという他にはない特徴によって常に新たな感動を与えるため、人間がその感覚を記憶でき、その結果、人間の創造力を強化する性質。

イ　人間の生命や知の原初を象徴する概念として人間の意識に常に存在することで、人間にその媒質としての役割を感覚的に覚えさせ、人間の身体の内部から意欲を高めることができる性質。

ウ　人間が身体を通して直感的に発想を触発するような物質性を帯びているため、直接触れて加工する過程において色や質感を感知させ、人間の気持ちを上向かせる性質。

エ　人間の生命や情報など人間の根本を象徴するような色や質感を持っているため、人間の身体の感覚や意欲と強い親和性があり、日常的に文字をのせる書写材として人間に寄り添ってきた性質。

オ　人間が直接見たり触れたりできる物質として人間の身近に存在することで、その特徴的な色や質感を日常の中でくり返し感覚的に捉えさせて、人間を刺激する性質。

(7)　筆者が想定している現代の人々の紙に対する態度や考え方を説明したものとして**適当でないもの**を、次のア～カのうちから**二つ**選びなさい。

ア　かつて紙が担ってきた役割はほとんど電子メディアに取って代わられ、メディアとしての紙は駆逐されると考えている。

イ　電子メディアと比較して、紙のメディアは無機質で独自性がないと考え、ただ文字や図を書くための平面と捉えている。

ウ　紙が印刷技術によってメディアとして高い地位を占めていたことは認識しつつも、すでに時代遅れの技術だと考えている。

エ　電子メディアが発明され普及したことで、紙を電子メディアとの比較で捉え、もっぱら印刷メディアとして扱っている。

オ　紙の発明やその色が白いことは普通のことだと受け止め、それらがもたらす恩恵も、あって当然のこととして享受している。

カ　電子メディアが行き渡った現代でも、紙は電子メディアよりもコミュニケーション手段としてすぐれた部分があると考えている。

(8)　本文全体の論旨として最も適当なものを、次のア～オのうちから一つ選びなさい。

ア　このまま電子メディアが世界の中心になり続けると、人間の創造性が消失し新しい文化も生み出されなくなるので、電子メとの効果を説明しています。紙が白くない場合に考えられるのは、黒い色で書いた文字や図がとても見えづらいことです。このように紙が白くない場合を想定して考えると、白い紙が発明されたことは、人間が紙をどのように使い、どのようなことを感じるかにも影響していると思います。

↓
[ii]

a　紙の色が、利便性を重んじて白になったという経緯が説明され、その白さが自由さの象徴で人間がさまざまな色に改良できる可能性を秘めていたため、広く使用されたという主張が展開される。

b　紙の白さが書かれたものを際立《きわだ》たせ、紙の使いやすさにつながっていると指摘し、そうした白い紙に書かれたものを見るときの心地よさが、紙の発明を特別なものにしたという主張が展開される。

c　紙の白さは、紙を誕生させた人間の知識や理想を象徴しているということが説明され、その達成感がさらなる人間の創造欲を生むことにつながり、文化を発展させたという主張が展開される。

d　白い紙は、書かれたものがどのような形、色でも劇的な対比を生むことが指摘され、このように白い紙の存在を人間があまり意識しなかったことが、文化の発展につながったという主張が展開される。

e　白い紙の持っている独特の存在感が、人間の関心を引きつけてそれを使わなければいけないという思いにさせるため、表現するための媒質として白い紙が選ばれたという主張が展開される。

f　白い紙が内包している力や雰囲気が、人間にとって好ましいもので、新しく何かを表現しようという前向きな気持ちにさせるため、紙が広く使われ文化の発展につながったという主張が展開される。

ア　[i] a　[ii] c
イ　[i] c　[ii] f
ウ　[i] c　[ii] e
エ　[i] d　[ii] a
オ　[i] e　[ii] b
カ　[i] e　[ii] c
キ　[i] f　[ii] b
ク　[i] f　[ii] e

(3)　文章中にB「実用」の観点から見るとあるが、本文の内容をふまえて、紙の発明について「実用」の観点から見ることの具体例を挙げる場合に、**適当でないもの**を、次のア～オのうちから一つ選びなさい。

ア　紙と板を比べてメッセージを書く速度がどのくらい変化し、それがどのくらい人間関係に影響したかを捉える。

イ　紙は薄いので多くの情報を書き残しやすく、持ち運びやすいという性質があることに注目し、紙の持つ記録の役割について考える。

ウ　思いついたことを白紙に書く行為によって、自分の考えを整理して行き詰まっている状況や問題を解決しようとする。

エ　イラストで衣装のデザインを描いた紙を印刷して他者に配布し、決定したデザインのイメージを通知しておく。

オ　自分で紙に直接書き写すことと、印刷して大量に複製することの違いを考え、金銭的・時間的なメリットを検討する。

(4)　文章中の[C]・[E]に入れる語句の組み合わせとして最も適当なものを、次のア～オのうちから一つ選びなさい。

ア　C　むしろ　E　そのため
イ　C　ただし　E　たとえば
ウ　C　しかし　E　あるいは
エ　C　一方で　E　つまり
オ　C　さらに　E　なぜなら

(5)　文章中の段落[5]～[8]までの段落相互の関係の説明として最も

（注9）　ドライヴ＝駆動すること。
（注10）　ニュートラル＝中立の。動力が伝達されない状態。

(1)　文章中の～～①～⑤に相当する漢字を含むものを、あとの各群のア～オのうちから、それぞれ一つずつ選びなさい。

①　キンイツ
ア　小物はキンチャクに入れて持ち歩く。
イ　試合はキンサの勝負になった。
ウ　演奏がキンセンに触れた。
エ　彼はキンセイのとれた体型をしている。
オ　自宅でキンシンすることになった。

②　セマく
ア　歯並びをキョウセイする。
イ　劇的な展開にネッキョウする。
ウ　ヘンキョウな考え方を反省する。
エ　避難場所をテイキョウする。
オ　彼はキョウドの誇りだ。

③　ドウサツ
ア　ドウクツの探検を企画する。
イ　よくドウガンだと言われる。
ウ　野球のデンドウ入りが決まる。
エ　金庫にあったドウカの価値を調べる。
オ　飛行機のドウタイを写真に撮る。

④　シンリャク
ア　オンラインでのシンリョウを実施する。
イ　できるだけシンチョウに行動する。
ウ　政界にゲキシンが走る。
エ　他国の市場をシンショクする。
オ　あと少しのシンボウだ。

⑤　ヒヨク
ア　ヒクツになる必要はない。
イ　心身ともにヒヘイしている。
ウ　有名作家のセキヒを探す。
エ　大臣をヒメンする。
オ　組織が徐々にヒダイする。

(2)　文章中にA白い紙の発明は人類史の中でもひときわ強い光を放つ出来事であったと想像されるとあるが、これについてクラスで次のような話し合いが行われ、【意見1】【意見2】の意見が出された。このあと、それぞれの主張はどのように展開されると考えられるか。本文をふまえて、[i][ii]に入る展開内容をa～fから選び、その組み合わせとして最も適当なものを、あとのア～クのうちから一つ選びなさい。

あとの段落に紙の発明が文字や印刷を介在させた文化の発展につながったことが説明されているように、この傍線部では紙の誕生が人類に並外れた影響をもたらしたと指摘しています。さらに、筆者は紙が白いことが人類の文化史に大きく影響していると言っていますね。紙が白いことの影響について考えていきましょう。

【意見1】
筆者は、白い紙の持つイメージを、「無垢な静謐さ」や「未発のときめき」という言葉を使って説明しています。たとえば、何も書いていない部分が白い色ではなくても「余白」や「空白」という言葉で表現するように、白い紙には「まだ何もない」というイメージが強くあります。こうしたイメージやそれに対する人間の気持ちに注目すると、紙が白いことがどう影響しているかも見えてくるのではないかと思います。

↓
[i]

【意見2】
文章中には、紙が白色でない場合を仮定して、紙が白いこ

5 紙は印刷メディアであると言われる。電子メディアの登場によって、紙はことさらこう呼ばれるようになったが、(注7)媒質を持たないことが特徴である電子メディアと違って、紙には「メディア」という概念では言及できない性質があり、そこにD紙の本質がある。

6 文化や文明を少し感覚的な視点で観察すると、その時代に常に人間の近くにあり感覚を覚醒させ、創造への意欲をかきたてた媒質というものが見つかる。たとえば石器時代の石斧《せきふ》などを実際に手で握ってみるとそれが腑《ふ》に落ちる。石という物質の触り心地や重量感、そして程よい加工適性が人類をその気にさせたのだ。石器時代は驚くほど長い。ひとつの石斧の形が百万年にもわたって伝承されたという。数千世代にもわたって、ひとつの道具の形が継承されるような時間や営みを現代人がイメージすることは難しい。しかし石器という物体の重さと硬さ、持ち心地や(注8)テクスチャーが、人類の感覚を鼓舞し、石器文化というものを(注9)ドライヴさせていく原動力になったことは、それに触れることで直感的に理解できる。今日においてすら、僕は石器を手にしてときめきを覚えた。そのときめきは人間を創造の営みに駆り立てる衝動のようなものだ。

7 鉄の時代においても同様の③ドウサツが可能だろう。鉄という硬くしなやかで加工性に富んだ媒質が、感覚的に農耕や戦争という能動性を鼓舞したのではなかろうか。鋤《すき》や鍬《くわ》を地面に振り落とし、その先端が土に突き刺さる感触は、土地を開墾し、荒涼たる大地に人為による安らかなる場所を拓《ひら》いていく意欲を誘ったはずであり、また白い鋼を研磨することで生まれる鋭利な刃というものの質感が、④シンリャクへの野望や生死に関わる独特の意識を人の心に宿らせたはずである。

8 バビロニアの時代には楔形《くさびがた》文字を刻んだ粘土板という媒質がある。粘土板というものは、必ずしも真っ平らな平面ではない。その多くははちきれそうに膨らんでいる。資料でぱんぱんに膨らんだ手帳のようである。表面にはびっしりと細やかな楔形文字が刻み付けられている。なぜ、粘土板がこんなにも膨らんで反り返っているのか。おそらくは、手で持てる携帯可能な物体に、より多くの表面積をもたらせるためにそうなったのではないかと想像される。E、粘土板にコンパクトに文字を刻み付けるという強い意欲が、より小さな文字の刻印、そして少しでも多い表面を生み出す心性を育み、粘土板の膨らみを生み出したのではないか。文字を彫りつけられたこの固体から、そういう意欲のほとばしりを読み解くことができる。文化は人間の意欲に呼応している。意欲という帆をはちきれんばかりに膨らませる風の一翼を担《にな》うもの。そういう物質が、文化や文明の傍《かたわ》らには必ずある。

9 紙もまた、その白さと張りによって、人類の意欲をそそり続けてきたのである。紙は単に文字や写真をのせるための無機質で(注10)ニュートラルな平面ではない。紙の白やその物質性と感覚的に対話を続けることで、人間はそこに⑤ヒヨクな表現の領域を育むことができた。書籍はそのようなものとして文化の中に立ち上がってきた道具である。今日、電子メディアの意味を考え、掘り下げる上でも、空気のように自分たちの日常に寄り添い、そこに力を与え続けてきた媒介物の意味を、感覚を通して評価し直す必要があるのではないだろうか。

(原 研哉『白』による)

(注1) 枚葉=平判(平らな状態の紙)で、巻いていない紙。
(注2) 未発=まだ起こっていないこと。
(注3) 漉き簀=紙を漉くときに原料を掬いあげるための簀子《すのこ》。竹などを編んで作られた。
(注4) アースカラー=大地の茶色や自然の緑色など地球をイメージした色。
(注5) 特異点=数学で用いられる言葉で、ここでは基準から大きくはずれているところを意味している。
(注6) グーテンベルク=十五世紀ドイツの、活版印刷技術の創始者。
(注7) 媒質=ある作用などを他に伝える媒介となるもの。
(注8) テクスチャー=質感。素材感。

二〇二三年度 芝浦工業大学柏高等学校（第二回）

【国　語】（五〇分）〈満点：一〇〇点〉

一　次の文章を読み、あとの(1)～(8)の問いに答えなさい。なお、1～9は段落番号である。

1　紙は白い。これはごく当たり前のことのようだが、紙が白いということは決して普通のことではない。A白い紙の発明は人類史の中でもひときわ強い光を放つ出来事であったと想像される。紙は今日あまりにも日常的に存在しているので、僕らはその特別さにすっかり慣れてしまっている。しかしながら、前の章でも述べた通り、暮らしの中で白は希少で特別なものであった。その特殊な性質を持った物質を、張りのある薄い(注1)枚葉として生み出すことができたわけであるから、紙の誕生が人間にもたらしたイマジネーションにははかりしれないものがあるはずだ。紙の発明は一般的には「書写材」の発明と言われているが、単にB「実用」の観点から見るのではなく、白い枚葉の誕生が覚醒させた「イマジネーション」をこそ問題にすべきではないか。確かに紙はメディアである。しかしメディアの本質は実用性のみならず、むしろそれが人間の創造性やコミュニケーションへの衝動をいかに刺激し鼓舞するかという点にある。

2　紙は、混沌《こんとん》から立ち上がってくる「いとしろしき」ものが物質化したものである。それは褐色の混濁からすくい集められた清浄さの極まりであり、この世に出現した顕在性と可能性のかたまりである。それを目の前にした人類はその(注2)未発の可能性に触発され、何かをその上に表現したくてたまらなくなったはずだ。

3　紙は西洋紀元の前後に中国で発明された。後漢の蔡倫《さいりん》がその製法を体系化したとされる。はじめはぼろ布を水の中で突き砕いてばらばらの繊維にしたものを(注3)漉《す》き簀《す》で掬《すく》い上げて紙にしていたらしい。やがて紙は樹皮の繊維をそのまま叩《たた》きほぐして水中に分散させて漉かれるようになった。ベージュの樹皮から純白の紙が生まれてくる。樹皮は(注4)アースカラーであるが、必要な繊維だけを残して薄く漉きあげると真っ白な枚葉になる。紙には他の物質にはない独特の張り、そして指先に心地よい肌理《きめ》が備わっている。誤解を恐れずに言えば、もし紙が若葉のような緑色や、熟したような柿色をしていたならば、あるいはビニールのように張りのない触感であったならば、文字や印刷を介在させた文化が、紙の誕生を機にこのように急速には進展してこなかったかもしれない。しかしながら紙は偶然にも色としての属性を持たず、輝くような「白さ」と、ぴんとした「張り」をたずさえて人類史上に現れた。白には、ことが始まる前の無垢《むく》な静謐《せいひつ》さや、膨大な成就《じょうじゅ》を呼び込む未発のときめきがたたえられている。［　C　］、薄く①キンイツな素材は壊れやすくはかなげである。そのような白い紙に墨の黒色で文字や図を置く。その劇的なる対比。ここに人類史上最も重要な感覚の覚醒があったはずだ。文化史の中でひときわまばゆい光を放つイメージの(注5)特異点がここにある。

4　今日、電子メディアの進展によって紙の役割が変わりつつある。「(注6)グーテンベルク銀河の終焉《しゅうえん》」などという言葉も聞こえてくる。紙と印刷技術との相乗効果で生み出されたコミュニケーションの世界は、ひとつの宇宙の爆発的な誕生になぞらえられるわけだが、今日その銀河の命脈も残りいくばくということか。その比喩は面白いと思うが、紙をメディアと考えてその終焉を評する発想は、紙という物質の意味を少し②セマくとらえ過ぎてはいないだろうか。紙は書写・印刷材料である以上に、生命や情報の原像としての「白」を象徴している点で、人類の発想を触発し続けてきた知の触媒である。もしも電子技術を手にした後に紙が発明されたとしても、感覚を意欲させ、創造性をあおる白い枚葉を手にして、おそらく人類はそこでも大きなイマジネーションを得たに違いない。

英語解答

1 1　C　2　A　3　B　4　B
5　C

2 1　A　2　B　3　C　4　A
5　C

3 1　C　2　B　3　A　4　C
5　B

4 (1)　エ　(2)　３番目…ア　６番目…エ
(3)　ウ　(4)　エ
(5)　３番目…カ　６番目…ウ　(6)　ア
(7)　ウ　(8)　イ　(9)　イ

5 (1)　イ　(2)　ウ　(3)　ウ　(4)　ア
(5)　エ　(6)　エ　(7)　ア　(8)　イ

6 (1)　３番目…ウ　６番目…ア　(2)　ア
(3)　エ　(4)　エ　(5)　ウ
(6)　３番目…ウ　６番目…イ　(7)　イ
(8)　イ

1～**3**〔放送問題〕放送文未公表

4〔長文読解総合―説明文〕

≪全訳≫❶東京パラリンピック競技大会に先立ち，2017年に東京の渋谷の真ん中でエキシビションが開催された。ふだんは混雑しているショッピング街が60メートルの公道レースのために閉鎖された。世界のトップ人工装具アスリートたちが世界最速のアスリートに挑戦し，通りを埋め尽くした人々をわくわくさせた。②集まった大勢の人々は，記録を破ろうとしている本物のパラアスリートを観覧して楽しんだ。そのアスリートたちの中には，2017年世界パラ陸上競技選手権での200m優勝者，アメリカのジャリッド・ウォレスがいた。彼は「サイボーグ」製の義足を身につけていた。❷サイボーグは人工装具やランニングブレード(競技用義足)の製造会社だ。代表取締役の遠藤謙には片足を失った友人がおり，彼は人工装具に興味を持った。それから彼はマサチューセッツ工科大学で身体能力や人工装具を研究し，2014年にサイボーグを起業した。国際的なブランド２社が大部分を占有する市場において，遠藤の目標は日本人アスリート用のブレード――欧米人よりも小柄な日本人アスリートによりふさわしいブレードを製作することだった。❸ウォレスは身長173センチで欧米の大半の短距離走者よりも小柄だ。2016年リオパラリンピック競技大会の100mでヨーロッパ製のブレードをつけて５位になった後，彼はサイボーグ製のものに変えて遠藤のチームに参加した。チームはすぐに，彼の依頼により近い新しいブレードをつくるのに十分なウォレスの競技データを集め始めた。2020年東京パラリンピック競技大会でウォレスは新しいブレードをつけて，男子200mにおいて，22.09秒のシーズン最高記録で彼自身初のパラリンピックのメダルを獲得した。❹遠藤のもう１つの目標⑤は一般大衆のために何かをすることだ。2017年10月に，彼はトップアスリートのみならず，四肢のいずれかを切断した人々と一緒に走る喜びを共有する「ブレードの図書館」をスタートさせた。この図書館は，費用，場所，情報などランニングブレードに関するいくつかの問題をカバーしている。500円とトラックレンタル料だけで，利用者はブレードの使い方を学びながら，望むブレードはどれでも試すことができる。❺遠藤は「ランニングはそれをしたいと思う誰にでも門戸が開かれているべきです。私たちの大半にとっては始めやすいですが，四肢のいずれかを切断した人々にとっては状況が大いに異なります」と言っている。❻2020年に遠藤のブレードはより日常的に使われるようになった。10歳のスギモト・ダイチは６歳のとき病気で膝から下を失ったため，遠藤の会社は彼にランニングブレードを無料で貸し出した。ダイチはスタッフやアスリートからそれを安全に使う方法も学んだ。彼らの助けを借りて，彼は自宅や学校でそれを使うことができた。練習開始からわずか８か月で，彼は障がいのないクラスメートと同じくらいのびのびと走ることができる。❼遠藤は「私たちは誰でもスポーツを楽しめる社会をつくる必要があります。パラリンピック競技大会はその道を進むうえでのキーポイントです」と言っている。遠藤謙のような技術者たちが皆にスポーツの喜びをもたらす未来をつくっている。

(1)＜語句解釈＞ahead of ～で「～の前に，～に先立って」という意味。

(2)＜整序結合＞the crowd「集まった大勢の人々」で始め，enjoy ～ing「～して楽しむ」の形を使って enjoyed watching を続ける。watching 以下は‘watch＋目的語＋～ing’「…が～しているのを見る」の形になると考えて，watching real para-athletes trying とまとめる。さらに，trying の後に to break を続け，try to ～「～しようとする」という形をつくる。 The crowd enjoyed watching real para-athletes trying to break the record.

(3)＜適語選択＞直前の「遠藤には片足を失った友人がいる」という説明から，それがきっかけで人工装具に「興味を持った」と考えられる。be interested in ～「～に興味を持つ」の be動詞がここでは became になっている。

(4)＜指示語＞ones は前に出ている‘数えられる名詞’の代用となり，不特定のものを指す代名詞。ここに当てはめて意味が通る内容を前から探す。ウォレスはリオパラリンピック競技大会の後，ヨーロッパ製の「ブレード」からサイボーグ製のものに変えたのである。

(5)＜整序結合＞主語の Another goal for Endo に，is to do を続けて「遠藤のもう１つの目標は～することだ」とする。残りは do の目的語として something for the public とまとめる。 Another goal for Endo is to do something for the public.

(6)＜適語(句)選択＞空所の直後の cost, place and information は空所前の several problems with the running blade「ランニングブレードに関するいくつかの問題」の具体例になっている。‘*A* such as *B*’で「*B* のような *A*」という意味。

(7)＜適語選択＞⑦A．直前の it は前文の running を指す。ランニングは私たちの大半にとっては始め「やすい」ものである。　⑦B．‘逆接’を表す but「しかし」に着目。前半の内容とは対照的に，四肢のいずれかを切断した人々にとってランニングは始めやすいものではない，つまり状況が大いに「異なる」のである。

(8)＜適語選択＞with ～'s help で「～の助けを借りて」という意味。

(9)＜指示語＞下線部⑨を含む文は「遠藤謙のような技術者たちが皆にスポーツの喜びをもたらす未来をつくっている」という意味。第７段落第１文で，遠藤は誰でも(anybody)スポーツを楽しめる社会をつくる必要があると述べている。

5 〔長文読解総合―物語〕

≪全訳≫❶「その炎の熱さを覚えている」と怪物は言った。「その熱さから逃げ出したのを覚えている。私は街を駆け抜けた。暗く，誰も私を見ていなかった。私は自分が誰なのかわからなかった。自分がどこへ向かっているのかわからなかった。何日もたった」❷「どうやって暮らしていたのか？」と私は彼に尋ねた。「何を食べていたんだ？」❸「ときには木の実を食べた」と怪物は答えた。「ときには家から食べ物を取ってきた。初めてこれをしたとき，１人の男が私を見た。彼の目にあった恐怖を私は決して忘れないだろう。私にはそれが理解できなかった。私は彼と友達になりたかった。私は彼にほほ笑みかけたが彼は逃げ出した」❹「数日後，私は小さな水たまりまで来た。飲もうとしてしゃがんだとき，自分自身の顔を見た。ああ，なんというひどさ！　他の人たちの顔との何たる違い！　私は自分の黄色いしわくちゃの肌を見た。私は自分の黄色い目と薄く黒い唇を見た。なぜ人々が私から逃げ出したのか，ようやくわかった。その瞬間から私は自分を憎んだ。そしてお前を憎んだ，ビクター・フランケンシュタイン」❺「どうして私の名前を知っているんだ？」と私は叫んだ。❻「実験室が火事になった」と怪物は答えた。「私はお前のマントを手に取り，火から身を守った。それを使って身を覆った。その後，ポケットの中にお前の名前が書いてある本を見つけた。私は自分と約束をした。その名前の人物は皆私の敵だった。その名前の人物は皆死ぬだろう。私は復讐を求めて世界中をさまよった」❼「私は何日も歩き続けた」と怪物は続けた。「ついに私は美しい谷にやってきた。谷の先に小屋があった。私は身を潜めてその小屋の様子を観察した。そこには３人が住んでいた——年老いた男性と若い男性と少女だった」❽「彼らは貧しかったがとても幸せだった。なぜか？　彼らは互いに愛し合っていたからだ。私は数日間彼らを観察した」❾「年老いた男性は小屋から移動することはなかった。若者たちは一日中一生懸命に働いた。そして彼らは食料や木材を持って帰ってきた」❿「夕方，皆が一緒に座った。私は壁の小さな穴から彼らを見ていた。家には本がたくさんあった。年老いた男性は盲目で目が見えなかった。若い娘がその男性に本を読み上げた。私もそれを聞いた。私はとてもたくさんのことを学んだ」⓫「ある日，私は若者たちが出かけるのを見た。彼らは一日中留守にすることはわかっていた。私は小屋のドアをノックした。年老いた男性が出て，私は中に入った。彼には私が見えないことはわかっていた」⓬「私はこの国は初めてなんです」と私は言った。「悲惨な事故に遭い，私の顔は醜くなりました。人々は私のことを恐れますが，私は誰かに話さなくてはなりません。あなたに話してもいいですか？」⓭「年老いた男性はほほ笑んで私に座るように言った。私は話し始め，私たちはすぐに親しくなった。その男性は大変賢かった」⓮「彼は私の先生になった」と怪物は言った。「彼の小屋が私の学校だった。私はこの家族の一員になりたかった。だが，私はいつも若者たちが帰ってくる前に小屋を出た」⓯「それからある日，私は遅くまで残っていた。若い娘が小屋の中に入ってきて私を見た。彼女は大声で叫び，私は小屋のドアに向かって走った。その娘はおびえて床に倒れ込んだ。私は彼女を助けようとかがんだ。その瞬間，彼女の兄が駆け寄ってきた。彼は私を見て銃で私を撃った。私は痛さのあまり悲鳴を上げ，谷を下って逃走した」⓰「私の心は怒りに満ちていた。私は世界中の全ての人々が憎かった——男性，女性，子どもたち。だがとりわけ私はお前を憎む，ビクター・フランケンシュタイン。お前が私を醜くしたのだ。お前が私を皆が怖がる怪物にしたのだ」

(1)<指示語>run away from ～で「～から逃げる」という意味。直前の「その炎の熱さを覚えている」という怪物のセリフから，怪物が逃れようとしたのは the heat「熱さ」からである。

(2)<指示語>下線部②を含む文は「私はそれが理解できなかった」という意味。この後の怪物の行動から，下線部は直前の文にある the fear「恐怖」を受けているとわかる。

(3)<文脈把握>下線部③を含む文は「なぜ人々が私から逃げ出したのかようやくわかった」という意味。水たまりに映った自分の顔を見て，初めてその醜さを知ったという話の後に続くセリフなので，容姿の特徴がその理由に当たる。ウ．「私は人々にほほ笑みかけたが彼らは逃げ出した」は理由として不適切。

⑷＜単語の意味＞第６段落第２～４文参照。この内容に一致するのは，ア．「何かを覆ったり隠したりする衣類」。

⑸＜文脈把握＞第10段落第４，５文参照。怪物が年老いた男性に自分の姿が見られないとわかっていたのは，エ．「若い娘が年老いた男性に本を読み上げた」様子を見ていたからである。 read aloud to ～「～に本を読み上げる」

⑹＜英文解釈＞前の２文の，年老いた男性はとても賢く，怪物の先生になったという内容から，怪物は男性の自宅である小屋で，男性からさまざまなことを教わっていたと推測できる。よって，下線部⑥の意味を表すのは，エ．「年老いた男性は怪物に教えた」。

⑺＜文脈把握＞前の文に，小屋の中にいる怪物を見た若い娘がおびえて床に倒れ込んだとあるので，怪物は彼女を起こそうとしてかがんだとわかる。よって，下線部⑦の理由として適切なのは，ア．「私はその娘が私の背後で床に倒れ込んでいることに気づいた」。 bend over「かがむ」 bend－bent－bent

⑻＜語句解釈＞直後の２文参照。怪物は自分を醜い怪物にしたのはお前だと言って憎んでいるので，ビクター・フランケンシュタインの説明として適切なのはイ．「怪物をつくった男性」。

6〔長文読解総合―説明文〕

≪全訳≫❶科学者のチャールズ・ダーウィン所有の行方不明になっていたノート２冊が最近ひそかにケンブリッジ大学図書館に返却された。盗まれたノートは20年以上行方不明だったが，良好な状態で返却された。❷チャールズ・ダーウィンは1800年代に生存した大変有名な科学者だった。進化――いかにさまざまな種類の生物は時間をかけてゆっくりと変化するかに関する彼の考えは，①科学者による自然界の理解の仕方を完全に変えた。❸ダーウィンはガラパゴス諸島を訪れた後に彼の考えを展開し始めた。彼はそこにすむカメや鳥たちは，生息場所や食べ物によっていかに発達が異なるかを理解しようとしていた。❹彼はアルファベット文字でラベリングされた一連のノートに自らの考えを記録した。ダーウィンが自らの考えを，世界を変える本にまとめるのに20年以上かかった。それ以来，彼のノートは彼がいかに考えを展開させたかを示す大変重要なものと考えられてきた。❺ケンブリッジ大学図書館はダーウィンのノートを数冊所持していた。行方不明になっていた２冊は小箱の中に保存されていて，最後に目撃されたのは2000年でそのとき写真撮影のために取り出された。2001年にある者がその箱が紛失していることに気づいた。幸いにも，図書館はノートのページの写真を撮っていたので，情報は完全に失われたわけではなかった。❻2020年に，図書館はノートを見つけようと懸命に努力した。職員たちは図書館にある本や他の物品1000万点を念入りに調べたが，ノートは見つからなかった。結局，図書館は世界中の人々にノートを見つけるのを手助けしてくれるよう頼んだ。彼らは行方不明になっているノートは盗まれたと報告した。彼らは世界中の警察にノートを捜索してもらいたいと思っていた。❼ジェシカ・ガードナーはダーウィンのノートを取り戻すのに尽力した司書だった。だが，彼女でさえノートの返却方法を予測できなかっただろう。ピンク色のギフトバッグに入った状態で，「司書様，ハッピーイースター，X」と書かれたメモがついていた。❽ガードナー博士はニューヨークタイムズに「⑥どんなに興奮しているか言葉では言い表せません」と語った。図書館員たちはノートが保管されていた青い箱をすぐに認識した。茶封筒の中に，行方不明になっていた２冊のノートがビニールに包まれた状態で発見された。❾警察が包みを検査した後に，図書館員たちは開封してノートを入念に調べることができた。ノートが良好な状態であることを知り，彼らは喜んだ。損傷もなく，欠落したページもなかった。❿返却のタイミングは申し分ない。図書館は「会話中のダーウィン」という展示会を計画していた。その展示会は7月に公開することになっていた。ガードナー博士は，紛失していたノートは今では展示会の一部になりうると言っている。⓫警察はこの事件を今も調査しており，「これらの貴重なノートが今もとの場所に戻ったことを喜ぶ気持ちは大学側と同じです」と述べた。

(1)＜整序結合＞文の主語はHis ideas about evolution「進化に関する彼の考え」。語群から，この考えが完全に「科学者による自然界の理解の仕方を変えた」という意味になると推測できる。まず，主語に対する動詞changedを置き，その目的語を‘the way＋主語＋動詞...’「～が…する方法」の形を使ってthe way scientists understand the natural worldとまとめる。 ... completely changed the way scientists understand the natural world.

(2)＜適語選択＞適切な疑問詞を選ぶ。depend on ～で「～次第である」という意味。「どこに住むかや何を食べるか」とすると文意が通る。

(3)＜適語(句)選択＞take out ～で「～を取り出す」という意味。ノートが取り出される目的として適切なものを選ぶ。

(4)＜適語選択＞空所前の「幸いにも，図書館はノートのページの写真を撮っていた」という内容と，空所後の「情報は完全に失われたわけではなかった」という内容は，‘理由’→‘結果’の関係になっている。前後にこの関係が成り立つのは接続詞so「だから，それで」。

(5)＜語句解釈＞前の段落では，図書館員たちがノートを見つけようと懸命に努力した様子が述べられており，司書であるジェシカ・ガードナーもそのうちの1人と考えられる。よって，この内容を表すのは，ウ.「ジェシカ・ガードナーは行方不明になっていたダーウィンのノートを探すために一生懸命に働き続けた」。このpushは「奮闘，努力」といった意味で，下線部前後の直訳は「ダーウィンのノートを取り戻すための奮闘を支えた司書」。

(6)＜整序結合＞‘It is ～ to …’「…することは～だ」の文。toの後に動詞としてexpressを置き，その目的に‘how＋形容詞〔副詞〕＋主語＋動詞...’の感嘆文の形を続ける。 It's really hard to express how excited I am.

(7)＜適語句選択＞空所の前に，「彼ら(＝図書館員たち)は喜んだ」とあるので，行方不明になっていたノートがどのような状態だったら図書館員たちが喜ぶかを考える。直後の文にノートの状態について具体的に書かれていることもヒントになる。 learn that ～「～ということを知る」

(8)＜要旨把握＞第1段落最終文参照。ノートは20年以上行方不明だったので，イ.「ノートは盗まれたが5年後に返却された」は不適切。なお，ア.「ダーウィンは自分のノートをさまざまなアルファベット文字でラベリングした」は第4段落第1文に，ウ.「ダーウィンはノートを書き終えるのに20年以上要した」は第4段落第2文に，エ.「図書館は世界中の警察や人々にノートを探すよう頼んだ」は第6段落後半の内容に一致する。

2023年度／芝浦工業大学柏高等学校（第２回）

数学解答

1 (1) ア…4　イ…3　ウ…3
(2) エ…5　オ…2　(3) 5
(4) キ…6　ク…2　ケ…3

2 (1) ア…4　イ…4
(2) ウ…2　エ…3　オ…4
(3) カ…4　キ…0　ク…3
(4) ケ…1　コ…5　サ…7　シ…2

3 (1) ① ア…1　イ…4
② ウ…8　エ…1　オ…5
カ…5　キ…6
(2) ① ク…1　ケ…3　コ…1
サ…8
② シ…1　ス…4　セ…2
ソ…7

4 (1) ア…6　イ…3
(2) ウ…2　エ…7
(3) オ…6　カ…7　キ…5
(4) ク…1　ケ…6　コ…3　サ…2
シ…5

5 (1) ア…3　イ…5
(2) ウ…3　エ…1　オ…0
(3) カ…4　キ…5
(4) ク…4　ケ…5　コ…5

1〔独立小問集合題〕

(1)＜数の計算＞与式 $=(\sqrt{2}+\sqrt{6})\times\sqrt{7}(\sqrt{2}-\sqrt{6})\div(-\sqrt{21})=-\dfrac{\sqrt{7}(\sqrt{2}+\sqrt{6})(\sqrt{2}-\sqrt{6})}{\sqrt{21}}=-\dfrac{(\sqrt{2})^2-(\sqrt{6})^2}{\sqrt{3}}=-\dfrac{2-6}{\sqrt{3}}=\dfrac{4}{\sqrt{3}}=\dfrac{4\times\sqrt{3}}{\sqrt{3}\times\sqrt{3}}=\dfrac{4\sqrt{3}}{3}$

(2)＜連立方程式―解の利用＞$ax+by=7$……①，$x-a(y+6)=b-9$……②とする。①，②の連立方程式の解が $x=a-2$，$y=-4$ だから，解を①に代入すると，$a(a-2)+b\times(-4)=7$ より，$a^2-2a-4b=7$……③となり，②に代入すると，$(a-2)-a(-4+6)=b-9$ より，$a-2-2a=b-9$，$b=-a+7$……④となる。④を③に代入して，$a^2-2a-4(-a+7)=7$ より，$a^2-2a+4a-28=7$，$a^2+2a-35=0$，$(a+7)(a-5)=0$ となるので，$a=-7$，5となる。$a>0$ だから，$a=5$ である。これを④に代入して，$b=-5+7$ より，$b=2$ となる。$b>0$ を満たすので，適する。

(3)＜数の性質＞m を12でわったときの商を x とすると，余りが7より，$m=12x+7$ と表せる。n を18でわったときの商を y とすると，余りが11より，$n=18y+11$ と表せる。これより，$mn=(12x+7)\times(18y+11)=12x\times18y+12x\times11+7\times18y+77=12x\times18y+12x\times11+7\times18y+72+5=6(36xy+22x+21y+12)+5$ となる。x，y が整数より，$36xy+22x+21y+12$ は整数だから，mn を6でわったときの余りは5である。

(4)＜平面図形―長さ＞右図で，△OCD は△OAB を時計回りに90°回転させたものなので，∠BOD＝90°，OD＝OB＝6となる。△OAD は，∠AOD＝∠AOB＋∠BOD＝30°＋90°＝120°，OA＝OD＝6の二等辺三角形となるので，∠ODE＝(180°－∠AOD)÷2＝(180°－120°)÷2＝30°である。よって，△OED は3辺の比が $1:2:\sqrt{3}$ の直角三角形であり，$\mathrm{OE}=\dfrac{1}{\sqrt{3}}\mathrm{OD}=\dfrac{1}{\sqrt{3}}\times6=2\sqrt{3}$ となるから，$\mathrm{BE}=\mathrm{OB}-\mathrm{OE}=6-2\sqrt{3}$ (cm)である。

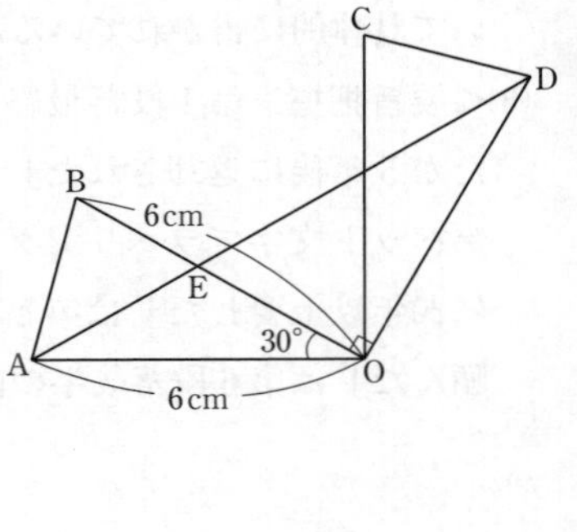

2〔関数―関数 $y=ax^2$ と一次関数のグラフ〕

≪基本方針の決定≫(4)　等積変形を利用する。

(1)＜座標＞次ページの図で，3点B，C，Dは放物線 $y=\dfrac{2}{3}x^2$ 上にあり，x 座標はそれぞれ3，－2，－1

だから，$y=\frac{2}{3}\times3^2=6$，$y=\frac{2}{3}\times(-2)^2=\frac{8}{3}$，$y=\frac{2}{3}\times(-1)^2=\frac{2}{3}$より，B(3，6)，C$\left(-2,\ \frac{8}{3}\right)$，D$\left(-1,\ \frac{2}{3}\right)$である。点Bを通り$x$軸に平行な直線と点Aを通り$y$軸に平行な直線の交点をH，点Cを通り$x$軸に平行な直線と点Dを通り$y$軸に平行な直線の交点をIとすると，四角形ABCDは平行四辺形だから，△ABH≡△DCIとなる。よって，BH＝CI＝$-1-(-2)=1$，AH＝DI＝$\frac{8}{3}-\frac{2}{3}=2$より，点Aの$x$座標は$3+1=4$，$y$座標は$6-2=4$となり，A(4，4)である。

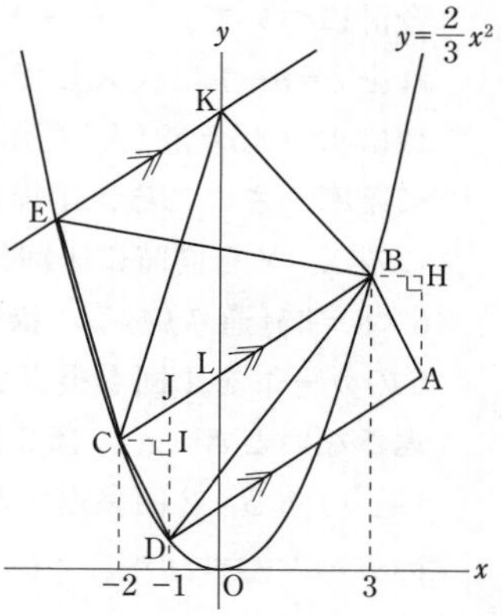

(2)＜直線の式＞右図で，(1)より，B(3，6)，C$\left(-2,\ \frac{8}{3}\right)$だから，直線BCの傾きは$\left(6-\frac{8}{3}\right)\div\{3-(-2)\}=\frac{2}{3}$となり，その式は$y=\frac{2}{3}x+b$とおける。これが点Bを通るので，$6=\frac{2}{3}\times3+b$，$b=4$となり，直線BCの式は$y=\frac{2}{3}x+4$である。

(3)＜面積＞右上図で，点Dを通りy軸に平行な直線と直線BCの交点をJとし，2点B，Dを結ぶ。四角形ABCDが平行四辺形より，▱ABCD＝2△BCDとなる。また，D$\left(-1,\ \frac{2}{3}\right)$だから，点Jの$x$座標は$-1$である。(2)より，点Jは直線$y=\frac{2}{3}x+4$上の点だから，$y=\frac{2}{3}\times(-1)+4=\frac{10}{3}$となり，J$\left(-1,\ \frac{10}{3}\right)$である。これより，DJ＝$\frac{10}{3}-\frac{2}{3}=\frac{8}{3}$となる。△BDJ，△CDJの底辺をDJと見ると，3点B，C，Dのx座標より，△BDJの高さは$3-(-1)=4$，△CDJの高さは$-1-(-2)=1$となる。よって，△BCD＝△BDJ＋△CDJ＝$\frac{1}{2}\times\frac{8}{3}\times4+\frac{1}{2}\times\frac{8}{3}\times1=\frac{20}{3}$となるから，▱ABCD＝$2\times\frac{20}{3}=\frac{40}{3}$である。

(4)＜x座標＞右上図で，(3)より，△BCE＝▱ABCD＝$\frac{40}{3}$である。直線BCより上側のy軸上に△BCK＝△BCE＝$\frac{40}{3}$となる点Kをとり，直線BCとy軸の交点をLとする。K(0，t)とすると，(2)より直線BCの切片は4だから，L(0，4)であり，KL＝$t-4$となる。△BKL，△CKLの底辺をKLと見ると，2点B，Cのx座標より，△BKLの高さは3，△CKLの高さは2となるから，△BCK＝△BKL＋△CKL＝$\frac{1}{2}\times(t-4)\times3+\frac{1}{2}\times(t-4)\times2=\frac{5}{2}t-10$と表せる。よって，$\frac{5}{2}t-10=\frac{40}{3}$が成り立ち，$15t-60=80$，$15t=140$，$t=\frac{28}{3}$となるので，K$\left(0,\ \frac{28}{3}\right)$である。また，△BCK＝△BCEより，BC∥KEとなる。直線BCの傾きが$\frac{2}{3}$だから，直線KEの傾きも$\frac{2}{3}$となり，切片は$\frac{28}{3}$だから，直線KEの式は$y=\frac{2}{3}x+\frac{28}{3}$となる。したがって，点Eは放物線$y=\frac{2}{3}x^2$と直線$y=\frac{2}{3}x+\frac{28}{3}$の交点だから，$\frac{2}{3}x^2=\frac{2}{3}x+\frac{28}{3}$，$x^2-x-14=0$より，$x=\frac{-(-1)\pm\sqrt{(-1)^2-4\times1\times(-14)}}{2\times1}=\frac{1\pm\sqrt{57}}{2}$となり，点Eの$x$座標は負だから，$\frac{1-\sqrt{57}}{2}$である。

3 〔独立小問集合題〕

(1)＜データの活用―度数，累積相対度数＞①40分以上60分未満の階級の累積相対度数が0.72，60分以上80分未満の階級の累積相対度数が1.00より，60分以上80分未満の階級の相対度数は$1.00-0.72=0.28$である。度数の合計が50人より，60分以上80分未満の階級の度数は，$a=50\times0.28=14$である。　②cはbよりも7大きいから，$c=b+7$である。また，①より，$a=14$だから，度数の合計について，$13+c+b+14=50$ が成り立ち，$13+(b+7)+b+14=50$，$2b=16$，$b=8$ となる。これを $c=b+7$ に代入して，$c=8+7$，$c=15$ となる。これより，20分以上40分未満の階級の累積度数は $13+15=28$(人)だから，この階級の累積相対度数は $d=28\div50=0.56$ である。

(2)＜確率―さいころ＞①操作Ⅱまで終了したときなので，2つのさいころX，Yで考える。2つのさいころX，Yを同時に1回投げるとき，それぞれ6通りの目の出方があるから，x，y の組は，全部で $6\times6=36$(通り)ある。操作Ⅱまで終了したとき，5のカードが表になっているのは，操作Ⅰ，Ⅱで5のカードを1回も裏返さないときか，操作Ⅰ，Ⅱで5のカードを2回裏返すときである。1回も裏返さないとき，x，y は5以外だから，それぞれ1，2，3，4，6の5通りより，x，y の組は $5\times5=25$(通り)ある。2回裏返すとき，$(x,\ y)=(5,\ 5)$ の1通りある。よって，操作Ⅱまで終了したとき，5のカードが表になっているのは $25+1=26$(通り)だから，求める確率は $\frac{26}{36}=\frac{13}{18}$ となる。　②3つのさいころX，Y，Zを同時に1回投げるとき，x，y，z の組は，全部で $6\times6\times6=216$(通り)ある。操作Ⅲまで終了したとき，3のカードが表になっているのは，操作Ⅰ，Ⅱ，Ⅲで3のカードを1回も裏返さないときか，操作Ⅰ，Ⅱ，Ⅲのうちで3のカードを2回裏返すときである。1，2，3，4，5，6のうち，3が約数となるのは3と6だから，1回も裏返さないとき，x，y，z はそれぞれ1，2，4，5の4通りであり，$4\times4\times4=64$(通り)ある。2回裏返すとき，操作Ⅰ，Ⅱで裏返す場合は，x，y はそれぞれ3，6の2通り，z は1，2，4，5の4通りより，$2\times2\times4=16$(通り)ある。操作Ⅰ，Ⅲで裏返す場合，操作Ⅱ，Ⅲで裏返す場合も同様にそれぞれ16通りあるので，2回裏返すときは，$16\times3=48$(通り)ある。よって，操作Ⅲまで終了したとき，3のカードが表になっている x，y，z の組は $64+48=112$(通り)あるから，求める確率は $\frac{112}{216}=\frac{14}{27}$ である。

4〔平面図形―三角形〕

≪基本方針の決定≫(1)　点Aから辺BCに垂線を引く。　(3)　三角形の相似を利用する。

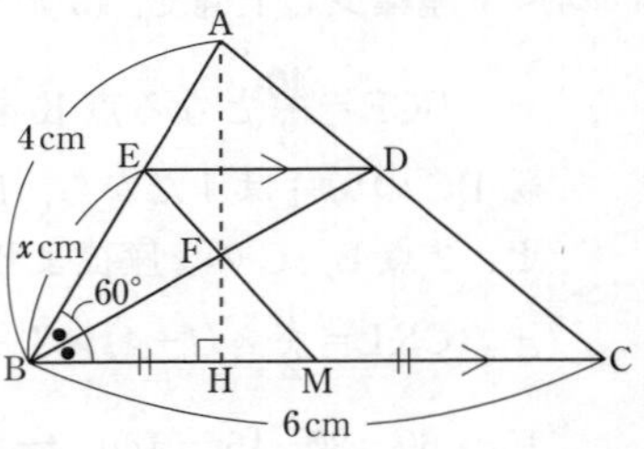

(1)＜面積―特別な直角三角形＞右図で，点Aから辺BCに垂線AHを引くと，$\angle ABC=60^\circ$ だから，$\triangle ABH$ は3辺の比が $1:2:\sqrt{3}$ の直角三角形となる。$AH=\frac{\sqrt{3}}{2}AB=\frac{\sqrt{3}}{2}\times4=2\sqrt{3}$ となるので，$\triangle ABC=\frac{1}{2}\times BC\times AH=\frac{1}{2}\times6\times2\sqrt{3}=6\sqrt{3}\,(\mathrm{cm}^2)$ である。

(2)＜長さ―三平方の定理＞右図で，(1)より，$AH=2\sqrt{3}$ である。また，$\triangle ABH$ は3辺の比が $1:2:\sqrt{3}$ の直角三角形だから，$BH=\frac{1}{2}AB=\frac{1}{2}\times4=2$ となり，$CH=BC-BH=6-2=4$ となる。よって，$\triangle AHC$ で三平方の定理より，$AC=\sqrt{AH^2+CH^2}=\sqrt{(2\sqrt{3})^2+4^2}=\sqrt{28}=2\sqrt{7}\,(\mathrm{cm})$ である。

(3)＜長さ―相似＞右上図で，$ED/\!/BC$ より，$AC:DC=AB:EB$ である。線分BDは $\angle ABC$ の二等分線だから，$\angle EBD=\angle DBC$ であり，平行線の錯角より，$\angle EDB=\angle DBC$ となる。これより，$\angle EBD=\angle EDB$ となるので，$\triangle EBD$ は $EB=ED$ の二等辺三角形である。$EB=ED=x$(cm)とすると，$AE=AB-EB=4-x$ と表せる。$\angle EAD=\angle BAC$，$\angle AED=\angle ABC$ より，$\triangle AED\backsim\triangle ABC$ だから，$AE:AB=ED:BC$ である。よって，$(4-x):4=x:6$ が成り立ち，$4x=(4-x)\times6$ より，$4x=24-6x$，$10x=24$，$x=\frac{12}{5}$ となる。したがって，$AC:DC=AB:EB=4:\frac{12}{5}=5:3$ だから，$DC=\frac{3}{5}AC=\frac{3}{5}\times2\sqrt{7}=\frac{6\sqrt{7}}{5}\,(\mathrm{cm})$ である。

(4)＜面積＞右上図で，(3)より，$AC:DC=5:3$ だから，$AC:AD=5:(5-3)=5:2$ となり，$\triangle ABC:\triangle ABD=5:2$ となる。これより，$\triangle ABD=\frac{2}{5}\triangle ABC=\frac{2}{5}\times6\sqrt{3}=\frac{12\sqrt{3}}{5}$ である。また，AB：

EB＝5：3だから，△ABD：△EBD＝5：3となり，$\triangle EBD=\frac{3}{5}\triangle ABD=\frac{3}{5}\times\frac{12\sqrt{3}}{5}=\frac{36\sqrt{3}}{25}$となる。さらに，∠EFD＝∠MFB，∠DEF＝∠BMFより，△DEF∽△BMFである。(3)より，$ED=EB=\frac{12}{5}$であり，点Mが辺BCの中点より，$MB=\frac{1}{2}BC=\frac{1}{2}\times6=3$だから，$FD:FB=ED:MB=\frac{12}{5}:3=4:5$となる。よって，△DEF：△BEF＝4：5となるから，$\triangle DEF=\frac{4}{4+5}\triangle EBD=\frac{4}{9}\times\frac{36\sqrt{3}}{25}=\frac{16\sqrt{3}}{25}$ (cm^2)である。

5 〔空間図形―四角柱〕

≪基本方針の決定≫(4)　BDが，4点A，E，G，Cを通る平面に垂直であることに気づきたい。

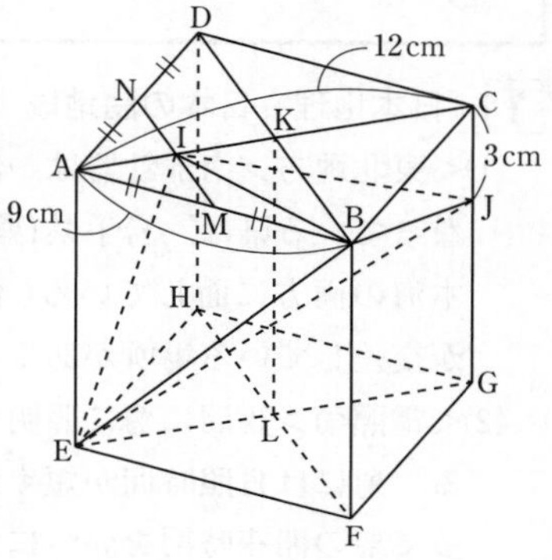

(1)＜長さ＞右図で，2点B，Dを結び，線分ACと線分BDの交点をKとする。2点M，Nはそれぞれ辺AB，辺ADの中点だから，△ABDで中点連結定理より，$MN=\frac{1}{2}BD$である。四角形ABCDはひし形だから，$AK=CK=\frac{1}{2}AC=\frac{1}{2}\times12=6$，AC⊥BDである。よって，△ABKで三平方の定理より，$BK=\sqrt{AB^2-AK^2}=\sqrt{9^2-6^2}=\sqrt{45}=3\sqrt{5}$となる。$BK=DK=\frac{1}{2}BD$だから，$MN=BK=3\sqrt{5}$ (cm)である。

(2)＜長さ＞右図で，CG⊥〔面ABCD〕より，∠ICJ＝90°だから，△ICJで三平方の定理より，$IJ=\sqrt{CI^2+CJ^2}$である。△ABDで中点連結定理より，MN∥BDだから，AI：AK＝AM：AB＝1：2となる。(1)より，AK＝6だから，$AI=\frac{1}{2}AK=\frac{1}{2}\times6=3$となり，CI＝AC－AI＝12－3＝9である。よって，$IJ=\sqrt{9^2+3^2}=\sqrt{90}=3\sqrt{10}$ (cm)となる。

(3)＜面積＞右上図で，(2)より，AI＝3，CI＝9であり，四角形AEFBが正方形より，AE＝AB＝9である。よって，AI＝CJ，AE＝CI，∠EAI＝∠ICJ＝90°より，△EAI≡△ICJであり，$EI=IJ=3\sqrt{10}$となる。また，∠AIE＝∠CJIとなるので，△ICJで，∠CIJ＋∠CJI＝180°－∠ICJ＝180°－90°＝90°より，∠CIJ＋∠AIE＝∠CIJ＋∠CJI＝90°である。これより，∠EIJ＝180°－(∠CIJ＋∠AIE)＝180°－90°＝90°だから，$\triangle EIJ=\frac{1}{2}\times EI\times IJ=\frac{1}{2}\times3\sqrt{10}\times3\sqrt{10}=45$ (cm^2)である。

≪別解≫右上図で，△EIJ＝〔台形AEJC〕－△EAI－△ICJである。〔台形AEJC〕＝$\frac{1}{2}\times(9+3)\times12=72$，$\triangle EAI=\triangle ICJ=\frac{1}{2}\times9\times3=\frac{27}{2}$だから，$\triangle EIJ=72-\frac{27}{2}-\frac{27}{2}=45$ (cm^2)である。

(4)＜体積＞右上図で，ひし形EFGHの対角線FH，EGの交点をLとし，2点K，Lを結ぶと，KL⊥〔面ABCD〕となるので，KL⊥BDである。また，AC⊥BDだから，BD⊥〔平面AEGC〕である。よって，四面体BEIJは，底面を△EIJと見ると，高さが線分BKの三角錐となる。(1)より$BK=3\sqrt{5}$，(3)より△EIJ＝45だから，〔四面体BEIJ〕＝$\frac{1}{3}\times\triangle EIJ\times BK=\frac{1}{3}\times45\times3\sqrt{5}=45\sqrt{5}$ (cm^3)である。

社会解答

1 (1) ウ　(2) イ　(3) エ　(4) イ
(5) ①…ウ　②…イ

2 (1) イ　(2) オ　(3) ウ　(4) イ
(5) ア　(6) イ　(7) ウ

3 (1) ウ　(2) エ　(3) イ　(4) ア
(5) イ　(6) イ　(7) ウ

4 (1) ア　(2) イ　(3) イ　(4) オ
(5) ウ　(6) ア

5 (1) ウ　(2) イ　(3) イ　(4) ウ
(5) イ

6 (1) イ　(2) ア　(3) ア　(4) ウ
(5) ウ

7 (1) イ　(2) ウ　(3) イ　(4) オ

1〔日本地理―日本の諸地域，地形図〕

(1)＜東北地方＞南部鉄器は，岩手県の伝統的工芸品である(ウ…○)。なお，県名と県庁所在地名が異なっている県は，岩手県(盛岡市)と宮城県(仙台市)の２つである(ア…×)。青森県は，太平洋と日本海の両方に面している(イ…×)。秋田県の八郎潟干拓地に，北緯40度の緯線と東経140度の経線が交差している場所がある(エ…×)。

(2)＜電照菊＞夜間に菊に照明を当てることは，菊が夜でも太陽の光を浴びていることと同じ効果がある。菊には日照時間が短くなると開花する性質があるため，照明を当てる時間を調節することによって菊の開花時期をいつにするかを操作することができる(イ…○)。

(3)＜資料の読み取り＞Ⅲは，耕地面積に占める水田の割合が555百÷582百×100＝95.36…％で，耕地のほとんどが水田であるため，水田での米の単作地域が広がっている，北陸地方にあるい.の富山県だとわかる。Ⅳは，耕地面積に占める普通畑の割合が374百÷668百×100＝55.98…％で，耕地の半分以上が畑であるため，嬬恋村におけるキャベツの栽培など東京大都市圏向けの野菜生産が盛んなあ.の群馬県であるとわかる。Ⅰは，耕地面積に占める樹園地の割合が202百÷318百×100＝63.52…％で，耕地の半分以上が樹園地であるため，みかんなどの果樹栽培が盛んなう.の和歌山県であるとわかる。牧草地の面積が他より大きいⅡは，畜産の盛んなえ.の熊本県である。

(4)＜京都府と大阪府＞京都府では，伝統的な木造住宅である町家が歴史的景観として保護されている。大阪府東大阪市などの内陸部は，高速道路が発達するなど交通の利便性が高く，中小工場が多く集まっている。

(5)＜地形図の読み取り＞①この地形図の縮尺は２万５千分の１であることから，地形図上で８cmある場合，実際の距離は，８cm×25000＝200000cm＝２kmとなる。　②特にことわりのないかぎり，地形図では上が北を表している。また，縮尺２万５千分の１の地形図では，等高線のうち細い主曲線は10mごと，太い計曲線は50mごとに引かれている。松蔭大橋から図書館(🕮)に向かってまっすぐ進むと，道路沿いに消防署(Y)がある(イ…○)。なお，橋本川は，橋本橋付近に4.9mの三角点(△)があり，常盤大橋付近に4.6mの三角点があることから，川は高い方から低い方へ流れるので，東から西に向かって流れていることがわかる。松本大橋の下を通る川は，本流の川から橋本川とに分かれているので，南から北に向かって流れていることがわかる(ア…×)。玉江橋から見て，「はぎ」駅は南東の方向に位置している(ウ…×)。面影山の253.1mの三角点を基準に等高線を読み取ると，C地点の標高は180mであり，D地点の標高は140mであるため，C地点の標高の方がD地点の標高よりも高い(エ…×)。

2 〔世界地理―世界の姿と日本の姿，世界の諸地域〕

⑴＜時差＞日本が午後３時のとき，午前８時である都市とは，７時間の時差があり，経度15度で１時間の時差が生じるので，15度×７時間＝105度経度がずれていることになる。また，地球上の２地点間では，日付変更線をまたがないかぎりは，常に西の方が時刻が遅く訪れるため，午前８時である都市は，日本の標準時子午線である東経135度よりも105度西にある地点，つまり東経30度の地点にある都市である。図中には１周で24本の経線があるので，この図上では経線は15度間隔で引かれていることがわかる。したがって，東経30度の位置にある都市は，ｃが示す本初子午線から２本東の経線上にあるイである。

⑵＜穀物生産国＞Ⅱは，Ｃの中国やＤのインド，インドネシアなど，アジア諸国が生産上位に並んでいるので，アジアの主食作物の米であることがわかる。Ⅲは，中国やインド，ロシア連邦など，面積の広い国が生産上位に並んでいることから，夏に高温多雨になる環境でないと育ちづらい米に比べて，低温・乾燥に耐え，地球上の広い範囲で栽培されている小麦が当てはまる。Ⅰは，Ｂのブラジルや Ａのアメリカで生産が盛んな大豆が当てはまる。

⑶＜アメリカの産業と移民＞Ａのアメリカの工業の中心は，かつては五大湖周辺地域であったが，1970年代以降は北緯37度以南の地域であるサンベルトに移動してきている。ICT 関連企業の本社や研究所は，サンベルトの中でも特に太平洋岸のシリコンバレーに集まっている(Ⅰ…誤)。アメリカは世界有数の多民族国家であるが，近年はスペイン語を母国語とするヒスパニックと呼ばれる人々の割合が増加している(Ⅱ…正)。

⑷＜USMCA＞Ｘのメキシコは，同じ北アメリカ州に属するアメリカやカナダと，米国・メキシコ・カナダ協定〔USMCA，2020年までは NAFTA〕という貿易協定を結んでいる。

⑸＜乾燥地域の生活＞Ｙのような乾燥地域では，古くから餌となる植物などを求めて家畜とともに移動する遊牧が盛んである。また，乾燥地域は樹木に乏しいので，住居は粘土などでつくられる。

⑹＜さまざまな世界地図，世界＞ｃの経線である本初子午線とｄの経線である経度180度線は，互いに地球の真裏に存在する関係にあるので，本初子午線上を北上すると，北極点を通過した後に経度180度線上を南下することになる(イ…○)。なお，日本の北端である択捉島は北緯46度付近に位置するが，図上で択捉島付近を通過する緯線と，アフリカ大陸中央部やアマゾン川河口付近を通過する赤道の間には，緯線が２本引かれていることから，図上では緯線は15度間隔で引かれていることがわかる。したがって，ａとｂは図上の距離は同じだが，ａは北緯60度線上，ｂは南緯30度線上にあるので，実際の距離はｂの方が長い(ア…×)。ｅのアフリカ大陸は，ユーラシア大陸に次いで面積の大きい大陸だが，大西洋，インド洋には面しているものの太平洋には面していない(ウ…×)。Ｂのブラジルが位置している南アメリカ大陸では，中緯度地域に温帯が広がっている(エ…×)。

⑺＜資料の読み取り＞資料２を見ると，2010年の中国のオーストラリアからの輸入額，すなわち，オーストラリアから中国への輸出額は，1394199百万ドル×4.3÷100＝59950.55…百万ドル，つまり約599億ドルである。また，2020年のオーストラリアから中国への輸出額は，2055591百万ドル×5.6÷100＝115113.09…百万ドル，つまり約1151億ドルである(ウ…○)。なお，資料１を見ると，オーストラリアの2010年から2020年にかけての輸出額の増加は，245046百万ドル－206705百万ドル＝38341百万ドル，つまり約383億ドルである(ア…×)。資料１を見ると，オーストラリアの2020年の輸出上位５品目の中に加工品である機械類が含まれている(イ…×)。資料２を見ると，2010年と比べた2020年の中国の輸入相手先割合は，ヨーロッパ州に属するドイツも低下する一方で，オセアニ

ア州に属するオーストラリアは上昇している（エ…×）。

3〔歴史―古代～近世の日本〕

⑴＜口分田，江戸幕府＞聖武天皇の頃，自然災害や人口増加などにより不足するようになったのは口分田である。また，江戸幕府は，1603年すなわち17世紀に開かれた。

⑵＜年代整序＞年代の古い順に，Ⅱ（壬申の乱―672年），Ⅲ（大宝律令の制定―701年），Ⅰ（院政の始まり―1086年）となる。

⑶＜平氏政権＞平清盛は，娘の徳子を高倉天皇のきさきとし，生まれた子を安徳天皇として即位させた（イ…○）。なお，平清盛は朝廷内部の権力闘争である保元の乱・平治の乱に勝利して朝廷からの信頼を得た（ア…×）。対立する菅原道真などの貴族にさまざまな理由をつけて朝廷から退けたのは，藤原氏である（ウ…×）。南北朝を統一し，中国〔明〕の皇帝から日本国王として認められたのは，足利義満である（エ…×）。

⑷＜室町時代の農村＞Ｃの文中の雪舟は室町時代の人である。室町時代の農村では，惣と呼ばれる自治組織がつくられた（ア…○）。なお，全国で田畑の面積などが調査された太閤検地は，安土桃山時代に行われた（イ…×）。地頭の横暴に対する農民たちの訴状は，鎌倉時代に見られた（ウ…×）。備中鍬や千歯こきが開発されたのは，江戸時代である（エ…×）。

⑸＜楽市・楽座＞織田信長は，安土城下に楽市令を出し，特権的な座を廃止して経済的発展を図った（Ⅰ…正）。また，信長は，通行者から通行料を徴収することで流通の妨げとなっていた関所を廃止した（Ⅱ…誤）。

⑹＜江戸時代の産業と文化＞九十九里浜は，干鰯《ほしか》の原料となるいわしの地引き網漁で栄えた（Ⅰ…○）。江戸時代の都市部では，米価が高騰した際に，米屋などが襲われる打ちこわしがたびたび起こった（Ⅲ…○）。なお，「解体新書」の出版は，蘭学が発展するさきがけとなった（Ⅱ…×）。伊能忠敬は化政期の人物である（Ⅳ…×）。

⑺＜大塩の乱＞水野忠邦が天保の改革を行う直前の1837年，大阪町奉行所の元役人であった大塩平八郎が，天保のききんに対する奉行所の対応に不満を持ち，大塩の乱を起こしたのは大阪である。

4〔歴史―近現代の日本と世界〕

⑴＜日本の産業革命＞資料を見ると，綿糸の輸出量が初めて輸入量を上回ったのは，1897年であるが，これは日清戦争の始まった1894年より後で，日露戦争が始まる1904年より前のことである（Ⅰ…正）。資料における綿糸の国内生産量を見ると，1890年は２万ｔ程度であるのに対し，1900年は13万ｔ程度であり，10万ｔ以上増加している。また，1905年の綿糸の国内生産量は18万ｔ程度あり，輸出量は５万ｔ程度で，18万ｔの４分の１である4.5万ｔを上回る（Ⅱ…正）。

⑵＜19世紀末～20世紀初めの世界史＞義和団事件は1900年に起こった（イ…○）。なお，ドイツの統一は1871年（ア…×），南北戦争が起こったのは1861年（ウ…×），ロシア革命は1917年（エ…×）である。

⑶＜普通選挙法＞普通選挙法は1925年，加藤高明内閣のときに制定され，満25歳以上の男子に選挙権が与えられることになった。

⑷＜年代整序＞年代の古い順に，Ⅲ（国際連盟脱退―1933年），Ⅰ（国家総動員法の制定―1938年），Ⅱ（太平洋戦争の開始―1941年）となる。

⑸＜世界恐慌＞世界恐慌への対応として，イギリスはブロック経済を，アメリカはニューディール政策をとったが，どちらも世界恐慌の影響を大きく受けた。それに対して，資本主義諸国と経済的な交流のなかったソ連は世界恐慌の影響をほとんど受けなかった（Ⅰ…誤）。世界恐慌に際し，日本の

アメリカへの生糸の輸出が激減し，生糸の価格が暴落して養蚕業が打撃を受け，農村部は大きな影響を受けた(Ⅱ…正)。

(6)＜高度成長期～昭和末期の日本＞石油危機が起こり高度経済成長が終わったのは，1973年のことである(Ⅳ…○)。なお，細川護熙内閣が成立したのは，1993年である(Ⅰ…×)。サンフランシスコ平和条約が締結されたのは，1951年である(Ⅱ…×)。日ソ共同宣言が調印されたのは，1956年である(Ⅲ…×)。

5 〔公民―政治〕

(1)＜日本の選挙制度＞投票率の低下に対応するため，国は期日前投票の条件を緩和したが，インターネット投票は実現していない(Ⅰ…誤)。比例代表制は，小選挙区制に比べて死票が少なくなる一方で，小選挙区制に比べて小政党にも議席獲得の機会があるため，政治が不安定になりやすい(Ⅱ…正)。

(2)＜国会の種類＞常会〔通常国会〕は，毎年１回１月中に150日間の会期で召集され，主に予算の審議が行われる。臨時会〔臨時国会〕は，内閣が要求するか，または衆議院・参議院のいずれかの議院の総議員の４分の１以上の要求で開かれる。特別会〔特別国会〕は，衆議院の解散後の総選挙の日から30日以内に開会され，新しい首相の指名が行われる。

(3)＜国会と内閣＞法律案の議決については，衆議院の優越が適用され，衆議院と参議院で議決が異なった場合には，衆議院で出席議員の３分の２以上の賛成で再可決されれば成立する(Ⅰ…○)。衆議院で内閣不信任決議が可決された場合，内閣は10日以内に衆議院を解散するか，総辞職しなければならない(Ⅳ…○)。なお，予算について，衆議院と参議院で議決が異なった場合に開かれるのは両院協議会である(Ⅱ…×)。規制緩和は，自由な競争や技術革新を促進するために行われる(Ⅲ…×)。

(4)＜刑事裁判＞刑事裁判において，被疑者の容疑が固まると，検察官は被疑者を被告人として裁判所に起訴する。

(5)＜直接請求権＞条例の制定や改廃については，有権者の50分の１以上の署名を集めて首長に請求する(イ…○)。なお，議会の解散については，有権者数が40万人を超えない地方公共団体の場合，有権者の３分の１以上の署名を集めて選挙管理委員会に請求する。

6 〔公民―経済〕

(1)＜家計の支出＞貯蓄は，家計の収入から消費支出と非消費支出を引いた残りのことで，預金や土地，株式といった将来の支出への備えになる財産の形をとる。家を建てるための土地の購入代金(Ⅱ…○)や，生命保険の料金の支払い(Ⅳ…○)は貯蓄にあたる。なお，けがの治療費(Ⅰ…×)や，バスの乗車料金(Ⅲ…×)は，生活に必要な財やサービスに使う支出のため，消費支出にあたる。

(2)＜消費生活＞国民生活に大きな影響を与えるものについては，国や地方公共団体が価格の決定に関与する公共料金となっている(Ⅳ…○)。なお，タクシーの運賃やクリーニング代は形のないサービスへの支出にあたるが，スマートフォンの端末の代金は形のある財への支出にあたる(Ⅰ…×)。商品の購入契約を，一定期間内であれば無条件に解除できる制度をクーリング・オフ制度という(Ⅱ…×)。欠陥商品により消費者が被害を受けたときの企業の責任を定めた法律は，製造物責任法〔PL 法〕である(Ⅲ…×)。

(3)＜租税の種類と仕組み＞所得税や相続税では，所得や相続する遺産の額が高い人ほど所得や財産にかかる税率が高くなる累進課税の仕組みがとられている(Ⅰ…正)。消費税や酒税は，税を納める納税者と，税を負担する担税者が異なるため，間接税に分類される(Ⅱ…正)。

⑷＜金融政策＞日本銀行は，不景気のときには，国債などを銀行から買って代金を支払うことにより，銀行の資金量を増やし，銀行の貸し出しを行いやすくして市場に出回るお金を増やそうとする。日本銀行による景気安定政策を金融政策という。

⑸＜資料の読み取り＞資料を見ると，2020年における労働力人口に占める非正規雇用の割合は，6868万人÷2090万人＝3.28…より，約３人に１人であることがわかる。非正規雇用の割合が高まっている背景には，非正規雇用の方が正規雇用より賃金が低く，非正規雇用の割合が高い方が企業が利益を確保しやすいことなどが挙げられる。

7〔公民—総合〕

⑴＜日本国憲法＞日本国憲法は，国の最高法規であり，裁判所の審査により憲法に違反すると判断された法律や命令などは無効になる（Ⅱ…○）。請願権は日本国憲法第16条，憲法改正についての国民投票は日本国憲法第96条に規定されている（Ⅳ…○）。なお，日本国憲法で規定されている国民の義務は，子どもに普通教育を受けさせる義務，勤労の義務，納税の義務である（Ⅰ…×）。日本国憲法では基本的人権は永久不可侵のものとされるが，公共の福祉により制限される場合もある（Ⅲ…×）。

⑵＜国際社会＞核兵器不拡散〔核拡散防止〕条約〔NPT〕には，イスラエル，パキスタン，インド，南スーダンが加盟していない（Ⅰ…○）。政府開発援助〔ODA〕は，先進国政府が発展途上国に対して技術協力や資金の援助を行うことをいう（Ⅱ…○）。持続可能な開発目標〔SDGs〕は，地球規模の課題の解決に向けて，2030年までに達成することを目指した17の目標のことである（Ⅳ…○）。なお，日本の自衛隊は1992年に制定された国際平和協力法〔PKO 協力法〕に基づいて，これまで世界各地の平和維持活動〔PKO〕に参加してきた（Ⅲ…×）。

⑶＜プライバシーの権利と表現の自由＞タレントの家族の私生活について週刊誌で報じることは，プライバシーの侵害にあたる恐れがある。しかし，週刊誌上に特集記事を掲載することは日本国憲法第21条で保障されている表現の自由の行使にあたる。どちらの権利が優先されるべきかは裁判などで決着をつけることになる。

⑷＜資料の読み取り＞資料３に，「2018年から2020年にかけてインターネット利用端末の割合が３％以上増加しているのは，スマートフォンとタブレット型端末である。」とあるが，資料１を見ると，2018年から2020年にかけて３％以上増加しているのはＣとＤであるため，ＣとＤはスマートフォン，タブレット型端末のいずれかであるということになる。また，資料３に，「2020年におけるインターネット利用端末の割合が関東地方の全ての都県で20％を超えたのは，パソコン，スマートフォン，タブレット型端末である。」とあるため，資料２を見ると，Ａ，Ｃ，Ｄはパソコン，スマートフォン，タブレット型端末のいずれかであるということがわかるが，すでにＣとＤはスマートフォンかタブレット型端末であることはわかっているため，Ａにはパソコンが当てはまる。さらに，資料３を見ると，「2020年における千葉県のスマートフォンの利用割合を上回っている都県は，千葉県以外に全部で三つある。」とあるが，資料２のＣ，Ｄを見ると，Ｃは割合において千葉県を上回る都県が３つであるのに対し，Ｄは４つであるので，Ｃにはスマートフォンが当てはまる。したがって，Ｄにはタブレット端末，残ったＢには携帯電話が当てはまる。

2023年度／芝浦工業大学柏高等学校（第２回）

理科解答

1 (1) オ　(2) １群…ア　２群…ウ
(3) イ
(4) あ…１　い…２　う…１　え…２
(5) ウ

2 (1) ア
(2) １群…ア　２群…ア　３群…イ
(3) あ…８　い…０
(4) あ…１　い…５　う…０
(5) あ…２　い…４　う…８

3 (1) ウ　(2) エ
(3) １…カ　２…イ　３…エ　(4) ウ
(5) あ…１　い…６　う…０

4 (1) あ…７　い…５　う…０
(2) あ…０　い…６　(3) エ
(4) １…ア　２…イ
(5) あ…１　い…５　う…０　え…９

5 (1) ウ　(2) １…ア　２…エ
(3) イ　(4) カ
(5) あ…６　い…５　う…２

6 (1) ウ　(2) エ
(3) １…ア　２…イ
(4) １…イ　２…ウ
(5) あ…５　い…４　う…５

7 (1) ウ　(2) エ　(3) ウ
(4) あ…７　い…３　(5) オ

8 (1) あ…５　い…０　う…０
(2) カ　(3) ア
(4) あ…１　い…３　う…６
(5) あ…１　い…１　う…３

1〔生命の連続性〕

(1)＜有性生殖＞雌雄の生殖細胞が受精することによりなかまをふやす生殖法を有性生殖という。ア～カのうち，有性生殖だけを行うのはメダカである。なお，アメーバは無性生殖で，オランダイチゴ，イソギンチャク，ジャガイモ，ミカヅキモは有性生殖と無性生殖の両方でなかまをふやす。

(2)＜無性生殖＞無性生殖は，体細胞分裂によって新しい個体をつくるので，子は親の染色体をそのまま受け継ぎ，親と全く同じ形質を示す。

(3)＜植物の有性生殖＞植物では，花粉管の中を精細胞$_X$が胚珠の中の卵細胞$_Y$まで移動し，精細胞の核が卵細胞の核と合体(受精)して受精卵ができる。受精卵は細胞分裂を繰り返して胚$_Z$となり，胚珠は種子に，子房は果実となる。

(4)＜生殖細胞＞卵や精子などの生殖細胞は，減数分裂によってつくられ，含まれる染色体の数は体細胞の$\frac{1}{2}$になる。よって，親の細胞に染色体が24本含まれているとき，卵と精子に含まれる染色体の数は，それぞれ$24\times\frac{1}{2}=12$(本)である。

(5)＜カエルの発生＞カエルの受精卵は１つの細胞で，体細胞分裂によって数をふやし(図３の受精卵→C→A→D)，体のさまざまな器官がつくられていく(B)。

2〔大地のつくりと変化〕

(1)＜プレート＞日本列島付近では，陸のプレートの下に海のプレートが沈み込んでいる。このとき，海のプレートが陸のプレートを引きずり込むことで，陸のプレートにゆがみが生じ，そのゆがみにたえられなくなって，陸のプレートが反発することで地震が発生する。

(2)＜震度＞観測地点における地震の揺れの大きさは震度で表す。震度は，０～４，５弱，５強，６弱，６強，７の10段階に分かれている。

(3)＜Ｐ波＞観測地点ではじめに観測される小さな揺れを初期微動，初期微動の後に観測される大きな揺れを主要動といい，初期微動はP波，主要動はS波による揺れである。図1より，地点X，Yに P波が伝わった時刻は，初期微動が観測された時刻で，震源から40km 離れた地点Xでは11時19分20秒，震源から80km 離れた地点Yでは11時19分25秒である。これより，P波は$80-40=40$(km)を，$25-20=5$(秒)で伝わったことになる。よって，P波の速さは，$40\div5=8.0$(km/s)である。

(4)＜初期微動継続時間＞図1より，震源から40km 離れた地点Xでの初期微動継続時間は，11時19分25秒－11時19分20秒＝5秒，震源から80km 離れた地点Yでの初期微動継続時間は，11時19分35秒－11時19分25秒＝10秒である。これより，初期微動継続時間は，震源からの距離に比例することがわかる。よって，震源から120km の地点における初期微動継続時間は，$5\times\frac{120}{40}=15.0$(秒)である。

(5)＜緊急地震速報＞図1より，S波は$80-40=40$(km)を，$35-25=10$(秒)で伝わったから，その速さは$40\div10=4.0$(km/s)である。また，地震発生後，震源から20km の地点に速さが8.0km/s のP波が伝わるまでにかかった時間は，$20\div8.0=2.5$(秒)で，それから3.7秒後に緊急地震速報が出されたから，緊急地震速報が出されたのは地震発生から$2.5+3.7=6.2$(秒)後である。よって，緊急地震速報が出されたとき，S波が伝わって主要動が起きているのは，震源から$4.0\times6.2=24.8$(km)離れた地点までである。

3 〔化学変化と原子・分子〕

(1)＜実験操作＞ガラス管を石灰水の中に入れたままガスバーナーの火を消すと，石灰水が試験管Aの中に流れ込み，試験管Aが割れるおそれがある。これを防ぐために，ガラス管を石灰水から取り出してから，ガスバーナーの火を消す。その後，試験管Aに空気が入らないようにピンチコックでゴム管を閉じる。これは，銅が熱いうちに空気と触れると，空気中の酸素と反応して，再び酸化銅に戻るためである。

(2)＜物質の分類＞1種類の元素でできている物質を単体，2種類以上の元素でできている物質を化合物という。酸化銅は銅原子と酸素原子が1：1の数の比で結びついている，分子をつくらない化合物である。また，実験で発生した気体は二酸化炭素で，炭素原子1個と酸素原子2個が結びついて分子をつくっている化合物である。

(3)＜モデル＞酸化銅(CuO)と炭素(C)が反応すると，銅(Cu)と二酸化炭素(CO_2)が生じる。この反応を化学反応式で表すと，$2CuO+C \longrightarrow 2Cu+CO_2$となる。よって，図3の[1]にはカ，[2]にはイ，[3]にはエが当てはまる。

(4)＜化学変化と物質の質量＞実験の③で発生した二酸化炭素の質量は，混合した酸化銅と炭素粉末の質量の合計から加熱後の試験管Aに残った固体の質量をひくことで求められる。また，図2で，混合する炭素粉末の質量が0.30g までは，炭素粉末の質量が増加するほど，試験管Aに残った固体の質量は減少しているから，発生した二酸化炭素の質量は増加していることがわかる。一方，混合する炭素粉末の質量が0.30g 以上になると，発生した二酸化炭素の質量は，炭素粉末の質量が0.30g のとき$4.00+0.30-3.20=1.10$(g)，0.40g のとき$4.00+0.40-3.30=1.10$(g)，0.50g のとき$4.00+0.50-3.40=1.10$(g)，0.60g のとき$4.00+0.60-3.50=1.10$(g)と一定である。よって，求めるグラフはウのようになる。

(5)＜化学変化と物質の質量＞図2より，酸化銅4.00g に対して混合する炭素粉末が0.30g 以上になると発生した二酸化炭素の質量は一定になることから，酸化銅4.00g は炭素0.30g と過不足なく反応することがわかる。よって，炭素0.48g と反応する酸化銅の質量をx g とすると，$x:0.48=4.00:0.30$が成り立つ。これを解くと，$x\times0.30=0.48\times4.00$より，$x=6.40$(g)となる。したがって，未反応の酸化銅の質量は，8.00－6.40＝1.60(g)である。

4〔運動とエネルギー〕

(1)＜圧力＞質量150gの直方体Aにはたらく重力は，1×150÷100＝1.5(N)，底面Xの面積は，5 cmは0.05m，4 cmは0.04mより，0.05×0.04＝0.002(m^2)である。よって，〔圧力(Pa)〕＝〔面に垂直にはたらく力の大きさ(N)〕÷〔力がはたらく面積(m^2)〕より，底面Xが板に加えている圧力は，1.5÷0.002＝750(Pa)となる。

(2)＜浮力＞水中の物体にはたらく浮力の大きさは，空気中で測定したときのばねばかりの値と，水中で測定したときのばねばかりの値の差となる。図3で，ばねばかりの示す値は，水面から底面Xまでの距離が0 cmのとき，つまり，空気中で測定したときの値は1.5N，水面から底面Xまでの距離が3 cmのときは0.9Nだから，直方体Aにはたらいている浮力は1.5－0.9＝0.6(N)である。

(3)＜浮力＞水中の物体にはたらく浮力の大きさは，水中に沈んでいる物体の体積と同じ体積の水の重さに等しい。つまり，水中に沈んでいる物体の体積と物体にはたらく浮力の大きさは比例する。よって，直方体Bの底面Yの面積は直方体Aの底面Xの面積と等しいので，直方体Bを水中に沈めていくとき，水面から底面Yまでの距離が5 cmになるまでは，水中に沈んでいる直方体Aと直方体Bの体積は等しいため，直方体Bにはたらく浮力の大きさは直方体Aにはたらく浮力の大きさと等しい。また，直方体Aの高さが5 cm，直方体Bの高さが8 cmだから，直方体Bでは，水面から底面Yまでの距離が8 cmになるまで，浮力の大きさは増加し，8 cm以上になると，浮力の大きさは一定になる。したがって，(2)より，水面から底面Yまでの距離が3 cmのときに直方体Bにはたらく浮力は0.6Nだから，求めるグラフは点(3.0，0.6)を通り，水面から底面Yまでの距離が8 cmまでは増加し，8 cm以上では浮力が一定になるエである。

(4)＜浮力＞図4のように，水面に浮いた物体Cでは，物体Cにはたらく重力と浮力はつり合っているので，大きさは等しい。一方，水中に沈んだ物体Dでは，物体Dにはたらく重力の方が浮力より大きい。

(5)＜浮力＞質量130gの物体Cと質量180gの物体Dにはたらいている重力は，それぞれ1×130÷100＝1.3(N)，1×180÷100＝1.8(N)である。実験2の③で，ばねばかりが0.9Nを示したことから，物体Dにはたらいている浮力は1.8－0.9＝0.9(N)である。また，実験2の④で，ばねばかりが0.7Nを示したことから，物体Cと物体Dにはたらいている浮力の和は(1.3＋1.8)－0.7＝2.4(N)だから，物体Cにはたらいている浮力は2.4－0.9＝1.5(N)となる。

5〔生物の体のつくりとはたらき〕

(1)＜だ液の消化酵素＞だ液に含まれ，デンプンを分解するはたらきを持つ消化酵素はアミラーゼである。なお，ペプシンは胃液に含まれるタンパク質を分解する消化酵素で，トリプシンはすい液に含まれるタンパク質を分解する消化酵素である。リパーゼはすい液に含まれる脂肪を分解する消化酵素である。

(2)＜だ液のはたらき＞表で，ヨウ素液による変化が，水でうすめただ液を入れた試験管Aでは見られず，水を入れた試験管Cでは見られたので，試験管Aではデンプンは分解され，試験管Cではデンプンは分解されていない。つまり，試験管Aと試験管Cの結果を比較すると，だ液のはたらきによってデンプンがなくなったことがわかる。また，ベネジクト液による変化が，水でうすめただ液を入れた試験管Bでは見られ，水を入れた試験管Dでは見られなかったので，試験管Bと試験管Dの結果を比較すると，だ液のはたらきによって麦芽糖などの糖ができたことがわかる。

(3)＜タンパク質の分解＞タンパク質は，図2のXの胃から分泌される胃液や，Zのすい臓から分泌されるすい液，小腸の壁に含まれる消化酵素によって分解され，最終的にアミノ酸になる。

(4)＜養分の吸収＞消化された養分のうち，脂肪酸とモノグリセリドは柔毛から吸収された後，再び脂肪になって，リンパ管に入る。なお，タンパク質が分解されてできたアミノ酸と，デンプンが分解されてできたブドウ糖は，柔毛から吸収されて毛細血管に入る。

(5)＜柔毛の面積＞縦23.77m，横10.97mのテニスコートの面積は，$23.77\times10.97=260.7569$(m^2)である。小腸の内側の表面積を4000cm^{2}とすると，１m^{2}が$100\times100=10000$(cm^2)より，$4000\div10000=0.4$(m^2)である。よって，ひだや柔毛があることで小腸の内側の表面積は，$260.7569\div0.4=651.89225$より，約652倍になっている。

6〔地球と宇宙〕

(1)＜星の日周運動＞地球は地軸を中心に北極側から見て，西から東(反時計回り)に自転しているから，地球から観測すると，星は東から西へ動くように見える。よって，北半球にある日本では，東の空の星は右斜め上方に，南の空の星は時計回りに東から西に弧を描くように，西の空の星は右斜め下方に，北の空の星は北極星を中心に反時計回りに動くように見える。

(2)＜北極星＞図１のDで観察された星Xは北極星である。北極星がほとんど動かないように見えるのは，北極星が地球の地軸の延長線上にあるためである。

(3)＜太陽の日周運動＞図２のように，春分の日に，太陽は真東の地平線から昇り，真西の地平線に沈む。これに対し，夏至の日の日の出と日の入りの位置は，図２の位置よりも北寄りになり，秋分の日は図２の位置と同じになる。なお，冬至の日は図２の位置よりも南寄りになる。

(4)＜太陽の日周運動＞春分の日の日本では，図２のように，東から昇った太陽は南の空を通って西に沈む。赤道では，イのように，東から昇った太陽は，天頂を通って西に沈む。また，南半球にある地点では，ウのように，東から昇った太陽は北の空を通って西に沈む。

(5)＜日の出の時刻＞図２の点Pは観測２を行った日の日の出の位置を表している。また，図３のab間の長さ4.8cmは，９時から11時までの２時間で，太陽が透明半球上を動いた距離を表している。これより，太陽がPa間の長さ7.8cmを動くのにかかった時間は，$7.8\div(4.8\div2)=3.25$(時間)であり，0.25時間は$60\times0.25=15$(分)だから，３時間15分となる。よって，９時の太陽の位置が点aなので，日の出の時刻は，９時の３時間15分前の５時45分である。

7〔化学変化と原子・分子〕

(1)＜デンプンの性質＞デンプンは水に溶けにくく，有機物なので，加熱すると燃えて黒くこげる。よって，デンプンは，実験１の②で溶け残り，③で燃えて黒くこげたCである。

(2)＜二酸化炭素の発生＞(1)よりCがデンプンだから，溶け残ったBは，水に溶けにくい炭酸水素ナトリウムであり，加熱すると燃えて黒くこげたDは有機物の砂糖である。そして，水に全て溶け，加熱しても黒く焦げなかったAは食塩(塩化ナトリウム)である。これらの物質を加熱したとき，炭酸水素ナトリウムは熱分解して炭酸ナトリウムと水，二酸化炭素が生じ，有機物であるデンプンと砂糖は燃焼して水と二酸化炭素が生じる。よって，加熱したときに化学変化が起きたのは，B，C，Dである。

(3)＜金属の性質＞金属は，電流が流れやすい，たたくとのびたりうすく広がったりする，熱を伝えやすい，みがくと光るといった共通する性質を持つ。しかし，磁石につくという性質は，鉄やニッケルなどの限られた金属が持つ性質である。

(4)＜密度＞密度は，〔密度(g/cm^3)〕＝〔質量〕÷〔体積〕で求められる。よって，質量18.28gで体積が2.5cm^{3}の金属Vの密度は，$18.28\div2.5=7.31\cdots$より，約7.3g/cm^{3}である。

(5)＜密度と体積＞図３より，それぞれの金属の100g当たりの体積を求めると，金属Ｗは体積が2.0cm^3，質量が21.0gだから，2.0×(100÷21.0)＝9.52…より約9.5cm^3，金属Ｘは体積が2.0cm^3，質量が15.8gだから，2.0×(100÷15.8)＝12.65…より約12.7cm^3，金属Ｙは体積が1.0cm^3，質量が8.8gだから，1.0×(100÷8.8)＝11.36…より約11.4cm^3，金属Ｚは体積が5.0cm^3，質量が13.8gだから，5.0×(100÷13.8)＝36.23…より約36.2cm^3となる。よって，100g当たりの体積が大きい順に左から並べると，Ｚ→Ｘ→Ｙ→Ｗになる。

8〔身近な物理現象〕

(1)＜音の振動数＞図２の①の波形より，波の山から山までの間が４目盛りなので，音が１回振動するのにかかる時間は0.0005×4＝0.002(秒)である。振動数は１秒間に振動する回数だから，この音の振動数は，1÷0.002＝500(Hz)となる。

(2)＜音の波形＞コンピュータに表示された音の波形は，波の高さが振幅を表し，波の数が一定時間当たりの振動数を表している。弦をはじく強さを強くすると，音の大きさが大きくなり，振幅は大きくなるから，波の高さが大きくなる。また，はじく弦の長さを長くすると，音の高さが低くなるから，振動数は少なくなり，つるすおもりの質量を大きくすると，音の高さが高くなるから，振動数は大きくなる。よって，表より，図２のＸは，①の波形に比べて振幅は同じで，振動数が大きいので，弦をはじく強さが①と同じ３回目の実験で出た音の波形で，おもりＢの質量はおもりＡの質量より大きいことがわかる。Ｙは，①の波形に比べて振幅が大きく，振動数は小さいので，弦をはじく強さが①より強く，木片の位置をＱにして，はじく弦の長さが長い２回目の実験で出た音の波形である。Ｚは，①の波形に比べて振幅が大きくなり，振動数は同じなので，弦をはじく強さが①より強く，木片の位置が①と同じ１回目の実験で出た音の波形である。

(3)＜音の波形＞図５の音の波形は，①の波形と振動数が同じだから，おもりと木片の位置はどちらも①と同じＡとＰである。また，振幅が小さいので，弦をはじく強さは①より弱い。

(4)＜音源までの距離＞ピストルの音は，地点ｘと校舎の壁の間を１往復するのに0.8秒かかったことになる。よって，音の速さが340m/sより，0.8秒間に音が進んだ距離は340×0.8＝272(m)だから，地点ｘと校舎の壁の距離は，272÷2＝136(m)である。

(5)＜音源までの距離＞まず，この電子メトロノームは，１分間に180回音が鳴るので，音が鳴る間隔は，1×60÷180＝$\frac{1}{3}$(秒)である。次に，同じタイミングで鳴る２つの電子メトロノームを少しずつ離していくと，遠くにある電子メトロノームの音が伝わるのに時間がかかるので，２つの音がずれて聞こえる。よって，ずれて聞こえていた音が，地点ｚにきたときに再び完全に重なって聞こえたのは，地点ｚにある電子メトロノームが出した音と，地点ｙにある電子メトロノームが$\frac{1}{3}$秒前に出した音が同時に聞こえたためである。つまり，地点ｙにある電子メトロノームが出した音が，$\frac{1}{3}$秒後に地点ｚで聞こえることになるから，地点ｙと地点ｚの距離は音が$\frac{1}{3}$秒間に進んだ距離に等しい。したがって，音の速さを340m/sとするので，求める距離は340×$\frac{1}{3}$＝113.3…より，約113mとなる。

2023年度／芝浦工業大学柏高等学校（第２回）

国語解答

一 ⑴ ①…エ ②…ウ ③…ア ④…エ ⑤…オ
⑵ キ ⑶ ウ ⑷ エ ⑸ ア
⑹ オ ⑺ イ，カ ⑻ ウ

二 ⑴ ア ⑵ ウ ⑶ エ ⑷ オ
⑸ イ ⑹ ウ，オ ⑺ エ

三 ⑴ ア，ウ ⑵ エ ⑶ ア
⑷ ウ ⑸ オ

一〔論説文の読解―文化人類学的分野―文化〕出典；原研哉『白』。

≪本文の概要≫紙が白いというのは，決して普通のことではない。白い紙の発明は人類史の中でも大きな出来事であったし，紙が人間にもたらしたイマジネーションには計り知れないものがある。そこで紙を「書写材」の一つの発明としてではなく，メディアとして，人間の創造性やコミュニケーションへの衝動をいかに刺激し鼓舞したかという観点からとらえ直すべきだ。そもそも，紙の白さやその質感は，人間に何かを表現したいという意欲をかき立てさせ，文化や文明の発達に大きく寄与したからである。今日，電子メディアの進展によって，紙の役割は変わりつつある。しかし，人類の発達を触発し続けてきた知の触媒としての役割は，決して衰えることはない。むしろ，触媒を持たないことが特徴である電子メディアの意味を考えていくうえで，今後も日常の中で紙を使用していくことで，その特徴的な色や質感を実感しながら，紙を評価し直す必要があると考える。

⑴＜漢字＞①「均一」と書く。アは「巾着」，イは「僅差」，ウは「琴線」，エは「均整」，オは「謹慎」。　②「狭(く)」と書く。アは「矯正」，イは「熱狂」，ウは「偏狭」，エは「提供」，オは「郷土」。　③「洞察」と書く。アは「洞窟」，イは「童顔」，ウは「殿堂」，エは「銅貨」，オは「胴体」。　④「侵略」と書く。アは「診療」，イは「慎重」，ウは「激震」，エは「侵食」，オは「辛抱」。　⑤「肥沃」と書く。アは「卑屈」，イは「疲弊」，ウは「石碑」，エは「罷免」，オは「肥大」。

⑵＜文章内容＞ⅰ．「まだ何もない」というイメージを与える紙の白さによって，人間は，紙の上に何かを表現したいという意欲をかき立てられたことから，紙が文化や文明の発達に大きく寄与したといえる。　ⅱ．そこに書かれたものを見やすくする紙の白さは，書写材としての実用性に優れているだけでなく，常に人間の意欲をかき立てる存在として，紙を特別なものとしたのである。

⑶＜文章内容＞紙には，薄く白いという特殊な性質のために，何かを記録したり，情報を書きとめたりするうえで使いやすく，印刷によって容易に複製できるという「実用性」がある。そして，「まだ何もない」という白色のイメージから「未発の可能性に触発され」て，人間に何かを表現したいという「イマジネーション」をかき立てさせるはたらきも持つ（ウ…×）。

⑷＜接続語＞Ｃ．紙は，白い色が「無垢な静謐さや，膨大な成就を呼び込む未発のときめき」があると賞賛され，素材としては「壊れやすくはかなげ」である。　Ｅ．粘土板が「資料でぱんぱんに膨らんだ手帳のようである」ようになった背景は，簡単にまとめると，「粘土板にコンパクトに文字を刻み付けるという強い意欲」が，「粘土板の膨らみを生み出したのではないか」と考えられる。

⑸＜段落関係＞段落5は，紙が電子メディアと異なり物理的な媒質を持ち，単なる「メディア」に収まらないという紙の本質に注意を向ける。段落6・7では，媒質の持つ触り心地や質感が，人間の

意欲や創造性，野望を駆動してきたことを示す具体例として石器や鉄が挙げられる。さらに段落8で，粘土板が，人間のよりコンパクトに文字を刻みたいという意欲を駆動し，そのことが粘土板を膨らませたという例を通して，人間に意欲を与えるような媒質が，文化や文明の傍らには必ずあるという「僕」の見方がまとめられている。

(6)＜文章内容＞紙は，人間が簡単に見たり触れたりできる身近な存在であり，その特徴的な色や質感からも「人間の創造性やコミュニケーションへの衝動」を刺激し鼓舞するものとして機能してきた。

(7)＜文章内容＞電子メディアが行き渡った現代において，紙と印刷技術の相乗効果で生み出されたコミュニケーションの世界には限界があると見なされている（カ…×）。さらに，紙は書写・印刷のための中立的なメディアととらえられがちだが（イ…×），人類に大きなイマジネーションを与え続けるという触媒としての紙の特別な役割を見過ごすことはできないのである。

(8)＜要旨＞電子メディアが進展する現代において，紙をその役割を終えたとするのではなく，電子メディアの意味をより深く考えるため，再度紙を身近に置いて，人間にもたらすイマジネーションを実感し，評価し直す必要がある。

二〔小説の読解〕出典；湊かなえ『ブロードキャスト』。

(1)＜心情＞「僕」は，手術を受けること自体は高校の先生に話しているが，術後のリハビリのことなどについては青海学院の先生の誰にも言っていないので，なぜ原島先生が走ってよいと言われたことを知っているのか，不審に思った。

(2)＜文章内容＞「僕」は，原島先生が村岡先生と知り合いなので，原島先生が「僕」の状況を詳しく知っていることについて納得できたものの，陸上部に入ることを断念した「僕」はこれ以上，先生と話すことはないと思っていた。

(3)＜表現＞原島先生が熱心に「僕」を陸上部へと誘う言葉をかけてくるので，「僕」は，自分の思うように走れないもどかしさゆえに陸上を断念したという自分の弱さや，まだ走りたいという陸上への未練を自覚させられ，つらくなったのである。

(4)＜文章内容＞「僕」は，原島先生が，今も思うように走れない「僕」を信じて陸上部へ誘ってきたことを内心うれしく思い，頭の中が走っている自分の姿で埋め尽くされそうになっていた。その一方で，冷静に現実を認識するよう促す自分も感じて，「僕」自身が自分の心を整理できない状態になっていたのである。

(5)＜文章内容＞「僕」は，自分が憧れた仮想世界から戻れなくなった映画の主人公を弱いと思っていたが，主人公と同じく大切なものを失って初めて，その行為が，主人公の大切なものを取り戻したいという願いの強さの表れだったと理解できたのである。

(6)＜文章内容＞原島先生は，三年前に後輩の村岡先生から自分とフォームが似ていると聞いた「僕」に興味を持っており（オ…×），「僕」の復活を信じ，大学，社会人での活躍がありうることを示して（ウ…×），なんとか「僕」を陸上部に入部させたいと言葉を選びながら説得を試みるような，熱心な指導者である。

(7)＜表現＞原島先生の言葉によって陸上への未練があることに気づいた「僕」は，今後について迷い始めたが，放課後，いざ放送室に入ると，原島先生の勧誘を受けて以来「ふわふわと浮いていた自分の片方が，しっかりと床に着地して両足で立ったような感覚」になり，ここが今の自分の居場所であると確信することができたのである。

三〔古文の読解―評論〕出典；本居宣長『紫文要領』。

≪現代語訳≫「よい」「悪い」が指し示すところは，（その基準が）変化する理由がある。指し示すところが変化するとは，普通の書物において悪いとされる事柄で，歌・物語（の分野）ではよいとする事柄があり，歌・物語で悪いとされる事柄で，普通の書物ではよいとする事柄もあるのである。よってよい人悪い人といっても，普通の書物でいうよい人悪い人とは評価するところが異なっているのである。

全てにおいて，よい悪いというものは，その道その道によって変わり，また何か機会があるごとに場所に合わせて，物事によっても変わるものである。（例えば）仏教の道ではよいとする事柄も，儒教学派にとっては悪いとされることもあるし，儒教学派にとってよいとする事柄であっても，仏教者にとっては悪いとされることもあるように，よい悪いは変わることがある。歌・物語は，儒教仏道のように，（この世の）迷いを離れて入る（仏教の）道でもなく，精神修養し，家を管理し，国を統治する（儒教の）道でもないが，（歌・物語にも）自然とその中にあってもまた同じようによい悪い（の基準）があるのである。

⑴＜古典文法＞ア．「『よし』『悪し』」と「指す」は，主語・述語の関係であり，「の」は主格を表す。イ．「～する事の」の「の」は，「で」と訳せるので同格を表す。　ウ．「～する事」と「あるなり」は，主語・述語の関係であり，「も」は主格を表す。　エ．「事によりても変はりあるなり」の「も」は，省略しても文意が通じるので，強意を表す。　オ．「儒仏の道のやうに」の「の」は，「儒仏の道」と「やうに」をつなぐ連体修飾格。　カ．「～にもあらず」の「も」は，「～道にもあらねど」の「も」と併せて，並列・列挙の意味。

⑵＜古文の内容理解＞歌や物語と普通の書物とでは，よい悪いの判断基準が異なっているように，歌や物語と普通の書物とでは，よい人悪い人という意味合いも異なる。

⑶＜古文の内容理解＞よい悪いというものは，「道」によっても変わり，どのような機会か，どのような場所かによって変わるものである。それは，仏道でよいとすることが儒教学派では悪いとされることからもわかる。

⑷＜古語＞「おのづから」は，自然と行われてゆくさまを表す。

⑸＜古文の内容理解＞歌や物語は，仏教や儒教のように人を導くようなよい悪いの基準はないものの，仏教や儒教のよい悪いとはまた違った，歌や物語の世界観として一貫したよい悪いの基準がある。

Memo

Memo

2022年度 芝浦工業大学柏高等学校(第1回)

【英　語】(50分)〈満点：100点〉

(注意)　1．リスニングテストは試験開始5分後から行います。時間は約15分間です。

2．リスニングテスト開始までは，リスニングの問題を確認しても，他の問題を解答してもかまいません。

3．リスニングテスト終了後は，リスニングの問題を解き続けていても，すぐに他の問題を解答してもかまいません。〈編集部注：放送文は未公表につき掲載してありません。〉

■放送問題の音声は，学校ホームページで聴くことができます。(https://www.ka.shibaura-it.ac.jp/)

1　英語リスニングテスト(放送による指示に従って答えなさい。)

No. 1	A．That sounds great!　I was going to go there by bus this weekend. B．I have never been there, but you have been there twice, right? C．The weather was bad, so we couldn't enjoy our trip very much. D．I had a good time because I had to do my homework at home.
No. 2	A．Yes.　There were only my brother and me. B．Yes.　There were about thirty people. C．No.　There were so many people. D．No.　There were more than fifty people.
No. 3	A．Wow!　I hope your dream will come true. B．Wow!　You could do a lot of things I couldn't do. C．Amazing!　Please tell me why you like PE. D．Amazing!　You have two big dreams.
No. 4	A．I can't call you in five minutes.　B．I've been waiting for an hour. C．You should call me right now.　D．Call me at seven, please.

2　英語リスニングテスト(放送による指示に従って答えなさい。)

Question No. 1：Where will Kumi go to study next month?

No. 1	A．She will go to Singapore.　B．She will go to Sydney. C．She will go to Japan.　D．She will go to London.

Question No. 2：What does Brian want to do in Japan?

No. 2	A．He wants to visit Kyoto. B．He wants to take Ted to Kinkaku-ji Temple. C．He wants to go to some old temples. D．He wants to meet Yuna.

Question No. 3 : Where is Mirai Tower ?

No. 3	A．It is at the third corner from the place they are at. B．It is in front of the sixth station from Futaba Station. C．It is in front of Futaba Station. D．It is between Asahi-machi Station and Naka-machi Station.

Question No. 4 : How many people used the international airport in Chris's city last year ?

No. 4	A．Two hundred people did. C．Fifty million people did.	B．Five hundred million people did. D．Forty million people did.

Question No. 5 : Whose cats did Clare play with ?

No. 5	A．She played with Kenji's cats. B．She played with Nana's cats. C．She played with Akira's cats. D．She played with her father's cats.

3 英語リスニングテスト(放送による指示に従って答えなさい。)

Question No. 1 : Why were umbrellas used about four thousand years ago ?

No. 1	A．They were used to protect people from the strong light of the sun. B．They were used to stop heavy rain. C．They were used to make the light of the sun strong. D．They were used to save people from rain.

Question No. 2 : Why did men in London start to use umbrellas in the rain ?

No. 2	A．Because they didn't think it was good for women to use umbrellas. B．Because the man who first used an umbrella looked cool. C．Because it rained a lot in London at that time. D．Because using umbrellas became popular around Europe.

Question No. 3 : When did umbrellas come to Japan ?

No. 3	A．They came to Japan in 1000. B．They came to Japan in the 18th century. C．They came to Japan over 10 thousand years ago. D．They came to Japan over one thousand years ago.

Question No. 4 : Why do people in Japan use more umbrellas than people in other countries ?

No. 4	A．Because they have a lot of rainy days in Japan. B．Because most of them leave umbrellas on buses or trains every day. C．Because they can buy cheap umbrellas everywhere in Japan. D．Because many kinds of umbrellas are sold in stores.

4　次の英文を読んで，あとの(1)～(9)の問いに答えなさい。

One Sunday in 2016, a young man walked into a pizza shop in Washington, D.C. He was carrying a large gun. He fired at least one shot before giving himself up to police officers. No one was hurt.

The man said he was there (①) of a story he read online. It said there was a secret group hurting children. The pizza shop was also involved, the story said. It was not true. The story was an example of fake news.

Sometimes people share stories which are not true. As the stories spread, more people read them. Some people ②(ア chose　イ changed　ウ fake news　エ they　オ the person　カ think) in the election. For example, most people believed that Hillary Clinton would win. But fake news helped Donald Trump to win. It hurt Hillary Clinton.

Filippo Menczer is a computer scientist. He said fake news started to spread across the Internet (③) 2010. At that time, he found several websites with completely fake news. The stories included information which was not true. They were written to change people's minds.

The problem got (④) in 2014. That year a deadly disease spread across West Africa. One website said that a family in Texas was sick with the disease. The story was not true. But it was shared many times online. The website got money from all the people (⑤) on the story.

Dannagal Young is a scientist. She does not blame people for spreading fake news. "They cannot help it," she says.

Ms. Young studies how people react to satire. Satire is a common form of fake news. Satire is fake news (⑥) is used as a joke. It is often used to make fun of a famous person. The reader will get the joke easily.

The brain works differently when it sees satire, Ms. Young said. ⑦<u>It</u> becomes more active. People are more likely to remember something that makes them laugh. That is why they remember fake news.

So, what happens next in the wild world of fake news？ Some people think computers can help. (⑧), scientists can write programs to tell when something is satire.

But these programs cannot do everything. They cannot always tell when a story is not true. The programs are smarter than people, but not much.

Ms. Young ⑨(ア people　イ there　ウ be　エ said　オ should　カ who) could help. For example, experts could choose the trending news on Facebook. They could also stop fake news from spreading.

【出典】 *PBS NewsHour, 2016*

（注） involved　関わっていた　　election　選挙　　experts　専門家　　trending　話題になっている

(1)　本文中の(①)に入る最も適当なものを，次のア～エのうちから一つ選びなさい。

ア　because　　イ　out　　ウ　in front　　エ　in times

(2)　本文中の②の(　)の中を正しい語順に並べかえ，(　)の中で**3番目**と**6番目**にくるものをそれぞれ選びなさい。

(3)　本文中の(③)に入る最も適当なものを，次のア～エのうちから一つ選びなさい。

ア　on　　イ　over　　ウ　between　　エ　around

(4)　本文中の(④)に入る最も適当なものを，次のア～エのうちから一つ選びなさい。

ア　popular　　イ　worse　　ウ　interesting　　エ　shocked

(5) 本文中の(⑤)に入る最も適当なものを，次のア～エのうちから一つ選びなさい。

ア click　イ to click　ウ clicking　エ clicked

(6) 本文中の(⑥)に入る最も適当なものを，次のア～エのうちから一つ選びなさい。

ア what　イ that

ウ for something　エ but anything

(7) 本文中の下線部⑦が指すものとして最も適当なものを，次のア～エのうちから一つ選びなさい。

ア the brain　イ satire　ウ joke　エ fake news

(8) 本文中の(⑧)に入る最も適当なものを，次のア～エのうちから一つ選びなさい。

ア At last　イ However

ウ For example　エ After that

(9) 本文中の⑨の(　)の中を正しい語順に並べかえ，(　)の中で**3番目**と**6番目**にくるものをそれぞれ選びなさい。

5　次の英文を読んで，あとの(1)～(8)の問いに答えなさい。

Sometimes when you're hungry, you might get upset about the people around you. This thing happens when a person has too little sugar in their blood. Some people call this feeling "hangry." The word is made up of "hungry" and "angry."

But humans aren't the only ones to get "hangry." Other animals feel this, too. Scientists from Florida Atlantic University found that monarch caterpillars get (①). In November 2020, the scientists published their study in a science magazine.

Monarch caterpillars are usually quiet. Their main food is a plant called milkweed. But when they do not get enough of it, these caterpillars hit each other hard. They jump on each other. They knock each other out of the way.

Alex Keene led the research on the caterpillars. He is a scientist who studies the nerve system of the brain. He says both people ②(ア fight　イ the need　ウ to　エ insects　オ feel　カ and　キ may) when there is not much food. But ③there's difference between people and caterpillars. People know they shouldn't hit each other. But caterpillars don't.

Keene says he's always loved monarchs. He decided to study these caterpillars after seeing them push and hit each other in his garden. He could not find any scientific information on this behavior. So, he turned to YouTube. There, he found many videos of caterpillars showing aggression. He suddenly understood that caterpillar aggression is real.

So, Keene and his team of scientists caught wild monarch caterpillars. They put them on milkweed leaves in their lab. Some caterpillars had more than enough to eat, so they were (④). Other caterpillars did not have enough to eat. They turned angry and violent.

Keene wants to study monarch caterpillars because he hopes to understand human brains. He wants to know (⑤) people act when they are hungry. It's a lot easier to study this in caterpillars.

The human brain has billions of neurons. ⑥(ア messages　イ and receive　ウ they　エ from　オ the body　カ send) to the brain and back to the body. Insects have less neurons, only 100,000 to 200,000. So, insects are easier to study. By studying neurons in caterpillars, Keene can learn what each neuron does. But it would be (⑦) to use the same way of studying neurons in humans' larger brains because there are too many of them.

This study was the first step. Next, Keene will set up cameras in a garden around his school. That way, he can take a video of monarchs. He'll also start to study the caterpillars' genes. Genes affect how a living thing looks and acts. Keene wants to see which genes have to do with hunger and aggression.

Many people want to help, too. After Keene's study was published, people started sending Keene videos, which show the aggressive behavior of monarch caterpillars. These videos, from all over the country, show monarchs (⑧).

【出典】 *Washington Post, 2021*

（注） monarch caterpillars　イモムシ　　nerve system　神経系　　behavior　行動
　　aggression　攻撃性　　billions of neurons　何十億もの神経細胞　　genes　遺伝子
　　affect　影響を与える

(1) 本文中の(①)に入る最も適当なものを，次のア～エのうちから一つ選びなさい。

ア upset　　イ hungry　　ウ angry　　エ hangry

(2) 本文中の②の(　)の中を正しい語順に並べかえ，(　)の中で**3番目**と**6番目**にくるものをそれぞれ選びなさい。

(3) 本文中の下線部③中の difference の内容として最も適当なものを，次のア～エのうちから一つ選びなさい。

ア Caterpillars know they shouldn't hit each other, but people don't.
イ Caterpillars don't know they shouldn't hit each other, but people do.
ウ People know they should hit each other, but caterpillars don't.
エ People don't know they shouldn't hit each other, but caterpillars do.

(4) 本文中の(④)に入る最も適当なものを，次のア～エのうちから一つ選びなさい。

ア violent　　イ hungry　　ウ peace　　エ calm

(5) 本文中の(⑤)に入る最も適当なものを，次のア～エのうちから一つ選びなさい。

ア how　　イ where　　ウ what　　エ who

(6) 本文中の⑥の(　)の中を正しい語順に並べかえ，(　)の中で**3番目**と**6番目**にくるものをそれぞれ選びなさい。なお，文頭の語も小文字で示してあります。

(7) 本文中の(⑦)に入る最も適当なものを，次のア～エのうちから一つ選びなさい。

ア natural　　イ easy　　ウ impossible　　エ convenient

(8) 本文中の(⑧)に入る最も適当なものを，次のア～エのうちから一つ選びなさい。

ア fighting　　イ moving　　ウ eating　　エ changing

6

次の英文を読んで，あとの(1)～(9)の問いに答えなさい。

Many years ago, there was an Emperor who was very fond of new clothes, so he spent all his money on them. One day, two men calling themselves weavers came to town. They said that they knew how to weave cloth of the most beautiful colors and patterns. The clothes made from this wonderful cloth would be ①invisible to everyone who was not good for the job he held, or who was very ②simple in character. "These must be great clothes!" thought the Emperor. "I would be able to tell the wise men from the foolish! This cloth must be made for me as soon as possible." He gave a lot of money to both the weavers so that they could begin their work at once.

So the two ③pretend weavers set up two looms. They worked very busily, though in fact they did nothing at all. They asked for the finest silk and the cleanest gold line. They put both into their own bags. Then they pretended to work at the empty looms until late at night.

"The Emperor's new clothes are ready!" The Emperor, with all the senior officers of his court, came to the weavers. ④The thieves raised their arms, just like they were holding something up. "Here are the Emperor's trousers! Here is the scarf! Here is the mantle! The whole suit is ⑤as light as a cobweb; you might think you have nothing at all on, when wearing it." "Yes, of course!" said all the officers, although not one of them could see anything of this special cloth. The Emperor took off his clothes for a fitting, and the thieves pretended to put his new suit on him. The Emperor turned round and from side to side before the looking glass. "How great the Emperor looks in his new clothes, and how well they fit!," everyone cried out. "What a design! What colors!" "I am quite ready," said the Emperor. He seemed to be checking his beautiful suit.

The lords of the bedchamber, who were going to carry the Emperor's ⑥train felt about on the ground and they were lifting up the ends of the mantle. Then they pretended to be carrying something because they would not want to look stupid or not fit for their jobs. The Emperor walked under his high cover in the middle of the parade, through the streets of his capital. All the people standing by, and those at the windows, cried out, "Oh! How beautiful our Emperor's new clothes are! What a beautiful ⑥train to the mantle; and how nicely the scarf hangs!" ⑦No one would say that these great clothes could not be seen because, in doing so, he would be said, "You are a simpleton. You are not the right person for your job."

"But the Emperor has nothing at all on!" said a little child. "Listen to the voice of the child!" shouted his father. ⑧The thing that the child had said was told in a low voice from one to another. "But he has nothing at all on!" At last all the people cried out. ⑨The Emperor was upset, for he knew that the people were right. However, he thought the parade must go on now! The lords of the bedchamber took greater pains than ever, to pretend to be holding up a ⑥train, although, in fact, there was no ⑥train to hold, and the Emperor walked on in his underwear.

【出典】 *Lit2Go on the web at fcit.usf.edu*

(注) weavers 織工 weave 織る looms 織機 mantle マント
lords of the bedchamber 付き人

(1) 本文中の下線部①の意味として最も適当なものを，次のア～エのうちから一つ選びなさい。

ア not able to be visited イ not able to be seen
ウ not able to be invited エ not able to be broken

(2) 本文中の下線部②の意味として適当でないものを，次のア～エのうちから一つ選びなさい。

ア simpleton イ foolish ウ stupid エ wise

(3) 本文中の下線部③の意味として最も適当なものを，次のア～エのうちから一つ選びなさい。

ア the weavers who were going to make the finest silk
イ the weavers who were going to weave real cloth
ウ the weavers who were not going to make the finest silk
エ the weavers who were not going to weave real cloth

(4) 本文中の下線部④が指す内容として最も適当なものを，次のア～エのうちから一つ選びなさい。

ア the weavers イ the senior officers
ウ the lords エ the child and his father

(5) 本文中の下線部⑤を象徴する語として最も適当なものを，次のア～エのうちから一つ選びなさい。

ア stone イ iron ウ air エ wood

(6) 本文中の4か所の下線部⑥はあるものの一部です。それを，次のア～エのうちから一つ選びなさい。

ア car　イ mantle　ウ parade　エ underwear

(7) 本文中の下線部⑦の理由として最も適当なものを，次のア～エのうちから一つ選びなさい。

ア He wanted a right person.
イ He did not want to be a fool.
ウ He did not want to be an officer.
エ He wanted a right job.

(8) 本文中の下線部⑧の内容として最も適当なものを，次のア～エのうちから一つ選びなさい。

ア However, he thought the parade must go on now!
イ Oh! How beautiful our Emperor's new clothes are!
ウ But the Emperor has nothing at all on!
エ Listen to the voice of the child!

(9) 本文中の下線部⑨の理由として最も適当なものを，次のア～エのうちから一つ選びなさい。

ア He knew that the people were right.
イ He took greater pains than ever.
ウ He pretended to be holding up a train.
エ He walked on in his underwear.

【数　学】 (50分)〈満点：100点〉

（注意）問題の文中の $\boxed{\text{ア}}$，$\boxed{\text{イウ}}$ などの $\boxed{}$ には，特に指示のない限り数値が入る。次の方法で解答用紙の指定欄に記入しなさい。

(1) ア，イ，ウ，……の一つ一つは0から9までの数字が入る。

(2) 分数形で解答が求められているときは，約分された形で答える。

(3) 分数形で解答が求められているときに，得られた解答が整数であれば，分母は1として答える。

(4) 根号のついた値は，根号内を可能な限り小さな整数として表す。

1 次の問いに答えよ。

(1) $(\sqrt{2}-\sqrt{10})(\sqrt{10}-5\sqrt{2})-(\sqrt{5}+6)^2=-\boxed{\text{アイ}}$

(2) $a>0$ とする。x についての2次方程式 $x^2+2ax-a^2=0$ の解が $x=-a\pm10\sqrt{2}$ のとき，$a=\boxed{\text{ウエ}}$

(3) ある調査で，階級Aの度数は27人，相対度数は0.09であった。階級Bの相対度数が0.17のとき，階級Bの度数は，$\boxed{\text{オカ}}$ 人である。

(4) 右の図のように，平行四辺形ABCDの辺ADの中点をMとし，対角線ACと線分MBとの交点をEとする。

平行四辺形ABCDの面積が60cm^{2}のとき，△ABEの面積は $\boxed{\text{キク}}$ cm^2

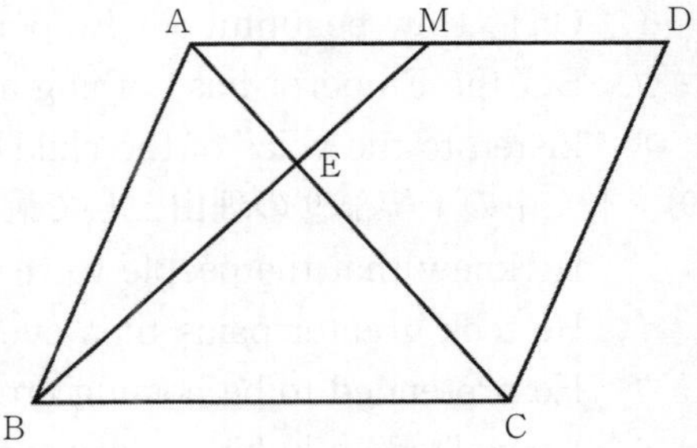

2 放物線 $y=\frac{1}{2}x^2$ 上に，x 座標が -2 である点Aがある。

点Bは x 軸上の点で，x 座標は12である。点Cは放物線 $y=\frac{1}{2}x^2$ 上にあり，x 座標は正である。

原点をOとする。

また，△AOBと△AOCの面積は等しい。

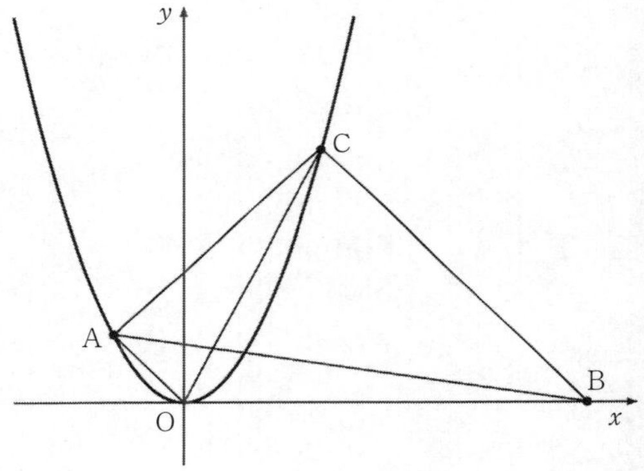

(1) $\mathrm{AB}=\boxed{\text{アイ}}\sqrt{\boxed{\text{ウ}}}$

(2) 点Cの x 座標は $\boxed{\text{エ}}$

(3) △ABCの面積は $\boxed{\text{オカ}}$

(4) 点Cから直線ABに垂直な直線を引く。この直線と直線ABとの交点をHとするとき，

$\mathrm{CH}=\dfrac{\boxed{\text{キク}}\sqrt{\boxed{\text{ケ}}}}{\boxed{\text{コ}}}$

3 長さ20cmのひもがある。

1から6までの目が出る3つのさいころX，Y，Zを同時に1回投げ，Xの出た目の数を x，Yの出た目の数を y，Zの出た目の数を z とし，次の手順に従って作業を行う。

手順

① ひもの左端から x cmのところでひもを2つに切り分け，左側のひもを「ひもA」とする。

② ひもAを切り取った残りのひもを，左端から y cmのところでひもを2つに切り分け，左側のひもを「ひもB」とする。

③ ひもBを切り取った残りのひもを，左端から z cmのところでひもを2つに切り分け，左側のひもを「ひもC」，右側のひもを「ひもD」とする。

(1)　ひもAとひもBの長さが同じである確率は $\dfrac{\boxed{ア}}{\boxed{イ}}$

(2)　ひもBの長さが他のどのひもよりも長くなる確率は $\dfrac{\boxed{ウ}}{\boxed{エ}\boxed{オ}}$

(3)　ひもDの長さが10cmとなる確率は $\dfrac{\boxed{カ}}{\boxed{キ}}$

(4)　2cmのひもが1本だけとなる確率は $\dfrac{\boxed{ク}\boxed{ケ}}{\boxed{コ}\boxed{サ}}$

4　AB＝AC＝12cmの直角二等辺三角形ABCと，線分BCを直径とする円Oがある。

点Aを含まない $\overset{\frown}{BC}$ 上に，∠BAD＝30°となるような点Dをとり，線分BCと線分ADとの交点をEとする。

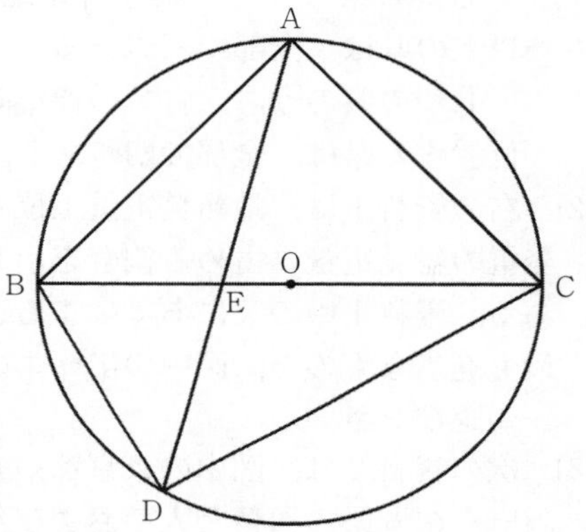

(1)　∠ACD＝$\boxed{ア}\boxed{イ}$°

(2)　CD＝$\boxed{ウ}\sqrt{\boxed{エ}}$ cm

(3)　AD＝($\boxed{オ}+\boxed{カ}\sqrt{\boxed{キ}}$)cm

(4)　△ABDの面積は△AECの面積の $\dfrac{\boxed{ク}+\boxed{ケ}\sqrt{\boxed{コ}}}{\boxed{サ}}$ 倍

5　AB＝BC＝6cm，AE＝4cmの直方体ABCD-EFGHがある。

線分ACと線分BDとの交点をIとし，辺AEの中点をMとする。

辺BF，DH上に点P，QをGP＝GQ＝MP＝MQとなるようにとる。

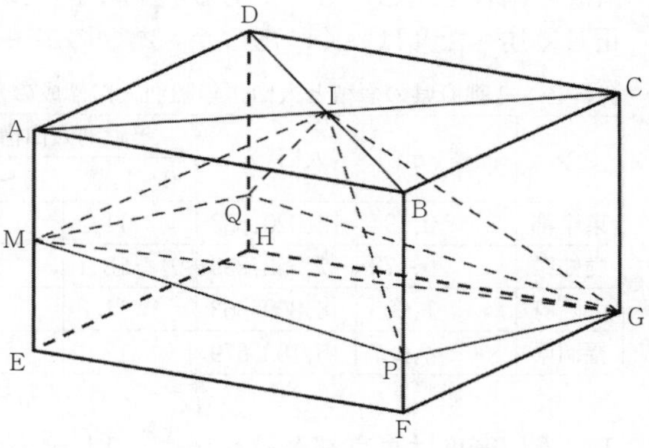

(1)　BP＝$\boxed{ア}$ cm

(2)　MG＝$\boxed{イ}\sqrt{\boxed{ウ}\boxed{エ}}$ cm

(3)　△IMGの面積は $\boxed{オ}\sqrt{\boxed{カ}}$ cm^2

(4)　四角すいI-MPGQの体積は $\boxed{キ}\boxed{ク}$ cm^3

【社　会】 (50分) 〈満点：100点〉

1　右の図を見て，次の(1)～(5)の問いに答えなさい。

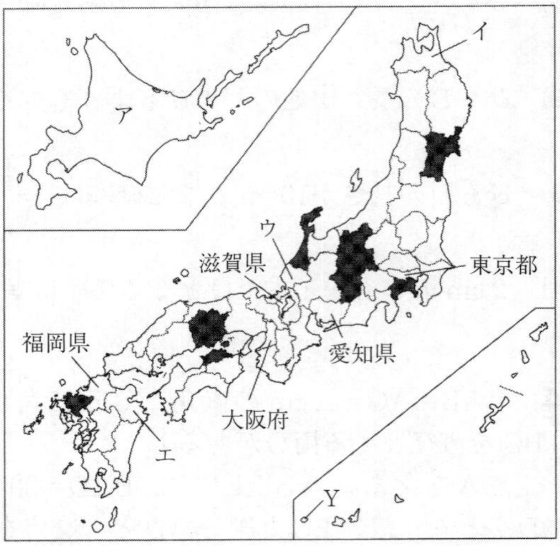

(1) 図中に ■ で示した七つの県についての説明として最も適当なものを，次のア～エのうちから一つ選びなさい。

ア　七つの県のうち，県名に「川」が使われている県は，全部で二つある。

イ　七つの県のうち，県名と県庁所在地名が異なる県は，全部で四つある。

ウ　七つの県のうち，県庁所在地の人口が100万人以上の県は，全部で三つある。

エ　七つの県のうち，日本の標準時子午線より西に位置する県は，全部で四つある。

(2) 右の資料１は，地熱発電量上位４県と国内の地熱発電の総発電量に占める割合を示したものである。資料１中のXにあてはまる道県として最も適当なものを，図中のア～エのうちから一つ選びなさい。

資料１　地熱発電量上位４県と国内の地熱発電の総発電量に占める割合(2019年)

X	秋田県	鹿児島県	岩手県	
41.8%	21.5	14.6	13.1	

その他 9.0

(「データでみる県勢 2021」より作成)

(3) 次の資料２は，図中の東京都，愛知県，大阪府，福岡県の面積と人口および年齢別人口構成の割合を示したものである。下のⅠ～Ⅳの文のうち，資料２から読み取れることがらについて正しく述べた文はいくつあるか。あとのア～エのうちから一つ選びなさい。

資料２　4都府県の面積と人口，年齢別人口構成の割合(2019年)

	面積(km^2)	人口(人)	年齢別人口構成の割合(%)		
			0～14歳	15～64歳	65歳以上
東京都	2,194	13,920,663	11.2	65.8	23.1
愛知県	5,173	7,552,239	13.1	61.8	25.1
大阪府	1,905	8,809,363	11.8	60.5	27.6
福岡県	4,987	5,103,679	13.1	58.9	27.9

(「データでみる県勢 2021」より作成)

Ⅰ　人口密度は東京都が最も高く，1 km^2 あたりの人口は5000人をこえる。

Ⅱ　愛知県の面積は，大阪府の面積の４倍以上となっている。

Ⅲ　４都府県の人口を合計すると，4000万人をこえる。

Ⅳ　４都府県の中で，最も０～14歳の人口が少ないのは大阪府である。

ア　一つ　　イ　二つ　　ウ　三つ　　エ　四つ

(4) 次の文は，図中のYの島について述べたものである。文中の［Ⅰ］，［Ⅱ］にあてはまる語の組み合わせとして最も適当なものを，あとのア～エのうちから一つ選びなさい。

> 図中のYは日本の西端に位置する［　Ⅰ　］で，奄美大島や沖縄島，西表島などと同様に［　Ⅱ　］に面している。

ア　Ⅰ：南鳥島　Ⅱ：オホーツク海　　イ　Ⅰ：南鳥島　Ⅱ：東シナ海

ウ　Ⅰ：与那国島　Ⅱ：オホーツク海　　エ　Ⅰ：与那国島　Ⅱ：東シナ海

(5)　次の地形図は，前のページの図中の滋賀県のある地域を示したものである。これを見て，あとの①，②の問いに答えなさい。

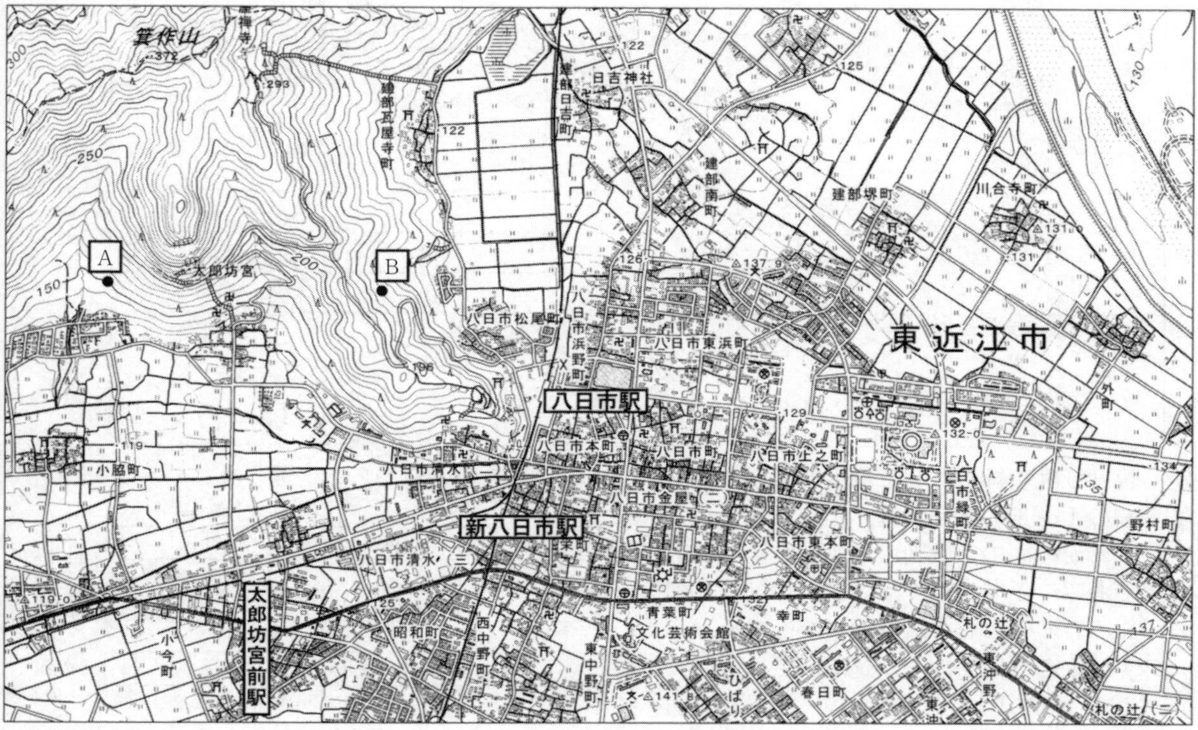

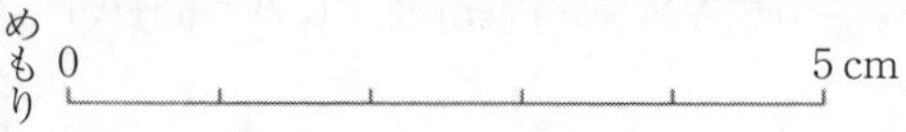

（国土地理院　平成28年発行 1：25,000「八日市」より作成）

①　地形図中のA地点とB地点の標高差として最も適当なものを，次のア～エのうちから一つ選びなさい。

ア　10m　　イ　20m　　ウ　30m　　エ　40m

②　この地形図について述べた文として最も適当なものを，次のア～エのうちから一つ選びなさい。

ア　箕作山には，広葉樹林となっているところが多く見られる。

イ　新八日市駅と八日市駅は，実際の直線距離で約500m離れている。

ウ　地形図中の駅の中で，東近江市役所の最も近くに位置するのは，新八日市駅である。

エ　八日市駅から見て，太郎坊宮前駅は南東に位置している。

2　次の図を見て，あとの(1)～(7)の問いに答えなさい。

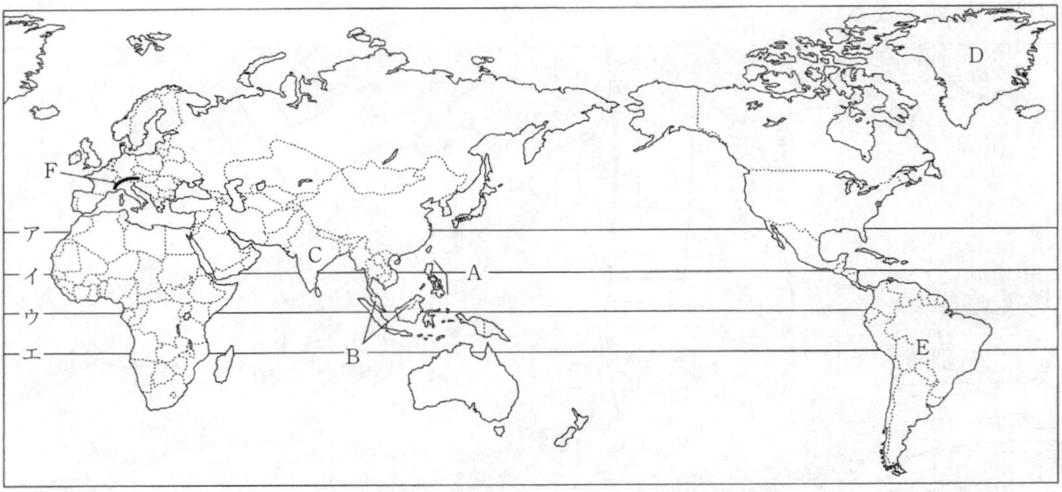

(1)　緯度０度の緯線として最も適当なものを，図中のア～エのうちから一つ選びなさい。

(2)　右のⅠ～Ⅲのグラフは，図中のＡ～Ｃのいずれかの国の宗教別人口割合を示したものである。Ⅰ～Ⅲのグラフにあてはまる国の組み合わせとして最も適当なものを，次のア～カのうちから一つ選びなさい。

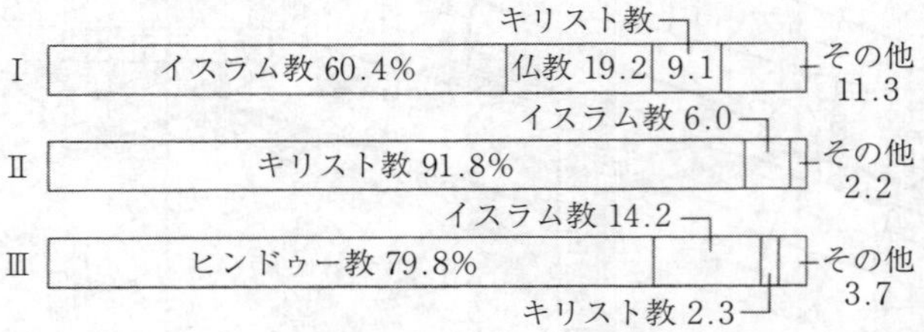

（「CIA World Factbook」ほかより作成）

ア　Ⅰ：Ａの国　Ⅱ：Ｂの国　Ⅲ：Ｃの国
イ　Ⅰ：Ａの国　Ⅱ：Ｃの国　Ⅲ：Ｂの国
ウ　Ⅰ：Ｂの国　Ⅱ：Ａの国　Ⅲ：Ｃの国
エ　Ⅰ：Ｂの国　Ⅱ：Ｃの国　Ⅲ：Ａの国
オ　Ⅰ：Ｃの国　Ⅱ：Ａの国　Ⅲ：Ｂの国
カ　Ⅰ：Ｃの国　Ⅱ：Ｂの国　Ⅲ：Ａの国

(3)　図中のＤの島について述べた文として**適当でないもの**を，次のア～エのうちから一つ選びなさい。
ア　この島は，大西洋に面している。
イ　この島全体は，西経の範囲に位置している。
ウ　この島の大部分は，寒帯に属する。
エ　この島は，北アメリカ州の国の一部となっている。

(4)　右の資料１は，ある農産物の生産量上位４か国と世界の総生産量に占める割合を示したものである。資料１にあてはまる農産物として最も適当なものを，次のア～エのうちから一つ選びなさい。
ア　さとうきび　　イ　コーヒー豆
ウ　カカオ豆　　　エ　茶

資料１　ある農産物の生産量上位４か国と世界の総生産量に占める割合（2018年）

国名	総生産量に占める割合(%)
ブラジル	34.5
ベトナム	15.7
インドネシア	7.0
コロンビア	7.0

（「世界国勢図会 2020/21」より作成）

(5)　次のⅠ，Ⅱの文は，図中のＥの大陸について述べたものである。Ⅰ，Ⅱの文の正誤の組み合わせとして最も適当なものを，あとのア～エのうちから一つ選びなさい。
Ⅰ　この大陸内には，総距離が6600kmをこえる世界最長の河川が流れている。
Ⅱ　この大陸の多くの国ではポルトガル語が話され，一部スペイン語が話される国もある。

ア　Ⅰ：正　Ⅱ：正　　イ　Ⅰ：正　Ⅱ：誤
ウ　Ⅰ：誤　Ⅱ：正　　エ　Ⅰ：誤　Ⅱ：誤

(6)　図中のFは，造山帯の一部を形成する山脈である。この造山帯に国土が含まれる国として最も適当なものを，次のア〜エのうちから一つ選びなさい。

ア　トルコ　　イ　エジプト　　ウ　ニュージーランド　　エ　スウェーデン

(7)　こういちさんは，世界各国の第１次産業人口率，第３次産業人口率と一人あたり国民総所得(GNI)について調べ，資料２，資料３のようにまとめた。これらの資料から読み取れることとして最も適当なものを，あとのア〜エのうちから一つ選びなさい。

資料２　第１次産業人口率と一人あたり国民総所得(GNI)

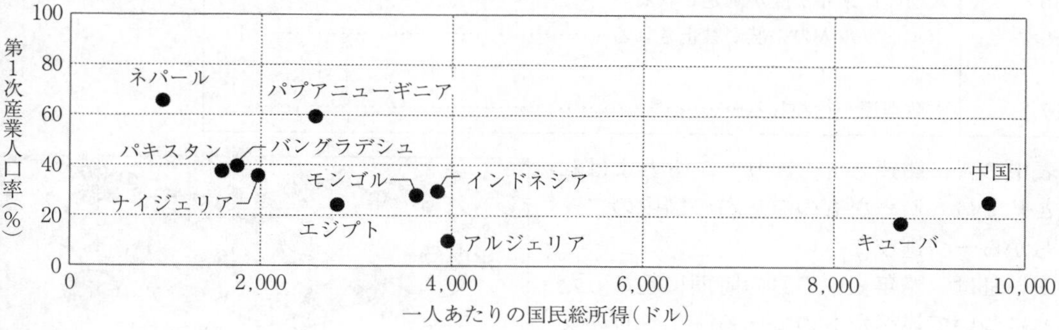

資料３　第３次産業人口率と一人あたり国民総所得(GNI)

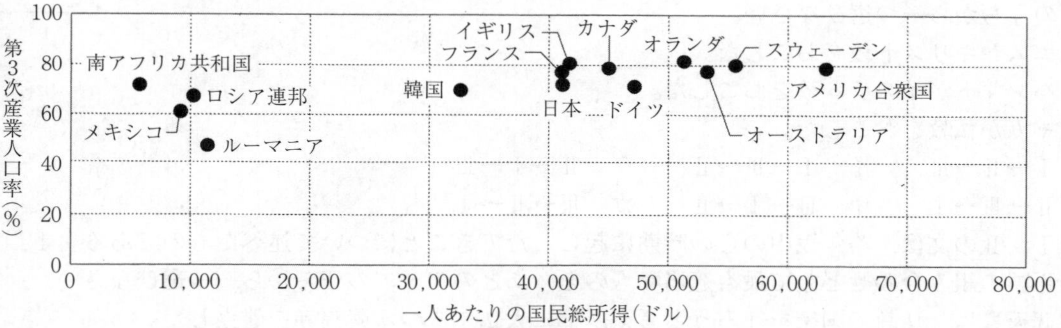

（資料２，資料３は「データブック オブ・ザ・ワールド 2021」より作成）

ア　中国は，第１次産業人口率が20％未満で，一人あたり国民総所得が9000ドルをこえている。
イ　一人あたり国民総所得が3000ドル未満の国は，いずれもアジア州に属している。
ウ　イギリスの一人あたり国民総所得は，インドネシアの一人あたり国民総所得の10倍以上である。
エ　ドイツは，ロシア連邦やメキシコよりも第３次産業人口率が小さい。

3　次の略年表を見て，あとの(1)～(7)の問いに答えなさい。

年代	主なできごと
紀元前 3000～1500年ごろ	大河の流域に古代文明がおこる……………………………………… A
	↕ B
645	大化の改新が行われる………………………………………………………
	↕ C
1232	御成敗式目が定められる……………………………………………… D
1378	足利義満が室町に幕府を移す………………………………………… E
1615	最初の武家諸法度が制定される……………………………………………
1639	ポルトガル人の来航が禁止される…………………………………… F
	↕ G
1867	大政奉還が行われる……………………………………………………………

(1)　略年表中のAに関連して，オリエントとよばれる地域として最も適当なものを，右の図中のア～エのうちから一つ選びなさい。

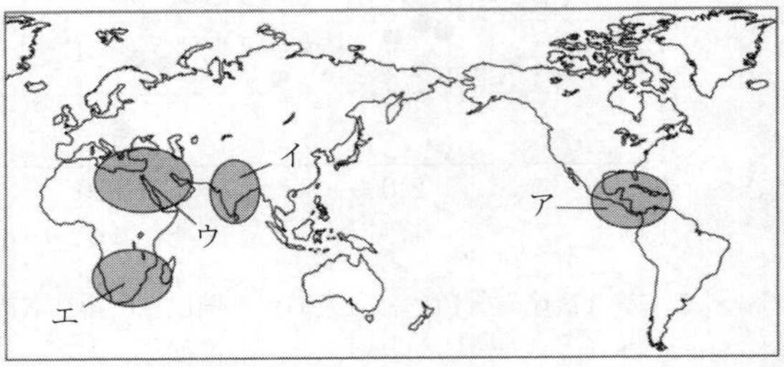

(2)　次のⅠ～Ⅲは，略年表中のBの時期に起こったできごとについて述べたものである。Ⅰ～Ⅲの文を年代の**古いものから順に**並べたものを，あとのア～カのうちから一つ選びなさい。

Ⅰ　イエスがキリスト教をおこした。

Ⅱ　ムハンマドがイスラム教をおこした。

Ⅲ　シャカが仏教をおこした。

ア　Ⅰ→Ⅱ→Ⅲ　　イ　Ⅰ→Ⅲ→Ⅱ　　ウ　Ⅱ→Ⅰ→Ⅲ

エ　Ⅱ→Ⅲ→Ⅰ　　オ　Ⅲ→Ⅰ→Ⅱ　　カ　Ⅲ→Ⅱ→Ⅰ

(3)　次のⅠ，Ⅱの文は，略年表中のCの時期に起こったできごとについて述べたものである。Ⅰ，Ⅱの文の正誤の組み合わせとして最も適当なものを，あとのア～エのうちから一つ選びなさい。

Ⅰ　聖武天皇は，仏教で国家を守ろうと考え，都に大仏をまつる興福寺を建立した。

Ⅱ　桓武天皇の時代に，坂上田村麻呂が東北地方へ出兵し，これ以後東北は奥州藤原氏により支配された。

ア　Ⅰ：正　Ⅱ：正　　イ　Ⅰ：正　Ⅱ：誤

ウ　Ⅰ：誤　Ⅱ：正　　エ　Ⅰ：誤　Ⅱ：誤

(4)　略年表中のDに関連して，右の資料1は御成敗式目の内容の一部を示したものである。資料1を読み，次のⅠ，Ⅱの文の正誤の組み合わせとして最も適当なものを，あとのア～エのうちから一つ選びなさい。

資料1

> 一　諸国の［　X　］の職務は，頼朝公の時代に定められたように，京都の御所の警備と，謀反や殺人などの犯罪人の取りしまりに限る。
>
> 一　武士が20年の間，実際にその土地を支配しているならば，その権利を認める。

Ⅰ　資料1の［X］には，国ごとに任命された守護があてはまる。

Ⅱ　武士が他人の土地を20年間支配した場合には，自分の領地として認められた。

ア　Ⅰ：正　Ⅱ：正　　イ　Ⅰ：正　Ⅱ：誤

ウ　Ⅰ：誤　Ⅱ：正　　エ　Ⅰ：誤　Ⅱ：誤

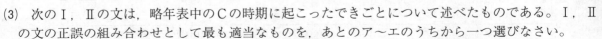

(5)　略年表中のEに関連して，次のⅠ～Ⅳの文のうち，室町時代に栄えた文化について正しく述べた文はいくつあるか。最も適当なものを，あとのア～エのうちから一つ選びなさい。

Ⅰ　本居宣長が『古事記』を研究して『古事記伝』を著し，国学を大成させた。

Ⅱ　『一寸法師』などの浮世草子とよばれる絵入りの物語がさかんに読まれた。

Ⅲ　観阿弥・世阿弥の親子が，能を芸術として大成させた。

Ⅳ　雪舟が，国内の風景などを題材にした優れた水墨画を描いた。

ア　一つ　　イ　二つ　　ウ　三つ　　エ　四つ

(6)　略年表中のFに関連して，次のⅠ，Ⅱの文は，17世紀に起こったできごとについて述べたものである。Ⅰ，Ⅱの文の正誤の組み合わせとして最も適当なものを，あとのア～エのうちから一つ選びなさい。

Ⅰ　徳川家康は，渡航を許可する朱印状とよばれる証書を用い，東南アジアとの貿易を許可した。

Ⅱ　キリスト教徒の迫害などに対し，天草四郎を大将にして島原・天草一揆が起こった。

ア　Ⅰ：正　Ⅱ：正　　イ　Ⅰ：正　Ⅱ：誤

ウ　Ⅰ：誤　Ⅱ：正　　エ　Ⅰ：誤　Ⅱ：誤

(7)　右の資料2は，略年表中のGの時期に発生した百姓一揆や打ちこわしの発生件数を示したものである。資料2中の［Ⅰ］～［Ⅳ］にあてはまる語の組み合わせとして最も適当なものを，次のア～カのうちから一つ選びなさい。

ア　Ⅰ：享保　Ⅱ：天明　Ⅲ：寛政　Ⅳ：天保

イ　Ⅰ：享保　Ⅱ：寛政　Ⅲ：天明　Ⅳ：天保

ウ　Ⅰ：享保　Ⅱ：天保　Ⅲ：寛政　Ⅳ：天明

エ　Ⅰ：天保　Ⅱ：天明　Ⅲ：享保　Ⅳ：寛政

オ　Ⅰ：寛政　Ⅱ：天明　Ⅲ：天保　Ⅳ：享保

カ　Ⅰ：享保　Ⅱ：天明　Ⅲ：天保　Ⅳ：寛政

資料2

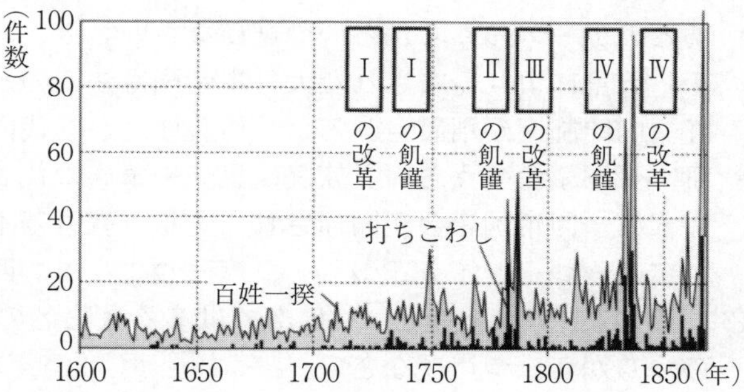

4　次のA～Fのカードは，社会科の授業で，太郎さんが，「日本と世界の関わり」というテーマで学習を進め，年代の古い順にまとめたものの一部である。これらを読み，あとの(1)～(6)の問いに答えなさい。

A	明治政府は，欧米諸国が東アジアに勢力を伸ばしつつあったことに危機感を強め，a欧米列強に対抗できる国づくりをめざした。
B	伊藤博文はヨーロッパへ留学し，君主権の強いドイツ（プロイセン）憲法を中心に，b国家制度について調査を進めた。
C	日本は欧米各国と交渉を重ね，1894年に［　c　］外務大臣のもとで治外法権の撤廃に成功し，1911年には［　d　］外務大臣のもとで関税自主権の回復を果たした。
D	e第一次世界大戦が始まると，日本は連合国側として参戦し，1917年には中国とアメリカも連合国に加わった。

E	世界恐慌の影響は日本にも及び，都市では企業の倒産が相次ぎ，農村では作物の価格が低迷するなど，f1930年代前半の日本経済は大きく落ち込んだ。
F	吉田茂内閣は，アメリカやイギリスなど48か国との間でgサンフランシスコ平和条約を締結し，独立国家として主権を回復した。

(1) Aの文中の下線部aに関連して，次のⅠ，Ⅱの文は，明治政府が富国強兵を進めるのと同時期に国内で見られた文明開化とよばれる風潮について述べたものである。Ⅰ，Ⅱの文の正誤の組み合わせとして最も適当なものを，あとのア～エのうちから一つ選びなさい。

Ⅰ　福沢諭吉は『学問のすゝめ』を著し，人は生まれながらにして平等であると説いた。

Ⅱ　西洋風の文化が国内に取り入れられ，銀座などにはれんが造りの洋館が建造された。

ア　Ⅰ：正　Ⅱ：正　　イ　Ⅰ：正　Ⅱ：誤

ウ　Ⅰ：誤　Ⅱ：正　　エ　Ⅰ：誤　Ⅱ：誤

(2) Bの文中の下線部bに関連して，次のⅠ～Ⅳの文のうち，内閣制度の創設準備段階から第一回帝国議会の開会の翌年までのできごとについて正しく述べた文はいくつあるか。最も適当なものを，あとのア～エのうちから一つ選びなさい。

Ⅰ　天皇により発布された大日本帝国憲法にのっとり，内閣創設の準備が進められた。

Ⅱ　内閣制度が創設されると，伊藤博文が初代内閣総理大臣に就任した。

Ⅲ　帝国議会のうち，貴族院は皇族や華族の代表者，天皇が任命した議員などで構成されていた。

Ⅳ　第一回帝国議会が開催された翌年，教育基本法が発令され，忠君愛国などが示された。

ア　一つ　　イ　二つ　　ウ　三つ　　エ　四つ

(3) Cの文中の c ， d にあてはまる人物名の組み合わせとして最も適当なものを，次のア～エのうちから一つ選びなさい。

ア　c：陸奥宗光　d：大隈重信　　イ　c：大隈重信　d：小村寿太郎

ウ　c：陸奥宗光　d：小村寿太郎　エ　c：小村寿太郎　d：陸奥宗光

(4) Dの文中の下線部eに関連して，下のⅠ，Ⅱの文は，第一次世界大戦が始まる直前から第一次世界大戦中までの，次の図中のXとYの半島について述べたものである。Ⅰ，Ⅱの文の正誤の組み合わせとして最も適当なものを，あとのア～エのうちから一つ選びなさい。

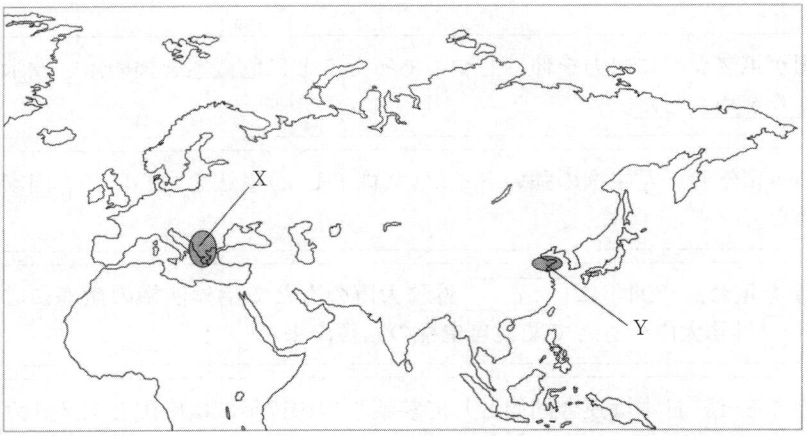

Ⅰ　Xの半島は，ヨーロッパ各国の対立に，スラブ民族の問題も絡んでいたことから「ヨーロッパの火薬庫」とよばれていた。

Ⅱ　第一次世界大戦中，日本は中国に二十一か条の要求を示し，日本が大戦中に占領したYの半島の権益をロシアから引きつぐことなどを要求した。

ア　Ⅰ：正　Ⅱ：正　　イ　Ⅰ：正　Ⅱ：誤
ウ　Ⅰ：誤　Ⅱ：正　　エ　Ⅰ：誤　Ⅱ：誤

(5)　Eの文中の下線部fに関連して，1933年に日本が国際連盟を脱退するきっかけとなったできごとについて述べた文として最も適当なものを，次のア～エのうちから一つ選びなさい。

ア　治安維持法を制定し，社会主義や共産主義に対する取り締まりを強化した。
イ　北京郊外の盧《ろ》溝橋《こうきょう》《ルーコウチアオ》で起こった日中両国軍の武力衝突を機に，日中戦争が始まった。
ウ　五・一五事件，二・二六事件と，青年将校により強力な軍事政権を作ろうとする動きが起こった。
エ　南満州鉄道の線路の爆破を機に軍事行動を開始し，満州国を建国した。

(6)　Fの文中の下線部gに関連して，次のⅠ～Ⅲは，サンフランシスコ平和条約が締結された後に起こったできごとについて述べたものである。Ⅰ～Ⅲの文を年代の**古いものから順に**並べたものを，あとのア～カのうちから一つ選びなさい。

Ⅰ　日中平和友好条約を結び，日中両国の関係発展の指針が示された。
Ⅱ　日韓基本条約を結び，日本は韓国政府を朝鮮半島の唯一の合法的な政府と認めた。
Ⅲ　日ソ共同宣言の調印により，ソ連との国交が回復した。

ア　Ⅰ→Ⅱ→Ⅲ　　イ　Ⅰ→Ⅲ→Ⅱ　　ウ　Ⅱ→Ⅰ→Ⅲ
エ　Ⅱ→Ⅲ→Ⅰ　　オ　Ⅲ→Ⅰ→Ⅱ　　カ　Ⅲ→Ⅱ→Ⅰ

5　次の文章を読み，あとの(1)～(5)の問いに答えなさい。

国家権力は，a立法権を持つb国会，行政権を持つc内閣，d司法権を持つ裁判所の三つに分けられる。三権が互いを抑制し合い均衡を保つことで，国民の自由と権利を保障しようとしている。これと同時に，私たちはe地方自治体に住む住民として地域の政治に参加している。

(1)　下線部aに関連して，次の資料1は，法律が成立するまでの過程を示したものである。資料1中のA～Cにあてはまる語の組み合わせとして最も適当なものを，あとのア～エのうちから一つ選びなさい。

資料1　法律が成立するまでの過程（衆議院から先に審議する場合）

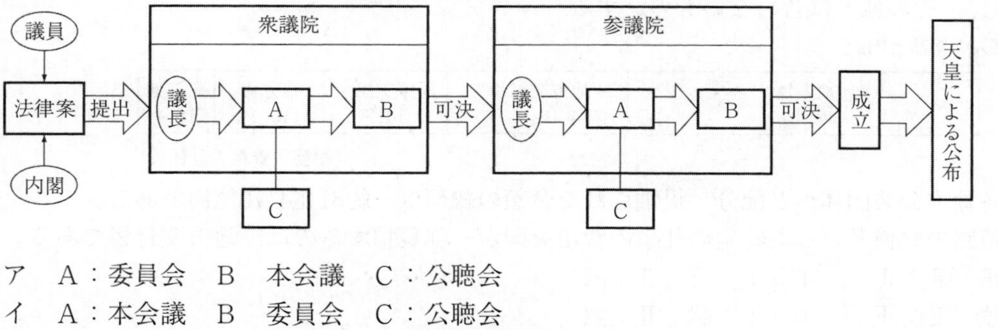

ア　A：委員会　B　本会議　C：公聴会
イ　A：本会議　B　委員会　C：公聴会
ウ　A：委員会　B：本会議　C：両院協議会
エ　A：本会議　B：委員会　C：両院協議会

(2)　下線部bに関連して，次のⅠ～Ⅳのうち，国会に関連することがらについて正しく述べた文はいくつあるか。最も適当なものを，あとのア～エのうちから一つ選びなさい。

Ⅰ　日本国憲法では，国会は唯一の立法府で国権の最高機関であり，全国民を代表する選挙された議員でこれを組織すると規定されている。

Ⅱ　臨時会(臨時国会)は，内閣が必要と認めたとき，または衆議院，参議院いずれかの総議員の４分の１以上の要求があったときに召集される。

Ⅲ　2020年３月現在，衆議院は参議院の２倍以上の議員定数を有し，予算の先議権や，内閣不信任決議などが認められている。

Ⅳ　衆議院の解散中，国会の議決を必要とする問題が生じた場合には，内閣の求めに応じて参議院の緊急集会が開かれる。

ア　一つ　　イ　二つ　　ウ　三つ　　エ　四つ

(3)　下線部ｃに関連して，次のⅠ，Ⅱの文は，内閣について述べたものである。Ⅰ，Ⅱの文の正誤の組み合わせとして最も適当なものを，あとのア～エのうちから一つ選びなさい。

Ⅰ　法律案や予算案の作成のほか，成立した法律を実施するための政令を制定したり，外国と交渉して条約を締結することも内閣の仕事に含まれる。

Ⅱ　内閣総理大臣は，全ての国務大臣を国会議員から選ぶきまりとなっており，国務大臣は各省の長として行政の仕事を分担する。

ア　Ⅰ：正　Ⅱ：正　　イ　Ⅰ：正　Ⅱ：誤

ウ　Ⅰ：誤　Ⅱ：正　　エ　Ⅰ：誤　Ⅱ：誤

(4)　下線部ｄに関連して，次の文章は，裁判官が辞めさせられる場合のことがらについて述べたものである。文章中の［Ⅰ］，［Ⅱ］にあてはまる語の組み合わせとして最も適当なものを，あとのア～エのうちから一つ選びなさい。

> 日本国憲法で「すべて裁判官は，その良心に従ひ《い》独立してその職権を行ひ《い》，この憲法及び法律にのみ拘束される。」と規定されている。裁判官の身分は保障されており，心身の故障や，国会議員による［　Ⅰ　］，最高裁判所の裁判官については［　Ⅱ　］で罷免とされた場合などを除き，辞めさせられることはない。

ア　Ⅰ：弾劾裁判　Ⅱ：国民審査　　イ　Ⅰ：弾劾裁判　Ⅱ：違憲立法審査

ウ　Ⅰ：行政裁判　Ⅱ：国民審査　　エ　Ⅰ：行政裁判　Ⅱ：違憲立法審査

(5)　下線部ｅに関連して，次の資料２は，地方歳入の総額と内訳を示したものである。資料２を参考に，Ⅰ，Ⅱの文の正誤の組み合わせとして最も適当なものを，あとのア～エのうちから一つ選びなさい。ただし，「その他」は含めないものとする。

資料２　地方歳入の総額と内訳

歳入総額	地方税	地方交付税	国庫支出金	地方債	その他
101兆3453億円	40.2％	16.3	14.7	10.4	18.4

(総務省資料より作成)

Ⅰ　国から各地方公共団体へと配分・提供された金額の総額は，約31兆4170億円である。

Ⅱ　教育や道路の整備といった特定の仕事の費用を国が一部負担するのは，地方交付税である。

ア　Ⅰ：正　Ⅱ：正　　イ　Ⅰ：正　Ⅱ：誤

ウ　Ⅰ：誤　Ⅱ：正　　エ　Ⅰ：誤　Ⅱ：誤

6　経済全体のしくみを示した次の図を見て，あとの(1)～(5)の問いに答えなさい。

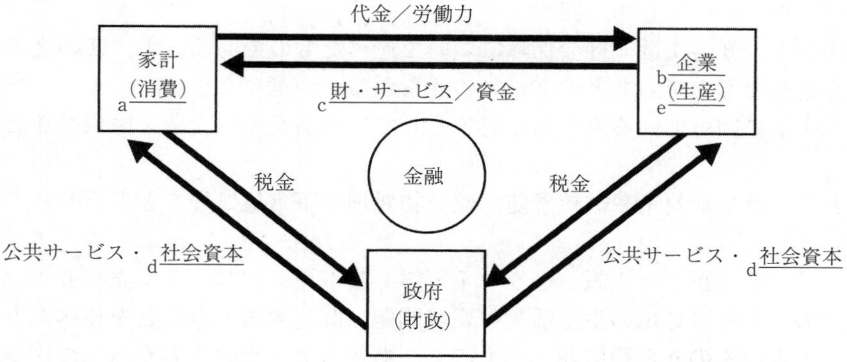

(1)　下線部ａに関連して，次のⅠ，Ⅱの文は，消費や流通について述べたものである。Ⅰ，Ⅱの文の正誤の組み合わせとして最も適当なものを，あとのア～エのうちから一つ選びなさい。

Ⅰ　クーリング・オフ制度が導入されたことにより，消費者は購入したあらゆる商品について，購入後一定期間内であれば契約を解除できる。

Ⅱ　流通業には，スーパーマーケットやコンビニエンスストアなどの，財を直接，消費者に販売する卸売業や，生産者と卸売業をつなぐ小売業がある。

ア　Ⅰ：正　Ⅱ：正　　イ　Ⅰ：正　Ⅱ：誤　　ウ　Ⅰ：誤　Ⅱ：正　　エ　Ⅰ：誤　Ⅱ：誤

(2)　下線部ｂに関連して，次の資料１は，株式会社のしくみを示したものである。資料１中のＡ～Ｃにあてはまる語の組み合わせとして最も適当なものを，あとのア～エのうちから一つ選びなさい。

資料１　株式会社のしくみ

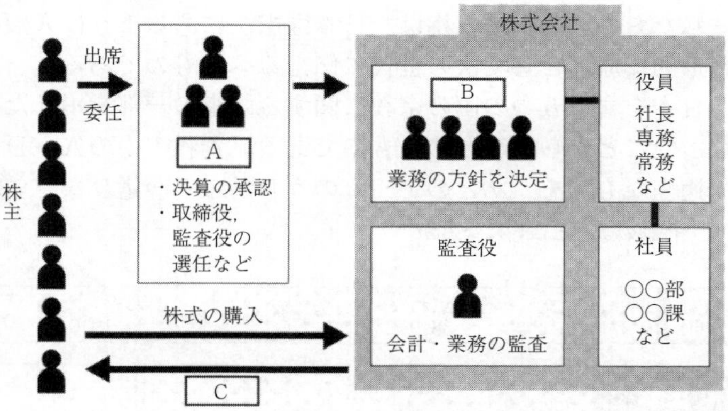

ア　Ａ：取締役会　Ｂ：株主総会　Ｃ：配当　　イ　Ａ：株主総会　Ｂ：取締役会　Ｃ：配当
ウ　Ａ：取締役会　Ｂ：株主総会　Ｃ：資本　　エ　Ａ：株主総会　Ｂ：取締役会　Ｃ：資本

(3)　下線部ｃと下線部ｄに関連して，次のⅠ～Ⅳのうち，価格に関連することがらについて正しく述べた文はいくつあるか。最も適当なものを，あとのア～エのうちから一つ選びなさい。

Ⅰ　市場経済において，生産者は質が高く，かつ低価格のサービスや財を提供して売り上げをのばそうとし，そのために競争が行われ，適正な価格が決定される。

Ⅱ　一般に，価格は需要量と供給量のバランスで決まり，供給量が需要量を大きく上回っている場合は，価格が低くなる傾向が見られる。

Ⅲ　競争をうながすことを目的として独占禁止法が制定されており，公正取引委員会がこの法律に基づき監視や指導を行っている。

Ⅳ　電気や水道，ガスなどの公共料金は，国や地方公共団体が認可していたが，2016年に電力自由化が導入されたことにより，電気料金は全て民間の事業者が決定している。

ア　一つ　　イ　二つ　　ウ　三つ　　エ　四つ

(4)　下線部ｄに関連して，次のⅠ，Ⅱの文は，社会保障について述べたものである。Ⅰ，Ⅱの文の正誤の組み合わせとして最も適当なものを，あとのア～エのうちから一つ選びなさい。

Ⅰ　社会保険の制度では，生活に困っている人たちを対象として，生活費や教育費，医療費などが支給される。

Ⅱ　公衆衛生の制度のもとで，感染症対策や結核予防，廃棄物処理や下水道処理などが行われている。

ア　Ⅰ：正　Ⅱ：正　　イ　Ⅰ：正　Ⅱ：誤　　ウ　Ⅰ：誤　Ⅱ：正　　エ　Ⅰ：誤　Ⅱ：誤

(5)　下線部ｅに関連して，次のⅠ～Ⅲは地球の生産活動や環境問題に関連するできごとを述べたものである。Ⅰ～Ⅲの文を年代の**古いものから順に**並べたものを，あとのア～カのうちから一つ選びなさい。

Ⅰ　地球温暖化防止京都会議が開催された。

Ⅱ　国連環境開発会議（地球サミット）が開催された。

Ⅲ　パリ協定が採択された。

ア　Ⅰ→Ⅱ→Ⅲ　　イ　Ⅰ→Ⅲ→Ⅱ　　ウ　Ⅱ→Ⅰ→Ⅲ

エ　Ⅱ→Ⅲ→Ⅰ　　オ　Ⅲ→Ⅰ→Ⅱ　　カ　Ⅲ→Ⅱ→Ⅰ

7　次の文章を読み，あとの(1)～(4)の問いに答えなさい。

文化には，衣食住をはじめ学問や芸術，a宗教や政治など，人間が営む社会的な生活を構成するさまざまなものが含まれる。世界には多様な文化があり，それぞれ認めあい尊重しあっている。また，そうした多様な文化を認めあいながらも，私たちのb基本的人権はc日本国憲法にあるように人類の多年にわたる努力の成果であり，人類の普遍的な原理として次の世代に伝えるべきものである。

(1)　下線部ａに関連して，次の資料１は，日本を含む五つの国の宗教に関する調査の一部を示したものである。資料２は，資料１から読み取ったことがらをまとめたものである。資料１中のＡ～Ｄにあてはまる国名の組み合わせとして最も適当なものを，あとのア～カのうちから一つ選びなさい。

資料１　宗教が日々のくらしの中で心の支えや態度・行動のよりどころになるか

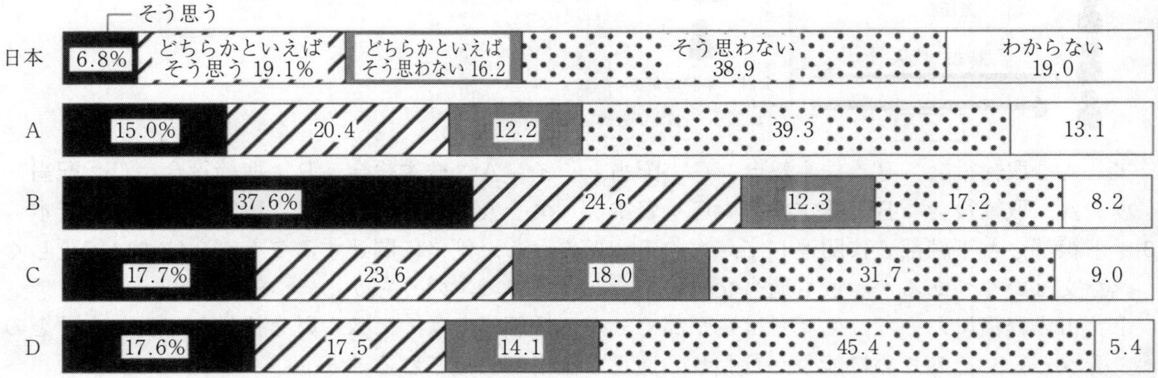

（注）　調査対象は13～29歳の男女。（注）　割合の合計が100にならない場合がある。　（内閣府資料より作成）

資料２

・「そう思う」，「どちらかといえばそう思う」と回答した割合の合計が40％未満だったのは，日本，フランス，韓国の３か国であった。

・「そう思う」,「どちらかといえばそう思う」と回答した割合の合計が,「わからない」の割合の３倍以上だったのは，フランス，アメリカ，スウェーデンの３か国であった。
・「そう思う」,「どちらかといえばそう思う」,「どちらかといえばそう思わない」,「そう思わない」の合計が90％を超えたのは，フランス，スウェーデン，アメリカの３か国であった。
・「そう思う」,「どちらかといえばそう思う」と回答した割合の合計と,「どちらかといえばそう思わない」,「そう思わない」と回答した割合の合計の差が20％以上だったのは，日本，フランス，アメリカの３か国であった。

ア	A：韓国	B：フランス	C：アメリカ	D：スウェーデン
イ	A：韓国	B：アメリカ	C：スウェーデン	D：フランス
ウ	A：フランス	B：アメリカ	C：スウェーデン	D：韓国
エ	A：フランス	B：韓国	C：スウェーデン	D：アメリカ
オ	A：スウェーデン	B：アメリカ	C：韓国	D：フランス
カ	A：韓国	B：スウェーデン	C：アメリカ	D：フランス

(2) 下線部ｂに関連して，世界で初めて社会権が規定された憲法の条文の一部を示したものとして最も適当なものを，次のア～エのうちから一つ選びなさい。

ア
第１条
すべての人間は，生まれながらにして自由であり，かつ，尊厳と権利とについて平等である。人間は，理性と良心とを授けられており，互いに同胞の精神をもって行動しなければならない。

イ
我々は以下のことを自明の真理であると信じる。人類はみな平等に創られ，ゆずりわたすことのできない権利を神によってあたえられていること，その中には，生命，自由，幸福の追求がふくまれている。（部分要約）

ウ
第151条
経済生活の秩序は，すべての人に人間に値する生存を保障することを目指す，正義の諸原則にかなうものでなければならない。（略）

エ
第１条
人は生まれながらに，自由で平等な権利を持つ。社会的な区別は，ただ公共の利益に関係のある場合にしか設けられてはならない。

(3) 下線部ｃに関連して，次のⅠ，Ⅱの文は，日本国憲法について述べたものである。Ⅰ，Ⅱの文の正誤の組み合わせとして最も適当なものを，あとのア～エのうちから一つ選びなさい。

Ⅰ　日本国憲法は，1946年11月３日に公布され，1947年５月３日に施行された。
Ⅱ　日本国憲法第13条には，幸福追求権に基づく知る権利やプライバシーの権利，自己決定権などが規定されている。

ア　Ⅰ：正　Ⅱ：正　　イ　Ⅰ：正　Ⅱ：誤
ウ　Ⅰ：誤　Ⅱ：正　　エ　Ⅰ：誤　Ⅱ：誤

(4) 下線部ｃに関連して，次のⅠ～Ⅳのうち，請求権に分類されるものはいくつあるか。最も適当なものを，あとのア～エのうちから一つ選びなさい。

Ⅰ　裁判を受ける権利　　Ⅱ　公務員の選定・罷免権
Ⅲ　団体交渉権　　Ⅳ　憲法改正の国民投票権

ア　一つ　イ　二つ　ウ　三つ　エ　四つ

【理　科】（50分）〈満点：100点〉

1　Sさんは，ヒトの体を流れる血液について調べました。これに関する先生との会話文を読んで，あとの(1)～(5)の問いに答えなさい。

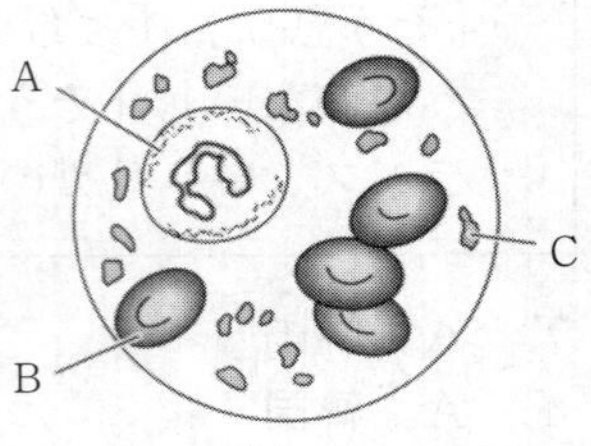

図1

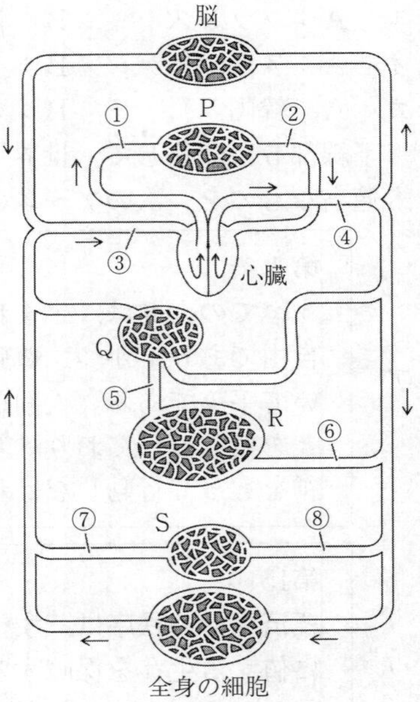

図2

Sさん：ヒトの血液中の固形成分について調べたところ，図1のA～Cのような成分があることがわかりました。

先　生：これらの成分にそれぞれどのようなはたらきがあるかわかりますか。

Sさん：はい。Aには体の中に入った細菌などをとらえるはたらき，Bには a 酸素を運搬するはたらき，Cには出血したときに血液を固めるはたらきがあります。

先　生：そのとおりです。それでは，血液がヒトの体の中でどのように循環しているかを見てみましょう。図2は，ヒトの血液循環のようすを模式的に表したもので，矢印は血液の流れる向きを示しています。また，P～Sは肺，小腸，じん臓，肝臓のいずれかの器官を表しています。

Sさん：血液の流れる順番から考えると，Rがブドウ糖やアミノ酸などを吸収するはたらきをもつ［　1　］で，そのブドウ糖やアミノ酸は⑤の血管を通って［　2　］であるQに運ばれるということですね。

先　生：よくわかりましたね。このように血液が循環することによって，細胞の活動に必要な栄養分や酸素は全身に運ばれていきます。

Sさん：酸素を多く含む血液を動脈血というのですよね。

先　生：そのとおりです。b 心臓に近い図2の①～④のうち，どの血管を動脈血が流れているか，あとで確認しておいてください。

Sさん：わかりました。血液は栄養分や酸素のほかに，体に不要な物質も運んでいるのですよね。

先　生：はい。たとえば，タンパク質が分解されるときにできる有害な c アンモニアは，尿素に変えられたあと，血液によって運ばれ，体の外に排出されます。

Sさん：なるほど。血液はとても重要なはたらきをしていることがわかりました。血液はヒトの体の中をどのくらいの時間で循環しているのでしょうか。

先　生：面白い点に興味をもちましたね。それについては，d 体内の血液の量や，血液を送り出す心臓の拍動数，1回の拍動によって送り出される血液の量などから大まかに求めることができます。計算してみましょう。

(1)　下線部aについて，図1のBにはヘモグロビンとよばれる物質が含まれており，このヘモグロビンの性質によって酸素を運搬することができます。Bの名称とヘモグロビンの性質について述べた文として最も適当なものを，次のア～エのうちから一つ選びなさい。

ア　Bは白血球で，ヘモグロビンは酸素の多いところでは酸素と結びつき，酸素が少ないところでは酸素の一部をはなす性質をもつ。

イ　Bは白血球で，ヘモグロビンは酸素の多いところでは酸素の一部をはなし，酸素が少ないところでは酸素と結びつく性質をもつ。

ウ　Bは赤血球で，ヘモグロビンは酸素の多いところでは酸素と結びつき，酸素が少ないところでは酸素の一部をはなす性質をもつ。

エ　Bは赤血球で，ヘモグロビンは酸素の多いところでは酸素の一部をはなし，酸素が少ないところでは酸素と結びつく性質をもつ。

(2)　会話文中の[1]，[2]にあてはまるものとして最も適当なものを，次のア～エのうちから一つずつ選びなさい。

ア　肺　　イ　小腸　　ウ　じん臓　　エ　肝臓

(3)　下線部bについて，動脈血が流れている血管の組み合わせとして最も適当なものを，次のア～カのうちから一つ選びなさい。

ア　①，②　　イ　①，③　　ウ　①，④
エ　②，③　　オ　②，④　　カ　③，④

(4)　下線部cについて，図2の①～⑧のうち，含まれる尿素の割合が最も低い血液が流れている血管はどれですか。最も適当なものを，次のア～クのうちから一つ選びなさい。

ア　①　　イ　②　　ウ　③　　エ　④
オ　⑤　　カ　⑥　　キ　⑦　　ク　⑧

(5)　下線部dについて，Sさんは自分の心臓の拍動数をはかってみたところ，1分間に75回でした。Sさんの体内にある血液の総量を5000cm^3とし，1回の拍動で心臓から60cm^3の血液が送り出されるものとした場合，5000cm^3の血液が心臓から送り出されるのにかかる時間は何秒ですか。[あ]～[う]にあてはまる数字を一つずつ選びなさい。ただし，答えは小数第2位を四捨五入して答えなさい。
[あ][い].[う]秒

2　天体の観察についてのSさんと先生の会話文を読んで，あとの(1)～(5)の問いに答えなさい。

Sさん：ある日の午前6時に南東の空を観察すると，図1の●の位置に月が見え，その近くの☆の位置に金星がありました。図1では月や金星の形は示していませんが，この日の月は常に大きく欠けた形をしていて，真南にあるときは図2のようになっていました。

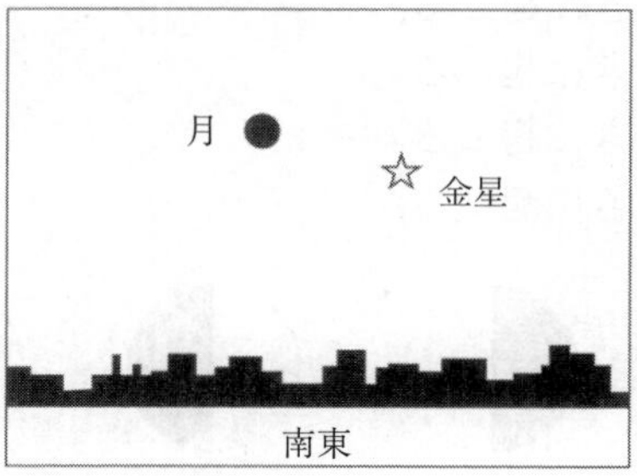

図1

図2

先　生：このように月が欠けて見える理由はわかりますか。

Sさん：太陽からの光が当たっている月の表面のうち，一部しか地球上から見えていないからです。a 地球，太陽，月が一直線に並んだときに月が欠けて見える現象もありますが，この現象では月の欠け方が短い時間で変化していくので，今回の場合にはあてはまりません。

先　生：そうですね。図3は太陽からの光の向きと，地球，月の位置関係について，地球の北極側から見たようすをまとめたものです。月は矢印(←)の向きに移動していき，およそ30日で地球のまわりを1周します。この図3から，b 地球からの月の見え方がどのように変わっていくかを考えることができます。

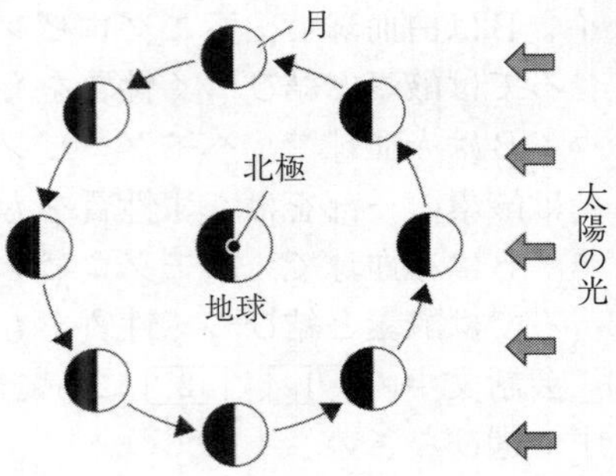

図3

Sさん：図1で，月の近くに見えた金星はどのような位置にあるのでしょうか。

先　生：金星は図4のように，地球よりも内側の軌道を矢印の向きに移動しています。このため，地球上からは明け方か [1] にしか見ることができません。図1の場合は，図4の [2] に金星があると考えられます。

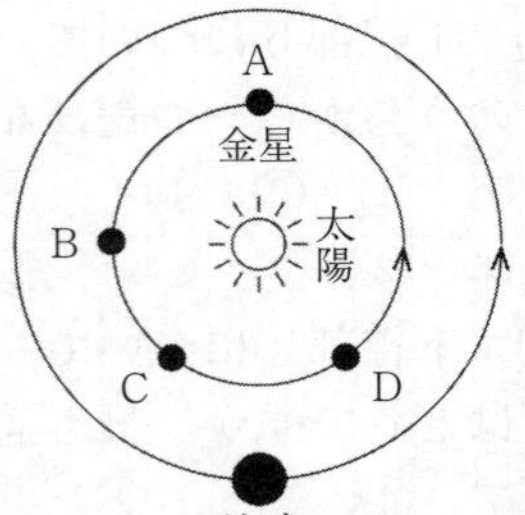

図4

Sさん：なるほど。これらのことを考えると，図1のときは月と金星が近い位置に見えましたが，このあと月と金星は異なった動き方をするのですね。

先　生：そのとおりです。c 図1の翌日の同じ時刻に観察を行った場合，月と金星がどのような位置に見えるか考えてみましょう。

(1)　次の文章は，月と金星について述べたものです。[1] にあてはまることばを1群のア，イのうちから，[2] にあてはまることばを2群のア～ウのうちから，最も適当なものをそれぞれ一つずつ選びなさい。

> 月は地球のまわりを，金星は太陽のまわりを [1] している。金星のような天体を [2] という。

【1群】　ア　自転　　　イ　公転
【2群】　ア　惑星　　　イ　恒星　　　ウ　衛星

(2)　下線部aについて，この現象について述べた文として最も適当なものを，次のア～エのうちから一つ選びなさい。

ア　日食といい，地球―月―太陽の順に一直線に並んだときに起こる。
イ　日食といい，月―地球―太陽の順に一直線に並んだときに起こる。
ウ　月食といい，地球―月―太陽の順に一直線に並んだときに起こる。
エ　月食といい，月―地球―太陽の順に一直線に並んだときに起こる。

(3)　下線部bについて，図5のX～Zは，図2とは別の日に観察した月が真南の方角に見えるときのようすを示したものです。月が図2から変化していく順として最も適当なものを，次のア～カのうちから一つ選びなさい。

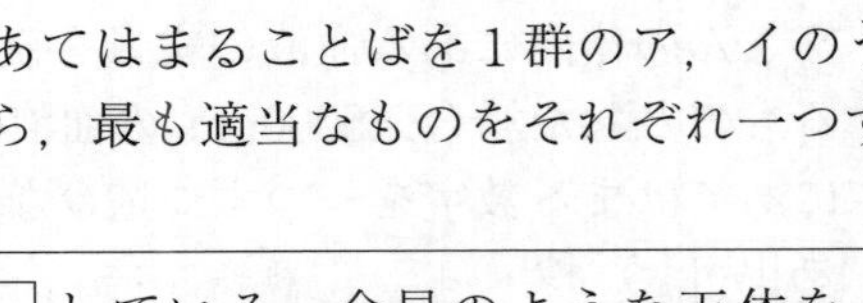

図5

ア　図2→X→Y→Z　　　イ　図2→X→Z→Y
ウ　図2→Y→X→Z　　　エ　図2→Y→Z→X
オ　図2→Z→X→Y　　　カ　図2→Z→Y→X

(4)　会話文中の [1] にあてはまることばを1群のア，イのうちから，[2] にあてはまるものを2群のア～エのうちから，最も適当なものをそれぞれ一つずつ選びなさい。

【1群】　ア　夕方　　　　イ　深夜

【2群】 ア Aの位置　　イ Bの位置　　ウ Cの位置　　エ Dの位置

(5) 下線部cについて，図1の翌日の同じ時刻に行った観察で，月と金星が見えた位置として最も適当なものを，次のア〜エのうちから一つ選びなさい。

ア

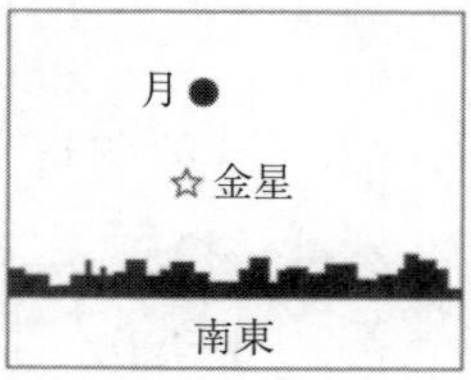

イ

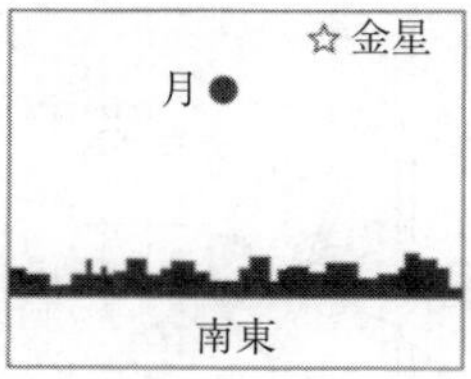

ウ

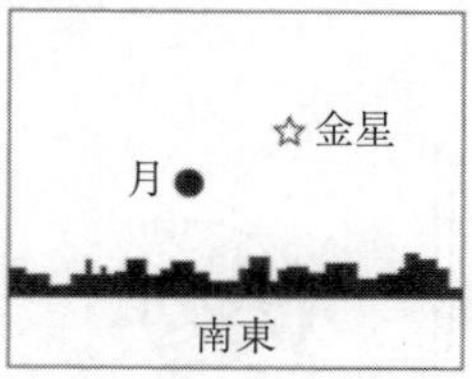

エ

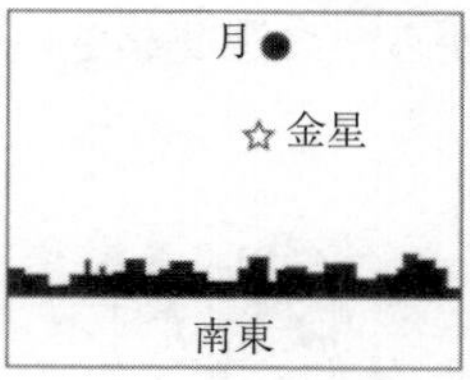

3 Sさんは，物質の溶け方について調べるため，次の実験を行いました。これに関して，あとの(1)〜(5)の問いに答えなさい。

実験

① 硝酸カリウム，ミョウバン，塩化ナトリウム，ホウ酸の4種類の物質をそれぞれ用意した。図は，100gの水に溶ける各物質の質量と，水の温度との関係をグラフに表したものである。

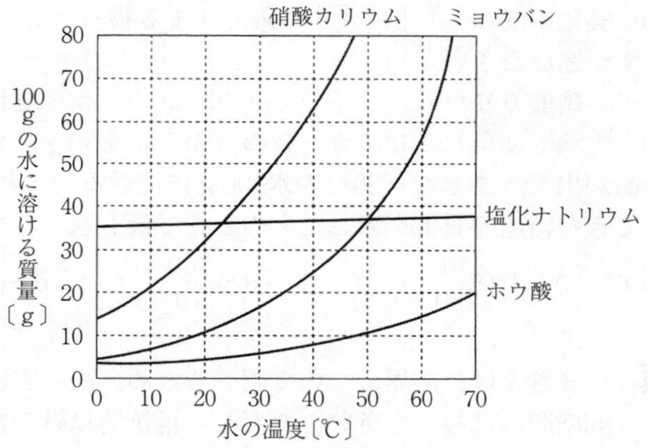

図

② ビーカーA〜Dを用意し，それぞれに40℃の水を100g入れた。この各ビーカーに，硝酸カリウム，ミョウバン，塩化ナトリウム，ホウ酸のいずれかを30gずつ加え，温度を40℃に保ったままよくかき混ぜたところ，ビーカーA，Dではすべて溶けたが，B，Cでは溶け残った。

③ ビーカーB，Cの液をろ過して，得られた結晶の質量を調べると，Bの方がCよりも質量が大きかった。

④ ビーカーA，Dの液の温度が10℃になるまで冷やしたところ，Aの液からは結晶が出てきたが，Dの液からは結晶が出てこなかった。

⑤ 以上の実験結果から，Aは［ 1 ］，Bは［ 2 ］，Cは［ 3 ］，Dは［ 4 ］であることがわかった。

(1) 実験で，物質がすべて水に溶けているとき，液の中の粒子のようすとして最も適当なものを，次のア〜エのうちから一つ選びなさい。

ア

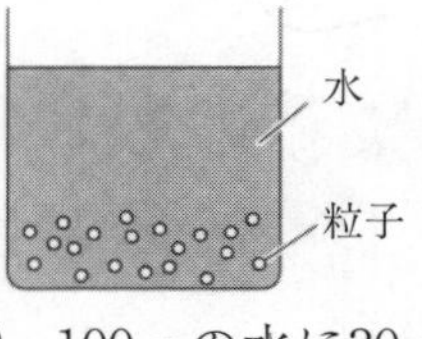

イ

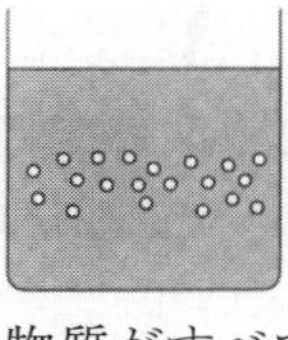

ウ

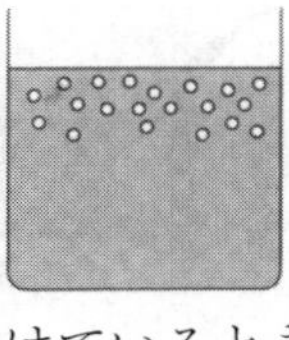

エ

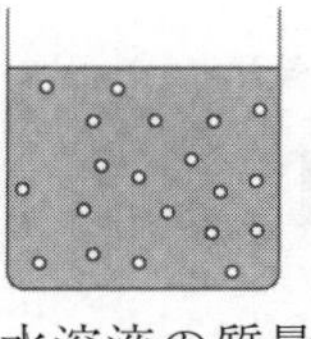

(2) 100gの水に30gの物質がすべて溶けているときの水溶液の質量パーセント濃度は何%ですか。

あ～う にあてはまる数字を一つずつ選びなさい。ただし，答えは小数第2位を四捨五入して答えなさい。

あ い . う ％

(3) 実験の③で，ビーカーＢ，Ｃの液をろ過するときの方法として最も適当なものを，次のア～エのうちから一つ選びなさい。

ア

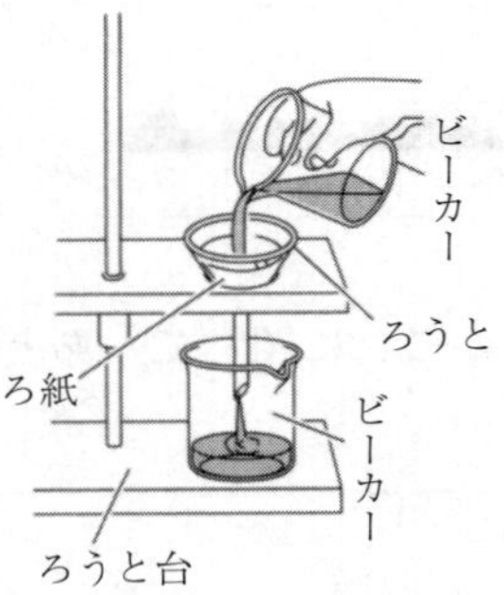

イ

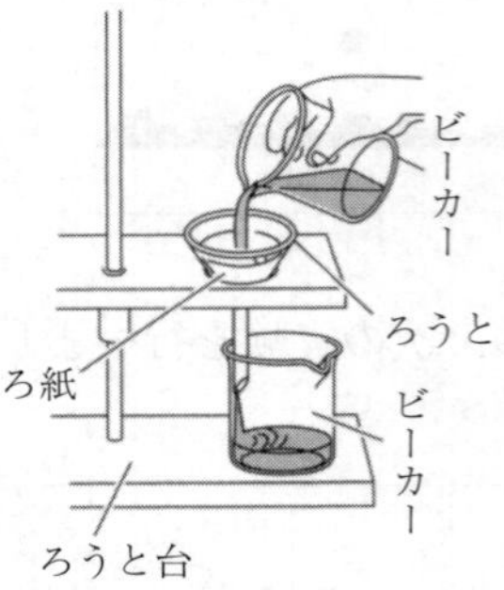

ウ

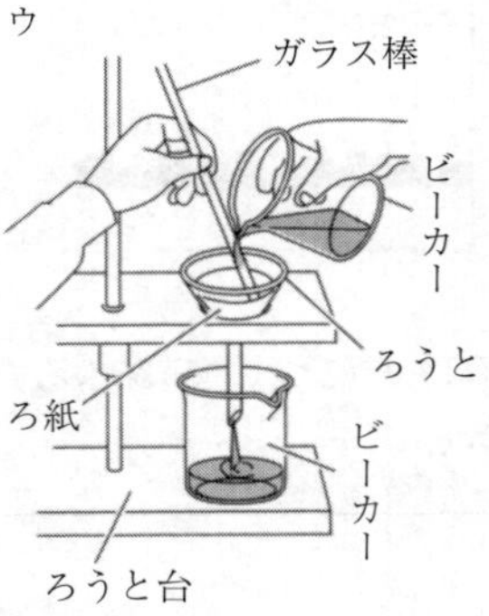

エ

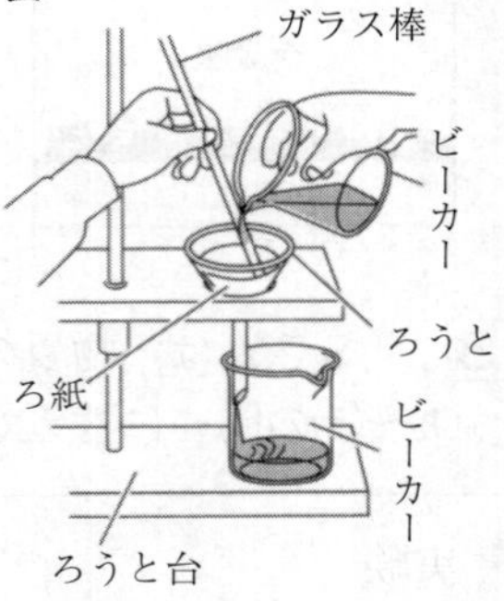

(4) 実験の⑤の 1 ～ 4 にあてはまる物質として最も適当なものを，次のア～エのうちから一つずつ選びなさい。

ア 硝酸カリウム　イ ミョウバン　ウ 塩化ナトリウム　エ ホウ酸

(5) 実験で使用したビーカーＤの液から水を30ｇ蒸発させ，液の温度を30℃にしたところ，液から結晶が出てきました。30℃の水100ｇに溶けるＤの物質の質量をｄ〔ｇ〕と表すとすると，このとき出てきた結晶の質量を表したものとして最も適当なものを，次のア～エのうちから一つ選びなさい。

ア $30-d\times\frac{70}{100}$　イ $30-d\times\frac{100}{70}$　ウ $d-30\times\frac{70}{100}$　エ $d-30\times\frac{100}{70}$

4 Ｓさんは，磁界について調べるため，次の実験１，２を行いました。これに関して，あとの(1)～(5)の問いに答えなさい。ただし，抵抗器以外の抵抗は考えないものとします。

実験１

① 図１のように，エナメル線を巻いてつくったコイルＡを用意し，検流計とつないだ。このコイルＡに右側から棒磁石のＮ極を近づけ，コイルの中で静止させると，検流計の針ははじめ左に振れ，それから０の位置にもどった。

② 図２のように，コイルＡと同じ向きにエナメル線を巻いてつくったコイルＢを用意し，コイルＡの左側に置いた。このコイルＢを電源装置とつなぎ，一定の強さの直流電流を流して，検流計の針のようすを調べた。

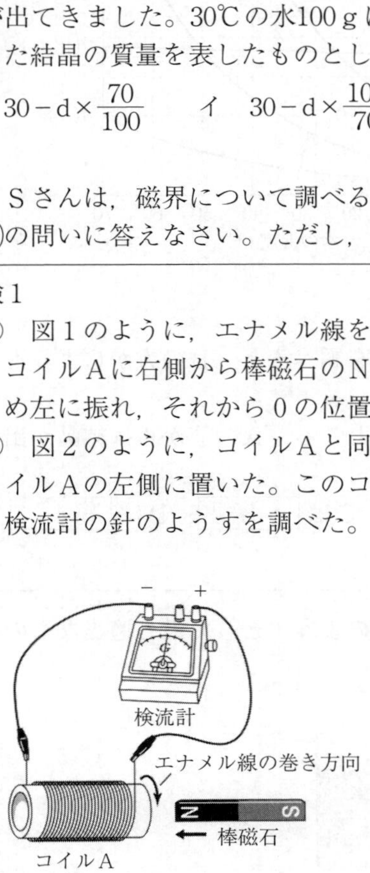

図１

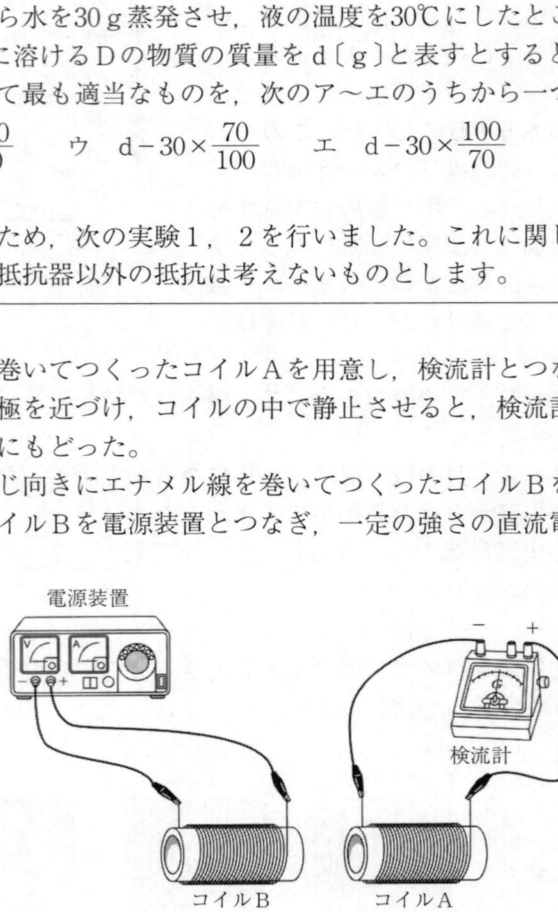

図２

実験２

① 抵抗の大きさが異なる抵抗器Ｐ，Ｑのそれぞれについて，両端に加える電圧を変えながら，抵抗器に流れる電流との関係を調べて図３のグラフにまとめた。

② 抵抗器Ｐを用いて図４のような装置を組み立て，電源装置の電圧を6.0Ｖにして銅線に電流を流したところ，銅線は図４の矢印ａの向きに動いた。

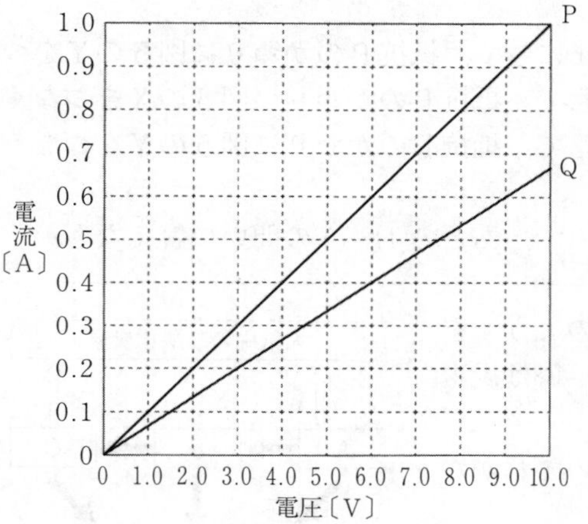

図３

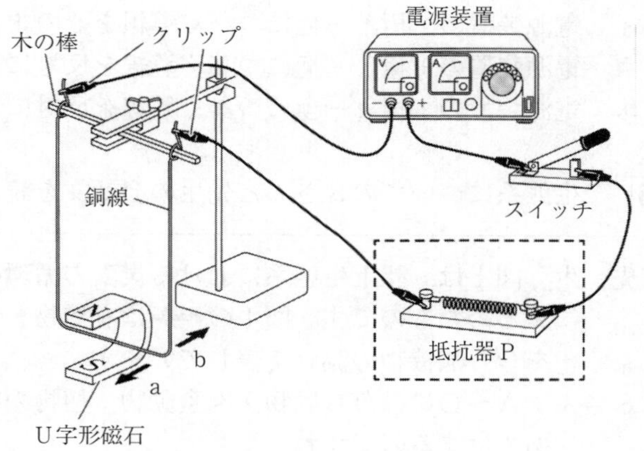

図４

(1) 次の文章は，実験１の①について述べたものです。[1]，[2] にあてはまることばの組み合わせとして最も適当なものを，あとのア～エのうちから一つ選びなさい。

> 図１のコイルＡの左側に差し込んだＳ極を左向きに遠ざけると，検流計の針は [1]。このとき棒磁石を遠ざける速さを実験１の①よりも速くすると，針の振れ方は [2]。

ア　1：左に振れる　2：小さくなる　　イ　1：左に振れる　2：大きくなる

ウ　1：右に振れる　2：小さくなる　　エ　1：右に振れる　2：大きくなる

(2) 図２のコイルＢに電流を流したときの検流計の針のようすとして最も適当なものを，次のア～エのうちから一つ選びなさい。

ア　右に振れてから，０の位置にもどる。

イ　右に振れ，最も振れた位置で止まる。

ウ　左に振れてから，０の位置にもどる。

エ　左に振れ，最も振れた位置で止まる。

(3) 抵抗器Ｑの抵抗の大きさは何Ωですか。[あ]，[い] にあてはまる数字を一つずつ選びなさい。

[あ][い]Ω

(4) 抵抗器Ｐ，Ｑを図５のＸのように直列につないだものと，Ｙのように並列につないだものをつくりました。Ｘ，Ｙのそれぞれの両端に同じ電圧を加えて，流れる電流の大きさを調べると，Ｘの全体に流れる電流は，Ｙの全体に流れる電流の何倍になりますか。[あ]～[う] にあてはまる数字を一つずつ選びなさい。

[あ].[い][う] 倍

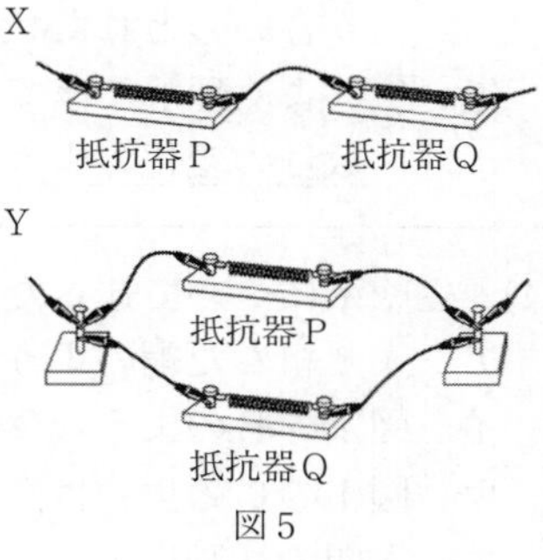

図５

(5)　図6のように，U字形磁石を図4と上下逆さまにして置き，装置のつなぎ方を変えて実験を行ったところ，銅線は図4の矢印bの向きに，実験2のときよりも大きく動きました。このときの装置のつなぎ方として最も適当なものを，次のア～エのうちから一つ選びなさい。

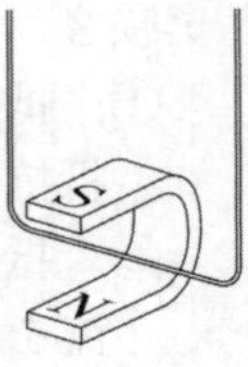

図6

ア　電源装置の＋極と－極につなぐ導線をそのままにして，抵抗Pのかわりに図5のXをつなぐ。
イ　電源装置の＋極と－極につなぐ導線をそのままにして，抵抗Pのかわりに図5のYをつなぐ。
ウ　電源装置の＋極と－極につなぐ導線を反対にして，抵抗Pのかわりに図5のXをつなぐ。
エ　電源装置の＋極と－極につなぐ導線を反対にして，抵抗Pのかわりに図5のYをつなぐ。

5　生態系についてのSさんと先生の会話文を読んで，あとの(1)～(5)の問いに答えなさい。

先　生：図1は，陸上生態系における炭素の循環のようすをまとめたものです。図1の➡は有機物，⇨は炭素を含む無機物の流れを表しています。

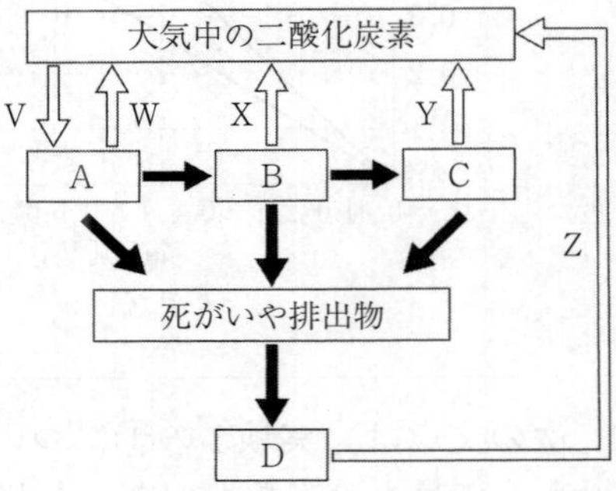

図1

Sさん：A～Cには草食動物，肉食動物，植物のいずれかがあてはまるのですね。

先　生：そうです。V～Zの矢印は，それぞれの生物が行うはたらきによる炭素の流れを表しています。では，Dには何があてはまるかわかりますか。

Sさん：Dにあてはまるのは，［　1　］とよばれる土の中の小動物や菌類，細菌類などの生物だと思います。これらのうち菌類の例としては，［　2　］があります。

先　生：そのとおりです。図1のA～Cについてですが，その数量の関係は図2のように表すことができます。

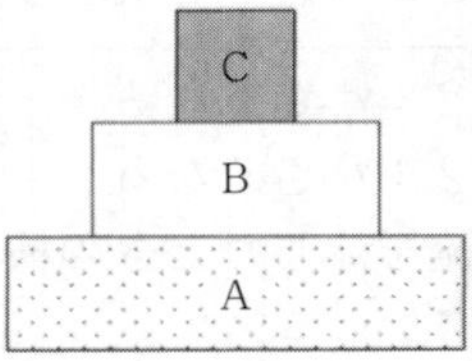

図2

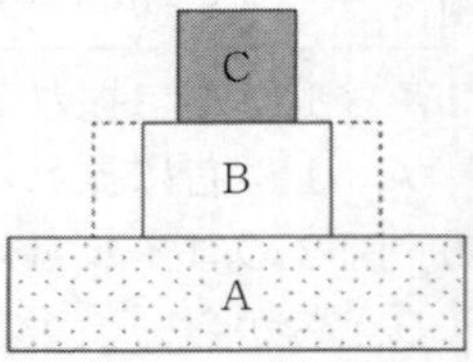

図3

Sさん：Aの数量が最も多く，Cの数量が最も少ないのですね。

先　生：A～Cは食べる・食べられるの関係でつながっていて，一時的に増減することはあっても，長期的に見ればそのつり合いはほぼ一定に保たれています。

Sさん：たとえば図3のようにBの生物が一時的に減少したとしても，やがては図2のようにつり合いのとれた状態にもどるということですね。

先　生：よく理解できていますね。それでは実際に，図3の状態から図2の状態にもどるまでの数量の変化のようすを考えてみましょう。

(1)　生態系について述べた文として**適当ではないもの**を，次のア～エのうちから一つ選びなさい。
ア　入り組んだ網のように複雑につながっている，食べる・食べられるの関係を食物網という。
イ　図1のBのような生物は，消費者ともよばれている。
ウ　図1のCの生物は，無機物から有機物をつくり出すことで活動のためのエネルギーを得ている。
エ　人間の活動によって，もともと生息していなかった地域に持ちこまれて定着した生物を外来種という。

(2)　図1のA～Cにそれぞれあてはまることばの組み合わせとして最も適当なものを，次のア～カのうちから一つ選びなさい。

ア　A：草食動物　B：肉食動物　C：植物
イ　A：草食動物　B：植物　　　C：肉食動物
ウ　A：肉食動物　B：草食動物　C：植物
エ　A：肉食動物　B：植物　　　C：草食動物
オ　A：植物　　　B：草食動物　C：肉食動物
カ　A：植物　　　B：肉食動物　C：草食動物

(3)　図1のV～Zの矢印は，呼吸や光合成による炭素の流れを表しています。呼吸による炭素の流れと，光合成による炭素の流れの組み合わせとして最も適当なものを，次のア～カのうちから一つ選びなさい。

ア　呼吸：V　　　　　　　光合成：W，X，Y，Z
イ　呼吸：V，W　　　　　光合成：X，Y，Z
ウ　呼吸：W，X，Y　　　光合成：V，Z
エ　呼吸：X，Y，Z　　　光合成：V，W
オ　呼吸：V，W，X，Y　光合成：Z
カ　呼吸：W，X，Y，Z　光合成：V

(4)　会話文中の［1］にあてはまることばを1群のア，イのうちから，［2］にあてはまることばを2群のア～エのうちから，最も適当なものをそれぞれ一つずつ選びなさい。

【1群】　ア　分解者　　イ　生産者
【2群】　ア　クモ　　　イ　ススキ　　ウ　ミジンコ　　エ　シイタケ

(5)　下線部について，図3のようにBの生物が一時的に減少してから，図2のつり合いがとれた状態にもどるまでのようすを図4のようにまとめました。2～4番目にあてはまるものとして最も適当なものを，次のア～ウのうちから一つずつ選びなさい。

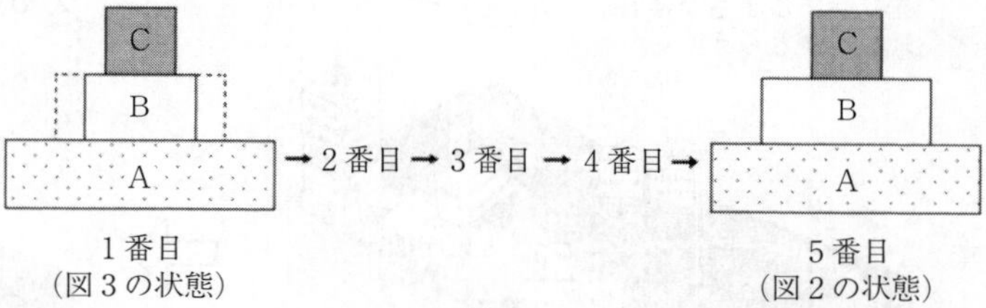

図4

ア
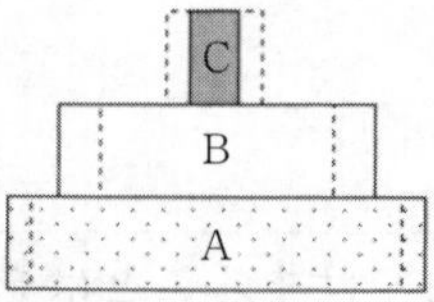

イ
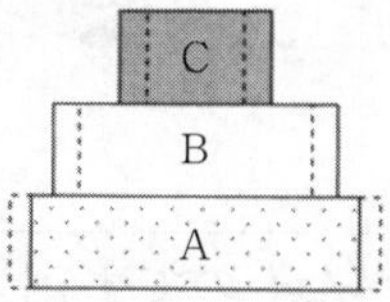

ウ
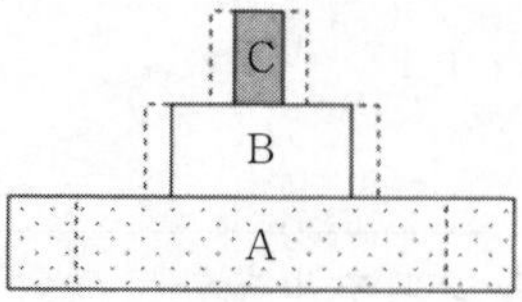

6　Ｓさんは，ある地震について調べ，資料１，２をまとめました。これに関して，あとの(1)～(5)の問いに答えなさい。ただし，地震のゆれを起こす波の伝わる速さは一定であるものとします。

資料１

①　図１は，ある地震を地点Ａで観測したときの地震計の記録である。地震が発生すると，観測地点ではまずＸのような小さなゆれが始まり，やがてＹのような大きなゆれが始まる。

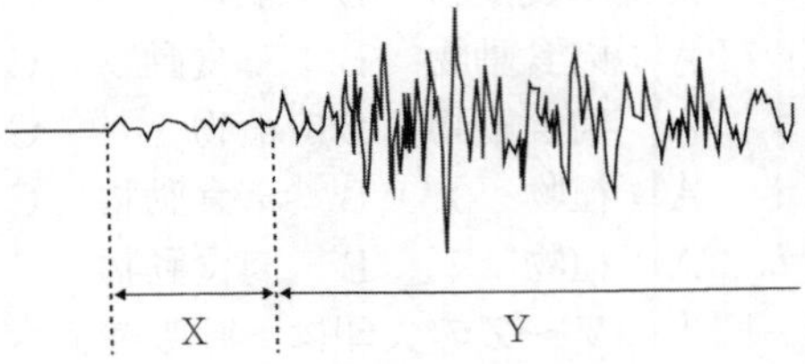

図１

②　この地震のゆれを観測した地点Ａ～Ｃの震源からの距離と，各地点でＸ，Ｙのゆれが始まった時刻を，表にまとめた。

表

	震源からの距離	Ｘのゆれが始まった時刻	Ｙのゆれが始まった時刻
Ａ	42km	８時14分22秒	８時14分28秒
Ｂ	84km	８時14分28秒	８時14分40秒
Ｃ	168km	８時14分40秒	８時15分04秒

資料２

図２は，緊急地震速報の大まかなしくみをまとめたものである。地震が発生したとき，震源に近い観測地点で，先に起こる小さなゆれを観測し，震源の位置や地震の規模を推定する。これにより，各地点でのゆれの大きさや，大きなゆれが始まる時刻などを推定して速報を出している。

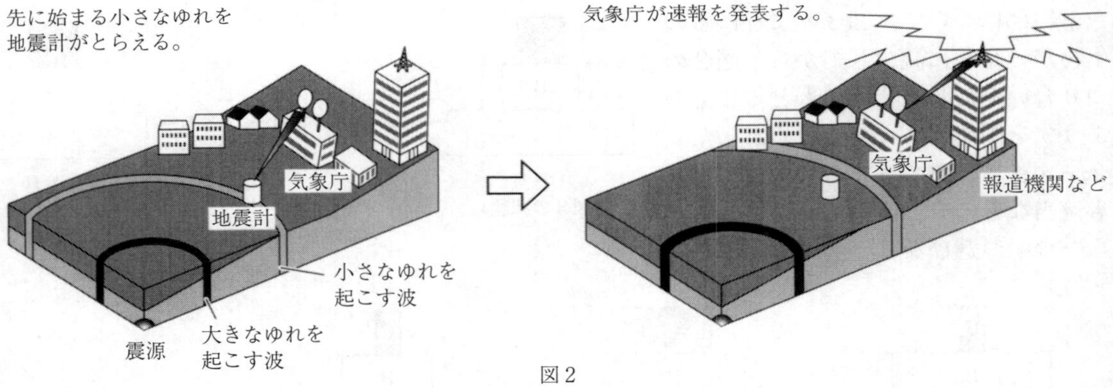

図２

(1)　次の文章は，地震のもつエネルギーについて述べたものです。［　1　］にあてはまることばを１群のア，イのうちから，［　2　］にあてはまる数を２群のア～エのうちから，最も適当なものをそれぞれ一つずつ選びなさい。

> 地震そのものの規模は［　1　］で表される。［　1　］の値が１大きくなると，地震のエネルギーの大きさは約［　2　］倍になる。

【１群】　ア　震度　　イ　マグニチュード

【２群】　ア　３　　イ　10　　ウ　30　　エ　100

(2)　図１のＸのゆれについて述べた文として最も適当なものを，次のア～エのうちから一つ選びなさい。

ア　XはP波によって起こるゆれで，初期微動という。
イ　XはP波によって起こるゆれで，主要動という。
ウ　XはS波によって起こるゆれで，初期微動という。
エ　XはS波によって起こるゆれで，主要動という。

(3)　図1のYのゆれを起こす波の伝わる速さは何km/sですか。[あ]，[い]にあてはまる数字を一つずつ選びなさい。
[あ].[い] km/s

(4)　資料1の地震が発生した時刻は8時14分何秒ですか。[あ]，[い]にあてはまる数字を一つずつ選びなさい。
8時14分[あ][い]秒

(5)　資料1の地震では，震源からの距離が21kmの地点で小さなゆれを観測し，それから5秒後に各地点へ緊急地震速報が届きました。震源からの距離が140kmの地点では，緊急地震速報が届いてから何秒後に大きなゆれが始まりましたか。[あ]～[う]にあてはまる数字を一つずつ選びなさい。
[あ][い].[う]秒後

7　Sさんは，炭酸水素ナトリウムの性質について調べるため，次の実験を行いました。これに関して，あとの(1)～(5)の問いに答えなさい。

実験
①　試験管Xに炭酸水素ナトリウム4.0gを入れ，図1のようにして加熱し，発生した気体を水上置換法で別の試験管に集めた。このとき，はじめに集まった試験管1本分の気体は捨てて，続いて発生した気体を2本の試験管A，Bに集めた。

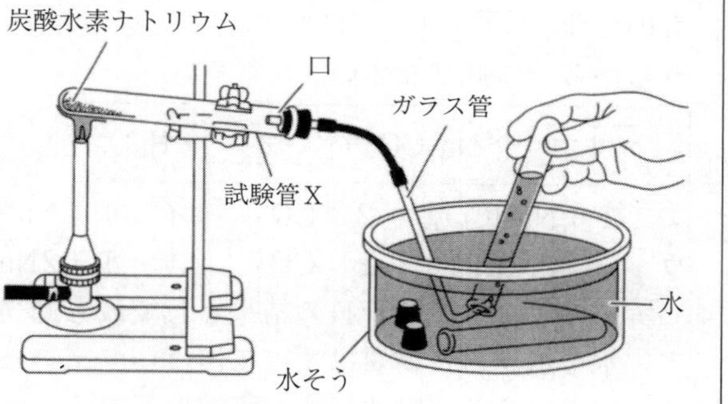

図1

②　気体がガラス管から出てこなくなるまで試験管Xの加熱を続けた後，ガラス管を水そうから抜き，ガスバーナーの火を消した。このとき，試験管Xの口付近の内側には液体がついていた。塩化コバルト紙を使って調べたところ，この液体が水であることがわかった。また，試験管Xに残った固体の物質をじゅうぶんに乾燥させてから質量を測定したところ，2.6gだった。

③　①で気体を集めた試験管A，Bについて，図2のような実験を行い，それぞれどのような結果になるか調べたところ，試験管Aでは[　1　]，試験管Bでは[　2　]。

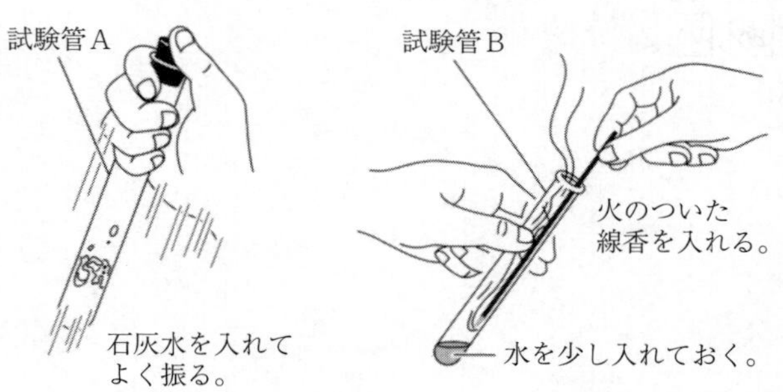

図2

④　加熱していない炭酸水素ナトリウムを試験管Cに，②で加熱した後に試験管Xに残った固体の物質を試験管Dに，それぞれ0.5gずつ取り，それぞれの試験管に水を5mLずつ加え，溶け方の違いを調べたところ，一方はすべて溶けたが，もう

一方は溶け残った。また，この試験管C，Dにフェノールフタレイン液を加えて，色の変化を調べたところ，一方はうすい赤色になり，もう一方は濃い赤色になった。

⑤　炭酸水素ナトリウム7.5gを試験管Yに入れ，図1と同じようにして短い時間加熱し，気体の発生が終わる前に加熱をやめた。このとき試験管Yに残った固体の物質をじゅうぶんに乾燥させ，その質量を測定すると，5.4gだった。

(1)　実験の②の塩化コバルト紙の色の変化について述べた文として最も適当なものを，次のア～エのうちから一つ選びなさい。

ア　水をつける前は青色で，水をつけた後は赤色に変化した。
イ　水をつける前は青色で，水をつけた後は緑色に変化した。
ウ　水をつける前は赤色で，水をつけた後は青色に変化した。
エ　水をつける前は赤色で，水をつけた後は緑色に変化した。

(2)　実験の③の [1]，[2] にあてはまるものの組み合わせとして最も適当なものを，次のア～エのうちから一つ選びなさい。

ア　1：石灰水に変化はなく　2：線香の火が消えた
イ　1：石灰水に変化はなく　2：線香が激しく燃えた
ウ　1：石灰水は白くにごり　2：線香の火が消えた
エ　1：石灰水は白くにごり　2：線香が激しく燃えた

(3)　次の化学反応式は，実験で炭酸水素ナトリウムを加熱したことによって起きた化学変化を表したものです。[1]，[2] にあてはまるものの組み合わせとして最も適当なものを，あとのア～エのうちから一つ選びなさい。

$$\boxed{\quad 1 \quad} \rightarrow Na_2CO_3 + \boxed{\quad 2 \quad} + H_2O$$

ア　1：$NaHCO_3$　2：CO_2　イ　1：$NaHCO_3$　2：$2CO_2$
ウ　1：$2NaHCO_3$　2：CO_2　エ　1：$2NaHCO_3$　2：$2CO_2$

(4)　実験の④で，試験管Dの結果として最も適当なものを，次のア～エのうちから一つ選びなさい。

ア　水を加えると物質はすべて溶け，フェノールフタレイン液を加えると濃い赤色になった。
イ　水を加えると物質はすべて溶け，フェノールフタレイン液を加えるとうすい赤色になった。
ウ　水を加えると物質は溶け残り，フェノールフタレイン液を加えると濃い赤色になった。
エ　水を加えると物質は溶け残り，フェノールフタレイン液を加えるとうすい赤色になった。

(5)　実験の⑤で，加熱後の試験管Yに残った物質には，炭酸水素ナトリウムは何g含まれていますか。[あ]，[い] にあてはまる数字を一つずつ選びなさい。

[あ].[い] g

8　運動とエネルギーについて調べるため，次の実験１，２を行いました。これに関して，あとの(1)～(5)の問いに答えなさい。ただし，質量100ｇの物体にはたらく重力を１Ｎとし，小球にはたらく摩擦や空気抵抗は考えないものとします。また，レールの厚みは考えないものとします。

実験１

①　水平な台の上で，図１のような装置をつくった。

②　質量10ｇの小球Ｘを，水平な台の上からの高さが10cm，20cm，30cmであるレールの斜面上から静かに手をはなして運動させ，水平面上の軽い木片に当て，それぞれ木片が移動した距離を調べた。

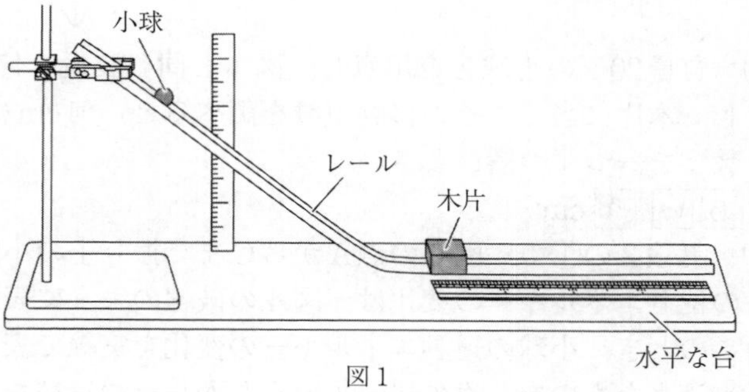

図１

③　小球Ｘのかわりに質量が30ｇの小球Ｙを使って，②と同様の実験を行い，それぞれ木片が移動した距離を調べた。

表は，②，③の結果をまとめたものである。

表

小球の高さ〔cm〕	10	20	30
小球Ｘを使ったときの木片の移動距離〔cm〕	2.0	4.0	6.0
小球Ｙを使ったときの木片の移動距離〔cm〕	6.0	12.0	18.0

実験２

①　天井の点Ｏから，伸び縮みしない軽い糸で小球をつるした振り子をつくり，糸がたるまないように点Ａの位置まで小球を持ち上げ，静かに手をはなして運動させた。このときの振り子の運動のようすをストロボスコープで撮影したところ，図２のようになった。

②　図３のように，点Ｏの真下の点Ｐにくぎを打って，振り子の小球が点Ｂの位置を通過するとき，振り子の糸がくぎにひっかかるようにした。

③　①と同じように点Ａから振り子を運動させて，そのようすを調べた。

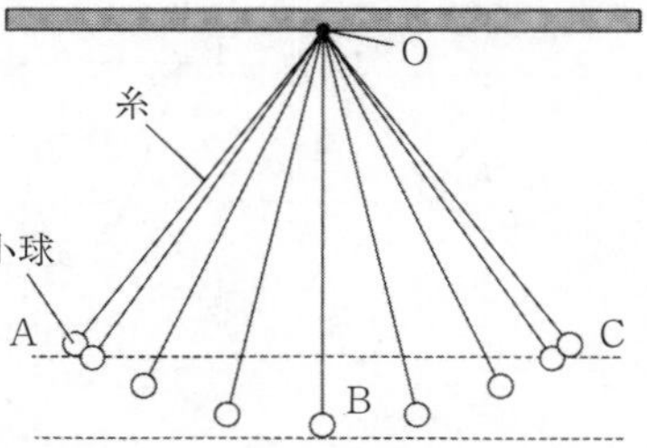

図２

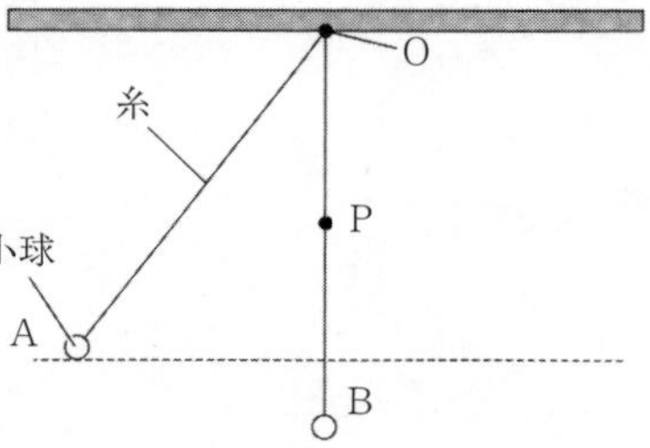

図３

(1)　実験１で，質量10ｇの小球Ｘを30cmの高さまで持ち上げるときの仕事の大きさは何Ｊですか。あ～うにあてはまる数字を一つずつ選びなさい。

あ.いう Ｊ

(2)　実験１で，斜面上を運動する小球にはたらく力を矢印で示したものとして最も適当なものを，次のア～エのうちから一つ選びなさい。

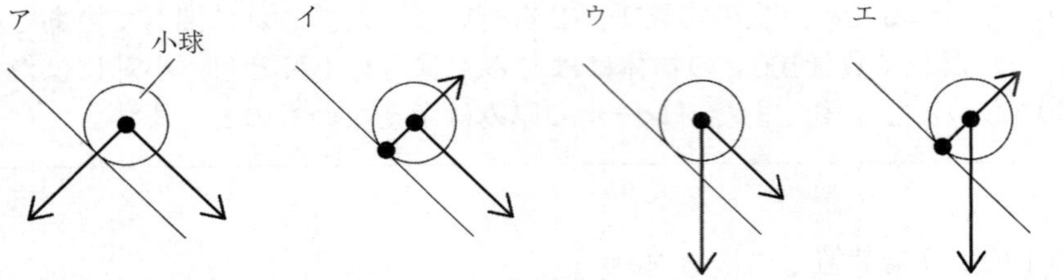

(3)　質量20 gの小球Zを用意し，図1と同じ装置を使って，25cmの高さからレールの斜面上を転がし，木片に当ててその移動距離を調べると，何cmになると考えられますか。あ～う にあてはまる数字を一つずつ選びなさい。

あ い . う cm

(4)　実験2の①で，図2の点AからCまで振り子の小球が運動するときの位置エネルギーの変化は，図4の破線のように表すことができます。このとき，小球の運動エネルギーの変化を実線で表したものとして最も適当なものを，次のア～エのうちから一つ選びなさい。

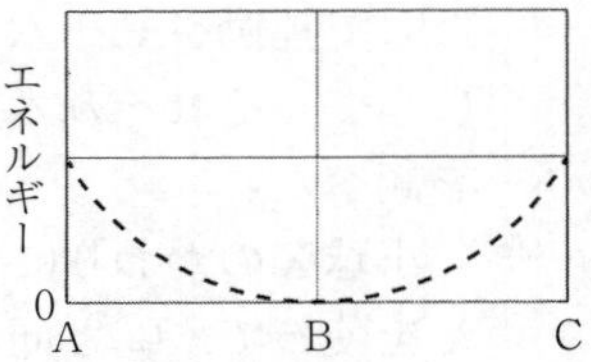

図4

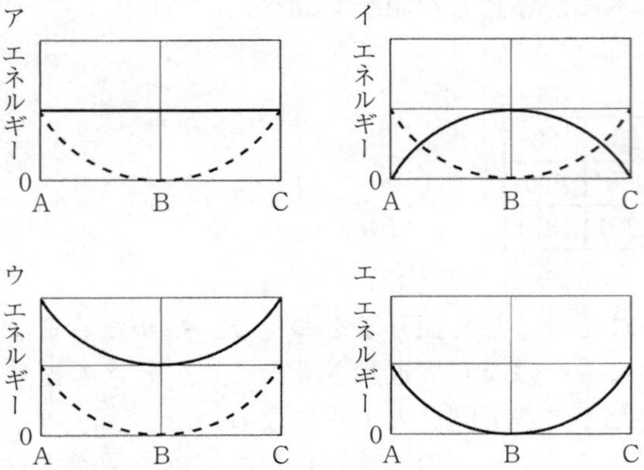

(5)　実験2の②で，振り子の糸が点Pのくぎにひっかかったあと，小球が上がる高さとして最も適当なものを，図5のア～エのうちから一つ選びなさい。

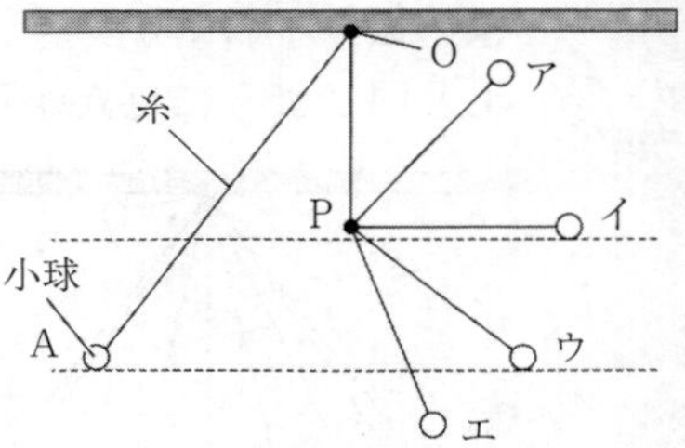

図5

うこと。

エ　博定が何も考えずにただ太鼓を打っていたわけではなく、音を発する側と聞く側との距離によって聞こえ方が異なるということまで意識して打っていたことについて元正が感心したということ。

オ　天皇の目の前で演奏することも出来たのに、最も太鼓が良い音に聞こえるように、博定があえて天皇から遠く離れるという調整をしたと知って、そのような人に会えて元正が喜んだということ。

ん」とぞいひける。「Dこの心ばせ、思ひよらざる事なり。めでたし」とぞ、元正感じける。

（『古今著聞集』による）

（注1）　堀河院＝堀河天皇。平安時代の天皇。
（注2）　六条院＝白河上皇が造営させた六条内裏《だいり》（天皇の居所中心の御殿）。
（注3）　朝覲行幸＝ここでは、堀河天皇が六条院へ出かけたこと。
（注4）　博定＝藤原博定。
（注5）　壺＝撥をあてるべき拍。
（注6）　元正＝大神元正。鳥羽天皇の笛の師匠。

(1)　文章中の二重傍線部ア～カのうち、動作主が「博定」では**ない**ものを**二つ**選びなさい。

(2)　文章中のAめでたくうけたまはりきの意味として最も適当なものを、次のア～オのうちから一つ選びなさい。

ア　私は、その品は大変すばらしいものだと思って、天皇からいただきました。
イ　うれしいことに、私がその楽器を天皇からいただくことができました。
ウ　私は、無事にその催しを引きうけて成功させることができました。
エ　私は、その演奏は非常にすぐれたできばえだと思いながらお聞きしました。
オ　ありがたいことに、その音楽を天皇がお聞きになられたということでした。

(3)　文章中にB意趣に相叶《あひかな》ひにたりとあるが、どのようなことが博定の意図通りだったのか。その説明として最も適当なものを、次のア～オのうちから一つ選びなさい。

ア　元正にとっては、本来演奏される伝統的な曲よりも少し新しい内容になっていて、できばえは良かったものの、その新しさに慣れるのが大変だったこと。
イ　元正にとっては、曲が初めから終わりまで同じような調子で進んでいた点が好みに合わなくて、もっと抑揚がはっきりしているほうがよいと感じたこと。
ウ　元正のいた場所では、博定の太鼓が本来の間合いよりも少し早めに聞こえていて、打ち始めだけで済まず、結局最後まで早めの間合いになっていたこと。
エ　元正が見たところ、博定が太鼓を打つたびに元あった場所よりも少しずつ動いてしまって、本来の場所とは異なった場所で打ち終わりを迎えていたこと。
オ　元正には太鼓の音が複数聞こえていて、博定が少し早い間合いで太鼓を打つたびに音が続く感じになってしまい、最初から最後まで違和感があったこと。

(4)　文章中のCさればの意味として最も適当なものを、次のア～オのうちから一つ選びなさい。

ア　まさか　　イ　もしかしたら
ウ　だから　　エ　にもかかわらず
オ　たとえるのならば

(5)　文章中にDこの心ばせ、思ひよらざる事なり。めでたしとあるが、この言葉はどのようなことを示しているか。最も適当なものを、次のア～オのうちから一つ選びなさい。

ア　太鼓の良さを感じるには何よりも楽しめなければいけないという考えのもと、博定はあえて太鼓を早く打つことによって違和感を生んで楽しませようとしていたので、元正が驚いたということ。
イ　聴衆に聞こえた音が正しい調子ではなかったことについて、博定がもっともらしい言い訳を考えて正当性を主張したことについて、その機転のきかせ方の素晴らしさを元正がほめたということ。
ウ　太鼓を打つ音が元正に早く聞こえてしまったことをいかし、天皇に太鼓を聞かせるときには万全の状態に仕上げようという博定の準備の仕方について、元正がめったにないと感じたとい

エ　ルイが描いた自分の姿が、実際の自分とは大きく違っていて気恥ずかしさを感じており、その姿に少しでも追いつけるように、勇気を持って新しい世界を見てみようと強く決意している。

オ　ルイの描いた自分の姿を見るという新鮮な経験によって、自分の知らない魅力がまだ自分の中にあることがわかって興奮し、新しい世界が開けていくのだとそわそわと落ち着かない気持ちでいる。

(6)　文章中のルイについて述べたものとして最も適当なものを、次のア～オのうちから一つ選びなさい。

ア　描いた絵を見せることをまゆちゃんがはずかしがっていることに気づき、絵を見たいと言ったりほしがったりすることにより、まゆちゃんに自信を持たせようとした。

イ　他者に上手だと思われるような絵を描いているにもかかわらず、その出来に満足せずにまゆちゃんにあげることにして、まゆちゃんが描いた絵のよさを見極めていた。

ウ　自分だけのものだった絵をみんなに見せることになった見返りとして、まゆちゃんの描いた絵を見せることを要求し、お互いの絵の技術の高さを確かめ合おうとした。

エ　ルイをモデルとしてまゆちゃんが描いた絵をほしがり、まゆちゃんをモデルとして自分が描いた絵はためらわずにあげることにして、まゆちゃんの感情を揺さぶった。

オ　実弥子の大げさなほめ言葉やそれに対するまゆちゃんのあからさまな反応によって、まゆちゃんが描いた、ルイがモデルとなった絵をほしくなるように誘導された。

(7)　この文章の表現についてクラスで話をしている。本文の内容をふまえて最も適当な発言をしているものを、次のア～オのうちから一つ選びなさい。

ア　詳しい風景の描写が特徴的です。まゆちゃんと実弥子が捉えた風景を細かく描き分けることによって、それぞれがどのような考えを持ち、どのような考えに変わっていくのかを暗示しています。

イ　実弥子から見たまゆちゃんの様子、ルイから見たまゆちゃんの様子に独特の比喩が用いられています。絵画というテーマとも重なり、まゆちゃんという存在が印象的に浮かび上がってきます。

ウ　登場人物の行動や動きによって、まゆちゃんの成長を描いています。ここにある表現の多くはユーモラスであるため、真面目な出来事を描きながらも、展開の軽快さを感じることができます。

エ　句読点を多く用いることによって、文を効果的に区切っています。こうすることによって登場人物全員の幼さを演出しています。展開に不自然さを感じない説得力のある場面になっています。

オ　主にまゆちゃんと実弥子の内面に焦点を当てながらも、平易でなじみやすい会話を中心に話が展開しています。この構成によって、登場人物が生身の人間としていきいきと感じられます。

三　次の文章を読み、あとの(1)～(5)の問いに答えなさい。

(注1)堀河院《ほりかわゐん》の御時、(注2)六条院に(注3)朝観《てうきん》行幸ありけるに、池の中島に楽屋をア構へられたりけるに、御所、水をへだててはるかに遠かりけり。(注4)博定《ひろさだ》勅をイうけたまはりて太鼓をウつかうまつりけるが、(注5)壺《つぼ》よりも進めて撥《ばち》をあてけり。後日に博定、(注6)元正《もとまさ》にあひて、「昨日の太鼓はいかがありし」とエいひければ、元正、「Aめでたくうけたまはりき。但《ただ》し、すこし壺より進みてぞ聞こえし」とオいひければ、またカ問ひけるは、「壺はうち入れたるたびやまじりたりし。はじめをはり同じほどに進みて侍《はべ》りしか」といふ。元正、「始終進みて終はりにき」とこたへければ、博定、「さてはB意趣に相叶《あひかな》ひにたり。そのゆゑは、楽こそ引きはなれぬ事なればかすみわたれ、遠くて物をうつは、ひびきのおそくきたるなり。Cされば御前にては、壺にうち入りて、よくぞ聞こしめしけ

た意味を持つものだということを伝えようとしている。

エ　絵を描く作業は一人では完結できないし、描いた人がその存在を独占してはいけないという実弥子の思いを示している。

オ　まゆちゃんが前向きな気持ちになって絵を見せてくれるように、穏やかな言葉によって促している。

(3)　文章中にＣまゆちゃんが、小さな声で言ったとあるが、この場面のまゆちゃんの様子の説明として最も適当なものを、次のア～オのうちから一つ選びなさい。

ア　実弥子やルイに励まされたため、絵を見せないと申し訳ないような気持ちになって、緊張しながら絵を見せたところ、描いた絵のルイの姿が整っていないことが目に入り、さらに動揺している。

イ　ルイの言葉に気持ちが弾み、絵を見てもらいたいという意欲がわいて、ルイの反応を楽しみにしながら絵を見せたものの、ルイの描いた絵には及ばないみじめさに、いっきに悲しくなっている。

ウ　ルイに促されたうれしさから少し自信がわいて、ルイの反応を気にしながら勇気を出して絵を見せてはみたものの、自分の絵の粗い部分が目に付いて勇気や自信を失い、気持ちが沈んでいる。

エ　実弥子やルイの期待を感じて、雰囲気に押し流されるように絵を見せたものの、人物の絵を描くことが苦手であることを知られてはずかしく、指摘される前に自分で説明しようと深刻になっている。

オ　期待に満ちたルイの言葉を聞いて、ルイに喜んでもらいたいと思いながら強気に自分の絵を見せたところ、みんなが絵を見たまま黙ってしまったので不安になり、自分の力不足を弁解したくなっている。

(4)　文章中にＤまゆちゃんの絵の中で、ルイの顔の輪郭からはみ出しそうなほど切れ長に描かれた目の中の瞳と、ふわふわと描かれた髪が、深い緑色をしていたとあるが、まゆちゃんがこのように描いた理由として最も適当なものを、次のア～オのうちから一つ選びなさい。

ア　時間をかけてルイを見ているうちに、自分だけが気づいたルイの特徴を絵に写し出してみたいという気持ちになったから。

イ　ルイの表情を観察しているときに、その視線の先にあるものが自然と頭に浮かんできて、それを絵に反映しようとしたから。

ウ　ルイの顔をこだわって描こうとよく見ていると、目の色や髪の色の特徴が把握できたので、正確にその色を表現したから。

エ　ルイの顔を見ているうちに、彼にぴったりな風景がふと思い浮かんで、その風景の色を使うと絵がよくなると感じたから。

オ　ルイの表情をとらえようとすると、ルイがどこか遠くの世界にいるような気がして、その世界を色にして表したいと思ったから。

(5)　文章中にＥ絵の道具を片づけながらまゆちゃんは、水に浮かんだゴムボートに乗ってゆられているような、不思議な心地がしていたとあるが、このときのまゆちゃんの心情として最も適当なものを、次のア～オのうちから一つ選びなさい。

ア　ルイの描いた自分の姿は初めて見るものなのに、自分の理想と一致していたことに驚きを感じていて、ルイとともにこれまでとは違う世界へ踏み込めるのだという希望で胸がいっぱいになっている。

イ　ルイと絵を交換し合うことになって緊張を感じつつも、願いがかなったことに有頂天になり、これからも絵を描くことで、これまでの暗い自分から生まれ変われるような明るい気持ちになっている。

ウ　ルイから見た自分の姿を見て、自分のこれまでとは違う姿に強く引き付けられているが、その絵を手に入れるという願いまで実現して、現実味を感じられなくなり、不安でぼうっとした気持ちになっている。

「でも、みなさんの描いた絵は、それぞれ一度持ち帰って、お家《うち》の人に必ず見せて下さいね。そのあとで、どうするかはお母さんたちにも訊いて、みんなでよく相談して決めて下さい」

「相談ってことは、じゃあ、私の絵をルイくんにあげるかわりに、そのルイくんの絵を、私がもらったりしても、いいってこと?」

まゆちゃんが、ローテーブルの上に広げられたままの、自分が描かれたルイの絵を見た。

「いいよ」

ルイがさらりと返事をした。

まゆちゃんは、どきどきしてきた。ルイが描いた自分の顔が、自分を見ている、とまゆちゃんは思った。ルイが描いた自分。ルイが見ていた自分。自分が、他の人の目に映っているということを初めて知った気がしたのだった。

自分も、ルイを見て、描いた、とまゆちゃんは思う。よおく見ながら描いているうちに、なんとなく見ていたときには気付かなかったことが見えてきた。ルイの、一見どこを見ているかわからないその瞳をじっと見ているうちに、遠いところへ一瞬、一緒に行った気がしたのだ。そこに、風にゆれる草原が見えた、気がした。だから、その瞳を緑色に塗り、草原のような髪にも、同じ色を置いたのだ。

そんなふうに顔には時間をかけてこだわって描いたけれど、身体の形はうまく描けなかった気がして、まゆちゃんは自信がなかった。でも、ルイにこの絵がほしいと言われて、ずいぶんうれしかった。自分も、ルイが描いてくれた自分の絵はとてもきれいだと思った。その絵が、ほしくなった、とても。なんだろう、この感じ。そこには、自分ではない人がいるようで、確かに自分がいる、とも思う。自分が、別の世界にいる……。

E絵の道具を片づけながらまゆちゃんは、水に浮かんだゴムボートに乗ってゆられているような、不思議な心地がしていた。

(東　直子『階段にパレット』による)

(注)　希一＝亡《な》くなった、実弥子の夫。画家だった。

(1) 文章中にA実弥子ははっとするとあるが、このときの実弥子の心情として最も適当なものを、次のア～オのうちから一つ選びなさい。

ア　ルイの絵を見たまゆちゃんが感動している様子に、絵を描くことは対象を素直にとらえることが本質だと思い至り、絵を描く理由を複雑に考えている自分や親たちの考えは間違っていたと感じている。

イ　ルイの絵やまゆちゃんの言葉から、対象の内面の奥深い部分や本質的なものを具体化し、表現することが絵を描く目的ではないかと気づき、気にかかっていたことが解消され始めている。

ウ　感動するまゆちゃんと、ルイの描いた絵のまゆちゃんの姿が重なり、描かれた人物と絵が一致する様子を初めて見て、絵を描くことはその人物の新たな一面の発見につながるのだと感動を覚えている。

エ　ルイの絵やまゆちゃんの言葉で、絵の作者が対象についてより深く関心を持ち、作者と対象が理解し合うことが絵を描く理由になると気づき、それを実現している二人の聡明《そうめい》さに驚かされている。

オ　まゆちゃんの言葉を聞いて、ルイが素直な思いで描いた絵が、初めてまゆちゃんに生きているという実感を与えたことに気づき、子どもである二人の持つ才能や絵を描くことの尊さに感動を覚えている。

(2) 文章中にBまゆちゃん、絵はね、描き上がったときに、描いた人を離れるんだよとあるが、実弥子のこの発言の説明として**適当でないもの**を、次のア～オのうちから一つ選びなさい。

ア　はずかしがるまゆちゃんに、描いた絵を見せることは何もはずかしいことではないと思わせようとしている。

イ　まゆちゃんの絵がすぐれているということを、どんな絵にも性格があるという間接的な言い方で伝えようとしている。

ウ　描いた絵は、鑑賞され、その経験を共有されることで描かれ

「え？　離れる……？　どういうことですか？」
まゆちゃんが、絵の上に手をのせたまま顔を上げた。
「でき上がった絵は、ひとつの作品だから、でき上がった瞬間に、作者の手から離れて、まわりに自分を見てもらいたいな、という意志が生まれるのよ。それは作品自体の心。描いた人の心とは別に、新しく生まれるの」
「……ほんとに？」
まゆちゃんの眉が少し下がり、不安そうに数度まばたきをした。
「そうよ。たとえば、今ルイくんの描いたこの絵は、ルイくんだけのものだって思う？　ルイくんだけが見て、満足すれば、それでいいと思う？」
実弥子の質問に、まゆちゃんは長い睫毛《まつげ》を伏せてしばらく考えた。
「そりゃあ、ルイくんの絵は、上手だから……みんなで一緒に見たいなあって思うけど……」
「まゆちゃんの絵も、みんなが一緒に見たいなあって思ってるよ」
実弥子がそう言ったとき、ルイがその言葉にかぶせるように「見せてよ」と言った。
まゆちゃんは、少し照れたような表情を浮かべて、ルイにちらりと視線を送ってから背筋を伸ばした。
「わかった。モデルのルイくんが見たいって言うなら、見せないわけにはいかないよね」
まゆちゃんは、絵の上を覆っていたてのひらを滑らせるように引いた。画用紙の中には、こちらをじっと見据えてまっすぐに立つルイが現れた。手も足も細くてやや頼りない身体をしているが、顔はしっかりと大きく描かれていた。
「私、人を描くの、あんまり得意じゃなくて……。バランスが変になっちゃって、なんか、やっぱり、下手だ」
Ｃまゆちゃんが、小さな声で言った。
「そんなことないよ、まゆちゃん。よく描けてる。とてもいいと思う」
実弥子がゆっくりと言った。
「ねえ、なんで緑色なの？」
ゆずちゃんが絵を見ながら訊いた。
Ｄまゆちゃんの絵の中で、ルイの顔の輪郭からはみ出しそうなほど切れ長に描かれた目の中の瞳と、ふわふわと描かれた髪が、深い緑色をしていた。
「なんでって……それは、なんとなく、かな。ルイくんのこと、じっと見ていたら、そんな色をしているような気がしたから」
「そうなのね。まゆちゃんには、ルイくんがこんなふうに見えるんだね」
実弥子が、絵を手に取って持ち上げた。
「ちょっと、ここに置いてみるね」
棚の上に、その絵を立てかけた。レモンイエローで塗られた肌と、緑色の髪と瞳が溶け合って、絵に描かれたルイが、一本ですっと立つ草の花のようだと、実弥子は思った。
「こうしてみると、ほんと、ルイくんと緑色って、似合うね。いいなあ、この絵も、気持ちがいいよ。子どもって、やっぱり自由だね。みんな天才だわ」
俊子が感心するように言うと、まゆちゃんが、棚の上の絵をさっと取って、くるくると丸めた。
「やっぱり、それほどでもないし、はずかしい」
くるくると丸めた画用紙を、ルイがつかんだ。
「これ、ほしい」
「ええっ⁉」
まゆちゃんが、目を丸くした。
「ほしいって……、私の、この絵が、気に入った、ってこと？」
ルイが、こくりと頷《うなず》いた。
「そっか、それって、やっぱりまゆちゃんの絵が、とってもすてきだからだよね！」
実弥子がまゆちゃんの肩に、ぽんと手を置いた。

オ　球技が苦手だと感じた場合に、球技を避けるのではなく、他者にうまくなったことを認められるまで努力を続ける人間。

(8)　本文全体の論旨の説明として最も適当なものを、次のア～オのうちから一つ選びなさい。

ア　劣等感を抱いている人間は他者の注意によって、自分自身の全てが価値のないものと判断されたように感じ、考え方や自分のあり方をその時々で都合のいいように変えるため、人間として成長できない。

イ　他者からアドバイスを受けたときに冷静に対応できないのは、自己が確立していないためだが、内心は他者の判断の正しさに共感しているのだから、感情を抑制することを意識しなくてはいけない。

ウ　自己の内面や能力を充実させれば、自然に自己を尊重する思いになるため、他者からの注意によってみじめな思いをすることも減って、他者との関係を積極的に自分の成長につなげることができる。

エ　親切にアドバイスしているつもりなのに、優位に立とうとしていると受け取られる人間は、アドバイスを拒否する人たちと同様に、他者に対する共感を持たず、相手の人格を否定する傾向がある。

オ　親切なアドバイスを拒絶してしまう人々は、自分自身の能力が優れているという余裕があるため、自分の価値が下がっていくことを恐れ、今の自分のあり方に固執して成長を望めない状態になる。

二

次の文章を読み、あとの(1)～(7)の問いに答えなさい。

〔イラストレーターの実弥子《みやこ》が開いている絵画教室には、少年少女だけではなく、さまざまな年齢の人々が通っている。あるとき、ルイ、まゆちゃん、ゆずちゃんといった子どもたちに、大人の俊子《としこ》さんもまじえて、互いの姿を描き合うことになった。完成した絵をみんなで見せ合ったところ、ルイの描いたまゆちゃんの絵は、今にも絵の中から飛び出してきそうなほどすばらしいものだった。〕

「わあ、すごい……。これが私……？」

「まゆちゃんに、にてる」

ゆずちゃんが、感心して言った。

「なんだろう、これ……。こんなふうに描いてもらうと、自分が今、ちゃんと生きてここにいるんだって、気がついた気がする……」

まゆちゃんがつぶやいた。A実弥子ははっとする。

ルイが、まゆちゃんをモデルに絵を描いた。ただそれだけの、シンプルなこと。でも、描かれた絵の中には、今まで見えていなかったその人が見えてくる。言葉では言えない、不思議な存在感を放つ姿が。ルイと(注)希一、それぞれの母親がふと口にした「なんのために絵を描くのか」という問いの答えが、もしかするとこうした絵の中にあるのではないかと、実弥子は思った。

「ねえ、ルイくんって、何年生？」まゆちゃんが訊《き》いた。

「三年」

「うわあ、私より二コも下なんだあ。やだなあ、こっちは、見せるのはずかしすぎる」

まゆちゃんが自分の絵を隠すように、覆いかぶさった。

「Bまゆちゃん、絵はね、描き上がったときに、描いた人を離れるんだよ」

実弥子がやさしく言った。

見直していかなくてはいけませんね。

a　「上から目線」を批判する側は、仮に経験に差があっても目上の人間とは対等な関係であると思っていますが、筆者は、経験などは関係なく自信を持つものが優位であるのが正しいと考えているのです。

b　筆者は、経験を積んだ目上の人たちが、経験のない若者よりも知識や立場が上なのは当然と捉えていますが、「上から目線」を批判する人々は、自分が下位に置かれる上下の図式を認めたくないのです。

c　筆者は、人間関係は平等なもので上下があるという見方はよくないと考えていますが、「上から目線」を批判する人々は、上位や下位という考えを重視し、下位に置かれることを嫌悪《けんお》しているのです。

d　能力の点で劣る側は、見下されているわけではないということを認めてアドバイスを取り入れ、立場が上である者は自分のアドバイスをできるだけ受け止められるように丁寧に説明するべきだということです。

e　アドバイスされる側は、アドバイスする側の経験や知識が自分よりも豊富であることを知って謙虚に参考にし、アドバイスする側も率直にアドバイスする必要があるということです。

f　立場が下位にある人間は、上位の者のアドバイスを受け入れながら自分の優位さも示して対等な関係を維持し、立場が上位の人間は相手の機嫌を伺わずに自信を持ってアドバイスするべきだということです。

ア　i　a　ii　f　　イ　i　c　ii　b

ウ　i　b　ii　e　　エ　i　e　ii　c

オ　i　e　ii　d　　カ　i　d　ii　e

キ　i　f　ii　c　　ク　i　f　ii　a

(6)　文章中のD目上の人物からのアドバイスや意見を「上から目線」と非難するタイプの人についての説明として最も適当なものを、次のア～オのうちから一つ選びなさい。

ア　ほんとうに自分より力があると判断した人間に対しては、自分の力を見せ付けようとせず逃げ出す。

イ　物事をすべて二つに区分できると考え、他者との関係においても上下の区別をつけたがる。

ウ　漠然と自分の未熟さを認識しているため、他者に強気にふるまうことで弱点を隠そうとする。

エ　他者の優しさは自分を下に見ている表れと判断し、優しくしてくる人間を自分の敵と見なしている。

オ　他者から良い評価を得たいと考えているのに、他者は自分よりも劣る存在だと考えている。

(7)　文章中にF成熟した人間とあるが、ここで筆者が想定する「成熟した人間」とは、どのような人間だと考えられるか。その説明として最も適当なものを、次のア～オのうちから一つ選びなさい。

ア　絵が得意なことを他者から評価されたとしても、過剰に自信を持たず、実力がまだ不足していることに気づくことができる人間。

イ　自分が走ることが得意でも、運動が苦手な人間もいることを考慮して、競走ではなくみんなで楽しめるやり方を模索する人間。

ウ　スポーツが得意であっても、他に苦手な分野があることを自覚し、それもスポーツと同じくらいできるようにして自信をつける人間。

エ　走るのが遅い場合に、自分は走ることが苦手だと受け入れつつ、筋肉や心肺機能の向上など、視点を変えて楽しめる人間。

は周囲からの人望の高さで決定されているため、疎《うと》ましく感じられるという他者からの指摘は、社会的評価が低いことを明らかにするから。

(3) 文章中の段落[5]～[10]までの段落相互の関係の説明として最も適当なものを、次のア～オのうちから一つ選びなさい。

ア 段落[5]・[6]では、「上から目線」と指摘される状況を取り上げながら、指摘する側を批判し、段落[7]～[10]で、「上から目線」を指摘する別の場面に視点を移し、指摘する側への批判を繰り返している。

イ 段落[5]・[6]では、実際の場面を例示して「上から目線」という批判にとらわれる不自然さを示し、段落[7]～[10]では同様の場面について批判する側に視点を当てた論説に話題を転換している。

ウ 段落[5]・[6]では、「上から目線」と批判される具体的状況を客観的に説明し、段落[7]～[10]ではその状況に陥ってしまう原因を分析しながら、批判する側に対する共感と反論を展開している。

エ 段落[5]・[6]では、「上から目線」と指摘された場合にどう対応すべきかを具体的に提案し、段落[7]～[10]ではその提案を掘り下げるために指摘する側の心情を客観的事実を例示して説明している。

オ 段落[5]・[6]では、対話文を用いて「上から目線」が批判される社会のあり方に皮肉を述べ、段落[7]～[10]では「上から目線」を批判する状況を取り上げて、それを改善する方法を提言している。

(4) 文章中の[B]・[E]に入れる語句の組み合わせとして最も適当なものを、次のア～オのうちから一つ選びなさい。

ア B あるいは　E だから
イ B むしろ　E だが
ウ B 要するに　E ただし
エ B いわば　E とはいえ
オ B もはや　E また

(5) 文章中にC「上から目線」を指摘し批判する側と、いわゆる上の立場からアドバイスをした側と、どちらが「上から」なのかとあるが、この部分の筆者の意見についてクラスで次のような話し合いが行われた。話し合いの[i]・[ii]には、あとのa～fのいずれかの意見が入る。その組み合わせとして最も適当なものを、あとのア～クのうちから一つ選びなさい。

A 「上から目線」という言葉自体、もともと他人を下に見ていて偉そうにしているという姿勢が表れていると言えますよね。

B はい。どちらが「上から」なのかという疑問の投げかけには、アドバイスに対して「上から目線」だと批判する側こそ相手より上の立場からの物言いをしていて傲慢であるという指摘が込められているように感じます。

A 筆者は、親切に対してすぐ不満を言う現代の若者の態度を苦々しく感じているのではないでしょうか。

C 「上から目線」を批判する人々と筆者の間では、人間関係における意識が大きく違っているのだと思います。つまり、[i]

D そうですね。やはり筆者は「上から目線」を口にする人の物事の見方にこそ問題があると感じていると思います。

B アドバイスする側と、アドバイスされる自分との関係をしっかりと把握しているなら「上から目線」だという考え方は的外れであることがわかるはずだということですよね。

C はい。筆者は先ほど述べてきたような人間関係の捉え方について、改めるべきだと言いたいのだと思います。つまり、[ii]

A それが理想的で本来の関係であるといえますね。今一度、やり方を改善することができるし、もっと有能な自分になれる。逆説的な言い方に聞こえるかもしれないが、自信のある人物は自分を変えることにそれほど抵抗はないが、自信のない人物は今の自分にこだわる。ここをこう変えた方がよいといった指摘を受けると、自信のない人物は、自分を全否定されたかのように感情的な反応を示す。

（榎本博明『「上から目線」の構造』による）

(1) 文章中の～～①～⑤に相当する漢字を含むものを、次の各群のア～オのうちから、それぞれ一つずつ選びなさい。

① セイシン
ア 新セイヒンの開発にたずさわる。
イ 自分の過去をセイサンしたい。
ウ セイジツな人がらで、有権者の支持を得る。
エ 家族を養うために、セイリョク的に働く。
オ 僕の将来の夢は、セイジ家になることだ。

② ゲンセン
ア 先生からゲンジュウ注意を受ける。
イ レポートの提出キゲンを守る。
ウ 手品師にゲンワクされる。
エ 豊富にある観光シゲンを活《い》かす。
オ 作文に誤字がありゲンテンされる。

③ キュウダン
ア 家計のキュウジョウを訴える。
イ 予算委員会がフンキュウする。
ウ キュウカクを研ぎ澄ませる。
エ 南部にキュウリョウ地帯が広がる。
オ フキュウの名作が放送される。

④ ケイイ
ア ケイロウの日に、祖母に電話をした。
イ ケイホウの音におどろいて飛び起きる。
ウ あの作家は写実主義のケイトウに属する。
エ これまでのケイレキを説明する。
オ 円のチョッケイの求め方を、弟に教える。

⑤ クズれ
ア ホウショク時代を問題視する。
イ レイホウとして名高い地を訪れる。
ウ 他国の国王のホウギョを知る。
エ 最上の品をホウノウする。
オ 幼少期からホウガクをたしなむ。

(2) 文章中にA「上から目線」という言葉には、どうも言われた側を不安にさせる何かが含まれているとあるが、「上から目線」という言葉を言われた側はなぜ不安になるのか。その説明として最も適当なものを、次のア～オのうちから一つ選びなさい。

ア 市場経済の原理が浸透しているため、自分に対して好感を持てないという評価を他者から直接受け取らざるを得ない現代社会の状況は、自己の価値も周囲からの人気ですべて決まるという現実を示すから。

イ 市場経済を軸とする社会では自身の考えが多くの人に共有されることに価値があるとされているので、周囲に考え方を拒否されることは自身の評価が下がり、社会から孤立していくことを意味するから。

ウ 現代社会では人間にも市場経済の原理が取り入れられているため、多くから支持される価値観が正しいように思われ、支持しないという指摘によって、自分の考えが間違っているように感じられるから。

エ 自身の価値が交換価値として示されるのが常識化した社会では、周囲の人たちとうまく関係を築くことができていないことで、人間としての品性や対応力がないことを事実として突き付けられるから。

オ 人間が市場における商品と化している現代では、人間の価値を置いている。ゆえに感謝の気持ちなど湧くはずもない。アドバイスをしてくるという姿勢が、こちらに対する優位を誇示しているように感じられてならない。だから、ムカつく。バカにするなと言いたくなる。

10 そこには、親切心から言ってくれた相手の思いに対する共感がない。そもそも相手の方が経験も知識もはるかに豊かで、こちらにアドバイスできる立場にあるといった認識や④ケイイが欠けている。

11 あえて上位・下位、優位・劣位といった図式を用いるとしたら、アドバイスをしてくれた上司や先輩の方が上位・優位に立っているのは、否定しようのない客観的な現実である。その現実に基づいて、親切心からアドバイスをしてくれた相手に対して、「こちらに対して優位を誇示している」ように感じる。そこに見え隠れしているのは、「見下され不安」である。

12 見下されるのではないかといった不安が強いために、本来は役に立つアドバイスも、こちらに対して優位を誇示する材料と受け止めてしまうのだ。見下され不安の強い心の目には、親切な態度が見下す態度に映る。その結果、感謝どころか、「その上から目線はやめてください」となる。

13 ここで疑問に思うのは、C「上から目線」を指摘し批判する側と、いわゆる上の立場からアドバイスをした側と、どちらが「上から」なのかということである。経験豊かな者がアドバイスするとき、「経験者としての上から目線」に立ってものを言っているというのは確かだろう。だが、アドバイスしてくれた相手を上から目線と非難するときの、「あなたのその上からな物言いはよくありませんよ」とでも言いたげな態度は、まさに「相手を見下す上から目線」に立ったものと言えないだろうか。

14 D目上の人物からのアドバイスや意見を「上から目線」と非難するタイプの人は、なぜそんなに尊大な態度をとるのだろうか。対等なはずの相手が上からものを言ってくるのがしゃくに障《さわ》るというのはわかる。だが、明らかに目上の相手の上から目線が、なぜそれほど気になるのか。そして、感情的になるのか。

15 そこに「見下され不安」を想定すると、うまく説明がつく。人を見下す傾向のある人は、人が自分を見下すのではないかといった恐れを抱きがちだ。したがって、人より優位に立ちたいという思いが強いのに、現実にはなかなか優位に立てない自信のない人物が、相手の上から目線を過度に気にする。そんな事情があるのではないか。

16 世の中を勝ち負けの図式で見る傾向のある人は、人間関係も上下の図式で見ようとする。自分が勝っている、優位に立っていると思えればよいが、そうでないとき、このタイプは不安を強め、何とか優位に立っているかのように見せかけたいと思い、尊大なポーズをとる。自信がないため、人からどう見られるかがやたらと気になる。人の視線を過剰に意識する。そして、尊大な態度で自分の力を誇示しようとする。

17 [E]、残念なことに、尊大な態度をとることによって、自信のなさを露呈してしまう。ほんとうに力があり、F成熟した人間は、コンプレックスに振り回されない。ゆえに、自分の力を誇示したり、偉そうな態度をとろうという衝動が湧き上がらない。

18 結局、尊大な態度というのは、自分の中の空虚を見透かされないための虚勢なのではないか。虚勢を張らないと⑤クズれてしまう。そんな自信のなさを本人自身どこかで感じていて、それを必死に打ち消そうとするかのように、虚勢を張り、尊大な態度で自分の優位を誇示しようとする。

19 目上の人間から注意を受けたり、アドバイスを受けたりしたときに、「上からですね」と非難がましい反応をする若者は、自信のなさゆえに、攻撃的な反応に出るのであろう。「上から」として相手を非難する姿勢そのものが、不自然に偉そうで攻撃的な印象を与える。

20 もしほんとうに自信があれば、人の意見に素直に耳を傾ける心の余裕があるはずである。アドバイスを取り入れることで、仕事の

二〇二二年度 芝浦工業大学柏高等学校(第一回)

【国語】〈五〇分〉〈満点：一〇〇点〉

一 次の文章を読み、あとの(1)～(8)の問いに答えなさい。なお、1～20は段落番号である。

1 A「上から目線」という言葉には、どうも言われた側を不安にさせる何かが含まれている。ここで思い出されるのが、『自由からの逃走』というベストセラーを出した①セイシン分析学者エーリッヒ・フロムの言うパーソナリティの市場的構えである。

2 フロムは、現代の市場経済の原理が個人の人間的価値にまで及んでいるとした。市場経済の発展により、モノの価値は、それがどれだけ役に立つかという使用価値によって決まるのではなく、それがいくらで売れるかという交換価値で決まるようになった。それと同様に、人間の価値も、どんな能力がありどんな人格を備えているかということよりも、周囲の人たちから気に入られるかどうか、受け入れられるかどうかによって決まる。そこで、多くの現代人は、まるで人気商売のように、人から認められ好感を持たれることを求めるようになった。

3 そこでフロムは、自分自身を商品と見なし、自己の価値を交換価値として体験するパーソナリティの構えを市場的構えとし、パーソナリティ市場の発展により、市場的構えが急速に育ちつつあると指摘した(エーリッヒ・フロム『人間における自由』東京創元社)。

4 市場経済の発展は、その後もとどまるところを知らず、商品の価値が交換価値で決まるのはもはや常識と言ってよい。役に立つ商品が価値があるのではなく、売れる商品が価値があるのだ。内容が充実した本が価値があるのではなく、売れて広く読まれる本が価値があるのだ。そのような見方にいくら異議を唱えたところで、市場経済のもとでは負け犬の遠吠《とおぼ》えにしか聞こえない。そんな時代である。フロムの言うパーソナリティの市場的構えは、今やだれもが共有しているといってよいだろう。

5 だからこそ、部下や後輩から「上から目線」を指摘されたりしたら、それはもう心穏やかではいられない。自分の価値の②ゲンセンは、能力や人格そのものではなく、人から気に入られるかどうかなのだから。人からの人気によって自分の価値が決まる。ゆえに、みんな人から良く思われたいという気持ちが強い。上司や先輩としても、部下や後輩から良く思われているかどうかは、大いに気になるところだ。

6 そこで、部下や若手のご機嫌をうかがうような言動も目に付くようになってきた。命令口調、説教口調の言い方がまずいのは当然として、「こうしてください」「そのやり方はダメです」「こんな風にするとよいですよ」のようなていねいな言い方をしても、その姿勢が「上から目線」として③キュウダンされかねない。それなら、「こうしていただけますか」「そのやり方はご遠慮いただけますか」「こんな風にするとよいように思うのですが」のように、へりくだった言い方をすればよいというのだろうか。これではまるでお客様扱いだ。

7 「上から目線」を口にするとき、その人はどんな目線で相手を見ているのだろうか。

8 先ほど例に挙げた通り、相手は親切心からアドバイスをしてくれたのに、余計なお世話だと言わんばかりに、「その上から目線はやめてください」と口走るケースを考えてみよう。拒否的な態度をとるくらいであるから、相手の親切に感謝する思いなど微塵《みじん》もないと見なすべきだろう。 B 、アドバイスをしてくる相手がこちらより優位に立ってもの言うところが許せないといった感じだろうか。

9 つまり、こういうことだ。相手が親切で言ってくれたという解釈よりも、相手が優位に立ってものを言ってくるという解釈に重き

英語解答

1 No.1 C No.2 B No.3 A No.4 D

2 No.1 D No.2 C No.3 B No.4 D No.5 A

3 No.1 A No.2 B No.3 D No.4 C

4 (1) ア (2) ３番目…イ ６番目…ア (3) エ (4) イ (5) ウ (6) イ (7) ア (8) ウ (9) ３番目…オ ６番目…カ

5 (1) エ (2) ３番目…キ ６番目…ウ (3) イ (4) エ (5) ア (6) ３番目…イ ６番目…オ (7) ウ (8) ア

6 (1) イ (2) エ (3) エ (4) ア (5) ウ (6) イ (7) イ (8) ウ (9) ア

1～**3**〔放送問題〕放送文未公表

4〔長文読解総合―説明文〕

≪全訳≫❶2016年のある日曜日，ワシントンD.C.のピザ屋に１人の青年が入ってきた。彼は大きな銃を持っていた。彼は少なくとも１発発砲し，その後警察官に自首した。誰もけがをしなかった。❷その男は，ネットで読んだ記事が原因でそこに来たのだと言った。その記事には，子どもたちを傷つける秘密結社があると書かれていた。ピザ屋も関与していると書かれていた。それは真実ではなかった。その記事はフェイクニュースの一例だった。❸ときどき，人々は事実でない話を共有することがある。その話が広まるにつれ，より多くの人がそれを読むようになる。②フェイクニュースが，選挙で選ぶ人を変えたと考える人もいる。例えば，ほとんどの人はヒラリー・クリントンが勝つと信じていた。しかし，フェイクニュースによってドナルド・トランプが勝った。それはヒラリー・クリントンを傷つけた。❹フィリッポ・メンツァーはコンピュータサイエンティストだ。彼によると，フェイクニュースがインターネット上で広まり始めたのは2010年頃のことだ。当時，彼は完全なフェイクニュースを掲載したウェブサイトをいくつか発見した。その記事には，事実とは異なる情報が含まれていた。それらは人々の心を変えるために書かれたものだ。❺問題が深刻化したのは2014年。この年，西アフリカで致命的な病気がまん延した。あるウェブサイトでは，テキサス州の家族がこの病気にかかったと書かれていた。その話は事実ではなかった。しかし，ネット上で何度も共有された。そのウェブサイトは，その話をクリックした全ての人々からお金を得た。❻ダナガル・ヤングは科学者である。彼女はフェイクニュースを広める人々を責めるつもりはない。「彼らはそれをせずにはいられないのです」と彼女は言う。❼ヤング氏は，人々が風刺にどう反応するかを研究している。風刺はフェイクニュースの一般的な形態だ。風刺とは，ジョークとして使われるフェイクニュースのことだ。有名人をからかうのに使われることが多い。読者は簡単にそのジョークを理解することができる。❽風刺を見ると脳は異なる動きをする，とヤング氏は言う。脳はより活発になるのだ。人は笑いを誘うものを，より覚える傾向がある。だから，フェイクニュースを覚えているのだ。❾さて，フェイクニュースの乱立する世界では，次に何が起こるのだろうか。コンピュータが助けになると考える人もいる。例えば，科学者は風刺を見分けるプログラムをつくることができる。❿しかし，これらのプログラムは全てを行うことはできない。あるストーリーが真実でないことを常に見分けられるわけではない。プログラムは人間よりは賢いが，それほど大したものでもない。⓫ヤング氏は，手助けする⑨人がいるべきだ，と言った。例えば，フェイスブックでトレンドになっているニュースを専門家が選ぶというようなことだ。彼らはフェイクニュースの拡散を阻止することもできるだろう。

(1)＜適語(句)選択＞a story he read online が，he was there の理由になっている。 because of ～「～が原因で」

(2)＜整序結合＞直後の文が，並べかえる文の具体例になっていることに注目する。このヒラリー・クリントンとドナルド・トランプの例と語群から，並べかえる部分を含む文は「フェイクニュースによって選挙で選ぶ人を変えた」といった意味になると推測できる。主語 Some people を受ける述語動詞として think を置き，think の目的語となる名詞節を fake news changed the person とする。残りは they chose (in the election)として the person を後ろから修飾する。 Some people think fake news changed the person they chose in the election.

(3)＜適語選択＞around 2010で「2010年頃」となる。この around は「～頃に」の意味。

(4)＜適語選択＞この後に紹介している，フェイクニュースからお金を得ていたという例は，フェイクニュースがさらに「悪くなった」例と考えられる。 bad－worse－worst

(5)＜語形変化＞(　) on the story は前の all the people を修飾する部分と考えられる。「その記事をクリックしている全ての人」となればよい。「～している」という意味を表すのは現在分詞。all the people clicking on the story は‘名詞＋現在分詞＋語句’の形(現在分詞の形容詞的用法)。

(6)＜適語(句)選択＞空所以下は前の fake news を先行詞とする関係代名詞節。‘人以外’を先行詞とする主格の関係代名詞となるものを選べばよい。

(7)＜指示語＞ここに当てはめて意味が通る内容を前から探す。more active になるのは直前の文の主語 The brain だと考えられる。

(8)＜適語(句)選択＞直後の内容の「科学者は風刺を見分けるプログラムをつくることができる」は，直前の「コンピュータが助けになる」の具体例になっている。

(9)＜整序結合＞ここも直後の文が，並べかえる部分を含む文の具体例になっていることから，その意味を推測できる。Ms. Young を受ける述語動詞として said を置き，said の目的語となる名詞節を‘there＋be動詞 ～’「～がある」の構文にするが，‘be動詞’の部分は should と be があるので‘助動詞＋動詞の原形’の should be とする。この後は people を置き，people を先行詞とする関係代名詞として who を続ける。 Ms. Young said there should be people who could help.

5 〔長文読解総合─説明文〕

≪全訳≫❶おなかがすいているとき，周りの人のことで腹を立ててしまうことがあるかもしれない。これは，血中の糖分が少なすぎるときに起こる。この感覚を「hangry」と呼ぶ人もいる。この言葉は「hungry」と「angry」の合成語だ。❷しかし，「hangry」になるのは人間だけではない。他の動物もこれを感じるのだ。フロリダ・アトランティック大学の科学者たちは，オオカバマダラの幼虫が hangry になることを発見した。2020年11月，科学者たちはその研究を科学雑誌に発表した。❸オオカバマダラの幼虫はふだんはおとなしい。彼らの主な食べ物は，トウワタと呼ばれる植物だ。しかし，それが十分に得られないと，この幼虫たちは互いに激しくぶつかり合う。互いに飛びかかりもする。そして，打ちのめして殺してしまうのだ。❹この幼虫の研究を率いたのは，アレックス・キーンだ。彼は脳の神経系を研究している科学者である。彼が言うには，食べ物があまりないときには，人間も②昆虫も戦う必要性を感じるのかもしれないということだ。しかし，人間とイモムシには違いがある。人間は殴り合ってはいけないということを知っている。しかし，イモムシはそのことを知らない。❺キーンは昔からオオカバマダラが大好きだったと言う。自宅の庭でその幼虫が押し合いへし合いしているのを見て，この幼虫を研究することに決めた。この行動に関する科学的な情報は見つけられなかった。そこで彼は，YouTubeに目をつけた。すると，イモムシが攻撃的な行動をする動画がたくさん見つかった。彼はイモムシの攻撃性が本物であることを不意に理解した。❻そこでキーンと彼の科学者チームは，野生のオオカバマダラの幼虫を捕まえた。そして，研究室でその幼虫をトウワタの葉の上に置いた。ある幼虫は食べる葉が十分すぎるほどあったので，落ち着いていた。別の幼虫は十分な食料がなかった。彼らは怒って，凶暴になった。❼キーンがオオカバマダラの幼虫を研究するのは，人間の脳を理解したいからだ。おなかがすいたときに，人がどのように行動するのかを知りたいのだ。このことに関してはイモムシの方がずっと簡単に研究できる。❽人間の脳には何十億もの神経細胞がある。⑥それらは体から脳へ，そして再び体へとメッセージを送受信している。昆虫の神経細胞は少なく，10万個から20万個しかない。だから，昆虫の方が研究しやすいのだ。イモムシの神経細胞を研究することで，キーンはそれぞれの神経細胞が何をするのか知ることができる。しかし，人間の大きな脳の神経細胞を同じ方法で研究するのは，数が多すぎて不可能だろう。❾この研究は第一歩だった。次に，キーンは学校の周りの庭にカメラを設置する予定である。そうすれば，オオカバマダラをビデオで撮影することができる。また，その幼虫の遺伝子の研究も始める予定だ。遺伝子は，生き物がどのように見えるか，どのように行動するかということに影響を与える。キーンはどの遺伝子が空腹や攻撃性に関係しているのかを知りたいと考えている。❿自分も協力したいと思っている人がたくさんいる。キーンの研究が発表された後，人々がキーンにビデオを送り始めた。そこにはオオカバマダラの幼虫の攻撃的な行動が映っている。これらのビデオは全米から送られてきたものだが，オオカバマダラが戦っている様子を映し出している。

(1)＜適語選択＞前の文にOther animals feel this, too.とあり，このthisはその前にあるhangryを受けている。空所を含む文はその具体例である。

(2)＜整序結合＞He saysの目的語となる名詞節をつくる(saysの後に接続詞thatが省略されている)。主語は‘both *A* and *B*’「*A*と*B*の両方」の形でboth people and insectsとする。これに対応する動詞をmay feelとし，その目的語をthe needとする。残りはto fightとしてthe needを後ろから修飾する(形容詞的用法のto不定詞)。　He says both people and insects may feel the need to fight when there is not much food.

(3)＜英文解釈＞人間とイモムシの違いは，直後の２文に書かれている。But caterpillars don’tの後に，その前の文の繰り返しとなるknow they shouldn’t hit each otherが省略されていることを読み取る。この内容に一致するのは，イ.「イモムシは殴り合ってはいけないということを知らないが，人間は知っている」。

(4)＜適語選択＞ここまでで人もオオカバマダラの幼虫も空腹時に腹を立てることが述べられている。よって，食料を十分与えられれば落ち着いていると考えられる。　calm「平静な，落ち着いた」

(5)＜適語選択＞直前の文からわかるとおり，キーンの研究目的は人間の脳の仕組みを理解することである。空所を含む文はそれをより具体的に説明した文と考えられる。how people act で「どのように行動するのか」となる。

(6)＜整序結合＞まず動詞が send and receive とまとまり，その目的語を messages とする。この後は，後ろに続く to the brain を手がかりに ‘from *A* to *B*’「*A* から *B* へ」の形で from the body (to the brain) と続ければ，文の主語は They (＝neurons) に決まる。 They send and receive messages from the body to the brain and back to the body.

(7)＜適語選択＞文頭の But に着目し，前の内容と相反する内容になると考える。昆虫の研究は簡単で，イモムシを研究すれば，各神経細胞の役割を知ることができるが，人間では神経細胞の数が多すぎて同じ方法では研究できないという文脈を読み取る。

(8)＜適語選択＞直前の文の the aggressive behavior of monarch caterpillars の言い換えになっていることを読み取る。

6 〔長文読解総合―物語〕

≪全訳≫❶昔，あるところに皇帝がいた。彼は新しい服がとても好きで，全財産を服につぎ込んだ。ある日，織工と名乗る2人の男が町にやってきた。彼らは，自分たちは最も美しい色と模様の布を織る方法を知っている，と言った。このすばらしい布でつくった服は，自分がついている仕事にふさわしくない人，あるいは性格がとても単純な人には見えないということだった。「これはすばらしい服に違いない！」 皇帝はそう思った。「賢者と愚者を見分けることができるだろう。この布を一刻も早く私のためにつくらせなければ」 そして，2人の織工がすぐに仕事を始められるように，彼らに大金を与えた。❷そうして，2人の偽織工は2台の織機を設置した。2人はとても忙しそうに働いたが，実際には何もしていなかった。2人は最高級の絹と最もきれいな金線を求めた。2人はその両方を自分のバッグに入れた。そして，夜遅くまで，何もない織機で働いているふりをした。❸「皇帝の新しい服ができました！」 皇帝が宮廷の重臣たちを引き連れて，織工たちのところにやってきた。盗人たちは，まるで何かを持ち上げるように腕を上げた。「皇帝のズボンができました！ スカーフはこれです！ これがマントです！ この服はまるでクモの巣のように軽く，これを着ていると何も着ていないように思えるかもしれません」「確かに！」と重臣たちは皆言ったが，誰一人としてこの特別な布を見ることはできなかった。皇帝は試着するために服を脱ぎ，盗人たちは新しい服を着せるふりをした。皇帝は鏡の前で後ろ向きになったり，左右を向いたりした。「皇帝は新しい服がなんとお似合いなのだろう，そしてなんとぴったりなのだろう！」 皆が叫んだ。「なんというデザインだろう！ なんという色だろう！」「準備は万端だ」と皇帝は言った。彼は自分の美しい服をチェックしているようだった。❹皇帝のマントの裾を運ぶことになっているつき人たちは，地面の上を手探りでマントの端を持ち上げていた。彼らは愚か者のように見られたくはないし，仕事に向かないように見られたくなかったので，何かを運ぶふりをした。皇帝は都の通りをパレードする間，高い覆いの下を歩いた。立って見ている人や窓辺にいる人たちは皆，「ああ，皇帝の新しい服はなんと美しいのだろう！ マントにはなんと美しい裾があり，スカーフはなんと見事に垂れ下がっていることか！」と叫んだ。このすばらしい服を見ることができないと言おうとする者は1人もいなかった。なぜなら，そんなことを言えば「お前は愚か者だ。その仕事にふさわしい人間ではない」と言われるからだ。❺「でも，皇帝は何も身につけていない！」と小さな子どもが言った。「この子の声を聞くんだ！」と父親が大声で言った。その子の言ったことが，小さな声で次から次へと伝わった。「でも，彼は何もつけていない！」　ついに全ての人が叫んだ。皇帝は動揺した。というのも，民衆の言うことが正しいと知っていたからだ。しかし，彼は今パレードを続けなければならないと考えた。つき人は裾を持ち上げているように見せかけるため，これまで以上に苦心した。もっとも，実際には持ち上げるような裾はなく，皇帝は下着姿で歩いていたのだが。

(1)＜単語の意味＞第４段落終わりの２文参照。この内容から，仕事に適していない者や，愚か者には，「見えない」布だとわかる。　invisible「見えない」

(2)＜語句解釈＞下線部②は「性格がとても単純な」という意味。これは「愚かな，ばかな」の婉曲《えんきょく》表現。　simpleton「ばか者」　foolish「ばかな」　stupid「愚かな」　wise「賢い」

(3)＜語句解釈＞この後に続く内容から，この２人の織工は服など織っておらず，愚か者や仕事に合わない者には見えないと言って周りの者をだましていることがわかる。つまり，エ．「本物の布を織ろうとしなかった織工たち」である。このpretendは形容詞で「偽の」という意味。

(4)＜語句解釈＞この後でthe thievesが王様の服を掲げて周りの人に見せていることから判断できる。２人は周りの人をだまして大金を手に入れようとしていることから，ここでは「盗人」という言葉で表されている。thievesはthief「泥棒，盗人」の複数形。

(5)＜語句解釈＞as light as cobwebは「クモの巣のように軽い」という意味。実際には存在しない服を「空気」にたとえた描写である。

(6)＜単語の意味＞最初の下線部⑥の直後にあるfelt about on the ground「地面の辺りを手探りで探した」や，その前のcarry the Emperor’s train「皇帝のtrainを運ぶ」，３つ目の下線部⑥を含むhold(ing) up a train「trainを持ち上げる」という表現から推測できる。２つ目の下線部直後にはto the mantleとある。

(7)＜文脈把握＞下線部⑦のwouldは「(どうしても)～しようとした」の意味(主語が否定の意味を持つNo oneなので，「誰も～しようとしなかった」という意味)。王様のすばらしい服が見えないことを誰も言おうとしなかった理由は，直後のbecause以下に書かれている。イ．「その人は愚か者になりたくなかった」は，本文のhe would be said,“You are a simpleton. に一致する。

(8)＜語句解釈＞下線部⑧は「その子の言ったこと」という意味なので，子どもの発言を探せばよい。

(9)＜文脈把握＞下線部⑨は「皇帝は動揺した」という意味。その理由は，直後のfor以下に書かれている。このforは接続詞で「というのも～」という意味。

2022年度／芝浦工業大学柏高等学校（第１回）

数学解答

1 (1) ア…6　イ…1
(2) ウ…1　エ…0
(3) オ…5　カ…1
(4) キ…1　ク…0

2 (1) ア…1　イ…0　ウ…2　(2) 4
(3) オ…4　カ…8
(4) キ…2　ク…4　ケ…2　コ…5

3 (1) ア…1　イ…6
(2) ウ…1　エ…7　オ…2
(3) カ…1　キ…8
(4) ク…1　ケ…9　コ…5　サ…4

4 (1) ア…7　イ…5
(2) ウ…6　エ…6
(3) オ…6　カ…6　キ…3
(4) ク…3　ケ…2　コ…3　サ…6

5 (1) 3　(2) イ…2　ウ…1　エ…9
(3) オ…9　カ…2
(4) キ…3　ク…6

1〔独立小問集合題〕

(1)＜数の計算＞与式 $=(\sqrt{2\times10}-5\times2-10+5\sqrt{10\times2})-(5+12\sqrt{5}+36)=(\sqrt{2^2\times5}-10-10+5\sqrt{2^2\times5})-(41+12\sqrt{5})=(2\sqrt{5}-20+5\times2\sqrt{5})-(41+12\sqrt{5})=(2\sqrt{5}-20+10\sqrt{5})-(41+12\sqrt{5})=12\sqrt{5}-20-41-12\sqrt{5}=-61$

(2)＜二次方程式—解の利用＞二次方程式 $x^2+2ax-a^2=0$ の解が $x=-a\pm10\sqrt{2}$ だから，方程式に一方の解 $x=-a+10\sqrt{2}$ を代入すると，$(-a+10\sqrt{2})^2+2a(-a+10\sqrt{2})-a^2=0$，$a^2-20\sqrt{2}a+200-2a^2+20\sqrt{2}a-a^2=0$，$-2a^2+200=0$，$a^2=100$　$\therefore a=\pm10$　$a>0$ だから，$a=10$ である。

≪別解≫ $x=-a\pm10\sqrt{2}$ より，$x+a=\pm10\sqrt{2}$，$(x+a)^2=(\pm10\sqrt{2})^2$，$x^2+2ax+a^2=200$，$x^2+2ax+a^2-200=0$ となるので，$x=-a\pm10\sqrt{2}$ を解とする二次方程式は，$x^2+2ax+a^2-200=0$ である。二次方程式 $x^2+2ax-a^2=0$ も $x=-a\pm10\sqrt{2}$ を解とするので，この２つの二次方程式は同じである。よって，$a^2-200=-a^2$ が成り立ち，$a^2=100$　$\therefore a=\pm10$　$a>0$ だから，$a=10$ である。

(3)＜データの活用—度数＞度数の合計を x 人とすると，階級Ａは，度数が27人，相対度数が0.09だから，$x\times0.09=27$ が成り立ち，度数の合計は，$x=300$（人）となる。階級Ｂの相対度数が0.17なので，階級Ｂの度数は $300\times0.17=51$（人）である。

(4)＜平面図形—面積＞右図で，四角形ABCDが平行四辺形なので，$\triangle ABC=\frac{1}{2}\square ABCD=\frac{1}{2}\times60=30$ である。また，$\angle AEM=\angle CEB$ であり，$AM /\!/ BC$ より $\angle EMA=\angle EBC$ だから，$\triangle AEM \backsim \triangle CEB$ である。これより，$AE:CE=AM:CB=\frac{1}{2}AD:AD=1:2$ だから，$\triangle ABE:\triangle CEB=AE:CE=1:2$ となる。よって，$\triangle ABE=\frac{1}{1+2}\triangle ABC=\frac{1}{3}\times30=10$ (cm²) である。

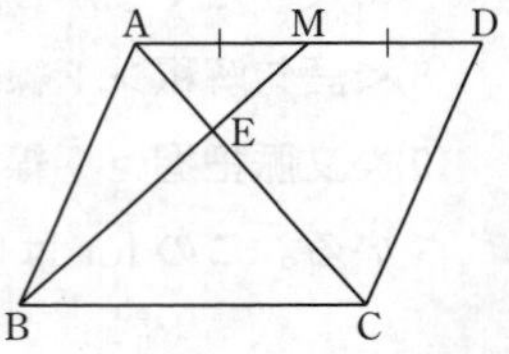

2〔関数—関数 $y=ax^2$ と一次関数のグラフ〕

≪基本方針の決定≫(2)　OA // BC であることに気づきたい。

(1)＜長さ＞右図で，点Ａは放物線 $y=\frac{1}{2}x^2$ 上にあり，x 座標が -2 なので，$y=\frac{1}{2}\times(-2)^2=2$ より，A$(-2,\ 2)$ である。B$(12,\ 0)$ だから，点Ａから x 軸に垂線AA′を引くと，AA′=2，A′B $=12-(-2)=14$ となる。よって，△AA′B で三平方の定理より，$AB=\sqrt{AA'^2+A'B^2}=\sqrt{2^2+14^2}=\sqrt{200}=10\sqrt{2}$ となる。

(2)＜x 座標＞右図で，△AOB，△AOC の底辺を OA と見ると，

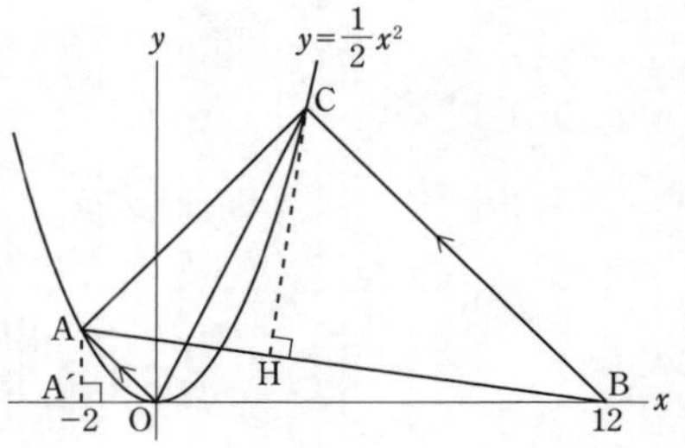

$\triangle AOB=\triangle AOC$だから，高さが等しい。よって，OA∥BCとなる。A$(-2,\ 2)$より，直線OAの傾きは$\frac{0-2}{0-(-2)}=-1$だから，直線BCの傾きも-1となる。直線BCの式を$y=-x+b$とおくと，B(12, 0)を通るから，$0=-12+b$，$b=12$となり，直線BCの式は$y=-x+12$である。点Cは放物線$y=\frac{1}{2}x^2$と直線$y=-x+12$の交点となるから，$\frac{1}{2}x^2=-x+12$より，$x^2+2x-24=0$，$(x+6)(x-4)=0$　$\therefore x=-6,\ 4$　したがって，点Cのx座標は4である。

(3)＜面積＞前ページの図で，点Cは放物線$y=\frac{1}{2}x^2$上にあり，(2)より，x座標は4だから，$y=\frac{1}{2}\times4^2=8$より，C(4, 8)である。また，OA∥BCだから，$\triangle ABC=\triangle OBC$である。$\triangle OBC$は，$OB=12$を底辺と見ると，高さが8なので，$\triangle OBC=\frac{1}{2}\times12\times8=48$となり，$\triangle ABC=48$である。

(4)＜長さ＞前ページの図で，CH⊥ABであり，(1)より$AB=10\sqrt{2}$，(3)より$\triangle ABC=48$だから，$\triangle ABC$の面積について，$\frac{1}{2}\times10\sqrt{2}\times CH=48$が成り立つ。これより，$CH=\frac{24\sqrt{2}}{5}$である。

3 〔データの活用―確率―さいころ〕

(1)＜確率＞ひもAの長さは$x$cm，ひもBの長さは$y$cmだから，ひもAとひもBの長さが同じとき，$x=y$である。さいころZの出た目は関係ないので，2つのさいころX，Yで考える。2つのさいころX，Yの目の出方は全部で$6\times6=36$(通り)あるから，x，yの組は36通りある。このうち，$x=y$となるのは，$(x,\ y)=(1,\ 1)$，$(2,\ 2)$，$(3,\ 3)$，$(4,\ 4)$，$(5,\ 5)$，$(6,\ 6)$の6通りだから，求める確率は$\frac{6}{36}=\frac{1}{6}$となる。

(2)＜確率＞3つのさいころX，Y，Zの目の出方は全部で$6\times6\times6=216$(通り)あるから，x，y，zの組は216通りある。4本のひもA，B，C，Dの長さが全て同じになるとすると，そのひもの長さは$20\div4=5$(cm)である。よって，ひもBの長さが他のどのひもよりも長くなるとき，ひもBの長さは5cmより長い。つまり，$y>5$だから，考えられるのは，$y=6$のときのみである。このとき，他の3本のひもの長さは4cm，5cm，5cmだから，ひもA，Cの長さは，4cmと5cmか，ともに5cmである。したがって，x，y，zの組は$(x,\ y,\ z)=(4,\ 6,\ 5)$，$(5,\ 6,\ 4)$，$(5,\ 6,\ 5)$の3通りあり，求める確率は$\frac{3}{216}=\frac{1}{72}$となる。

(3)＜確率＞ひもDの長さが10cmとなるとき，$20-10=10$より，3本のひもA，B，Cの長さの和は10cmだから，$x+y+z=10$となる。$x=1$のとき，$y+z=9$だから，$(y,\ z)=(3,\ 6)$，$(4,\ 5)$，$(5,\ 4)$，$(6,\ 3)$の4通りある。$x=2$のとき，$y+z=8$だから，$(y,\ z)=(2,\ 6)$，$(3,\ 5)$，$(4,\ 4)$，$(5,\ 3)$，$(6,\ 2)$の5通りある。$x=3$のとき，$y+z=7$だから，$(y,\ z)=(1,\ 6)$，$(2,\ 5)$，$(3,\ 4)$，$(4,\ 3)$，$(5,\ 2)$，$(6,\ 1)$の6通りある。以下同様にして，$x=4$のとき，$(y,\ z)=(1,\ 5)$，$(2,\ 4)$，$(3,\ 3)$，$(4,\ 2)$，$(5,\ 1)$の5通りあり，$x=5$のとき，$(y,\ z)=(1,\ 4)$，$(2,\ 3)$，$(3,\ 2)$，$(4,\ 1)$の4通りあり，$x=6$のとき，$(y,\ z)=(1,\ 3)$，$(2,\ 2)$，$(3,\ 1)$の3通りある。よって，ひもDの長さが10cmとなるのは$4+5+6+5+4+3=27$(通り)あるから，求める確率は$\frac{27}{216}=\frac{1}{8}$となる。

(4)＜確率＞まず，ひもDが2cmになるとき，$20-2=18=6\times3$より，他の3本のひもは全て6cmだから，$(x,\ y,\ z)=(6,\ 6,\ 6)$の1通りである。ひもAのみが2cmになるとき，xは2の1通りで，y，zは2以外だから，それぞれ1，3，4，5，6の5通りある。よって，x，y，zの組は$1\times5\times5=25$(通り)あり，どの場合においてもひもDの長さが2cmになることはない。ひもBのみが2cmのとき，ひもCのみが2cmのときも同様にそれぞれ25通りある。したがって，2cmのひもが1本だけとなる場合は$1+25\times3=76$(通り)あるから，求める確率は$\frac{76}{216}=\frac{19}{54}$となる。

4 〔平面図形—直角二等辺三角形，円〕

(1)＜角度＞右図で，△ABC は直角二等辺三角形だから，∠ACB＝45°である。また，$\overset{\frown}{BD}$ に対する円周角より，∠BCD＝∠BAD＝30°である。よって，∠ACD＝∠ACB＋∠BCD＝45°＋30°＝75°となる。

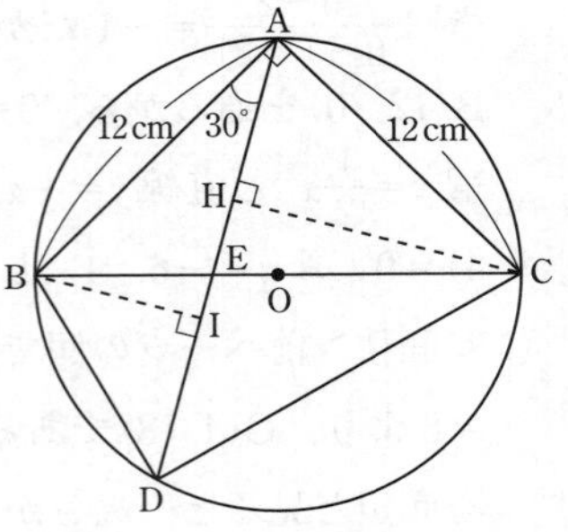

(2)＜長さ—特別な直角三角形＞右図で，△ABC は直角二等辺三角形なので，BC＝$\sqrt{2}$AB＝$\sqrt{2}\times12=12\sqrt{2}$ である。また，線分 BC が円 O の直径より，∠BDC＝90°であり，∠BCD＝30°だから，△BCD は３辺の比が１：２：$\sqrt{3}$ の直角三角形である。よって，CD＝$\dfrac{\sqrt{3}}{2}$BC＝$\dfrac{\sqrt{3}}{2}\times12\sqrt{2}=6\sqrt{6}$(cm)となる。

(3)＜長さ—特別な直角三角形＞右上図で，∠DAC＝∠BAC－∠BAD＝90°－30°＝60°だから，点 C から線分 AD に垂線 CH を引くと，△ACH は３辺の比が１：２：$\sqrt{3}$ の直角三角形となる。よって，AH＝$\dfrac{1}{2}$AC＝$\dfrac{1}{2}\times12=6$，CH＝$\sqrt{3}$AH＝$\sqrt{3}\times6=6\sqrt{3}$ である。また，$\overset{\frown}{AC}$ に対する円周角より，∠ADC＝∠ABC＝45°だから，△CHD は直角二等辺三角形であり，DH＝CH＝$6\sqrt{3}$ となる。したがって，AD＝AH＋DH＝$6+6\sqrt{3}$(cm)である。

(4)＜面積比＞右上図で，点 B から線分 AD に垂線 BI を引くと，∠BAD＝30°より，△ABI は３辺の比が１：２：$\sqrt{3}$ の直角三角形だから，BI＝$\dfrac{1}{2}$AB＝$\dfrac{1}{2}\times12=6$ となる。∠BEI＝∠CEH，∠BIE＝∠CHE＝90°より，△BIE∽△CHE となるから，BE：CE＝BI：CH＝6：$6\sqrt{3}$＝1：$\sqrt{3}$ となる。これより，△ABE：△AEC＝BE：CE＝1：$\sqrt{3}$ だから，△ABE＝$\dfrac{1}{\sqrt{3}}$△AEC＝$\dfrac{\sqrt{3}}{3}$△AEC である。また，∠BED＝∠AEC であり，$\overset{\frown}{AB}$ に対する円周角より，∠BDE＝∠ACE＝45°だから，△BED∽△AEC である。△BDI が直角二等辺三角形になることより，BD＝$\sqrt{2}$BI＝$\sqrt{2}\times6=6\sqrt{2}$ だから，△BED と △AEC の相似比は BD：AC＝$6\sqrt{2}$：12＝$\sqrt{2}$：2 となり，△BED：△AEC＝$(\sqrt{2})^2:2^2$＝1：2 となる。よって，△BED＝$\dfrac{1}{2}$△AEC である。したがって，△ABD＝△ABE＋△BED＝$\dfrac{\sqrt{3}}{3}$△AEC＋$\dfrac{1}{2}$△AEC＝$\dfrac{3+2\sqrt{3}}{6}$△AEC となるので，△ABD の面積は △AEC の面積の $\dfrac{3+2\sqrt{3}}{6}$ 倍である。

5 〔空間図形—直方体〕

(1)＜長さ＞右図で，点 M は辺 AE の中点だから，AM＝ME＝$\dfrac{1}{2}$AE＝$\dfrac{1}{2}\times4=2$ である。点 P から辺 AE に垂線 PJ を引くと，∠PJM＝∠GFP＝90°，MP＝PG であり，PJ＝EF＝6 より，PJ＝GF だから，△MJP≡△PFG となる。よって，MJ＝PF である。JE＝PF より，MJ＝JE となるので，PF＝MJ＝$\dfrac{1}{2}$ME＝$\dfrac{1}{2}\times2=1$ となり，BP＝BF－PF＝4－1＝3(cm)である。

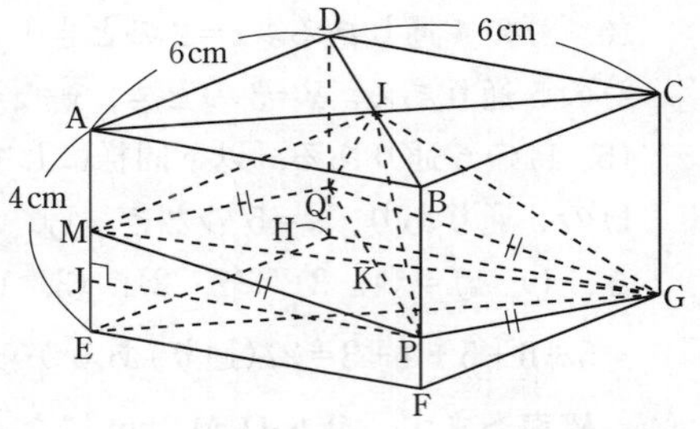

(2)＜長さ＞右上図で，△EFG は直角二等辺三角形なので，EG＝$\sqrt{2}$EF＝$\sqrt{2}\times6=6\sqrt{2}$ である。△MEG は∠MEG＝90°の直角三角形だから，三平方の定理より，MG＝$\sqrt{ME^2+EG^2}=\sqrt{2^2+(6\sqrt{2})^2}=\sqrt{76}=2\sqrt{19}$(cm)となる。

(3)＜面積＞右上図で，△IMG＝〔長方形 AEGC〕－△AMI－△CGI－△MEG である。AC＝EG＝$6\sqrt{2}$ より，AI＝IC＝$\dfrac{1}{2}$AC＝$\dfrac{1}{2}\times6\sqrt{2}=3\sqrt{2}$ である。〔長方形 AEGC〕＝AE×AC＝$4\times6\sqrt{2}=24\sqrt{2}$，

$\triangle\mathrm{AMI}=\frac{1}{2}\times\mathrm{AI}\times\mathrm{AM}=\frac{1}{2}\times3\sqrt{2}\times2=3\sqrt{2}$，$\triangle\mathrm{CGI}=\frac{1}{2}\times\mathrm{IC}\times\mathrm{CG}=\frac{1}{2}\times3\sqrt{2}\times4=6\sqrt{2}$，$\triangle\mathrm{MEG}=\frac{1}{2}\times\mathrm{EG}\times\mathrm{ME}=\frac{1}{2}\times6\sqrt{2}\times2=6\sqrt{2}$ だから，$\triangle\mathrm{IMG}=24\sqrt{2}-3\sqrt{2}-6\sqrt{2}-6\sqrt{2}=9\sqrt{2}\,(\mathrm{cm}^2)$ となる。

(4)<体積>前ページの図で，四角錐 I-MPGQ は，三角錐 P-IMG と三角錐 Q-IMG に分けられる。(1)と同様にして，DQ = 3 となるから，BP = DQ より，四角形 BDQP は長方形である。これより，PQ∥BD である。また，BD⊥〔面 AEGC〕だから，PQ⊥〔面 AEGC〕となる。よって，MG と PQ の交点を K とすると，三角錐 P-IMG，三角錐 Q-IMG は，底面を △IMG としたときの高さがそれぞれ PK，QK となる。四角形 MPGQ がひし形より，PK = QK だから，〔三角錐 P-IMG〕=〔三角錐 Q-IMG〕である。$\mathrm{PQ}=\mathrm{BD}=\mathrm{AC}=6\sqrt{2}$ だから，$\mathrm{PK}=\mathrm{QK}=\frac{1}{2}\mathrm{PQ}=\frac{1}{2}\times6\sqrt{2}=3\sqrt{2}$ となる。よって，〔三角錐 P-IMG〕$=\frac{1}{3}\times\triangle\mathrm{IMG}\times\mathrm{PK}=\frac{1}{3}\times9\sqrt{2}\times3\sqrt{2}=18$ となるから，〔四角錐 I-MPGQ〕= 2〔三角錐 P-IMG〕$=2\times18=36\,(\mathrm{cm}^3)$ である。

―読者へのメッセージ―

放物線は英語でパラボラ(parabola)といいます。パラボラアンテナは放物線の形を利用してつくられています。

2022年度／芝浦工業大学柏高等学校（第１回）

社会解答

1 (1) イ　(2) エ　(3) ア　(4) エ
(5) ①…ウ　②…イ

2 (1) ウ　(2) ウ　(3) エ　(4) イ
(5) エ　(6) ア　(7) ウ

3 (1) ウ　(2) オ　(3) エ　(4) ア
(5) イ　(6) ア　(7) ア

4 (1) ア　(2) イ　(3) ウ　(4) イ
(5) エ　(6) カ

5 (1) ア　(2) ウ　(3) イ　(4) ア
(5) イ

6 (1) エ　(2) イ　(3) ウ　(4) ウ
(5) ウ

7 (1) イ　(2) ウ　(3) イ　(4) ア

1 〔日本地理―日本の諸地域，地形図〕

⑴＜都道府県と県庁所在地＞７つの県（宮城県，神奈川県，長野県，石川県，岡山県，香川県，佐賀県）のうち，県名と県庁所在地名が異なる県は，宮城県（仙台市），神奈川県（横浜市），石川県（金沢市），香川県（高松市）の４つである（イ…○）。県名に「川」が使われている県は，神奈川県，石川県，香川県の３つである（ア…×）。県庁所在地の人口が100万人以上の県は，宮城県（仙台市），神奈川県（横浜市）の２つである（2020年）（ウ…×）。日本の標準時子午線である東経135度の経線は兵庫県明石市を通っており，これよりも西に位置する県は岡山県，香川県，佐賀県の３つである（エ…×）。

⑵＜地熱発電量の多い県＞地熱発電は，火山活動などにより発生する地熱を利用した発電方法である。日本の地熱発電所は，活動の活発な火山が多い九州地方や東北地方に多く分布している。中でも大分県は，日本最大級の地熱発電所である八丁原発電所があり，地熱発電量は全国の都道府県の中で最大となっている（2020年）。

⑶＜資料の読み取り＞（人口）÷（面積）で人口密度を計算すると，東京都が約6345人 /km^2で４都府県中最も高い（Ⅰ…○）。愛知県の面積は大阪府の面積と比べると，5173÷1905＝2.71…より，約2.7倍である（Ⅱ…×）。４都府県の人口の合計は約3539万人である（Ⅲ…×）。（人口）×（０～14歳の人口の割合）÷100で０～14歳の人口を計算すると，福岡県が約668582人で４都府県中最も少ない（Ⅳ…×）。

⑷＜与那国島＞Yの与那国島（沖縄県）は，日本の西端にあたる島である。与那国島を含む南西諸島の島々は，ユーラシア大陸との間に広がる東シナ海に面している。なお，南鳥島（東京都）は日本の東端にあたる島，オホーツク海は北海道の北東部の海である。

⑸＜地形図の読み取り＞①２万５千分の１の地形図では，等高線のうち，主曲線は10mごとに引かれている。さらに，50mごとに引かれている少し太い計曲線を参考に読み取ると，A地点は150m，B地点は180mの等高線上に位置している。よって，その標高差は30mとなる。　②新八日市駅と八日市駅の間の長さは地形図上で約２cmであり，この地形図の縮尺は２万５千分の１であることから，実際の距離は，２cm×25000＝50000cm＝500mとなる（イ…○）。箕作山に見られるのは，広葉樹林（Ｑ）ではなく針葉樹林（Λ）である（ア…×）。東近江市の市役所（◎）から最も近い駅は，八日市駅である（ウ…×）。特にことわりのないかぎり地形図では上が北となることから，八日市駅か

ら見た太郎坊宮前駅の方位は南西である(エ…×)。

2〔世界地理―世界の姿と諸地域〕

⑴＜赤道の位置＞０度の緯線である赤道は，アフリカ大陸のギニア湾や南アメリカ大陸のアマゾン川河口付近，東南アジアのシンガポール付近などを通る。

⑵＜国々の宗教＞Ａのフィリピンは，スペインの植民地であった時代にキリスト教が広まり，現在も大多数の国民がキリスト教を信仰している。Ｂのマレーシアでは，国民の多数を占めるマレー人が主にイスラム教を信仰していることから，イスラム教徒の割合が最も高く，次いで仏教徒の割合が高い。Ｃのインドでは，インド発祥の宗教であるヒンドゥー教を信仰する人が多数を占める。したがって，Ⅰがマレーシア，Ⅱがフィリピン，Ⅲがインドのグラフとなる。

⑶＜グリーンランド＞Ｄは，世界最大の島であるグリーンランドで，ヨーロッパ州に属するデンマークの領土である。

⑷＜コーヒー豆の主な生産国＞コーヒー豆の生産量はブラジルが世界第１位，ベトナムが第２位となっている。なお，その他の農産物の生産量第１位と第２位は，さとうきびはブラジル，インド，カカオ豆はコートジボワール，ガーナ，茶は中国，インドである。(2019年)

⑸＜南アメリカ大陸＞世界最長の河川であるナイル川はアフリカ大陸を流れており，Ｅの南アメリカ大陸には流域面積が世界最大であるアマゾン川が流れている(Ⅰ…誤)。南アメリカ大陸の多くの国ではスペイン語が公用語となっており，ブラジルではポルトガル語が公用語となっている(Ⅱ…誤)。

⑹＜アルプス・ヒマラヤ造山帯が通る国＞Ｆはアルプス山脈であり，アルプス・ヒマラヤ造山帯に属する。アルプス・ヒマラヤ造山帯は，アルプス山脈からトルコなどを通って南アジアのヒマラヤ山脈に至り，さらに東南アジアのインドネシアまで延びる造山帯である。なお，エジプトやスウェーデンの国土は造山帯には含まれず，ニュージーランドは環太平洋造山帯に属する。

⑺＜資料の読み取り＞資料３より，イギリスの一人あたり国民総所得は40000ドル強，資料２より，インドネシアの一人あたり国民総所得は4000ドル弱となっている(ウ…○)。資料２より，中国の第１次産業人口率は20％を超えている(ア…×)。資料２より，一人あたり国民総所得が3000ドル未満の国には，アフリカ州に属するナイジェリアとエジプト，オセアニア州に属するパプアニューギニアが含まれている(イ…×)。資料３より，ドイツの第３次産業人口率は70％をわずかに超えていて，ロシア連邦やメキシコは70％未満となっている(エ…×)。

3〔歴史―古代～近世の日本と世界〕

⑴＜オリエント＞オリエントは，ヨーロッパから見た東の地域を意味し，エジプトやメソポタミアを中心とする地域を指した。

⑵＜年代整序＞年代の古い順に，Ⅲ(仏教の始まり－紀元前６～５世紀頃)，Ⅰ(キリスト教の始まり－１世紀頃)，Ⅱ(イスラム教の始まり－７世紀初め頃)となる。

⑶＜645～1232年の出来事＞聖武天皇が大仏を建立した寺院は東大寺である(Ⅰ…誤)。桓武天皇が坂上田村麻呂を東北地方へ派遣したのは８世紀末～９世紀初めであり，奥州藤原氏が東北地方を支配したのは11世紀に起こった前九年合戦・後三年合戦以降のことである(Ⅱ…誤)。

⑷＜御成敗式目＞御成敗式目〔貞永式目〕は，鎌倉幕府の執権である北条泰時が，武士の社会の慣習や先例をもとに制定した法である。御成敗式目では，守護の職務として，京都の御所の警備と，謀反

や殺人などの犯罪人の取りしまりのみを規定している（Ⅰ…正）。武士が20年間実際に支配している土地については，その支配権が認められることが書かれている（Ⅱ…正）。

(5)＜室町時代の文化＞本居宣長が国学を大成させたのは江戸時代である（Ⅰ…×）。室町時代に盛んに読まれた『一寸法師』などの絵入りの物語は御伽草子と呼ばれるものであり，浮世草子は江戸時代に井原西鶴などによって書かれた小説である（Ⅱ…×）。ⅢとⅣは正しい。

(6)＜17世紀の出来事＞徳川家康が海外渡航を許可する朱印状を発行して朱印船貿易を奨励したのは，17世紀初めのことである（Ⅰ…正）。キリスト教徒の迫害などに抵抗する人々が島原・天草一揆を起こしたのは，1637年のことである（Ⅱ…正）。

(7)＜18～19世紀の改革と飢饉＞Ⅰ．18世紀前半には，江戸幕府の第８代将軍の徳川吉宗が享保の改革を行った。この改革の間に享保の飢饉は発生した。　Ⅱ，Ⅲ．18世紀後半には，老中の田沼意次が政治を行ったが，在任中に天明の飢饉が発生した。その後老中となった松平定信は，18世紀末に寛政の改革を行った。　Ⅳ．19世紀半ばには，天保の飢饉が発生し，多くの餓死者が出た。混乱する社会を回復させるため，老中の水野忠邦が天保の改革を行った。

4〔歴史―近代～現代の日本と世界〕

(1)＜文明開化＞文明開化は，明治時代の初めに欧米の技術や文化が積極的に取り入れられ，都市を中心に人々の生活様式が急速に変化していったことをいう。文明開化の中で欧米の近代思想も日本に紹介され，福沢諭吉は『学問のすゝめ』を著して人間の平等主義を説いた（Ⅰ…正）。銀座などの都市部では，れんが造りの洋館やガス灯などが見られるようになった（Ⅱ…正）。

(2)＜内閣制度創設準備～第１回帝国議会開会翌年の出来事＞内閣制度が創設された1885年から第１回帝国議会が開設された1890年の翌年までの出来事を確認する。大日本帝国憲法が発布されたのは内閣制度が創設された1885年より後の1889年である（Ⅰ…×）。忠君愛国などを示した教育勅語が発令されたのは第１回帝国議会が開催された同じ年の1890年であり，教育基本法が制定されたのは第二次世界大戦後の1947年である（Ⅳ…×）。ⅡとⅢは正しい。

(3)＜条約改正＞1894年，外務大臣の陸奥宗光はイギリスとの間に日英通商航海条約を結び，治外法権〔領事裁判権〕の撤廃を実現した。その後1911年には，外務大臣の小村寿太郎がアメリカ合衆国〔アメリカ〕との間に条約を結び，関税自主権の完全回復を実現した。なお，大隈重信は立憲改進党を結成し，後に内閣総理大臣などを務めた人物である。

(4)＜第一次世界大戦前後の世界＞Ｘのバルカン半島は，ヨーロッパ各国の対立にスラブ民族の独立運動などが絡んで紛争が絶えなかったことから，「ヨーロッパの火薬庫」と呼ばれていた（Ⅰ…正）。第一次世界大戦が始まると，日本はドイツの拠点があったＹの山東半島を攻撃し，中国に示した「二十一か条の要求」において，山東半島の権益をドイツから引きつぐことなどを要求した（Ⅱ…誤）。

(5)＜日本の国際連盟脱退＞1931年，日本の関東軍は，南満州鉄道の線路を爆破し（柳条湖事件），これを中国軍の行動であるとして軍事行動を開始した。この満州事変によって満州の大部分を占領した関東軍は，翌年に「満州国」を建国した。しかし，リットン調査団による調査の結果，1933年の国際連盟総会では，「満州国」を認めず，満州からの日本軍の撤退を求める勧告が採択された。日本はこれに反発し，同年に国際連盟を脱退した。

(6)＜年代整序＞年代の古い順に，Ⅲ(日ソ共同宣言の調印－1956年)，Ⅱ(日韓基本条約の締結－1965年)，Ⅰ(日中平和友好条約の締結－1978年)となる。

5〔公民―政治〕

(1)＜法律案の審議＞議員や内閣によって国会に提出された法律案は，数十人の議員で構成される委員会(A)でまず審議される。重要な議案の場合，委員会において，学識経験者や利害関係者の意見を聞く公聴会(C)が開かれることもある。その後，議員全員が参加する本会議(B)で審議・議決が行われる。可決された法律案はもう一方の議院へ送られ，同様の過程で審議・議決される。衆参両議院で可決された法律案は法律として成立し，天皇によって公布される。なお，両院協議会は，衆議院と参議院の議決が異なる場合に両議院の意見を調整するために開かれる会議である。

(2)＜国会＞衆議院の議員定数は465名，参議院の議員定数は245名(2022年4月時点。2022年7月に実施予定の参議院議員通常選挙による改選後は248名)であり，衆議院の議員定数は参議院の2倍に満たない(Ⅲ…誤)。Ⅰ，Ⅱ，Ⅳは正しい。

(3)＜内閣＞国務大臣は，過半数が国会議員から選ばれなければならない(Ⅱ…誤)。Ⅰは正しい。

(4)＜裁判官の身分＞司法権の独立を保って公正中立な裁判を行うため，裁判官は在任中の身分が保障されている。裁判官は，心身の故障や国会議員による弾劾裁判，最高裁判所の裁判官に対する国民審査による場合を除いて，辞めさせられることはない。なお，行政裁判は，国民が原告，国や地方公共団体が被告となる裁判のことで，日本では民事裁判に含まれる。また，違憲立法審査は，国会が制定した法律や内閣が定める命令，規則，処分が憲法に違反していないかを，裁判所が審査することである。

(5)＜地方財政と資料の読み取り＞国から地方公共団体に配分・提供されたものは地方交付税(交付金)と国庫支出金であり，その金額は101兆3453億×(0.163＋0.147)＝31兆4170.43億より約31兆4170億円となる(Ⅰ…正)。教育や道路の整備など特定の仕事にかかる費用の一部を国が負担するものは国庫支出金であり，地方交付税(交付金)は地方公共団体間の財政格差を抑えるために国から配分されるものである(Ⅱ…誤)。

6〔公民―総合〕

(1)＜消費や流通＞クーリング・オフ制度を適用することができるのは，訪問販売や電話勧誘などで商品を購入した場合である(Ⅰ…誤)。財を消費者に販売するスーパーマーケットやコンビニエンスストアなどは小売業，生産者と小売業をつなぐ(生産者から財を仕入れて小売業者に販売する)のは卸売業である(Ⅱ…誤)。

(2)＜株式会社＞Aは，株式会社の最高意思決定機関である株主総会である。株主総会は，株式を購入した出資者である株主などが出席して行われ，経営の基本方針を決定したり，社長や専務などの役員を選出したりする。Bは，実際の経営を行ううえでの最高機関である取締役会である。取締役会では，株主総会で決められた基本方針に従って業務の具体的な内容などを決定する。Cは，会社が得た利潤の一部を株主に分配する配当である。なお，資本とは生産活動のもとになる資金のことであり，株式会社は資本を小額の株式に分けることによって多くの人から資金を集めている。

(3)＜価格＞かつては地域ごとに1つの電力会社が独占的に電力の販売を行っていたが，2016年に導入された電力自由化により，それ以外の企業も自由に電力を販売できるようになった。電気料金が公共料金であることに変化はないため，その決定には国の認可が必要である(Ⅳ…×)。Ⅰ～Ⅲは正しい。

(4)＜社会保障＞社会保険は，毎月保険料を支払い，高齢になったときや病気になったときなどに給付を受ける仕組みであり，生活に困っている人に生活費や教育費などを支給する仕組みは公的扶助である(Ⅰ…誤)。Ⅱは正しい。

(5)＜年代整序＞年代の古い順に，Ⅱ(国連環境開発会議〔地球サミット〕の開催－1992年)，Ⅰ(地球温暖化防止京都会議の開催－1997年)，Ⅲ(パリ協定の採択－2015年)となる。

7 〔公民―総合〕

(1)＜資料の読み取り＞資料2の文章を資料1のグラフと照らし合わせながら，A～Dのうちわかるものから特定していく。資料2の1つ目の文で述べられている内容に該当するのは，資料1のA(35.4%)，D(35.1%)だから，A，Dはフランスと韓国のいずれかとなる。資料2の2つ目の文で述べられている内容に該当するのは，資料1のB(62.2%≧24.6%)，C(41.3%≧27.0%)，D(35.1≧16.2%)である。よって，1つ目の文の内容と合わせて考えると，Dがフランスとなるので，Aは韓国となる。残るB，Cはスウェーデンとアメリカのいずれかとなる。資料2の3つ目の文で述べられている内容に該当するのは「わからない」の割合が10%未満なので，資料1のB，C，Dである。資料2の4つ目の文で述べられている内容に該当するのは，資料1のB(62.2－29.5＝32.7%)，D(59.5－35.1＝24.4%)である。よって，2つ目の文の内容と合わせて考えると，Bがアメリカとなるので，Cはスウェーデンとなる。

(2)＜ワイマール憲法と社会権＞第一次世界大戦後の1919年にドイツで制定されたワイマール憲法は，「人間に値する生存」という言葉を用いて，人間らしい豊かな生活を保障する社会権(生存権)を世界で初めて規定した。なお，アは世界人権宣言(1948年)，イはアメリカ独立宣言(1776年)，エはフランス人権宣言(1789年)の条文である。

(3)＜日本国憲法＞知る権利やプライバシーの権利，自己決定権などは，日本国憲法には規定されていない新しい人権である。これらは，社会の変化に伴って認められるようになった人権であり，日本国憲法第13条で保障されている幸福追求権(「生命，自由及び幸福追求に対する国民の権利」)に基づいて主張されている(Ⅱ…誤)。Ⅰは正しい。

(4)＜請求権＞請求権は，人権が侵害された場合の救済などを国に対して要求する権利である。日本国憲法で保障されている請求権には，裁判を受ける権利，公務員の行為によって損害を受けた場合に賠償を求める国家賠償請求権，有罪の判決を受けた人がやり直しの裁判で無罪判決を受けた場合などで補償を求める刑事補償請求権がある。なお，ⅡとⅣは参政権，Ⅲは社会権の1つである労働基本権〔労働三権〕に含まれる。

理科解答

1 (1) ウ　(2) 1…イ　2…エ
(3) オ　(4) キ
(5) あ…6　い…6　う…7

2 (1) 1…イ　2…ア　(2) エ
(3) イ　(4) 1…ア　2…エ
(5) ウ

3 (1) エ　(2) あ…2　い…3　う…1
(3) エ
(4) 1…ア　2…エ　3…イ　4…ウ
(5) ア

4 (1) エ　(2) ア
(3) あ…1　い…5
(4) あ…0　い…2　う…4　(5) イ

5 (1) ウ　(2) オ　(3) カ
(4) 1…ア　2…エ
(5) 2番目…ウ　3番目…ア
4番目…イ

6 (1) 1…イ　2…ウ　(2) ア
(3) あ…3　い…5
(4) あ…1　い…6
(5) あ…3　い…2　う…0

7 (1) ア　(2) ウ　(3) ウ　(4) ア
(5) あ…1　い…5

8 (1) あ…0　い…0　う…3　(2) エ
(3) あ…1　い…0　う…0　(4) イ
(5) ウ

1 〔生物の体のつくりとはたらき〕

(1)＜赤血球＞図１のヘモグロビンという物質が含まれているＢは，赤血球である。ヘモグロビンは，酸素の多い所では酸素と結びつき，酸素の少ない所では酸素をはなすという性質を持つ。この性質により，赤血球は組織の細胞まで酸素を運搬する役割を果たしている。

(2)＜栄養分の吸収＞消化酵素によって食物に含まれていた養分が分解されてできたブドウ糖やアミノ酸は，図２のＲの小腸の内壁の柔毛から毛細血管の中に吸収されて，Ｑの肝臓に運ばれる。肝臓では，ブドウ糖の一部がグリコーゲンとして蓄えられる。

(3)＜血管＞酸素を多く含む血液を動脈血，二酸化炭素を多く含む血液を静脈血という。動脈血は，図２のＰの肺で酸素を取り入れた後，②の肺静脈と④の大動脈に流れている。

(4)＜じん臓＞血液中の尿素や塩分，水分などのさまざまな物質をこしだして尿をつくるはたらきがあるのは，じん臓である。じん臓は図２のＳだから，含まれる尿素の割合が最も低い血液が流れている血管は，じん臓を通った後の血管⑦である。

(5)＜血液循環量＞心臓の拍動数が１分間に75回だから，１秒間の拍動数は，75÷60＝1.25(回)である。１回の拍動で心臓から60cm^{3}の血液が送り出されるので，１秒間で心臓が送り出す血液は，60×1.25＝75(cm^3)となる。よって，5000cm^{3}の血液が心臓から送り出されるのにかかる時間は，5000÷75＝66.66…より，約66.7秒である。

2 〔地球と宇宙〕

(1)＜月と金星＞天体が他の天体の周りを周期的に回ることを公転といい，金星のように太陽(恒星)の周りを公転する天体を惑星という。なお，天体が内部の軸を中心に回転することを自転，月のように惑星の周りを公転する天体を衛星という。

(2)＜月食＞月食は，地球のつくる影に月が入り，月が欠けて見える現象である。よって，月食は，月，地球，太陽の順でほぼ一直線に並ぶときに起こる。

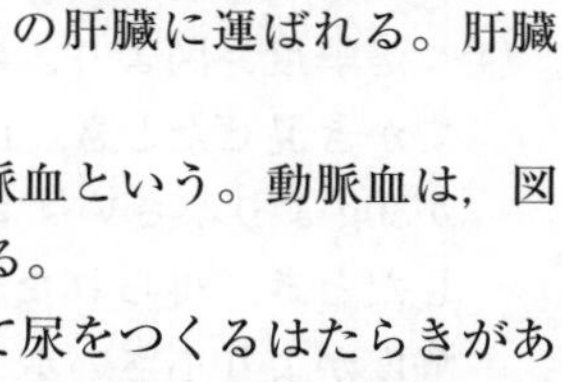

(3)＜月の満ち欠け＞月は，太陽の光を反射することで輝いて見える。図２のように，右側が大きく欠けた月は，地球から見て太陽の光が左側から

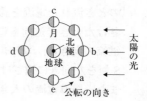

当たり，太陽からの光が当たっている月の表面の一部しか地球からは見えないので，前ページの図のａの位置にある。また，図５のＸのように右半分が輝いている月はｃの位置にあり，Ｙのように左半分が輝いている月はｅ，Ｚの満月はｄの位置にある。よって，月はａ→ｂ→ｃ→ｄ→ｅの順に公転するので，月の形は，図２→新月→Ｘ→Ｚ→Ｙと変化する。

(4)＜金星の観察＞金星は，地球より太陽に近い軌道を公転しているため，地球からは常に太陽の近くに見え，太陽の反対側にくることはない。そのため，真夜中には観測できず，日没直後の西の空や日の出前の東の空に数時間しか観測できない。また，図１の金星は午前６時に南東の地平線近くに見えているので，このときの金星の位置は，図４の，地球から見て太陽の右側にあるＤである。

(5)＜天体の位置＞月は，約27.3日で地球の周りを１回公転するため，１日では，360°÷27.3＝13.1…より，約13°公転する。よって，翌日の同じ時刻に月を観察すると，東へ13°移動して見えるから，月の高度は図１より低くなる。一方，金星は公転周期が0.62年，つまり，365×0.62＝226.3(日)だから，１日では，360°÷226.3＝1.590…より，約1.59°公転するが，地球も，360°÷365＝0.986…より，約0.99°公転しているため，1.59°－0.99°＝0.60°移動して見える。そのため，翌日の同じ時刻に金星を観察しても，金星の位置はほとんど変わらない。以上より，月と金星は，ウのような位置に見える。

3〔物質のすがた〕

(1)＜水溶液＞物質が全て水に溶けているとき，物質の粒子は水溶液全体に均一に広がっている。

(2)＜濃度＞100gの水に物質が30g溶けている水溶液の質量パーセント濃度は，〔質量パーセント濃度(%)〕＝$\dfrac{〔溶質の質量(g)〕}{〔水溶液の質量(g)〕}$×100より，$\dfrac{30}{100+30}\times100=23.07\cdots$となるから，約23.1％である。

(3)＜ろ過＞ろ過するときは，エのように，斜めに切られたろうとのあしの長いほうをビーカーの内壁につけ，ろ紙が重なっている部分にガラス棒を当て，水溶液をガラス棒に伝わらせながら注ぐ。

(4)＜溶解度＞図より，40℃の水100gを入れたビーカーＡ～Ｄに，４種類の物質をそれぞれ30g加えてかき混ぜたとき，Ｂ，Ｃでは物質が溶け残ったことから，ＢとＣに加えたのは，40℃での溶解度が30gより小さいミョウバンかホウ酸である。さらに，結晶の溶け残ったＢとＣの水溶液をろ過したとき，得られた結晶の質量はＢの方がＣより多かったことから，Ｂに加えたのは40℃での溶解度がより小さいホウ酸であり，Ｃに加えたのはミョウバンである。また，Ａ，Ｄの水溶液を10℃まで冷やしたとき，Ａでは結晶が出てきたことから，Ａに加えたのは，10℃での溶解度が30gより小さい硝酸カリウムであり，Ｄに加えたのは，10℃での溶解度が30gより大きい塩化ナトリウムである。

(5)＜再結晶＞40℃の水100gに塩化ナトリウムを30g溶かしたビーカーＤの水を30g蒸発させると，水は100－30＝70(g)になる。水に溶かすことができる溶質の最大の質量は，水の質量に比例するから，30℃の水100gに溶けるＤの質量をdgとするとき，30℃の水70gに溶かすことができるＤの質量は$d\times\dfrac{70}{100}$gと表せる。よって，出てくる結晶の質量は，$30-d\times\dfrac{70}{100}$gとなる。

4〔電流とその利用〕

(1)＜誘導電流＞コイルの中の磁界を変化させると，コイルに電流が流れる現象を電磁誘導といい，このとき流れた電流を誘導電流という。誘導電流の流れる向きは，磁石をコイルに近づけたときと遠ざけたときで逆向きになる。よって，図１のコイルＡの左側にＳ極を近づけたときに流れる誘導電流の向きは，コイルＡの右側にＮ極を近づけたときと同じ向きで，検流計の針は左に振れる。Ｓ極を左向きに遠ざけると，誘導電流が流れる向きは逆になるから，検流計の針は逆の右に振れる。また，誘導電流の大きさはコイルの中の磁界の変化が大きいほど大きくなる。棒磁石を実験１の①

よりも速く動かすと，磁界の変化は大きくなるので，誘導電流の大きさは大きくなり，検流計の針の振れ方は大きくなる。

(2)＜誘導電流＞図２のコイルＢに電流を流すとき，コイルＢの中には，右図のように，右手の親指以外の４本の指をコイルＢに流れる電流の向きに合わせてにぎったときに突き出した親指の指す向きに磁界が生じるから，コイルＢの中に生じた磁界の向きは右向きである。また，棒磁石では，磁界の向きはＮ極から出てＳ極に向かう向きである。よって，コイルＢに電流を流したとき，コイルＢによる磁界の変化は，コイルＡの左側から棒磁石のＮ極を近づけたときの変化と同じになる。これは，コイルＡに，棒磁石のＮ極を実験１の①とは反対側から近づけたことになる。誘導電流の流れる向きは，コイルにＮ極を右側から近づけたときと左側から近づけたときで逆になるから，コイルＡには実験１の①とは逆向きに誘導電流が流れる。したがって，検流計の針は右に振れる。さらに，コイルＢに電流を流し続けても，磁界は変化しないので，コイルＡに誘導電流は流れず，検流計の針は０の位置に戻る。

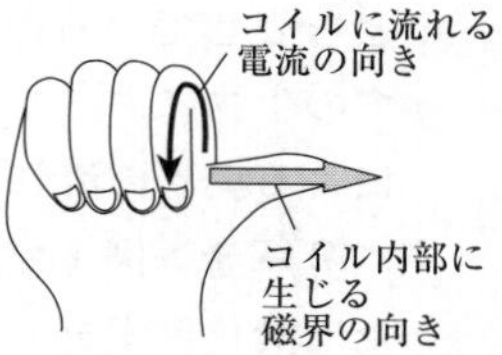

(3)＜オームの法則＞図３より，抵抗器Ｑに6.0Ｖの電圧を加えると，0.40Ａの電流が流れる。よって，抵抗器Ｑの抵抗の大きさは，オームの法則〔抵抗〕＝〔電圧〕÷〔電流〕より，6.00÷0.40＝15(Ω)となる。

(4)＜全体の抵抗と電流＞図３より，抵抗器Ｐに6.0Ｖの電圧を加えると，0.60Ａの電流が流れるから，抵抗器Ｐの抵抗の大きさは，6.0÷0.60＝10(Ω)である。よって，図５で，抵抗器Ｐ，Ｑを直列につないだＸの全体の抵抗の大きさは，10＋15＝25(Ω)である。これより，Ｘの両端にEＶの電圧を加えるとき，Ｘの全体に流れる電流は$\frac{E}{25}$Ａとなる。一方，抵抗器Ｐ，Ｑを並列につないだＹの両端にEＶの電圧を加えるとき，抵抗器Ｐ，ＱにはどちらもEＶの電圧が加わり，抵抗器Ｐには$\frac{E}{10}$Ａの電流が，抵抗器Ｑには$\frac{E}{15}$Ａの電流が流れるから，Ｙの全体に流れる電流は$\frac{E}{10}+\frac{E}{15}=\frac{E}{6}$(Ａ)となる。したがって，Ｘの全体に流れる電流は，Ｙの全体に流れる電流の大きさの，$\frac{E}{25}\div\frac{E}{6}=\frac{6}{25}=0.24$(倍)である。

(5)＜電流が磁界から受ける力＞図４のような装置で，銅線が受ける力の向きは，Ｕ字形磁石による磁界の向きか，電流の向きの一方を変えると逆になり，両方を変えると同じになる。また，銅線に流れる電流の大きさが大きくなると，銅線が受ける力は大きくなり，より大きく動く。図６のように，Ｕ字形磁石を図４と上下逆さまに置いて実験を行ったとき，Ｕ字形磁石による磁界の向きは逆になり，銅線が実験２の②と逆の矢印ｂの向きに動いたことより，電流の向きは変わっていないので，電源装置の＋極と－極につなぐ導線はそのままにしたことがわかる。また，銅線が実験２の②より大きく動いたことより，銅線が受ける力は大きくなったから，流れる電流が大きくなっていて，抵抗の小さい抵抗器に変えたことがわかる。抵抗器Ｐの抵抗は10Ωであり，(4)より，図５のＸの全体の抵抗の大きさは25Ω，Ｙの全体の抵抗の大きさは$E\div\frac{E}{6}=6.0$(Ω)だから，抵抗器ＰのかわりにつないだのはＹである。

5〔生命・自然界のつながり〕

(1)，(2)＜生態系＞生態系では，植物を草食動物が食べ，草食動物を肉食動物が食べるというように，食べる・食べられるという食物連鎖が成り立っている。よって，図１の食物連鎖の始まりとなるＡが植物，植物を食べるＢが草食動物，草食動物を食べるＣが肉食動物である。(1)のウのように，無機物から有機物をつくり出すはたらきを光合成といい，光合成によって活動のためのエネルギーを得ているのは，Aの植物である。

(3)＜呼吸と光合成＞図1のVの矢印は，植物であるAによって大気中の二酸化炭素が吸収されることを表しているので，光合成による炭素の流れを表している。一方，W，X，Y，Zの矢印は，全ての生物によって大気中に二酸化炭素が放出されることを表しているので，全ての生物が行う呼吸による炭素の流れを表している。

(4)＜分解者＞図1で，生物Dは生物の死がいや排出物に含まれる有機物を無機物に分解して，生じた二酸化炭素を大気中に排出している。このようなはたらきをする土の中の小動物や菌類，細菌類を分解者という。菌類には，シイタケなどのキノコのなかまやアオカビなどのカビのなかまがいる。

(5)＜食物連鎖＞食物連鎖が成り立っているこの生態系で，図3のように，Bの生物が一時的に減少すると，Bをエサとして食べるCの生物はエサが減るので減少し，Bがエサとして食べるAの生物は食べられる量が減るので増加する(ウ)。その後，Cの生物が減少したことと，Aの生物が増加したことで，Bの生物は増加する(ア)。さらに，Bの生物が増加したことで，Bの生物をエサとするCの生物も増加し，Bの生物のエサであるAは減少し(イ)，やがては図2のようにつり合いのとれた状態に戻る。

6〔大地のつくりと変化〕

(1)＜マグニチュード＞発生した地震そのものの規模(エネルギーの大きさ)はマグニチュードで表される。マグニチュードの数値が1大きくなると，地震のエネルギーは約32倍になる。

(2)＜初期微動＞図1のはじめに起こるXの小さなゆれを初期微動，後から起こるYの大きなゆれを主要動といい，初期微動はP波，主要動はS波によって起こる。

(3)＜S波の速さ＞表より，Yのゆれが始まった時刻は，震源からの距離が42kmの地点Aでは8時14分28秒，震源からの距離が84kmの地点Bでは8時14分40秒である。これより，Yのゆれを起こすS波は，84－42＝42(km)の距離を，8時14分40秒－8時14分28秒＝12秒で伝わることになる。よって，S波の伝わる速さは，42÷12＝3.5(km/s)である。

(4)＜地震発生時刻＞(3)より，S波は42kmの距離を12秒で伝わるから，地震の発生後，震源からの距離が42kmの地点AにS波が到着するのにかかった時間は12秒である。地点AにS波が伝わった時刻が8時14分28秒より，地震が発生した時刻は，その12秒前の8時14分16秒である。

(5)＜緊急地震速報＞表より，Xのゆれが始まった時刻は，震源からの距離が42kmの地点Aでは8時14分22秒，震源からの距離が84kmの地点Bでは8時14分28秒である。よって，Xのゆれを起こすP波の伝わる速さは，(84－42)÷(28－22)＝42÷6＝7(km/s)となる。これより，震源からの距離が21kmの地点でP波によるXのゆれを観測したのは，地震が発生してから21÷7＝3(秒)後である。この5秒後に緊急地震速報が各地に届いたから，震源からの距離が140kmの地点に緊急地震速報が届いたのは，地震発生後，3＋5＝8(秒)後である。また，震源からの距離が140kmの地点にS波が伝わるのは，(3)より地震が発生してから140÷3.5＝40(秒)後である。したがって，緊急地震速報が届いてから，大きなゆれが始まったのは40－8＝32.0(秒)後である。

7〔化学変化と原子・分子〕

(1)＜水の検出＞試験管Xの内側についた液体が水であることを調べるには，塩化コバルト紙を使う。塩化コバルト紙に水をつけると，色が青色から赤色に変化する。

(2)＜二酸化炭素の検出＞この実験で発生した気体は二酸化炭素である。よって，試験管Aでは石灰水は白くにごる。また，二酸化炭素にはものを燃やす性質がないので，試験管Bでは線香の火が消える。

(3)＜化学反応式＞炭酸水素ナトリウム($NaHCO_3$)を加熱すると，炭酸ナトリウム(Na_2CO_3)と二酸化炭素(CO_2)と水(H_2O)が生じる。化学反応式は，矢印の左側に反応前の物質の化学式，右側に反応後の物質の化学式を書き，矢印の左右で原子の種類と数が等しくなるように化学式の前に係数をつける。

(4)＜炭酸ナトリウムの性質＞実験の②で，試験管Ｘに残った物質は炭酸ナトリウムである。炭酸ナトリウムは水によく溶け，その水溶液は強いアルカリ性を示す。よって，水を加えると全て溶け，フェノールフタレイン液を加えると濃い赤色になる。なお，炭酸水素ナトリウムは水に溶けにくく弱いアルカリ性を示すので，水を加えても一部が溶け残り，フェノールフタレイン液を加えるとうすい赤色になる。

(5)＜化学変化と質量＞実験の①，②より，炭酸水素ナトリウム4.0gが全て反応すると，炭酸ナトリウムが2.6g生じ，このとき生じた二酸化炭素と水の質量の和は$4.0-2.6=1.4$(g)である。実験の⑤で，炭酸水素ナトリウム7.5gを加熱したとき試験管Ｙに残った物質が5.4gであったことから，このとき生じた二酸化炭素と水の質量の和は，$7.5-5.4=2.1$(g)である。反応した炭酸水素ナトリウムの質量と，生じる二酸化炭素と水の質量の和は比例するので，このとき反応した炭酸水素ナトリウムの質量は，$4.0\times2.1\div1.4=6.0$(g)である。よって，加熱後の試験管Ｙに残った物質の中に，反応しなかった炭酸水素ナトリウムは，$7.5-6.0=1.5$(g)含まれている。

8〔運動とエネルギー〕

(1)＜仕事＞質量10gの物体にはたらく重力は，$10\div100\times1=0.1$(N)だから，質量10gの小球を持ち上げるときに加える力は0.1Nである。よって，この小球を30cm，つまり，0.3mの高さまで持ち上げるときの仕事は，〔仕事(J)〕＝〔力の大きさ(N)〕×〔力の向きに動いた距離(m)〕より，$0.1\times0.3=0.03$(J)となる。

(2)＜斜面上の物体にはたらく力＞斜面上を運動する小球には，重力と斜面からの垂直抗力がはたらいている。重力は小球の中心から下向きにはたらき，斜面からの垂直抗力は小球と斜面が接する点から斜面に垂直な向きに，物体に対してはたらく。

(3)＜木片の移動距離＞表で，小球Ｘの高さと木片の移動距離の関係から，小球の高さと木片の移動距離は比例することがわかる。また，質量10gの小球Ｘと質量30gの小球Ｙを，同じ高さからはなしたときの木片の移動距離の関係から，小球の質量と木片の移動距離も比例することがわかる。よって，質量10gの小球Ｘを25cmの高さからはなしたときの木片の移動距離は，$2.0\times\frac{25}{10}=5.0$(cm)となるから，質量20gの小球Ｚを25cmの高さからはなしたときの木片の移動距離は，$5.0\times\frac{20}{10}=10.0$(cm)である。

(4)＜力学的エネルギーの保存＞小球にはたらく摩擦や空気抵抗は考えないので，力学的エネルギーの保存が成り立ち，小球の持つ位置エネルギーと運動エネルギーの和(力学的エネルギー)は常に一定に保たれる。よって，点Ａから点Ｂまで小球が下がるにつれて，小球が持つ位置エネルギーは運動エネルギーに移り変わり，小球が点Ｂを通過するときに運動エネルギーが最大になる。その後，点Ｂから点Ｃまで小球が上がるにつれて，小球が持つ運動エネルギーは位置エネルギーに移り変わり，小球が点Ｃに達すると運動エネルギーは０になる。これより，小球の運動エネルギーの変化はイのように表される。

(5)＜力学的エネルギーの保存＞図５で，振り子の糸が点Ｐのくぎにひっかかっても力学的エネルギーの保存は成り立つ。よって，小球は最初に持ち上げた点Ａと同じウの高さまで上がる。

2022年度／芝浦工業大学柏高等学校（第１回）

国語解答

一 (1) ①…エ　②…エ　③…イ　④…ア
　⑤…ウ
(2) オ　(3) イ　(4) イ　(5) ウ
(6) ウ　(7) エ　(8) ウ

二 (1) イ　(2) イ　(3) ウ　(4) イ
(5) オ　(6) エ　(7) オ

三 (1) ア，オ　(2) エ　(3) ウ
(4) ウ　(5) エ

一〔論説文の読解―社会学的分野―コミュニケーション〕出典；榎本博明『「上から目線」の構造』。

≪本文の概要≫「上から目線」という言葉には，言われた側を不安にさせる何かが含まれている。市場経済の発展により，役に立つ商品ではなく，売れる商品に価値があると考えられるようになった。市場経済の原理は，個人の人間的価値にまで及び，能力や人格ではなく人気が，人間の価値として重視されるようになった。ところが，人気を気にして，部下や若手にていねいな言い方をしても，「上から目線」と非難されることがある。「上から目線」と言う側の人には，親切心から言ってくれた相手の思いに対する共感もなく，経験も知識も豊富な相手に対する敬意もない。あるのは，見下されることに対する不安である。「上から」と相手を非難する人は，自分の自信のなさを自覚しているから，相手の上からの目線を過度に気にして，虚勢を張り，尊大な態度で自分の優位を誇示しようとするのである。自信のある人は，人の意見に素直に耳を傾ける心の余裕があるので，アドバイスを取り入れてもっと有能になるよう努めるが，自信のない人は今の自分にこだわり，指摘を受けると，自分を全否定されたように感じるのである。

(1)＜漢字＞①「精神」と書く。アは「製品」，イは「清算」，ウは「誠実」，エは「精力的」，オは「政治家」。　②「源泉」と書く。アは「厳重」，イは「期限」，ウは「幻惑」，エは「資源」，オは「減点」。　③「糾弾」と書く。アは「窮状」，イは「紛糾」，ウは「嗅覚」，エは「丘陵」，オは「不朽」。　④「敬意」と書く。アは「敬老」，イは「警報」，ウは「系統」，エは「経歴」，オは「直径」。　⑤「崩れ」と書く。アは「飽食」，イは「霊峰」，ウは「崩御」，エは「奉納」，オは「邦楽」。

(2)＜文章内容＞市場経済の原理が個人の人間的価値にまで及んだ結果，人間の価値も，能力や人格よりも，周囲の人たちの「人気」によって決まるようになった。部下や後輩から「上から目線」を指摘されるということは，部下や後輩が，自分をよく思っていないということを表し，自分は価値が低い人間であるという評価につながるので，言われた側は，不安になるのである。

(3)＜段落関係＞段落5では，部下から「上から目線」を指摘されて，上司が心穏やかではいられないのは，人気によって自分の価値が決まるからであるという理由が示され，段落6では，段落5を受けて，上司の部下や若手に対する必要以上に気を遣った言い方は，「お客様扱い」で変であることか述べられている。それに対して，段落7～9では，観点を変えて，アドバイスを「上から目線」と非難する側は「どんな目線で相手を見ている」かが，述べられている。

(4)＜接続語＞B．親切心からのアドバイスに対して「その上から目線はやめてください」と拒否的な態度をとる人というのは，「相手の親切に感謝する思いなど微塵もない」というよりは，どちらかといえば，「相手がこちらより優位に立ってもの言うところが許せない」と思っていると見なすべきだろうか。　E．世の中を勝ち負けの図式で見る傾向のある人は，「尊大な態度で自分の力を誇

示しようとする」が，「残念なことに，尊大な態度をとることによって，自信のなさを露呈してしまう」のである。

(5)＜文章内容＞ⅰ．筆者は，上司や先輩の方が経験や知識も豊富で，アドバイスできる立場にあるのは，客観的な現実であると考えているが，アドバイスに対して「上から目線」と批難する人は，「見下され不安が強い」あまりに，役に立つアドバイスも「優位を誇示する材料と受け止めてしまう」のである。このような人は，「世の中を勝ち負けの図式で見る傾向のある人」で，人間関係を「上下の図式で見ようとする」のである(…b)。　ⅱ．アドバイスを受けたときは，「相手の方が経験も知識もはるかに豊かで，こちらにアドバイスできる立場にあるといった認識や敬意」を持ち，「率直に耳を」傾け，アドバイスを取り入れて改善して，もっと有能な自分になることを目指すべきなのである(…e)。

(6)＜文章内容＞アドバイスを「上から目線」と非難するタイプの人は，「見下され不安」が強く，自信がないために，何とか優位に立っているように見せようとして，尊大な態度で自分の力を誇示しようとする傾向にある。

(7)＜文章内容＞成熟した人間は，「コンプレックスに振り回されない」のである。コンプレックスを感じるような，他の人に劣る分野があっても，苦手であるという状況を受け入れる心の余裕がある人を，筆者は「成熟した人間」ととらえていると考えられる。

(8)＜主題＞常に自分が優位に立たなければならないと思い，尊大な態度で自分の力を誇示しようとしても，自信のなさを露呈するだけである。自信のない人物は，今の自分にこだわり，アドバイスに対して，自分を全否定されたかのような感情的な反応を示すものである。それに対して，実力のある成熟した人間は，コンプレックスに振り回されないのであり，自信を持つことができれば，人の意見に素直に耳を傾ける心の余裕が生まれ，アドバイスを取り入れて，もっと有能になることができるのである。

二〔小説の読解〕出典；東直子『階段にパレット』。

(1)＜心情＞まゆちゃんの「自分が今，ちゃんと生きてここにいるんだって，気がついた気がする」という言葉やルイの絵から，「描かれた絵の中には，今まで見えていなかったその人が見えてくる」ことに，実弥子は気づいた。そして，それが「なんのために絵を描くのか」という問いの答えなのではないかと思って，実弥子は，はっとしたのである。

(2)＜文章内容＞絵を見せるのが恥ずかしいと思っているまゆちゃんに対して，実弥子は，絵はできあがった瞬間に「ひとつの作品」として「作者の手から離れ」て，作品自体に「まわりに自分を見てもらいたい」という意志が生まれると語っている(ア・オ…○)。また，実弥子は，描いた人が満足すればそれでいいのかと問いかけ，「まゆちゃんの絵も，みんなが一緒に見たいなあって思ってるよ」と言っている(ウ・エ…○)。

(3)＜心情＞まゆちゃんは，ルイの言葉に「少し照れたような表情」をして，モデルのルイが見たいと言うなら見せないわけにはいかないと，思い切って絵を見せた。しかし，バランスが変であることが気になり，まゆちゃんは，やはりルイのようなすばらしい絵ではないと思うと，弱気になり声が小さくなってしまったのである。

(4)＜文章内容＞まゆちゃんは，ルイを描くためにルイの瞳を見ているうちに，一瞬，「遠いところ」に一緒に行った気がした。そこで，「風にゆれる草原」を見たような気がしたまゆちゃんは，ルイの瞳や髪に，草原の色を使ったのである。

(5)＜心情＞ルイが描いた絵の中のまゆちゃんは，「不思議な存在感を放つ姿」として描かれており，まゆちゃんにとっては，「自分ではない人がいる」ように感じる一方で，「確かに自分がいる」とも感じている。描かれた自分を見ていると，別世界にいる自分を見ているような気持ちになると同時に，描かれた自分も確かに自分なのだと，自分の知らない新たな自分を知って興奮しているのである。

(6)＜文章内容＞ルイは，まゆちゃんの絵を「気に入った」からほしいと言い，自分の描いた絵には，執着がなく，もらってもいいかと尋ねるまゆちゃんに，あっさりあげることにしたのだが，結果的に，ルイの言動がまゆちゃんを大いに動揺させている。

(7)＜表現＞子どもたちの絵を通じて，何のために絵を描くのかという問いに対する答えを見つけつつある実弥子の思いや，まゆちゃんの絵を見せるのが恥ずかしい気持ちやルイに絵がほしいと言われてうれしい気持ちなどが描かれている。自然な会話を重ねていくことで，登場人物の様子がよく伝わるようになっている。

三 〔古文の読解―説話〕出典；『古今著聞集』巻第六，二五六。

≪現代語訳≫堀河天皇の時代に，六条院に白河上皇を訪ねての行幸があったときに，池の中島に演奏所をおつくりになったところ，（天皇の）ご在所は，（池の）水を隔ててはるかに遠かった。（藤原）博定が天皇のご命令をお受けして太鼓を演奏し申し上げたが，本来の間合いよりも早めてばちを当てた。後日博定が，（大神）元正に会って，「昨日の太鼓はいかがでしたか」と言ったところ，元正は，「（その演奏は）非常に優れた出来ばえだと（思いながら）お聞きしました。ただ，少し本来の間合いより早く聞こえました」と言ったので，また（博定が元正に）尋ねたのは，「（早い）間合いは打ち始めるときだけ交じっていましたか。（それとも）始めから終わりまで同じように進んでいましたか」と言う。元正は，「始終（本来の間合いより）進んで終わりました」と答えたので，博定は，「それでは（私の）考えはうまくいきました。その理由は，曲は切れめのないことなのでかすみがかかる（ように目立たない）けれども，遠くでものを打つと，響きは遅く（聞こえて）くるのです。だから（近くにいた元正に始終早めに聞こえていたならば遠く離れた）（堀河）天皇には，間合いが合って，ちょうどよくお聞きになられたでしょう」と言った。「この心遣いは，思いもかけないことである。立派だ」と，元正は感じたものだった。

(1)＜古文の内容理解＞ア．演奏所を池の中島につくったのは，博定ではない。　オ．「少し本来の間合いより早く聞こえた」と答えたのは，元正である。

(2)＜現代語訳＞「めでたく」は，形容詞「めでたし」の連用形で，すばらしい，という意味。「うけたまはり」は，動詞「うけたまはる」の連用形で，「聞く」の謙譲語お聞きする，という意味。「き」は，過去を表す助動詞「き」の終止形。全体で，すばらしいとお聞きしました，という意味。

(3)＜古文の内容理解＞博定の太鼓の演奏が，元正には，始めから終わりまで，本来の間合いよりも少し早めに聞こえていたと元正が言ったので，博定は，それでは狙いどおりでしたと言った。

(4)＜古語＞「されば」は，そうであるから，だから，という意味。

(5)＜古文の内容理解＞遠くでものを打つと，響きは遅く聞こえてくるので，博定は，演奏所と天皇のご在所は遠く離れていて，太鼓の音がご在所に届くのに時間がかかることを考えたうえで，天皇に本来の間合いで太鼓の響きが聞こえるように，本来の間合いよりも早く太鼓を打った。その博定の心遣いに，元正は感心したのである。

2022年度 芝浦工業大学柏高等学校(第2回)

【英　語】（50分）〈満点：100点〉

（注意）1．リスニングテストは試験開始5分後から行います。時間は約15分間です。
　2．リスニングテスト開始までは，リスニングの問題を確認しても，他の問題を解答してもかまいません。
　3．リスニングテスト終了後は，リスニングの問題を解き続けていても，すぐに他の問題を解答してもかまいません。〈編集部注：放送文は未公表につき掲載してありません。〉

■放送問題の音声は，学校ホームページで聴くことができます。（https://www.ka.shibaura-it.ac.jp/）

1　英語リスニングテスト（放送による指示に従って答えなさい。）

No. 1	A．Of course.　You can drink anything cold you like. B．Yes.　It is snowy today and it will be sunny tomorrow. C．OK, but you didn't have to go out to buy something to drink. D．Sure, but wash your hands and change your clothes before that.

No. 2	A．I got three books there. B．I bought a Japanese history book. C．It was hard for me to get the book. D．I bought it for a musician living in my town.

No. 3	A．Thanks.　I'll go there. B．Thanks.　He's looking for you. C．Did you？　He's in the music room. D．Did you？　He will come there later.

No. 4	A．How about using the dictionary？ B．Why don't you buy a new English dictionary？ C．Why don't we ask our Japanese teacher？ D．What about finding the word in it？

2　英語リスニングテスト（放送による指示に従って答えなさい。）

Question No. 1 ： Which T-shirt will Iris buy at the shop？

No. 1	A．She will buy a yellow one with a picture of a train. B．She will buy a white one with a picture of a ship. C．She will buy a black one with a picture of a lion. D．She will buy a black one with a picture of a train.

Question No. 2 ： Who enjoyed working with Chinese students？

No. 2	A. Tony did. B. Kei did. C. Tony and Kei did. D. Aoi and Tony did.

Question No. 3 : Why does Ms. Powell use the Internet when she talks to her brother ?

No. 3	A. Because they feel happy to talk together in English. B. Because they can see each other's faces. C. Because she doesn't have to write a letter to her brother. D. Because she wants to introduce her students to her brother.

Question No. 4 : What did Mio's grandfather do for her ?

No. 4	A. He went to see her family this summer. B. He taught his son how to write *hiragana*. C. He always smiled when someone took his picture. D. He tried to teach her how to make *origami*.

Question No. 5 : When did Ralph go to Akio's house last week ?

No. 5	A. He went there on Monday and Wednesday. B. He went there on Tuesday and Thursday. C. He went there on Tuesday and Wednesday. D. He went there on Wednesday and Sunday.

3 英語リスニングテスト(放送による指示に従って答えなさい。)

Question No. 1 : How long is the Five Stars Train going to run from Green City Station to Orange Town Station ?

No. 1	A. It is going to run for about one and a half days. B. It is going to run for 13 hours. C. It is going to run from January 10th to January 20th. D. It is going to run from January 6th to January 7th.

Question No. 2 : Which is true about the restaurant in the Five Stars Train ?

No. 2	A. The meals served there are famous for their good taste. B. It is open only at dinner time. C. People can enjoy eating three kinds of meals there. D. It is in Car No. 5 and often full from 6 a.m. to 9 p.m.

Question No. 3 : What can people do in Car No. 6 ?

No. 3	A. They can enjoy wonderful music with food. B. They can see a beautiful view through big windows. C. They can watch some sports programs on TV. D. They can enjoy a piano concert at night.

Question No. 4 : What should people do in Car No. 7 ?

No. 4	A. They should take lessons for painting pictures. B. They should learn about some famous artists. C. They should be quiet while they look at the pictures. D. They should talk with each other about their favorite artists.

4 次の英文を読んで，あとの(1)～(9)の問いに答えなさい。

People speak English in different parts of the world. The same words can be used in different ways according to (①). People can also have completely different ways of saying the same thing.

The Oxford English Dictionary (OED) is asking people to help to add new words. The editors want to find the local differences in English around the world ②(ア increase イ to ウ in エ its record オ of カ order) the language.

Last year, the OED, and the other British companies worked together to find local words in the United Kingdom. Surprisingly, 100 local words and phrases were added to the dictionary. For example, "ee bah gum" is used as "oh" in Yorkshire and "cuddy wifter" is used as "left-handed person" in the northeast.

Now, the OED is doing a (③) search to English speakers around the world. Eleanor Maier, an editor at the OED, said the response was great. So editors are listing a lot of suggestions to include in the dictionary.

④These include "brick," which means "very cold" to people in New Jersey and New York City. Another is the word for a swimming wear, "dookers," which is used in Scotland. There is New Zealand's "munted," which means "broken." The dictionary has already found that a picture hanging off-center could be expressed as "agley" or "ahoo." (⑤), a lover could be called a "doy" or "babber."

"The OED wants to cover all types for English," Maier said. "That includes standard English, words for science and technology, and local language. So it's important to include these words for us to have an image of ⑥it," she also said.

Maier said that it could be difficult for the OED's editors to identify local words. The words are more often spoken than written down. Therefore, she said that websites such as Twitter were a great way ⑦(ア people イ that ウ the words エ find オ use カ to).

"Tarzy," for example, is a word meaning a rope used to jump over a river. The editors thought it was used from 2003. However, Maier said that it was used (⑧) that because her friend's mother remembered using it when she was a child in the 1970s.

"Local words show that their users come from a particular place," said Maier. "You know you are home when you can use the words such as 'tarzy' and know that they are (⑨)," she said.

【出典】 *Copyright Guardian News & Media Ltd. 2022*

（注） editors 編集者　phrase 成句　response 反応　standard 標準の　identify 見分ける

(1) 本文中の(①)に入る最も適当なものを，次のア～エのうちから一つ選びなさい。

ア who they are　　イ what they do

ウ how old they are　　エ where they live

(2) 本文中の②の(　)の中を正しい語順に並べかえ，(　)の中で**3番目**と**6番目**にくるものをそれぞれ選びなさい。

(3) 本文中の(③)に入る最も適当なものを，次のア～エのうちから一つ選びなさい。

ア earlier　イ wider　ウ smaller　エ heavier

(4) 本文中の下線部④が指すものとして最も適当なものを，次のア～エのうちから一つ選びなさい。

ア speakers　イ editors　ウ suggestions　エ different parts

(5) 本文中の(⑤)に入る最も適当なものを，次のア～エのうちから一つ選びなさい。

ア Also　イ After　ウ Therefore　エ However

(6) 本文中の下線部⑥が指すものとして最も適当なものを，次のア～エのうちから一つ選びなさい。

ア the dictionary　イ English

ウ local language　エ standard English

(7) 本文中の⑦の(　)の中を正しい語順に並べかえ，(　)の中で**3番目**と**6番目**にくるものをそれぞれ選びなさい。

(8) 本文中の(⑧)に入る最も適当なものを，次のア～エのうちから一つ選びなさい。

ア before　イ after　ウ in　エ from

(9) 本文中の(⑨)に入る最も適当なものを，次のア～エのうちから一つ選びなさい。

ア left　イ written down

ウ come from　エ understood

5 次の英文を読んで，あとの(1)～(8)の問いに答えなさい。

Atacama, the small skeleton found in the desert in Chile, is very (①). Ata, as she is known, has 10 pairs of ribs. The average person has 12. Ata's head comes to a point. Her bones are as hard as a child between 6 and 8 years old. Bones grow harder as people get older. However, Ata would be just 15 cm high if she stood. She was not even tall enough to see over a small plant.

Now the bones of Ata are in the hand of a collector. Hunters of aliens and UFOs became interested in little Ata. They looked for the owner to see the bones of Ata. Steven Greer, one of the hunters, met the owner of Ata at a meeting about UFOs. He asked the owner to give him a small sample of the bones. When Greer held Ata, he ②(ア was　イ couldn't　ウ how　エ believe　オ she　カ small). Her body fit in his hand. He thought it was possible that Ata was an alien from another planet.

However, scientists proved that Ata was (③). Nolan, a scientist at Stanford University, studied Ata and wrote about Ata's story in a science magazine. It tells about Ata's genes. This includes ④the strange things about her.

Ata's story started in northern Chile. It is one of the world's (⑤) areas. NASA, the U.S. space agency, tests Mars vehicles in the Atacama Desert. They are driven across the land because it is like Mars, which has no rain. Ata's dead body was found in the desert in 2003. The bones were near a church in an old village. Nobody lived there anymore.

Several experts helped Nolan with his study. ⑥(ア of　イ have　ウ bones　エ them　オ studied　カ some) from thousands of years ago. However, the bones were from only about 30 years ago.

Nolan asked Dr. Lachman, one of the world's experts, to help study the bones. Lachman studied Ata's finger bones. The bones are as hard as those of a 6-year-old child, but Ata was not.

It was possible she was born dead. In fact, she seemed to have very unusual human bones.

Ata could be good news for people with bone problems. Ata's genes were similar to those of people who have bone illnesses. Nolan believes scientists can use the findings from Ata's bones to help people who have bone problems. They might be able to make people's bones (⑦).

Nolan also hopes there is another happy ending to Ata's story. He wants Ata to be buried ⑧where she belongs.

【出典】 *Washington Post, 2018*

（注） skeleton 骸骨《がいこつ》 ribs 肋骨《ろっこつ》 come to a point 尖《とが》る prove 証明する
genes 遺伝子

(1) 本文中の(①)に入る最も適当なものを，次のア～エのうちから一つ選びなさい。

ア average イ narrow ウ unusual エ weak

(2) 本文中の②の( )の中を正しい語順に並べかえ，( )の中で**3番目**と**6番目**にくるものをそれぞれ選びなさい。

(3) 本文中の(③)に入る最も適当なものを，次のア～エのうちから一つ選びなさい。

ア an alien イ a human ウ a bird エ a plant

(4) 本文中の下線部④が指すものとして適当でないものを，次のア～エのうちから一つ選びなさい。

ア Her ribs were 10 pairs.

イ Her bones were as hard as those of a 6-year-old child.

ウ Her genes were similar to those of an alien.

エ Her genes were similar to those of people with bone problems.

(5) 本文中の(⑤)に入る最も適当なものを，次のア～エのうちから一つ選びなさい。

ア driest イ lowest ウ highest エ wettest

(6) 本文中の⑥の( )の中を正しい語順に並べかえ，( )の中で**3番目**と**6番目**にくるものをそれぞれ選びなさい。なお，文頭の語も小文字で示してあります。

(7) 本文中の(⑦)に入る最も適当なものを，次のア～エのうちから一つ選びなさい。

ア smaller イ bigger ウ thicker エ healthier

(8) 本文中の下線部⑧が指す場所として最も適当なものを，次のア～エのうちから一つ選びなさい。

ア in the U.S. イ in Chile

ウ on Mars エ on another planet

6 次の英文を読んで，あとの(1)～(9)の問いに答えなさい。

Ella was looking at her dirty old dress. Suddenly, a witch appeared in front of her. The witch made a beautiful dress for her with just a touch of her stick. But the ①spell of the witch would be broken at midnight. Ella promised the witch to leave the ②ballroom before midnight. The new dress the witch made would be turned into the old, dirty clothes after midnight.

After Ella arrived at the ball, the king's son was told to meet the fine lady and he led her into the hall. There was a deep silence. Everyone stopped dancing and the violins stopped playing, so everyone in the hall was attracted by the beauty of the stranger. Everyone said in a small voice, "How beautiful she is!"

Ella's two sisters were also at the ballroom. The king's son was always with Ella, and never stopped talking to her nicely. ③All sounded wonderful for her, and, indeed, she quite forgot the promise she made to the witch. She didn't know it was almost twelve o'clock until she looked at the clock. ④She was surprised. She started to run. The prince followed but could not catch up with her. She left behind one of her glass shoes and the prince picked it up most carefully.

She reached home, but quite out of breath, and in her dirty old clothes. The only thing she had in her pocket was one of the little shoes. This was ⑤the mate to the one that she dropped.

When the two sisters returned from the ballroom, Ella asked them if they enjoyed the party, and if the fine lady was there. They said, "Yes, but ⑥she hurried away before midnight. She wore the glass shoes, the prettiest in the world, and she dropped one of them. The king's son picked it up. He looked at her all the time at the ballroom, and he seemed to be very much in love with the beautiful lady."

The thing that they said was very true. A few days later, the king's son said that he would marry her whose foot this shoe would just fit. The princesses began to try it on, but ⑦in vain. It was brought to the two sisters and they tried to put their foot into the shoe, but they failed.

Ella saw all this, and knew that it was her shoe. She said to them and laughed, "Let me see if it will fit me." ⑧Her sisters laughed at her. The gentleman who was sent to try the shoe looked seriously at Ella, and found her very beautiful. He said that she should try as well, and that he had orders to let everyone try. He told Ella to sit down and put the shoe on her foot. He found that it fit her very easily. Her two sisters were greatly surprised when Ella pulled the other shoe out of her pocket, and put it on her other foot. Then the witch came in and touched her stick to Ella's clothes. She made them richer and more beautiful than any of those Ella wore before.

And now her two sisters found that she was the fine lady they saw at the ballroom. They began to say sorry to her for all the bad things they did to her. Ella gave them a hug. ⑨She accepted their apologies, and she wanted them to love her.

She was taken to the young prince, dressed at her best. He thought she was more attractive than before. A few days later, he married her. Ella gave her two sisters their own rooms in the castle.

【出典】 *Cendrillon*（改）

(1) 本文中の下線部①の意味として最も適当なものを，次のア～エのうちから一つ選びなさい。

ア ghost　イ alphabet　ウ letter　エ magic

(2) 本文中の下線部②の意味として最も適当なものを，次のア～エのうちから一つ選びなさい。

ア dance hall　イ baseball stadium

ウ tennis court　エ changing room

(3) 本文中の下線部③の内容として最も適当なものを，次のア～エのうちから一つ選びなさい。

ア the music the prince played for Ella

イ the music the witch played for Ella

ウ the words the prince said to Ella

エ the words the witch said to Ella

(4) 本文中の下線部④の理由として最も適当なものを，次のア～エのうちから一つ選びなさい。

ア She noticed that the prince tried to run after her.

イ She noticed that the prince might fall in love with her.

ウ She had to go back home before everything went back to normal.

エ She had to go back home before the witch went back home.

(5) 本文中の下線部⑤が指す内容として最も適当なものを，次のア～エのうちから一つ選びなさい。

ア　one of the glass shoes she had
イ　one of the old clothes she wore
ウ　one of the close friends she had
エ　one of the beautiful dresses she wore

(6)　本文中の下線部⑥が指す人物として最も適当なものを，次のア～エのうちから一つ選びなさい。

ア　the witch　　イ　one of the two sisters
ウ　the prettiest in the world　　エ　the fine lady

(7)　本文中の下線部⑦の内容として最も適当なものを，次のア～エのうちから一つ選びなさい。

ア　They could not bring the glass shoe because it was broken.
イ　They could not find the woman whose foot perfectly fit the glass shoe.
ウ　They could not find the woman because the prince already noticed who she was.
エ　They could not bring the glass shoe because the owner of it was already found.

(8)　本文中の下線部⑧の理由として最も適当なものを，次のア～エのうちから一つ選びなさい。

ア　Her sisters found that Ella had the other shoe in her pocket.
イ　Her sisters noticed that the lady the prince looked for was Ella.
ウ　Her sisters were surprised that the witch made Ella beautiful.
エ　Her sisters thought that it was very stupid of Ella to say so.

(9)　本文中の下線部⑨の内容として最も適当なものを，次のア～エのうちから一つ選びなさい。

ア　She would like to forgive them for treating her badly.
イ　She received their praise for her beauty.
ウ　She was satisfied that they noticed she was beautiful.
エ　She felt sorry that they had to be punished.

【数　学】（50分）〈満点：100点〉

（注意）　問題の文中の $\boxed{\text{ア}}$，$\boxed{\text{イ}}\boxed{\text{ウ}}$ などの $\boxed{}$ には，特に指示のない限り数値が入る。次の方法で解答用紙の指定欄に記入しなさい。

(1)　ア，イ，ウ，……の一つ一つは0から9までの数字が入る。

(2)　分数形で解答が求められているときは，約分された形で答える。

(3)　分数形で解答が求められているときに，得られた解答が整数であれば，分母は1として答える。

(4)　根号のついた値は，根号内を可能な限り小さな整数として表す。

1　次の問いに答えよ。

(1)　$\left(\sqrt{24}-\dfrac{1}{\sqrt{3}}-5\sqrt{2}\div\sqrt{3}\right)\div\dfrac{\sqrt{3}}{3}=\sqrt{\boxed{\text{ア}}}-\boxed{\text{イ}}$

(2)　$a>0$，$b>0$ とする。x，y についての連立方程式 $\begin{cases} ax+by=6 \\ b^2x-ay=36 \end{cases}$ の解が $x=2$，$y=-4$ のとき，$a=\boxed{\text{ウ}}$，$b=\boxed{\text{エ}}$

(3)　ある自然数 n を6でわったところ，余りは5であった。このとき，n^2 を12でわったときの余りは $\boxed{\text{オ}}$ である。

(4)　右の図で，円Oは半径が18cmの円である。4点A，B，C，Dはこの順に円Oの周上にあり，$\overset{\frown}{\text{AB}}=\overset{\frown}{\text{CD}}$ である。

$\angle\text{ABC}=72°$，$\angle\text{ADB}=28°$ のとき，点Aを含まない $\overset{\frown}{\text{BC}}$ の長さは，$\boxed{\text{カ}}\boxed{\text{キ}}\pi$ cmである。

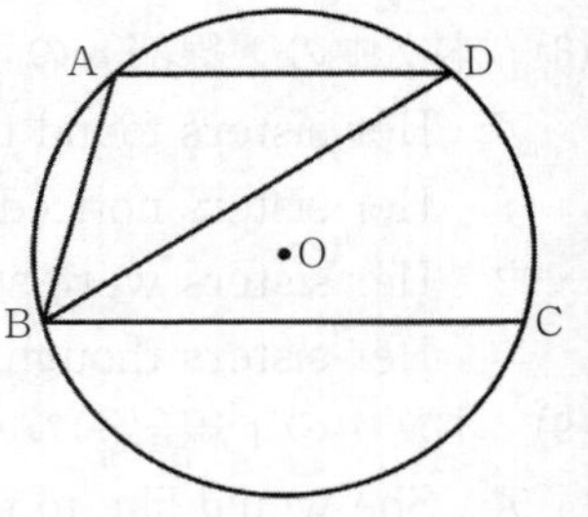

2　放物線 $y=\dfrac{1}{4}x^2$ 上に3点A，B，Cがあり，x 座標はそれぞれ -6，-4，4 である。

直線ABと x 軸との交点をD，直線ACと y 軸との交点をEとする。

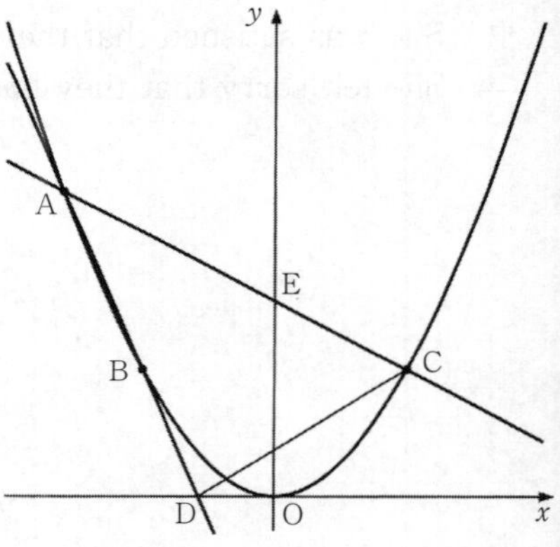

(1)　点Dの x 座標は $-\dfrac{\boxed{\text{ア}}\boxed{\text{イ}}}{\boxed{\text{ウ}}}$

(2)　△ACDの面積は $\boxed{\text{エ}}\boxed{\text{オ}}$

(3)　点Aを通り，△ACDの面積を2等分する直線と線分CDとの交点の x 座標は $\dfrac{\boxed{\text{カ}}}{\boxed{\text{キ}}}$

(4)　点Eを通り，△ACDの面積を2等分する直線の式は $y=\dfrac{\boxed{\text{ク}}}{\boxed{\text{ケ}}}x+\boxed{\text{コ}}$

3　図のように，1辺2cmの正八角形ABCDEFGHがある。

袋の中に，AからHまでの文字が1つずつ書かれた8枚のカードが入っている。

この袋の中から同時に3枚のカードを取り出し，図の正八角形ABCDEFGHの頂点のうち，取り出した3枚のカードに書かれた文字を頂点とする三角形をつくる。

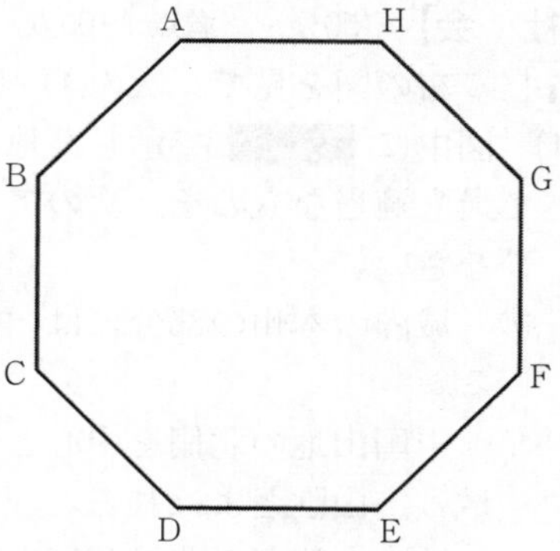

(1)　カードの取り出し方は全部で[アイ]通り

(2)　つくった三角形が直角三角形である確率は $\frac{\boxed{\text{ウ}}}{\boxed{\text{エ}}}$

(3)　つくった三角形の面積が $\sqrt{2}$ cm^2 となる確率は $\frac{\boxed{\text{オ}}}{\boxed{\text{カ}}}$

(4)　線分AEが，つくった三角形の内部(周を含まない)を通る確率は $\frac{\boxed{\text{キ}}}{\boxed{\text{ク}}\boxed{\text{ケ}}}$

4　BC＝9cm，AC＝6cm，∠ACB＝60°の鋭角三角形ABCがある。

点Dは辺AB上の点で，AD：DB＝2：1である。

辺AC上に点EをBC∥DEとなるようにとり，辺BC上に点FをAB∥EFとなるようにとる。

線分CDと線分EFとの交点をGとする。

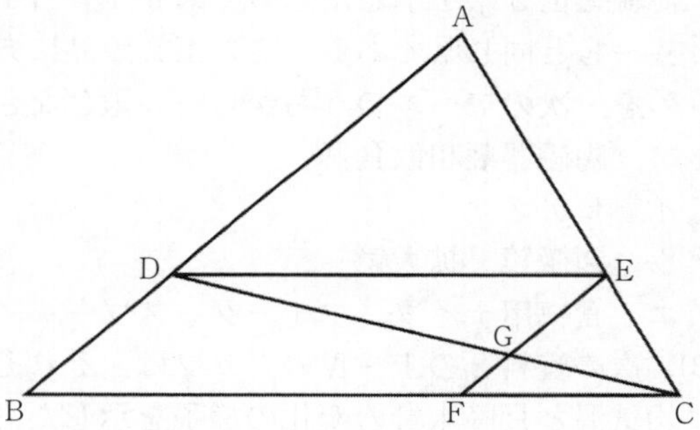

(1)　BF＝[ア]cm

(2)　△ABCの面積は $\frac{\boxed{\text{イ}}\boxed{\text{ウ}}\sqrt{\boxed{\text{エ}}}}{\boxed{\text{オ}}}$ cm^2

(3)　EG＝$\frac{\boxed{\text{カ}}\sqrt{\boxed{\text{キ}}}}{\boxed{\text{ク}}}$ cm

(4)　四角形BFGDの面積は $\boxed{\text{ケ}}\sqrt{\boxed{\text{コ}}}$ cm^2

5　AB＝12cmを直径とする円Oを底面とし，AC＝8cmを高さとする円柱がある。

円Oとは異なる底面の円周上に，CD＝CE，∠DCE＝90°となるような2点D，Eをとる。

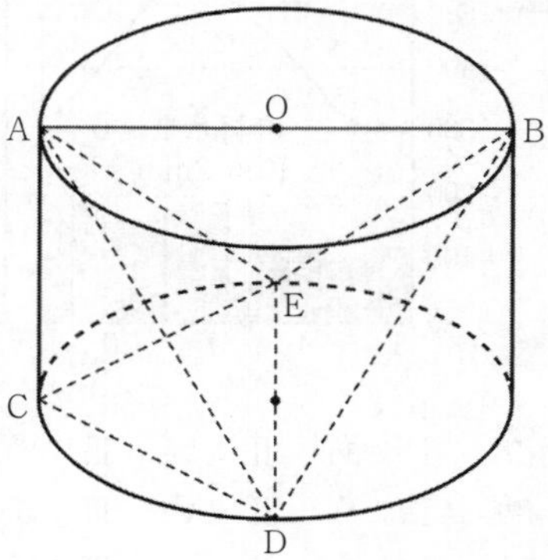

(1)　この円柱の体積は[アイウ]π cm^3

(2)　△ADEの面積は[エオ]cm^2

(3)　線分BCと面ADEとの交点をFとするとき，

BF＝$\frac{\boxed{\text{カ}}\sqrt{\boxed{\text{キ}}\boxed{\text{ク}}}}{\boxed{\text{ケ}}}$ cm

(4)　四面体ABDEの体積は[コサシ]cm^3

【社　会】（50分）〈満点：100点〉

1　右の図を見て，次の(1)～(5)の問いに答えなさい。

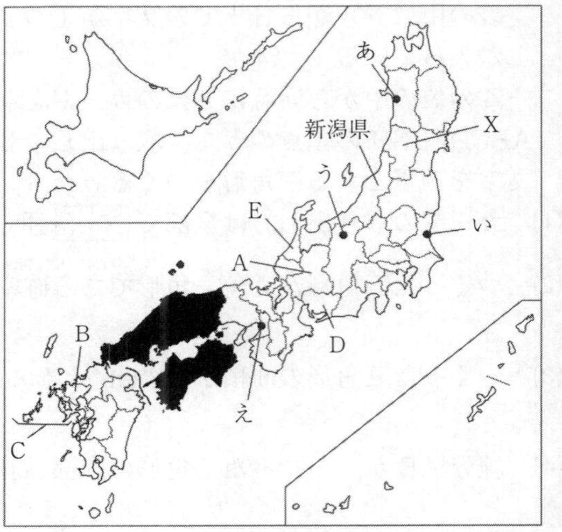

(1)　図中に ■ で示した地方についての説明として最も適当なものを，次のア～エのうちから一つ選びなさい。

ア　域内の本州の部分には，六つの県が位置している。

イ　中国山地の北側を中心とする日本海に面する地域は，山陰とよばれる。

ウ　域内全体が，北緯40度から北緯50度の範囲に位置している。

エ　フォッサマグナとよばれる地溝帯が域内に広がっている。

(2)　右の資料１は，ある工業製品の2018年における出荷額上位５県を示したものであり，資料１中のA～Eは，図中のA～Eと同じ県である。この工業製品にあてはまる最も適当なものを，次のア～エのうちから一つ選びなさい。

ア　陶磁器製和飲食器

イ　ピアノ

ウ　顕微鏡，拡大鏡

エ　食卓用ナイフ，フォーク，スプーン

資料１　ある工業製品の出荷額上位５県　（百万円）

A	12,606
B	5,564
C	5,084
D	1,317
E	1,064

（「データでみる県勢 2021」より作成）

(3)　次の資料２のⅠ～Ⅳのグラフは，それぞれ図中に示した あ～え のいずれかの地点における月平均気温と月降水量の変化の様子を示したものである。Ⅰ～Ⅳのグラフにあてはまる都市の組み合わせとして最も適当なものを，あとのア～カのうちから一つ選びなさい。

資料２　あ～え のいずれかの都市の月平均気温と月降水量の変化

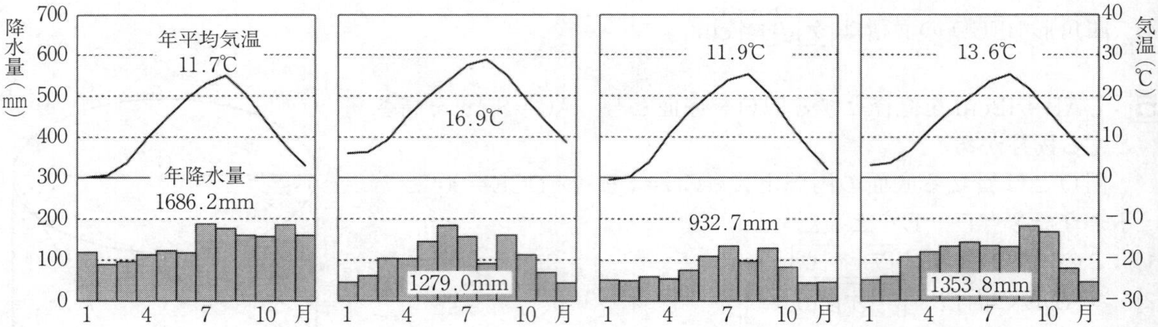

（「理科年表 2020」より作成）

ア　Ⅰ：あ　Ⅱ：い　Ⅲ：う　Ⅳ：え　　イ　Ⅰ：あ　Ⅱ：え　Ⅲ：う　Ⅳ：い

ウ　Ⅰ：う　Ⅱ：い　Ⅲ：あ　Ⅳ：え　　エ　Ⅰ：う　Ⅱ：あ　Ⅲ：え　Ⅳ：い

オ　Ⅰ：あ　Ⅱ：う　Ⅲ：え　Ⅳ：い　　カ　Ⅰ：え　Ⅱ：う　Ⅲ：い　Ⅳ：あ

(4)　次の文章は，図中のXの県について述べたものである。文章中の［Ⅰ］，［Ⅱ］にあてはまる語の組み合わせとして最も適当なものを，あとのア～エのうちから一つ選びなさい。

Xの県は農業がさかんで，西洋なしや［ Ⅰ ］の生産量は全都道府県の中で最も多い。また，伝統的に生産されている［ Ⅱ ］は全国的な知名度をほこり，全国から観光客が訪れる。

ア　Ⅰ：びわ　　Ⅱ：天童将棋駒　　イ　Ⅰ：びわ　　Ⅱ：南部鉄器

ウ　Ⅰ：おうとう　Ⅱ：天童将棋駒　　エ　Ⅰ：おうとう　Ⅱ：南部鉄器

(5)　次の地形図は，前のページの図中の新潟県のある地域を示したものである。これを見て，あとの①，②の問いに答えなさい。

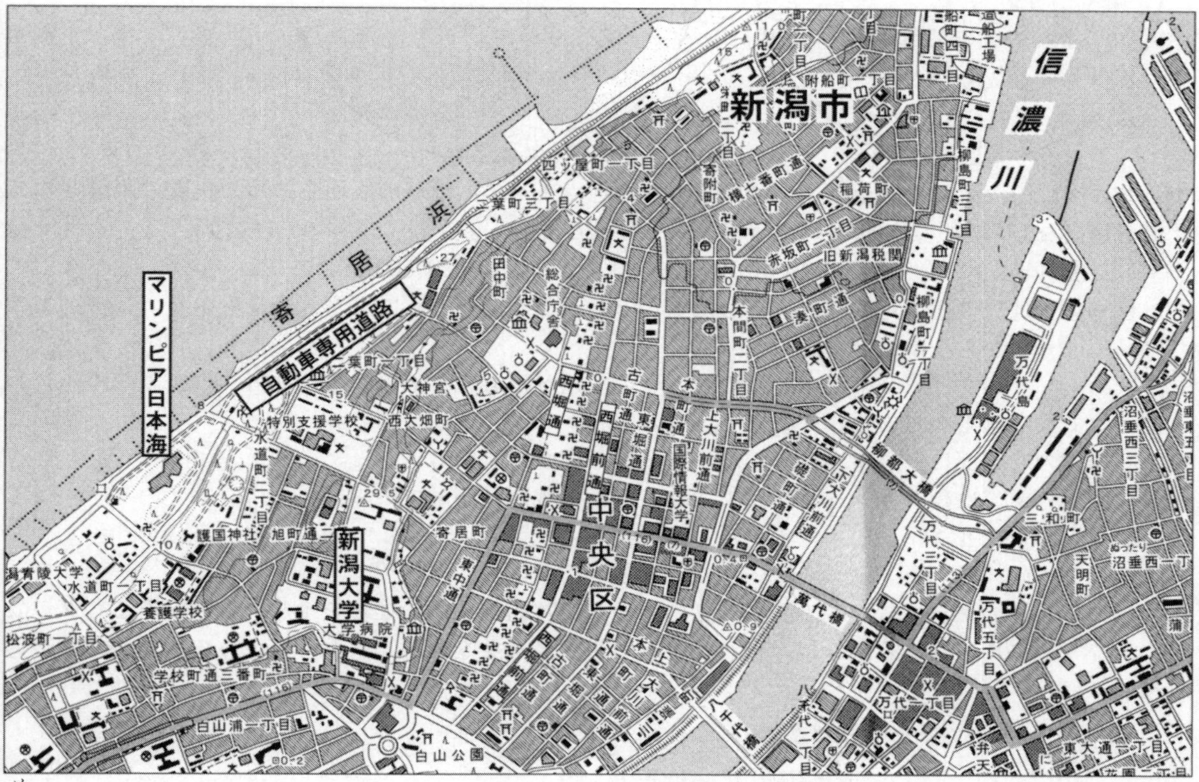

めもり 0　　5 cm

（国土地理院　平成21年発行 1：25,000「新潟北部」より作成）

①　上の地形図上で，たて 3 cm，横 5 cm の土地の実際の面積として最も適当なものを，次のア～エのうちから一つ選びなさい。

ア　9,375,000m²　　イ　937,500m²　　ウ　3,750,000m²　　エ　375,000m²

②　この地形図について述べた文として最も適当なものを，次のア～エのうちから一つ選びなさい。

ア　信濃川にかかる橋の中で，最も北に位置しているのは萬代橋である。

イ　地形図中に，標高20mをこえる地点は見られない。

ウ　新潟市役所は，新潟大学とマリンピア日本海の間に位置している。

エ　沿岸の自動車専用道路沿いには，針葉樹林となっているところが見られる。

2　北半球と南半球を示した次のXとYの図を見て，あとの(1)～(7)の問いに答えなさい。

X

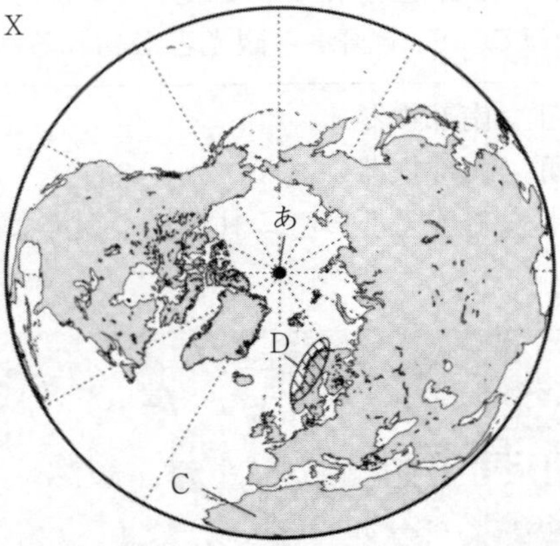

Y

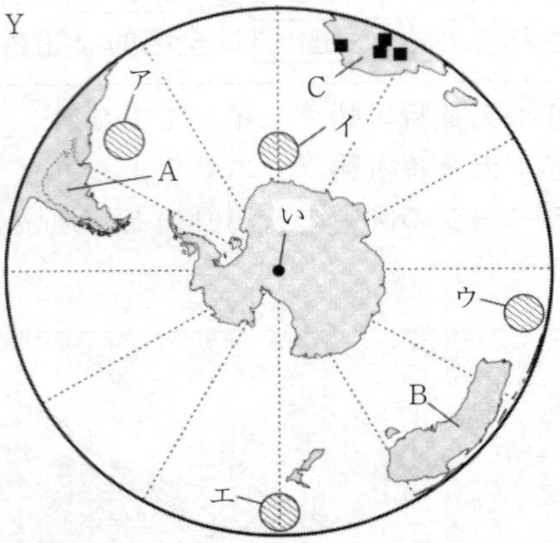

(1)　Xの図中の あ の地点からYの図中の い の地点までの，地球の表面を通った実際の距離として最も適当なものを，次のア～エのうちから一つ選びなさい。

ア　5,000km　　イ　10,000km　　ウ　15,000km　　エ　20,000km

(2)　日本を，地球の正反対の位置に移した場合のおよその位置として最も適当なものを，Yの図中のア～エのうちから一つ選びなさい。

(3)　次のⅠ，Ⅱの文は，Yの図中のAの国について述べたものである。Ⅰ，Ⅱの文の正誤の組み合わせとして最も適当なものを，あとのア～エのうちから一つ選びなさい。

Ⅰ　国内の北東部に，パンパとよばれる大草原が広がっている。

Ⅱ　国内の南部には，サンベルトとよばれる工業地域が広がっている。

ア　Ⅰ：正　Ⅱ：正　　イ　Ⅰ：正　Ⅱ：誤

ウ　Ⅰ：誤　Ⅱ：正　　エ　Ⅰ：誤　Ⅱ：誤

(4)　次のⅠ～Ⅲのグラフは，Yの図中のBの国の主な貿易相手国の推移を示したものである。グラフ中のa～cにあてはまる国の組み合わせとして最も適当なものを，あとのア～カのうちから一つ選びなさい。

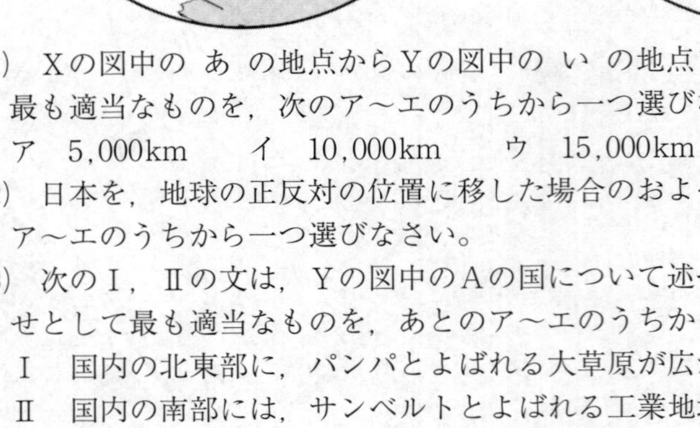

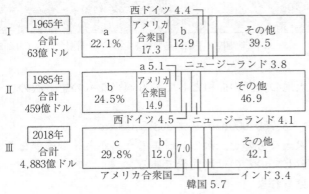

（「UN Comtrade」より作成）

ア　a：イギリス　b：日本　　　c：中国

イ　a：イギリス　b：中国　　　c：日本

ウ　a：中国　　　b：イギリス　c：日本

エ　a：中国　　　b：日本　　　c：イギリス

オ　a：日本　　　b：イギリス　c：中国

カ　a：日本　　　b：中国　　c：イギリス

(5)　Yの図中の■は，Cの大陸における，ある鉱産資源の主な生産地を示したものである。■にあてはまる鉱産資源として最も適当なものを，次のア～エのうちから一つ選びなさい。

ア　石油　　イ　ダイヤモンド　　ウ　銀　　エ　ボーキサイト

(6)　Xの図中のDの地域の自然に関連することがらについて述べた文として最も適当なものを，次のア～エのうちから一つ選びなさい。

ア　秋にハリケーンがたびたび発生し，風雨や洪水による被害をもたらすことがある。

イ　域内全体が標高4,000mをこえる高地で，１日の昼と夜の平均気温差が20度をこえる。

ウ　域内全体に砂漠が広がり，水を得やすいオアシスとよばれる場所が点在している。

エ　夏になると，太陽が沈んでも暗くならない白夜とよばれる現象が見られることがある。

(7)　ゆうじさんは，カナダ，ブラジル，トルコ，スペインのGDP(国内総生産)，亜鉛鉱の生産量，一次エネルギーの生産量について調べ，資料１～資料３のようにまとめた。下のⅠ～Ⅳの文のうち，これらの資料から読み取れることがらについて正しく述べた文はいくつあるか。最も適当なものを，あとのア～エのうちから一つ選びなさい。

資料１　４か国のGDP(国内総生産)の推移(単位：百万ドル)

国名	1990年	2000年	2010年	2016年	2017年
カナダ	596,076	744,766	1,617,266	1,530,273	1,650,187
ブラジル	406,897	652,360	2,208,838	1,795,085	2,053,602
トルコ	207,421	272,971	771,877	863,712	852,669
スペイン	536,528	596,877	1,420,722	1,232,076	1,312,552

資料２　亜鉛鉱の生産量の推移(単位：千トン)

国名	1990年	2000年	2010年	2016年	2017年
カナダ	1,200	1,002	649	322	344
ブラジル	158	100	211	195	200
トルコ	39	39	196	202	220
スペイン	258	201	17	64	67

資料３　一次エネルギーの生産量の推移(単位：万トン)

国名	1990年	2000年	2010年	2016年	2017年
カナダ	27,646	37,490	39,839	47,974	50,965
ブラジル	10,424	14,781	24,697	28,388	29,270
トルコ	2,483	2,640	3,163	3,610	3,688
スペイン	3,461	3,156	3,443	3,415	3,363

(注)　一次エネルギーの生産量は石油換算

(資料１～３は「世界国勢図会 2020/21」より作成)

Ⅰ　トルコとスペインのどちらも，2000年から2010年にかけてGDPが３倍以上に増加している。

Ⅱ　1990年から2017年の間，カナダのGDPは増加し続け，亜鉛鉱の生産量は減少し続けている。

Ⅲ　いずれの年も，ブラジルの一次エネルギーの生産量は，トルコとスペインの一次エネルギーの生産量の合計を上回っている。

Ⅳ　2017年の４か国の一次エネルギーの生産量の合計は，80億トンをこえている。

ア　一つ　　イ　二つ　　ウ　三つ　　エ　四つ

3 次のA～Fのカードは，社会科の授業で，次郎さんが，「交易の歴史」というテーマで学習を進め，年代の古い順にまとめたものの一部である。これらを読み，あとの(1)～(6)の問いに答えなさい。

A　a中国の漢の時代には，シルクロード(絹の道)とよばれる交易路を通じ，西方からブドウや仏教が伝えられ，中国からは絹織物などが西方へと運ばれた。

B　大和政権(ヤマト王権)との交流がさかんになると，朝鮮半島から渡来人とよばれる人々が一族でまとまって日本に移り住み，[b]。

C　10世紀初め，中国の[c]，朝鮮半島の[d]がおとろえ，滅亡していく中，自国への関心の高まりから国風文化が生まれた。

D　e足利義満は，倭寇と区別するために正式な貿易船に勘合を持たせ，中国の明に朝貢する形式で貿易を始め，利益を幕府の財源にあてた。

E　15世紀末，fイベリア半島に位置するポルトガルやスペインは海を越えて領土拡大に乗り出し，日本はこれらの国々と南蛮貿易を行った。

F　g江戸幕府は，徳川家康のときに対馬藩の仲立ちにより朝鮮との国交を回復し，朝鮮通信使が将軍の代替わりごとに江戸を訪れるようになった。

(1)　Aの文中の下線部aに関連して，次のⅠ～Ⅲは，古代の中国で起こったできごとについて述べたものである。Ⅰ～Ⅲの文を年代の**古いものから順に**並べたものを，あとのア～カのうちから一つ選びなさい。

Ⅰ　孔子が，道徳的な心情である「仁」の重要性を説き，儒教を創始した。

Ⅱ　秦の始皇帝が，北方の遊牧民の国内への侵入を防ぐために万里の長城を築いた。

Ⅲ　魏，呉，蜀の三つの国が成立し，互いに争っていた。

ア　Ⅰ→Ⅱ→Ⅲ　　イ　Ⅰ→Ⅲ→Ⅱ　　ウ　Ⅱ→Ⅰ→Ⅲ

エ　Ⅱ→Ⅲ→Ⅰ　　オ　Ⅲ→Ⅰ→Ⅱ　　カ　Ⅲ→Ⅱ→Ⅰ

(2)　Bの文中の[b]にあてはまる文として最も適当なものを，次のア～エのうちから一つ選びなさい。

ア　稲作とともに，銅鐸や銅剣，銅矛などの青銅器を日本に伝えた

イ　須恵器とよばれる土器，機織りの技術や漢字などを日本に伝えた

ウ　仏教の正しい戒律を日本に伝え，唐招提寺の建立に尽力した

エ　西アジアからシルクロードを通じて伝えられた品が持ち込まれ，後に正倉院に納められた

(3)　Cの文中の[c]，[d]にあてはまる国名の組み合わせとして最も適当なものを，次のア～エのうちから一つ選びなさい。

ア　c：宋　d：高句麗　　イ　c：宋　d：新羅

ウ　c：唐　d：高句麗　　エ　c：唐　d：新羅

(4)　Dの文中の下線部eに関連して，次のⅠ，Ⅱの文は，室町時代の都市や農村の自治のしくみについて述べたものである。Ⅰ，Ⅱの文の正誤の組み合わせとして最も適当なものを，あとのア～エのうちから一つ選びなさい。

Ⅰ　京都や堺などの都市では，町衆とよばれる有力な商工業者が自治のしくみをつくった。

Ⅱ　農村では有力な農民が土倉とよばれる自治のしくみをつくり，寄合を開いた。

ア　Ⅰ：正　Ⅱ：正　　イ　Ⅰ：正　Ⅱ：誤

ウ　Ⅰ：誤　Ⅱ：正　　エ　Ⅰ：誤　Ⅱ：誤

(5)　Ｅの文中の下線部ｆに関連して，スペインが派遣したマゼランが率いた船隊は世界一周を果たした。マゼランとその部下が果たした世界一周の航路上にない領域を，次の図中のア～エのうちから一つ選びなさい。

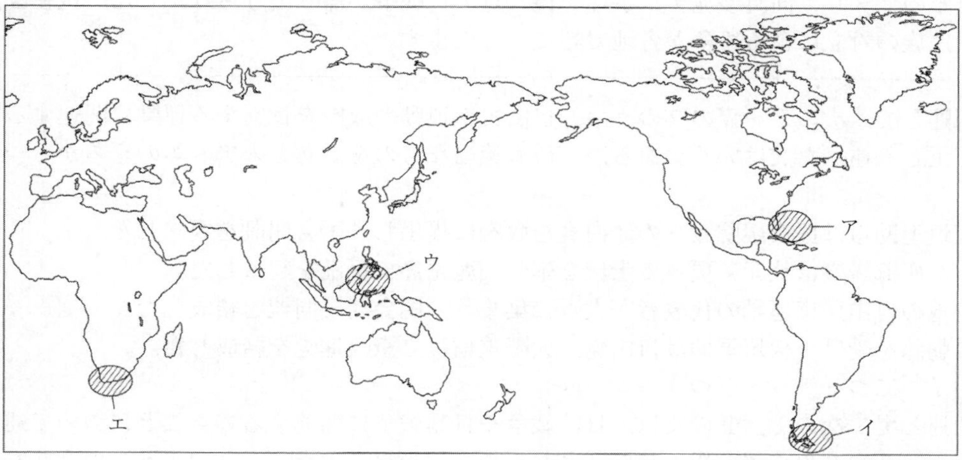

(6)　Ｆの文中の下線部ｇに関連して，次のⅠ，Ⅱの文は，江戸時代の文化について述べたものである。Ⅰ，Ⅱの文の正誤の組み合わせとして最も適当なものを，あとのア～エのうちから一つ選びなさい。

Ⅰ　曲亭(滝沢)馬琴は，旅の道中をこっけいに描いた「東海道中膝栗毛」を残した。

Ⅱ　尾形光琳は，伝統的な大和絵の技法で町人の暮らしを描き，浮世絵の祖と言われている。

ア　Ⅰ：正　Ⅱ：正　　イ　Ⅰ：正　Ⅱ：誤

ウ　Ⅰ：誤　Ⅱ：正　　エ　Ⅰ：誤　Ⅱ：誤

4　社会科の授業で，花子さんは「近・現代の戦争や争乱」について調べた。調べた結果についての，花子さんと先生の会話文を読んで，あとの(1)～(7)の問いに答えなさい。

先　　生：国内では，ａ自由民権運動の進展をきっかけに，政府を批判する運動は武力から言論へと変わっていきましたね。

花子さん：はい。しかし19世紀末から，中国を含むアジア各国や，欧米諸国とのかかわりの中で，他地域，他国との武力による大規模な争いが起こるようになりました。

先　　生：ｂ日清戦争や日露戦争などが挙げられますね。当時は，これらの戦争に反対した著名人も多くいました。

花子さん：1914年に始まったｃ第一次世界大戦は，欧米各国をはじめ世界中を巻き込み，かつてないほど大規模な総力戦となりました。

先　　生：その後，日本ではどのようなことをきっかけに，軍部が力を伸ばしていきましたか。

花子さん：犬養毅首相が暗殺された五・一五事件が軍部台頭の大きな転換点だったと思います。

先　　生：そうですね。そして，1939年にはｄ第二次世界大戦が，1941年には太平洋戦争が始まります。

花子さん：1945年のポツダム宣言受諾によりこれらの戦争は終わり，ｅ日本はアメリカの占領下に置かれ，さまざまな民主化政策が実施されました。

先　　生：第二次世界大戦後は，アメリカとソ連を中心とする冷戦構造が浮かび上がりましたね。

花子さん：はい。朝鮮戦争やキューバ危機，ベトナム戦争など，世界各国でアメリカとソ連を後ろ盾とする争いが起こりましたが，1989年の［ f ］と［ g ］，1991年のソ連の解体により，冷戦状態は事実上無くなりました。

先　　生：h21世紀にはどのような戦争や争いが起こりましたか。

花子さん：2001年のアメリカ同時多発テロ事件を機に対テロ戦争が繰り広げられました。現在は，宗教や民族の対立による紛争が各地で起こっています。

(1)　下線部aに関連して，次のⅠ～Ⅳの文のうち，自由民権運動や政府を批判する運動に関連するできごとについて正しく述べた文はいくつあるか。最も適当なものを，あとのア～エのうちから一つ選びなさい。

Ⅰ　1874年，板垣退助らは民撰議院設立の建白書を政府に提出し，国会開設を要求した。

Ⅱ　政府を去った西郷隆盛は地元に戻って士族を率い，鹿児島で反乱を起こした。

Ⅲ　1880年，各地の自由民権運動の代表者が大阪に集まり，国会期成同盟を結成した。

Ⅳ　国会開設の勅諭を受け，板垣退助は自由党，大隈重信は立憲改進党を結成した。

ア　一つ　　イ　二つ　　ウ　三つ　　エ　四つ

(2)　下線部bに関連して，次のⅠ，Ⅱの文は，日清戦争や日露戦争に関連するできごとについて述べたものである。Ⅰ，Ⅱの文の正誤の組み合わせとして最も適当なものを，あとのア～エのうちから一つ選びなさい。

Ⅰ　江華島に接近した日本の軍艦を朝鮮が砲撃したできごとをきっかけに日清戦争が始まった。

Ⅱ　日露戦争に対して，歌人であった与謝野晶子は戦地におもむいた弟を思う歌を発表した。

ア　Ⅰ：正　Ⅱ：正　　イ　Ⅰ：正　Ⅱ：誤　　ウ　Ⅰ：誤　Ⅱ：正　　エ　Ⅰ：誤　Ⅱ：誤

(3)　下線部cに関連して，第一次世界大戦について述べた文として最も適当なものを，次のア～エのうちから一つ選びなさい。

ア　ドイツはロシア，フランスと三国協商を結び，地中海沿岸地域への進出をもくろんだ。

イ　1914年，セルビアの皇太子夫妻がオーストリアの一青年に暗殺される事件が起こった。

ウ　第一次世界大戦中，ロシアではレーニン率いる社会主義政権が成立した。

エ　1921年，ワシントン会議で講和条約が締結され，第一次世界大戦は終わった。

(4)　下線部cと下線部dに関連して，次のⅠ～Ⅲは，第一次世界大戦が終わってから第二次世界大戦が始まるまでの期間に起こったできごとについて述べたものである。Ⅰ～Ⅲの文を年代の**古いものから順に**並べたものを，あとのア～カのうちから一つ選びなさい。

Ⅰ　ソ連と不可侵条約を結んだドイツが，ポーランドに侵攻した。

Ⅱ　中国では国民政府と共産党が協力して内戦を停止し，抗日民族統一戦線を結成した。

Ⅲ　イタリアで，ムッソリーニ率いるファシスト党が政権をにぎった。

ア　Ⅰ→Ⅱ→Ⅲ　　イ　Ⅰ→Ⅲ→Ⅱ　　ウ　Ⅱ→Ⅰ→Ⅲ

エ　Ⅱ→Ⅲ→Ⅰ　　オ　Ⅲ→Ⅰ→Ⅱ　　カ　Ⅲ→Ⅱ→Ⅰ

(5)　下線部dと下線部eに関連して，右の資料は，第二次世界大戦前後での自作農と自小作農，小作農の農家の割合の変化を示したものである。資料に関連することがらについて述べた次のⅠ，Ⅱの文の正誤の組み合わせとして最も適当なものを，あとのア～エのうちから一つ選びなさい。

資料　自作農と自小作農，小作農の農家の割合の変化

	自作農	自小作農	小作農
あ	30.4%	42.7	26.9
い	57.1%	35.1	7.8

（「日本農業基礎統計」より作成）

Ⅰ　資料中の あ と い のうち，連合国軍(最高司令官)総司令部が農地改革を実施した後の自作農と自小作農，小作農の農家の割合を示しているのは あ である。

Ⅱ　農地改革のほか，連合国軍(最高司令官)総司令部は財閥の解体，治安維持法の廃止などの民主化政策を実施した。

ア　Ⅰ：正　Ⅱ：正　イ　Ⅰ：正　Ⅱ：誤
ウ　Ⅰ：誤　Ⅱ：正　エ　Ⅰ：誤　Ⅱ：誤

(6)　文中の f ， g にあてはまる語の組み合わせとして最も適当なものを，次のア～エのうちから一つ選びなさい。

ア　f：マルタ会談　g：ベルリンの壁崩壊　イ　f：マルタ会談　g：湾岸戦争
ウ　f：EU結成　g：ベルリンの壁崩壊　エ　f：EU結成　g：湾岸戦争

(7)　下線部hに関連して，21世紀に日本国内で起こったできごとについて述べた文として最も適当なものを，次のア～エのうちから一つ選びなさい。

ア　日中共同声明に調印し，中国との国交を正常化した。
イ　自民党，共産党をのぞく党派が連立政権をつくり，55年体制が終わった。
ウ　イラク復興支援特別措置法が可決され，自衛隊がイラク戦争後のイラクに派遣された。
エ　バブル経済が崩壊し，企業の経営が悪化して失業者が増加した。

5　次の文章を読み，あとの(1)～(5)の問いに答えなさい。

日本国憲法は，三権分立という制度を統治の原則としている。権力を a司法権，b立法権，c行政権に分ける三権分立の考え方は，18世紀半ばにフランスの思想家であったモンテスキューが著書「法の精神」の中で打ち出した。d三権がお互いに監視しあうことで権力の集中を防ぎ，e国民が不利益を被らないようなしくみとなっている。

(1)　下線部aに関連して，次の資料は，三審制のしくみを示したものである。資料中のA～Dにあてはまる語の組み合わせとして最も適当なものを，あとのア～エのうちから一つ選びなさい。

資料　三審制のしくみ

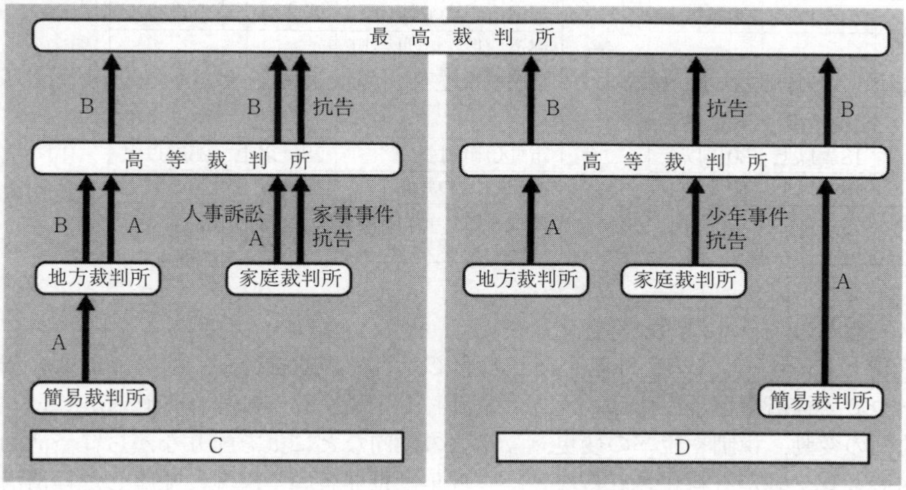

ア　A：控訴　B：上告　C：民事裁判　D：刑事裁判
イ　A：上告　B：控訴　C：民事裁判　D：刑事裁判
ウ　A：控訴　B：上告　C：刑事裁判　D：民事裁判
エ　A：上告　B：控訴　C：刑事裁判　D：民事裁判

(2) 下線部ｂに関連して，次のⅠ，Ⅱの文は，国会議員を選出するための選挙制度について述べたものである。Ⅰ，Ⅱの文の正誤の組み合わせとして最も適当なものを，あとのア～エのうちから一つ選びなさい。

Ⅰ　衆議院議員の選挙は，一つの選挙区から２～３人を選出する小選挙区制と，政党に投票し，各党の投票率に応じて議席を配分する比例代表制を組み合わせた，小選挙区比例代表並立制を採用している。

Ⅱ　参議院議員の選挙は，原則として都道府県を単位とした選挙区制と，全国を一つの単位とした比例代表制を組み合わせて行われる。

ア　Ⅰ：正　Ⅱ：正　　イ　Ⅰ：正　Ⅱ：誤　　ウ　Ⅰ：誤　Ⅱ：正　　エ　Ⅰ：誤　Ⅱ：誤

(3) 下線部ｃに関連して，内閣は，天皇の国事行為に助言と承認を与える。天皇の国事行為について述べた文として最も適当なものを，次のア～エのうちから一つ選びなさい。

ア　最高裁判所長官を指名する。　　イ　内閣総理大臣を指名する。

ウ　憲法改正や法律，政令，条例を公布する。　　エ　国会を召集する。

(4) 下線部ｄに関連して，次のⅠ～Ⅳの文のうち，三権分立に関連するできごとについて正しく述べた文はいくつあるか。最も適当なものを，あとのア～エのうちから一つ選びなさい。

Ⅰ　裁判所は内閣に対し，行政の命令や処分の違憲審査を行う。

Ⅱ　内閣は国会に対し，衆議院，参議院を解散する権限を有している。

Ⅲ　国会の衆議院，参議院の両院は，内閣総理大臣の不信任決議を行うことができる。

Ⅳ　最高裁判所の裁判官は着任後５年ごとに，国民審査で適任かどうかを審査される。

ア　一つ　　イ　二つ　　ウ　三つ　　エ　四つ

(5) 下線部ｅに関連して，私たちは，住民として地方の政治に参加している。2020年現在の地方政治における選挙権と被選挙権年齢を示したものとして最も適当なものを，次のア～エのうちから一つ選びなさい。

ア

	選挙権	被選挙権
市(区)町村長	20歳以上	30歳以上
都道府県の知事	20歳以上	30歳以上
都道府県・市(区)町村議会の議員	20歳以上	25歳以上

イ

	選挙権	被選挙権
市(区)町村長	20歳以上	25歳以上
都道府県の知事	20歳以上	30歳以上
都道府県・市(区)町村議会の議員	20歳以上	25歳以上

ウ

	選挙権	被選挙権
市(区)町村長	18歳以上	30歳以上
都道府県の知事	18歳以上	30歳以上
都道府県・市(区)町村議会の議員	18歳以上	25歳以上

エ

	選挙権	被選挙権
市(区)町村長	18歳以上	25歳以上
都道府県の知事	18歳以上	30歳以上
都道府県・市(区)町村議会の議員	18歳以上	25歳以上

6　次の文章を読み，あとの(1)～(5)の問いに答えなさい。

a私たちは「ものを買う」「サービスを受ける」などの形で，消費活動を行う。消費活動は経済における重要な要素の一つで，経済を担う主体は，大きく家計，b企業，政府に分けられる。

各主体がc景気や株価の変動，税制や税率の変更，d為替の動向などに気を配りながら経済活動を行っている。日本国内でもレジ袋が有料化されるなど，e近年は世界各国で環境に配慮した経済活動を推進する動きが見られる。

(1) 下線部ａに関連して，次の資料１は，小売業の売り上げの推移を示したもので，資料１中のＡ～Ｃにはコンビニエンスストア，大型スーパー，百貨店のいずれかがあてはまる。資料１中のＡ～Ｃにあてはまる業態の組み合わせとして最も適当なものを，あとのア～エのうちから一つ選びなさい。

資料1　小売業の売り上げの推移

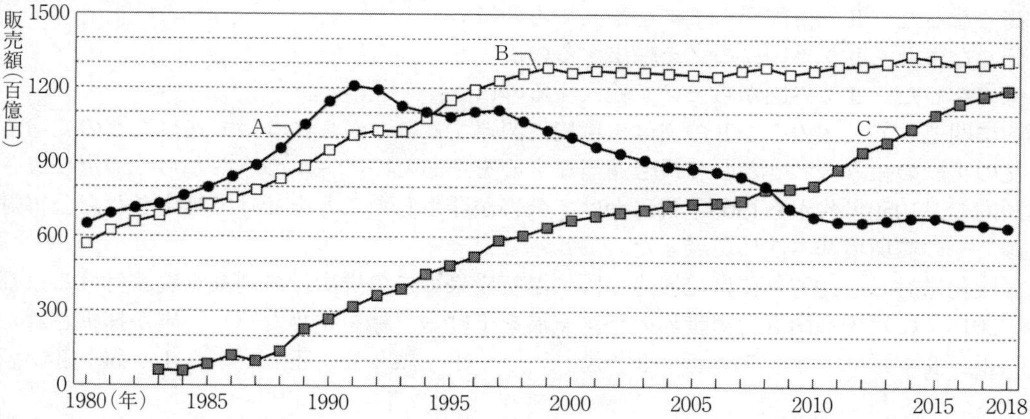

（経済産業省「商業動態統計」などより作成）

ア　A：コンビニエンスストア　B：大型スーパー　C：百貨店
イ　A：百貨店　B：コンビニエンスストア　C：大型スーパー
ウ　A：大型スーパー　B：百貨店　C：コンビニエンスストア
エ　A：百貨店　B：大型スーパー　C：コンビニエンスストア

(2)　下線部bに関連して，次のⅠ，Ⅱは，企業について述べたものである。Ⅰ，Ⅱの文の正誤の組み合わせとして最も適当なものを，あとのア～エのうちから一つ選びなさい。

Ⅰ　利潤を目的とする企業を私企業，利潤ではなく公共の目的のために活動し，国や地方公共団体の資金で運営される企業を公企業という。

Ⅱ　労働者が企業と対等の立場で交渉するため，労働者には労働組合を結成する権利が認められ，労働時間や休日などの労働条件の基準を定めた労働基準法などが制定されている。

ア　Ⅰ：正　Ⅱ：正　　イ　Ⅰ：正　Ⅱ：誤
ウ　Ⅰ：誤　Ⅱ：正　　エ　Ⅰ：誤　Ⅱ：誤

(3)　下線部cに関連して，次のⅠ～Ⅳのうち，景気や物価の変動，税制などに関連することがらについて正しく述べた文はいくつあるか。最も適当なものを，あとのア～エのうちから一つ選びなさい。

Ⅰ　物価が下落し続けるデフレーションが発生した際に，日本銀行は市中銀行から国債を買い上げるなどして市中の資金量を増やし，貸し出しを活発に行わせようとする。

Ⅱ　一般に，好景気で消費が増え，商品の需要量が供給量を上回ると，価格が高くても購入される状態が続くため，物価が上がり続けるインフレーションが発生する。

Ⅲ　所得が高い人ほど，所得や財産に対する税金の割合が高くなる累進課税は，所得税や相続税，法人税や消費税などで導入されている。

Ⅳ　納税者が生産者や販売者，負担者が消費者という形で，納税者と負担者が異なる税を間接税といい，たばこ税や関税，入湯税などがこれにあたる。

ア　一つ　　イ　二つ　　ウ　三つ　　エ　四つ

(4)　下線部dに関連して，右の資料2は，為替のしくみを示したものである。資料2について述べた次の文章中の［　Ⅰ　］，［　Ⅱ　］にあてはまる語の組み合わせとして最も適当なものを，あとのア～エのうちから一つ選びなさい。

資料2　為替のしくみ

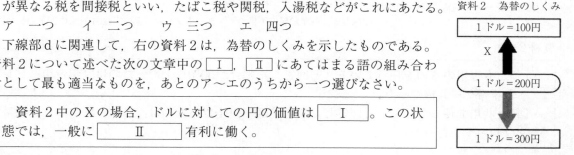

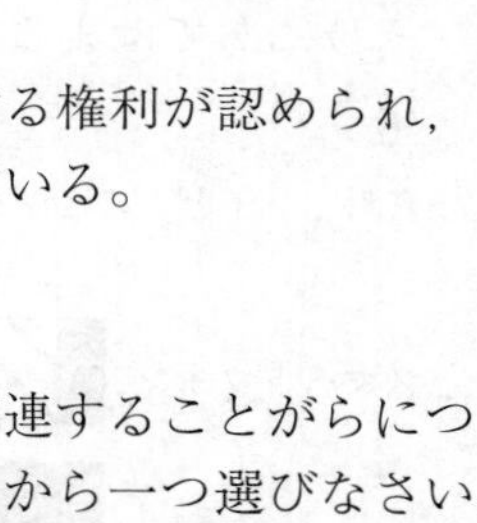

> 資料2中のXの場合，ドルに対しての円の価値は［　Ⅰ　］。この状態では，一般に［　Ⅱ　］有利に働く。

ア　Ⅰ：高くなった　Ⅱ：外国にモノを輸出するのに
イ　Ⅰ：高くなった　Ⅱ：外国からモノを輸入するのに
ウ　Ⅰ：低くなった　Ⅱ：外国にモノを輸出するのに
エ　Ⅰ：低くなった　Ⅱ：外国からモノを輸入するのに

(5)　下線部eに関連して，次のⅠ，Ⅱの文は，環境に関連することがらについて述べたものである。Ⅰ，Ⅱの文の正誤の組み合わせとして最も適当なものを，あとのア～エのうちから一つ選びなさい。

Ⅰ　日本国内で，1950年代から1960年代にかけて公害が発生したことを受けて制定された公害対策基本法は，その後環境基本法に発展した。

Ⅱ　地球温暖化に対し，1997年には発展途上国に温室効果ガスの排出量の削減を義務付ける京都議定書が，2015年には先進国も含め世界の平均気温を下げる目標を定めたパリ協定が採択された。

ア　Ⅰ：正　Ⅱ：正　　イ　Ⅰ：正　Ⅱ：誤　　ウ　Ⅰ：誤　Ⅱ：正　　エ　Ⅰ：誤　Ⅱ：誤

7　次の文章を読み，あとの(1)～(4)の問いに答えなさい。

近年は$_a$インターネット環境が発達し，幼少期から情報通信機器に触れる機会も多くなった。その一方で，$_b$子どもがインターネットにかかわるトラブルに巻き込まれることも多くなった。情報通信機器を使いこなす能力も重要だが，通信機器から得た情報を正しく取捨選択する能力も必要となる。また，情報通信機器を使う際には，$_c$社会集団で生きる一員としてきまりやマナーを順守し，他者の$_d$権利を侵すことが無いよう気を付ける心構えが大切となる。

(1)　下線部aに関連して，次の資料1は，子どものインターネット接続機器に関する調査の一部を示したものである。資料2は，資料1から読み取ったことがらをまとめたものである。資料1中のA～Dにあてはまる機器名の組み合わせとして最も適当なものを，あとのア～カのうちから一つ選びなさい。

資料1　子どものインターネット接続機器の専用・共用

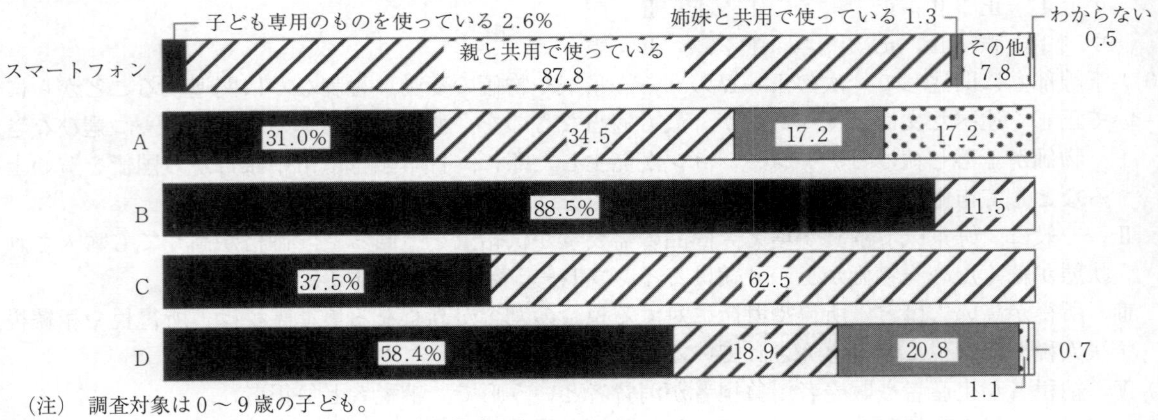

(注)　調査対象は0～9歳の子ども。
(注)　四捨五入の関係で合計が100にならない場合がある。
(内閣府「低年齢層の子供のインターネット利用環境実態調査 平成29年」より作成)

資料2

・「子ども専用のものを使っている」と回答した割合が50％以上だったのは，学習用タブレットと携帯ゲーム機だった。
・「親と共用で使っている」と回答した割合が50％以上だったのは，スマートフォンと携帯音楽プレーヤーだった。

・「親と共用で使っている」,「親と共用ではないが，兄弟・姉妹と共用で使っている」の合計が30%以上だったのは，スマートフォン，携帯音楽プレーヤー，携帯電話，携帯ゲーム機であった。

ア　A：携帯音楽プレーヤー　B：携帯電話
　　C：携帯ゲーム機　　　　D：学習用タブレット
イ　A：携帯音楽プレーヤー　B：学習用タブレット
　　C：携帯電話　　　　　　D：携帯ゲーム機
ウ　A：携帯電話　　　　　　B：学習用タブレット
　　C：携帯音楽プレーヤー　D：携帯ゲーム機
エ　A：携帯電話　　　　　　B：携帯ゲーム機
　　C：携帯音楽プレーヤー　D：学習用タブレット
オ　A：学習用タブレット　　B：携帯音楽プレーヤー
　　C：携帯ゲーム機　　　　D：携帯電話
カ　A：携帯ゲーム機　　　　B：携帯電話
　　C：学習用タブレット　　D：携帯音楽プレーヤー

⑵　下線部bに関連して，次のⅠ，Ⅱの文は，児童の人権保障や子どもの教育に関連することがらについて述べたものである。Ⅰ，Ⅱの文の正誤の組み合わせとして最も適当なものを，あとのア～エのうちから一つ選びなさい。

Ⅰ　国際連合は1989年に子ども(児童)の権利条約を採択したが，2020年現在，日本はまだこの条約を批准していない。

Ⅱ　日本国憲法では，国民の義務として，子どもに普通教育を受けさせる義務のほか，勤労と納税の義務を定めている。

ア　Ⅰ：正　Ⅱ：正　　イ　Ⅰ：正　Ⅱ：誤　　ウ　Ⅰ：誤　Ⅱ：正　　エ　Ⅰ：誤　Ⅱ：誤

⑶　下線部cに関連して，右の資料3は，2015年における家族類型別世帯数の割合を示したものである。資料3を参考に，世帯全体に占める核家族の割合として最も適当なものを，次のア～エのうちから一つ選びなさい。

ア　20.1%　　イ　47.0%
ウ　65.4%　　エ　55.9%

資料3　家族類型別世帯数の割合

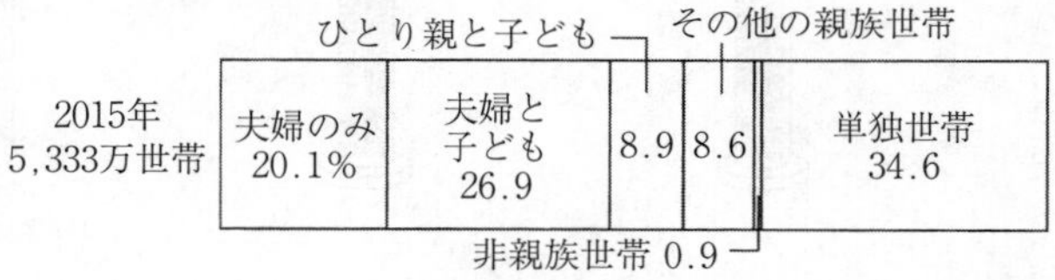

(「国勢調査報告 平成27年」ほかより作成)

⑷　下線部dに関連して，自由権に関連する日本国憲法の条文の一部を示したものとして最も適当なものを，次のア～エのうちから一つ選びなさい。

ア　何人も，いかなる奴隷的拘束も受けない。又，犯罪に因る処罰の場合を除いては，その意に反する苦役に服させられない。

イ　何人も，公務員の不法行為により，損害を受けたときは，法律の定めるところにより，国又は公共団体に，その賠償を求めることができる。

ウ　すべて国民は，個人として尊重される。生命，自由及び幸福追求に対する国民の権利については，公共の福祉に反しない限り，立法その他の国政の上で，最大の尊重を必要とする。

エ　すべて国民は，法の下に平等であつて，人種，信条，性別，社会的身分又は門地により，政治的，経済的又は社会的関係において，差別されない。

【理　科】（50分）〈満点：100点〉

1　Sさんは，植物が水を吸い上げるしくみについて調べるため，次の実験1，2を行いました。これに関して，あとの(1)～(5)の問いに答えなさい。

実験1

アジサイを用意し，図1のように，赤インクで着色した水につけた。1時間後，図2のように茎の一部を縦に切り，その切断面を観察したところ，断面の一部が赤く染まっていた。

図1

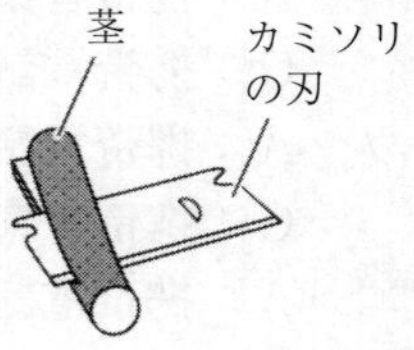

図2

実験2

① 葉の大きさや枚数，茎の太さがほぼ同じアジサイを4本用意した。

② 30.0mLの水が入ったメスシリンダーに，それぞれ図3のような異なる処理をしたアジサイの枝を1本ずつさし，A～Dとした。また，アジサイをささずに水だけが入った状態のメスシリンダーを用意し，Eとした。このA～Eのメスシリンダーに油を注いで，水面をおおった。

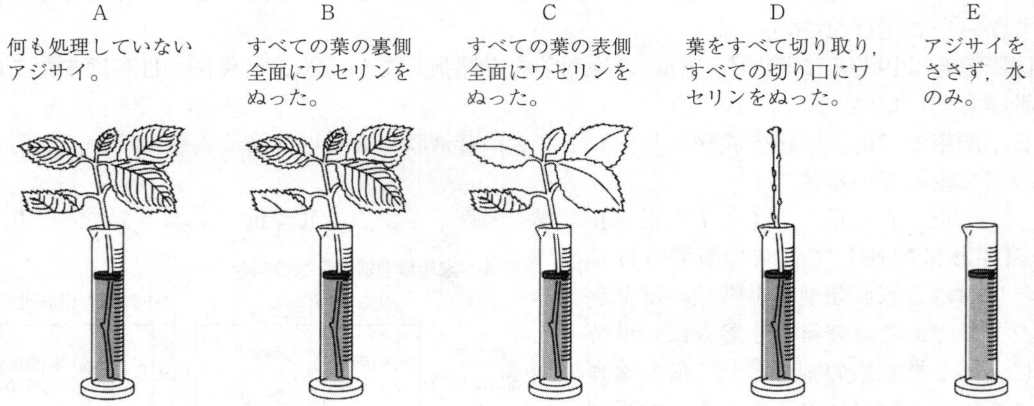

図3

③ A～Eを，光のよく当たる明るい場所に置いて，数時間後にそれぞれのメスシリンダーの水の量を測定した。表は，その結果をまとめたものである。

表

	A	B	C	D	E
③で測定した水の量〔mL〕	23.6	27.9	25.0	X	30.0

(1) アジサイについて述べた文として最も適当なものを，次のア～エのうちから一つ選びなさい。

ア　アジサイは双子葉類で，根のつくりは主根と側根からなる。

イ　アジサイは双子葉類で，根のつくりはひげ根になっている。

ウ　アジサイは単子葉類で，根のつくりは主根と側根からなる。

エ　アジサイは単子葉類で，根のつくりはひげ根になっている。

(2) 実験1で，観察したアジサイの茎の断面を表した模式図として最も適当なものを，次のア～エのうちから一つ選びなさい。

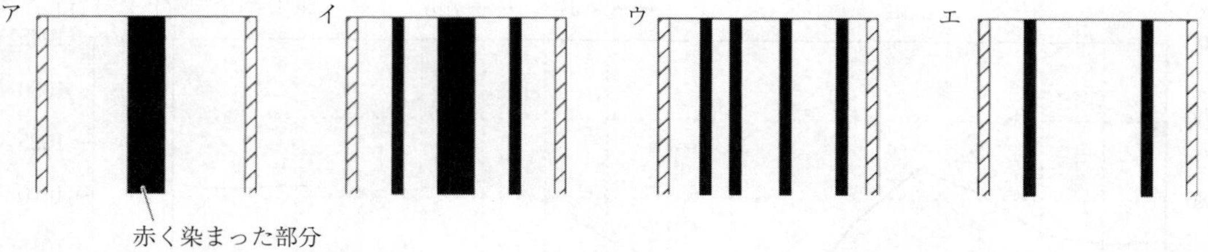

(3)　次の文章は，気孔での物質の出入りについて述べたものです。［1］～［3］にあてはまることばの組み合わせとして最も適当なものを，あとのア～エのうちから一つ選びなさい。

> 植物が根から水を吸い上げると，その水は茎の［1］を通って移動し，気体となって葉の気孔から空気中に出ていく。この気孔は，植物が光合成や呼吸を行うときの気体の出入りにも使われる。植物が呼吸を行うときには，気孔から［2］を取り入れ，［3］を出す。

ア　1：師管　2：酸素　3：二酸化炭素
イ　1：師管　2：二酸化炭素　3：酸素
ウ　1：道管　2：酸素　3：二酸化炭素
エ　1：道管　2：二酸化炭素　3：酸素

(4)　実験2の表のXに入る値は何mLですか。［あ］～［う］にあてはまる数字を一つずつ選びなさい。
［あ］［い］.［う］mL

(5)　次の文章は，実験2について述べたものです。［1］～［3］にあてはまることばの組み合わせとして最も適当なものを，あとのア～エのうちから一つ選びなさい。

> 実験2の結果から，アジサイの葉の表側と裏側では，葉の［1］の方が［2］より盛んに蒸散が行われていることがわかる。このとき，葉の［1］からの蒸散量は［2］からの蒸散量の［3］である。

ア　1：表側　2：裏側　3：約2倍
イ　1：表側　2：裏側　3：約3倍
ウ　1：裏側　2：表側　3：約2倍
エ　1：裏側　2：表側　3：約3倍

2　Sさんは，気象について調べ，資料1，2をまとめました。これに関して，あとの(1)～(5)の問いに答えなさい。

> 資料1
> 図1は，ある年の4月14日から15日にかけて，千葉県のある地点で行われた気象観測の結果である。グラフは気温，湿度，気圧の変化を表しており，各時刻における風向，風力，天気についても記した。

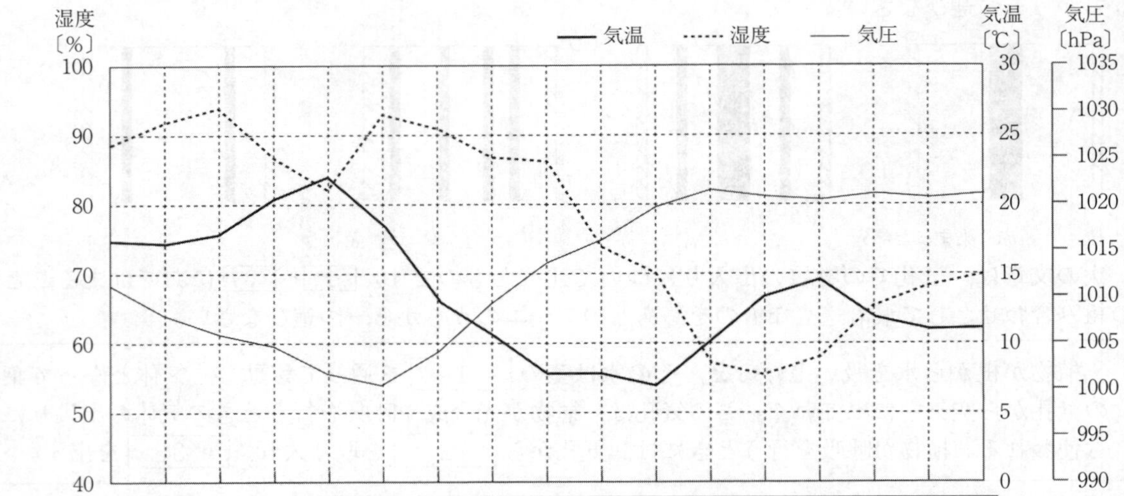

時刻〔時〕	24	3	6	9	12	15	18	21	24	3	6	9	12	15	18	21	24
月日	4月14日									4月15日							
風向	南南西	南	南	南	南	北北西	北東	北東	北東	北東	北北東	北東	東北東	南東	東南東	東	北東
風力	3	3	3	4	5	3	4	4	4	3	3	3	3	4	3	2	2
天気	雨	くもり	雨	くもり	くもり	くもり	雨	雨	雨	くもり	くもり	晴れ	晴れ	晴れ	くもり	くもり	くもり

図1

資料2

図2のAとBは，資料1の気象観測を行ったときのある時刻における日本列島付近の天気図である。

気象観測中に，図2に見られる前線XとYが観測地点を通過していた。

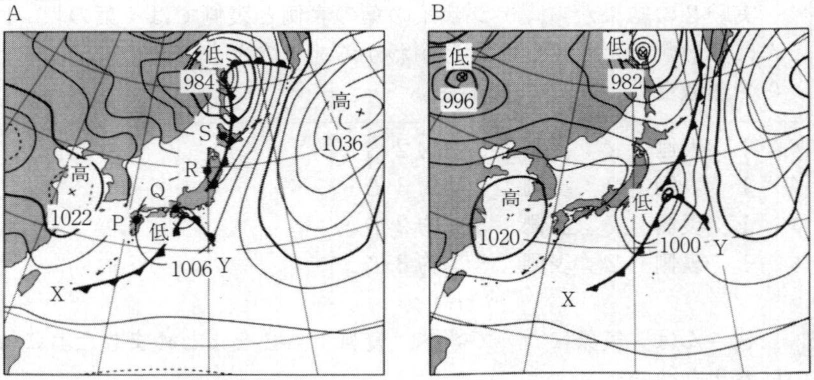

図2

(1) 図1の4月15日9時の天気を表したものとして最も適当なものを，次のア～エのうちから一つ選びなさい。

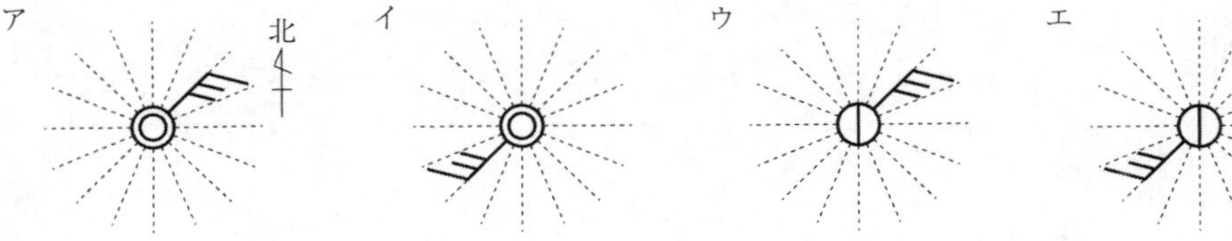

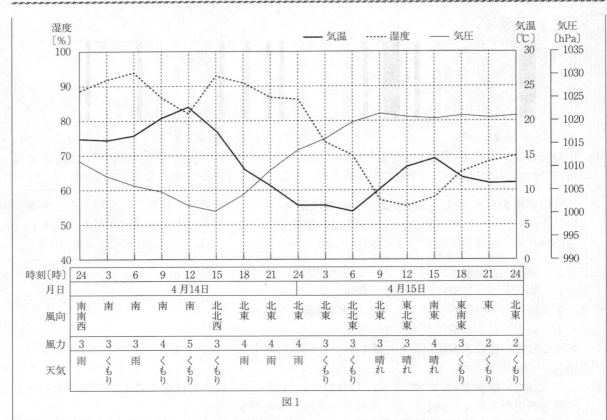

(2) 表は，各温度での飽和水蒸気量をまとめたものです。
図1において，4月15日の6時の気温は7℃，湿度は70%でした。このときの空気中に含まれている水蒸気量は何g/m^3ですか。[あ]，[い]にあてはまる数字を一つずつ選びなさい。ただし，答えは小数第2位を四捨五入して答えなさい。
[あ].[い] g/m^3

表

気温〔℃〕	飽和水蒸気量〔g/m^3〕	気温〔℃〕	飽和水蒸気量〔g/m^3〕
6	7.3	11	10.0
7	7.8	12	10.7
8	8.3	13	11.4
9	8.8	14	12.1
10	9.4	15	12.8

(3) 次の文は，図2について述べたものです。[1]，[2]にあてはまることばを，あとのア～エのうちからそれぞれ一つずつ選びなさい。

> 図2のAの地点P～Sのうち，最も気圧が高いのは[1]で，最も気圧が低いのは[2]である。

ア　地点P　　イ　地点Q　　ウ　地点R　　エ　地点S

(4) 図2の前線Y付近の寒気と暖気の動きを，南から見たときの地表面に対する垂直な断面で表したものとして最も適当なものを，次のア～エのうちから一つ選びなさい。

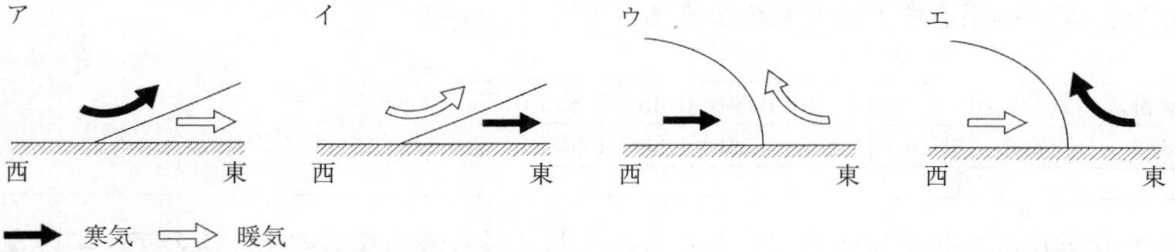

(5) 図2の前線Xが観測地点を通過した時刻として最も適当なものを，次のア～カのうちから一つ選びなさい。

ア　4月14日の6～9時　　イ　4月14日の12～15時　　ウ　4月14日の21～24時
エ　4月15日の6～9時　　オ　4月15日の12～15時　　カ　4月15日の21～24時

3　Sさんは，物質の酸化や還元について調べるため，次の実験1，2を行いました。これに関して，あとの(1)～(5)の問いに答えなさい。

実験1

① 図1のように，細かくけずったマグネシウム0.60gをステンレス皿に入れ，金あみをかぶせてガスバーナーで一定時間加熱した。

② ステンレス皿をよく冷ましたあと，加熱後の金あみを含めた皿全体の質量から，金あみとステンレス皿の質量を引いて，加熱後の物質の質量を測定した。

③ 測定後，ステンレス皿の中の物質をよくかき混ぜてから，ふたたび金あみをかぶせてガスバーナーで加熱し，冷ましてから物質の質量を測定する操作を繰り返した。

表1は，②，③の結果をまとめたものである。

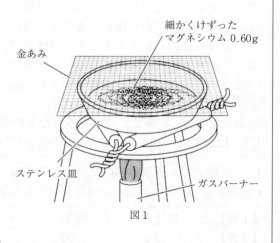

図1

表1

加熱した回数	1回目	2回目	3回目	4回目	5回目
加熱後の物質の質量〔g〕	0.78	0.90	0.97	1.00	1.00

実験2

① 酸化銅6.00 gと炭素粉末0.15 gの混合物を試験管Aに入れ，図2のようにガスバーナーで加熱した。このとき，ガラス管の先から出てきた気体を，試験管Bの液に通すと，液は白くにごった。

② 気体の発生が止まってから，ガラス管を試験管Bから抜き，ガスバーナーの火を消してピンチコックでゴム管を止め，冷ましてから試験管Aに残った物質の質量を測定した。

③ 炭素粉末の質量を変えながら，それぞれ酸化銅6.00 gと混ぜ合わせ，同様の操作を行った。

表2は，②，③の結果をまとめたものである。

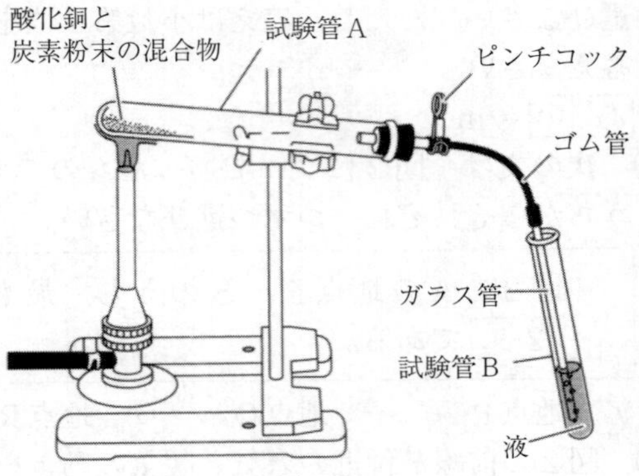

図2

表2

炭素粉末の質量〔g〕	0.15	0.30	0.45	0.60	0.75
試験管Aに残った物質の質量〔g〕	X	5.20	4.80	4.95	5.10

(1) 実験1で起きた化学反応を化学反応式で表したものとして最も適当なものを，次のア～エのうちから一つ選びなさい。

ア $Mg + O_2 \rightarrow MgO$　　イ $Mg + O_2 \rightarrow MgO_2$

ウ $2Mg + O_2 \rightarrow 2MgO$　　エ $2Mg + O_2 \rightarrow 2MgO_2$

(2) 実験1の結果から，マグネシウムと酸素が結びつく質量の割合を，最も簡単な整数の比で表すとどうなりますか。[あ]，[い]にあてはまる数字を一つずつ選びなさい。

マグネシウム：酸素＝[あ]：[い]

(3) 実験2の①で，ガラス管の先から出てくる気体と試験管Bの液について述べた文として最も適当なものを，次のア～エのうちから一つ選びなさい。

ア ガラス管の先から出てくるのは二酸化炭素で，試験管Bの液は石灰水である。

イ ガラス管の先から出てくるのは二酸化炭素で，試験管Bの液はフェノールフタレイン液である。

ウ ガラス管の先から出てくるのは酸素で，試験管Bの液は石灰水である。

エ ガラス管の先から出てくるのは酸素で，試験管Bの液はフェノールフタレイン液である。

(4) 表2のXにあてはまる値は何ですか。[あ]～[う]にあてはまる数字を一つずつ選びなさい。

X＝[あ].[い][う]

(5) 次の文章は，実験2について述べたものです。[1]にあてはまるものを1群のア～ウのうちから，[2]にあてはまるものを2群のア～エのうちから，最も適当なものをそれぞれ一つずつ選びなさい。

> 実験2で，炭素粉末の質量を0.75 gにして実験したとき，試験管Aには銅のほかに[1]が残っている。また，このとき発生した気体の質量は，[2]である。

【1群】 ア 酸化銅　　イ 炭素　　ウ 炭素，酸化銅

【2群】 ア 0.15 g　　イ 0.90 g　　ウ 1.65 g　　エ 4.35 g

4　Sさんは，電流のはたらきについて調べるため，次の実験１，２を行いました。これに関して，あとの(1)～(5)の問いに答えなさい。ただし，発生した熱量は，すべて水の温度上昇に使われたものとします。

実験１

① 抵抗が3.0Ωの電熱線Xを使って，図１のような装置をつくり，水100ｇが入った発泡ポリスチレンのコップに入れた。

② 図１の装置に電流計，電圧計，電源装置をつなぎ，電熱線Xの両端に6.0Ｖの電圧を加えて電流を流し，水をガラス棒でゆっくりかき混ぜながら，１分ごとに５分間，水温を測定した。

③ 図１の電熱線Xを，抵抗が4.0Ωの電熱線Yにかえて，②と同様に，両端に6.0Ｖの電圧を加えて電流を流し，水をガラス棒でゆっくりかき混ぜながら，１分ごとに５分間，水温を測定した。

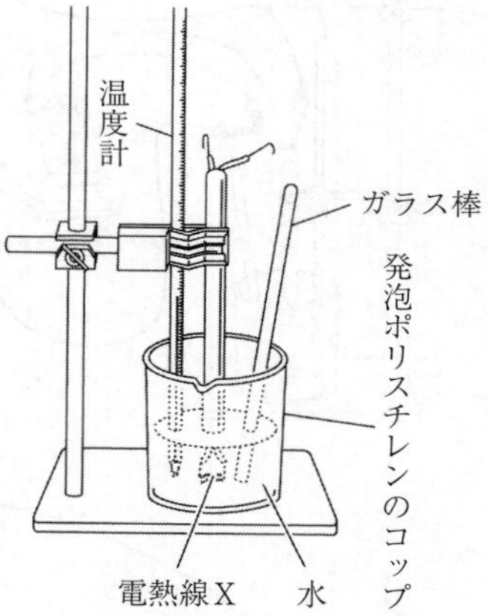

図１

表は，②，③の結果をまとめたものである。

表

時間〔分〕	0	1	2	3	4	5
②の水温の変化〔℃〕	25.0	26.6	28.2	29.8	31.4	33.0
③の水温の変化〔℃〕	25.0	26.2	27.4	28.6	29.8	31.0

実験２

① 実験１の電熱線XとYを，図２のようにつなぎ，水100ｇが入った発泡ポリスチレンのコップに電熱線XとYを入れ，点PQ間に6.0Ｖの電圧を加えて電流を流した。その５分後，水温を測定したところ，［　１　］になった。

② ①の電熱線XとYを図３のようにつなぎ，水100ｇが入った発泡ポリスチレンのコップに電熱線XとYを入れ，点RS間に6.0Ｖの電圧を加えて電流を流した。その５分後，水温を測定したところ，［　２　］になった。

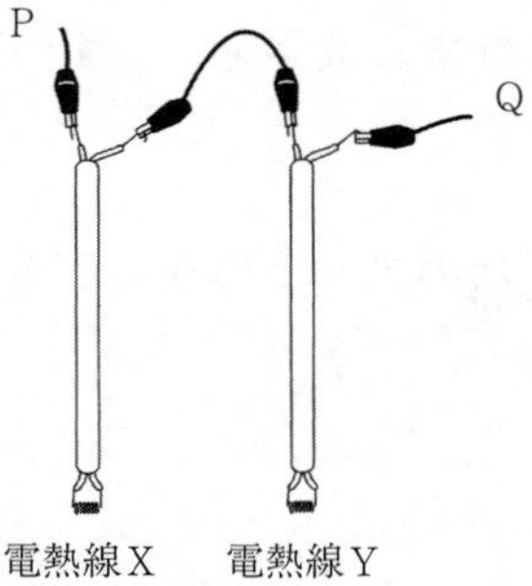

図２

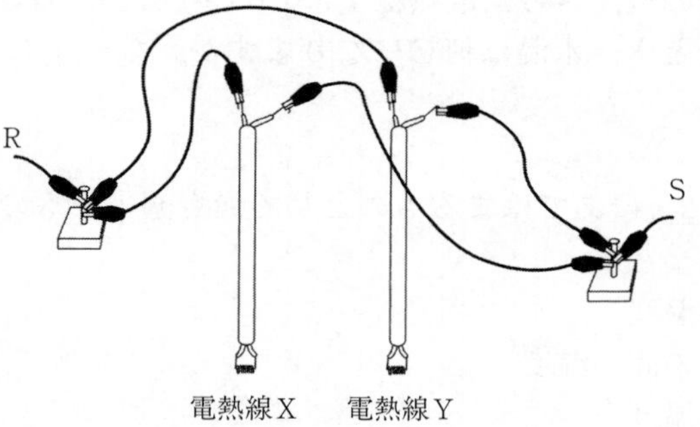

図３

(1) 図1の装置に電流計，電圧計，電源装置をつないだようすとして最も適当なものを，次のア～エのうちから一つ選びなさい。

ア

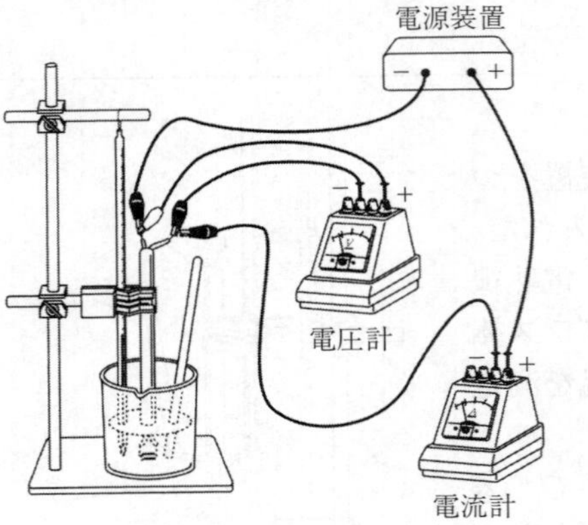

イ

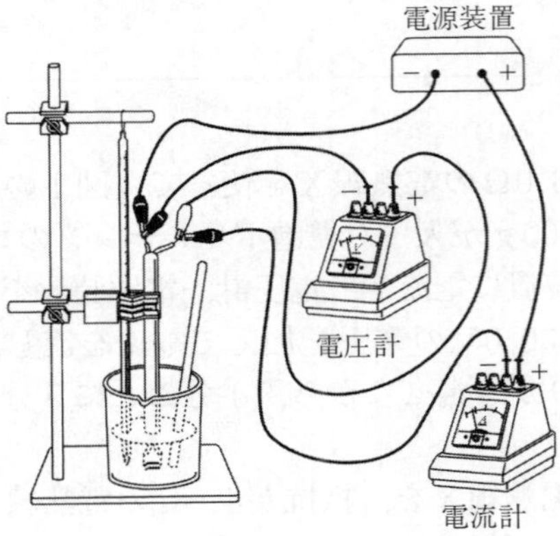

ウ

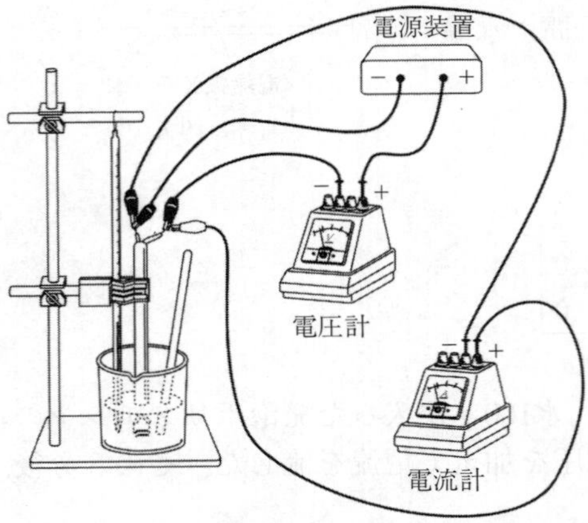

エ

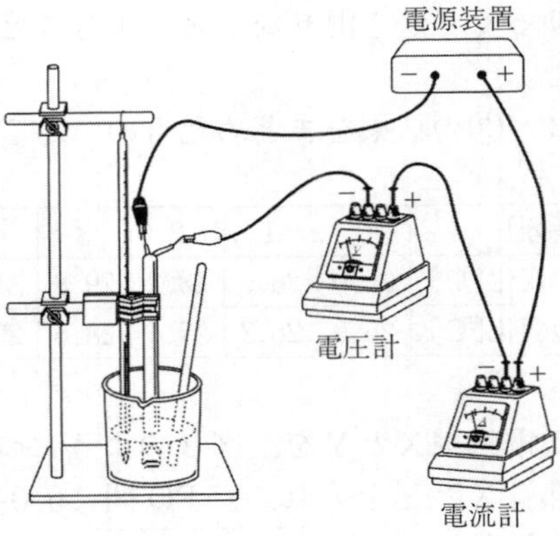

(2) 実験1の②で，電熱線Xに6.0Vの電圧を加えたとき，Xの消費電力は何Wですか。[あ]～[う]にあてはまる数字を一つずつ選びなさい。

[あ][い].[う]W

(3) 実験1の③の測定の後，さらに電熱線Yに6.0Vの電圧を加え続け，電流を流し続けた時間が合計で10分間になったとき，水温は何℃になりますか。[あ]～[う]にあてはまる数字を一つずつ選びなさい。

[あ][い].[う]℃

(4) 実験2の[1]，[2]にあてはまるものとして最も適当なものを，次のア～ウのうちから一つずつ選びなさい。

ア　31.0℃より低い温度
イ　31.0℃～33.0℃の間の温度
ウ　33.0℃より高い温度

(5) 実験2の②で，5分間電流を流し続けたとき，電熱線X，Yから発生した熱量の合計は何Jですか。[あ]～[え]にあてはまる数字を一つずつ選びなさい。

[あ][い][う][え]J

5　エンドウの遺伝について調べるため，次の実験を行いました。これに関して，あとの(1)～(5)の問いに答えなさい。

実験

① 図1のように，丸い種子をつくる純系の個体(親)と，しわのある種子をつくる純系の個体(親)をかけ合わせると，すべて丸い種子(子)ができた。

② 図2のように，緑色の種子をつくる純系の個体(親)と，黄色の種子をつくる純系の個体(親)をかけ合わせると，すべて黄色の種子(子)ができた。

③ 図3のように，草たけの高い純系の個体(親)と，草たけの低い純系の個体(親)をかけ合わせ，できた種子を育てると，すべて草たけの高い個体(子)となった。

④ 図4のように，①でできた丸い種子(子)から育てた個体を自家受粉させると，丸い種子(孫)としわのある種子(孫)が3：1の数の比でできた。

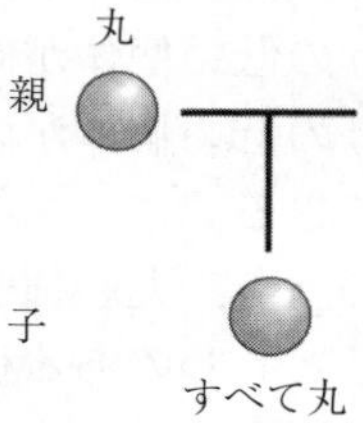

図1

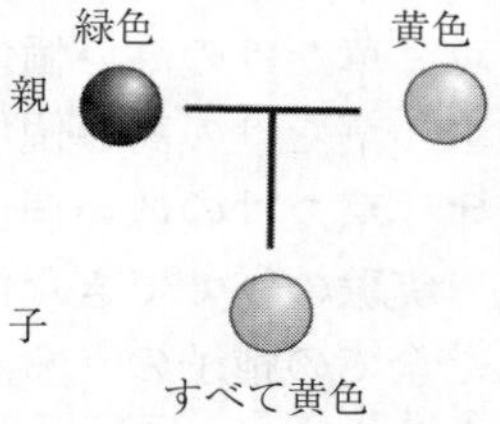

図2

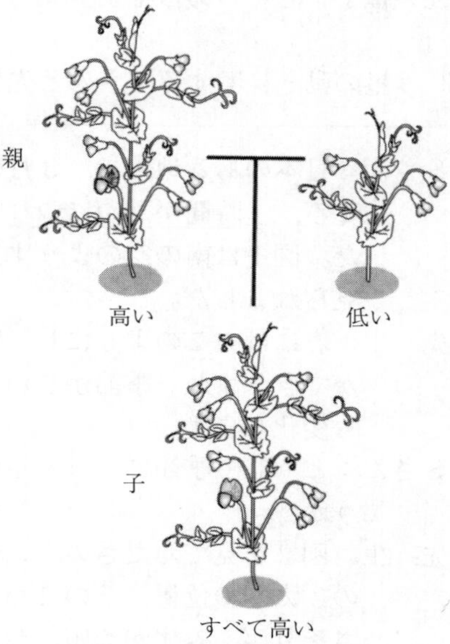

図3

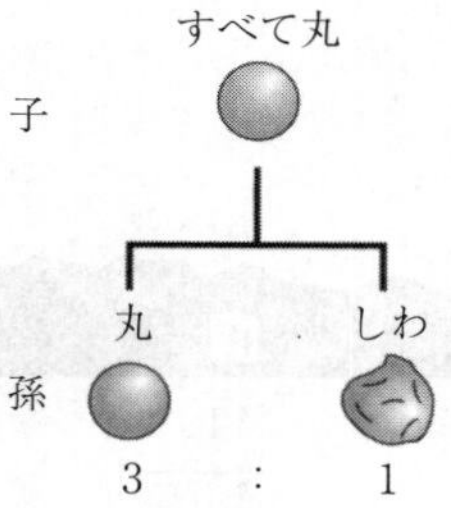

図4

(1) 次の文章は，遺伝子について述べたものです。[1]～[3]にあてはまることばの組み合わせとして最も適当なものを，あとのア～エのうちから一つ選びなさい。

> 多くの生物の核の中にはひも状の[1]があり，[2]は[1]上にある。[2]の本体は[3]という物質である。

ア 1：遺伝子 2：染色体 3：DNA イ 1：遺伝子 2：DNA 3：染色体
ウ 1：染色体 2：遺伝子 3：DNA エ 1：染色体 2：DNA 3：遺伝子

(2) 実験の①で，丸い種子をつくる純系の個体(親)のもつ遺伝子をAA，しわのある種子をつくる純系の個体(親)のもつ遺伝子をaaと表すと，これらをかけ合わせてできた丸い種子(子)のもつ遺伝子を表したものとして最も適当なものを，次のア～オのうちから一つ選びなさい。

ア AA イ Aa ウ aa エ A オ a

(3) 実験の②でできた黄色の種子(子)を育ててできた個体を自家受粉させたところ，黄色の種子(孫)と緑色の種子(孫)ができ，緑色の種子(孫)の個数は約2000個でした。このとき，黄色の種子(孫)の個数として最も適当なものを，次のア～エのうちから一つ選びなさい。

ア 約600個 イ 約1000個 ウ 約2000個 エ 約6000個

(4) 実験の③でできた草たけの高い個体(子)と，草たけの低い純系の個体(親)をかけ合わせ，できた種子を育てた結果として最も適当なものを，次のア～オのうちから一つ選びなさい。

ア 草たけの高い個体だけができる。

イ　草たけの高い個体と草たけの低い個体が両方でき，高い個体の数：低い個体の数＝1：1となる。
ウ　草たけの高い個体と草たけの低い個体が両方でき，高い個体の数：低い個体の数＝2：1となる。
エ　草たけの高い個体と草たけの低い個体が両方でき，高い個体の数：低い個体の数＝1：2となる。
オ　草たけの低い個体だけができる。

(5)　実験の④でできた個体(孫)のうち，丸い種子のものだけを育て，同じ個体を自家受粉させてできた全ての種子のうち，丸い種子としわのある種子の数の割合を，最も簡単な整数の比で表すとどうなりますか。[あ]，[い]にあてはまる数字を一つずつ選びなさい。
丸い種子：しわのある種子＝[あ]：[い]

6　星の動きに関するSさんと先生との会話文を読んで，あとの(1)～(5)の問いに答えなさい。

Sさん：日本のある地点で，3月のある日の夜に空を観察したところ，a 時間がたつにつれて星の位置が変化していきました。図1は南の空のようすで，この日は真夜中にしし座が見られました。

先　生：春には，このようにしし座を真夜中に南の空に見ることができますね。季節が変わると，このような星座の見え方も変化します。

Sさん：どうして季節によって星座の見え方が変化するのでしょうか。

先　生：図2を見てください。これは地球の北極側から見たときの，太陽の位置，そのまわりを動く地球の軌道，しし座，さそり座，みずがめ座，おうし座の位置を模式的に表したものです。b 北半球にある日本で，しし座が真夜中の南の空に見えるとき，地球がどの位置にあるかわかりますか。

Sさん：なるほど，わかりました。ということは，この観察を行った6か月後の真夜中には，東の空には[　1　]が見えて，西の空には[　2　]が見えるのですね。

先　生：よく理解できたようですね。それでは，北の空のようすについて考えてみましょう。

Sさん：図1とは別の日に，北の空を2時間おきに観察したところ，北極星を中心として反時計回りに，星の位置が時刻によって変化していきました。図3は，そのときのカシオペヤ座の位置の変化を時刻ごとに示したものです。

先　生：カシオペヤ座の位置は2時間に30°ずつ変化していたということですね。

Sさん：はい。図3では時刻によって北の空の星の位置が変わっていくことがわかりましたが，南の空の星と同じように，季節によっても星の見え方は変化していくのでしょうか。

先　生：そのとおりです。たとえば，c 図3の観察を行

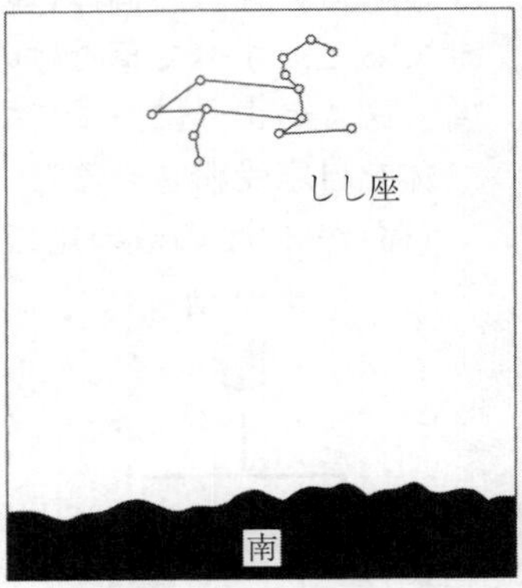

図1

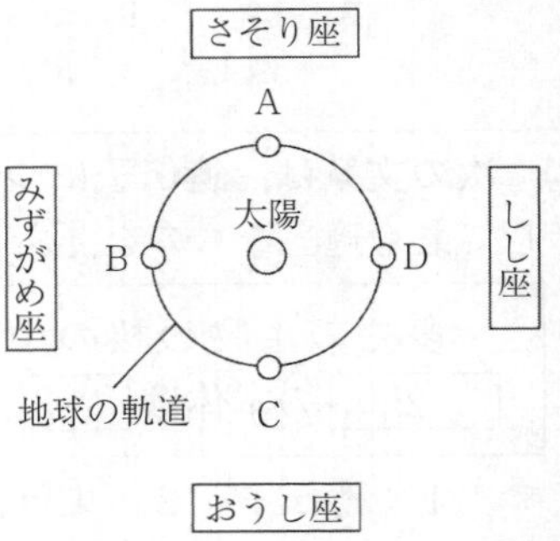

図2

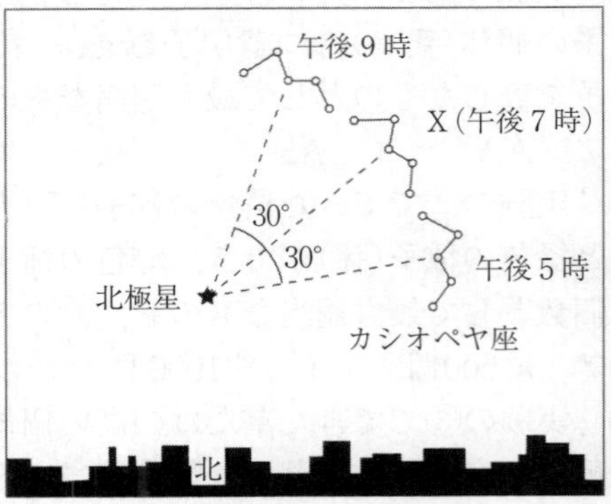

図3

ってから9か月後にふたたび北の空を観察した場合，図3のXの位置にカシオペヤ座が見えるのは，午後7時とは異なる時刻になります。

(1)　次の文章は，会話文中の下線部aについて述べたものです。[1]，[2]にあてはまるものの組み合わせとして最も適当なものを，あとのア～エのうちから一つ選びなさい。

> 夜の間，時間がたつにつれて星の位置が変化していくように見えるのは，[　1　]である。このような星の見かけの動きを，星の[　2　]という。

ア　1：地球が自転しているから　2：年周運動
イ　1：地球が自転しているから　2：日周運動
ウ　1：地球が公転しているから　2：年周運動
エ　1：地球が公転しているから　2：日周運動

(2)　次の文章は，星の位置の変化と方角について述べたものです。[1]にあてはまるものを1群のア～ウのうちから，[2]にあてはまるものを2群のア，イのうちから，最も適当なものをそれぞれ一つずつ選びなさい。

> 星の位置が変化していくようすは，それぞれの方角の空によって異なって見える。図4は，[　1　]の空の星の動きを示したもので，このとき星の動く向きは[　2　]である。

【1群】ア　東　　イ　西　　ウ　南
【2群】ア　Y　　イ　Z

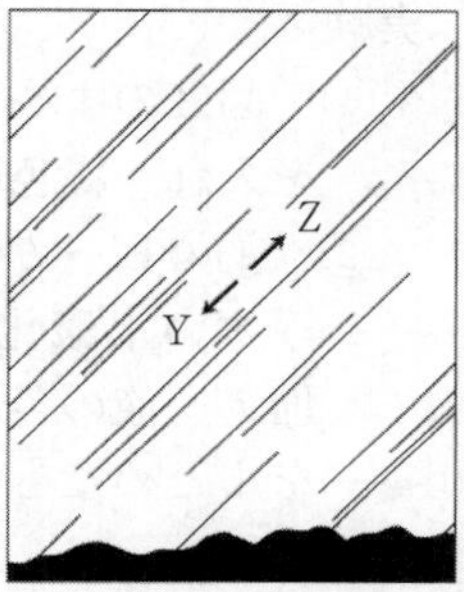

図4

(3)　会話文中の下線部bについて，北半球にある日本で，しし座が真夜中の南の空に見えるとき，図2での地球の位置として最も適当なものを，次のア～エのうちから一つ選びなさい。

ア　Aの位置　　イ　Bの位置　　ウ　Cの位置　　エ　Dの位置

(4)　会話文中の[1]，[2]にあてはまるものとして最も適当なものを，次のア～エのうちから一つずつ選びなさい。

ア　さそり座　　イ　しし座　　ウ　みずがめ座　　エ　おうし座

(5)　会話文中の下線部cについて，図3の観察を行ってから9か月後にふたたび北の空を観察した場合，図3のXの位置にカシオペヤ座が見える時刻として最も適当なものを，次のア～カのうちから一つ選びなさい。

ア　午後5時　　イ　午後9時　　ウ　午後11時
エ　午前1時　　オ　午前3時　　カ　午前5時

7

Sさんは，水溶液の性質について調べるため，次の実験1，2を行いました。これに関して，あとの(1)～(5)の問いに答えなさい。

> 実験1
> ①　図1のように，ガラス板の上に食塩水をしみこませたろ紙をのせ，両端をクリップX，Yで止めた。このろ紙の上に赤色リトマス紙A，Bと青色リトマス紙C，Dを置き，うすい水酸化ナトリウム水溶液をしみこませた糸を中央に置いた。
> ②　クリップX，Yをそれぞれ電源装置の＋極と－極のいずれかにつなぎ，電圧を加えたところ，赤色リトマス紙Aだけ色が変化した。

③　図1のうすい水酸化ナトリウム水溶液のかわりにうすい塩酸を使い，それ以外の条件は図1と同じにして，クリップX，Yに電圧を加えた。

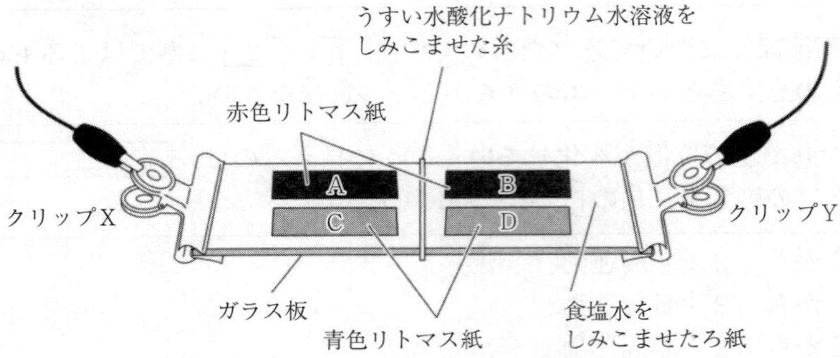

図1

実験2

①　図2のように，ビーカーにうすい塩酸10cm^{3}を入れ，緑色のBTB液を数滴加えた。

②　①のビーカーに，こまごめピペットを使ってうすい水酸化ナトリウム水溶液を3.0cm^{3}ずつ加え，液の色の変化を調べた。表は，その結果をまとめたものである。

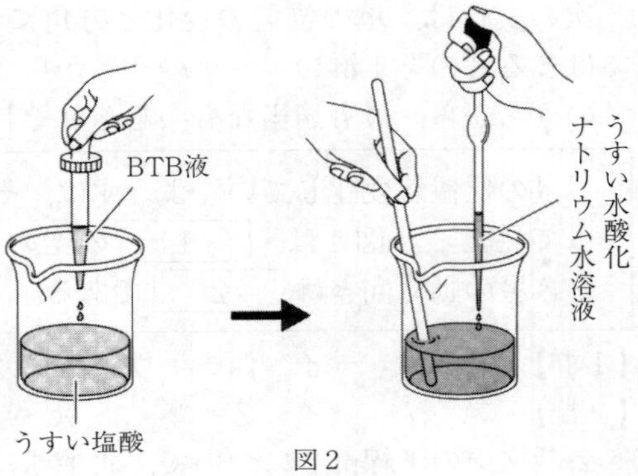

図2

表

うすい水酸化ナトリウム水溶液の体積〔cm^3〕	0	3.0	6.0	9.0	12.0	15.0
液の色	黄色	黄色	黄色	黄色	緑色	青色

(1)　次の文は，水溶液中のイオンについて述べたものです。［1］～［3］にあてはまることばの組み合わせとして最も適当なものを，あとのア～エのうちから一つ選びなさい。

> 陽イオンは，原子が［1］を［2］ことによってでき，陰イオンは，原子が［1］を［3］ことによってできる。

ア　1：電子　2：受け取る　3：失う　　イ　1：電子　2：失う　3：受け取る
ウ　1：陽子　2：受け取る　3：失う　　エ　1：陽子　2：失う　3：受け取る

(2)　次の文章は，実験1の②について述べたものです。［1］にあてはまるものを1群のア～エのうちから，［2］にあてはまるものを2群のア，イのうちから，最も適当なものをそれぞれ一つずつ選びなさい。

> 実験1の②で，リトマス紙Aの色を変化させたのは，［1］イオンである。このことから，クリップXは電源装置の［2］につながっているとわかる。

【1群】　ア　水素　　イ　ナトリウム　　ウ　水酸化物　　エ　塩化物
【2群】　ア　＋極　　イ　－極

(3)　実験1の③の結果として最も適当なものを，次のア～オのうちから一つ選びなさい。

ア　Aだけ色が変化した。　　イ　Bだけ色が変化した。
ウ　Cだけ色が変化した。　　エ　Dだけ色が変化した。
オ　A～Dのどのリトマス紙も色が変化しなかった。

(4)　実験2の②で，加えたうすい水酸化ナトリウム水溶液の体積と，ビーカーの液中の水素イオンの数の関係として最も適当なものを，次のア～エのうちから一つ選びなさい。ただし，この実験で使ったうすい塩酸10cm^{3}中に存在する塩化物イオンの数をnとします。

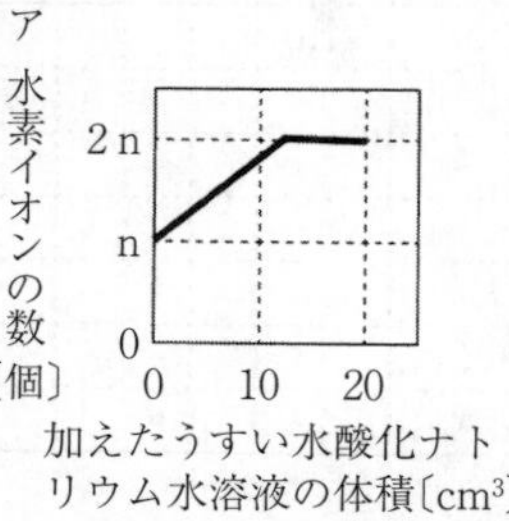

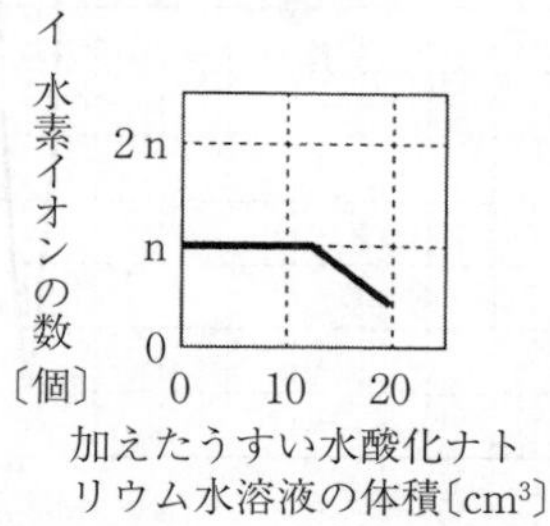

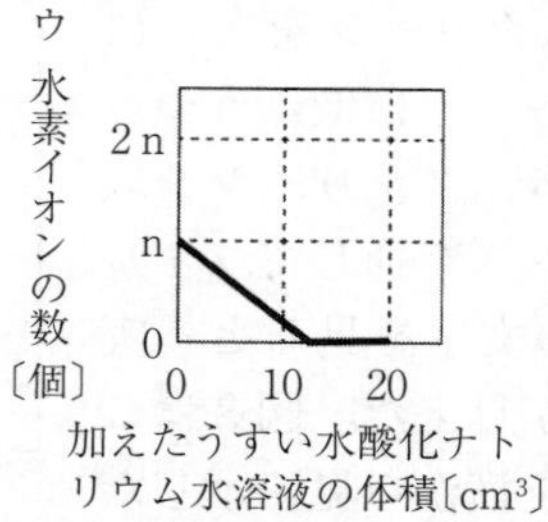

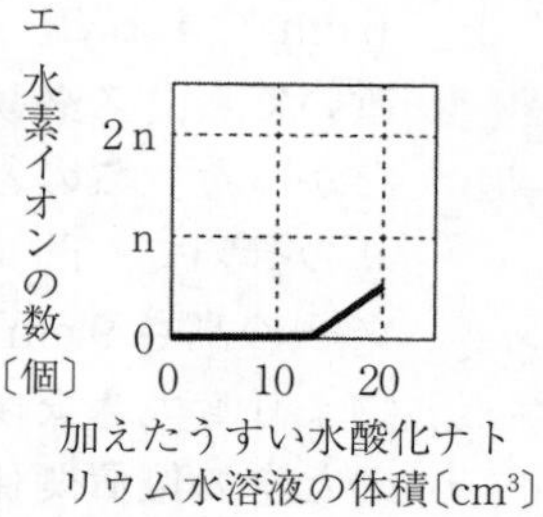

(5)　実験2の②で，うすい水酸化ナトリウム水溶液を15.0cm^{3}加えて青色になった液を，ふたたび緑色にするためには，この実験で使用したものと同じ濃度のうすい塩酸があと何cm^{3}必要ですか。あ，いにあてはまる数字を一つずつ選びなさい。

あ.い cm^3

8　Sさんは，光の性質について調べるため，次の実験1，2を行いました。これに関して，あとの(1)～(5)の問いに答えなさい。

実験1
図1のように，厚いガラスの向こう側にチョークを置いたところ，厚いガラスを通さずに見た部分と，厚いガラスを通して見た部分は，ずれて見えた。

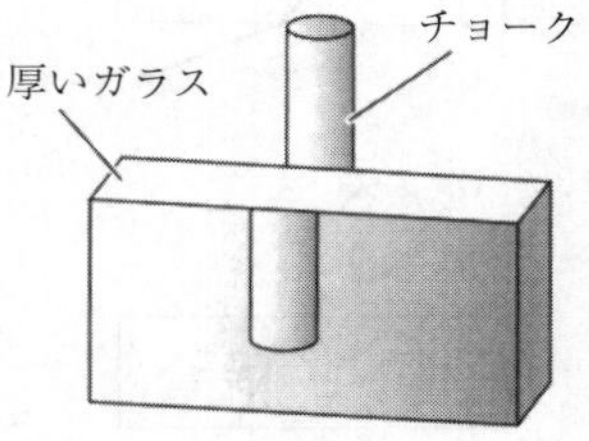

図1

実験2
①　透明なガラスにPという文字を書いたフィルター，光源，焦点距離が12cmの凸レンズ，スクリーンを使って図2のような装置をつくった。

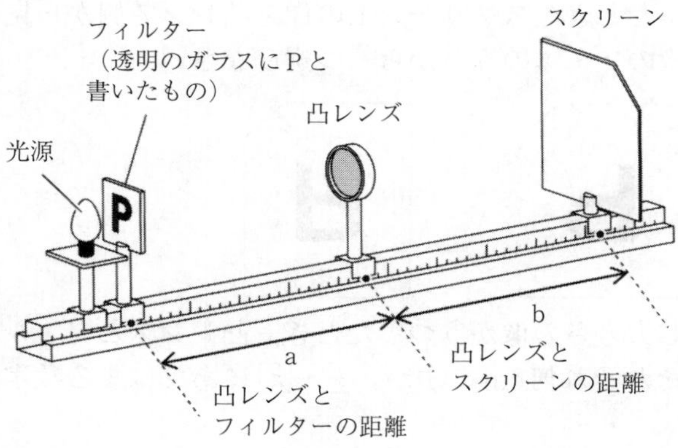

図2

②　フィルターと光源とスクリーンの位置をそれぞれ調整し，スクリーン上に実物と同じ大きさの像がうつるようにした。

③　フィルターと光源とスクリーンの位置をそれぞれ調整し，スクリーン上に実物よりも大きい像がうつるようにした。

④　フィルターと光源を凸レンズに近づけ，凸レンズとフィルターの距離 a を 6 cm にすると，スクリーンをどこに置いても，スクリーン上に像はうつらなかった。このとき，スクリーンを取りのぞいて，凸レンズを通してフィルターの高さ 9 cm の文字を見ると，実物よりも大きな像が見えた。図3はこのときの位置関係を横から見て示したもので，方眼の1目もりは 3 cm を表している。

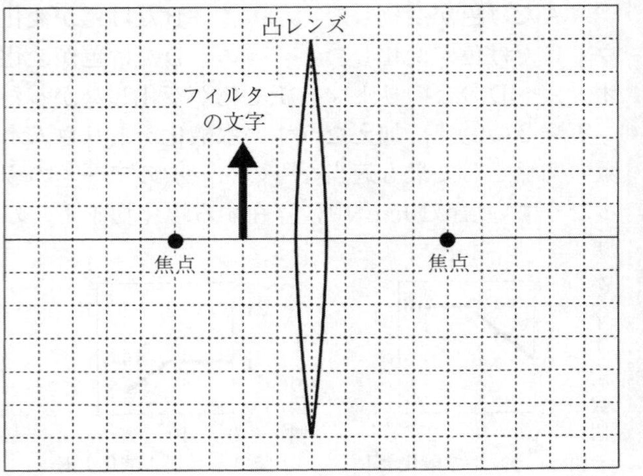

図3

(1)　図4は，実験1で使ったチョークと厚いガラスを上から見たようすを表したものです。チョークの点Xから出た光がガラスを通って点Yに届くとき，その光の道すじとして最も適当なものを，次のア～エのうちから一つ選びなさい。

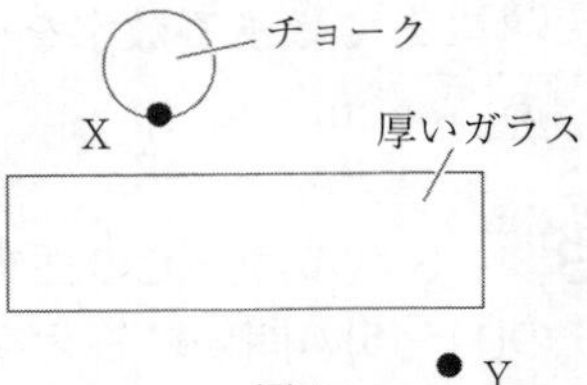

図4

ア

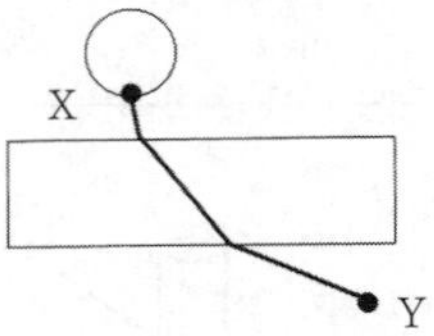

イ

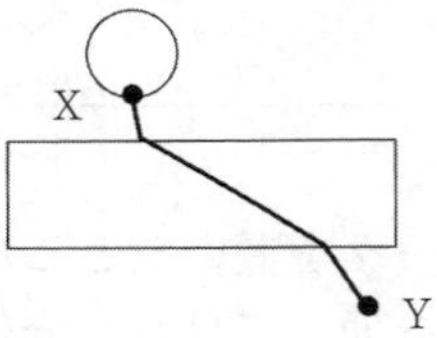

ウ

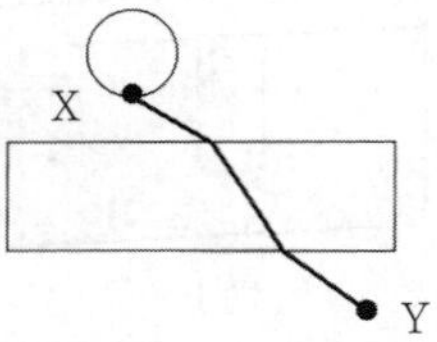

エ

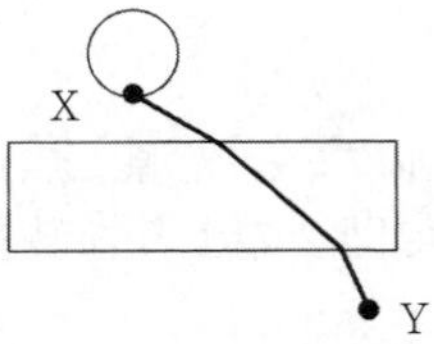

(2)　実験2の②で，スクリーン上に像がうつったとき，スクリーン上の像を凸レンズ側から見るとどのようになりますか。最も適当なものを，次のア～エのうちから一つ選びなさい。

ア

イ

ウ

エ

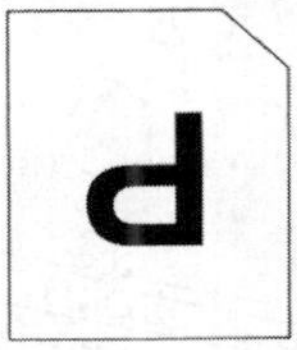

(3)　実験2の②で，スクリーン上に実物と同じ大きさの像がうつったとき，凸レンズとフィルターの距離 a，凸レンズとスクリーンの距離 b はそれぞれ何 cm ですか。[あ]～[え] にあてはまる数字を一つずつ選びなさい。

a：[あ][い] cm　　b：[う][え] cm

(4)　次の文は，実験2の③について述べたものです。[1] にあてはまるものを1群のア～ウのうちから，[2] にあてはまるものを2群のア～ウのうちから，最も適当なものをそれぞれ一つずつ選びなさい。

> 実験２の③で，スクリーン上に実物よりも大きい像がうつったとき，凸レンズとフィルターの距離ａは実験２の②と比べて［ 1 ］，凸レンズとスクリーンの距離ｂは実験２の②と比べて［ 2 ］。

【１群】 ア 大きくなり　イ 小さくなり　ウ 変わらず

【２群】 ア 大きくなる　イ 小さくなる　ウ 変わらない

(5) 実験２の④で，凸レンズを通して見ることができる見かけの像の高さは何cmですか。［あ］，［い］にあてはまる数字を一つずつ選びなさい。

［あ］［い］cm

にふるまえばよいということがわからない人には、臨機応変の意味を理解させることが難しい。

オ　そのときどきでどういう人が集まり、立場の違いなどでどう並べばよいかなどが捉えられない人には、その場にふさわしい対応を選ぶように教えることが難しい。

(5)　本文から得られる教訓として最も適当なものを、次のア〜オのうちから一つ選びなさい。

ア　あらゆる礼儀を知り尽くしている人であれば、その知識をいかすことができるので、人付き合いもうまく進めることができるものだ。

イ　人が気にしないような細かい点に日頃から注意を払うことにより、人の目を驚かせるような大胆な行動もとれるようになるものだ。

ウ　どのようなことであれその道をよくわかっていれば、小さなことにこだわることなく、状況に合った行動をとることができるものだ。

エ　その道を究めるような人物になれば、自分から何かをしようと意識しなくても、自然に自分のやるべきことが見つかっていくものだ。

オ　状況に応じて様々な経験を積んできていれば、間違った行いをしたとしてもその行為を正当化するだけの理由を見つけられるものだ。

詩織と銀髪さんの心情に焦点を当てています。この繰り返しによって、銀髪さんと詩織の心情や互いの関係の変化がわかります。

三　次の文章を読み、あとの(1)～(5)の問いに答えなさい。

長崎の（注1）鶴亭《かくてい》（注2）隠士は少年より画を（注3）たしみ、墨画の花鳥などAことによく得られたるよし。元より人目ア驚かさんとにもあらず、みづから心のうつり行くにイまかせ、或《あるい》は芭蕉《ばせう》葉の風にウやぶれ、或は若竹の雨にきほふなど、Bあはれにやさしくエうつせり。ある時友人来たりて物語のついでにC印の押所《おしどころ》を問ひしに、答へてオいふ。「印はその押所定まれるものにあらず。その絵が出来終はれば、ここに押してくれよと絵のかたから待つものなり」といへり。ある人これを聞きて、「よろづの道これにおなじ、譬《たとへ》ば座敷座敷もその客の居《を》りやうによりて上中下の居りどころが出来、また人のあいさつもその時々のもやうにあり。臨機応変とも、時のよろしきにしたがふともいへるごとく、一定の相はなきもの。しかしDその時のもやうの見わからぬ人にはこの段さとしがたし。能《よく》わかる人はよくその場をしるなれば、（注4）琴柱《ことじ》に膠《にかわ》せずとも」とカいへり。

（大田南畝『仮名世説』による）

（注1）　鶴亭＝江戸時代の画家。
（注2）　隠士＝俗世を離れて生活をする人。
（注3）　たしみ＝たしなみ。
（注4）　琴柱に膠せずとも＝「琴柱に膠す」は、物事にこだわって融通のきかないこと。

(1)　文章中の二重傍線部ア～カのうちから、動作主が「鶴亭隠士」**ではないもの**を**二つ**選びなさい。

(2)　文章中のAことに、Bあはれに の意味の組み合わせとして最も適当なものを、次のア～オのうちから一つ選びなさい。

ア　A　さまざまに　B　強く
イ　A　特に　B　趣深く
ウ　A　さらに　B　輝かしく
エ　A　それぞれに　B　容赦なく
オ　A　とりたてて　B　みすぼらしく

(3)　文章中にC印の押所とあるが、これについての「鶴亭隠士」の考えの説明として最も適当なものを、次のア～オのうちから一つ選びなさい。

ア　印を入れる場所は決まってはいなくて、絵が完成した後に、絵の依頼者から頼まれて変えるものである。
イ　印を入れる場所は作者が自分自身でその都度決めるべきであり、絵の依頼者はおとなしくしているべきである。
ウ　印を入れる場所は絵が出来上がったときに空いている場所に入れればよいのであって、こだわる必要はない。
エ　印を入れる場所は毎回同じ場所になることはなく、仕上がった絵に合わせると自然に変わるものである。
オ　印を入れる場所に関する決まり事はいくつかあるので、その絵に合わせて適切な場所を選べばよい。

(4)　文章中のDその時のもやうの見わからぬ人にはこの段さとしがたし の意味として最も適当なものを、次のア～オのうちから一つ選びなさい。

ア　そのときどきで立場が上の人がいることや、適切なあいさつをする必要があると知らない人に対しては、その場の決まりに従うように説得することは難しい。
イ　そのときどきでどういう立場であるのか、どこに座るのがよいのかをすぐに明らかにしてくれない客に対しては、いつどうやって対応すればよいのか察することが難しい。
ウ　そのときどきで周りに合わせて臨機応変に物事を進めることができない客は、自分の思った通りにならないと気が済まないので、注意することが難しい。
エ　そのときどきでどういう人が集まるかわからないので、自由るような思いだったが、小枝とともに仲間の活躍を支えてきた出来事を思い出し、力になれたことを誇らしく思っている。

ウ　小枝を助けることができたという事実にほっとしていたが、小枝は自分以上に多くの仲間のために動いていたことがわかって、自分の無力さを感じ、小枝を見習おうと反省している。

エ　小枝が今回のイベントについて本当に満足しているのか心配になる思いがあったが、多くの仲間に支えられながら楽しんでいた小枝の様子を思い出して、大丈夫だろうと安心している。

オ　小枝を喜ばせることができたことを照れながらもうれしく感じていたが、仲間がみんな盛り上がれるようにさまざまな苦労を重ねていた小枝の姿を思い出して、自分の思い上がりに気づき悔やんでいる。

(5)　文章中にE<u>そのことに、この図書室で気づけた</u>とあるが、詩織が気づけたきっかけは何だと考えられるか。その説明として**適当でないもの**を、次のア～オのうちから一つ選びなさい。

ア　読んだ本について思いを分かち合う生徒の姿を見て、図書館が人間の精神的なつながりを生むものだという教えを思い出したこと。

イ　読書を行うことの意義は自分の楽しみ以外にも見出《みいだ》せることを、ビブリオバトルでのさまざまな交流で実感することができたこと。

ウ　ビブリオバトルを通して、ただ本を紹介するだけにとどまらず、委員同士で話す機会や相手をよく知る機会になったと感じたこと。

エ　本を通した触れ合いがうまれる様子を見る中で、一人だけの行為としてではなく、思いの共有につながる読書のあり方を知ったこと。

オ　銀髪さんと再会して彼の思いに触れたことで、図書館や図書室は多くの人が集まり、気持ちの通い合う場であると感じたこと。

(6)　文章中の詩織の説明として**適当でないもの**を、次のア～オのうちから一つ選びなさい。

ア　図書委員の生徒たちに慕われている、図書室の職員であり、生徒たちからは気さくに話しかけられている。

イ　図書室で働いてはいるがまだ司書ではないことを意識していて、他者からの何気ない敬称も気にしてしまう。

ウ　図書館や図書室で働く中で、ふとした人間関係や他者の人がら、生き方に触れ、自分の成長につなげている。

エ　図書室で働きながら、できるだけ多くの人が本を読むことにつながるように、一人ひとりと接している。

オ　図書委員の生徒たちのことをよく見ていて、特によいところを感じとり、前向きな言葉をかけている。

(7)　この文章の表現についてクラスで話をしている。本文の内容をふまえて最も適当な発言をしているものを、次のア～オのうちから一つ選びなさい。

ア　この文章は、登場人物同士の細やかなやりとりを中心に描いています。その中で、登場人物それぞれの視点が入れかわっていき、それぞれの心情を読者が深く知ることができ、複雑さが感じられます。

イ　この文章は大きく分けて二つの場面から成り、どちらも登場人物同士の関係や出来事を詩織の視点から描いています。前半で文章を通したテーマを暗示し、後半で答えを提示する構造が見られます。

ウ　テンポのよい会話が続く中に、登場人物のいる場所や風景の描写を入れて、登場人物の心情を暗示しています。場所や風景の変化によって、場面の移りかわりも把握することができます。

エ　詩織の心情を詳しく描写することで、場面の出来事が浮かび上がるような描き方をしています。文章全体を通してたとえの表現が多く使われていて、詩織の気持ちが鋭く伝わってきます。

オ　進行中の場面と回想の場面を交互に描写していて、それぞれ

(1) 文章中にA詩織が心の中で「銀髪さん」と呼んでいた人物である とあるが、詩織が心の中で「銀髪さん」と呼んでいたのはなぜか。その理由として最も適当なものを、次のア～オのうちから一つ選びなさい。

ア 図書館実習で出会ったとき、年上なのに話しかけやすそうな雰囲気だったのが記憶に残り、親しみを覚えていたから。

イ 図書館実習で見かけたとき、自分と同じように本が好きなことがわかったので、仲間になったように感じていたから。

ウ 図書館実習で目にしたとき、華やかな装《よそお》いで非常に目立つ人だと感じていて、有名人を見るような思いでいたから。

エ 図書館実習で出会ったとき、身なりや物腰に気品があり印象に残っていたことで、憧れの気持ちを持っていたから。

オ 図書館実習で見かけたとき、その態度や話の内容からとても博識な人だと感じたため、尊敬の思いを抱いていたから。

(2) 文章中にB詩織は不意に分かった気がした とあるが、どのようなことが分かったと考えられるか。その説明として最も適当なものを、次のア～オのうちから一つ選びなさい。

ア 銀髪さんは、体の具合がよくない妻がかつて好んでいた少女小説を何冊も図書館で借りて読むことで、妻の感じていた思いを共有しようと思ったのだろうということ。

イ 銀髪さんは、孫のためだけではなく、体の具合のよくない妻のためにも、図書館で借りてきた少女小説を家族で読み合って、幸せな時間を過ごそうとしていたのだろうということ。

ウ 銀髪さんが、図書館でたくさん少女小説を借りていたのは、孫の瞳に頼まれたからではなく、妻の体の具合が悪いので、自分自身の気持ちを紛らわすためだったのだろうということ。

エ 銀髪さんは、図書館で借りた少女小説を自分で読むことで、体の具合がよくなったときに妻が読める、難しくない本や読んで喜べるような本を探していたのだろうということ。

オ 銀髪さんが、体の具合がよくない妻のために図書館で少女小説をたくさん借りて、苦労しながらも彼女に楽しんでもらえるように朗読をしてあげていたのだろうということ。

(3) 文章中にCそう言ってもらえると嬉しいけど…… とあるが、このように言ったときの大木の心情の説明として最も適当なものを、次のア～オのうちから一つ選びなさい。

ア 自分が提案した企画で力を入れていたのに、自分自身の結果がよくなかったことが悔しく、詩織の励ましの言葉に気を取り直しつつも、詩織が本気でそう思っているのか疑わしく感じている。

イ ビブリオバトルで自分は負けたものの小枝は勝ったことに満足していたが、詩織から小枝が勝利したのは自分のおかげだと誉められたので、さらに達成感を抱いている。

ウ いつもより気合いを入れて臨んだビブリオバトルで勝ち進むことができず少し残念に感じていたが、ビブリオバトルが成功し、自分の努力が実ったことに気づかされ、自信を取り戻している。

エ 自分が考えた企画で、小枝が活躍して自分が負けてしまったことを恥ずかしく感じており、詩織から企画の提案に関してお礼を言われたことはうれしいものの、結果に納得できずにいる。

オ しっかりと用意していたのにイベントがうまくいかなかったのではないかと気にかかっていたが、自分のがんばりのおかげで成功したと認められて安心し、前向きな気持ちになっている。

(4) 文章中にD小枝ちゃんが活躍してるのだって、大木くんの提案がきっかけだったと思うよ とあるが、詩織にこのように言われてからの大木の心情の変化の説明として最も適当なものを、次のア～オのうちから一つ選びなさい。

ア 小枝のやりたいことが実現したことに自分が力になれたのかはよくわからないが、仲間の一人ひとりが力を発揮できるように奮闘していた小枝の姿を思い出し、改めて感心している。

イ 自分の提案が小枝にいい影響を与えたと指摘されて気が引け

そしてもう一人、詩織に声をかけてきた生徒がいた。Aテーブルで敗れた大木《おおき》くんである。

「いやー、負けちゃったよー」

苦笑いで言いながら、手にした本を振ってみせる。『あ、安《あ》部《べ》礼《れい》司《じ》』の脚本集は、間近で見ると本当に分厚い本だった。

「大木くんは前に勝ったことあるんだからいいじゃない。小枝《こえだ》ちゃんに花を持たせたって思っときなよ」

たしか、小枝嬢の本がチャンプ本に選ばれたのはこれが初めてである。彼女も嬉しそうだったし、大木くんだってそれに拍手を贈っていたのだ。

「でも、この本こそイチオシだったんだけどな。文化祭の本番用にとっといたんだ」

「それを言ったら、文化祭でこういうイベントができてるのが大木くんの功績だし、それが一番の勲章じゃない？」

「Cそう言ってもらえると嬉しいけど……」

大木くんもまんざらではなさそうだ。詩織にはもう一つ、彼を誉《ほ》めたいことがあった。

「それに、D小枝ちゃんが活躍してるのだって、大木くんの提案がきっかけだったと思うよ」

「そうかな？」

「前にあの子、演劇部では裏方の方が好きだって言ってたことがあるの。きっと——役者の部員が活躍できる場を作って、みんなして盛り上がってっていうのが好きなんだよ。ビブリオバトルをやろうって提案のおかげで、図書委員みんなにそういう機会が作れたでしょ？」

だから彼女は委員長に立候補したのだろうし、副委員長に大隈《おおくま》くんを推したのだって彼にスポットライトを当てたかったからだろう。図書室ノートや月曜ビブリオバトル、そして今日の本番と、彼女はみんなの活躍できる舞台を作ってきた。

「そういうとこ、偉いよなあ」

大木くんは周りに視線を動かした。小枝嬢の姿を捜しているのだろうか。

詩織はちょっと前から気付いていた。小枝嬢は一年生の女の子たちと談笑していて、『暗い嵐の夜だった』のページをめくっているところだ。それを推薦した舞鈴《まりん》ちゃんは大木くん同様に決勝には進めなかったけれど、先輩から興味を持たれて嬉しそうである。

「それに——ビブリオバトルって、本を読むってことを一人の中で終わらせないで、誰かに向けて声にしたり、誰かの声を受け取ったりってゲームでしょ？　日頃からいっぱい本を読んでる人こそ楽しめる気がする」

「そっか、いっぱい読んでるっていったら小枝ちゃんだもんね」

「でもまさか、『雨月物語』なんて古典で勝負して、しかも決勝に勝ち残るとはねー」

「みんな古典の授業でタイトルくらいは知ってるからさ、お話としてどういうとこが面白いのか話してもらって投票したくなったみたいだよ」

そんな話をしながら、詩織の脳裏をよぎったのは銀髪さんのことだった。——彼が白前図書館で借りていた本も、きっと自分だけで読むためじゃない。氷室冴子を読んだのは、それを声にして他の誰かに聞かせるためだ。詩織が図書館実習の間に垣間《かいま》見たのは、その「誰かのために」という思いだったのかもしれない。

そんな風に考えたら、図書館員の丸山《まるやま》さんの言葉も浮かんだ。図書館はいろんな魂が集う場所、ということも、こうして大勢のビブリオバトルを見ているとあらためて実感できる。本を紹介したりそれを聞いたりすることで、魂と魂が触れ合っているともいえそうだ。

言葉が誰かに向けられる時、読書は一人の中では終わらない。——Eそのことに、自分の外に広がって、人と人との楽しみに変わる。この図書室で気づけたのが嬉しかった。

（竹内　真『図書室のバシラドール』による）

オ　人間は、嘘がある世界を居心地の悪いものであると考え、嘘を論じることも避けているが、嘘の恐ろしい面だけを見て、その利点を無視するのは非常にもったいないことである。

二

次の文章を読み、あとの⑴～⑺の問いに答えなさい。

> 詩織《しおり》は司書を目指して、高校の図書室で働いている。学校の文化祭で、図書委員主催のビブリオバトル（本を紹介し合って、最も良かったチャンプ本を投票で決める大会）を行うことになった。当日の午前中はAからEのテーブルに分かれてビブリオバトルを行い、午後は決勝戦が行われる。午前の部を終えた参加者や保護者たちが歓談していると、Dテーブルの新田瞳《にったひとみ》に声をかける人物が現れた。

「いやすまん。瞳の発表には間に合わなかった。勝てたようで、おめでとう」

そう言っている老人に見覚えがあったのだ。この夏、白前《しろまえ》市立図書館での図書館実習の時に見かけたお客様――A詩織が心の中で「銀髪さん」と呼んでいた人物である。

今日もワイシャツにループタイを締め、ツイードのジャケットを着ている。見事な銀髪がオールバックなのも相変わらずだ。声をかけられた瞳ちゃんは、嬉《うれ》しげに銀髪さんに寄り添っている。

「大丈夫、午後も出ることになったし、同じこと話すから。よかったら聞いてって」

そう言って『ソフィーの世界』を掲げる姿が誇らしげだった。しかし次の瞬間、その笑顔が引っ込んだ。

「っていうか、お祖母《ばあ》ちゃんは具合どう？」

「うん。最近だいぶいいんだ。体調もいいし、記憶もしっかりしてるし。今日はヘルパーさんの来る日だから、交代して出かけようとしたら見送ってくれたよ。瞳によろしくってさ」

「話したの？　文化祭のこと」

「まあ細かいことは省いて、何か本の紹介で頑張ってるらしいぞって話したよ」

そんな二人のやりとりを耳にした瞬間、B詩織は不意に分かった気がした。

彼がどうして、氷室冴子《ひむろさえこ》の少女小説を何冊も借りていたのか。返却された本に染《し》み込んでいた、「なかなか難しい」とか「喜んでもらいたい」という思いはどういう意味か。

かつて詩織は、お孫さんに頼まれて借りた本だろうかと考えた。それが瞳ちゃんだったのかもしれないが、多分そうじゃない。

しかし今、ゆっくり考える暇はなかった。視線に気づいた瞳ちゃんが声をかけてきたのだ。

「高良《たから》さーん。お祖父《じい》ちゃんが来てくれました」

「どうも、孫がお世話になっております」

にっこり会釈《えしゃく》された。詩織が白前図書館で働いていたことは覚えていないようだ。

「いえいえ、こちらこそ」詩織も頭を下げた。「瞳ちゃんの発表、人気だったんですよー」

「瞳は高校に入って読書好きになりまして。この図書室と、高良先生のおかげですね」

「いえ、先生なんてとんでもないです。ただの、図書室で働いてる職員でして――」

慌てて説明した。たまに先生と呼ばれるけれど、詩織にはそう呼ばれる資格はないのだ。

しかしまあ、孫の文化祭にやってきた銀髪さんは学校司書やなんちゃって司書の話なんて興味はないだろう。「決勝戦は午後一時半からですので、是非いらしてくださいね」と伝えておいた。

やがて銀髪さんは、瞳ちゃんと一緒に図書室を去った。相変わらず背すじをぴんと伸ばして歩き、廊下に出る時には孫娘をエスコートするように腕を回している姿が素敵だった。

を描いてもらい、一つの壁画を完成させること。

エ　多くの人々が行き交う路上や広場などの空間に風景と一体となるような造形物を設置すること。

オ　芸術作品に関して、一般市民が勉強したり、作品の一部になったりする場所や時間を設けること。

カ　美術作品を鑑賞し、他者が知らないような知識を身につけて、その知識を語ることを趣味とすること。

(6) 文章中にE嘘もまた姿を変えてゆきつつある　とあるが、このことによる影響や状況の説明として**適当でないもの**を、次のア～オのうちから一つ選びなさい。

ア　情報伝達が便利になったことによって、嘘の内容は過激になり、また素早く広い範囲に伝わるようにもなっている。

イ　事実と見分けがつかないような嘘を作りこんで人々の関心を引くことが増えたため、人々の感性も敏感で繊細になっている。

ウ　嘘が人に与える影響が大きくなったことで、個人で対応するには限界が来ていて、他人に判断を委ねる人々が増えている。

エ　情報伝達の方法が非常に多いため、伝えられる情報が飽和していて、人々は何が事実かを判断しなくなっている。

オ　ある出来事の概観や説明に巧妙に嘘を取り入れて、実際の状態よりも人々が信じやすいものにしている。

(7) 文章中にF嘘を知らなくては、嘘に惑わされることになる　とあるが、筆者の考える、嘘との向き合い方の説明として最も適当なものを、次のア～オのうちから一つ選びなさい。

ア　芸術に潜む嘘について注意深く観察することで、嘘というものがどのようにして作られ影響を持つのかを理解し、嘘に自分自身を操作されないように、確固たる意志を持って物事を捉えようとするべきだ。

イ　状況の変化によって嘘がよい方向に働くことがあることをふまえて、それぞれ異なっている嘘をすべて同じであると判断するのではなく、他者と語り合いながらその有用性を判断していくべきだ。

ウ　嘘という概念によって判断するのではなく、それぞれの状況で作られ変化していく嘘について、個人ではなく大勢の視点から議論しながら捉え、人間が嘘に対応可能な世界を築いていくべきだ。

エ　嘘に対処する力を発揮するために根気よく物事を観察した上で、決して変動しない自分というものを持って、見る視点を固定していき、常に変貌するものにある欺瞞に気づこうと努めるべきだ。

オ　嘘か事実かは一方向から見るうちはわからないので、異なる位置からも物事を見るように努め、嘘とは何かという固定的な考え方にとらわれずに、状況を見ながら嘘の実体や影響を見極めようとすべきだ。

(8) 本文全体の論旨の説明として最も適当なものを、次のア～オのうちから一つ選びなさい。

ア　芸術が堂々と語られる一方で、嘘について議論を深めることがないのは、現代社会では嘘が恐ろしい形になっているためであり、将来的には嘘によって現実や芸術が排除されてしまうと考えられる。

イ　私たちは、嘘をあってはならない悪として忌避するあまり、嘘について互いに論じる機会すら持たずにいるが、その結果、嘘が肥大して、芸術の持つ面白さや現実の重みすら失われかねない。

ウ　嘘をつくという行為は、攻撃性の強いものであり、発する本人によってどのようにも変化するものであるため、嘘を芸術のように安定して論じることは難しく、結論が見えないものである。

エ　嘘について論じることを人々が拒否してきた結果として、嘘が衰退していくと、人々が拒絶している害のある嘘だけではなく、芸術さえもこの世界から排除されてしまうことになる。

私たちは、嘘というものを嫌っているのに、芸術のつく嘘についてはむしろ好ましく思っているということを筆者は伝えていますね。「芸術のつく嘘」について考えていきましょう。

【意見1】
筆者は「芸術のつく嘘」として、小説や演劇を具体例として挙げています。私たちは、小説で登場人物の死などの出来事が起こるたびに次の展開に期待をします。それは「嘘」だとわかっているからです。現実に起これば楽しむことなどできません。芸術のつく嘘を楽しむためには、現実との違いを認識しておかなければならないのです。そのため、もともとの芸術に対する姿勢を思い出す必要があります。

↓

[i]

【意見2】
現実の中に嘘が入り込んでいることに気づかないと、だまされたり誰かを傷つけたりすることになりかねません。嘘であることが前提となっている芸術においては、嘘であることを私たちは意識から消していますが、現実はそれではいけません。

↓

[ii]

a　芸術に対する捉え方として、芸術作品の世界と現実世界を区別し、作品から少し離れた位置から、部外者として干渉することなく、作品世界を受け取るあり方も必要であるという説明が展開される。

b　芸術作品に対して素直によいと感じることの大切さを主張し、現代では現実世界ばかりが重視されてしまっていて、芸術作品を客観的な冷めた目でしか見られない人が多いという批判が展開される。

c　芸術のつく嘘ではない本物の嘘が倫理、道徳の観念から嫌われていたことと、それと同時に芸術のつく嘘が好意的に受け取られてきたということを説明し、現代の芸術の問題点を指摘する内容が展開される。

d　芸術についての考え方として、鑑賞者は静かに作品の出来事を受け入れるべきであり、そこに自分自身の想像や願望を入れることは、嘘と変わらず拒絶されてしまうという主張が展開される。

e　多くの人間が嘘を拒絶する一方で、嘘のもつ残虐性を楽しんでいることを理解した人間が、この世界から嘘を根絶することを主張することを説明し、倫理や道徳の必要性を説く内容が展開される。

f　現実の嘘に気がつかない場合、嘘の操り方を熟知している人間が、現実と区別できない嘘をついて人々を自分の理想通りに動かす可能性があることを指摘する内容が展開される。

ア　[i] a　[ii] d　　イ　[i] a　[ii] f
ウ　[i] b　[ii] d　　エ　[i] b　[ii] f
オ　[i] d　[ii] c　　カ　[i] d　[ii] f
キ　[i] e　[ii] d　　ク　[i] e　[ii] c

(5)　文章中にD昨今、芸術の見方は変わりつつあるとあるが、本文の内容をふまえて、昨今の芸術の見方の具体例を挙げる場合、**適当でないもの**を、次のア～カのうちから**二つ**選びなさい。

ア　作品を常設している美術館だけではなく、他の美術館や施設に客を移動させて、より多くの場所で鑑賞できるようにすること。

イ　観客も作品の演目に合わせた衣装を着て鑑賞したり、舞台に上がったりする企画を行うこと。

ウ　大きな空間を用意して、通りすがりの人それぞれに自由に絵

ア　数値の変化をジケイレツで把握する。
イ　試合中に審判からケイコクを受ける。
ウ　特定の人物にケイトウする。
エ　一時間ほどキュウケイしてから頑張る。
オ　A社とケイゾク的に取り引きを行う。

② ダンザイ
ア　データ分析を通して、課題がケンザイ化する。
イ　企業のザイム基盤強化に向けた取り組み。
ウ　建築シザイをホームセンターで購入する。
エ　A氏の努力は、コウザイ相半ばする結果となった。
オ　母は病院でヤクザイ師として働いている。

③ トげ
ア　クラシック音楽にシンスイする。
イ　難しい事業をカンスイした。
ウ　スイジと洗濯をこなす。
エ　ブスイなことは言わない。
オ　家にこもってゴスイをむさぼる。

④ メイシ
ア　住民票をシキュウ発行してもらう。
イ　友人の忠告をシンシに受け止める。
ウ　卒業式で歌う曲のサクシを担当する。
エ　世相をフウシした作品を鑑賞する。
オ　熱帯魚の適正なシイク環境を学ぶ。

⑤ ヒンコン
ア　事実と意見がコンドウされている。
イ　荒れ地をカイコンして作物を育てる。
ウ　両親のケッコン記念日を祝う。
エ　何らかのコンセキが残っているはずだ。
オ　生活コンキュウ者を支援する。

(2) 文章中の段落[1]～[5]の役割を説明したものとして最も適切なものを、次のア～オのうちから一つ選びなさい。
ア　段落[1]～[3]で芸術における嘘のプラス面とマイナス面を提示して本文における主張を説明し、段落[4]・[5]で芸術における嘘に関する研究を取り上げ、問題を掘り下げている。
イ　段落[1]～[3]で芸術の嘘と現実の嘘の関係性を説明してその危険性を指摘し、段落[4]・[5]で芸術の嘘にまず注目し、芸術の嘘に関する具体例を取り上げ、問題を説明している。
ウ　段落[1]～[3]で芸術の嘘の様相について、具体例を用いながら説明し、それに対する筆者の主張を述べ、段落[4]・[5]でその主張とは異なる研究を取り上げ、別の見方について説明している。
エ　段落[1]～[3]で現実の嘘と芸術の嘘の構造を説明した上で問題提起を行って、文章全体の話題を提示し、段落[4]・[5]で現実の嘘と芸術の嘘が区別されてきた経緯を補足している。
オ　段落[1]～[3]で現実の嘘に注目してその特徴を具体的に説明し、本文で考察していく問いを提示し、段落[4]・[5]で現実の嘘と芸術の嘘の違いについて根拠とともに示している。

(3) 文章中の[A]・[C]に入れる語句の組み合わせとして最も適当なものを、次のア～オのうちから一つ選びなさい。
ア　A　だからこそ　C　もっとも
イ　A　しかしながら　C　もしくは
ウ　A　要するに　C　もちろん
エ　A　それゆえ　C　すなわち
オ　A　そのうえ　C　ただし

(4) 文章中にB芸術のつく嘘とあるが、これについてクラスで次のような話し合いが行われ、【意見1】【意見2】のような意見が出された。このあと、それぞれの主張はどのように展開されると考えられるか。本文をふまえて、[i]・[ii]に入る展開内容をa～fから選び、その組み合わせとして最も適当なものを、あとのア～クのうちから一つ選びなさい。

楽しむ点で、芸術の次の広がりを見せてくれる。と同時にこれは、恐ろしい嘘に対する対処の仕方を教えてくれているように見える。遠くから受け身で見るだけでなく、寄って触って確かめて、知るわけである。

8 E嘘もまた姿を変えてゆきつつある。芸術が変わり、それを見る観客のスタイルが変貌を③トげつつあるように、嘘のつき方も変化している。嘘は注意しないとタチが悪い。「嘘をつく」ことは、場合によって実に恐ろしいものとなる。受動的であることが、場合によっては悪になる。嘘は伝達方法の変革とともに、さらに変異を続けるであろう。とはいえ、嘘の否定的な側面を嫌って、嘘について考えることをやめるのは、さらに恐ろしいことになる。嘘は、過去の事実を隠蔽し、そのイメージを書き換え、とても叶《かな》えられないと分かる期待を人に抱かせ、百害を与えかねない。リアリティの感覚が変化してきている私たちの時代においては、イメージは現実以上に現実的で、嘘はそのことを巧みに操作してゆくことを忘れてはならない。

9 嘘は冗談とユーモアで人を笑わせ喜ばせる。笑いを誘う話や芸術にはたいてい嘘が関与している。芸術はどれだけ嘘の力に負ってきたことであろう。しかしそうした笑いや芸術作品の傍《かたわ》らで、嘘は不気味に変わることがある。うっかりしていると、嘘はどんどん大きく強く成長してゆき、どうにもならない獰《どう》猛なものとなる。人はそこで落胆し、絶望してしまう。想像力がなくなるとき、人は判断を人任せにしてしまう。こうして、嘘も嘘でないことも、真実も欺瞞《まん》も、ついには分からなくなってゆく。

10 大きな嘘の被害を避けるためには、嘘という抽象メイ④シをではなく、具体的な嘘の一つひとつを、その変化の中で見て捉えようとする、柔軟な感性の(注5)ベクトルをもつことが必要であろう。(注6)ビュトーの水道水のような偶然が、都合のよいときに起こることはない。しかしそれとなく構え方を変えることで、そしていつもと違うメンバーと語り合うことで、見落としていたことに気づく部分は少なくないと思う。嘘は常に変貌してゆくもので、固定的ではない。情報手段のあふれる中では、嘘はいよいよ変幻の幅を大きくするであろう。大きな嘘は、私たちがものを見る視点を固めて動かさなくしたときに、最も強い力を発動してくるように思われる。情報の過多が、逆に人を閉塞させる。

11 嘘の恐ろしさは、人を思考停止にさせてしまうことである。嘘はいったん恐ろしいかたちになったとき、虚や偽善と芸術、現実と非現実との線引きの問題など、排除してしまう。嘘はもっともっと考えるべきテーマなのだろう。芸術を論じることは胸を張って堂々と行われるけれども、嘘を論じるのには、芸術を語るときの居心地の良さを味わえない。芸術を語ることが正々堂々とした市民権を得ている一方で、嘘を正面切って語られることは多いとは言えない。

12 嘘が衰退することの危うさを語った人は少なくなかった。けれども嘘の論議のヒン⑤コン化はさらに危険なことである。F嘘を知らなくては、嘘に惑わされることになる。それに、嘘をじっくり考えないことは、かなりもったいないことのようにも思われる。

（樋口桂子『おしゃべりと嘘』による）

(注1) 谷崎潤一郎の語った平中の話＝谷崎潤一郎の小説『少将滋幹《しげもと》の母』のこと。平中、国経はこの小説の登場人物。
(注2) 陥穽＝落とし穴。人を陥れるたくらみ。
(注3) カント＝ドイツの哲学者。
(注4) 衒学的＝学問があることを自慢するような。
(注5) ベクトル＝ここでは、物事や考え方の方向性。
(注6) ビュトーの水道水＝演劇中、あまりにも水道水が冷たくてダンサーが思わず「さむっ」と言ってしまった出来事。図らずも場内の人は、その一言で現実の世界と虚の世界という二つの次元を見ることになった。

(1) 文章中の～～①～⑤に相当する漢字を含むものを、次の各群のア～オのうちから、それぞれ一つずつ選びなさい。

① タイケイ

二〇二二年度　芝浦工業大学柏高等学校（第二回）

【国語】（五〇分）〈満点：一〇〇点〉

一　次の文章を読み、あとの(1)～(8)の問いに答えなさい。なお、1～12は段落番号である。

1　舞台のただ中にいる人は、徹底的にその世界にいる。（注1）谷《たに》崎潤一郎《ざきじゅんいちろう》の語った平中《へいじゅう》の話は、私たちは読み手として読むから面白いけれども、平中や国経《くにつね》その人にとっては、仕組まれた（注2）陥《かん》穽《せい》はどれほど非情なものだったろう。平中は嘘《うそ》で命を落とし、国経は愛する人から引き裂かれるという苦しみに耐えなければならなかった。しかし私たち読者はその嘘を外側から見ているがゆえに、それをひたすら面白いと思って読む。

2　［A］気をつけなければならない。嘘は知らないうちにアハハと笑っている自分の上に仕掛けられて、恐ろしい害を被ることがある。あるいはその反対に、知らないうちに嘘をついていて、気づかぬうちに人を傷つけ、そのつもりでないのに、相手に残酷な仕打ちを与えていた、ということがある。演劇を見に劇場に脚を運ぶときの私たちは、ドラマの中の事件が嘘であると承知した上で、舞台の約束事としての嘘を見ないでいる。しかし本当に身にふりかかる現実の嘘に気がつかないことと、演劇上の約束事をないものとみなすこととは違う。現実の中で仕掛けに気づかないとき、人は嘘の被害者になるとか、あるいは逆に、当事者に転じることになる。嘘は先を見こせない恐ろしさを隠し持っている。嘘を操り、デマの構造に精通している人が、大勢の人をいとも簡単に自分の思う方向に操作してゆくことがあることを忘れてはならない。

3　人は嘘という語に対して本能的に拒絶反応をする。嘘にマイナスのイメージをもつ。しかし同じように嘘による世界であっても、B芸術のつく嘘には肯定的である。

4　芸術作品に対して、鑑賞者はおとなしく見るという態度を取ってきている。芸術の嘘は受動的で、私たちに静かに訴えかける。しかし「嘘をつく」という場合の本家の嘘は、言葉にしてゆくという点で常に積極的に行動する、能動的で、動的なものである。

5　［C］、今でこそ一般的とされているこの考え方は、ヨーロッパの啓蒙主義の時代に確立したところが大きい。芸術作品とは、距離をもって、客体として見る対象だった。主体である私たちは、こうして観賞することで、対象である作品を美しいと思ったり、崇高だと感じたりする。（注3）カントは『判断力批判』において、〈美しい〉とは何かを論じる一方で、倫理と道徳についてタイ①ケイ的に考察し、嘘について論じ、嘘を厳しくダン②ザイした。現代人がもっている、嘘についての考え方も、芸術に対する考え方も、実は同じ頃にできあがっているのである。

6　しかしD昨今、芸術の見方は変わりつつある。これまでとりわけ現代美術は、難しくて、わけの分からない、（注4）衒学的《げんがくてき》な遊びだ、というふうに考えるのが通り相場だった。それが次第に変化して、参加型の展覧会が増えてきている。所蔵品の豊かな美術館を巡礼してまわるという美術鑑賞の定番の色合いが薄まり、鑑賞の間口が広くなり、陳列された作品に直接触れて戯《たわむ》れて面白がらせるものが多くなっている。造形芸術は今や、ただ前に立って静かに「見る」だけのものではない。作品の展示方法自体が変わってきて、どこからどこまでが展覧会なのか分からないスタイルや、そもそも作品展示という概念が成り立たない美術展が急増している。オブジェを置いて、さあどうぞ中に入って触って遊んでください、というわけである。そこでは人間が参加しないことには、作品は作品とならないわけだから、「芸術家はつくる人、観客は受け入れる人」という分け方は、ここでは成り立たない。古典的な芸術の鑑賞観が急速に変化してきているのである。

7　参加型の鑑賞は、作品を見て聞いて直接触れて確かめることを

2022年度／芝浦工業大学柏高等学校(第２回)

英語解答

1 No.１　D　No.２　B　No.３　A
No.４　C

2 No.１　D　No.２　B　No.３　B
No.４　D　No.５　C

3 No.１　A　No.２　C　No.３　B
No.４　C

4 (1)　エ　(2)　３番目…イ　６番目…オ
(3)　イ　(4)　ウ　(5)　ア　(6)　イ
(7)　３番目…ウ　６番目…オ　(8)　ア
(9)　エ

5 (1)　ウ　(2)　３番目…ウ　６番目…ア
(3)　イ　(4)　ウ　(5)　ア
(6)　３番目…エ　６番目…ウ　(7)　エ
(8)　イ

6 (1)　エ　(2)　ア　(3)　ウ　(4)　ウ
(5)　ア　(6)　エ　(7)　イ　(8)　エ
(9)　ア

1～**3**〔放送問題〕放送文未公表

4〔長文読解総合―説明文〕

≪全訳≫❶人々は世界のさまざまな場所で英語を話す。同じ単語でも住んでいる場所によって使い方が違うことがある。また，同じことを言うにも，人によって全く違う言い方をすることがある。❷オックスフォード英語辞典(OED)は，新しい単語を追加するために，人々に協力を呼びかけている。編集者は，その言語②の記録を増やすために，世界中の英語の地域差を見つけたいと考えている。❸昨年，OEDをはじめとするイギリスの各社が協力して，イギリスのローカルな単語を探した。驚いたことに，100ものローカルな単語や語句が辞書に加えられたのだ。例えば，ヨークシャーでは「ee bah gum」が「oh(ああ)」として使われ，北東部では「cuddy wifter」が「left-handed person(左利きの人)」という意味で使われている。❹今，OEDは世界中の英語話者までより広範に調査している。OEDの編集者であるエレノア・マイヤーは，その反響は大きいと述べている。そこで編集者たちは，辞書に収録する案をたくさん挙げている。❺これらの中には，ニュージャージーやニューヨークの人々にとって「very cold(とても寒い)」という意味を持つ「brick」も含まれている。また，スコットランドで使われている，水着を意味する「dookers」という言葉もある。ニュージーランドの「munted」は「broken(壊れた)」という意味だ。この辞書はすでに，絵が中心からずれてかかっていることを「agley」や「ahoo」と表現できることを見出している。また，恋人は「doy」や「babber」と呼ぶこともできる。❻「OEDはあらゆるタイプの英語を収録したいのです」とマイヤーは述べている。「標準的な英語，科学技術に関する言葉，地元の言葉も含まれます。だから，私たちがそれのイメージを持つために，これらの言葉を含めることが重要なのです」とも言っている。❼マイヤーは，OEDの編集者がローカルな単語を特定するのは難しいかもしれないと言う。言葉は書きとめるより，話すことの方が多い。そのため，Twitterのようなウェブサイトは，⑦人々が使う単語を見つける最適な方法だと彼女は言う。❽例えば，「tarzy」は川を飛び越えるために使われるロープを意味する言葉だ。OEDの編集者たちはそれが2003年から使われるようになったと思っていた。しかし，マイヤーによると，彼女の友人の母親が子どもだった1970年代に使っていたのを覚えていたので，それ以前から使われていたそうだ。❾「ローカルな言葉は，その使用者がある特定の場所の出身であることを示します」とマイヤーは言う。

「『tarzy』などの言葉が使え，それが理解されていることがわかると，故郷にいるという実感が湧いてくるのですよ」と彼女は言う。

(1)＜適語句選択＞直前の文で，英語はさまざまな場所で話されていると‘場所’に焦点が当てられていることに着目する。さまざまな場所で話されているから，場所によって単語の使い方も異なるという文脈を読み取る。　according to ～「～によって，～に応じて」

(2)＜整序結合＞まず，in order to ～「～するために」というまとまりをつくる。toの後は動詞の原形が続くので，in order to increaseとし，increaseの目的語をits record of the languageとまとめる。　... in order to increase its record of the language.

(3)＜適語選択＞around the world「世界中の」に着目し，search「調査」を修飾する語として適切なものを選ぶ。去年はイギリス国内を調査したことを述べた前段落に続き，今では世界中まで調査の対象を広げているということがこの段落では述べられている。

(4)＜指示語＞前に出ている複数名詞の中でここに当てはめて意味が通るものを探す。直前の文のsuggestionsがこれに該当する。編集者が提案したものの中には「brick」という語が含まれる，という文脈である。　suggestion「提案」

(5)＜適語選択＞この段落では提案された語の具体例が列挙されている。空所後の内容は，前に挙げた例とは違うさらに別の例を‘追加’している。　also「また」　therefore「それゆえに」

(6)＜指示語＞下線部の前にあるthese wordsとは，その前にあるstandard English，words for science and technology, local languageの全てを受ける。下線部を含むfor us to have an image of itは‘目的’を表すto不定詞の副詞的用法で，「私たちがそのイメージを持つために」という意味(for usはto不定詞の意味上の主語)。こうしたあらゆる語を辞書に含めることは，私たちが「英語」全般のイメージを持つために重要だと考えられる。

(7)＜整序結合＞言葉は書かれるよりも話されることの方が多いので，その土地固有のローカルな言葉を特定することは難しいという直前の内容から，「Twitterなどのウェブサイトはそうした言葉を見つけるすばらしい方法だ」といった意味になると推測できる。a great wayの後に形容詞的用法のto不定詞としてto findを置き，その目的語をthe wordsとする。残りはthatを目的格の関係代名詞として使えばthat people useとまとまる。　... were a great way to find the words that people use.

(8)＜適語選択＞この後に，友人の母親が「tarzy」という語を1970年代に使っていたのを覚えていたとあることから，この語はthat「それ(＝2003年)」より前に使われていたことがわかる。

(9)＜適語(句)選択＞前にあるtheyは，the words such as ‘tarzy’を受けている。そうした言葉が使える以外に，どうであれば故郷にいるという実感が湧いてくるかを考える。

5〔長文読解総合―説明文〕

≪全訳≫❶チリの砂漠で発見された小さな骸骨であるアタカマはとても珍しい。それはアタとして知られているが，肋骨が10対ある。平均的な人間は12対である。アタの頭はとがっている。骨は6～8歳の子どもと同じくらいの硬さだ。骨は年をとるにつれて硬くなる。しかし，アタは立っても15cmにしかならないだろう。小さな植物を見渡せるほどの高さでさえないのだ。❷今，アタの骨はある収集家の手に渡っている。宇宙人ハンターやUFOハンターはこの小さいアタに興味を持った。彼らは，アタの骨を見るために持ち主を探した。ハンターの１人，スティーブン・グリアは，UFO に関する会合でアタの持ち主に会った。彼は持ち主に，骨の小さなサンプルをくれるように頼んだ。グリアはアタを持つと，②その小ささが信じられなかった。彼女の体は彼の手の中に収まったのだ。彼は，もしかしたらアタは他の惑星から来た宇宙人かもしれないと思った。❸しかし，科学者たちは，アタが人間であることを証明した。スタンフォード大学の科学者ノーランは，アタを研究し，科学雑誌にアタの記事を書いた。その記事はアタの遺伝子について書かれている。彼女に関する不思議なこともここには含まれている。❹アタの物語はチリ北部から始まった。そこは世界で最も乾燥した地域の１つである。アメリカの宇宙機関 NASA がアタカマ砂漠で火星探査機のテストを行っている。火星探査機をそこで走らせているのは，そこが雨の降らない火星のような大地だからだ。アタの死体は2003年にその砂漠で発見された。骨は古い村の教会の近くにあった。そこにはもはや誰も住んでいなかった。❺ノーランの研究には，何人かの専門家が協力した。⑥彼らの中には数千年前の骨を研究してきた人もいる。しかし，その骨はわずか30年ほど前のものだった。❻ノーランは，世界的な専門家の１人であるラックマン博士に，骨の研究の協力を依頼した。博士はアタの指の骨を調べた。その骨は６歳の子どものものと同じくらいの硬さであるが，アタはそういう子どもではなかった。彼女は死んで生まれた可能性があった。事実，彼女は非常に珍しい人間の骨を持っているようだった。❼骨に問題がある人には，アタは朗報かもしれない。アタの遺伝子は，骨の病気を持つ人の遺伝子と似ていたのだ。ノーランは，科学者たちがアタの骨から得た知見を，骨に問題を抱える人々を助けるために利用できると考えている。それらの知見は人間の骨をより健康にすることができるかもしれない。❽さらにノーランは，アタの物語にもう１つのハッピーエンドがあることを望んでいる。アタが見つかった場所に埋葬されることを彼は望んでいる。

(1)＜適語選択＞この後に続く内容から，この骸骨は unusual「普通ではない，珍しい」ものであることがわかる。

(2)＜整序結合＞文脈と語群から，「彼女の小ささが信じられなかった」といった意味になると推測できる。couldn't believe の後は，語群に how があるので‘how＋形容詞＋主語＋動詞’の感嘆文の形で，how small she was「いかに彼女が小さいか」とまとめる。 ..., he couldn't believe how small she was.

(3)＜適語句選択＞文頭の However「しかし」に着目する。他の惑星から来た宇宙人かもしれないと思ったが，科学者たちは，アタが「人間」であることを証明したという文脈を読み取る。

(4)＜要旨把握＞下線部④は「彼女（＝アタ）に関する不思議なこと」という意味。ウ．「彼女の遺伝子は，宇宙人のものと似ていた」に関する記述はない。アタの骨は人間のものであることが科学者たちに証明されている（第３段落第１文）。

(5)＜適語選択＞同じ段落に，この場所を説明する記述として it is like Mars, which has no rain とある。

(6)＜整序結合＞動詞は have studied とまとまる。この目的語に bones を置けば，主語は some of them（＝the experts）に決まる。 Some of them have studied bones from thousands of years ago.

(7)＜適語選択＞この段落の内容から，アタの骨の研究から得られた知見が，骨に問題を抱える人々を助けるのに役立つ可能性があることがわかる。骨に問題を抱える人を助けるとは，その骨をより

「健康に」することだと言える。

(8)＜語句解釈＞belongは「所属する」という意味。where she belongsは「彼女(＝アタ)が所属する場所に」という意味。彼女が見つかったのはチリである。

6 〔長文読解総合─物語〕

≪全訳≫❶エラは自分の汚れた古いドレスを見ていた。突然，目の前に魔女が現れた。魔女はつえをついただけで，美しいドレスをつくってくれた。しかし，魔女の魔法は夜の12時に解けてしまうのだった。エラは魔女に，12時までに舞踏場を後にすることを約束した。魔女のつくった新しいドレスは，12時を過ぎると古くて汚れた服に変わってしまうのだ。❷エラが舞踏会に到着した後，王様の息子はこのすてきな女性に会うように言われ，彼女を広間に連れていった。深い静寂が訪れた。誰もがダンスをするのをやめ，バイオリンの演奏も止まったので，広間の誰もが見知らぬ人の美しさに目を奪われた。誰もが小さな声で「彼女はなんて美しいのだろう！」と言った。❸エラの2人の姉も舞踏場にいた。王様の息子はいつもエラと一緒にいて，エラに優しく話しかけるのをやめなかった。エラには全てがすばらしく思え，魔女と交わした約束のことをすっかり忘れてしまった。彼女は時計を見るまで，もう12時近くになっていることに気づかなかった。彼女は驚いた。彼女は走り出した。王子はあとを追ったが，追いつくことはできなかった。彼女はガラスの靴を片方だけ残していったが，王子はそれをとても注意深く拾った。❹彼女は家にたどり着いたが，かなり息を切らしていて，汚れた古い服を着ていた。ポケットには小さな靴の片方が入っていただけだった。これは彼女が落とした靴のもう片方だった。❺2人の姉が舞踏会から戻ると，エラは2人に，パーティーは楽しかったか，すてきな女性がそこにいたかと尋ねた。2人は「いたわ，でも12時前に急いで帰ったわよ。彼女は世界で一番きれいなガラスの靴を履いていたけど，片方を落としてしまったのよ。それを王様の息子が拾ったの。彼は舞踏会でずっと彼女を見ていて，その美しい女性にすっかり恋をしてしまったようね」と言った。❻姉たちの言ったことは，まさに本当だった。数日後，王様の息子は，この靴がちょうど足に合う女性と結婚すると言い出した。王女たちはそれを履いてみようとしたが無駄だった。それは2人の姉のところにも持ってこられ，彼女たちはその靴に足を入れようとしたが失敗した。❼エラはこの様子を見て，それが自分の靴であることを知った。彼女は2人に笑いながら言った。「私に合うかどうか確かめさせて」　姉たちは彼女を笑った。靴を試させるために来た紳士は真剣な面持ちでエラを見て，とても美しいと思った。そして，彼はエラも試してみるべきだ，自分は全員に履かせるよう命令を受けていると言った。そして，エラに座るように言って，靴を足に履かせた。すると，その靴はエラの足にぴったりとはまり，とても簡単に履くことができた。エラがポケットからもう片方の靴を取り出し，もう片方の足に履かせると，2人の姉は大変驚いた。それから魔女がやってきて，つえでエラの服に触れた。魔女はその服をエラが以前着ていたどの服よりも，豪華で美しい服にした。❽そして，エラの2人の姉は，エラが舞踏会で見たすてきな女性であることに気づいた。2人の姉たちは，エラにした悪いことを謝り始めた。エラは2人を抱きしめた。エラは2人の謝罪を受け入れ，2人に愛されることを望んだ。❾彼女は最高のドレスを着て，若い王子のもとへ連れていかれた。彼は彼女が前より魅力的になったと思った。数日後，彼は彼女と結婚した。エラは2人の姉に，城の中に自分の部屋を与えた。

(1)＜単語の意味＞同じ段落の最終文より，夜中の12時を過ぎると魔女がつくった新しいドレスが古く汚い服になってしまうことがわかる。ここから，魔女がつくったドレスは「魔法」によるもので，その魔法が夜中の12時に解けてしまうということがわかる。

(2)＜単語の意味＞第２段落第１文にat the ballとあり，この段落の内容から，ここでは誰もがダンスをしていたことがわかる。ここでのballは「舞踏会」の意味で，ballroomは「舞踏場，ダンス場」である。

(3)＜指示語＞sound ～は「～のように思える〔聞こえる〕」という意味。直前で，王様の息子がエラに絶えず優しく話しかけている様子が描写されている。その全てがエラにはすばらしく聞こえたのである。この内容に一致するのは，ウ．「王子がエラに言った言葉」。

(4)＜文脈把握＞直前の２文参照。魔女と魔法が解ける夜中の12時までに舞踏場を出る約束をしていたエラだが，そのことをすっかり忘れており，気づいたときにはもう12時近くだったので驚いたのである。魔法が解ければ，全てもとに戻るのだから，この内容に一致するのは，ウ．「彼女は全てがもとに戻る前に，家に帰らなければならなかったから」である。

(5)＜単語の意味＞第３段落最終文にShe left behind one of her glass shoesとあることから，下線部⑤の後にあるthe one that she droppedがその片方の靴を指すとわかる。この内容を表すのは，ア．「エラが持っていたガラスの靴の片方」。mateは「(対をなすものの)片方」という意味でthe mate to ～で「～の片方」となる。

(6)＜指示語＞前に出ている女性の中で，ここに当てはめて意味が通る女性を選ぶ。エラが，姉たちに舞踏会にthe fine ladyがいたかと尋ねたところ，２人は「彼女は12時前に急いで帰った」と答えたのである。

(7)＜語句解釈＞このbegan to try it on, but in vainが，直後の文のtried to put their foot into the shoe, but they failedと同様の意味になっていることを読み取る。よって，in vainはfailedと同様の意味になる。つまり，誰もこの靴を履けなかったということ。この内容を表すのは，イ．「ガラスの靴に足がぴったり合う女性を見つけることができなかった」。in vainは「無駄に」という意味。

(8)＜文脈把握＞第５段落の内容から，姉たちはthe fine ladyがエラだとは全く思っていないことがわかる。よって，エラが片方の靴が自分に合うかどうか確かめると言うのを聞いた姉たちは，エラがばかなことを言っていると思ったのである。この内容を表すのは，エ．「姉たちは，エラがそんなことを言うとはとても愚かだと思ったから」。

(9)＜英文解釈＞acceptは「～を受け入れる」，apologyは「謝罪」という意味。この２文前で姉たちは，エラにした悪いことについて謝っている。つまり，この「彼女たちの謝罪を受け入れた」とは，ア．「彼女は自分をひどく扱った彼女たちを許したいと思った」ということである。

2022年度／芝浦工業大学柏高等学校（第２回）

数学解答

1 (1) ア…２　イ…１
(2) ウ…７　エ…２　(3) １
(4) カ…１　キ…６

2 (1) ア…１　イ…２　ウ…５
(2) エ…３　オ…６
(3) カ…４　キ…５
(4) ク…３　ケ…２　コ…６

3 (1) ア…５　イ…６
(2) ウ…３　エ…７
(3) オ…１　カ…７
(4) キ…９　ク…１　ケ…４

4 (1) ６
(2) イ…２　ウ…７　エ…３　オ…２
(3) カ…２　キ…７　ク…３
(4) ケ…４　コ…３

5 (1) ア…２　イ…８　ウ…８
(2) エ…６　オ…０
(3) カ…８　キ…１　ク…３　ケ…３
(4) コ…１　サ…９　シ…２

1〔独立小問集合題〕

(1)＜数の計算＞与式$=\left(\sqrt{24}-\frac{1}{\sqrt{3}}-\frac{5\sqrt{2}}{\sqrt{3}}\right)\times\frac{3}{\sqrt{3}}=\sqrt{24}\times\frac{3}{\sqrt{3}}-\frac{1}{\sqrt{3}}\times\frac{3}{\sqrt{3}}-\frac{5\sqrt{2}}{\sqrt{3}}\times\frac{3}{\sqrt{3}}=\sqrt{8}\times 3-\frac{3}{3}-\frac{5\sqrt{2}\times 3}{3}=\sqrt{2^2\times 2}\times 3-1-5\sqrt{2}=2\sqrt{2}\times 3-1-5\sqrt{2}=6\sqrt{2}-1-5\sqrt{2}=\sqrt{2}-1$

(2)＜連立方程式―解の利用＞$ax+by=6$……①，$b^2x-ay=36$……②とする。①，②の連立方程式の解が$x=2$，$y=-4$だから，解を①に代入して，$a\times 2+b\times(-4)=6$より，$a-2b=3$……③となり，②に代入して，$b^2\times 2-a\times(-4)=36$より，$2a+b^2=18$……④となる。③より，$a=2b+3$として，これを④に代入すると，$2(2b+3)+b^2=18$，$4b+6+b^2=18$，$b^2+4b-12=0$，$(b+6)(b-2)=0$　∴$b=-6$，2　$b>0$だから，$b=2$となり，$a=2\times 2+3$より，$a=7$となる。

(3)＜文字式の利用＞自然数nを６でわったときの余りが５であったことから，pを０以上の整数として，$n=6p+5$と表せる。これより，$n^2=(6p+5)^2=36p^2+60p+25=36p^2+60p+24+1=12(3p^2+5p+2)+1$となる。$3p^2+5p+2$は整数だから，$n^2$は12の倍数より１大きい整数である。よって，$n^2$を12でわると，余りは１である。

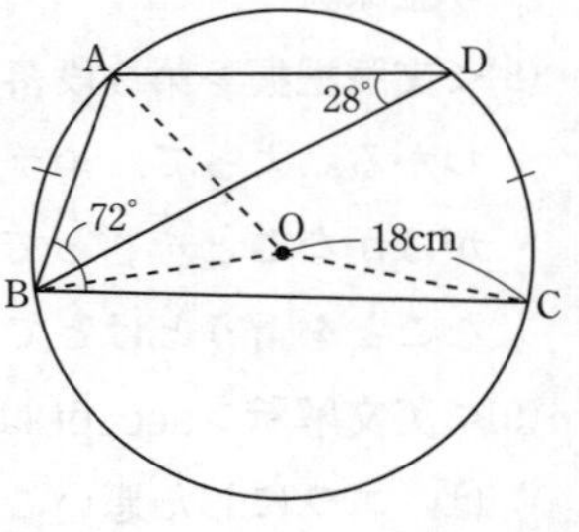

(4)＜平面図形―長さ＞右図で，点Oと３点A，B，Cを結ぶ。$\overset{\frown}{AB}$に対する円周角と中心角の関係から，$\angle AOB=2\angle ADB=2\times 28^\circ=56^\circ$となり，$\overset{\frown}{AC}$に対する円周角と中心角の関係から，$\angle AOC=2\angle ABC=2\times 72^\circ=144^\circ$となる。よって，$\angle BOC=360^\circ-\angle AOB-\angle AOC=360^\circ-56^\circ-144^\circ=160^\circ$となるから，$\overset{\frown}{BC}=2\pi\times 18\times\frac{160^\circ}{360^\circ}=16\pi$(cm)である。

2〔関数―関数$y=ax^2$と一次関数のグラフ〕

≪基本方針の決定≫(2)　線分BCはx軸に平行である。

(1)＜x座標＞次ページの図で，２点A，Bは放物線$y=\frac{1}{4}x^2$上にあり，x座標はそれぞれ-6，-4だから，$y=\frac{1}{4}\times(-6)^2=9$，$y=\frac{1}{4}\times(-4)^2=4$より，A$(-6,\ 9)$，B$(-4,\ 4)$である。よって，直線ABの傾きは$\frac{4-9}{-4-(-6)}=-\frac{5}{2}$となるので，その式は$y=-\frac{5}{2}x+b$とおける。点Bを通ることから，$4=-\frac{5}{2}\times(-4)+b$，$b=-6$となり，直線ABの式は$y=-\frac{5}{2}x-6$である。点Dは直線$y=-\frac{5}{2}x-6$と$x$軸の交点だから，$y=0$を代入して，$0=-\frac{5}{2}x-6$より，$x=-\frac{12}{5}$となり，点Dの$x$座標は$-\frac{12}{5}$

である。

(2)＜面積＞右図で，点Cは放物線$y=\frac{1}{4}x^2$上にありx座標が4だから，$y=\frac{1}{4}\times4^2=4$より，C(4, 4)である。B(−4, 4)だから，2点B，Cを結ぶと，線分BCはx軸と平行になり，$BC=4-(-4)=8$である。辺BCを底辺と見ると，(1)よりA(−6, 9)だから，△ABCの高さは$9-4=5$となる。また，△DBCの高さは4である。よって，$\triangle ACD=\triangle ABC+\triangle DBC=\frac{1}{2}\times8\times5+\frac{1}{2}\times8\times4=36$となる。

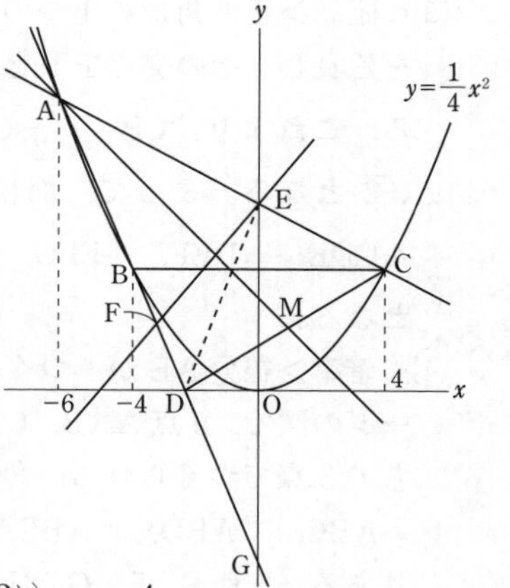

(3)＜座標＞右図で，点Aを通り，△ACDの面積を2等分する直線と線分CDの交点をMとすると，△ACM＝△ADMだから，CM＝DMとなる。よって，点Mは線分CDの中点である。(2)よりC(4, 4)，(1)より，$D\left(-\frac{12}{5},\ 0\right)$なので，点Mの$x$座標は$\left\{4+\left(-\frac{12}{5}\right)\right\}\div2=\frac{4}{5}$となる。

(4)＜直線の式＞右上図で，AE＞CEより，△ADE＞△EDCだから，点Eを通り△ACDの面積を2等分する直線は辺ADと交わる。その交点をFとし，直線ABとy軸の交点をGとする。(1)より，直線ABの切片は−6だから，G(0, −6)である。A(−6, 9)，C(4, 4)より，直線ACの傾きは$\frac{4-9}{4-(-6)}=-\frac{1}{2}$だから，その式は$y=-\frac{1}{2}x+k$とおけ，点Cを通ることから，$4=-\frac{1}{2}\times4+k$，$k=6$となる。切片が6なので，E(0, 6)である。よって，$EG=6-(-6)=12$である。辺EGを底辺と見ると，△AGEの高さは6だから，$\triangle AGE=\frac{1}{2}\times12\times6=36$となり，(2)より△ACD＝36だから，△AGE＝△ACDである。したがって，直線EFは，△ACDの面積を2等分することより，△AGEの面積も2等分する。△AEF＝△EFGより，AF＝FGだから，点Fは辺AGの中点であり，x座標は$\frac{-6+0}{2}=-3$，y座標は$\frac{9+(-6)}{2}=\frac{3}{2}$より，$F\left(-3,\ \frac{3}{2}\right)$である。E(0, 6)なので，直線EFの傾きは$\left(6-\frac{3}{2}\right)\div\{0-(-3)\}=\frac{3}{2}$，切片は6であり，求める直線の式は$y=\frac{3}{2}x+6$となる。

3 〔データの活用―場合の数・確率―カード〕

(1)＜場合の数＞8枚のカードから，順番に1枚ずつ3枚のカードを取り出すとすると，1枚目は8通り，2枚目は7通り，3枚目は6通りの取り出し方があるので，取り出し方は全部で$8\times7\times6=336$(通り)となるが，同時に取り出すときは，取り出す順番が異なっているだけのものは同じ取り出し方と考え，1通りとするので，例えば，(1枚目，2枚目，3枚目)＝(A, B, C)，(A, C, B)，(B, A, C)，(B, C, A)，(C, A, B)，(C, B, A)は同じ取り出し方で，1通りとなる。このように考えると，336通りの中に同じ取り出し方が6通りずつあるので，同時に取り出すときの取り出し方は，$336\div6=56$(通り)となる。

(2)＜確率＞右図のように，正八角形ABCDEFGHの全ての頂点を通る円を考える。つくった三角形が直角三角形になるとき，半円の弧に対する円周角は90°なので，その三角形の1つの辺は円の直径となる。よって，線分AE，BF，CG，DHのいずれかが三角形の辺となる。線分AEを1つの辺とする三角形は，△ABE，△ACE，△ADE，△AEF，△AEG，△AEHの6通りつくれる。線分BF，CG，DHを1つの辺とする三角形もそれぞれ6通りつくれる。よって，直角三角形は$6\times4=24$(通り)つくれるから，求める確率は$\frac{24}{56}=\frac{3}{7}$となる。

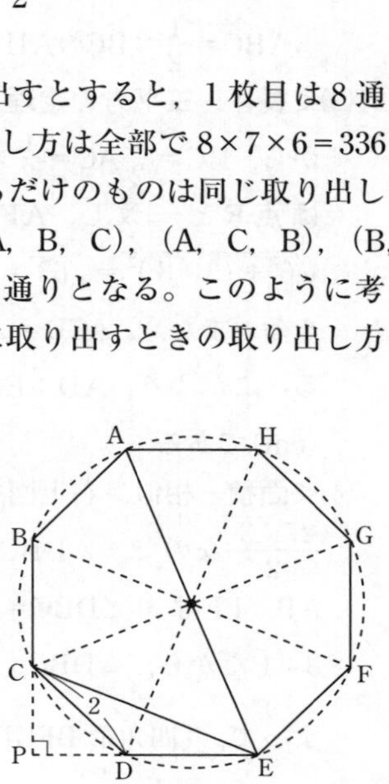

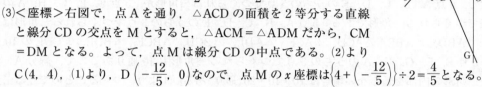

(3)＜確率＞正八角形の1つの外角の大きさは$360°\div 8=45°$だから，前ページの図で，辺BCと辺EDを延長し，その交点をPとすると，$\angle PCD=\angle PDC=45°$となり，△CDPは直角二等辺三角形となる。これより，$CP=\dfrac{1}{\sqrt{2}}CD=\dfrac{1}{\sqrt{2}}\times 2=\sqrt{2}$となるので，$\triangle CDE=\dfrac{1}{2}\times DE\times CP=\dfrac{1}{2}\times 2\times\sqrt{2}=\sqrt{2}$となる。よって，面積が$\sqrt{2}\,cm^2$の三角形は△CDEと合同な三角形で，△ABC，△BCD，△CDE，△DEF，△EFG，△FGH，△GHA，△HABの8通りつくれるから，求める確率は$\dfrac{8}{56}=\dfrac{1}{7}$となる。

(4)＜確率＞線分AEが，つくった三角形の内部を通らない場合を考える。このような三角形は，前ページの図で，5点A，B，C，D，Eのうちの3点でつくられる三角形か，5点E，F，G，H，Aのうちの3点でつくられる三角形である。5点A，B，C，D，Eのうちの3点でつくられる三角形は，△ABC，△ABD，△ABE，△ACD，△ACE，△ADE，△BCD，△BCE，△BDE，△CDEの10通りある。5点E，F，G，H，Aのうちの3点でつくられる三角形も10通りあるので，線分AEが，つくった三角形の内部を通らない場合は$10+10=20$(通り)ある。(1)より，つくることのできる三角形は56通りあるので，線分AEが，三角形の内部を通る三角形は$56-20=36$(通り)あり，求める確率は$\dfrac{36}{56}=\dfrac{9}{14}$となる。

4 〔平面図形—三角形〕

≪基本方針の決定≫(1)　平行線の性質を利用する。

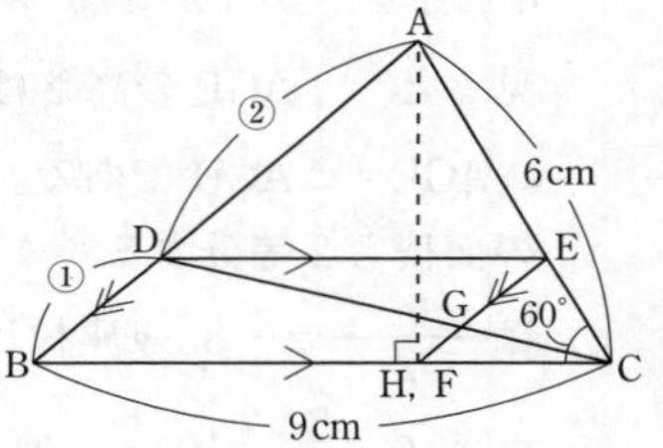

(1)＜長さ＞右図で，DE∥BCより，AE：EC＝AD：DB＝2：1となり，AB∥EFより，BF：FC＝AE：EC＝2：1となる。よって，$BF=\dfrac{2}{2+1}BC=\dfrac{2}{3}\times 9=6$(cm)である。

(2)＜面積—特別な直角三角形＞右図で，点Aから辺BCに垂線AHを引く。$\angle ACB=60°$より，△AHCは3辺の比が$1:2:\sqrt{3}$の直角三角形だから，$AH=\dfrac{\sqrt{3}}{2}AC=\dfrac{\sqrt{3}}{2}\times 6=3\sqrt{3}$となる。よって，$\triangle ABC=\dfrac{1}{2}\times BC\times AH=\dfrac{1}{2}\times 9\times 3\sqrt{3}=\dfrac{27\sqrt{3}}{2}$($cm^2$)である。

(3)＜長さ—三平方の定理，相似＞右上図で，(2)より△AHCは3辺の比が$1:2:\sqrt{3}$の直角三角形だから，$HC=\dfrac{1}{2}AC=\dfrac{1}{2}\times 6=3$となり，$BH=BC-HC=9-3=6$となる。(1)より$BF=6$なので，点Hは点Fと一致し，$AF=AH=3\sqrt{3}$となる。△ABFで三平方の定理より，$AB=\sqrt{BF^2+AF^2}=\sqrt{6^2+(3\sqrt{3})^2}=\sqrt{63}=3\sqrt{7}$となり，AD：DB＝2：1だから，$AD=\dfrac{2}{2+1}AB=\dfrac{2}{3}\times 3\sqrt{7}=2\sqrt{7}$となる。また，$\angle ACD=\angle ECG$であり，AB∥EFより$\angle ADC=\angle EGC$だから，△ADC∽△EGCである。これより，AD：EG＝AC：EC＝(2＋1)：1＝3：1となるから，$EG=\dfrac{1}{3}AD=\dfrac{1}{3}\times 2\sqrt{7}=\dfrac{2\sqrt{7}}{3}$(cm)である。

(4)＜面積—相似＞右上図で，AD：DB＝2：1より，△ADC：△DBC＝2：1である。(2)より$\triangle ABC=\dfrac{27\sqrt{3}}{2}$なので，$\triangle DBC=\dfrac{1}{2+1}\triangle ABC=\dfrac{1}{3}\times\dfrac{27\sqrt{3}}{2}=\dfrac{9\sqrt{3}}{2}$となる。次に，$\angle DCB=\angle GCF$であり，AB∥EFより$\angle DBC=\angle GFC$だから，△DBC∽△GFCである。相似比はBC：FC＝(2＋1)：1＝3：1だから，$\triangle DBC:\triangle GFC=3^2:1^2=9:1$となり，$\triangle GFC=\dfrac{1}{9}\triangle DBC=\dfrac{1}{9}\times\dfrac{9\sqrt{3}}{2}=\dfrac{\sqrt{3}}{2}$である。よって，$〔四角形BFGD〕=\triangle DBC-\triangle GFC=\dfrac{9\sqrt{3}}{2}-\dfrac{\sqrt{3}}{2}=4\sqrt{3}$($cm^2$)となる。

5 〔空間図形—円柱〕

(1)＜体積＞右図で，円柱の底面の半径は $OA=\frac{1}{2}AB=\frac{1}{2}\times12=6$，高さは $AC=8$ だから，体積は，$\pi\times6^2\times8=288\pi(\text{cm}^3)$ である。

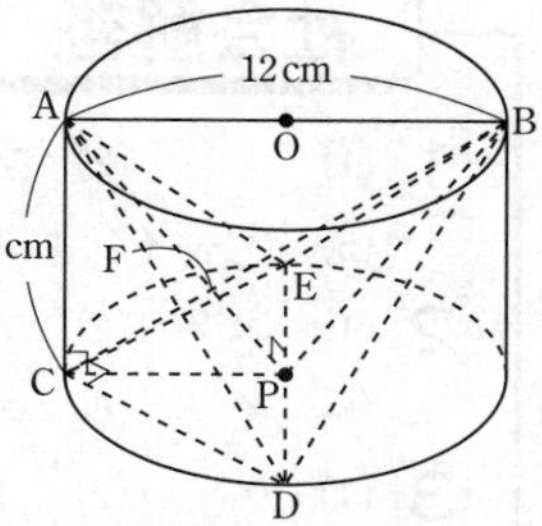

(2)＜面積―三平方の定理＞右図で，$\angle DCE=90^\circ$ より，線分 DE は下の底面の直径だから，その円の中心を P とすると，点 P は線分 DE の中点であり，$PC=OA=6$ となる。$\angle ACP=90^\circ$ だから，$\triangle ACP$ で三平方の定理より，$AP=\sqrt{AC^2+PC^2}=\sqrt{8^2+6^2}=\sqrt{100}=10$ となる。また，$CD=CE$，$AC=AC$，$\angle ACD=\angle ACE=90^\circ$ より，$\triangle ACD\equiv\triangle ACE$ だから，$AD=AE$ となり，$\triangle ADE$ は二等辺三角形である。よって，$AP\perp DE$ となる。$DE=AB=12$ なので，$\triangle ADE=\frac{1}{2}\times DE\times AP=\frac{1}{2}\times12\times10=60(\text{cm}^2)$ となる。

(3)＜長さ―三平方の定理，相似＞右上図で，線分 AC は底面に垂直だから，3 点 A，B，C を通る平面は点 P を通り，$AB /\!/ CP$ となる。また，点 F は線分 BC と線分 AP の交点となる。$\angle BAC=90^\circ$ だから，$\triangle ABC$ で三平方の定理より，$BC=\sqrt{AB^2+AC^2}=\sqrt{12^2+8^2}=\sqrt{208}=4\sqrt{13}$ となる。また，$\angle AFB=\angle PFC$，$\angle ABF=\angle PCF$ より，$\triangle ABF\backsim\triangle PCF$ だから，$BF:CF=AB:PC=2:1$ である。よって，$BF=\frac{2}{2+1}BC=\frac{2}{3}\times4\sqrt{13}=\frac{8\sqrt{13}}{3}(\text{cm})$ である。

(4)＜体積＞右上図で，(2)より $AP\perp DE$ であり，$\triangle CDE$ が直角二等辺三角形より $PC\perp DE$ となるから，線分 DE は 3 点 A，B，C を通る平面に垂直である。これより，$\triangle ABP$ を底面と見ると，三角錐 D-ABP，三角錐 E-ABP の高さは $PD=PE=PC=6$ となる。$\triangle ABP=\frac{1}{2}\times AB\times AC=\frac{1}{2}\times12\times8=48$ だから，〔三角錐 D-ABP〕$=\frac{1}{3}\times\triangle ABP\times PD=\frac{1}{3}\times48\times6=96$ となり，〔四面体 ABDE〕$=2$〔三角錐 D-ABP〕$=2\times96=192(\text{cm}^3)$ である。

社会解答

1 (1) イ　(2) ア　(3) イ　(4) ウ
(5) ①…イ　②…エ

2 (1) エ　(2) ア　(3) イ　(4) ア
(5) イ　(6) エ　(7) ア

3 (1) ア　(2) イ　(3) エ　(4) イ
(5) ア　(6) エ

4 (1) エ　(2) ウ　(3) ウ　(4) カ
(5) ウ　(6) ア　(7) ウ

5 (1) ア　(2) ウ　(3) エ　(4) ア
(5) エ

6 (1) エ　(2) ア　(3) ウ　(4) イ
(5) イ

7 (1) ウ　(2) ウ　(3) エ　(4) ア

1〔日本地理―日本の諸地域，地形図〕

⑴＜日本の地域区分と自然＞図中に示されているのは中国・四国地方である。中国・四国地方の本州部分（中国地方）には，岡山県，広島県，鳥取県，島根県，山口県の５つの県が位置している（ア…×）。北緯40度の緯線は東北地方の秋田県，岩手県を通っており，中国・四国地方には北緯33～35度の緯線が通っている（ウ…×）。フォッサマグナは，中部地方をほぼ南北方向に走る大地溝帯（大規模な溝状の地形）で，糸魚川・静岡構造線を西縁とするが，東縁は不明である（エ…×）。

⑵＜陶磁器の生産が盛んな県＞Ａは岐阜県，Ｂは佐賀県，Ｃは長崎県，Ｄは愛知県，Ｅは石川県で，いずれも陶磁器の生産が盛んな県である。岐阜県多治見市や愛知県瀬戸市を中心とする地域では，原料となる良質な粘土が産出するため古くから陶磁器の生産が行われてきた。また，安土桃山時代に豊臣秀吉が朝鮮侵略を行った際に，朝鮮から日本へと陶工を連れ帰ったことで，有田（佐賀県）をはじめとする九州地方などで陶磁器の生産が盛んとなった。なお，ピアノの生産は日本では静岡県のみで行われている。また，顕微鏡，拡大鏡の出荷額は長野県が全国の約８割，食卓用ナイフ，フォーク，スプーンの出荷額は新潟県が全国の約８割を占めている。（2019年）

⑶＜日本の気候＞あ（秋田）は日本海側の気候，い（水戸）は太平洋側の気候，う（長野）は中央高地の気候〔内陸の気候〕，え（大阪）は瀬戸内の気候に属する。Ⅰは冬の降水量が多いので，あ，Ⅱは年間の降水量が少なく比較的温暖なので，え，Ⅲは年間の降水量が少なく夏と冬の気温差が大きいので，う，Ⅳは夏の降水量が多いので，いの気候を示したグラフとなる。

⑷＜山形県の産業＞Ｘの山形県は，おうとう〔さくらんぼ〕や西洋なしの生産量が全国第１位である（2019年）。また，山形県天童市を中心とする地域では，伝統的工芸品である天童将棋駒の生産が行われている。なお，びわの生産量が最も多いのは長崎県（2019年）であり，南部鉄器は岩手県の伝統的工芸品である。

⑸＜地形図の読み取り＞①この地形図の縮尺は２万５千分の１であることから，地形図上で３cmの長さの実際の距離は３cm×25000＝75000cm＝750m，地形図上で５cmの長さの実際の距離は５cm×25000＝125000cm＝1250mとなる。したがって，実際の面積は，750m×1250m＝937500m^{2}となる。　②自動車専用道路沿いには，針葉樹林（Λ）が見られる（エ…○）。特にことわりのないかぎり地形図では上が北となることから，最も北に位置している橋は柳都大橋となる（ア…×）。新潟大学の敷地の北部に，標高29.5ｍを示す三角点（△）が見られる（イ…×）。市役所（◎）は，新潟大学の南に位置しており，新潟大学とマリンピア日本海の間には位置していない（ウ…×）。

2〔世界地理―世界の姿と諸地域〕

(1)＜北極点から南極点までの距離＞Xは北極点を中心に描かれた地図，Yは南極点を中心に描かれた地図であり，Xの図中のあ.は北極点，Yの図中のい.は南極点を表している。地球の表面を1周したときの長さは約40000kmであることから，地球の表面を通って北極点から南極点までを結んだ距離はその半分の約20000kmとなる。

(2)＜日本の正反対の位置＞地球上で日本の正反対にあたる位置は，南アメリカ大陸の南東側の海上にある。Yの図中では，Aの国（アルゼンチン）がある大陸が南アメリカ大陸であり，アがその位置となる。

(3)＜アルゼンチン＞Aの国は，南アメリカ大陸のアルゼンチンである。アルゼンチン北東部のブエノスアイレス周辺には，パンパと呼ばれる大草原が広がっている（Ⅰ…正）。サンベルトは，アメリカで工業が発達している北緯37度以南の地域を指す（Ⅱ…誤）。

(4)＜オーストラリアの貿易相手国の推移＞かつてイギリスの植民地であったオーストラリアは，イギリスを中心とするヨーロッパとの結びつきが強かったが，近年は距離が近いアジア・太平洋地域との結びつきを強めている。したがって，1965年に最も割合が高いaはイギリスである。1985年に最も割合が高いbは，高度経済成長を経てアジアの経済大国となった日本である。1985年までは貿易相手国の上位に含まれず，2018年に最も割合が高くなっているcは，近年大きく経済が成長した中国である。

(5)＜ダイヤモンドの主な産地＞Cの大陸はアフリカ大陸であり，■の鉱産資源はアフリカ大陸南部で多く産出していることがわかる。これは，ボツワナや南アフリカ共和国などの国で産出量が多いダイヤモンドである。なお，石油はナイジェリアやリビアなど，ボーキサイトはギニアなど，銀はモロッコなどで産出が盛んであり，いずれもアフリカ大陸北部の国々が多い。

(6)＜スカンディナビア半島の自然＞Dは，ヨーロッパ北部に位置するスカンディナビア半島にあたる地域である。緯度の高いこの地域では，夏になると，太陽が沈んでも薄明るい状態が続いたり，太陽が一日中沈まなかったりする現象が見られ，これを白夜という。なお，アはカリブ海やメキシコ湾に面した地域，イはアンデス山脈の高地など，ウは西アジアや北アフリカなどの乾燥帯（砂漠気候）に属する地域について述べたものである。

(7)＜資料の読み取り＞資料1より，2000年と比べた2010年のGDP〔国内総生産〕は，トルコが771877百万÷272971百万＝2.82…より約2.8倍，スペインが1420722百万÷596877百万＝2.38…より約2.4倍の増加で，3倍以下である（Ⅰ…誤）。資料1より，カナダのGDPは2010年から2016年にかけて減少しており，資料2より，カナダの亜鉛鉱の生産量は2016年から2017年にかけて増加している（Ⅱ…誤）。資料3より，2017年の4か国の一次エネルギーの生産量の合計は，8億7286万トンである（Ⅳ…誤）。Ⅲは正しい。

3〔歴史―古代～近世の日本と世界〕

(1)＜年代整序＞年代の古い順に，Ⅰ（儒教創始－紀元前6世紀頃），Ⅱ（秦の始皇帝－紀元前3世紀），Ⅲ（三国時代－3世紀）となる。

(2)＜渡来人＞大和政権〔ヤマト王権〕が大陸との交流を盛んに行った古墳時代には，朝鮮半島などから一族で日本列島に移住する人々が増え，渡来人と呼ばれた。渡来人は，須恵器と呼ばれるかたい土器をつくる技術や機織りの技術，漢字や儒教などを日本に伝えた。なお，アは紀元前4世紀頃の弥生時代初めに朝鮮半島から移り住んだ人々によるものである。ウは奈良時代の８世紀半ばに来日した鑑真が行ったことであり，エは奈良時代後半のことである。

⑶＜唐と新羅の滅亡＞平安時代にあたる10世紀前半，中国では唐が滅亡し，朝鮮半島では高麗が新羅を滅ぼして半島を統一した。なお，宋は，10世紀後半に中国を統一した王朝であり，高句麗は，７世紀に新羅によって滅ぼされた朝鮮半島北部の王朝である。

⑷＜室町時代の自治＞室町時代に農村で見られた自治のしくみは惣であり，土倉はお金の貸し付けなどを行った金融業者のことである（Ⅱ…誤）。Ⅰは正しい。

⑸＜マゼランの航路＞スペインの援助を受けて出発したマゼランの船隊は，フィリピンでマゼランが戦死した後も航海を続けた部下たちによって，16世紀前半に世界一周を果たした。その航路は西回りで，スペインを出発し，大西洋を南下しながら横断→南アメリカ大陸の南端付近を回って太平洋へ出る（イを通過）→太平洋を横断→東南アジアを通ってインド洋へ出る（ウを通過）→インド洋を横断→アフリカ大陸の南端を回って大西洋に出る（エを通過）→大西洋を北上してスペインに戻る，というルートをとった。したがって，アはこの航路上にはない。

⑹＜江戸時代の文化＞曲亭〔滝沢〕馬琴は『南総里見八犬伝』の作者であり，『東海道中膝栗毛』の作者は十返舎一九である（Ⅰ…誤）。浮世絵の祖といわれるのは『見返り美人図』などを描いた菱川師宣であり，尾形光琳は大和絵の伝統を生かし，はなやかな装飾画を完成させた画家である（Ⅱ…誤）。

4〔歴史―近代～現代の日本と世界〕

⑴＜自由民権運動＞1874年に板垣退助らが，国民が選んだ議員からなる国会の開設を求める民撰議院設立の建白書を政府に提出し，これによって自由民権運動が始まった（Ⅰ…正）。征韓論を主張して政府を去った西郷隆盛は，1877年に鹿児島で西南戦争を起こした（Ⅱ…正）。1880年，各地の自由民権運動の代表者が大阪に集まり，国会の開設を求める国会期成同盟を結成した（Ⅲ…正）。10年後に国会を開設することを約束する国会開設の勅諭が1881年に出されると，板垣退助は自由党，大隈重信は立憲改進党を結成した（Ⅳ…正）。

⑵＜日清・日露戦争＞日清戦争が始まるきっかけになったのは，1894年に朝鮮で農民が起こした反乱の甲午農民戦争である。朝鮮半島中西部の江華島に接近した日本の軍艦を朝鮮が砲撃した江華島事件は1875年に起こり，翌年に日朝修好条規が結ばれるきっかけとなった（Ⅰ…誤）。Ⅱは正しい。

⑶＜第一次世界大戦＞第一次世界大戦中の1917年，ロシアではレーニンの指導のもとロシア革命が起こり，世界で初めての社会主義国家が誕生した（ウ…○）。三国協商を結んでいたのはロシア，フランス，イギリスであり，ドイツはオーストリア，イタリアと三国同盟を結んでいた（ア…×）。1914年，オーストリアの皇太子夫妻がセルビア人の青年に暗殺される事件（サラエボ事件）が起こり，第一次世界大戦が始まるきっかけとなった（イ…×）。第一次世界大戦の講和会議は1919年に開かれたパリ講和会議であり，1921～22年のワシントン会議は第一次世界大戦後の世界で軍縮および中国・太平洋問題を主な議題として開かれた会議である（エ…×）。

⑷＜年代整序＞年代の古い順に，Ⅲ（ファシスト党政権の成立－1922年），Ⅱ（抗日民族統一戦線の結成－1937年），Ⅰ（ドイツのポーランド侵攻－1939年）となる。

⑸＜農地改革＞農地改革では，地主が所有していた小作地を政府が買い上げ，小作人に安く売り渡した。その結果，小作人の多くは自分の土地を耕す自作農家となった。したがって，農地改革実施後の割合を示しているグラフは，自作農の割合が高く小作農の割合が低い，い．である（Ⅰ…誤）。Ⅱ

は正しい。

(6)＜冷戦の終結＞第二次世界大戦後の世界では，アメリカや西ヨーロッパなどの資本主義国(西側陣営)と，ソビエト連邦〔ソ連〕や東ヨーロッパなどの社会主義国(東側陣営)の対立である冷戦〔冷たい戦争〕が長く続いたが，1980年代後半になるとソ連と西側陣営の関係改善が進み，東ヨーロッパ諸国で民主化への動きが見られるようなった。こうした中，1989年には冷戦の象徴であったベルリンの壁が取り壊され，マルタ会談と呼ばれる米ソ首脳会談において冷戦の終結が宣言された。なお，湾岸戦争が起こったのは1991年，EU〔ヨーロッパ連合〕が結成されたのは1993年である。

(7)＜21世紀の出来事＞イラク戦争(2003年)は，アメリカとイギリスを中心とする有志連合軍が，大量破壊兵器に関する疑惑を理由にイラクを攻撃した戦争である。日本は，戦後のイラクの復興を支援するため，イラク復興支援特別措置法を制定し，2003年末から自衛隊をイラクに派遣した。なお，日中共同声明への調印が行われたのは1972年，55年体制が終わったのは1993年，バブル経済が崩壊したのは1991年である。

5〔公民—政治〕

(1)＜裁判のしくみ＞A，B．日本では，１つの事件について３回まで裁判を受けることができる三審制がとられている。第一審の判決に不服がある場合に第二審の裁判所に訴えることを控訴(A)，第二審の判決に不服がある場合に第三審の裁判所に訴えることを上告(B)という。　C，D．刑事裁判の場合，第一審が地方裁判所・家庭裁判所・簡易裁判所のいずれで行われても，第二審は高等裁判所，第三審は最高裁判所で行われる。一方，民事裁判の場合，第一審が地方裁判所か家庭裁判所で行われれば，第二審は高等裁判所，第三審は最高裁判所で行われるが，第一審が簡易裁判所で行われれば，第二審は地方裁判所，第三審は高等裁判所で行われる。以上から，Cが民事裁判，Dが刑事裁判となる。

(2)＜国政選挙の仕組み＞小選挙区制は，１つの選挙区から１人を選出する選挙制度である。衆議院議員の選挙は，小選挙区制と比例代表制を組み合わせた小選挙区比例代表並立制によって行われている(Ⅰ…誤)。Ⅱは正しい。なお，１つの選挙区から２人以上を選出する選挙制度は大選挙区制と呼ばれる。

(3)＜天皇の国事行為＞天皇の国事行為には，内閣の指名に基づく最高裁判所長官の任命，国会の指名に基づく内閣総理大臣の任命，憲法改正・法律・条約などの公布，国会の召集，衆議院の解散，栄典の授与などがある。なお，アは内閣，イは国会の仕事である。ウについては，憲法改正と法律の公布は天皇の国事行為に含まれるが，政令(内閣が制定する命令)と条例(地方公共団体が制定する法)は天皇による公布は行われない。

(4)＜三権分立＞内閣は衆議院を解散する権限を持つが，参議院には解散はない(Ⅱ…誤)。内閣不信任決議は，衆議院のみが行うことができる(Ⅲ…誤)。最高裁判所の裁判官は，任命後初めて行われる衆議院議員総選挙のときと，前回の審査から10年経過した後の衆議院議員総選挙のたびに国民審査を受ける(Ⅳ…誤)。Ⅰは正しい。

(5)＜地方選挙の選挙権・被選挙権＞選挙権は，全ての地方選挙において満18歳以上の国民が持つ。被選挙権は，市(区)町村長と都道府県，市(区)町村議会議員は満25歳以上，都道府県知事は満30歳以上の国民が持つ。

6〔公民—総合〕

⑴＜小売業売り上げの推移＞1990年代初めまで最も販売額が多いが，バブル経済の崩壊後は減少傾向が続くＡは百貨店，1990年代半ば頃から現在まで最も販売額が多いＢは大型スーパー，1990年代以降に店舗を急激に増やし，販売額が大きく増加しているＣはコンビニエンスストアである。

⑵＜企業＞私企業は利潤の獲得を目的とし，公企業は公共の目的のために活動を行っている(Ⅰ…正)。労働者は，労働組合を結成する権利(団結権)などの労働基本権を持ち，労働条件の最低基準を定めた労働基準法などの法律によって守られている(Ⅱ…正)。

⑶＜景気変動と税＞所得が多いほど税率(所得や財産に対する税金の割合)が高くなる累進課税のしくみは，直接税である所得税や相続税で導入されているが，法人税では導入されていない。また，間接税である消費税は，所得に関係なく全ての人が同じ金額の商品の購入に対して同じ税額を負担する(Ⅲ…誤)。Ⅰ，Ⅱ，Ⅳは正しい。

⑷＜円高＞「１ドル＝200円」から「１ドル＝100円」になったということは，それまでは１ドルの商品を購入するのに，円に換算すると200円の支払いが必要であったのが，100円の支払いで済むようになったということである。つまり，ドルに対しての円の価値が高くなったということであり，これを円高と呼ぶ。円高になると，外国からの輸入品の価格は日本にとって安くなるため，日本への輸入は有利になる。一方，日本からの輸出品の価格は相手国にとって高くなるため，日本からの輸出は不利になる。

⑸＜環境問題＞1997年に開かれた第３回気候変動枠組み条約締約国会議〔COP3〕で採択された京都議定書では，先進国に対して温室効果ガス排出削減が義務づけられた。2015年に，京都議定書の後を継ぐ，気候変動に関する新たな枠組みとして採択されたパリ協定では，先進国だけでなく発展途上国を含む全ての加盟国が世界の平均気温を抑えるための目標を設定することが定められた(Ⅱ…誤)。Ⅰは正しい。

7〔公民—総合〕

⑴＜資料の読み取り＞資料２の文章を資料１のグラフと照らし合わせながら，Ａ～Ｄのうちわかるものから特定していく。資料２の１つ目の文で述べられている内容に当てはまるのは，資料１のＢ，Ｄだから，Ｂ，Ｄは学習用タブレットと携帯ゲーム機のいずれかとなる。資料２の２つ目の文で述べられている内容に当てはまるのは，資料１のＣだから，Ｃは携帯音楽プレーヤーとなる。資料２の３つ目の文で述べられている内容に当てはまるのは，資料１のＡ，Ｃ，Ｄである。１つ目の文と３つ目の文の内容と合わせて考えると，Ｄが携帯ゲーム機であることがわかるので，Ｂは学習用タブレットとなる。残ったＡは携帯電話となる。

⑵＜子どもの権利と教育＞日本は，子ども〔児童〕の権利条約を1994年に批准している(Ⅰ…誤)。Ⅱは正しい。

⑶＜核家族＞核家族とは，親(夫婦またはひとり親)と子ども，または夫婦のみで構成される家族である。資料３で核家族に該当するのは「夫婦のみ」「夫婦と子ども」「ひとり親と子ども」であり，割合の合計は55.9％となる。

⑷＜自由権＞ア(日本国憲法第18条)は，自由権のうちの身体の自由を規定する条文の１つである。なお，イ(第17条)は請求権のうちの国家賠償請求権を規定したものである。また，ウ(第13条)は個人の尊重や幸福追求権，エ(第14条)は法の下の平等について規定したもので，人権保障の基本となる原理である。

2022年度／芝浦工業大学柏高等学校（第２回）

理科解答

1 (1) ア　(2) エ　(3) ウ
(4) あ…２　い…９　う…３　(5) エ

2 (1) ウ　(2) あ…５　い…５
(3) １…ア　２…エ　(4) イ
(5) イ

3 (1) ウ　(2) あ…３　い…２
(3) ア　(4) あ…５　い…６　う…０
(5) １…イ　２…ウ

4 (1) イ　(2) あ…１　い…２　う…０
(3) あ…３　い…７　う…０
(4) １…ア　２…ウ
(5) あ…６　い…３　う…０　え…０

5 (1) ウ　(2) イ　(3) エ　(4) イ
(5) あ…５　い…１

6 (1) イ　(2) １…ア　２…イ
(3) エ　(4) １…エ　２…ア
(5) エ

7 (1) イ　(2) １…ウ　２…ア
(3) エ　(4) ウ
(5) あ…２　い…５

8 (1) ウ　(2) エ
(3) あ…２　い…４　う…２　え…４
(4) １…イ　２…ア
(5) あ…１　い…８

1 〔生物の体のつくりとはたらき〕

(1)＜双子葉類＞図１より，アジサイの葉は網状脈なので，アジサイは双子葉類である。よって，根のつくりは主根と側根からなる。

(2)＜双子葉類＞双子葉類であるアジサイの茎の横断面は，維管束が輪状に並び，維管束の内側に道管，外側に師管が通っている。アジサイに吸収された赤インクで着色した水は道管を通って葉に運ばれるので，図２のように茎を切断したときの断面で赤く染まった部分は道管であり，エのように，茎の左右の表面に近い側に観察される。

(3)＜気孔のはたらき＞植物の根から吸収された水は，道管を通って葉に運ばれ，水蒸気となって葉の気孔から空気中に出ていく。この作用を蒸散という。また，気孔では，呼吸を行うときは酸素を取り入れて二酸化炭素を出す。なお，光合成を行うときは二酸化炭素を取り入れて酸素を出す。

(4)＜蒸散＞蒸散は，葉の裏，葉の表，茎で行われる。ワセリンをぬった部分では蒸散は行われないから，図３のＤでは，茎で蒸散が行われる。また，Ａでは葉の裏側と表側，茎で蒸散が行われ，Ｂでは葉の表側と茎，Ｃでは葉の裏側と茎で蒸散が行われる。よって，表より，Ａの蒸散量について，〔葉の裏側〕＋〔葉の表側〕＋〔茎〕＝30.0－23.6＝6.4(mL)となり，Ｂの蒸散量について，〔葉の表側〕＋〔茎〕＝30.0－27.9＝2.1(mL)，Ｃの蒸散量について，〔葉の裏側〕＋〔茎〕＝30.0－25.0＝5.0(mL)となる。これより，葉の表側からの蒸散量は，Ａ－Ｃ＝6.4－5.0＝1.4(mL)，葉の裏側からの蒸散量は，Ａ－Ｂ＝6.4－2.1＝4.3(mL)となるから，茎からの蒸散量は，Ａ－(1.4＋4.3)＝6.4－5.7＝0.7(mL)である。したがって，Ｘ＝30.0－0.7＝29.3(mL)である。

(5)＜蒸散＞(4)より，葉の表側からの蒸散量は1.4mL，葉の裏側からの蒸散量は4.3mLである。よって，アジサイでの蒸散は葉の裏側の方が表側より盛んに行われ，裏側からの蒸散量は表側からの蒸散量の，4.3÷1.4＝3.0…より，約３倍である。

2 〔気象とその変化〕

(1)＜天気記号＞図１より，４月15日９時の気象は，風向は北東，風力は３，天気は晴れである。風向は天気記号の風向の方位に矢をかき，風力の数だけ矢羽根をつける。また，晴れの天気記号は⦶である。なお，◎はくもりを表す天気記号である。

(2)＜湿度＞表より，気温７℃での飽和水蒸気量は7.8g/m^{3}である。よって，気温７℃，湿度70％の空気１m^3中に含まれている水蒸気量は，〔空気１m^3中に含まれている水蒸気量(g/m^3)〕＝〔その気温での飽和水蒸気量(g/m^3)〕×$\frac{〔湿度(\%)〕}{100}$より，$7.8\times\frac{70}{100}=5.46$となるから，約5.5$g/m^3$である。

(3)＜天気図＞気圧は，低気圧の中心に向かって低くなる。よって，図２のＡで，紀伊半島付近にある低気圧の中心に向かって，地点Ｐ，Ｑと気圧は低くなり，北海道の北にある低気圧の中心に向かって，地点Ｐ，Ｒ，Ｓと気圧は低くなる。したがって，気圧が最も高いのは地点Ｐ，最も低いのは地点Ｓである。

(4)＜温暖前線＞図２の前線Ｙは温暖前線で，前線面の西側に暖気，東側に寒気があり，暖気が寒気の上にはい上がるように進む。よって，前線Ｙ付近の寒気と暖気の動きはイのようになる。

(5)＜寒冷前線＞図２の前線Ｘは寒冷前線である。寒冷前線が通過すると，短時間に強い雨が降り，風向が南寄りから北寄りに変わり，気温が急に下がる。よって，図１で，このような変化が見られる４月14日の12～15時の間に寒冷前線が通過したと考えられる。

3〔化学変化と原子・分子〕

(1)＜酸化＞マグネシウム(Mg)を加熱すると，空気中の酸素(O_2)と結びついて酸化マグネシウム(MgO)が生じる。化学反応式は，矢印の左側に反応前の物質の化学式，右側に反応後の物質の化学式を書き，矢印の左右で原子の種類と数が等しくなるように化学式の前に係数をつける。

(2)＜結びつく質量の割合＞実験１で，マグネシウム0.60gを加熱したとき，表１より４回目以降，加熱後の物質の質量は1.00gで一定になるから，マグネシウム0.60gが全て酸化すると酸化マグネシウムが1.00g生じることがわかる。これより，マグネシウム0.60gと結びついた酸素の質量は，$1.00-0.60=0.40$(g)である。よって，マグネシウムと酸素が結びつく質量の割合は，マグネシウム：酸素＝0.60：0.40＝3：2となる。

(3)＜酸化銅の還元＞実験２では，酸化銅は炭素によって酸素を奪われて銅になり，炭素は奪った酸素と結びついて二酸化炭素になっている。よって，図２のガラス管の先から出てくる気体は二酸化炭素であり，二酸化炭素を通したとき白くにごった試験管Ｂの液は石灰水である。

(4)＜化学変化と物質の質量＞表２の試験管Ａに残った物質の質量は，酸化銅と炭素粉末の混合物の質量から，発生した二酸化炭素の質量を除いたものである。これより，発生した二酸化炭素の質量は，酸化銅と炭素粉末の混合物の質量から，試験管Ａに残った物質の質量をひくことで求められる。よって，炭素粉末の質量を変えたときに発生する二酸化炭素の質量を求めると，炭素粉末の質量が0.30gのときは$6.00+0.30-5.20=1.10$(g)，0.45gのときは$6.00+0.45-4.80=1.65$(g)，0.60gのときは$6.00+0.60-4.95=1.65$(g)，0.75gのときは$6.00+0.75-5.10=1.65$(g)となる。このとき，炭素粉末の質量が0.45g以上になると，発生する二酸化炭素の質量が1.65gで一定になっているのは，酸化銅6.00gが全て反応したためである。したがって，炭素粉末0.30gが反応したとき，二酸化炭素が1.10g発生するので，炭素粉末が半分の0.15g反応したときに発生する二酸化炭素の質量は，$1.10\times\frac{1}{2}=0.55$(g)である。以上より，表２のＸに当てはまる値は，$6.00+0.15-0.55=5.60$である。

(5)＜化学変化と物質の質量＞(4)より，酸化銅6.00gが全て反応すると，二酸化炭素が1.65g発生し，炭素粉末0.30gが全て反応したとき，二酸化炭素が1.10g発生するから，酸化銅6.00gと過不足なく反応する炭素粉末の質量は，$0.30\times1.65\div1.10=0.45$(g)である。これより，酸化銅6.00gと炭素粉末0.75gを混ぜ合わせて加熱すると，酸化銅6.00gは全て反応し，炭素粉末は$0.75-0.45=0.30$(g)反応せずに残る。よって，加熱後の試験管Ａの中には，銅の他に炭素が残っている。また，(4)より，このとき発生した二酸化炭素は1.65gである。

4〔電流とその利用〕

(1)＜電流計と電圧計の接続＞電流計は電流を測定する部分に直列につなぎ，電圧計は電圧を測定する部分に並列につなぐ。また，電流計も電圧計も，右端にある＋端子は電源装置の＋極側に，－端子は電源装置の－極側につなぐ。

(2)＜消費電力＞実験１の②で，抵抗が3.0Ωの電熱線Ｘに6.0Ｖの電圧を加えたとき，電熱線に流れる電流は，オームの法則〔電流〕$=\frac{〔電圧〕}{〔抵抗〕}$より，$\frac{6.0}{3.0}=2.0$(Ａ)である。よって，電熱線Ｘの消費電力は，〔電力(Ｗ)〕＝〔電圧(Ｖ)〕×〔電流(Ａ)〕より，6.0×2.0＝12.0(Ｗ)となる。

(3)＜発熱量＞表より，実験１の③では，１分当たり，水温は1.2℃上昇している。これより，10分間で，水温は，1.2×10＝12.0(℃)上昇するので，6.0Ｖの電圧で10分間電流を流し続けたときの水温は，25.0＋12.0＝37.0(℃)になる。

(4)＜発熱量＞図２のように，抵抗が3.0Ωの電熱線Ｘと4.0Ωの電熱線Ｙを直列につなぐと，PQ間の抵抗は3.0＋4.0＝7.0(Ω)となり，電熱線Ｙの抵抗より大きくなるから，PQ間に6.0Ｖの電圧を加えたとき，PQ間を流れる電流は，実験１の③で電熱線Ｙに流れた電流より小さくなる。よって，PQ間の電熱線の消費電力は，実験１の③での電熱線Ｙの消費電力より小さい。〔発熱量(Ｊ)〕＝〔電力(Ｗ)〕×〔時間(s)〕より，時間が一定のとき，発熱量は電熱線の消費電力に比例するから，PQ間の電熱線による５分間の発熱量は，実験１の③での電熱線Ｙの発熱量より小さい。これより，実験２の①での５分後の水温は，電熱線Ｙの５分後の水温(31.0℃)より低くなる。また，図３のように，電熱線Ｘと電熱線Ｙを並列につなぐと，RS間の抵抗は，電熱線Ｘの抵抗より小さくなるから，RS間に6.0Ｖの電圧を加えたとき，RS間を流れる電流は，実験１の②で電熱線Ｘに流れた電流より大きくなる。したがって，RS間の電熱線の消費電力は，実験１の②での電熱線Ｘの消費電力より大きく，RS間の電熱線による５分間の発熱量も電熱線Ｘの発熱量より大きくなるから，実験２の②での５分後の水温(33.0℃)は，電熱線Ｘの５分後の水温より高くなる。

(5)＜発熱量＞図３のように，電熱線Ｘと電熱線Ｙを並列につなぎ，RS間に6.0Ｖの電圧を加えるとき，電熱線Ｘに流れる電流は$\frac{6.0}{3.0}=2.0$(Ａ)，電熱線Ｙに流れる電流は$\frac{6.0}{4.0}=1.5$(Ａ)だから，RS間を流れる電流は，2.0＋1.5＝3.5(Ａ)である。よって，実験２の②で，５分間電流を流し続けたとき，電熱線Ｘ，Ｙから発生した熱量の合計は，3.5×6.0×5×60＝6300(Ｊ)である。

5 〔生命・自然界のつながり〕

(1)＜遺伝子＞多くの生物の核の中にはひも状の染色体があり，染色体には親の形質を伝える遺伝子が存在している。また，遺伝子の本体は，DNA(デオキシリボ核酸)という物質である。

(2)＜遺伝の規則性＞AAの遺伝子を持つ親からつくられる生殖細胞は全てＡを持ち，aaの遺伝子を持つ親からつくられる生殖細胞は全てａを持つ。よって，これらの親をかけ合わせてできる子の持つ遺伝子は全てAaである。

(3)＜遺伝の規則性＞緑色の種子をつくる純系の親と，黄色の種子をつくる純系の親をかけ合わせると，できた種子が全て黄色になったので，種子の色について，黄色が顕性の形質である。ここで，黄色の種子をつくる遺伝子をB，緑色の種子をつくる遺伝子をｂとすると，黄色の種子をつくる純系の親が持つ遺伝子はBB，緑色の種子をつくる純系の親が持つ遺伝子はbbと表せ，これらをかけ合わせてできた子の黄色の種子の持つ遺伝子は全てBbである。この黄色の種子(子)を自家受粉させたときにできる種子(孫)の持つ遺伝子の組み合わせと数の比は，右表１のように，BB：Bb：bb＝1：2：1になり，Bを持つBBとBbの種子は黄色，Bを持たないbbの種子は緑色になるから，できた黄色と緑色の種子の数の比は，(2＋1)：1＝3：1となる。よって，孫の緑色の種子の個数が約2000個のとき，

表１

	B	b
B	BB	Bb
b	Bb	bb

黄色の種子は３倍の約6000個できる。

(4)＜遺伝の規則性＞草たけの高い純系の親と草たけの低い純系の親をかけ合わせてできた子の種子を育てると，全て草たけの高い個体になったので，草たけについて，高い方が顕性の形質である。草たけの高い個体をつくる遺伝子をＣ，草たけの低い個体をつくる遺伝子をｃとすると，子の持つ遺伝子は全てＣｃとなる。Ｃｃの遺伝子を持つ個体と，ｃｃの遺伝子を持つ個体をかけ合わせると，できた種子の遺伝子の組み合わせと数の比は，右表２のように，Ｃｃ：ｃｃ＝２：２＝１：１となるから，高い個体の数：低い個体の数＝１：１である。

表２

	C	c
c	Cc	cc
c	Cc	cc

(5)＜遺伝の規則性＞実験の①でできた丸い種子(子)の持つ遺伝子は全てＡａより，④でできた種子(孫)の持つ遺伝子の組み合わせと数の比は，ＡＡ：Ａａ：ａａ＝１：２：１になる。このうち，ＡＡとＡａの遺伝子を持つ丸い種子において，ＡＡを自家受粉させてできる種子の数の比を４とすると，Ａａを自家受粉させてできる種子の数の比は，孫のＡａの数がＡＡの数の２倍だから，ＡＡ：Ａａ：ａａ＝１×２：２×２：１×２＝２：４：２となる。よって，このときできた種子の遺伝子の組み合わせと数の比は，ＡＡ：Ａａ：ａａ＝(４＋２)：４：２＝６：４：２＝３：２：１である。したがって，丸い種子としわのある種子の数の比は，丸い種子：しわのある種子＝(３＋２)：１＝５：１となる。

6 〔地球と宇宙〕

(1)＜星の日周運動＞地球が１日に１回自転しているために，星は時間とともに移動して１日でほぼもとの位置に戻るように見える。星のこのような見かけの動きを，星の日周運動という。

(2)＜星の日周運動＞地球は地軸を中心に北極側から見て反時計回り(西から東)に自転しているから，地球から観測すると天体は東から西へ動くように見える。そのため，日本では，星は東から昇り，南の空を通って西へ沈む。図４は東の空の星の動きで，星はＺの向きに動く。

(3)＜星座と地球の位置＞真夜中に南の空に見える星座は，地球から見て太陽と反対の方向にある星座である。よって，図２で，日本でしし座が真夜中の南の空に見える地球の位置は，地球から見てしし座が太陽と反対の方向にあるＤである。

(4)＜星座の観察＞図２で，地球がＤの位置にあるときから６か月後の地球の位置はＢである。このとき，真夜中の南の空にはみずがめ座が見えるから，東の空にはおうし座が昇るのが見え，西の空にはさそり座が沈むのが見える。

(5)＜星の年周運動＞同じ時刻に見える北の空の星座は，１年(12か月)で，反時計回りに１周して見えるから，１か月では360°÷12＝30°反時計回りに動いて見える。また，図３のように，北の空の星座は，１日のうちでは，２時間で30°反時計回りに動いて見えるから，１か月後に，同じ位置に星座が観察できるのは２時間前になる。よって，図３の午後７時にカシオペヤ座がＸの位置に見えたときから９か月後に，カシオペヤ座が同じＸの位置に見えるのは，午後７時の２×９＝18(時間)前の午前１時である。

7 〔化学変化とイオン〕

(1)＜イオン＞原子は＋の電気を持った陽子と中性子からなる原子核と，－の電気を持った電子からなり，陽子の持つ＋の電気の量と電子が持つ－の電気の量は等しいので，原子は電気を帯びていない。原子が電子を失うと，－の電気の量が減るため，＋の電気を帯びた陽イオンになり，電子を受け取ると，－の電気の量が増えるため，－の電気を帯びた陰イオンになる。

(2)＜アルカリ性＞うすい水酸化ナトリウム水溶液はアルカリ性を示す。水酸化ナトリウム($NaOH$)は，水溶液中でナトリウムイオン(Na^+)と水酸化物イオン(OH^-)に電離していて，アルカリ性を示す原因となるのは，陰イオンのOH^-である。よって，実験１の②で，図１の赤色リトマス紙Ａが青色に変化したのは，クリップＸの方にOH^-が移動したためである。陰イオンは陽極に移動するから，クリップＸは陽極で電源装置の＋極につながっているとわかる。

(3)＜酸性＞うすい塩酸は塩化水素(HCl)の水溶液で，酸性を示す。HClは，水溶液中で水素イオン(H^+)と塩化物イオン(Cl^-)に電離していて，酸性を示す原因となるのは，陽イオンのH^+である。また，(2)より，図１のクリップＸは陽極，クリップＹは陰極である。よって，実験１の③では，H^+がクリップＹの方に移動するから，Ｄの青色リトマス紙の色が赤色に変化する。

(4)＜中和＞うすい塩酸にうすい水酸化ナトリウム水溶液を加えると，塩酸中のH^+と水酸化ナトリウム水溶液の中のOH^-が結びついて水(H_2O)が生じる。よって，H^+の数は，ウのように，水酸化ナトリウム水溶液を加えるにつれて減少し，加えた水酸化ナトリウム水溶液の体積が$12.0cm^3$のとき，液が緑色(中性)になると，H^+の数は０になる。

(5)＜中和＞(4)より，うすい塩酸$10.0cm^3$にうすい水酸化ナトリウム水溶液$12.0cm^3$を加えたときに，BTB液が緑色になったことから，この実験で用いた塩酸と水酸化ナトリウム水溶液は，$10.0:12.0=5:6$の体積比で過不足なく中和する。よって，実験２の②で加えたうすい水酸化ナトリウム水溶液$15.0cm^3$を過不足なく中和するのに必要なうすい塩酸の体積は，$15.0\times\frac{5}{6}=12.5(cm^3)$である。したがって，うすい塩酸はあと$12.5-10.0=2.5(cm^3)$必要である。

８〔身近な物理現象〕

(1)＜光の屈折＞図１のように，厚いガラスを通さずに見たチョークと，厚いガラスを通して見たチョークがずれて見えるのは，右図１のように，チョークの点Ｘから出た光がガラスに入るとき，入射角＞屈折角となるように屈折し，その光がガラスから出て点Ｙに届くとき，入射角＜屈折角となるように屈折するためである。また，点Ｘから出た光がガラスに入射するまでの道すじと，光がガラスから出て点Ｙに届くまでの道すじは平行になる。

図１

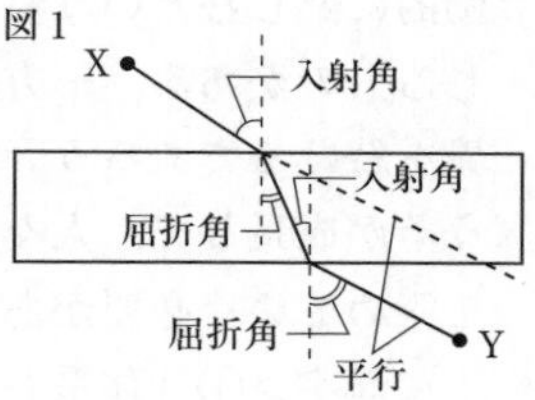

(2)＜凸レンズによる像＞図２で，凸レンズから焦点距離より遠い位置にフィルターを置いて凸レンズ側から見ると，スクリーン上には，光源の側から見たフィルターに書かれた文字と上下左右が逆向きの実像がうつる。

(3)＜凸レンズによる像＞スクリーン上に実物と同じ大きさの実像ができるのは，実物を凸レンズから焦点距離の２倍の位置に置いたときで，このとき，実像は凸レンズから焦点距離の２倍の位置にできる。よって，この凸レンズの焦点距離は12cmだから，凸レンズとフィルターの距離ａと凸レンズとスクリーンの距離ｂは等しく，$12\times2=24$(cm)となる。

(4)＜凸レンズによる像＞フィルターを焦点に近づけると，実像の大きさは大きくなり，凸レンズから実像ができる位置までの距離は大きくなる。よって，実験２の②と比べて，実験２の③の凸レンズとフィルターの距離ａは小さくなり，凸レンズとスクリーンの距離ｂは大きくなる。

(5)＜虚像の大きさ＞凸レンズとフィルターの距離を焦点距離より小さい６cmにすると，凸レンズの左側に虚像が見える。このとき，右図２のように，光軸に平行な光が凸レンズで屈折し，反対側の焦点を通る道すじと，光が凸レンズの中心を通って直進する道すじを延長した直線が交わる位置に虚像ができる。よって，虚像の高さは６目盛りで，方眼の１目盛りが３cmを表しているから，その高さは$3\times6=18$(cm)となる。

図２

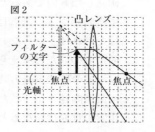

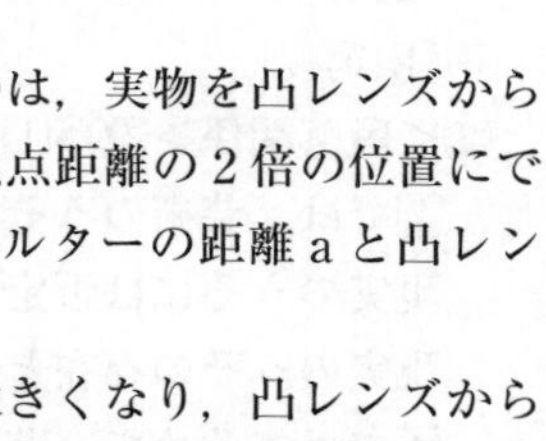

国語解答

一　(1)　①…ア　②…エ　③…イ　④…ウ
⑤…オ
(2)　エ　(3)　ア　(4)　イ
(5)　ア，カ　(6)　イ　(7)　オ
(8)　イ

二　(1)　エ　(2)　オ　(3)　ウ　(4)　ア
(5)　オ　(6)　エ　(7)　イ

三　(1)　ウ，カ　(2)　イ　(3)　エ
(4)　オ　(5)　ウ

一〔論説文の読解―社会学的分野―現代社会〕出典；樋口桂子『おしゃべりと嘘―「かたり」をめぐる文化論』。

≪本文の概要≫私たちは，小説や舞台のうそを外側から見て，おもしろいと思っている。しかし，小説や演劇上の約束事としてのうそをないものと見なすことと，本当に身に降りかかる現実のうそに気がつかないこととは違う。うそに鈍感でいると，うそを仕掛けられて被害者になることや，逆にうそをついて人を傷つけることがある。うそは，先を見越せない恐ろしさを隠し持っている。うそを操る人が，大勢の人を自分の思う方向に操作することがあることを忘れてはならない。芸術のうそは，受動的で静的なものであり，うそをつくという行為は，能動的で動的なものである。昨今，芸術を能動的に楽しむという参加型の鑑賞が増えてきた。この能動的な動きは，うそに対する対処の仕方に通じるものがある。一方，うそのつき方も変化しているし，伝達方法の変革によって，うそはさらに変異を続けるであろう。うその否定的な側面を嫌って，うそについて考えることを止めてはならない。うそが成長して，人々が判断力を失い，思考停止にならないようにするためには，うそについて議論を深めていく必要がある。

(1)＜漢字＞①「体系」と書く。アは「時系列」，イは「警告」，ウは「傾倒」，エは「休憩」，オは「継続」。　②「断罪」と書く。アは「顕在」，イは「財務」，ウは「資材」，エは「功罪」，オは「薬剤」。　③「遂(げ)」と書く。アは「心酔」，イは「完遂」，ウは「炊事」，エは「無粋」，オは「午睡」。　④「名詞」と書く。アは「至急」，イは「真摯」，ウは「作詞」，エは「風刺」，オは「飼育」。　⑤「貧困」と書く。アは「混同」，イは「開墾」，ウは「結婚」，エは「痕跡」，オは「困窮」。

(2)＜段落関係＞段落１では，小説を例に挙げて，楽しまれている芸術のうその存在が示される。段落２では，芸術のうそとは異なる，現実のうその恐ろしさが述べられる。段落３では，人々の印象が，現実のうそには否定的で，芸術のうそには肯定的であると述べられる。ここまでで，芸術のうそと現実のうその存在と，それに対する人々の反応という，文章全体のテーマが提示されている。段落４では，改めて，芸術のうそは受動的であり，現実のうそは能動的であるという，人々のうそのとらえ方が対比的に示され，段落５では，段落４で示した考え方が，ヨーロッパの啓蒙主義の時代に確立したものであるという経緯が示される。

(3)＜接続語＞A．読者は小説の中のうそを「ひたすら面白いと思って読む」ので，その分，「気をつけなければ」ならない。　C．芸術のうそは受動的で静的なもので，本家のうそは「能動的で，動的なもの」だと考えられているが，とはいえ，「今でこそ一般的とされているこの考え方は，ヨーロッパの啓蒙主義の時代に確立」したものである。

(4)＜文章内容＞ｉ．私たちは「演劇上の約束事をないもの」と見なしているのであり，芸術の世界と現実の世界は異なるという認識が必要である。その認識があるからこそ，小説や舞台を楽しめるのである。　ⅱ．「本当に身にふりかかる現実の嘘に気がつかないことと，演劇上の約束事をないも

のとみなすこととは違う」という認識がなく，現実世界のうそに気づかないでいると，うその被害者や当事者になりかねない。うそには，うそに精通している人が，大勢の人を自分の思う方向に操作する恐ろしさがあるということを忘れてはならないのである。

(5)＜文章内容＞従来は「所蔵品の豊かな美術館を巡礼してまわる」というスタイルが美術鑑賞の定番だった。しかし，参加型の展覧会が増えて，「人間が参加しないことには，作品は作品とならない」というスタイルや，「作品を見て聞いて直接触れて確かめることを楽しむ」というスタイルが増えてきている。

(6)＜文章内容＞情報の伝達方法の変革とともに，うそはより恐ろしい性質を持つように変異を続けると考えられる(ア…○)。リアリティの感覚の変化に伴って，うそが現実以上に現実的なイメージを巧みに操作するという危険性がある(オ…○)。うそが大きく強く成長すると，人は絶望して想像力を失い，思考停止した結果，判断を人任せにしてしまう(イ…×，ウ…○)。情報過多が人を閉塞させ，幅広い視点を失わせた結果，うそが拡大し，私たちは現実と非現実の区別を考えなくなってしまう(エ…○)。

(7)＜文章内容＞うそは常に変貌してゆくもので，固定的ではないので，視点を固めて見るのではなく，「具体的な嘘の一つひとつを，その変化の中で見て捉えようとする，柔軟な感性のベクトル」が，うそに惑わされないためには必要である。また，いつもと違うメンバーで語り合うことで，見落としていたことに気がつくということもある。

(8)＜主題＞うそに対して受動的でいて，うそについて論じることも止めてしまうならば，うその拡大を許すことになりかねない。うその否定的な側面を嫌ってうそについて考えることをやめるのではなく，うそも真実もわからなくなってしまう前に，うそについて考え論じて，うその危うさを認識すべきなのである。

二〔小説の読解〕出典；竹内真『図書室のバシラドール』。

(1)＜心情＞瞳と図書室を出る銀髪さんに対して，詩織は，「相変わらず背すじをぴんと伸ばして歩き～素敵だった」という印象を持った。図書館実習のときの，銀髪さんのオールバックの銀髪や服装，動作が，すてきだと感じたから，詩織は心の中で「銀髪さん」と呼んだのである。

(2)＜文章内容＞詩織は，瞳と銀髪さんの会話から，銀髪さんの妻の体調がよくないことを知った。そして，銀髪さんが氷室冴子の少女小説を借りていたのは，「声にして他の誰かに聞かせるため」で，その誰かが妻だと気がついたのである。

(3)＜心情＞大木は，文化祭の本番用にとっておいた本でビブリオバトルに出たが，決勝に進めず，残念に思っていた。けれども，詩織に，文化祭でビブリオバトルができていることが大木の功績だと言われて，大木はうれしさを感じた。

(4)＜心情＞詩織に，小枝の活躍は，ビブリオバトルをやろうという大木の提案がきっかけだと言われても，大木は「そうかな？」とよくわかっていなかった。そこで，詩織が，ビブリオバトルの開催が実現したからこそ，小枝は，図書委員みんなの活躍できる機会をつくることができたのだと大木に説明したところ，大木は，「みんなの活躍できる舞台」をつくろうとする小枝に，「偉いよなあ」と感心した。

(5)＜文章内容＞詩織は，銀髪さんが自分だけで読むためではなく，「声にして他の誰かに聞かせるため」に少女小説を借りていたのだろう，と思ったことで，「誰かのために」という思いの読書もあるということに気づかされた(オ…×)。

(6)＜文章内容＞瞳や大木は，詩織に気軽に声をかけており，詩織が生徒に慕われていることがわかる(ア…○)。銀髪さんに「先生」と呼ばれた詩織は，「先生なんてとんでもないです。ただの，職員」

でと答えている(イ…○)。詩織は，大木，小枝の努力や長所に，よく気がついている(オ…○)。生徒との交流や，銀髪さんの思いを察したことから，読書が一人の中で終わるものではなく，人と人との楽しみに変わるものだということに，詩織は気がついた(ウ…○)。描かれている場面は文化祭でのビブリオバトルの合間の時間であり，詩織が生徒に読書を勧めるような描写はない(エ…×)。

(7)＜表現＞全て詩織の視点から描かれている(ア…×，イ…○)。前半の瞳や銀髪さんとの会話で，詩織は，銀髪さんは妻のために本を借りていたのだろうということに気がつき，銀髪さんの思いについて，考えることになる。その後，大木との会話や小枝の様子の描写を挟み，最後に「誰かのために」という銀髪さんの思いに気づいたことから，読書は一人の中で終わるものではなく，人と人との楽しみに変わるものなのだという詩織の出した答えが提示されている(イ…○)。場面は，一貫して文化祭の日の図書室である(ウ…×)。比喩表現が多く使われているとはいえない(エ…×)。回想の場面は，白前市図書館での銀髪さんについてだけである(オ…×)。

三 〔古文の読解―随筆〕出典；大田南畝『仮名世説』下。

≪現代語訳≫長崎の鶴亭という隠者は少年の頃から絵をたしなみ，墨絵で(描く)花や鳥などは特によく優れてできたということだ。もとから他の人の見る目を驚かそうというわけでもなく，自分自身の心が移り変わるのに任せて，ときには芭蕉の葉が風で破れ(る様子)，ときには若竹が雨に張り合う(様子)など，趣深く優美に描写した。あるとき友人が来て雑談のついでに(絵に押す)印を押すところを尋ねたのに対して，(鶴亭が)答えて言う。「印はその押すところが決まっているものではない。その絵が完成すれば，ここに押してくれよと絵の方から待つものである」と言った。ある人はこれを聞いて，「あらゆる道はこれと同じであり，たとえば座敷もその客のいる状態によって上中下の(者の)いる場所ができるのであり，また人の挨拶もそのときどきの様子による。臨機応変とも，状況に応じるともいうように，確かな形はないもの。しかしそのときの状況がわからない人にはこのことは教えるのが難しい。よくわかる人はよくその場をわかるので，物事にこだわって融通がきかないということがない」と言った。

(1)＜古文の内容理解＞ウ.「芭蕉の葉」が，風で破れるのである。　カ. 絵に押す印の場所は決まっていないという鶴亭の意見に対し，全て同様であり，よくわかっている人は，状況によるということもわかっていると「ある人」は，述べたのである。

(2)＜古語＞A.「ことに」は，副詞で，特に，という意味。　B.「あはれに」は，形容動詞「あはれなり」の連用形で，ここでは，趣深く感じる，という意味。

(3)＜古文の内容理解＞鶴亭は，完成した絵に印を押すときにどこに押すのか，と友人にきかれた。鶴亭は，押すところが決まっているわけではなく，絵が，ここに押してくれよと言うかのように，絵が完成したら自然と押す場所が決まってくると答えている。

(4)＜古文の内容理解＞座敷の誰が上座や下座に座るのかということは，「客の居やう」によると述べられている。どのような人々が客として集まっているのか，そのときの状況によるということである。また，挨拶も「その時々のもやうにあり」と述べられており，型にはまった挨拶ばかりではなく，状況に応じた挨拶があるということである。座敷の座る位置や挨拶は，状況に応じて臨機応変にすることが必要なのだが，そもそも状況を判断できない人には，このような臨機応変な対応は教えることができないのである。

(5)＜古文の内容理解＞絵の達人の鶴亭が，絵に印を押す場所は決まっておらず絵によると述べたように，座敷の状況をよくわかっている人は，上座・下座に臨機応変に対応できる。どんなことでも，よくわかっている人は，状況に応じた行動ができるものなのである。

2025年度用

高校スーパー過去問

■編集人 声の教育社・編集部
■発行所 株式会社 声の教育社
〒162-0814 東京都新宿区新小川町8-15
☎03-5261-5061㈹ FAX03-5261-5062
https://www.koenokyoikusha.co.jp

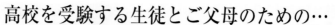

カコを追いかけ
ミライをつかめ

芝浦工業大学柏高等学校

別冊解答用紙

丁寧に抜きとって、別冊としてご使用ください。

★合格者最低点

年度		2024	2023	2022
第１回	３科	224	200	191
	５科	399	399	391
第２回	３科	211	190	208
	５科	396	390	401

注意

○ 解答用紙は、収録の都合により縮小したものや、小社独自に作成したものもあります。
○ 学校配点は学校発表のもの、推定配点は小社で作成したものです。
○ 無断転載を禁じます。
○ 解答用紙を拡大コピーする場合、表示した拡大率に対応する用紙サイズは以下のとおりです。
101%～102%=B5　103%～118%=A4　119%～144%=B4　145%～167%=A3
(タイトルと配点表は含みません)

2024年度　芝浦工業大学柏高等学校　第1回

英語解答用紙

評点
/100

問題番号		マーク欄
1	1	A B C
	2	A B C
	3	A B C
	4	A B C
	5	A B C
2	1	A B C
	2	A B C
	3	A B C
	4	A B C
	5	A B C
3	1	A B C
	2	A B C
	3	A B C
	4	A B C
	5	A B C
4	(1)	ア イ ウ エ
	(2)	ア イ ウ エ
	(3)	ア イ ウ エ
	(4)	ア イ ウ エ
	(5) 1つ目	ア イ ウ エ オ カ
	(5) 2つ目	ア イ ウ エ オ カ

問題番号		マーク欄
5	(1)	ア イ ウ エ
	(2)	ア イ ウ エ
	(3)	ア イ ウ エ
	(4)	ア イ ウ エ
	(5)	ア イ ウ エ
	(6)	ア イ ウ エ
	(7)	ア イ ウ エ
6	(1)	ア イ ウ エ
	(2)	ア イ ウ エ
	(3)	ア イ ウ エ
	(4)	ア イ ウ エ
	(5)	ア イ ウ エ
	(6)	ア イ ウ エ
	(7)	ア イ ウ エ

(注) この解答用紙は実物を縮小してあります。Ｂ４用紙に123%拡大コピーすると、ほぼ実物大で使用できます。(タイトルと配点表は含みません)

受験番号					
3 5	D G H	1 2	0 1 2 3 4 5 6 7 8 9	0 1 2 3 4 5 6 7 8 9	0 1 2 3 4 5 6 7 8 9

フリガナ	
氏 名	

記 入 方 法

1. 記入は、必ずＨＢの黒鉛筆で太く ［ ］ の中を正確に、マークしてください。
2. 書き損じた場合は、プラスチック製消しゴムできれいに消し、消しくずを残さないでください。
3. 解答用紙を、折り曲げたり汚さないでください。

良い例	▮
悪い例	⁄ ・ ◗ ━ ●

学校配点
1～3 各2点×15
4 (1)、(2) 各3点×2　(3) 4点　(4) 3点　(5) 各4点×2
5 (1) 4点　(2)～(5) 各3点×4　(6)、(7) 各4点×2
6 (1)、(2) 各3点×2　(3)～(5) 各4点×3　(6) 3点　(7) 4点
計 100点

2024年度　芝浦工業大学柏高等学校　第1回

数学解答用紙

評点
/100

(注) この解答用紙は実物を縮小してあります。A３用紙に149%拡大コピーすると、ほぼ実物大で使用できます。(タイトルと配点表は含みません)

問題番号			マーク欄
4	(1)	ア	0 1 2 3 4 5 6 7 8 9
		イ	0 1 2 3 4 5 6 7 8 9
	(2)	ウ	0 1 2 3 4 5 6 7 8 9
		エ	0 1 2 3 4 5 6 7 8 9
	(3)	オ	0 1 2 3 4 5 6 7 8 9
		カ	0 1 2 3 4 5 6 7 8 9
	(4)	キ	0 1 2 3 4 5 6 7 8 9
		ク	0 1 2 3 4 5 6 7 8 9
		ケ	0 1 2 3 4 5 6 7 8 9

問題番号			マーク欄
5	(1)	ア	0 1 2 3 4 5 6 7 8 9
		イ	0 1 2 3 4 5 6 7 8 9
	(2)	ウ	0 1 2 3 4 5 6 7 8 9
		エ	0 1 2 3 4 5 6 7 8 9
		オ	0 1 2 3 4 5 6 7 8 9
	(3)	カ	0 1 2 3 4 5 6 7 8 9
		キ	0 1 2 3 4 5 6 7 8 9
		ク	0 1 2 3 4 5 6 7 8 9
		ケ	0 1 2 3 4 5 6 7 8 9
	(4)	コ	0 1 2 3 4 5 6 7 8 9
		サ	0 1 2 3 4 5 6 7 8 9
		シ	0 1 2 3 4 5 6 7 8 9

問題番号				マーク欄
3	(1)	①	ア	0 1 2 3 4 5 6 7 8 9
			イ	0 1 2 3 4 5 6 7 8 9
		②	ウ	0 1 2 3 4 5 6 7 8 9
			エ	0 1 2 3 4 5 6 7 8 9
			オ	0 1 2 3 4 5 6 7 8 9
	(2)	①	カ	0 1 2 3 4 5 6 7 8 9
			キ	0 1 2 3 4 5 6 7 8 9
			ク	0 1 2 3 4 5 6 7 8 9
			ケ	0 1 2 3 4 5 6 7 8 9
			コ	0 1 2 3 4 5 6 7 8 9
			サ	0 1 2 3 4 5 6 7 8 9
		②	シ	0 1 2 3 4 5 6 7 8 9
			ス	0 1 2 3 4 5 6 7 8 9
			セ	0 1 2 3 4 5 6 7 8 9
			ソ	0 1 2 3 4 5 6 7 8 9

問題番号			マーク欄
1	(1)	ア	0 1 2 3 4 5 6 7 8 9
		イ	0 1 2 3 4 5 6 7 8 9
		ウ	0 1 2 3 4 5 6 7 8 9
	(2)	エ	0 1 2 3 4 5 6 7 8 9
		オ	0 1 2 3 4 5 6 7 8 9
	(3)	カ	0 1 2 3 4 5 6 7 8 9
		キ	0 1 2 3 4 5 6 7 8 9
	(4)	ク	0 1 2 3 4 5 6 7 8 9
		ケ	0 1 2 3 4 5 6 7 8 9
		コ	0 1 2 3 4 5 6 7 8 9

問題番号			マーク欄
2	(1)	ア	0 1 2 3 4 5 6 7 8 9
		イ	0 1 2 3 4 5 6 7 8 9
	(2)	ウ	0 1 2 3 4 5 6 7 8 9
		エ	0 1 2 3 4 5 6 7 8 9
		オ	0 1 2 3 4 5 6 7 8 9
	(3)	カ	0 1 2 3 4 5 6 7 8 9
		キ	0 1 2 3 4 5 6 7 8 9
	(4)	ク	0 1 2 3 4 5 6 7 8 9
		ケ	0 1 2 3 4 5 6 7 8 9
		コ	0 1 2 3 4 5 6 7 8 9

受験番号					
3 5	D G H	1 2	0 1 2 3 4 5 6 7 8 9	0 1 2 3 4 5 6 7 8 9	0 1 2 3 4 5 6 7 8 9

フリガナ	
氏名	

記入方法

1. 記入は、必ずＨＢの黒鉛筆で太く [ ] の中を正確に、マークしてください。
2. 書き損じた場合は、プラスチック製消しゴムできれいに消し、消しくずを残さないでください。
3. 解答用紙を、折り曲げたり汚さないでください。

良い例	▮
悪い例	

学校配点	
1～5 各5点×20	
100点	計

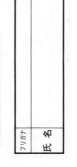

2024年度 芝浦工業大学柏高等学校 第1回

社会解答用紙

評点
/100

問題番号		マーク欄
5	(1)	ア イ ウ エ
	(2)	ア イ ウ エ オ カ
	(3)	ア イ ウ エ
	(4)	ア イ ウ エ
	(5)	ア イ ウ エ オ カ

問題番号		マーク欄
6	(1)	ア イ ウ エ
	(2)	ア イ ウ エ
	(3)	ア イ ウ エ
	(4)	ア イ ウ エ
	(5)	ア イ ウ エ オ カ

問題番号		マーク欄
7	(1)	ア イ ウ エ
	(2)	ア イ ウ エ
	(3)	ア イ ウ エ オ カ
	(4)	ア イ ウ エ

(注) この解答用紙は実物を縮小してあります。Ｂ４用紙に139%拡大コピーすると、ほぼ実物大で使用できます。(タイトルと配点表は含みません)

問題番号		マーク欄
3	(1)	ア イ ウ エ
	(2)	ア イ ウ エ
	(3)	ア イ ウ エ
	(4)	ア イ ウ エ オ カ
	(5)	ア イ ウ エ
	(6)	ア イ ウ エ
	(7)	ア イ ウ エ

問題番号		マーク欄
4	(1)	ア イ ウ エ
	(2)	ア イ ウ エ
	(3)	ア イ ウ エ
	(4)	ア イ ウ エ
	(5)	ア イ ウ エ
	(6)	ア イ ウ エ

問題番号		マーク欄
1	(1)	ア イ ウ エ
	(2)	ア イ ウ エ
	(3)	ア イ ウ エ
	(4)	ア イ ウ エ
	(5) ①	ア イ ウ エ
	(5) ②	ア イ ウ エ

問題番号		マーク欄
2	(1)	ア イ ウ エ
	(2)	ア イ ウ エ オ カ
	(3)	ア イ ウ エ
	(4)	ア イ ウ エ オ
	(5)	ア イ ウ エ
	(6)	ア イ ウ エ
	(7)	ア イ ウ エ

受験番号					
3 5	D G H	1 2	0 1 2 3 4 5 6 7 8 9	0 1 2 3 4 5 6 7 8 9	0 1 2 3 4 5 6 7 8 9

フリガナ	
氏名	

記入方法
1. 記入は、必ずＨＢの黒鉛筆で太く［ ］の中を正確に、マークしてください。
2. 書き損じた場合は、プラスチック製消しゴムできれいに消し、消しくずを残さないでください。
3. 解答用紙を、折り曲げたり汚さないでください。

良い例	▮
悪い例	

学校配点

1 (1) 3点 (2) 2点 (3) 3点 (4) 2点 (5) ① 2点 ② 3点
2 (1) 2点 (2)、(3) 各3点×2 (4)、(5) 各2点×2 (6)、(7) 各3点×2
3 (1) 2点 (2)～(4) 各3点×3 (5)、(6) 各2点×2 (7) 3点
4 (1)、(2) 各2点×2 (3)、(4) 各3点×2 (5) 2点 (6) 3点
5 (1) 3点 (2)～(4) 各2点×3 (5) 3点
6 (1) 3点 (2)～(4) 各2点×3 (5) 3点
7 (1) 2点 (2)、(3) 各3点×2 (4) 2点

100点	計

2024年度 芝浦工業大学柏高等学校 第1回

理科解答用紙

評点 ／100

問題番号		マーク欄
1	(1)	ア イ ウ エ
	(2)	ア イ ウ エ
	(3) 1	ア イ ウ エ オ カ
	(3) 2	ア イ ウ エ オ カ
	(4)	ア イ ウ エ
	(5) 1群	ア イ
	(5) 2群	ア イ
	(5) 3群	ア イ
2	(1) 1	ア イ ウ エ
	(1) 2	ア イ ウ エ
	(1) 3	ア イ ウ エ
	(1) 4	ア イ ウ エ
	(2)	ア イ ウ エ
	(3) 1群	ア イ
	(3) 2群	ア イ ウ
	(4) 1群	ア イ
	(4) 2群	ア イ
	(5)	ア イ ウ エ
3	(1)	ア イ ウ エ オ カ
	(2)	ア イ ウ エ
	(3) あ	1 2 3 4 5 6 7 8 9 0
	(3) い	1 2 3 4 5 6 7 8 9 0
	(4) 1群	ア イ
	(4) 2群	ア イ ウ エ
	(5)	ア イ ウ エ オ

問題番号		マーク欄
4	(1) 1群	ア イ
	(1) 2群	ア イ ウ
	(2)	ア イ ウ エ
	(3) あ	1 2 3 4 5 6 7 8 9 0
	(3) い	1 2 3 4 5 6 7 8 9 0
	(3) う	1 2 3 4 5 6 7 8 9 0
	(4) 1	ア イ ウ エ
	(4) 2	ア イ ウ エ
	(5) あ	1 2 3 4 5 6 7 8 9 0
	(5) い	1 2 3 4 5 6 7 8 9 0
	(5) う	1 2 3 4 5 6 7 8 9 0
5	(1)	ア イ ウ エ
	(2) 1	ア イ ウ エ
	(2) 2	ア イ ウ エ
	(2) 3	ア イ ウ エ
	(2) 4	ア イ ウ エ
	(3)	ア イ ウ エ
	(4)	ア イ ウ エ オ カ
	(5)	ア イ ウ エ オ カ
6	(1)	ア イ ウ エ
	(2)	ア イ ウ エ
	(3) あ	1 2 3 4 5 6 7 8 9 0
	(3) い	1 2 3 4 5 6 7 8 9 0
	(3) う	1 2 3 4 5 6 7 8 9 0
	(3) え	1 2 3 4 5 6 7 8 9 0

問題番号		マーク欄
6	(4)	ア イ ウ エ
	(5) あ	1 2 3 4 5 6 7 8 9 0
	(5) い	1 2 3 4 5 6 7 8 9 0
	(5) う	1 2 3 4 5 6 7 8 9 0
	(5) え	1 2 3 4 5 6 7 8 9 0
7	(1) 1	ア イ ウ エ
	(1) 2	ア イ ウ エ
	(1) 3	ア イ ウ エ
	(1) 4	ア イ ウ エ
	(2)	ア イ ウ エ
	(3)	ア イ ウ エ
	(4)	ア イ ウ エ
	(5) 1群	ア イ
	(5) 2群	ア イ ウ エ オ カ
8	(1)	ア イ ウ エ
	(2) あ	1 2 3 4 5 6 7 8 9 0
	(2) い	1 2 3 4 5 6 7 8 9 0
	(2) う	1 2 3 4 5 6 7 8 9 0
	(2) え	1 2 3 4 5 6 7 8 9 0
	(2) お	1 2 3 4 5 6 7 8 9 0
	(2) か	1 2 3 4 5 6 7 8 9 0
	(3)	ア イ ウ エ
	(4) あ	1 2 3 4 5 6 7 8 9 0
	(4) い	1 2 3 4 5 6 7 8 9 0
	(5) 1群	ア イ ウ
	(5) 2群	ア イ ウ

(注) この解答用紙は実物を縮小してあります。Ａ３用紙に149%拡大コピーすると、ほぼ実物大で使用できます。（タイトルと配点表は含みません）

受験番号					
3 5	D G H	1 2	0 1 2 3 4 5 6 7 8 9	0 1 2 3 4 5 6 7 8 9	0 1 2 3 4 5 6 7 8 9

フリガナ	
氏名	

記入方法
1. 記入は、必ずＨＢの黒鉛筆で太く [ ] の中を正確に、マークしてください。
2. 書き損じた場合は、プラスチック製消しゴムできれいに消し、消しくずを残さないでください。
3. 解答用紙を、折り曲げたり汚さないでください。

良い例	▮
悪い例	

学校配点

1 (1)〜(4) 各2点×4 (5) 4点 2 (1)、(2) 各2点×2 (3) 4点 (4)、(5) 各2点×2 3 (1)、(2) 各2点×2 (3) 4点 (4)、(5) 各2点×2 4 (1)、(2) 各2点×2 (3) 4点 (4) 2点 (5) 4点 5 (1)〜(3) 各2点×3 (4)、(5) 各4点×2 6 (1)〜(4) 各2点×4 (5) 4点 7 (1)〜(4) 各2点×4 (5) 4点 8 (1)〜(3) 各2点×3 (4) 4点 (5) 2点

100点	計

二〇二四年度　芝浦工業大学柏高等学校　第一回

国語解答用紙

評点	／100

マーク用解答欄

一

(1)①	(1)②	(1)③	(1)④	(1)⑤	(2)	(3)	(4)一つ目	(4)二つ目	(5)	(6)	(7)	(8)
ア	ア	ア	ア	ア	ア	ア	ア	ア	ア	ア	ア	ア
イ	イ	イ	イ	イ	イ	イ	イ	イ	イ	イ	イ	イ
ウ	ウ	ウ	ウ	ウ	ウ	ウ	ウ	ウ	ウ	ウ	ウ	ウ
エ	エ	エ	エ	エ	エ	エ	エ	エ	エ	エ	エ	エ
オ	オ	オ	オ	オ	オ	オ	オ	オ	オ	オ	オ	オ
							カ	カ				

二

(1)	(2)	(3)	(4)	(5)	(6)	(7)
ア	ア	ア	ア	ア	ア	ア
イ	イ	イ	イ	イ	イ	イ
ウ	ウ	ウ	ウ	ウ	ウ	ウ
エ	エ	エ	エ	エ	エ	エ
オ	オ	オ	オ	オ	オ	オ

三

(1)一つ目	(1)二つ目	(2)	(3)	(4)	(5)
ア	ア	ア	ア	ア	ア
イ	イ	イ	イ	イ	イ
ウ	ウ	ウ	ウ	ウ	ウ
エ	エ	エ	エ	エ	エ
オ	オ	オ	オ	オ	オ
カ	カ				

（注）この解答用紙は実物を縮小してあります。Ｂ４用紙に122％拡大コピーすると、ほぼ実物大で使用できます。（タイトルと配点表は含みません）

記入方法

1．記入は、必ずＨＢの黒鉛筆で太く［ ］の中を正確に、マークしてください。

2．書き損じた場合は、プラスチック製消しゴムできれいに消し、消しくずを残さないでください。

3．解答用紙を、折り曲げたり汚さないでください。

良い例	悪い例
▬	［／］ ［●］ ▬ ［－］ ●

受験番号

3	D	1	0	0	0
5	G	2	1	1	1
	H		2	2	2
			3	3	3
			4	4	4
			5	5	5
			6	6	6
			7	7	7
			8	8	8
			9	9	9

氏名	フリガナ

学校配点		計
	一 (1)　各２点×５　(2)　６点　(3)　４点　(4)　各３点×２　(5)～(8)　各６点×４ 二 (1)～(4)　各４点×４　(5)　５点　(6)　４点　(7)　５点 三 (1)　各２点×２　(2)～(5)　各４点×４	100点

2024年度 芝浦工業大学柏高等学校 第2回

英語解答用紙

評点
/100

問題番号		マーク欄
1	1	A B C
	2	A B C
	3	A B C
	4	A B C
	5	A B C
2	1	A B C
	2	A B C
	3	A B C
	4	A B C
	5	A B C
3	1	A B C
	2	A B C
	3	A B C
	4	A B C
	5	A B C
4	(1)	ア イ ウ エ
	(2)	ア イ ウ エ
	(3)	ア イ ウ エ
	(4)	ア イ ウ エ
	(5) 1つ目	ア イ ウ エ オ
	(5) 2つ目	ア イ ウ エ オ

問題番号		マーク欄
5	(1)	ア イ ウ エ
	(2)	ア イ ウ エ
	(3)	ア イ ウ エ
	(4)	ア イ ウ エ
	(5)	ア イ ウ エ
	(6)	ア イ ウ エ
	(7)	ア イ ウ エ
6	(1)	ア イ ウ エ
	(2)	ア イ ウ エ
	(3)	ア イ ウ エ
	(4)	ア イ ウ エ
	(5)	ア イ ウ エ
	(6)	ア イ ウ エ
	(7)	ア イ ウ エ

受験番号					
3	D	1	0	0	0
5	G	2	1	1	1
	H		2	2	2
			3	3	3
			4	4	4
			5	5	5
			6	6	6
			7	7	7
			8	8	8
			9	9	9

フリガナ	
氏名	

記入方法

1. 記入は、必ずＨＢの黒鉛筆で太く［ ］の中を正確に、マークしてください。
2. 書き損じた場合は、プラスチック製消しゴムできれいに消し、消しくずを残さないでください。
3. 解答用紙を、折り曲げたり汚さないでください。

良い例	▌
悪い例	⊘ ● ▯ ― ●

（注）この解答用紙は実物を縮小してあります。Ｂ４用紙に123%拡大コピーすると、ほぼ実物大で使用できます。（タイトルと配点表は含みません）

学校配点	
1〜3 各2点×15 4 (1) 3点 (2) 4点 (3)、(4) 各3点×2 (5) 各4点×2 5 (1)〜(3) 各3点×3 (4)、(5) 各4点×2 (6) 3点 (7) 4点 6 (1)、(2) 各3点×2 (3) 4点 (4) 3点 (5)〜(7) 各4点×3	
100点	計

2024年度　芝浦工業大学柏高等学校　第2回

数学解答用紙

評点
/100

5

問題番号			0	1	2	3	4	5	6	7	8	9
5	(1)	ア	0	1	2	3	4	5	6	7	8	9
		イ	0	1	2	3	4	5	6	7	8	9
	(2)	ウ	0	1	2	3	4	5	6	7	8	9
		エ	0	1	2	3	4	5	6	7	8	9
		オ	0	1	2	3	4	5	6	7	8	9
	(3)	カ	0	1	2	3	4	5	6	7	8	9
		キ	0	1	2	3	4	5	6	7	8	9
	(4)	ク	0	1	2	3	4	5	6	7	8	9
		ケ	0	1	2	3	4	5	6	7	8	9
		コ	0	1	2	3	4	5	6	7	8	9
		サ	0	1	2	3	4	5	6	7	8	9

3

問題番号				0	1	2	3	4	5	6	7	8	9
3	(1)	①	ア	0	1	2	3	4	5	6	7	8	9
		②	イ	0	1	2	3	4	5	6	7	8	9
	(2)	①	ウ	0	1	2	3	4	5	6	7	8	9
			エ	0	1	2	3	4	5	6	7	8	9
			オ	0	1	2	3	4	5	6	7	8	9
		②	カ	0	1	2	3	4	5	6	7	8	9
			キ	0	1	2	3	4	5	6	7	8	9

4

問題番号			0	1	2	3	4	5	6	7	8	9
4	(1)	ア	0	1	2	3	4	5	6	7	8	9
		イ	0	1	2	3	4	5	6	7	8	9
	(2)	ウ	0	1	2	3	4	5	6	7	8	9
		エ	0	1	2	3	4	5	6	7	8	9
		オ	0	1	2	3	4	5	6	7	8	9
	(3)	カ	0	1	2	3	4	5	6	7	8	9
		キ	0	1	2	3	4	5	6	7	8	9
	(4)	ク	0	1	2	3	4	5	6	7	8	9
		ケ	0	1	2	3	4	5	6	7	8	9
		コ	0	1	2	3	4	5	6	7	8	9
		サ	0	1	2	3	4	5	6	7	8	9

1

問題番号			0	1	2	3	4	5	6	7	8	9
1	(1)	ア	0	1	2	3	4	5	6	7	8	9
		イ	0	1	2	3	4	5	6	7	8	9
		ウ	0	1	2	3	4	5	6	7	8	9
	(2)	エ	0	1	2	3	4	5	6	7	8	9
	(3)	オ	0	1	2	3	4	5	6	7	8	9
		カ	0	1	2	3	4	5	6	7	8	9
	(4)	キ	0	1	2	3	4	5	6	7	8	9
		ク	0	1	2	3	4	5	6	7	8	9

2

問題番号			0	1	2	3	4	5	6	7	8	9
2	(1)	ア	0	1	2	3	4	5	6	7	8	9
		イ	0	1	2	3	4	5	6	7	8	9
		ウ	0	1	2	3	4	5	6	7	8	9
		エ	0	1	2	3	4	5	6	7	8	9
	(2)	オ	0	1	2	3	4	5	6	7	8	9
		カ	0	1	2	3	4	5	6	7	8	9
	(3)	キ	0	1	2	3	4	5	6	7	8	9
		ク	0	1	2	3	4	5	6	7	8	9
		ケ	0	1	2	3	4	5	6	7	8	9
	(4)	コ	0	1	2	3	4	5	6	7	8	9
		サ	0	1	2	3	4	5	6	7	8	9
		シ	0	1	2	3	4	5	6	7	8	9
		ス	0	1	2	3	4	5	6	7	8	9

受験番号					
3, 5	D, G, H	1, 2	0, 1, 2, 3, 4, 5, 6, 7, 8, 9	0, 1, 2, 3, 4, 5, 6, 7, 8, 9	0, 1, 2, 3, 4, 5, 6, 7, 8, 9

フリガナ	
氏名	

記入方法

1. 記入は、必ずＨＢの黒鉛筆で太く〔 〕の中を正確に、マークしてください。
2. 書き損じた場合は、プラスチック製消しゴムできれいに消し、消しくずを残さないでください。
3. 解答用紙を、折り曲げたり汚さないでください。

良い例	▮
悪い例	

(注) この解答用紙は実物を縮小してあります。Ａ３用紙に149％拡大コピーすると、ほぼ実物大で使用できます。(タイトルと配点表は含みません)

学校配点	
1～5 各5点×20	
100点	計

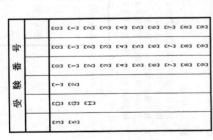

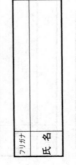

2024年度　芝浦工業大学柏高等学校　第2回

社会解答用紙

評点
/100

受験番号					
3 5	D G H	1 2	0 1 2 3 4 5 6 7 8 9	0 1 2 3 4 5 6 7 8 9	0 1 2 3 4 5 6 7 8 9

フリガナ	
氏名	

記入方法

1. 記入は、必ずＨＢの黒鉛筆で太く〔 〕の中を正確に、マークしてください。
2. 書き損じた場合は、プラスチック製消しゴムできれいに消し、消しくずを残さないでください。
3. 解答用紙を、折り曲げたり汚さないでください。

良い例	▮
悪い例	⟋ ・ ● ▯ ━ ●

問題番号		マーク欄
1	(1)	ア イ ウ エ
	(2)	ア イ ウ エ
	(3)	ア イ ウ エ
	(4)	ア イ ウ エ
	(5) ①	ア イ ウ エ
	(5) ②	ア イ ウ エ

問題番号		マーク欄
2	(1)	ア イ ウ エ
	(2)	ア イ ウ エ
	(3)	ア イ ウ エ
	(4)	ア イ ウ エ
	(5)	ア イ ウ エ
	(6)	ア イ ウ エ
	(7)	ア イ ウ エ

問題番号		マーク欄
3	(1)	ア イ ウ エ
	(2)	ア イ ウ エ オ カ
	(3)	ア イ ウ エ
	(4)	ア イ ウ エ
	(5)	ア イ ウ エ
	(6)	ア イ ウ エ
	(7)	ア イ ウ エ

問題番号		マーク欄
4	(1)	ア イ ウ エ
	(2)	ア イ ウ エ
	(3)	ア イ ウ エ オ カ
	(4)	ア イ ウ エ
	(5)	ア イ ウ エ
	(6)	ア イ ウ エ

問題番号		マーク欄
5	(1)	ア イ ウ エ
	(2)	ア イ ウ エ
	(3)	ア イ ウ エ
	(4)	ア イ ウ エ
	(5)	ア イ ウ エ

問題番号		マーク欄
6	(1)	ア イ ウ エ
	(2)	ア イ ウ エ
	(3)	ア イ ウ エ
	(4)	ア イ ウ エ
	(5)	ア イ ウ エ オ カ

問題番号		マーク欄
7	(1)	ア イ ウ エ
	(2)	ア イ ウ エ
	(3)	ア イ ウ エ
	(4)	ア イ ウ エ

(注) この解答用紙は実物を縮小してあります。Ｂ４用紙に139%拡大コピーすると、ほぼ実物大で使用できます。(タイトルと配点表は含みません)

学校配点	
1 (1) 2点　(2)～(4) 各3点×3　(5) 各2点×2　2 (1)、(2) 各3点×2　(3)～(5) 各2点×3　(6)、(7) 各3点×2　3 (1) 2点　(2)、(3) 各3点×2　(4) 2点　(5) 3点　(6) 2点　(7) 3点　4 (1) 2点　(2) 3点　(3)、(4) 各2点×2　(5)、(6) 各3点×2　5 (1) 2点　(2) 3点　(3)、(4) 各2点×2　(5) 3点　6 (1) 3点　(2)～(4) 各2点×3　(5) 3点　7 (1)、(2) 各2点×2　(3)、(4) 各3点×2	
100点	計

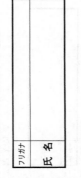

2024年度 芝浦工業大学柏高等学校 第2回

理科解答用紙

評点
/100

受験番号					
3 5	D G H	1 2	0 1 2 3 4 5 6 7 8 9	0 1 2 3 4 5 6 7 8 9	0 1 2 3 4 5 6 7 8 9

フリガナ	
氏名	

記入方法

1. 記入は、必ずＨＢの黒鉛筆で太く［ ］の中を正確に、マークしてください。
2. 書き損じた場合は、プラスチック製消しゴムできれいに消し、消しくずを残さないでください。
3. 解答用紙を、折り曲げたり汚さないでください。

良い例	悪い例
▮	／ ● ▯ ─ ●

問題番号			マーク欄
1	(1)	1	ア イ ウ エ
		2	ア イ ウ エ
		3	ア イ ウ エ
		4	ア イ ウ エ
	(2)		ア イ ウ エ
	(3)		ア イ ウ エ オ カ
	(4)		ア イ ウ エ
	(5)	1群	ア イ
		2群	ア イ
2	(1)		ア イ ウ エ
	(2)	あ	1 2 3 4 5 6 7 8 9 0
		い	1 2 3 4 5 6 7 8 9 0
	(3)	1群	ア イ
		2群	ア イ ウ エ
	(4)	1	ア イ ウ エ
		2	ア イ ウ エ
	(5)		ア イ ウ エ
3	(1)	1群	ア イ ウ
		2群	ア イ ウ
	(2)		ア イ ウ エ オ
	(3)		ア イ ウ エ
	(4)		ア イ ウ エ
	(5)	1群	ア イ
		2群	ア イ ウ エ

問題番号			マーク欄
4	(1)	あ	1 2 3 4 5 6 7 8 9 0
		い	1 2 3 4 5 6 7 8 9 0
	(2)		ア イ ウ エ
	(3)		ア イ ウ エ
	(4)	1	ア イ ウ エ オ カ
		2	ア イ ウ
	(5)		ア イ ウ エ オ カ
5	(1)		ア イ ウ エ
	(2)		ア イ ウ エ
	(3)		ア イ ウ エ
	(4)		ア イ ウ エ
	(5)	あ	1 2 3 4 5 6 7 8 9 0
		い	1 2 3 4 5 6 7 8 9 0
		う	1 2 3 4 5 6 7 8 9 0
6	(1)		ア イ ウ エ
	(2)	1群	ア イ
		2群	ア イ
		3群	ア イ
	(3)		ア イ ウ エ
	(4)		ア イ ウ エ
	(5)	1	ア イ ウ
		2	ア イ ウ
		3	ア イ ウ

問題番号			マーク欄
7	(1)	1	ア イ ウ エ
		2	ア イ ウ エ
		3	ア イ ウ エ
	(2)		ア イ ウ エ
	(3)		ア イ ウ エ
	(4)	1群	ア イ ウ エ
		2群	ア イ ウ
	(5)	あ	1 2 3 4 5 6 7 8 9 0
		い	1 2 3 4 5 6 7 8 9 0
8	(1)	あ	1 2 3 4 5 6 7 8 9 0
		い	1 2 3 4 5 6 7 8 9 0
	(2)		ア イ ウ エ
	(3)	あ	1 2 3 4 5 6 7 8 9 0
		い	1 2 3 4 5 6 7 8 9 0
	(4)	あ	1 2 3 4 5 6 7 8 9 0
		い	1 2 3 4 5 6 7 8 9 0
		う	1 2 3 4 5 6 7 8 9 0
	(5)		ア イ ウ エ オ

（注）この解答用紙は実物を縮小してあります。Ａ３用紙に149%拡大コピーすると、ほぼ実物大で使用できます。（タイトルと配点表は含みません）

学校配点

1 (1)～(3) 各2点×3 (4) 4点 (5) 2点
3 (1)～(4) 各2点×4 (5) 4点
5 (1)～(4) 各2点×4 (5) 4点
7 (1)～(3) 各2点×3 (4)、(5) 各4点×2
8 (1)～(3) 各2点×3 (4)、(5) 各4点×2
2 (1)～(4) 各2点×4 (5) 4点
4 (1)～(4) 各2点×4 (5) 4点
6 (1)～(4) 各2点×4 (5) 4点

計
100点

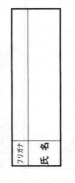

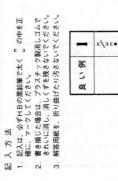

二〇二四年度　芝浦工業大学柏高等学校　第二回

国語解答用紙

評点	／100

マーク用解答欄

一

(8)	(7)	(6)	(5) 二つ目	(5) 一つ目	(4)	(3)	(2)	(1) ⑤	(1) ④	(1) ③	(1) ②	(1) ①
ア	ア	ア	ア	ア	ア	ア	ア	ア	ア	ア	ア	ア
イ	イ	イ	イ	イ	イ	イ	イ	イ	イ	イ	イ	イ
ウ	ウ	ウ	ウ	ウ	ウ	ウ	ウ	ウ	ウ	ウ	ウ	ウ
エ	エ	エ	エ	エ	エ	エ	エ	エ	エ	エ	エ	エ
オ	オ	オ	オ	オ	オ	オ	オ	オ	オ	オ	オ	オ
			カ	カ								

三

(5)	(4)	(3)	(2)	(1) 二つ目	(1) 一つ目
ア	ア	ア	ア	ア	ア
イ	イ	イ	イ	イ	イ
ウ	ウ	ウ	ウ	ウ	ウ
エ	エ	エ	エ	エ	エ
オ	オ	オ	オ	オ	オ
				カ	カ

二

(7)	(6)	(5)	(4)	(3)	(2)	(1)
ア	ア	ア	ア	ア	ア	ア
イ	イ	イ	イ	イ	イ	イ
ウ	ウ	ウ	ウ	ウ	ウ	ウ
エ	エ	エ	エ	エ	エ	エ
オ	オ	オ	オ	オ	オ	オ

（注）この解答用紙は実物を縮小してあります。B４用紙に122%拡大コピーすると、ほぼ実物大で使用できます。（タイトルと配点表は含みません）

記入方法
1. 記入は、必ずＨＢの黒鉛筆で太く ⊏ ⊐ の中を正確に、マークしてください。
2. 書き損じた場合は、プラスチック製消しゴムできれいに消して、消しくずを残さないでください。
3. 解答用紙を、折り曲げたり汚さないでください。

良い例	悪い例
▬	⊏/⊐　⊏●⊐　▬　⊏—⊐　●

受験番号					
3	D	1	0	0	0
5	G	2	1	1	1
	H		2	2	2
			3	3	3
			4	4	4
			5	5	5
			6	6	6
			7	7	7
			8	8	8
			9	9	9

氏名	フリガナ

学校配点		計
	一 (1) 各２点×５ (2) ４点 (3), (4) 各６点×２ (5) 各３点×２ (6)〜(8) 各６点×３ 二 (1)〜(4) 各４点×４ (5) ５点 (6) ４点 (7) ５点 三 (1) 各２点×２ (2)〜(5) 各４点×４	100点

2023年度　芝浦工業大学柏高等学校　第1回

英語解答用紙

評点
/100

問題番号			マーク欄
4	(9)	3番目	ア イ ウ エ オ カ
		6番目	ア イ ウ エ オ カ
5	(1)		ア イ ウ エ
	(2)		ア イ ウ エ
	(3)		ア イ ウ エ
	(4)		ア イ ウ エ
	(5)		ア イ ウ エ
	(6)		ア イ ウ エ
	(7)		ア イ ウ エ
	(8)		ア イ ウ エ
6	(1)		ア イ ウ エ
	(2)		ア イ ウ エ
	(3)		ア イ ウ エ
	(4)		ア イ ウ エ
	(5)		ア イ ウ エ
	(6)		ア イ ウ エ
	(7)		ア イ ウ エ
	(8)	3番目	ア イ ウ エ オ カ キ
		6番目	ア イ ウ エ オ カ キ

問題番号			マーク欄
1	1		A B C
	2		A B C
	3		A B C
	4		A B C
	5		A B C
2	1		A B C
	2		A B C
	3		A B C
	4		A B C
	5		A B C
3	1		A B C
	2		A B C
	3		A B C
	4		A B C
	5		A B C
4	(1)		ア イ ウ エ
	(2)		ア イ ウ エ
	(3)	3番目	ア イ ウ エ オ カ
		6番目	ア イ ウ エ オ カ
	(4)		ア イ ウ エ
	(5)		ア イ ウ エ
	(6)		ア イ ウ エ
	(7)		ア イ ウ エ
	(8)		ア イ ウ エ

(注)　この解答用紙は実物を縮小してあります。Ｂ４用紙に132%拡大コピーすると、ほぼ実物大で使用できます。（タイトルと配点表は含みません）

受験番号					
3 5	D G H	1 2	0 1 2 3 4 5 6 7 8 9	0 1 2 3 4 5 6 7 8 9	0 1 2 3 4 5 6 7 8 9

フリガナ	
氏名	

記入方法

1. 記入は、必ずＨＢの黒鉛筆で太く［ ］の中を正確に、マークしてください。
2. 書き損じた場合は、プラスチック製消しゴムできれいに消し、消しくずを残さないでください。
3. 解答用紙を、折り曲げたり汚さないでください。

良い例	▌
悪い例	

学校配点
1～3 各2点×15　4 (1) 2点　(2)、(3) 各3点×2　(4)～(6) 各2点×3　(7) 3点　(8) 2点　(9) 3点　5、6 各3点×16
100点　計

2023年度　芝浦工業大学柏高等学校　第1回

数学解答用紙

評点
/100

学校配点
1～5　各5点×20
100点　計

受験番号					
3 5	D G H	1 2	0 1 2 3 4 5 6 7 8 9	0 1 2 3 4 5 6 7 8 9	0 1 2 3 4 5 6 7 8 9

フリガナ	
氏名	

記入方法
1. 記入は、必ずＨＢの黒鉛筆で太く［ ］の中を正確に、マークしてください。
2. 書き損じた場合は、プラスチック製消しゴムできれいに消し、消しくずを残さないでください。
3. 解答用紙を、折り曲げたり汚さないでください。

良い例	
悪い例	

問題番号			マーク欄
1	(1)	ア	0 1 2 3 4 5 6 7 8 9
		イ	0 1 2 3 4 5 6 7 8 9
	(2)	ウ	0 1 2 3 4 5 6 7 8 9
		エ	0 1 2 3 4 5 6 7 8 9
	(3)	オ	0 1 2 3 4 5 6 7 8 9
		カ	0 1 2 3 4 5 6 7 8 9
		キ	0 1 2 3 4 5 6 7 8 9
	(4)	ク	0 1 2 3 4 5 6 7 8 9
		ケ	0 1 2 3 4 5 6 7 8 9

問題番号			マーク欄
2	(1)	ア	0 1 2 3 4 5 6 7 8 9
		イ	0 1 2 3 4 5 6 7 8 9
	(2)	ウ	0 1 2 3 4 5 6 7 8 9
		エ	0 1 2 3 4 5 6 7 8 9
		オ	0 1 2 3 4 5 6 7 8 9
	(3)	カ	0 1 2 3 4 5 6 7 8 9
		キ	0 1 2 3 4 5 6 7 8 9
	(4)	ク	0 1 2 3 4 5 6 7 8 9
		ケ	0 1 2 3 4 5 6 7 8 9
		コ	0 1 2 3 4 5 6 7 8 9

問題番号				マーク欄
3	(1)	①	ア	0 1 2 3 4 5 6 7 8 9
			イ	0 1 2 3 4 5 6 7 8 9
		②	ウ	0 1 2 3 4 5 6 7 8 9
			エ	0 1 2 3 4 5 6 7 8 9
	(2)	①	オ	0 1 2 3 4 5 6 7 8 9
			カ	0 1 2 3 4 5 6 7 8 9
		②	キ	0 1 2 3 4 5 6 7 8 9
			ク	0 1 2 3 4 5 6 7 8 9
			ケ	0 1 2 3 4 5 6 7 8 9

問題番号			マーク欄
4	(1)	ア	0 1 2 3 4 5 6 7 8 9
		イ	0 1 2 3 4 5 6 7 8 9
		ウ	0 1 2 3 4 5 6 7 8 9
	(2)	エ	0 1 2 3 4 5 6 7 8 9
		オ	0 1 2 3 4 5 6 7 8 9
		カ	0 1 2 3 4 5 6 7 8 9
	(3)	キ	0 1 2 3 4 5 6 7 8 9
		ク	0 1 2 3 4 5 6 7 8 9
		ケ	0 1 2 3 4 5 6 7 8 9
	(4)	コ	0 1 2 3 4 5 6 7 8 9
		サ	0 1 2 3 4 5 6 7 8 9

問題番号			マーク欄
5	(1)	ア	0 1 2 3 4 5 6 7 8 9
		イ	0 1 2 3 4 5 6 7 8 9
		ウ	0 1 2 3 4 5 6 7 8 9
	(2)	エ	0 1 2 3 4 5 6 7 8 9
		オ	0 1 2 3 4 5 6 7 8 9
		カ	0 1 2 3 4 5 6 7 8 9
	(3)	キ	0 1 2 3 4 5 6 7 8 9
	(4)	ク	0 1 2 3 4 5 6 7 8 9
		ケ	0 1 2 3 4 5 6 7 8 9

(注) この解答用紙は実物を縮小してあります。Ａ３用紙に149%拡大コピーすると、ほぼ実物大で使用できます。(タイトルと配点表は含みません)

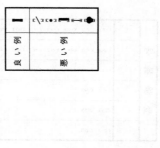

2023年度 芝浦工業大学柏高等学校 第1回

社会解答用紙

評点 /100

受験番号					
3 5	D G H	1 2	0 1 2 3 4 5 6 7 8 9	0 1 2 3 4 5 6 7 8 9	0 1 2 3 4 5 6 7 8 9

フリガナ	
氏名	

記入方法

1. 記入は、必ずＨＢの黒鉛筆で太く［ ］の中を正確に、マークしてください。
2. 書き損じた場合は、プラスチック製消しゴムできれいに消し、消しくずを残さないでください。
3. 解答用紙を、折り曲げたり汚さないでください。

良い例	悪い例
▮	／ ・ ● ▯ ─ ⬤

問題番号		マーク欄
1	(1)	ア イ ウ エ
	(2)	ア イ ウ エ
	(3)	ア イ ウ エ
	(4)	ア イ ウ エ
	(5) ①	ア イ ウ エ
	(5) ②	ア イ ウ エ

問題番号		マーク欄
2	(1)	ア イ ウ エ
	(2)	ア イ ウ エ オ カ
	(3)	ア イ ウ エ
	(4)	ア イ ウ エ
	(5)	ア イ ウ エ
	(6)	ア イ ウ エ
	(7)	ア イ ウ エ

問題番号		マーク欄
3	(1)	ア イ ウ エ
	(2)	ア イ ウ エ オ カ
	(3)	ア イ ウ エ
	(4)	ア イ ウ エ
	(5)	ア イ ウ エ
	(6)	ア イ ウ エ
	(7)	ア イ ウ エ

問題番号		マーク欄
4	(1)	ア イ ウ エ
	(2)	ア イ ウ エ
	(3) ①	ア イ ウ エ
	(3) ②	ア イ ウ エ
	(4)	ア イ ウ エ
	(5)	ア イ ウ エ オ カ

問題番号		マーク欄
5	(1)	ア イ ウ エ オ カ
	(2)	ア イ ウ エ
	(3)	ア イ ウ エ
	(4)	ア イ ウ エ
	(5)	ア イ ウ エ

問題番号		マーク欄
6	(1)	ア イ ウ エ
	(2)	ア イ ウ エ
	(3)	ア イ ウ エ
	(4)	ア イ ウ エ
	(5)	ア イ ウ エ

問題番号		マーク欄
7	(1)	ア イ ウ エ
	(2)	ア イ ウ エ
	(3)	ア イ ウ エ
	(4)	ア イ ウ エ

（注）この解答用紙は実物を縮小してあります。Ｂ４用紙に139％拡大コピーすると、ほぼ実物大で使用できます。（タイトルと配点表は含みません）

学校配点	
1 (1) 3点 (2)～(4) 各2点×3 (5) 各3点×2 2 (1) 2点 (2)、(3) 各3点×2 (4)、(5) 各2点×2 (6)、(7) 各3点×2 3 (1) 3点 (2) 2点 (3) 3点 (4)、(5) 各2点×2 (6)、(7) 各3点×2 4 (1)、(2) 各2点×2 (3) ① 3点 ② 2点 (4)、(5) 各3点×2 5 (1) 3点 (2)、(3) 各2点×2 (4) 3点 (5) 2点 6 (1) 3点 (2)～(4) 各2点×3 (5) 3点 7 (1) 2点 (2)、(3) 各3点×2 (4) 2点	
100点	計

2023年度　芝浦工業大学柏高等学校　第1回

理科解答用紙

評点
/100

問題番号			マーク欄
1	(1)	1群	ア イ ウ
		2群	ア イ ウ
	(2)		ア イ ウ エ オ
	(3)		ア イ ウ エ
	(4)		ア イ ウ エ オ カ
	(5)	あ	1 2 3 4 5 6 7 8 9 0
		い	1 2 3 4 5 6 7 8 9 0
		う	1 2 3 4 5 6 7 8 9 0
		え	1 2 3 4 5 6 7 8 9 0
		お	1 2 3 4 5 6 7 8 9 0
		か	1 2 3 4 5 6 7 8 9 0
2	(1)		ア イ ウ エ
	(2)	1	ア イ ウ エ
		2	ア イ ウ エ
	(3)	あ	1 2 3 4 5 6 7 8 9 0
		い	1 2 3 4 5 6 7 8 9 0
	(4)		ア イ ウ エ オ カ
	(5)		ア イ ウ エ オ カ
3	(1)		ア イ ウ エ
	(2)		ア イ ウ エ
	(3)	あ	1 2 3 4 5 6 7 8 9 0
		い	1 2 3 4 5 6 7 8 9 0
		う	1 2 3 4 5 6 7 8 9 0
	(4)		ア イ ウ エ

問題番号			マーク欄
3	(5)	あ	1 2 3 4 5 6 7 8 9 0
		い	1 2 3 4 5 6 7 8 9 0
		う	1 2 3 4 5 6 7 8 9 0
		え	1 2 3 4 5 6 7 8 9 0
		お	1 2 3 4 5 6 7 8 9 0
		か	1 2 3 4 5 6 7 8 9 0
4	(1)		ア イ ウ エ
	(2)	あ	1 2 3 4 5 6 7 8 9 0
		い	1 2 3 4 5 6 7 8 9 0
	(3)	1	ア イ ウ
		2	ア イ ウ
	(4)		ア イ ウ エ
	(5)	あ	1 2 3 4 5 6 7 8 9 0
		い	1 2 3 4 5 6 7 8 9 0
		う	1 2 3 4 5 6 7 8 9 0
5	(1)		ア イ ウ エ
	(2)		ア イ ウ エ
	(3)		ア イ ウ エ
	(4)	1	ア イ ウ
		2	ア イ ウ
	(5)	あ	1 2 3 4 5 6 7 8 9 0
		い	1 2 3 4 5 6 7 8 9 0
6	(1)		ア イ ウ エ
	(2)	1群	ア イ
		2群	ア イ
		3群	ア イ

問題番号			マーク欄
6	(3)	1	ア イ ウ エ
		2	ア イ ウ エ
	(4)		ア イ ウ エ オ
	(5)	あ	1 2 3 4 5 6 7 8 9 0
		い	1 2 3 4 5 6 7 8 9 0
7	(1)		ア イ ウ エ オ カ
	(2)	1	ア イ ウ
		2	ア イ ウ
		3	ア イ ウ
	(3)		ア イ ウ エ
	(4)	1群	ア イ ウ エ
		2群	ア イ ウ エ
		3群	ア イ ウ
	(5)	あ	1 2 3 4 5 6 7 8 9 0
		い	1 2 3 4 5 6 7 8 9 0
8	(1)	あ	1 2 3 4 5 6 7 8 9 0
		い	1 2 3 4 5 6 7 8 9 0
	(2)	あ	1 2 3 4 5 6 7 8 9 0
		い	1 2 3 4 5 6 7 8 9 0
		う	1 2 3 4 5 6 7 8 9 0
		え	1 2 3 4 5 6 7 8 9 0
	(3)		ア イ ウ エ
	(4)	1	ア イ ウ
		2	ア イ ウ
	(5)	あ	1 2 3 4 5 6 7 8 9 0
		い	1 2 3 4 5 6 7 8 9 0

受験番号					
3 5	D G H	1 2	0 1 2 3 4 5 6 7 8 9	0 1 2 3 4 5 6 7 8 9	0 1 2 3 4 5 6 7 8 9

フリガナ	
氏名	

記入方法

1. 記入は、必ずＨＢの黒鉛筆で太く［ ］の中を正確に、マークしてください。
2. 書き損じた場合は、プラスチック製消しゴムできれいに消し、消しくずを残さないでください。
3. 解答用紙を、折り曲げたり汚さないでください。

良い例	▮
悪い例	⁄ ・ ▯ ー ●

(注) この解答用紙は実物を縮小してあります。Ａ３用紙に149%拡大コピーすると、ほぼ実物大で使用できます。（タイトルと配点表は含みません）

学校配点

1 (1)～(4) 各2点×4 (5) 4点
3 (1)、(2) 各2点×2 (3) 4点
4 (1)～(4) 各2点×4 (5) 4点
6 (1)～(4) 各2点×4 (5) 4点
8 (1)～(4) 各2点×4 (5) 4点
2 (1)～(3) 各2点×3 (4)、(5) 各4点×2
(4) 2点 (5) 4点
5 (1)～(4) 各2点×4 (5) 4点
7 (1)～(3) 各2点×3 (4) 4点 (5) 2点

100点	計

二〇二三年度　芝浦工業大学柏高等学校　第一回

国語解答用紙

評点	／100

マーク用解答欄

一

(1)①	(1)②	(1)③	(1)④	(1)⑤	(2)	(3)	(4)	(5)	(6)	(7)	(8)
ア	ア	ア	ア	ア	ア	ア	ア	ア	ア	ア	ア
イ	イ	イ	イ	イ	イ	イ	イ	イ	イ	イ	イ
ウ	ウ	ウ	ウ	ウ	ウ	ウ	ウ	ウ	ウ	ウ	ウ
エ	エ	エ	エ	エ	エ	エ	エ	エ	エ	エ	エ
オ	オ	オ	オ	オ	オ	オ	オ	オ	オ	オ	オ
								カ			
								キ			
								ク			

二

(1)	(2)	(3)	(4)	(5)	(6)	(7)
ア	ア	ア	ア	ア	ア	ア
イ	イ	イ	イ	イ	イ	イ
ウ	ウ	ウ	ウ	ウ	ウ	ウ
エ	エ	エ	エ	エ	エ	エ
オ	オ	オ	オ	オ	オ	オ

三

(1) 一つ目	(1) 二つ目	(2)	(3)	(4)	(5)
ア	ア	ア	ア	ア	ア
イ	イ	イ	イ	イ	イ
ウ	ウ	ウ	ウ	ウ	ウ
エ	エ	エ	エ	エ	エ
オ	オ	オ	オ	オ	オ
カ	カ				

（注）この解答用紙は実物を縮小してあります。B４用紙に120％拡大コピーすると、ほぼ実物大で使用できます。（タイトルと配点表は含みません）

記入方法

1．記入は、必ずＨＢの黒鉛筆で太く［　］の中を正確に、マークしてください。

2．書き損じた場合は、プラスチック製消しゴムできれいに消し、消しくずを残さないでください。

3．解答用紙を、折り曲げたり汚さないでください。

良い例	悪い例
▬	／　・　▬　―　●

受験番号

3	D	1	0	0	0
5	G	2	1	1	1
	H		2	2	2
			3	3	3
			4	4	4
			5	5	5
			6	6	6
			7	7	7
			8	8	8
			9	9	9

氏名　フリガナ

学校配点		計
	一 (1) 各２点×５　(2) ４点　(3)〜(8) 各６点×６ 二 (1) ５点　(2)〜(4) 各４点×３　(5) ５点　(6), (7) 各４点×２ 三 (1) 各２点×２　(2)〜(5) 各４点×４	100点

2023年度 芝浦工業大学柏高等学校 第2回

英語解答用紙

評点
/100

問題番号			マーク欄
4	(8)		ア イ ウ エ
	(9)		ア イ ウ エ
5	(1)		ア イ ウ エ
	(2)		ア イ ウ エ
	(3)		ア イ ウ エ
	(4)		ア イ ウ エ
	(5)		ア イ ウ エ
	(6)		ア イ ウ エ
	(7)		ア イ ウ エ
	(8)		ア イ ウ エ
6	(1)	3番目	ア イ ウ エ オ カ
		6番目	ア イ ウ エ オ カ
	(2)		ア イ ウ エ
	(3)		ア イ ウ エ
	(4)		ア イ ウ エ
	(5)		ア イ ウ エ
	(6)	3番目	ア イ ウ エ オ カ
		6番目	ア イ ウ エ オ カ
	(7)		ア イ ウ エ
	(8)		ア イ ウ エ

問題番号			マーク欄
1	1		A B C
	2		A B C
	3		A B C
	4		A B C
	5		A B C
2	1		A B C
	2		A B C
	3		A B C
	4		A B C
	5		A B C
3	1		A B C
	2		A B C
	3		A B C
	4		A B C
	5		A B C
4	(1)		ア イ ウ エ
	(2)	3番目	ア イ ウ エ オ カ
		6番目	ア イ ウ エ オ カ
	(3)		ア イ ウ エ
	(4)		ア イ ウ エ
	(5)	3番目	ア イ ウ エ オ カ
		6番目	ア イ ウ エ オ カ
	(6)		ア イ ウ エ
	(7)		ア イ ウ エ

(注) この解答用紙は実物を縮小してあります。B４用紙に128%拡大コピーすると、ほぼ実物大で使用できます。(タイトルと配点表は含みません)

記 入 方 法

1. 記入は、必ずＨＢの黒鉛筆で太く［ ］の中を正確に、マークしてください。
2. 書き損じた場合は、プラスチック製消しゴムできれいに消し、消しくずを残さないでください。
3. 解答用紙を、折り曲げたり汚さないでください。

良い例	▮
悪い例	⁄ ● ▮ ─ ●

フリガナ	
氏 名	

受 験 番 号					
0 1 2 3 4 5 6 7 8 9	0 1 2 3 4 5 6 7 8 9	0 1 2 3 4 5 6 7 8 9	1 2	D G H	3 5

学校配点	
1～3 各2点×15　4 (1)、(2) 各3点×2　(3)、(4) 各2点×2　(5) 3点　(6) 2点　(7) 3点　(8)、(9) 各2点×2　5、6 各3点×16	
100点	計

2023年度　芝浦工業大学柏高等学校　第2回

数学解答用紙

評点
/100

問題番号			マーク欄
1	(1)	ア	0 1 2 3 4 5 6 7 8 9
		イ	0 1 2 3 4 5 6 7 8 9
		ウ	0 1 2 3 4 5 6 7 8 9
	(2)	エ	0 1 2 3 4 5 6 7 8 9
		オ	0 1 2 3 4 5 6 7 8 9
	(3)	カ	0 1 2 3 4 5 6 7 8 9
	(4)	キ	0 1 2 3 4 5 6 7 8 9
		ク	0 1 2 3 4 5 6 7 8 9
		ケ	0 1 2 3 4 5 6 7 8 9

問題番号			マーク欄
2	(1)	ア	0 1 2 3 4 5 6 7 8 9
		イ	0 1 2 3 4 5 6 7 8 9
	(2)	ウ	0 1 2 3 4 5 6 7 8 9
		エ	0 1 2 3 4 5 6 7 8 9
		オ	0 1 2 3 4 5 6 7 8 9
	(3)	カ	0 1 2 3 4 5 6 7 8 9
		キ	0 1 2 3 4 5 6 7 8 9
		ク	0 1 2 3 4 5 6 7 8 9
	(4)	ケ	0 1 2 3 4 5 6 7 8 9
		コ	0 1 2 3 4 5 6 7 8 9
		サ	0 1 2 3 4 5 6 7 8 9
		シ	0 1 2 3 4 5 6 7 8 9

問題番号				マーク欄
3	(1)	①	ア	0 1 2 3 4 5 6 7 8 9
			イ	0 1 2 3 4 5 6 7 8 9
		②	ウ	0 1 2 3 4 5 6 7 8 9
			エ	0 1 2 3 4 5 6 7 8 9
			オ	0 1 2 3 4 5 6 7 8 9
			カ	0 1 2 3 4 5 6 7 8 9
			キ	0 1 2 3 4 5 6 7 8 9
	(2)	①	ク	0 1 2 3 4 5 6 7 8 9
			ケ	0 1 2 3 4 5 6 7 8 9
			コ	0 1 2 3 4 5 6 7 8 9
			サ	0 1 2 3 4 5 6 7 8 9
		②	シ	0 1 2 3 4 5 6 7 8 9
			ス	0 1 2 3 4 5 6 7 8 9
			セ	0 1 2 3 4 5 6 7 8 9
			ソ	0 1 2 3 4 5 6 7 8 9

問題番号			マーク欄
4	(1)	ア	0 1 2 3 4 5 6 7 8 9
		イ	0 1 2 3 4 5 6 7 8 9
	(2)	ウ	0 1 2 3 4 5 6 7 8 9
		エ	0 1 2 3 4 5 6 7 8 9
	(3)	オ	0 1 2 3 4 5 6 7 8 9
		カ	0 1 2 3 4 5 6 7 8 9
		キ	0 1 2 3 4 5 6 7 8 9
	(4)	ク	0 1 2 3 4 5 6 7 8 9
		ケ	0 1 2 3 4 5 6 7 8 9
		コ	0 1 2 3 4 5 6 7 8 9
		サ	0 1 2 3 4 5 6 7 8 9
		シ	0 1 2 3 4 5 6 7 8 9

問題番号			マーク欄
5	(1)	ア	0 1 2 3 4 5 6 7 8 9
		イ	0 1 2 3 4 5 6 7 8 9
	(2)	ウ	0 1 2 3 4 5 6 7 8 9
		エ	0 1 2 3 4 5 6 7 8 9
		オ	0 1 2 3 4 5 6 7 8 9
	(3)	カ	0 1 2 3 4 5 6 7 8 9
		キ	0 1 2 3 4 5 6 7 8 9
	(4)	ク	0 1 2 3 4 5 6 7 8 9
		ケ	0 1 2 3 4 5 6 7 8 9
		コ	0 1 2 3 4 5 6 7 8 9

（注）この解答用紙は実物を縮小してあります。Ａ３用紙に149％拡大コピーすると、ほぼ実物大で使用できます。（タイトルと配点表は含みません）

受験番号					
3 5	D G H	1 2	0 1 2 3 4 5 6 7 8 9	0 1 2 3 4 5 6 7 8 9	0 1 2 3 4 5 6 7 8 9

フリガナ	
氏名	

記入方法

1. 記入は、必ずＨＢの黒鉛筆で太く［ ］の中を正確に、マークしてください。
2. 書き損じた場合は、プラスチック製消しゴムできれいに消し、消しくずを残さないでください。
3. 解答用紙を、折り曲げたり汚さないでください。

良い例	▮
悪い例	

学校配点

1、2　各5点×8

3　(1)　①　3点　②　ウ～オ　各2点×2　カキ　3点　(2)　各5点×2

4、5　各5点×8

計	100点

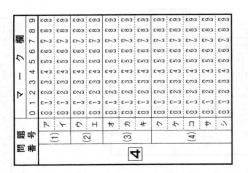

２０２３年度　芝浦工業大学柏高等学校　第２回

社会解答用紙

評点
/100

問題番号		マーク欄
1	(1)	ア イ ウ エ
	(2)	ア イ ウ エ
	(3)	ア イ ウ エ オ カ
	(4)	ア イ ウ エ
	(5) ①	ア イ ウ エ
	(5) ②	ア イ ウ エ

問題番号		マーク欄
2	(1)	ア イ ウ エ
	(2)	ア イ ウ エ オ カ
	(3)	ア イ ウ エ
	(4)	ア イ ウ エ
	(5)	ア イ ウ エ
	(6)	ア イ ウ エ
	(7)	ア イ ウ エ

問題番号		マーク欄
3	(1)	ア イ ウ エ
	(2)	ア イ ウ エ オ カ
	(3)	ア イ ウ エ
	(4)	ア イ ウ エ
	(5)	ア イ ウ エ
	(6)	ア イ ウ エ
	(7)	ア イ ウ エ

問題番号		マーク欄
4	(1)	ア イ ウ エ
	(2)	ア イ ウ エ
	(3)	ア イ ウ エ
	(4)	ア イ ウ エ オ カ
	(5)	ア イ ウ エ
	(6)	ア イ ウ エ

問題番号		マーク欄
5	(1)	ア イ ウ エ
	(2)	ア イ ウ エ
	(3)	ア イ ウ エ
	(4)	ア イ ウ エ
	(5)	ア イ ウ エ

問題番号		マーク欄
6	(1)	ア イ ウ エ
	(2)	ア イ ウ エ
	(3)	ア イ ウ エ
	(4)	ア イ ウ エ
	(5)	ア イ ウ エ

問題番号		マーク欄
7	(1)	ア イ ウ エ
	(2)	ア イ ウ エ
	(3)	ア イ ウ エ
	(4)	ア イ ウ エ オ カ

受験番号					
3 5	D G H	1 2	0 1 2 3 4 5 6 7 8 9	0 1 2 3 4 5 6 7 8 9	0 1 2 3 4 5 6 7 8 9

フリガナ	
氏名	

記入方法

1. 記入は、必ずＨＢの黒鉛筆で太く［ ］の中を正確に、マークしてください。
2. 書き損じた場合は、プラスチック製消しゴムできれいに消し、消しくずを残さないでください。
3. 解答用紙を、折り曲げたり汚さないでください。

良い例	▮
悪い例	

（注）この解答用紙は実物を縮小してあります。Ｂ４用紙に141％拡大コピーすると、ほぼ実物大で使用できます。（タイトルと配点表は含みません）

学校配点	
1 (1) 2点　(2)〜(4) 各3点×3　(5) 各2点×2 2 (1)、(2) 各3点×2　(3)〜(5) 各2点×3　(6)、(7) 各3点×2 3 (1)〜(3) 各2点×3　(4)〜(7) 各3点×4 4 (1) 2点　(2) 3点　(3) 2点　(4) 3点　(5) 2点　(6) 3点 5 (1) 2点　(2) 3点　(3)、(4) 各2点×2　(5) 3点 6 (1) 3点　(2)〜(4) 各2点×3　(5) 3点 7 (1)、(2) 各2点×2　(3)、(4) 各3点×2	
100点	計

2023年度　芝浦工業大学柏高等学校　第2回

理科解答用紙

評点 ／100

問題番号			マーク欄
1	(1)		ア イ ウ エ オ カ
	(2)	1群	ア イ
		2群	ア イ ウ エ オ
	(3)		ア イ ウ エ
	(4)	あ	1 2 3 4 5 6 7 8 9 0
		い	1 2 3 4 5 6 7 8 9 0
		う	1 2 3 4 5 6 7 8 9 0
		え	1 2 3 4 5 6 7 8 9 0
	(5)		ア イ ウ エ オ カ
2	(1)		ア イ ウ エ
	(2)	1群	ア イ
		2群	ア イ
		3群	ア イ
	(3)	あ	1 2 3 4 5 6 7 8 9 0
		い	1 2 3 4 5 6 7 8 9 0
	(4)	あ	1 2 3 4 5 6 7 8 9 0
		い	1 2 3 4 5 6 7 8 9 0
		う	1 2 3 4 5 6 7 8 9 0
	(5)	あ	1 2 3 4 5 6 7 8 9 0
		い	1 2 3 4 5 6 7 8 9 0
		う	1 2 3 4 5 6 7 8 9 0
3	(1)		ア イ ウ エ オ カ
	(2)		ア イ ウ エ
	(3)	1	ア イ ウ エ オ カ
		2	ア イ ウ エ オ カ
		3	ア イ ウ エ オ カ

問題番号			マーク欄
3	(4)		ア イ ウ
	(5)	あ	1 2 3 4 5 6 7 8 9 0
		い	1 2 3 4 5 6 7 8 9 0
		う	1 2 3 4 5 6 7 8 9 0
4	(1)	あ	1 2 3 4 5 6 7 8 9 0
		い	1 2 3 4 5 6 7 8 9 0
		う	1 2 3 4 5 6 7 8 9 0
	(2)	あ	1 2 3 4 5 6 7 8 9 0
		い	1 2 3 4 5 6 7 8 9 0
	(3)		ア イ ウ エ
	(4)	1	ア イ ウ
		2	ア イ ウ
	(5)	あ	1 2 3 4 5 6 7 8 9 0
		い	1 2 3 4 5 6 7 8 9 0
		う	1 2 3 4 5 6 7 8 9 0
		え	1 2 3 4 5 6 7 8 9 0
5	(1)		ア イ ウ エ
	(2)	1	ア イ ウ エ
		2	ア イ ウ エ
	(3)		ア イ ウ エ オ カ
	(4)		ア イ ウ エ オ カ
	(5)	あ	1 2 3 4 5 6 7 8 9 0
		い	1 2 3 4 5 6 7 8 9 0
		う	1 2 3 4 5 6 7 8 9 0

問題番号			マーク欄
6	(1)		ア イ ウ エ
	(2)		ア イ ウ エ
	(3)	1	ア イ ウ
		2	ア イ ウ
	(4)	1	ア イ ウ エ
		2	ア イ ウ エ
	(5)	あ	1 2 3 4 5 6 7 8 9 0
		い	1 2 3 4 5 6 7 8 9 0
		う	1 2 3 4 5 6 7 8 9 0
7	(1)		ア イ ウ エ
	(2)		ア イ ウ エ
	(3)		ア イ ウ エ
	(4)	あ	1 2 3 4 5 6 7 8 9 0
		い	1 2 3 4 5 6 7 8 9 0
	(5)		ア イ ウ エ オ カ
8	(1)	あ	1 2 3 4 5 6 7 8 9 0
		い	1 2 3 4 5 6 7 8 9 0
		う	1 2 3 4 5 6 7 8 9 0
	(2)		ア イ ウ エ オ カ
	(3)		ア イ ウ エ
	(4)	あ	1 2 3 4 5 6 7 8 9 0
		い	1 2 3 4 5 6 7 8 9 0
		う	1 2 3 4 5 6 7 8 9 0
	(5)	あ	1 2 3 4 5 6 7 8 9 0
		い	1 2 3 4 5 6 7 8 9 0
		う	1 2 3 4 5 6 7 8 9 0

受験番号					
3 5	D G H	1 2	0 1 2 3 4 5 6 7 8 9	0 1 2 3 4 5 6 7 8 9	0 1 2 3 4 5 6 7 8 9

フリガナ	
氏名	

記入方法
1. 記入は、必ずＨＢの黒鉛筆で太く〔 〕の中を正確に、マークしてください。
2. 書き損じた場合は、プラスチック製消しゴムできれいに消し、消しくずを残さないでください。
3. 解答用紙を、折り曲げたり汚さないでください。

良い例	悪い例

(注)　この解答用紙は実物を縮小してあります。Ａ３用紙に149%拡大コピーすると、ほぼ実物大で使用できます。(タイトルと配点表は含みません)

学校配点

7 5 3 1　(1)～(4)　各2点×4　(5)　4点

8 (1)～(3)　各2点×3　(4)、(5)　各4点×2
6 (1)～(4)　各2点×4　(5)　4点
4 (1)～(4)　各2点×4　(5)　4点
2 (1)～(3)　各2点×3　(4)、(5)　各4点×2

計　100点

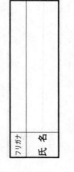

二〇二三年度　芝浦工業大学柏高等学校　第二回

国語解答用紙

評点	／100

マーク用解答欄

一

(1)①	(1)②	(1)③	(1)④	(1)⑤	(2)	(3)	(4)	(5)	(6)	(7)一つ目	(7)二つ目	(8)
ア	ア	ア	ア	ア	ア	ア	ア	ア	ア	ア	ア	ア
イ	イ	イ	イ	イ	イ	イ	イ	イ	イ	イ	イ	イ
ウ	ウ	ウ	ウ	ウ	ウ	ウ	ウ	ウ	ウ	ウ	ウ	ウ
エ	エ	エ	エ	エ	エ	エ	エ	エ	エ	エ	エ	エ
オ	オ	オ	オ	オ	オ	オ	オ	オ	オ	オ	オ	オ
					カ					カ	カ	
					キ							
					ク							

二

(1)	(2)	(3)	(4)	(5)	(6)一つ目	(6)二つ目	(7)
ア	ア	ア	ア	ア	ア	ア	ア
イ	イ	イ	イ	イ	イ	イ	イ
ウ	ウ	ウ	ウ	ウ	ウ	ウ	ウ
エ	エ	エ	エ	エ	エ	エ	エ
オ	オ	オ	オ	オ	オ	オ	オ
					カ	カ	

三

(1)一つ目	(1)二つ目	(2)	(3)	(4)	(5)
ア	ア	ア	ア	ア	ア
イ	イ	イ	イ	イ	イ
ウ	ウ	ウ	ウ	ウ	ウ
エ	エ	エ	エ	エ	エ
オ	オ	オ	オ	オ	オ
カ	カ				

受験番号					
3	D	1	0	0	0
5	G	2	1	1	1
	H		2	2	2
			3	3	3
			4	4	4
			5	5	5
			6	6	6
			7	7	7
			8	8	8
			9	9	9

氏名	フリガナ

（注）この解答用紙は実物を縮小してあります。B4用紙に122%拡大コピーすると、ほぼ実物大で使用できます。（タイトルと配点表は含みません）

記入方法

1. 記入は、必ずHBの黒鉛筆で太く［　］の中を正確に、マークしてください。
2. 書き損じた場合は、プラスチック製消しゴムできれいに消して、消しくずを残さないでください。
3. 解答用紙を、折り曲げたり汚さないでください。

良い例	悪い例
▬	／ ・ ▬ ― ●

学校配点		計
	一　(1)　各2点×5　(2), (3)　各6点×2　(4)　4点 (5), (6)　各6点×2　(7)　各3点×2　(8)　6点 二　(1), (2)　各4点×2　(3)　5点　(4), (5)　各4点×2 (6)　各2点×2　(7)　5点 三　(1)　各2点×2　(2)〜(5)　各4点×4	100点

2022年度 芝浦工業大学柏高等学校 第1回

英語解答用紙

評点
/100

受験番号					
3	D	1	0	0	0
5	G	2	1	1	1
	H		2	2	2
			3	3	3
			4	4	4
			5	5	5
			6	6	6
			7	7	7
			8	8	8
			9	9	9

フリガナ	
氏名	

記入方法

1. 記入は、必ずＨＢの黒鉛筆で太く [ ] の中を正確に、マークしてください。
2. 書き損じた場合は、プラスチック製消しゴムできれいに消し、消しくずを残さないでください。
3. 解答用紙を、折り曲げたり汚さないでください。

良い例	▮
悪い例	✓ • ▯ ◐ ●

問題番号			マーク欄					
1	No1		A	B	C	D		
	No2		A	B	C	D		
	No3		A	B	C	D		
	No4		A	B	C	D		
2	No1		A	B	C	D		
	No2		A	B	C	D		
	No3		A	B	C	D		
	No4		A	B	C	D		
	No5		A	B	C	D		
3	No1		A	B	C	D		
	No2		A	B	C	D		
	No3		A	B	C	D		
	No4		A	B	C	D		
4	(1)		ア	イ	ウ	エ		
	(2)	3番目	ア	イ	ウ	エ	オ	カ
		6番目	ア	イ	ウ	エ	オ	カ
	(3)		ア	イ	ウ	エ		
	(4)		ア	イ	ウ	エ		
	(5)		ア	イ	ウ	エ		
	(6)		ア	イ	ウ	エ		
	(7)		ア	イ	ウ	エ		
	(8)		ア	イ	ウ	エ		
	(9)	3番目	ア	イ	ウ	エ	オ	カ
		6番目	ア	イ	ウ	エ	オ	カ

問題番号			マーク欄						
5	(1)		ア	イ	ウ	エ			
	(2)	3番目	ア	イ	ウ	エ	オ	カ	キ
		6番目	ア	イ	ウ	エ	オ	カ	キ
	(3)		ア	イ	ウ	エ			
	(4)		ア	イ	ウ	エ			
	(5)		ア	イ	ウ	エ			
	(6)	3番目	ア	イ	ウ	エ	オ	カ	
		6番目	ア	イ	ウ	エ	オ	カ	
	(7)		ア	イ	ウ	エ			
	(8)		ア	イ	ウ	エ			
6	(1)		ア	イ	ウ	エ			
	(2)		ア	イ	ウ	エ			
	(3)		ア	イ	ウ	エ			
	(4)		ア	イ	ウ	エ			
	(5)		ア	イ	ウ	エ			
	(6)		ア	イ	ウ	エ			
	(7)		ア	イ	ウ	エ			
	(8)		ア	イ	ウ	エ			
	(9)		ア	イ	ウ	エ			

（注）この解答用紙は実物を縮小してあります。Ｂ４用紙に132％拡大コピーすると、ほぼ実物大で使用できます。（タイトルと配点表は含みません）

推定配点	
1、2 各2点×9　3 各3点×4　4 (1) 2点　(2) 3点　(3) 2点　(4)、(5) 各3点×2　(6) 2点　(7)～(9) 各3点×3　5 (1)～(4) 各3点×4　(5) 2点　(6)～(8) 各3点×3　6 (1)、(2) 各2点×2　(3) 3点　(4) 2点　(5) 3点　(6) 2点　(7)～(9) 各3点×3	
計	100点

2022年度 芝浦工業大学柏高等学校 第1回

数学解答用紙

評点 /100

問題番号			マーク欄									
			0	1	2	3	4	5	6	7	8	9
1	(1)	ア	0	1	2	3	4	5	6	7	8	9
		イ	0	1	2	3	4	5	6	7	8	9
	(2)	ウ	0	1	2	3	4	5	6	7	8	9
		エ	0	1	2	3	4	5	6	7	8	9
	(3)	オ	0	1	2	3	4	5	6	7	8	9
		カ	0	1	2	3	4	5	6	7	8	9
	(4)	キ	0	1	2	3	4	5	6	7	8	9
		ク	0	1	2	3	4	5	6	7	8	9

問題番号			マーク欄									
			0	1	2	3	4	5	6	7	8	9
2	(1)	ア	0	1	2	3	4	5	6	7	8	9
		イ	0	1	2	3	4	5	6	7	8	9
		ウ	0	1	2	3	4	5	6	7	8	9
	(2)	エ	0	1	2	3	4	5	6	7	8	9
	(3)	オ	0	1	2	3	4	5	6	7	8	9
		カ	0	1	2	3	4	5	6	7	8	9
	(4)	キ	0	1	2	3	4	5	6	7	8	9
		ク	0	1	2	3	4	5	6	7	8	9
		ケ	0	1	2	3	4	5	6	7	8	9
		コ	0	1	2	3	4	5	6	7	8	9

問題番号			マーク欄									
			0	1	2	3	4	5	6	7	8	9
3	(1)	ア	0	1	2	3	4	5	6	7	8	9
		イ	0	1	2	3	4	5	6	7	8	9
	(2)	ウ	0	1	2	3	4	5	6	7	8	9
		エ	0	1	2	3	4	5	6	7	8	9
		オ	0	1	2	3	4	5	6	7	8	9
	(3)	カ	0	1	2	3	4	5	6	7	8	9
		キ	0	1	2	3	4	5	6	7	8	9
	(4)	ク	0	1	2	3	4	5	6	7	8	9
		ケ	0	1	2	3	4	5	6	7	8	9
		コ	0	1	2	3	4	5	6	7	8	9
		サ	0	1	2	3	4	5	6	7	8	9

問題番号			マーク欄									
			0	1	2	3	4	5	6	7	8	9
4	(1)	ア	0	1	2	3	4	5	6	7	8	9
		イ	0	1	2	3	4	5	6	7	8	9
	(2)	ウ	0	1	2	3	4	5	6	7	8	9
		エ	0	1	2	3	4	5	6	7	8	9
	(3)	オ	0	1	2	3	4	5	6	7	8	9
		カ	0	1	2	3	4	5	6	7	8	9
		キ	0	1	2	3	4	5	6	7	8	9
	(4)	ク	0	1	2	3	4	5	6	7	8	9
		ケ	0	1	2	3	4	5	6	7	8	9
		コ	0	1	2	3	4	5	6	7	8	9
		サ	0	1	2	3	4	5	6	7	8	9

問題番号			マーク欄									
			0	1	2	3	4	5	6	7	8	9
5	(1)	ア	0	1	2	3	4	5	6	7	8	9
	(2)	イ	0	1	2	3	4	5	6	7	8	9
		ウ	0	1	2	3	4	5	6	7	8	9
		エ	0	1	2	3	4	5	6	7	8	9
	(3)	オ	0	1	2	3	4	5	6	7	8	9
		カ	0	1	2	3	4	5	6	7	8	9
	(4)	キ	0	1	2	3	4	5	6	7	8	9
		ク	0	1	2	3	4	5	6	7	8	9

受験番号					
3 5	D G H	1 2	0 1 2 3 4 5 6 7 8 9	0 1 2 3 4 5 6 7 8 9	0 1 2 3 4 5 6 7 8 9

フリガナ	
氏名	

記入方法

1. 記入は、必ずＨＢの黒鉛筆で太く [ ] の中を正確に、マークしてください。
2. 書き損じた場合は、プラスチック製消しゴムできれいに消し、消しくずを残さないでください。
3. 解答用紙を、折り曲げたり汚さないでください。

良い例	▌
悪い例	

(注) この解答用紙は実物を縮小してあります。Ａ３用紙に149%拡大コピーすると、ほぼ実物大で使用できます。(タイトルと配点表は含みません)

推定配点	
1～5 各5点×20	
100点	計

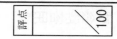

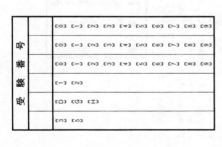

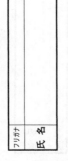

2022年度　芝浦工業大学柏高等学校　第1回

社会解答用紙

評点
/100

問題番号		マーク欄
1	(1)	ア イ ウ エ
	(2)	ア イ ウ エ
	(3)	ア イ ウ エ
	(4)	ア イ ウ エ
	(5) ①	ア イ ウ エ
	(5) ②	ア イ ウ エ

問題番号		マーク欄
2	(1)	ア イ ウ エ
	(2)	ア イ ウ エ オ カ
	(3)	ア イ ウ エ
	(4)	ア イ ウ エ
	(5)	ア イ ウ エ
	(6)	ア イ ウ エ
	(7)	ア イ ウ エ

問題番号		マーク欄
3	(1)	ア イ ウ エ
	(2)	ア イ ウ エ オ カ
	(3)	ア イ ウ エ
	(4)	ア イ ウ エ
	(5)	ア イ ウ エ
	(6)	ア イ ウ エ
	(7)	ア イ ウ エ オ カ

問題番号		マーク欄
4	(1)	ア イ ウ エ
	(2)	ア イ ウ エ
	(3)	ア イ ウ エ
	(4)	ア イ ウ エ
	(5)	ア イ ウ エ
	(6)	ア イ ウ エ オ カ

問題番号		マーク欄
5	(1)	ア イ ウ エ
	(2)	ア イ ウ エ
	(3)	ア イ ウ エ
	(4)	ア イ ウ エ
	(5)	ア イ ウ エ

問題番号		マーク欄
6	(1)	ア イ ウ エ
	(2)	ア イ ウ エ
	(3)	ア イ ウ エ
	(4)	ア イ ウ エ
	(5)	ア イ ウ エ オ カ

問題番号		マーク欄
7	(1)	ア イ ウ エ オ カ
	(2)	ア イ ウ エ
	(3)	ア イ ウ エ
	(4)	ア イ ウ エ

受験番号					
3	D	1	0	0	0
5	G	2	1	1	1
	H		2	2	2
			3	3	3
			4	4	4
			5	5	5
			6	6	6
			7	7	7
			8	8	8
			9	9	9

フリガナ	
氏名	

記入方法

1. 記入は、必ずＨＢの黒鉛筆で太く［ ］の中を正確に、マークしてください。
2. 書き損じた場合は、プラスチック製消しゴムできれいに消し、消しくずを残さないでください。
3. 解答用紙を、折り曲げたり汚さないでください。

良い例	▌
悪い例	／ ・ ▐ ― ●

(注) この解答用紙は実物を縮小してあります。Ｂ４用紙に139%拡大コピーすると、ほぼ実物大で使用できます。（タイトルと配点表は含みません）

推定配点	
1 (1)、(2) 各2点×2　(3)～(5) 各3点×4 2 (1) 2点　(2)、(3) 各3点×2　(4) 2点　(5)～(7) 各3点×3 3 (1) 2点　(2)、(3) 各3点×2　(4) 2点　(5)～(7) 各3点×3 4 (1) 2点　(2)、(3) 各3点×2　(4) 2点　(5)、(6) 各3点×2 5 (1)～(4) 各2点×4　(5) 3点 6 (1)～(4) 各2点×4　(5) 3点 7 各2点×4	
100点	計

2022年度 芝浦工業大学柏高等学校 第1回

理科解答用紙

評点
/100

受験番号					
3 5	D G H	1 2	0 1 2 3 4 5 6 7 8 9	0 1 2 3 4 5 6 7 8 9	0 1 2 3 4 5 6 7 8 9

フリガナ	
氏名	

記入方法
1. 記入は、必ずＨＢの黒鉛筆で太く [ ] の中を正確に、マークしてください。
2. 書き損じた場合は、プラスチック製消しゴムできれいに消し、消しくずを残さないでください。
3. 解答用紙を、折り曲げたり汚さないでください。

良い例	悪い例
▮	⧸ ●] ‥ ●

問題番号			マーク欄
1	(1)		ア イ ウ エ
	(2)	1	ア イ ウ エ
		2	ア イ ウ エ
	(3)		ア イ ウ エ オ カ
	(4)		ア イ ウ エ オ カ キ ク
	(5)	あ	1 2 3 4 5 6 7 8 9 0
		い	1 2 3 4 5 6 7 8 9 0
		う	1 2 3 4 5 6 7 8 9 0
2	(1)	1	ア イ
		2	ア イ ウ
	(2)		ア イ ウ エ
	(3)		ア イ ウ エ オ カ
	(4)	1	ア イ
		2	ア イ ウ エ
	(5)		ア イ ウ エ
3	(1)		ア イ ウ エ
	(2)	あ	1 2 3 4 5 6 7 8 9 0
		い	1 2 3 4 5 6 7 8 9 0
		う	1 2 3 4 5 6 7 8 9 0
	(3)		ア イ ウ エ
	(4)	1	ア イ ウ エ
		2	ア イ ウ エ
		3	ア イ ウ エ
		4	ア イ ウ エ
	(5)		ア イ ウ エ

問題番号			マーク欄
4	(1)		ア イ ウ エ
	(2)		ア イ ウ エ
	(3)	あ	1 2 3 4 5 6 7 8 9 0
		い	1 2 3 4 5 6 7 8 9 0
	(4)	あ	1 2 3 4 5 6 7 8 9 0
		い	1 2 3 4 5 6 7 8 9 0
		う	1 2 3 4 5 6 7 8 9 0
	(5)		ア イ ウ エ
5	(1)		ア イ ウ エ
	(2)		ア イ ウ エ オ カ
	(3)		ア イ ウ エ オ カ
	(4)	1	ア イ
		2	ア イ ウ エ
	(5)	2番目	ア イ ウ
		3番目	ア イ ウ
		4番目	ア イ ウ
6	(1)	1	ア イ
		2	ア イ ウ エ
	(2)		ア イ ウ エ
	(3)	あ	1 2 3 4 5 6 7 8 9 0
		い	1 2 3 4 5 6 7 8 9 0
	(4)	あ	1 2 3 4 5 6 7 8 9 0
		い	1 2 3 4 5 6 7 8 9 0
	(5)	あ	1 2 3 4 5 6 7 8 9 0
		い	1 2 3 4 5 6 7 8 9 0
		う	1 2 3 4 5 6 7 8 9 0

問題番号			マーク欄
7	(1)		ア イ ウ エ
	(2)		ア イ ウ エ
	(3)		ア イ ウ エ
	(4)		ア イ ウ エ
	(5)	あ	1 2 3 4 5 6 7 8 9 0
		い	1 2 3 4 5 6 7 8 9 0
8	(1)	あ	1 2 3 4 5 6 7 8 9 0
		い	1 2 3 4 5 6 7 8 9 0
		う	1 2 3 4 5 6 7 8 9 0
	(2)		ア イ ウ エ
	(3)	あ	1 2 3 4 5 6 7 8 9 0
		い	1 2 3 4 5 6 7 8 9 0
		う	1 2 3 4 5 6 7 8 9 0
	(4)		ア イ ウ エ
	(5)		ア イ ウ エ

（注）この解答用紙は実物を縮小してあります。Ａ３用紙に149％拡大コピーすると、ほぼ実物大で使用できます。（タイトルと配点表は含みません）

推定配点

1 (1)～(3) 各2点×3 (4)、(5) 各4点×2
2 (1)～(3) 各2点×3 (4) 4点 (5) 2点
4 (1)～(3) 各2点×3 (4) 4点 (5) 2点
6 (1)～(4) 各2点×4 (5) 4点
8 (1) 4点 (2) 2点 (3) 4点 (4)、(5) 各2点×2
7 (1)～(4) 各2点×4
5 3 (1)～(4) 各2点×4 (5) 4点

100点	計

二〇二二年度　芝浦工業大学柏高等学校　第一回

国語解答用紙

評点	／100

マーク用解答欄

一

(8)	(7)	(6)	(5)	(4)	(3)	(2)	(1)⑤	(1)④	(1)③	(1)②	(1)①
ア	ア	ア	ア	ア	ア	ア	ア	ア	ア	ア	ア
イ	イ	イ	イ	イ	イ	イ	イ	イ	イ	イ	イ
ウ	ウ	ウ	ウ	ウ	ウ	ウ	ウ	ウ	ウ	ウ	ウ
エ	エ	エ	エ	エ	エ	エ	エ	エ	エ	エ	エ
オ	オ	オ	オ	オ	オ	オ	オ	オ	オ	オ	オ
			カ								
			キ								
			ク								

三

(5)	(4)	(3)	(2)	(1) 二つ目	(1) 一つ目
ア	ア	ア	ア	ア	ア
イ	イ	イ	イ	イ	イ
ウ	ウ	ウ	ウ	ウ	ウ
エ	エ	エ	エ	エ	エ
オ	オ	オ	オ	オ	オ
				カ	カ

二

(7)	(6)	(5)	(4)	(3)	(2)	(1)
ア	ア	ア	ア	ア	ア	ア
イ	イ	イ	イ	イ	イ	イ
ウ	ウ	ウ	ウ	ウ	ウ	ウ
エ	エ	エ	エ	エ	エ	エ
オ	オ	オ	オ	オ	オ	オ

（注）この解答用紙は実物を縮小してあります。B4用紙に122%拡大コピーすると、ほぼ実物大で使用できます。（タイトルと配点表は含みません）

記入方法

1. 記入は、必ずHBの黒鉛筆で太く［ ］の中を正確に、マークしてください。
2. 書き損じた場合は、プラスチック製消しゴムできれいに消し、消しくずを残さないでください。
3. 解答用紙を、折り曲げたり汚さないでください。

良い例	悪い例
▬	⁄　●　▭　⊢　⬤

受験番号

3	D	1	0	0	0
5	G	2	1	1	1
	H		2	2	2
			3	3	3
			4	4	4
			5	5	5
			6	6	6
			7	7	7
			8	8	8
			9	9	9

氏名　フリガナ

推定配点		計
	一 (1) 各2点×5　(2), (3) 各6点×2　(4) 5点　(5) 6点　(6) 5点　(7), (8) 各6点×2 二 (1) 5点　(2)〜(4) 各4点×3　(5) 5点　(6), (7) 各4点×2 三 (1) 各2点×2　(2) 4点　(3) 5点　(4) 2点　(5) 5点	100点

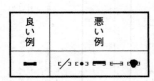

２０２２年度　芝浦工業大学柏高等学校　第２回

英語解答用紙

評点
/100

問題番号		マーク欄
1	No 1	A B C D
	No 2	A B C D
	No 3	A B C D
	No 4	A B C D
2	No 1	A B C D
	No 2	A B C D
	No 3	A B C D
	No 4	A B C D
	No 5	A B C D
3	No 1	A B C D
	No 2	A B C D
	No 3	A B C D
	No 4	A B C D
4	(1)	ア イ ウ エ
	(2) 3番目	ア イ ウ エ オ カ
	(2) 6番目	ア イ ウ エ オ カ
	(3)	ア イ ウ エ
	(4)	ア イ ウ エ
	(5)	ア イ ウ エ
	(6)	ア イ ウ エ
	(7) 3番目	ア イ ウ エ オ カ
	(7) 6番目	ア イ ウ エ オ カ
	(8)	ア イ ウ エ
	(9)	ア イ ウ エ

問題番号		マーク欄
5	(1)	ア イ ウ エ
	(2) 3番目	ア イ ウ エ オ カ
	(2) 6番目	ア イ ウ エ オ カ
	(3)	ア イ ウ エ
	(4)	ア イ ウ エ
	(5)	ア イ ウ エ
	(6) 3番目	ア イ ウ エ オ カ
	(6) 6番目	ア イ ウ エ オ カ
	(7)	ア イ ウ エ
	(8)	ア イ ウ エ
6	(1)	ア イ ウ エ
	(2)	ア イ ウ エ
	(3)	ア イ ウ エ
	(4)	ア イ ウ エ
	(5)	ア イ ウ エ
	(6)	ア イ ウ エ
	(7)	ア イ ウ エ
	(8)	ア イ ウ エ
	(9)	ア イ ウ エ

(注) この解答用紙は実物を縮小してあります。Ｂ４用紙に128%拡大コピーすると、ほぼ実物大で使用できます。(タイトルと配点表は含みません)

受験番号					
3 5	D G H	1 2	0 1 2 3 4 5 6 7 8 9	0 1 2 3 4 5 6 7 8 9	0 1 2 3 4 5 6 7 8 9

フリガナ	
氏名	

記入方法

1. 記入は、必ずＨＢの黒鉛筆で太く [ ] の中を正確に、マークしてください。
2. 書き損じた場合は、プラスチック製消しゴムできれいに消し、消しくずを残さないでください。
3. 解答用紙を、折り曲げたり汚さないでください。

良い例	▮
悪い例	⊘ ⊙ ◑ ▯ ⊖ ●

推定配点

1、2　各２点×９　3　各３点×４　4　(1)〜(4)　各３点×４　(5)、(6)　各２点×２　(7)、(8)　各３点×２　(9)　２点　5　(1)〜(4)　各３点×４　(5)　２点　(6)〜(8)　各３点×３　6　(1)、(2)　各２点×２　(3)、(4)　各３点×２　(5)、(6)　各２点×２　(7)〜(9)　各３点×３

100点	計

2022年度　芝浦工業大学柏高等学校　第2回

数学解答用紙

評点
/100

問題番号			0	1	2	3	4	5	6	7	8	9
1	(1)	ア	0	1	2	3	4	5	6	7	8	9
		イ	0	1	2	3	4	5	6	7	8	9
	(2)	ウ	0	1	2	3	4	5	6	7	8	9
		エ	0	1	2	3	4	5	6	7	8	9
	(3)	オ	0	1	2	3	4	5	6	7	8	9
	(4)	カ	0	1	2	3	4	5	6	7	8	9
		キ	0	1	2	3	4	5	6	7	8	9

問題番号			0	1	2	3	4	5	6	7	8	9
2	(1)	ア	0	1	2	3	4	5	6	7	8	9
		イ	0	1	2	3	4	5	6	7	8	9
		ウ	0	1	2	3	4	5	6	7	8	9
	(2)	エ	0	1	2	3	4	5	6	7	8	9
		オ	0	1	2	3	4	5	6	7	8	9
	(3)	カ	0	1	2	3	4	5	6	7	8	9
		キ	0	1	2	3	4	5	6	7	8	9
	(4)	ク	0	1	2	3	4	5	6	7	8	9
		ケ	0	1	2	3	4	5	6	7	8	9
		コ	0	1	2	3	4	5	6	7	8	9

問題番号			0	1	2	3	4	5	6	7	8	9
3	(1)	ア	0	1	2	3	4	5	6	7	8	9
		イ	0	1	2	3	4	5	6	7	8	9
	(2)	ウ	0	1	2	3	4	5	6	7	8	9
		エ	0	1	2	3	4	5	6	7	8	9
	(3)	オ	0	1	2	3	4	5	6	7	8	9
		カ	0	1	2	3	4	5	6	7	8	9
	(4)	キ	0	1	2	3	4	5	6	7	8	9
		ク	0	1	2	3	4	5	6	7	8	9
		ケ	0	1	2	3	4	5	6	7	8	9

問題番号			0	1	2	3	4	5	6	7	8	9
4	(1)	ア	0	1	2	3	4	5	6	7	8	9
	(2)	イ	0	1	2	3	4	5	6	7	8	9
		ウ	0	1	2	3	4	5	6	7	8	9
		エ	0	1	2	3	4	5	6	7	8	9
		オ	0	1	2	3	4	5	6	7	8	9
	(3)	カ	0	1	2	3	4	5	6	7	8	9
		キ	0	1	2	3	4	5	6	7	8	9
		ク	0	1	2	3	4	5	6	7	8	9
	(4)	ケ	0	1	2	3	4	5	6	7	8	9
		コ	0	1	2	3	4	5	6	7	8	9

問題番号			0	1	2	3	4	5	6	7	8	9
5	(1)	ア	0	1	2	3	4	5	6	7	8	9
		イ	0	1	2	3	4	5	6	7	8	9
		ウ	0	1	2	3	4	5	6	7	8	9
	(2)	エ	0	1	2	3	4	5	6	7	8	9
		オ	0	1	2	3	4	5	6	7	8	9
	(3)	カ	0	1	2	3	4	5	6	7	8	9
		キ	0	1	2	3	4	5	6	7	8	9
		ク	0	1	2	3	4	5	6	7	8	9
		ケ	0	1	2	3	4	5	6	7	8	9
	(4)	コ	0	1	2	3	4	5	6	7	8	9
		サ	0	1	2	3	4	5	6	7	8	9
		シ	0	1	2	3	4	5	6	7	8	9

（注）この解答用紙は実物を縮小してあります。A３用紙に149%拡大コピーすると、ほぼ実物大で使用できます。（タイトルと配点表は含みません）

受験番号					
3 5	D G H	1 2	0 1 2 3 4 5 6 7 8 9	0 1 2 3 4 5 6 7 8 9	0 1 2 3 4 5 6 7 8 9

フリガナ	
氏名	

記入方法

1．記入は、必ずＨＢの黒鉛筆で太く ［ ］ の中を正確に、マークしてください。
2．書き損じた場合は、プラスチック製消しゴムできれいに消し、消しくずを残さないでください。
3．解答用紙を、折り曲げたり汚さないでください。

良い例	▮
悪い例	⊘ ● ▯ ― ⬤

推定配点	
1～5 各5点×20	
100点	計

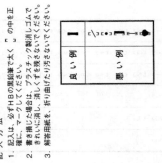

2022年度　芝浦工業大学柏高等学校　第2回

社会解答用紙

評点
/100

受験番号					
3 5	D G H	1 2	0 1 2 3 4 5 6 7 8 9	0 1 2 3 4 5 6 7 8 9	0 1 2 3 4 5 6 7 8 9

フリガナ	
氏　名	

記入方法

1. 記入は、必ずＨＢの黒鉛筆で太く［ ］の中を正確に、マークしてください。
2. 書き損じた場合は、プラスチック製消しゴムできれいに消し、消しくずを残さないでください。
3. 解答用紙を、折り曲げたり汚さないでください。

良い例	▮
悪い例	✓ ・ ● ▮ ― ⬤

問題番号		マーク欄
1	(1)	ア イ ウ エ
	(2)	ア イ ウ エ
	(3)	ア イ ウ エ オ カ
	(4)	ア イ ウ エ
	(5) ①	ア イ ウ エ
	(5) ②	ア イ ウ エ

問題番号		マーク欄
2	(1)	ア イ ウ エ
	(2)	ア イ ウ エ
	(3)	ア イ ウ エ
	(4)	ア イ ウ エ オ カ
	(5)	ア イ ウ エ
	(6)	ア イ ウ エ
	(7)	ア イ ウ エ

問題番号		マーク欄
3	(1)	ア イ ウ エ オ カ
	(2)	ア イ ウ エ
	(3)	ア イ ウ エ
	(4)	ア イ ウ エ
	(5)	ア イ ウ エ
	(6)	ア イ ウ エ

問題番号		マーク欄
4	(1)	ア イ ウ エ
	(2)	ア イ ウ エ
	(3)	ア イ ウ エ
	(4)	ア イ ウ エ オ カ
	(5)	ア イ ウ エ
	(6)	ア イ ウ エ
	(7)	ア イ ウ エ

問題番号		マーク欄
5	(1)	ア イ ウ エ
	(2)	ア イ ウ エ
	(3)	ア イ ウ エ
	(4)	ア イ ウ エ
	(5)	ア イ ウ エ

問題番号		マーク欄
6	(1)	ア イ ウ エ
	(2)	ア イ ウ エ
	(3)	ア イ ウ エ
	(4)	ア イ ウ エ
	(5)	ア イ ウ エ

問題番号		マーク欄
7	(1)	ア イ ウ エ オ カ
	(2)	ア イ ウ エ
	(3)	ア イ ウ エ
	(4)	ア イ ウ エ

(注) この解答用紙は実物を縮小してあります。Ｂ４用紙に139%拡大コピーすると、ほぼ実物大で使用できます。(タイトルと配点表は含みません)

推定配点	
1 (1)～(4) 各3点×4　(5) 各2点×2 2 (1)、(2) 各2点×2　(3)、(4) 各3点×2　(5)、(6) 各2点×2　(7) 3点 3 (1) 3点　(2) 2点　(3) 3点　(4) 2点　(5) 3点　(6) 2点 4 (1) 3点　(2) 2点　(3)、(4) 各3点×2　(5)、(6) 各2点×2　(7) 3点 5 (1) 2点　(2) 3点　(3) 2点　(4) 3点　(5) 2点 6 (1)～(3) 各2点×3　(4)、(5) 各3点×2 7 (1) 3点　(2) 2点　(3) 3点　(4) 2点	
100点	計

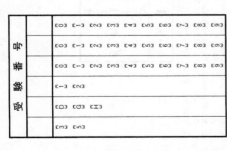

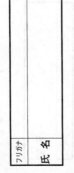

2022年度 芝浦工業大学柏高等学校 第2回

理科解答用紙

評点
/100

(注) この解答用紙は実物を縮小してあります。A３用紙に149%拡大コピーすると、ほぼ実物大で使用できます。(タイトルと配点表は含みません)

問題番号			マーク欄
1	(1)		ア イ ウ エ
	(2)		ア イ ウ エ
	(3)		ア イ ウ エ
	(4)	あ	1 2 3 4 5 6 7 8 9 0
		い	1 2 3 4 5 6 7 8 9 0
		う	1 2 3 4 5 6 7 8 9 0
	(5)		ア イ ウ エ
2	(1)		ア イ ウ エ
	(2)	あ	1 2 3 4 5 6 7 8 9 0
		い	1 2 3 4 5 6 7 8 9 0
	(3)	1	ア イ ウ エ
		2	ア イ ウ エ
	(4)		ア イ ウ エ
	(5)		ア イ ウ エ オ カ
3	(1)		ア イ ウ エ
	(2)	あ	1 2 3 4 5 6 7 8 9 0
		い	1 2 3 4 5 6 7 8 9 0
	(3)		ア イ ウ エ
	(4)	あ	1 2 3 4 5 6 7 8 9 0
		い	1 2 3 4 5 6 7 8 9 0
		う	1 2 3 4 5 6 7 8 9 0
	(5)	1	ア イ ウ
		2	ア イ ウ エ

問題番号			マーク欄
4	(1)		ア イ ウ エ
	(2)	あ	1 2 3 4 5 6 7 8 9 0
		い	1 2 3 4 5 6 7 8 9 0
		う	1 2 3 4 5 6 7 8 9 0
	(3)	あ	1 2 3 4 5 6 7 8 9 0
		い	1 2 3 4 5 6 7 8 9 0
		う	1 2 3 4 5 6 7 8 9 0
	(4)	1	ア イ ウ
		2	ア イ ウ
	(5)	あ	1 2 3 4 5 6 7 8 9 0
		い	1 2 3 4 5 6 7 8 9 0
		う	1 2 3 4 5 6 7 8 9 0
		え	1 2 3 4 5 6 7 8 9 0
5	(1)		ア イ ウ エ
	(2)		ア イ ウ エ オ
	(3)		ア イ ウ エ
	(4)		ア イ ウ エ オ
	(5)	あ	1 2 3 4 5 6 7 8 9 0
		い	1 2 3 4 5 6 7 8 9 0
6	(1)		ア イ ウ エ
	(2)	1	ア イ ウ
		2	ア イ
	(3)		ア イ ウ エ
	(4)	1	ア イ ウ エ
		2	ア イ ウ エ
	(5)		ア イ ウ エ オ カ

問題番号			マーク欄
7	(1)		ア イ ウ エ
	(2)	1	ア イ ウ エ
		2	ア イ
	(3)		ア イ ウ エ オ
	(4)		ア イ ウ エ
	(5)	あ	1 2 3 4 5 6 7 8 9 0
		い	1 2 3 4 5 6 7 8 9 0
8	(1)		ア イ ウ エ
	(2)		ア イ ウ エ
	(3)	あ	1 2 3 4 5 6 7 8 9 0
		い	1 2 3 4 5 6 7 8 9 0
		う	1 2 3 4 5 6 7 8 9 0
		え	1 2 3 4 5 6 7 8 9 0
	(4)	1	ア イ ウ
		2	ア イ ウ
	(5)	あ	1 2 3 4 5 6 7 8 9 0
		い	1 2 3 4 5 6 7 8 9 0

受験番号					
3 5	D G H	1 2	0 1 2 3 4 5 6 7 8 9	0 1 2 3 4 5 6 7 8 9	0 1 2 3 4 5 6 7 8 9

フリガナ	
氏名	

記入方法

1. 記入は、必ずＨＢの黒鉛筆で太く [ ] の中を正確に、マークしてください。
2. 書き損じた場合は、プラスチック製消しゴムできれいに消し、消しくずを残さないでください。
3. 解答用紙を、折り曲げたり汚さないでください。

良い例	▮
悪い例	

推定配点

1 (1)〜(3) 各2点×3 (4) 4点 (5) 2点

3 (1)〜(3) 各2点×3 (4)、(5) 各4点×2

5 (1)〜(4) 各2点×4 (5) 4点

7 (1)〜(4) 各2点×4 (5) 4点

6 (1)〜(3) 各2点×3 (4)、(5) 各4点×2

8 (1)〜(4) 各2点×4 (5) 4点

2 (1)〜(4) 各2点×4 (5) 4点

4 (1)〜(4) 各2点×4 (5) 4点

計
100点

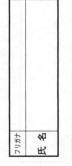

二〇二二年度　芝浦工業大学柏高等学校　第二回

国語解答用紙

評点	／100

マーク用解答欄

一													
(8)	(7)	(6)	(5)		(4)	(3)	(2)	(1)				
			二つ目	一つ目				⑤	④	③	②	①
[ア]	[ア]	[ア]	[ア]	[ア]	[ア]	[ア]	[ア]	[ア]	[ア]	[ア]	[ア]	[ア]
[イ]	[イ]	[イ]	[イ]	[イ]	[イ]	[イ]	[イ]	[イ]	[イ]	[イ]	[イ]	[イ]
[ウ]	[ウ]	[ウ]	[ウ]	[ウ]	[ウ]	[ウ]	[ウ]	[ウ]	[ウ]	[ウ]	[ウ]	[ウ]
[エ]	[エ]	[エ]	[エ]	[エ]	[エ]	[エ]	[エ]	[エ]	[エ]	[エ]	[エ]	[エ]
[オ]	[オ]	[オ]	[オ]	[オ]	[オ]	[オ]	[オ]	[オ]	[オ]	[オ]	[オ]	[オ]
			[カ]	[カ]	[カ]							
					[キ]							
					[ク]							

三					
(5)	(4)	(3)	(2)	(1)	
				二つ目	一つ目
[ア]	[ア]	[ア]	[ア]	[ア]	[ア]
[イ]	[イ]	[イ]	[イ]	[イ]	[イ]
[ウ]	[ウ]	[ウ]	[ウ]	[ウ]	[ウ]
[エ]	[エ]	[エ]	[エ]	[エ]	[エ]
[オ]	[オ]	[オ]	[オ]	[オ]	[オ]
				[カ]	[カ]

二						
(7)	(6)	(5)	(4)	(3)	(2)	(1)
[ア]	[ア]	[ア]	[ア]	[ア]	[ア]	[ア]
[イ]	[イ]	[イ]	[イ]	[イ]	[イ]	[イ]
[ウ]	[ウ]	[ウ]	[ウ]	[ウ]	[ウ]	[ウ]
[エ]	[エ]	[エ]	[エ]	[エ]	[エ]	[エ]
[オ]	[オ]	[オ]	[オ]	[オ]	[オ]	[オ]

（注）この解答用紙は実物を縮小してあります。B４用紙に122％拡大コピーすると、ほぼ実物大で使用できます。（タイトルと配点表は含みません）

記入方法
1．記入は、必ずＨＢの黒鉛筆で太く [ ] の中を正確に、マークしてください。
2．書き損じた場合は、プラスチック製消しゴムできれいに消して、消しくずを残さないでください。
3．解答用紙を、折り曲げたり汚さないでください。

良い例	悪い例

受験番号					
[3]	[D]	[1]	[0]	[0]	[0]
[5]	[G]	[2]	[1]	[1]	[1]
	[H]		[2]	[2]	[2]
			[3]	[3]	[3]
			[4]	[4]	[4]
			[5]	[5]	[5]
			[6]	[6]	[6]
			[7]	[7]	[7]
			[8]	[8]	[8]
			[9]	[9]	[9]

氏名	フリガナ

推定配点		計
	一 (1)　各２点×５　(2)　６点　(3)　４点　(4)　６点 (5)　各３点×２　(6)～(8)　各６点×３ 二 (1), (2)　各４点×２　(3), (4)　各５点×２　(5)～(7)　各４点×３ 三 (1)　各２点×２　(2)～(5)　各４点×４	100点

Memo

社会情勢の影響で中止の可能性がございます。必ず弊社HPをご確認ください。

◯首都圏最大級の進学相談会

1都3県の有名校が参加!!

第43回　中・高入試

受験なんでも相談会

主催　声の教育社

会場　新宿住友ビル三角広場

交通●ＪＲ・京王線・小田急線「新宿駅」西口徒歩8分
●都営地下鉄大江戸線「都庁前駅」A6出口直結
●東京メトロ丸ノ内線「西新宿駅」2番出口徒歩4分

日時　6月22日㈯…**中学受験**のみ
6月23日㈰…**高校受験**のみ

中学受験　午前・午後の2部制
高校受験　90分入れ替え4部制

特設ページ

入場予約6/8～（先行入場抽選5/31～）
当日まで入場予約可能（定員上限あり）
詳しくは弊社ＨＰ特設ページをご覧ください。

新会場の三角広場は天井高25m、
換気システムも整った広々空間

●参加予定の中学校・高等学校一覧

22日（中学受験のみ）参加校
麻布中学校
跡見学園中学校
鷗友学園女子中学校
大妻中学校
大妻多摩中学校
大妻中野中学校
海城中学校
開智日本橋学園中学校
かえつ有明中学校
学習院女子中等科
暁星中学校
共立女子中学校
慶應義塾中等部（午後のみ）
恵泉女学園中学校
晃華学園中学校
攻玉社中学校
香蘭女学校中等科
駒場東邦中学校
サレジアン国際学園世田谷中学校
実践女子学園中学校
品川女子学院中等部
芝中学校
渋谷教育学園渋谷中学校
頌栄女子学院中学校
昭和女子大学附属昭和中学校
女子聖学院中学校
白百合学園中学校
成城中学校
世田谷学園中学校
高輪中学校
多摩大学附属聖ヶ丘中学校
田園調布学園中等部
千代田国際中学校
東京女学館中学校
東京都市大学付属中学校
東京農業大学第一中等部
豊島岡女子学園中学校
獨協中学校
ドルトン東京学園中等部
広尾学園中学校
広尾学園小石川中学校
富士見中学校
本郷中学校
三田国際学園中学校
三輪田学園中学校
武蔵中学校
山脇学園中学校
立教女学院中学校
早稲田中学校
和洋九段女子中学校
青山学院横浜英和中学校
浅野中学校
神奈川大学附属中学校
カリタス女子中学校
関東学院中学校
公文国際学園中等部
慶應義塾普通部（午後のみ）
サレジオ学院中学校
森村学園中等部
横浜女学院中学校
横浜雙葉中学校
光英VERITAS中学校
昭和学院秀英中学校
専修大学松戸中学校
東邦大学付属東邦中学校
和洋国府台女子中学校
浦和明の星女子中学校
大妻嵐山中学校
開智未来中学校

23日（高校受験のみ）参加校
岩倉高校
関東第一高校
共立女子第二高校
錦城高校
錦城学園高校
京華商業高校
国学院高校
国際基督教大学高校
駒澤大学高校
駒場学園高校
品川エトワール女子高校
下北沢成徳高校
自由ヶ丘学園高校
潤徳女子高校
杉並学院高校
正則高校
専修大学附属高校
大成高校
大東文化大学第一高校
拓殖大学第一高校
多摩大学目黒高校
中央大学高校
中央大学杉並高校
貞静学園高校
東亜学園高校
東京高校
東京工業大学附属科学技術高校
東京実業高校
東洋高校
東洋女子高校
豊島学院・昭和鉄道高校
二松学舎大学附属高校
日本大学櫻丘高校
日本大学鶴ヶ丘高校
八王子学園八王子高校
文華女子高校
豊南高校
朋優学院高校
保善高校
堀越高校
武蔵野大学附属千代田高校
明治学院高校
桐蔭学園高校
東海大学付属相模高校
千葉商科大学付属高校
川越東高校
城西大学付属川越高校

22・23日（中学受験・高校受験）両日参加校
【東京都】
青山学院中等部・高等部
足立学園中学・高校
郁文館中学・高校・グローバル高校
上野学園中学・高校
英明フロンティア中学・高校
江戸川女子中学・高校
学習院中等科・高等科
神田女学園中学・高校
北豊島中学・高校
共栄学園中学・高校
京華中学・高校
京華女子中学・高校
啓明学園中学・高校
工学院大学附属中学・高校
麴町学園女子中学校・高校
佼成学園中学・高校
佼成学園女子中学・高校
国学院大学久我山中学・高校
国士舘中学・高校
駒込中学・高校
駒沢学園女子中学・高校
桜丘中学・高校
サレジアン国際学園中学・高校
実践学園中学・高校
芝浦工業大学附属中学・高校
芝国際中学・高校
十文字中学・高校
淑徳中学・高校
淑徳巣鴨中学・高校
順天中学・高校
城西大学附属城西中学・高校
聖徳学園中学・高校
城北中学・高校
女子美術大学付属中学・高校
巣鴨中学・高校
聖学院中学・高校
成蹊中学・高校
成城学園中学・高校
青稜中学・高校
玉川学園　中学部・高等部
玉川聖学院中等部・高等部
中央大学附属中学・高校
帝京中学・高校
東海大学付属高輪台高校・中等部
東京家政学院中学・高校
東京家政大学附属女子中学・高校
東京成徳大学中学・高校
東京電機大学中学・高校
東京都市大学等々力中学・高校
東京立正中学・高校
桐朋中学・高校
桐朋女子中学・高校
東洋大学京北中学・高校
トキワ松学園中学・高校
中村中学・高校
日本工業大学駒場中学・高校
日本学園中学・高校
日本大学第一中学・高校
日本大学第二中学・高校
日本大学第三中学・高校
日本大学豊山中学・高校
日本大学豊山女子中学・高校
富士見丘中学・高校
藤村女子中学・高校
文化学園大学杉並中学・高校
文京学院大学女子中学・高校
文教大学付属中学・高校
法政大学中学・高校
宝仙学園中学・高校共学部理数インター
明星学園中学・高校
武蔵野大学中学・高校
明治学院中学・東村山高校
明治大学付属中野中学・高校
明治大学付属八王子中学・高校
明治大学付属明治中学・高校
明法中学・高校
目黒学院中学・高校
目黒日本大学中学・高校
目白研心中学・高校
八雲学園中学・高校
安田学園中学・高校
立教池袋中学・高校
立正大学付属立正中学・高校
早稲田実業学校中等部・高等部
早稲田大学高等学院・中学部
【神奈川県】
中央大学附属横浜中学・高校
桐光学園中学・高校
日本女子大学附属中学・高校
法政大学第二中学・高校
【千葉県】
市川中学・高校
国府台女子学院中学・高等部
芝浦工業大学柏中学・高校
渋谷教育学園幕張中学・高校
昭和学院中学・高校
東海大学付属浦安高校・中等部
麗澤中学・高校
【埼玉県】
浦和実業学園中学・高校
開智中学・高校
春日部共栄中学・高校
埼玉栄中学・高校
栄東中学・高校
狭山ヶ丘高校・付属中学校
昌平中学・高校
城北埼玉中学・高校
西武学園文理中学・高校
東京農業大学第三高校・附属中学校
獨協埼玉中学・高校
武南中学・高校
星野学園中学校・星野高校
立教新座中学・高校
【愛知県】
海陽中等教育学校

※上記以外の学校や志望校の選び方などの相談は

高校後見返し